제2판

미래를 여는 교육학

EDUCATION
FOR

연세대학교 교육학과 교수진

김남주 · 김성원 · 류지훈 · 박순용 · 서영석
오석영 · 이규민 · 이명근 · 이무성 · 이병식
이희승 · 장원섭 · 홍원표 · 황금중

TOMORROW

 박영story

제2판 머리말

　우리나라만큼 교육에 대한 사회적 관심사가 높아 교육관련 소식이 한결같이 각종 포털 상단에 포진하고 모두가 학업성취에 대한 의욕을 보이는 나라는 드물 겁니다. 아마도 대한민국 국민의 대부분은 교육입국敎育立國의 신화를 신뢰하며 그동안의 국가발전을 견인해 온 원동력으로 교육을 거론하는 데 주저하지 않을 겁니다. 국가 차원에서 교육 시스템을 설계하고 구현하는 것은 미래의 국가적 안위와 직결되어 엄중한 글로벌 환경 속에서 경제적, 기술적 발전을 통한 비교우위를 확보하는 가장 기초적인 생존 전략으로 이해됐습니다. 개인 차원에서 교육은 사회적 지위와 영향력을 획득하는 과정으로 인식되고, 이에 따라 자녀교육에 대한 투자를 아끼지 않는 문화적 가치 또한 널리 공유되어 왔습니다. 실제로 많은 학부모가 교육전문가를 자처할 만큼 교육과 관련해 해박한 지식과 확고한 교육관을 피력하고, 교사들의 전문성과 자존심 또한 그 어느 나라에도 뒤지지 않습니다. 정치가들은 국정운영 역량을 교육문제 타개와 연관지어 평가받기도 하고, 경제인들은 산업현장에서 필요로 하는 인재상을 부단히 학교에 요구합니다.

　이처럼 다양한 층위에서 교육에 대한 기대가 큰 만큼, 이러한 열망에 부응하기 위한 관심과 노력의 이면에 파생된 문제점들 또한 다양한 양상으로 불거져 나왔습니다. 특히 기술적, 문화적, 환경적 변화의 양상이 갈수록 가속화하고 예측하기 어렵게 전개되어 가고 있는데, 이에 대한 교육현장의 대응은 여전히 미덥지 못합니다. 무엇보다 교육을 둘러싼 관심과 걱정에도 불구하고 정작 교육을 학문의 장으로 끌어와 시대적 맥락에서 다각도로 조망하려는 노력은 상대적으로 빈약합니다. 이는 우리 사회에서 교육적 지향이 성과와 서열화에 치우쳐 있고, 교육을, 시대를 선도하는 주체가 아닌, 주로 발전 담론을 떠받드는 도구로 간주하려는 집단적 사고방식에 기인한다고 볼 수 있습니다. 따라서 교육 관련 사회적 논의가 왜곡되거나 소모적이지 않기 위해서는 교육을 학문의 테두리 안에서 분석하고 이해하는 교육학적 근간이 튼튼하게 뿌리내릴 필요가 있습니다. 물론 교육학적 시도가 다양한 교육문제에 대한 우려를 단번에 불식시킬 수는 없지만, 많은 이들을 학문적 논의에 동참하게 할 수 있다면 집단지성을 통해 다양한 혜안을 얻으리라는 희망을 이어갈 수 있습니다.

이러한 맥락에서 이 책은 보다 많은 사람이 교육학에 입문하고 학문적인 관심을 키울 수 있도록 구상을 거친 후 2019년 2월에 처음 발간되었습니다. 초판에서 필진으로 참여했던 연세대학교 교육학과 교수진은 우리 시대에 교육학이 어떤 의미를 갖는지에 대한 고민을 공통의 출발점으로 삼아, 개별 교수의 전문 분야 소개를 통해 교육학의 다원적이며 종합학문적 성격에 대한 이해를 확장하고자 했습니다. 무엇보다도 교육학에 관심을 갖고 입문하려는 독자에게 친절한 안내와 함께 전문영역별 탐구에 몰입할 수 있도록 내용과 구성을 갖추는 것을 목표로 했습니다. 본 개정판에서 각 장별로 필요한 업데이트나 첨삭이 이루어졌지만, 무엇보다 가장 큰 변화는 정년퇴임으로 필진을 떠나신 강상진, 김혜숙 교수님의 글이 빠지고, 새로 합류하신 김남주, 류지훈, 이무성 교수님의 글이 추가된 부분입니다. 주지하다시피 초판 발행 이후 코로나-19를 겪고, 동시에 정보 기술의 빠른 발전으로 인해 교육 방법과 실행에 새로운 도전과 기회가 발생한 가운데 21세기 교육 담론 또한 확대되고 다채로워졌습니다. 그 가운데 변하지 않는 사실은 교육이 곧 미래이고 어떤 미래를 만들어갈지는 교육 주체들에게 달려있다는 것입니다. 이에 우리에게 당면한 교육적 과제에 대응하여 교육의 장에서 생산적인 논의가 이루어질 수 있도록 이번 개정판이 길잡이가 되기를 기대합니다.

2024. 3. 2.
연세대학교 교육학과 교수진 일동

이 책은 연세대학교 교육학과 교수들이 함께 만든 교육학 입문서입니다. 독자들이 어떤 이유에서 이 책을 선택했든지, 이 책은 교육학의 다양한 학문적 관점들을 쉽게 이해하고, 나아가 우리나라 교육문제를 인식하고 해법을 찾는데 필요한 교육학적 시야를 넓게 갖추는데 도움이 될 것입니다.

연세대학교 교육학과에서는 몇 년 전부터 교육학 개론 성격의 강좌를 팀티칭의 방식으로 개설해 왔습니다. 매주 교수들이 돌아가며 각자의 세부 전공 영역을, 자신이 만든 강의 자료를 활용해 가르치는 방식이었습니다. 이 과정에서 교수와 학생들 사이에 공동 교재의 필요성이 제기되었고 이를 계기로 최근 집중 논의와 작업을 거쳐 이 책을 펴내게 되었습니다. 이러한 출판 경위가 말해주듯 이 책은 연세대학교 교육학과 교수들이 몇 년을 걸쳐 실제 활용하고 다듬어 온 수업의 내용을 반영하고 있습니다. 교육학자로서 짧게는 수년, 길게는 30년 가까이 각자의 전공 분야에서 연구하고 가르친 저자들의 학문적 숨결의 일단을 담고 있습니다.

저자들은 이 책을 단순한 강좌용 교재를 넘어 교육학 입문서로 편찬하기로 하면서, 기존의 개론서들도 살펴보며, 보다 매력 있고 존재 의미가 분명한 입문서를 선보이는 일에 대해 고민하지 않을 수 없었습니다. 교육학 입문서를 만드는 방식에는 여러 형태가 있을 수 있습니다. 교육학의 세부 전공 영역별로 써서 묶어낼 수도 있고, 혹은 교육과 교육학의 주요 주제를 중심으로 정리할 수도 있습니다. 그런데 우리의 경우 교수들이 번갈아 담당하는 팀티칭용 교재 편찬이라는 목적도 있어서, 우선 각 교수들이 자신의 세부 전공 영역을 설명하는 방식을 택하는 것은 불가피했습니다. 이렇게 세부 전공 영역 서술을 근간으로 하는 방식은 기존 교육학 입문서들에서도 종종 취한 형식이기도 합니다. 이런 유사한 형태에도 불구하고 저자들은 최대한 특색을 보여줄 요소를 찾아보고자 했습니다. 첫째, 전체 내용 및 목차 구성에서 교육과 교육학의 세계를 단계적이며 체계적으로 보여줄 수 있도록 체제를 만들고자 노력했습니다. 둘째, 각 챕터의 내용에 있어 교육학의 각 세부 전공 영역의 핵심 주제들을 다루되, 교육학 자체의 시야를 염두에 두며 그 과거 및 현재를 이해하고 미래를 전망하는 데 도움이 되는 논의를 최대한 포함하고자 했습니다. 셋째, 교육학을 처음으로 접하는 이들은 물론이고 교육학을 오래 공부해 온 이들도 교육과 교육학에 대한 시각을 새롭게 체계화하는데 유용한 책이 되도록 관심을 기울였습니다.

이 책은 세 가지 큰 주제 아래 여러 개의 장으로 이루어져 있습니다. 1부는 <교육과 교육학의 토대>라는 주제 아래 인간의 삶과 문화, 정신의 세계에서 교육이 어떤 의미를 지니고 어떻게 전개되었는지, 나아가 특히 제도교육의 장이 활성화된 후에 어떤 교육내용이 어떻게 설정되었으며 그 교육의 성과를 어떻게 평가하는지의 문제를 살핍니다. 다음으로 2부에서는 <교육과 교육학의 실천적 확장>이라는 주제 아래, 1부의 토대를 근간으로 하고 이를 뒷받침함과 동시에 실천적으로 새롭게 확장되는 교육 영역들을 다루어 보고자 했습니다. 마지막으로 3부에서는 <교육연구의 방법론적 이해>라는 주제 아래 교육연구의 도구가 되어 온 양적연구방법론과 질적연구방법론을 담았습니다. 이와 같은 틀 속에서도 저자들의 교육학적 문제의식과 연계하여 유의미한 담론이라면 얼마든지 도입해서 보완할 수 있는 길을 열어 놓고자 합니다.

현재 교육학의 세부 전공 분야의 지식은 점점 확장되고 전문화되고 있지만, 정작 교육을 전체적으로 조망하고 안내하는 교육학 자체는 그 통합적, 유기체적 정체성을 잃고 혼돈에 빠진 듯한 느낌을 받습니다. 이와 관련하여 우리 교육학은, 그 강점 이면에 엄혹한 입시교육체제 등 많은 문제점을 노정하고 있는 교육현실에 대해, 폭넓고 상호관계적인 시야에서 설명하고 치유해 가는데 무기력한 양상을 보이기도 합니다. 이제는 세부 전문분야의 시각과 성과들을 큰 틀에 하나로 모으고 연결해 내며, 그런 관점으로 교육현실을 역동적으로 돌아보는, 통합적이며 유기체적인 교육학의 길을 다시 열어갈 필요가 있겠습니다. 이는 저자들이 이 책을 함께 만들면서 더욱 새겨 보게 된 문제의식으로, 보다 성숙한 구현은 앞으로의 숙제로 남기고자 합니다.

저자들은 숙의 끝에 이 책의 제목을 『미래를 여는 교육학』으로 정했습니다. 이 책의 교육학적 사색이 우리 삶과 교육의 밝은 미래를 이끌어내는 디딤돌이 되기를 희망하는 제목입니다. '미래'라고 하면 흔히 다가오는 사회 변화상부터 떠올리게 되지만, 우리가 꿈꾸는 교육적 미래의 정수는 이미 오래 전 교육과 교육학이 탄생했을 때부터 존재해 왔는지도 모릅니다. 누구나 다 아는데 미처 이루지 못했던, 그래서 늘 숙제로 안고 있는 교육 본연의 길들, 그리고 교육학의 비전들이 있습니다. 교육과 교육학의 역사와 더불어 언제나 존재하며 익어온 지식과 지혜들을 다시금 차분하게 돌아보고 새롭게 조명하는 노력이야말로, 교육적 미래의 빛을 끌어내는데 가장 기초적인 일이 아닐까 합니다. 이는, 저자들이 미래를 지향하면서도 우선 각 세부 영역의 교육적, 교육학적 지식 및 지혜를 정리하고자 힘쓴 것에 대한 변이 될 것입니다. 이 책을 통해, 교육학의 입문자들을 비롯한 여러 층의 독자들이 우리의 교육과 교육학의 세계에 대한 깊고 넓은 통찰과 실천의 힘을 형성해 가는데 도움을 받을 수 있기를 기대합니다.

2019년 2월
연세대학교 교육과학관에서
저자 일동

PART 01

교육과 교육학의 토대

PART 02

교육과 교육학의 실천적 확장

CHAPTER 06   **교육행정:** 교육과 학습 지원을 위한 이론과 실천

이무성

CHAPTER 10 **고등교육:** 챗GPT를 활용한 고등교육의 이해

이병식

CHAPTER 11　**인적자원개발:** 일터에서의 학습과 실천

오석영

CHAPTER 12　**일의 교육학:** 평생학습시대의 일과 배움

장원섭

CHAPTER 13 **비교교육학:** 교육의 국제화, 새로운 패러다임

김성원

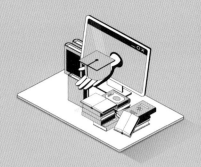

PART 01

교육과
교육학의 토대

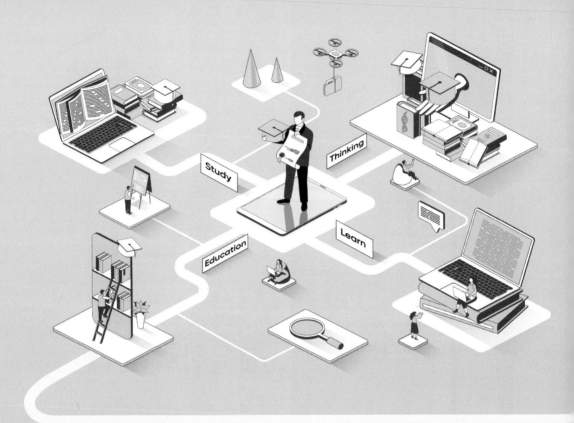

CHAPTER

01

교육철학과 교육사학:
교육현상을 보는 철학과 역사의 눈

교육철학과 교육사학:
교육현상을 보는 철학과 역사의 눈

황금중

01 ▶ 교육철학: 교육현상을 보는 철학의 눈

❶ 교육철학의 개념과 교육학적 위상

교육철학은 '교육 현상'에 대해 '철학적 눈'으로 바라보고 설명하는 학문이다. '교육 현상'이란 넓게 보면 '바람직한 인간 형성'을 둘러싼 제반의 일로서, 공간적으로 학교만이 아니라 가정, 사회 전반에서 진행되고, 시간적으로 초·중·고등 단계의 학생시절은 물론이고 태아 때부터 노인에 이르기까지 평생에 걸쳐 진행된다. 교육 현상은 그 자체로 고립되거나 독립된 현상이라기보다 여타의 사회, 문화, 정치, 경제 현상과 긴밀하게 연결되어 있기도 하다. 그러면 이런 교육 현상을 '철학적 눈'으로 바라본다는 것은 무슨 뜻일까? 철학이란 인간과 세계의 실상에 대한 인식과 이로부터 도출 가능한 인간의 길에 대한 인식 관심을 근간으로 하는 학문이다. 즉 인간과 세계의 본연의 모습은 무엇이고 그것은 어떻게 인식할 수 있으며, 나아가 그 본연의 모습과 연계된 인간의 길에 대해 묻고 답하는 학문이다. 이런 질문 영역은 세부적으로 존재론, 인식론, 가치론, 본체론, 심성론, 공부론, 수양론 등으로 표현되기도 한다. 결국 교육철학이란 인간 형성으로서의 교육의 의미, 목적, 내용, 방법, 공간, 시간에 대해, 인간과 세계의 실상 및 그 길에 대한 관점으로서의 인간관, 세계관, 진리관, 인식관, 윤리관, 지행관 등의 철학적 시각을 결부시켜 질문하고 답을 구하는 학문이라고 할 수 있다.

인류의 지성사에서 교육학의 뿌리는 무엇보다 교육에 대한 철학적 논의 및 실천에 있었다고 볼 수 있다. 교육학적 사유의 싹을 틔운 서양의 소크라테스와 플라톤, 아리스토텔레스, 동양의 공자와 맹자, 노자는 물론이고, 근대적 형태의 교육학의 탄생에 기여한 헤르바르트나 듀이의 교육에 대한 접근은 기본적으로 현대적 의미의 교육철학적 접근이었다. 현대에 이르러 교육학은 다양한 분과 학문으로 분화되었지만 그 원형은 무엇보다 교육철학의 모습을 지닌다. 하긴 모든 학문의 출발이 철학이었다는 사실을 상기해 보면 자연스럽게 이해되는 부분이다. 교육학이 교육철학적 성격을 지니고 시작되었다는 사실은, 현대 교육학의 다양한 분과학문을 연결하며 교육학 자체의 의미와 과제를 지속적으로 재구성하는 과제가 근본적으로 교육철학에 있음을 보여준다. 교육철학은 교육학의 전 영역에 걸쳐 각 분과 학문의 존재 의미와 기초 개념들에 대한 관점을 제공함과 동시에 분과 학문들의 성과를 교육학이라는 하나의 학문 체계 속에 수렴해서 의미부여하는 역할을 한다. 교육학의 분과 학문은 교육의 개념과 목적의 문제를 비롯해서 교육의 문화 및 내용교육사, 교육인류, 교육과정, 주체 및 방법교육심리, 교수학습, 교육공학, 상담교육, 사회적 맥락 및 환경과 공간교육사회, 교육행정, 교육경제, 고등교육, 인적자원개발, 비교교육, 평가교육평가의 문제를 탐구하기 위한 구도로 분화되어 있는데, 모든 분과 학문의 기초적 문제의식과 개념 정리를 위해서 교육철학적 눈이 개입되지 않을 수 없다. 그러니 교육철학의 소양은 교육학을 공부하는 사람들이 가져야 할 가장 기초적인 것이기도 하다.

❷ '철학의 눈'과 교육철학

앞서 철학은 인간과 세계의 실상과 그 길에 대한 인식 관심을 기본으로 하는 학문이라고 했다. 사실 이런 인식 관심은 정치학, 경제학, 사회학, 문학, 그리고 제반의 자연과학 등 모든 세부 영역의 학문에 해당되는 설명일 수 있기에 지나치게 넓은 규정이 아닐까 하는 의심도 생긴다. 그런데 철학은 다른 학문에 비해서 이 문제를 가장 근본적이고 포괄적인 차원에서 접근한다는데 특징이 있다. 물론 이는 철학의 역할에 대한 일반적인 설명이고, 철학 내부에서는 유파들 간에 철학적 정체성에 대한 규정에 있어 세부적인 차이 및 특징을 보인다. 그렇지만 어떤 철학적 유파든 공통적으로 인간과 세계의 실상과 그 길을 둘러싼 인식 관심의 끈과 연결되어 있음은 틀림없다. 철학의 역사에서는 그 인식의 통로로서 감각적 차원에서 이지－개념적 차원, 초월적 차원에 이르기까지 다양한 차원의 시각이 거론되었다. 어떤 철학의 유파는 이 중에서 일부 차원의 시각만을 인정하거나 강조하고, 어떤 철학은 모든 차원의 시각이 통합적으로 필요하다고 여긴다. 인간과 세계의 실상은 우리의 감각이나 사유 작용으로 쉽게 파악될 수 있어 보이는 부분도 있고, 깊이 숨겨져 있어서 이지적 추리나 개념적 분석의 한계까지 넘어선 듯 보이는 부분도 있다. 따라서 실상의 온전한 파악을 위해 통합적 시야는 불가피하다고 할 수 있다. 감각적 관찰이나 개념적 설명의 경계를 넘어서는 부분에 대해서는, 그것을 단순히 신비화하며 철학적 사유의 영역에서 추방해 버리기보다 충분히 열어 놓고 보는 자세가 필요하다. 인간과 세계를 둘러싼 가장 근원적이며 궁극적인 차원의 실상에 대한 이해에 있어서는, 그것은 흔히 형이상학적, 종교적 이해 영역과도 겹치기도 하는데, 인간의 언어적, 개념적, 논리적 도구가 지니는 한계는 분명하다. 그렇다고 해도 궁극적인 차원에 대한 이해의 시도는 인간과 세계의 실상을 온전하게 들여다보기 위해 불가피한 것이다. 접근의 어려움 때문에 이 차원의 이해를 방기하거나 무시한다면 인간과 세계의 실상에 대한 이해는 기껏해야 감각적, 개념적 설명이 허락하는 부분에만 갇힐 수밖에 없다. 이를 넘어서기 위해 감각과 영혼, 감성과 이성, 지와 행, 추리와 직관이 통합적으로 녹아든 인식의 방법적 추구가 필요하다.

　인간과 세계의 실상과 그 길에 대해 궁극적 차원에서 이해한 사례들은 인류지성사에서 다양한 형태도 등장했다. 유교의 천天이나 태극太極, 리기理氣, 도가의 도道나 무위無爲, 불교의 무상無常, 무아無我나 공空, 소크라테스의 불멸의 영혼, 플라톤의 이데아Idea, 기독교의 신神과 같은 언어들은 그 차원을 설명하기 위해 등장한 것이다. 이 언어들은 각각 인간과 세계의 실상에 대한 깊고 다양한 얘기를 품고 있다. 그렇다고 어느 하나 그 실상 자체는 아니며, 실상에 다가가는 하나의 사다리들일 뿐이다. 물론 이것들은 인류 역사가 공인해 온 크고 좋은 사다리임에는 틀림없다. 실상 자체는 그야말로 인간의 언어로는 결코 도달할 수 없는 신적 영역에 가깝다. 그럼에도 불구하고 인류사에 등장한 뛰어난 지성들은 그 세계를 일정하게 이해했고 그것을 나름의 언어로 풀어내고자 했다. 언어는 태생적으로 한계를 지니고 있지만, 뛰어난 지성들이 남긴 언어들은 그 이면에 인식 통로를 최대한 넓게 동원해서 일구어 낸 통합적 이해를 반영하고 있다. 그 언어들은 감각적, 개념적 차원만이 아니라 초월적 차원의 인식 통로까지 통합적으로 활용해서 도달한 인간과 세계의 실상에 대한 깊고 넓은 이해를 품고 있다. 그 언어들에 담긴 깊고 넓은 통찰의 사례들은, 인간과 세계의 실상을 둘러싼 우리의 이해를 감각적, 개념적 차원에만 묶어 두는 것이 얼마나 성급한 일인가를 보여준다.

장자의 예를 들어보자. 『장자』의 <인간세人間世> 편에서 도를 이해하는 방법으로서의 '심재心齋'를 설명하면서 감각적, 개념적 차원을 넘어 초월적 차원의 인식으로 나아가야 한다는 점을 설득하고 있다. 그는 심재에 대해, 마음이 가는 바를 전일하게 하되, 귀[耳]로 듣지 않고 마음[心]으로 듣고 마음으로 듣지 않고 기氣로 듣는 경지라고 한다.[1] 여기에서 귀는 감각적 차원을, 마음은 개념적 차원을, 기는 초월적 차원을 의미하는 것으로 풀이해 볼 수 있다. 인간과 세계의 실상의 궁극인 도를 이해하기 위해서는 '기'라는 초월적 차원의 인식 통로가 필요하다는 것이다. 장자의 설명에 따르면 기로 듣는다는 것은 비워서

---

1 「莊子」, <人間世>, "回曰: 敢問心齋. 仲尼曰: 若一志, 无聽之以耳而聽之以心, 无聽之以心而聽之以氣! 耳止於聽, 心止於符. 氣也者, 虛而待物者也. 唯道集虛. 虛者, 心齋也."

만물을 맞이하는 상태이다. 즉 자기라는 관념도 내려놓고, 일상의 개념적 인식이나 가치분별 관념도 내려놓고 세상을 있는 그대로 받아들이고 세상과 하나가 되는 상태다. 마치 불교의 <금강경>에서 말하는, 개념의 상相: 我相, 人相, 衆生相, 壽者相의 경계를 해체하고 상호 의존의 모습으로 변화를 지속하는 실상 자체를 이해하는 인식의 경지와도 통한다.[2] 개념적 인식을 넘어서 있기에, 그리고 세상과 분리되어 세상을 바라보는 자기에 대한 의식도 넘어서 있기에, 그래서 우주의 기운 자체가 되어 있기에 초월이라는 말이 가능하다. 그리고 그 초월적 차원은 일종의 특별한 지적 깨달음의 상태라기보다 지적, 실천적 요소가 함께 녹아 있는 총체험적 상태이다. 서양권에서 흔히 이를 직관, 신비로 표현하면서 이지적, 개념적 분석 및 추리 영역과 비교해 소홀히 취급하는 경향이 있었던 반면 장자는 오히려 인간과 세계의 실상 이해를 위해 가장 주목할 영역이라고 주장하는 것이다. 이를 감각적, 개념적 차원과 대비해서 초월적 차원이라고 명명해 본다.

삶의 현실 속의 우리는 인간과 세계의 실상에 접근하고자 하면서도 모든 차원의 눈을 총체적으로 동원하지 못하고 일부 차원에만 갇혀 실상 인식이 피상적인 수준에 머무는 경우가 많다. 혹은 다른 차원의 눈을 통해 볼 수 있는 사실을 무시하고 공격하거나 배제하는 등의 독선에 빠지는 경우도 흔하다. 감각적, 이지-개념적 차원의 눈들이 대세를 이루는 현대에서 특히 이지-개념적 차원의 눈을 절대화하는 이들의 독선적 경향은 우려할 만하다. 이 우려는 소크라테스가 『소크라테스의 변론』에서 아테네의 똑똑한 듯 보이나 실제로는 깊은 통찰이 없이 피상적 수준의 분별적 앎에 갇혀 집착하는 이들을 향해 가졌던 우려와도 비슷하다. 또한 이분법적 가치의 틀에 얽매어 욕망하고 투쟁하는 의식이 지배하는 세상을 향해 가졌던 노자의 우려와도 유사하다.

철학은 인간과 세계의 실상을 바라봄에 있어서 현재의 좁게 형성된 시야의

---

2 이에 대해서는 틱낫한의 『틱낫한 스님의 금강경』(양미성·김동원 역, 장경각, 2004)이 참조된다.

한계를 자각하고 그 한계를 뚫으며 더 깊고 더 높은 이해로 비상하고자 하는 눈을 본질로 한다. 이를 잘 보여주는 좋은 비유들이 있다. 그 중에서 플라톤의 <동굴의 비유>와 장자의 <붕새의 비유>는 백미다.

플라톤은 그의 대표 저작인 『국가』에서, 어두컴컴한 동굴 안에 갇혀 동굴 안만 보며 그것이 세상의 전부인줄 알고 사는 사람들과 동굴 안만이 아니라 밖을 보고 보다 넓은 세상을 경험한 이들을 대비적으로 보여 준다. 이야기에 의하면 평생을 동굴 안에서만 살아 왔던 이들이라면 동굴 밖의 다른 세상은 알 길이 없을 뿐더러 자신들을 위해 밖의 얘기를 들려주는 이들이 있어도 그들의 얘기를 잘 이해할 수 없고, 심지어 그들에 대해 정신이 이상한 자들이라고 생각할 수 있다. 어떤 수준의 인식의 틀에 고착된 경우, 그 인식을 새롭게 하면서 더 넓혀 가는 것이 얼마나 어려운 일인가를, 그리고 더 깊고 넓은 통찰들이 오히려 비웃음을 당할 수 있는 역설적인 상황을 보여주는 것이다. 그런데 동굴 안에 있던 사람 중에 동굴 밖의 경험을 지닌 이의 말을 믿고 그 안내를 따라서 밖으로 나간 이들이 있다. 안내하는 이는 스승이고 안내를 받는 이는 제자라고도 할 수 있다. 그는 자신을 안내하는 이의 첫 동굴 밖 경험에서 그러했던 것처럼, 큰 어려움을 겪으며 다시 동굴 안으로 돌아가고자 하는 마음이 생기기도 한다. 어두운 것에만 익숙하던 눈이 난생 처음으로 환한 햇빛을 만나 아리는 아픔과도 같은 어려움인 것이다. 그러나 그 아픔의 이면에 새로운 세계를 보는 보람이 적지 않아 한걸음씩 더 나아가며 언덕을 오르게 된다. 햇빛을 보는 일도 이제 익숙해져 아픔보다는 즐거움이 점점 더 커진다. 언덕을 오르면서 차츰 세상을 보는 눈을 넓혀가게 된 그 사람은 결국 모든 존재를 비추는 태양을 직접 볼 수 있게 된다. 플라톤에게서 태양은 존재의 궁극이며 원천을 상징하기에 태양을 보았다는 것은 인간과 세계의 실상에 대한 이해가 최고조에 달했음을 의미하기도 한다. 태양을 본 그는 아직 동굴 안에 갇힌 이들을 떠올리고 연민하며 그들에게 동굴 밖의 넓은 세상을 안내하기 위해 동굴 안으로 들어간다. 자신의 스승이 그러했던 것처럼 그는 이제 동굴 안에 갇혀 있는 이들의 스승이 되어 그들로 하여금 인식 확장과 심화의 길로 안내한다. 고통을 수반하면서도 깊은 희열과 환희를 주는 그 길로 말이다.

이상의 플라톤의 동굴의 비유는 인간과 세계의 실상에 대한 인식의 폭을 확장하고 심화하는 철학의 길을 잘 보여주고 있다. 덧붙이자면, 플라톤에게 있어 이 철학의 길은 동시에 인간 성장의 길, 즉 교육의 길이기도 했다. 소크라테스에게 있어서와 마찬가지로 플라톤도 철학적 눈을 형성하는 일은 곧 교육적 성장을 이루어내는 일이었다. 인간의 성장이라는 교육의 일에 있어 가장 중요한 것이 철학적 눈을 형성하는 것으로 본 셈이다. 자신을 좁게 가두고 있는 작은 인식의 껍질을 깨고 궁극에 대한 시야까지 획득하기까지 이 철학적, 교육적 성장의 과정은 그 자체에 기존의 익숙한 사유의 틀을 벗어나는 데서 오는 고통과 새롭고 넓은 세계로 나아가는 희열이 함께 따른다는 것을 동굴의 비유는 보여 주고 있다.

장자의 『장자』 <소유유逍遙遊> 편에는 붕새와 작은 메추리가 비교되는 이야기가 등장한다. 붕이라는 새는 그 등이 태산과 같고 날개는 하늘을 덮은 구름과 같이 크다. 남쪽 바다로 갈 때 회오리바람을 타고 구만리를 올라 구름도 없는 곳에서 푸른 하늘을 등지고서 아무 거리낌 없이 수개월을 난다. 이른 봄 작은 메추리가 말한다. "저 것은 어디로 가려는 것인가? 나는 힘껏 날아올라도 몇 길도 오르지 못하여 내려오고, 쑥대 사이를 오락가락하지만 이것도 역시 날아다니는 것이다. 그런데 저 것은 어디로 가려는 것인가?" 장자는 이 얘기에 연결하여 "이것이 작은 것과 큰 것의 차이"이며, "작은 지혜는 큰 지혜에 미치지 못하고, 짧게 사는 것은 오래 사는 것에 미치지 못한다."고 한다. 장자는 메추리의 작은 지혜의 예로써 "지혜는 벼슬 하나를 감당할 만하고, 행동은 한 고을에서 뛰어나고, 덕은 한 임금을 받들기에 적당하고, 능력은 한 나라의 신임을 받을 만한 사람이 자신을 보는 것도 이 메추리와 같다."고 들면서, 이에 대해 영예와 치욕의 한계를 알면서 세상의 칭찬과 비난에 가볍게 흔들리지 않는 현인, 나아가 자기己와 공功, 이름名을 내세움이 없이 천지의 흐름을 타는 신인

神人, 지인至人, 성인聖人을 대비한다. 장자의 비유는 플라톤의 것과 아주 흡사하다. 여기에서도 작은 지혜를 지닌 이는 자신의 한계를 보지 못하고 큰 지혜를 가진 이를 이해하지 못할 뿐 아니라 비웃기까지 한다. 그러나 큰 지혜의 입장에서 작은 지혜의 한계를 자명하게 볼 수 있다. 사람은 작은 지혜의 한계를 뚫고 비상할 수 있어야 자신과 삶, 세계의 진면목을 제대로 보고 길을 찾을 수 있다.

철학은 인간과 세계의 실상에 대한 이해가 플라톤이 말한 바의 동굴 안의 시야에서 동굴 밖의 시야로, 작은 메추리의 시야에서 붕새의 시야로 넓고 깊게 만들어 가는 일이다. 이 이해는 우선 지적 통찰의 성격을 지니지만 그것이 지적인 것에만 한정된다고 보는 것은 오해다. 동굴 밖에서 더 넓은 세상을, 태양을 본 자는 인식의 탁월성만이 아니라 실천의 탁월성도 겸비한다. 붕새는 메추리에 비해 더 높고 넓은 세상을 알 뿐만 아니라 향유하고 창조한다. 인간과 세계의 실상에 대한 이해에는 지적 요소와 실천적 요소가 하나로 포괄되어 있다. 인간과 세계의 실상에 대한 깊고 넓은 이해는 지와 행의 요소가 함께 녹아들고, 감성과 이성의 요소가 공존하며, 감각적, 이지-개념적, 초월적 이해가 하나로 융화되어 가능하다.

교육철학은 이와 같은 철학의 눈으로 교육 현상을 조명하는 학문이다. 인간과 세계를 형성하는 일로서의 교육의 실상과 그 길을 깊고 넓게 이해하는 일이다. 주로 교육의 의미, 목적, 내용, 방법, 교수, 학습, 공부, 학교, 교사, 학생, 시험, 인성, 지식, 지혜, 성장, 교과서教材, 교육제도, 교육정책 등의 문제가 교육철학적 탐색의 대상이 된다. 역사 속에서는 시대적 맥락에 따라 위의 교육의 실상에 관한 여러 문제를 둘러싼 교육철학적 탐색의 결실들이 다양한 형태로 존재한다. 그들의 교육에 대한 이해는 서로 상통하는 면을 지니면서도 동시에 각각 나름의 고유한 통찰을 보여주고 있다. 그 중 어느 것은 옳고 어느 것은 그르다고 할 수는 없이, 각각 교육의 특정 측면을 설명하는 힘을 제공하며 공존하고 있다. 예를 들면 진보주의, 본질주의, 항존주의, 비판이론, 실존주의, 분석철학, 행동주의, 포스트모더니즘, 자연주의, 마음주의 등의 관점이 있다. 교육철학은 이러한 제 관점에 의해 포착된 교육이해의 결실들이 서로 충돌하고 만나면서 형성되어 왔으며 새로운 관점들이 끊임없이 재창조되어 가고 있다.

02 ▶ 교육사학: 교육현상을 보는 역사의 눈

❶ 교육사학의 개념

교육철학이 '철학의 눈'으로 교육 현상을 설명하는 학문이라면 교육사학은 '역사의 눈'으로 교육 현상을 설명하는 학문이다. '역사의 눈'이란 말 그대로 지나간 시간 속의 인간과 사회의 흔적 및 변천 과정에 주목하는 관점이다. 인간 형성이라는 교육의 일은 인간의 삶과 사회가 존재한 모든 시간 속에서 이루어져 왔다. 교육 현상이 비단 학교의 일만이 아니라 학교 밖의 모든 삶의 공간 및 활동가정, 마을공동체, 종교 활동 등에서, 그리고 평생을 거쳐 이루어지는 일이라고 볼 때, 그런 교육이라면 모든 문화권의, 모든 시대에 걸쳐 이루어졌다고 봐야 한다. '인간 형성'의 이념과 목적, 내용 방법, 제도 등을 둘러싼 교육의 역사는 각 문화권, 그리고 각 시대에 걸쳐 특징적으로 전개되는데, 이에 대한 폭넓은 이해는 교육 현상 일반에 대한 인식 및 교육학적 사유의 심화에 있어 필수 자산이 된다.

교육의 역사는 각 문화권별로 특징적인 전개 양상을 지닌다고 했는데, 예를 들면 크게는 서양문화권의 교육사와 동양문화권의 교육사, 더 세부적으로는 유럽교육사, 미국교육사, 아프리카교육사, 중국교육사, 일본교육사, 그리고 한국교육사 등의 구분과 접근이 가능하다. 각 문화권을 배경으로 확립된 교육사는 보편성을 지니는 동시에 특수성을 지닌다. 즉 각 문화권 및 국가는 서로 영향을 주고받음과 동시에 특수한 정체성을 견지하는 역사를 만들어 왔으니, 교육의 역사에 있어서도 서로 상통하면서도 동시에 고유한 특성을 보여주었다. 어떤 문화권이라고 해도, 거기에 '인간'이라는 종의 본성이 보편성을 지니는 한, '인간 형성'의 일에 관한 각 문화권의 교육문명 역시 보편성의 요소를 지니지 않을 수 없다. 그러면서도 동시에 각 문화권은 그들 나름의 삶의 양식 및 사유의 양식과 연관된 특수한 교육문명을 지닌다. 그 특수성에 대해서 그 우열 구분에 관심을 가지는 것은 현명한 일이 아니다. 오히려, 마치 진리는 하나라고 해도 거기에 이르는 길이 여러 가지가 있을 수 있듯이, 바람직한 인간 형성의 양식은 매우 다양할 수 있으며, 각 문화권의 교육문명은 그 나름의 바람직한 인간형성의 양식을 표출해 왔다고 이해함이 좋을 것이다.

예를 들어, 한국교육사를 연구한다고 함은, 한국이라는 문화권과 공간에서 이루어진 인간형성의 역사를 탐색하되, 그 보편성과 특수성을 동시에 규명하면서, 궁극적으로는 현재의 인간형성의 문제를 해명하고 전망하고자 하는 일이다. 현재 모든 문화권과 국가는, 그 구성원들로 하여금, 문화적 정체성을 지니고서 '문화특수적' 생명력을 발하는 국민인 동시에 세계와 조화할 수 있는 건강한 인류로 성장하도록 이끄는 일을 과제로 안고 있다. 한국 역시 예외가 아니다. 이를 위해 한국의 고유하면서도 보편적인 인간형성 양식의 실체 및 그 의미와 한계를 점검하면서, 현재의 당면한 교육 문제를 이해하고 풀어 가는 노력이 요망된다.

❷ '역사의 눈'과 교육사학

교육 현상을 바라보는 '역사의 눈'은 다음 몇 가지로 더 구체화해 볼 수 있다. 교육사학은 역사학의 하위 영역인 동시에 교육학의 하위 영역으로서, 교육에 대한 역사의 눈은 일반 역사학의 기본 방법에 충실하면서도, 실천적이며 응용적 성격이 강한 교육학의 정체성도 함유하고 있다.[3]

---

3 이하 교육의 역사적 연구 관점에 대한 내용은 황금중, "한국교육사·철학 연구의 관점과 방법론", 『한국교육사학』 25-1, 2003, 199-223쪽을 기반으로 재구성한 것이다.

첫째, 교육의 역사에 대한 고찰은 기본적으로 역사학 일반의 실증적이고 엄밀한 사료 처리 방법을 근간으로 한다. 교육사 연구는 연구문제설정, 사료수집, 사료비판, 사료해석이라는 일반 역사연구의 절차를 순환적으로 밟아서 진행된다. 현재의 관심에 입각한 명료한 문제설정, 연구문제와 관련되는 적절하면서도 광범위한 사료의 수집,[4] 사료의 신뢰성과 타당성을 검토하는 사료의 비판,[5] 나아가 이상의 과정을 토대로 한 본격적 사료해석을 통해 교육사 연구는 이루어진다. 그런데 이와 같은 역사 연구의 방법적 절차는 연구의 실제에 대한 논리적인 순서일 뿐, 실제의 연구를 수행함에 있어서는 이러한 단계나 순서가 순환적이고 복합적으로 진행된다. 이를테면 연구문제가 분명하게 설정되지 않은 상태에서도 관련 자료가 수집, 분석되기도 하며, 자료가 수집되는 단계에서 분석과 해석이 이루어지기도 하고, 부분적인 자료의 해석에 기초해서도 역사서술이 시작될 수 있다.

둘째, 교육의 역사에 대한 고찰은 '현재 지향'의 특징을 지닌다. 교육학의 분과로서의 교육사학은 단순히 과거의 교육 현상을 사실적으로 설명하는 차원을 넘어서 그 사실의 현재적 의미를 해석하고 활용하는 데 적극적이다. 역사는 결국 현재의 역사일 수밖에 없다는 역사철학은, 근세의 콜링우드R. G. Collingwood, 1889~1943나, 크로체B. Croce, 1866~1952, 그리고 카아E. H. Carr, 1892~1982 등에 의해 잘 설파된 바 있다. 이들에 의하면, 과거는 그 자체로 존재하는 것이기보다는, 현재라는 창을 통해서 비로소 비춰지는, 현재의 과거일 뿐이다. 역사의 현재성에 대해 콜링우드는 '현재에 봉입封入된 과거'라는 개념으로 표현했고, 카아는 역사는 '현재와 과거의 끊임없는 대화'라고 역설하고 있다. 크로체의 경우는 나

---

4 사료는 일반적으로, 현장성의 반영 여부에 근거하여 '일차 자료'(primary sources)와 '이차 사료'(secondary sources)로 구분하며, 또한 사료의 특성에 입각하여 문헌자료, 구술자료, 통계자료, 유적 등으로 분류한다.

5 사료 비판은, 사료의 진위나 작성 시기와 주체, 그리고 판본과 같은 서지학적 정보를 검토하는 '외적 비판'(external criticism)과 사료의 내용의 정확성과 가치를 평가하는 '내적 비판'(internal criticism)으로 구분된다.

아가 '모든 역사는 현재사'라고 하며, "현재의 생활에 대한 관심만이 사람으로 하여금 과거를 탐구할 수 있도록 하며 따라서 이 의미에서 과거는 오로지 현재의 생활과 현재적 관심에 대한 반응을 나타낼 뿐"이라고 했다. 이들의 말을 종합하면, 역사 연구의 출발이자 중심은 과거가 아닌 현재라고 할 수 있다. 과거는 그 자체로는 아무런 의미가 없고, 현재적 관심에 의해 발굴되고 해석됨으로써 비로소 생명을 얻는다. 이런 관점에서는 랑케가 꾀했던 바의 '있는 그대로의 사실의 복원'이라는 실증주의적 관점은 역사학의 방법적 원칙을 말한 것으로 볼 수 있어도 역사 연구의 목적 자체로 여길 수는 없다. 역사적 접근은 개별적 사실들에 대한 엄밀한 사료 비판과 실증적인 작업을 통해 연구의 객관성을 확보하지 않으면 안 되나, 그럼에도 불구하고 역사 연구에서 자연과학적 객관성의 확보 같은 것은 불가능하다. 역사 연구에 있어 역사가의 현재적 문제의식의 개입은 필연적이기 때문이다.

이렇듯, 단지 있는 그대로의 과거를 재현하는 실증적 관심을 넘어서, 과거를 적극적으로 현재의 창조에 활용하고자 하는 관심으로써 역사에 접근했던 입장은 동양과 서양에 동시에 존재해 왔다.[6] 특히 역사 속의 보편 정신과 가치를 발견해서 현재의 더 나은 삶의 창조에 응용하고자 했던 동·서양의 연구경향은, 교육사 연구의 관점으로서 수용가치가 높다. 사료 속에서 잠자고 있는 인간 형성의 과거 흔적들이 깨어나는 순간은 바로 현재의 교육적 관심에 의해 주목될 때이다. 과거의 흔적들을 통해 드러난 실상 및 가치들은 우리에게 인

---

6 동양에서 역사 서술에 관심을 크게 보였던 유가에서는, 공자의 <춘추>나 사마천의 <사기>에서 보이는 바와 같이, 역사적 사실에 대한 객관적 서술을 기초로 여기에서 보편적인 삶의 가치와 길(道)을 적극적으로 발견하고 현실의 삶의 이해와 개선에 응용하고자 했다. 서양의 경우도 위로는 헤로도투스(Hērodotos, B.C.484?~B.C.425?)의 <역사>나 투키디데스(Thukydides, B.C. 460?~B.C. 400?)의 <펠로폰네소스 전쟁사>에서 보이는 바의 초기 역사 서술에서부터, 부르크하르트(J. Burckhardt, 1818~1897)의 문화사 연구에 이르기까지 냉철한 사실인식을 기반으로 하면서도 그 속에서 삶의 가치와 길을 발견해 내고자 하는 경향은 역사 연구의 큰 흐름으로 자리해 왔다. 이 역사서들에 대한 보다 자세한 안내서로 유시민의 <역사의 역사>(돌베개, 2018)가 참조된다.

간 형성의 이상과 내용, 방법, 제도에 대한 사유의 근거를 제공한다.

셋째, 교육의 역사는 교육사상사, 교육제도사, 교육문화사 등의 교육사학의 하위 영역으로 구분해서 접근가능하다. 인간 형성의 역사를 검토하고자 할때, 과거에 존재했던 인간 형성의 이념과 내용, 방법에 대한 관심으로부터 교육사를 기술할 수 있고, 인간 형성의 제도적 장치와 과정－학교나 선발체제등－에 대한 관심에 입각해서 교육사를 정리할 수도 있다. 전자가 교육사상사라면 후자는 교육제도사의 범주에 포함시킬 수 있는데, 이 두 가지야말로 교육사의 양대 축이라는 것이 일반적 인식이다. 그런데 이 두 영역과 더불어 주목할 필요가 있는 것이 교육문화사이다. 일견, 교육문화사는 교육사상사나 교육제도사와 이미 그 내용이 많이 중첩되기에 별도의 영역으로 설정할 필요가없다고 볼 수도 있으나, 교육사가 인간형성과 관련한 제반의 풍속, 의식, 생활양식, 예술 및 종교행위 등을 포괄해야 한다는 입장을 드러내기 위해서, 이를별도의 영역으로서 설정할 만하다. 이 세 영역을 유기적이고 종합적으로 연관해서 볼 때, 그리고 더 근본적으로 이 세 영역을 사회배경의 맥락과 더불어 고찰할 때, 당시의 인간형성의 역사적 실체를 분명하게 드러낼 수 있게 된다.

그런데 이상의 세 영역 중에서 교육사상사가 인간 형성의 문제를 보다 직접적이고 포괄적으로 담아내는 근본 영역의 위상을 지닌다. 교육제도사의 경우 말 그대로 연구관심이 '제도권' 교육에만 한정되어 있어서 '비제도권' 교육영역은 간과되지 않을 수 없다. 한편 교육문화사의 경우, 주로 교육의 실제에나타나는 미시적인 문제에 초점을 맞추기 때문에 교육이념이나 제도적 전망과관련한 거시적인 측면에 대한 관심은 약하게 된다. 반면에, 교육사상사의 경우교육의 제도적 측면과 비제도적 측면, 교육의 미시적 측면과 거시적 측면 모두를 아우르는 연구관심을 지닌다. 기실, 교육사상의 토대가 없는 교육제도나교육문화는 존재하지 않는다. 이 말은 교육사상의 측면을 간과하고서는 교육제도나 교육문화의 실상을 적절하게 밝혀내기가 어렵다는 뜻이기도 하다. 더욱이 교육사 연구가 다만 과거의 사실을 설명하는 데 그치지 않고 현재의 창조를 지향해야 한다는 관점과 맞물려 있다면, 이를 위해서는 교육제도와 문화를 탐색하더라도 그 속에 내재한 교육적 가치나 정신을 적극적으로 발굴해 내지 않으면 안 되며, 이는 곧 교육사상사 연구의 문제와 연결된다. 교육사상사 분야가 교육사 연구 영역의 줄기라면, 교육제도사나 교육문화사 분야는 가지에 해당한다. 그런데 나무 가지의 광합성 작용으로 줄기가 보다 건실해 질 수 있듯이, 교육제도사나 교육문화사의 보완으로 해서 교육사상사는 온전해 진다.

넷째, 교육의 역사를 입체적으로 파악하기 위해서, 당대의 정치, 종교, 문화, 예술 등의 제 삶의 영역이 함께 고려되어야 한다. 인간 형성이라는 교육현상은 언제나 제 분야에서의 활동과 더불어 그리고 동시에 이루어진다. 더욱이 시간을 먼 과거로 거슬러 올라갈수록 제 분야들은 상호 분리가 되어 있지 않아서, 정치와 종교와 문화 활동이 곧 교육이었으며 그 역도 마찬가지였다. 따라서 과거의 역사적 사실에 담긴 인간 형성의 실상은 제반의 삶의 영역에 대한 종합적인 이해를 통해서만 적실하게 규명될 수 있다. 이이 교육의 역사에 대한 고찰은 통합적 통찰력과 역사적 상상력을 배경으로 진행할 필요가 있고, 여기에 교육문화사나 교육사상사적 시각이 적극적으로 활용될 필요가 있다. 이 과정에서 인접학계의 성과를 충분히 섭렵하고 상호 소통할 수 있어야 할 것이다.

다섯째, 교육의 역사를 입체적으로 이해하기 위해 또 한 가지 필요한 관점은 교육의 제도적인 측면과 비제도적인 측면이 언제나 동시에 고려되는 일이다. 예나 지금이나 교육적 관심의 초점이, 교육을 위해 특별히 고안된 제도적인 틀—학교나 시험제도 등—에 모아지는 것은 자연스러운 일이다. 그런데, 인간 형성으로서의 교육작용은 결코 이와 같은 제도적인 틀에 한정되지 않는다. 특히, 제도적인 정비가 사회의 전구성원들의 교육을 감당하기에 턱없이 부족했던 전통 사회의 경우에는, 비제도적 영역의 교육적 비중이 특히 높았다. 예를 들어, 학교에 대한 기록을 쉽게 찾아보기 어려운 한국 고대 사회는 물론이고, 비교적 국가적으로 체계화된 학교체제를 갖추고 있던 조선 사회의 경우에도, 학교 밖에서 이루어지는 교육—향촌의례 자치활동, 종교활동 등—의 비중과 의미는 막대했다. 그런데, 학교 등 제도권 내의 교육이 특정한 고답적 학술문화를 배경으로 한 것과는 달리, 제도권 밖의 교육은 제도권을 지배한 학술문화와 사상뿐 아니라 다양한 사상 및 종교가 아울러 작용하는 무대였다. 그리고 전통시대에 존재했던 다양한 신분층이 관여하는 교육의 장이었다. 기존의 많은 연구에서 교육의 비제도적 영역은 주로 피지배층의 교육과 관련되고, 제도적 영역은 주로 지배층의 교육과 관련되는 것으로 이해해 왔는데 이는 단선적·피상적 이해이므로 수정될 필요가 있다. 비제도권 교육은 교육의 주체 면에서나 내용 면에서나 다양성과 역동성을 특징으로 하고 있다.

여섯째, 한 문화권의 교육의 역사는 다른 문화권의 것과의 상호작용을 통해서 진행되어 있기에 그 실체에 대한 이해를 위해 문화권 간이나 국가 간의 영향 관계를 둘러싼 비교적 접근도 요구된다. 예를 들면 한국교육사는 주변의 중국이나 일본의 교육사와의 비교를 통해, 나아가 특히 근현대 이후에는 서양권 국가들의 교육사와의 비교를 통해 그 전개과정의 특징이 잘 드러날 수 있고, 나아가 그 특수성과 보편성이 보다 선명하게 포착될 수 있다.

03 교육철학과 교육사학의 관계, 그리고 교육사상사

❶ 교육철학과 교육사학의 관계

교육철학과 교육사학은 서로 분리해서 생각하기 어려운 관계에 있다. 마치 수레바퀴의 양 바퀴와 같이 서로를 지탱해 주고 있다. 먼저 풍부한 교육철학적 안목은 교육사에 대한 이해로부터 나온다. 교육현상에 대한 역사적 이해의 과정에서 자연스럽게 교육을 둘러싼 인간과 삶, 사회의 본질에 대한 통찰력이 강화되고 이것이 곧 교육철학적 안목의 성장으로 이어진다. 교육현상의 본질에 대한 진지한 철학적 탐구의 과정은 자연히 시야를 교육이 일어나는 실제 현상으로 이끌게 하는데, 이 현상에는 현재만이 아니라 과거도 포함되어 있다. 실제 교육이 진행된 역사에 대한 이해가 없다면 교육에 대한 철학적 사유는 실상과 괴리된 관념으로 치닫기 십상이다. 그것도 하나의 교육철학일 수는 있으나 생명력과 파급력 측면에서 회의적이다. 인류의 위대한 교육철학들은 과거와 현재의 교육실상에 대한 풍부한 이해로부터 나왔다. 역사 속에서 어떤 교육사상 및 문제가 어떻게 제기되고 전개되어 가는가 등에 대한 풍부한 인식은 필히 철학적 안목에 균형감과 현실성을 더할 수 있다. 역사에 대한 공부가 부재한 철학은 그 깊이와 넓이에 한계가 있을 수밖에 없다.

한편 교육현상에 대한 역사적 이해는 교육철학적 안목을 토대로 더욱 풍부해 질 수 있다. 철학적 안목이 개입이 되어야 연구대상이 되는 역사적 사실은 단편적이고 파편적인 사실에 머물지 않고 그 속에 담긴 보편적 의미와 정신, 현재적 의미까지도 정당하게 해석될 수 있다. 역사적 사실에 대한, 단순 실증을 넘어선 풍부한 해석의 힘의 상당부분은 철학적 안목에서 나온다. 철학적 안목이 없는 역사적 안목은 맹목적이고, 역사적 안목이 없는 철학적 안목은 공허하다. 교육철학 없는 교육사학은 맹목적이고 교육사학 없는 교육철학은 공허하다.

교육철학과 교육사학이라는 두 학문은 긴밀한 상호 연관 및 의존관계를 넘어서 궁극적으로 그 지향점을 공유한다. 즉 양자는 궁극적으로 교육의 본질 및 교육정신을 탐색하는 길을 향하고 있다. 교육사 연구는, 과거에서 오늘에 이르기까지 역사 속에서 숨쉬어온 각종 교육제도와 내용, 방법의 등장과 변화 추이를 들여다보면서 교육의 보편적 의미와 본질에 접근하며, 교육철학 연구는 보다 직접적으로 교육과 교육학의 개념, 의미, 목적, 내용, 방법 등의 문제를 논리적, 분석적, 해석학적으로 탐색하면서 교육에 대한 본질적 이해를 추구한다.

❷ 교육철학과 교육사학의 접점으로서의 교육사상사

이렇게 서로 긴밀한 연관관계에 있는 교육사학과 교육철학이 만나는 학문

영역을 꼽는다면 그것은 '교육사상사' 영역이다. 교육사상사는 한편으로 교육
제도사나 교육문화사 등과 더불어 교육사학의 가장 핵심적인 부분으로서 과거
의 역사 속에서 제기되었던 교육의 의미와 본질, 그리고 실제에 관한 논리적
인 사색의 결실들을 탐색한다. 다른 한편으로 교육사상사는 각 시대에 등장한
교육철학적 사유와 실천의 역사라는 점에서 교육철학의 핵심 부분이기도 하
다. 결국 교육사상사는 교육사와 교육철학을 잇는 다리이며 공통의 핵심 영역
이다. 교육사상사를 중심으로 해서 교육사학과 교육철학의 토대를 다지는 작
업은 모든 문명사회의 교육의 이론과 실제의 발전을 위해 긴요한 일이다.

교육사상사에 대한 접근 방식은 크게 두 가지로 나누어 볼 수 있다. 하나
는 교육사상을 하나의 시대적인 산물로 이해하는 전제에서, 그 교육사상이 당
대의 정치, 경제, 문화 등의 사회적 맥락을 어떻게 반영하고 나아가 제도적,
비제도적 교육의 실제의 이념과 내용으로 작용해 갔는가를 추적하는 것이다.
다른 하나는 특정 교육사상가나 학파의 교육사상을 중심으로, 그 교육사상의
보다 보편적이고 철학적 측면, 즉 시대성을 넘어서 보편적 인간과 교육이해를
철학적으로 드러내는 일에 천착하는 방식이다. 궁극적으로 현재적 유용성을
지향하는 교육사상사 연구에서 이 두 가지 관점은 모두 필요하다. 전자를 배
제하면 교육사상이 지니는 시대적 맥락이나 교육 실제와의 관련 요소를 소홀
히 하게 되고, 후자를 배제하면 시대를 넘어서 현재로 전해오는 보편적 울림
에 귀를 닫을 수 있다. 따라서 현대적 실용성을 염두에 두면서 과거의 교육사
상을 돌아보고자 할 때, 위의 양 측면을 모두 고려해야만 그에 대한 비판적 계
승이 가능할 것이다.

이 중 교육사상사에 대한 후자의 접근 방식은 교육철학의 일과 거의 상통
한다. 시대를 대표하는 큰 교육사상가들은 동시에 큰 철학자요, 역사가인 경우
가 많은데, 이들은 자신이 당면한 시대적 문제를 매개로 해서 세계와 인간, 그
리고 교육의 보편적이고 본질적인 의미와 역할에 대해서 숙고하면서 창조적
방식으로 교육의 지표와 내용을 제시하곤 했다. 이들의 교육적 사색의 결실은

표 1.1 시대 구분으로 보는 동·서양 교육사상사 전개의 기본 골격

시대구분	서양	동양
Ⅰ. 고대(Ancient) 서: BC 8~AD 5세기 동: BC 8~AD 7세기	그리스: 폴리스 시대~헬레니즘 시대(BC8~BC2세기)**7** 로마: 왕정 및 공화정 로마 시대~로마 제국 건설~서로마 제국 멸망 시기(BC8~AD5세기)**8**	인도: 도시국가(십육대국), 마우리아왕조, 쿠샨왕조 시대(BC6~AD4세기) 중국: 춘추전국, 진, 한, 위진남북조 시대(BC8~AD6세기)**9** 한국: 고조선~삼국 시대(BC?~AD7세기)**10**
	소크라테스, 플라톤, 아리스토텔레스, 에픽테투스, 키케로, 퀸딜리아누스	유가, 도가, 묵가, 법가, 현학, 선(仙) 인도불교사상(근본, 부파, 대승)
Ⅱ. 중세(Medieval) 서: 5~15세기 동: 7~14세기	동로마 제국(비잔티움 제국), 신성로마 제국 체제의 기독교 중심 시대(5~15세기)	중국: 수, 당 시대(7~10세기) 한국: 남북국, 고려 시대(7~14세기)
	기독교 사상(아우구스티누스, 에크하르트, 토마스 아퀴나스)	동북아 대승불교 사상(천태종, 화엄종, 선종, 교선융화사상)
Ⅲ. 근세(Early Modern) 서: 14~18세기 동: 12~18세기	르네상스, 종교개혁에서 혁명의 시대까지(14~18세기)	중국: 송, 원, 명, 청 시대(11~18세기) 한국: 고려말, 조선 시대(14~18세기)
	인본주의(베르게리우스, 에라스무스, 몽테뉴), 종교개혁사상(루터), 실학주의(코메니우스), 계몽주의 및 자연주의(루소)	신유학 사상(주자학 및 성리학, 양명학, 실학)
Ⅳ. 근대(Modern) 서: 19세기 이후 동: 19세기 이후	현대적 인간상과 민주주의적 가치 관념의 정비 및 확산의 시대	서양 근대와의 만남과 문명의 대전환의 시대
	페스탈로치, 헤르바르트, 프뢰벨, 듀이**11**	츠앙치퉁(張之洞), 타오싱즈(陶行知), 박은식(朴殷植), 안창호(安昌浩), 후쿠자와 유기치(福澤諭吉) 등

---

7 고대 그리스의 역사는 그리스 상고기(Archaic Greece, BC770~BC403), 그리스 고전기(Classical Greece, BC510~BC323), 그리고 헬레니즘 시기(Hellenistic Greece, BC323~BC146)로 전개된다. 헬레니즘 시대는 알렉산드로스 왕이 사망한 BC323년에서 그리스의 중심이 로마에 의해 정복된 BC146년까지의 기간을 이른다.

8 로마의 역사는 왕정 로마(BC753~BC509), 공화정 로마(BC509~BC27)를 거쳐 제정의 로마 제국(BC27~AD1453)으로 전개된다. BC27년에 아우구스투스 황제에 의해 출발한 로마 제국은 이후 AD395년에 동서로마 제국으로 분리를 거치며, AD476년에는 서로마 제국이 멸망한다. 여기까지가 고대 로마의 역사다. 한편 동로마 제국은 서로마 제국이 멸망한 이후에도 AD1453년까지

시대의 산물인 동시에 시대의 위기를 돌파하는 나침반의 역할을 했으며, 나아
가 시대를 초월한 보편적인 교육적 지혜로서 축적되어 왔다. 이들의 교육사상
을 등대 삼아서 인류의 교육문명은 지속적으로 반추되고 성장해 가고 있다.
오늘의 교육문제를 성찰하고 방향성을 모색해 감에 있어서 이들 교육사상을
고찰하지 않을 수 없는 이유가 바로 여기에 있다. 동양과 서양의 문명이 본격
적인 만남을 가진 지 한 세기를 보내면서 여전히 새로운 문명 질서에 걸맞은
새로운 교육패러다임의 창출에 어려움을 겪고 있는 현실을 감안할 때, 지나간
시대의 대표적인 교육사상들에 대한 반조는 더욱 큰 의미를 지닌다.

04 > 역사 속의 교육철학의 조류들

동서양의 교육의 역사 속에서는 교육의 의미에 대한 선명한 관점 제기와

존속하면서 서양의 중세 역사의 구심점 역할을 한다.

9 중국에서 교육사상사적으로 의미 있는 역사는 춘추전국 시대부터 시작되는데, 즉 춘추(春秋, BC770~
BC403), 전국(戰國, BC403~BC221), 진(秦, BC221~BC206), 한(漢, BC206~AD220), 위진
남북조(魏晉南北朝, 220~581), 수(隨, 581~618) 당(唐, 618~907), 오대십국(五代十國,
907~979), 송(宋, 960~1279), 원(元, 1279~1368), 명(明, 1368~1644), 청(淸, 1644~1911)
으로 이어진다.

10 한국의 경우, 삼국시대 이전 고조선(古朝鮮)의 역사가 존재했고 이는 중국의 하(夏), 은(殷), 주
(周)에서 춘추전국 시대로 흐르는 중국의 역사와 상호 영향 관계 속에서 전개되어 왔다고 보여
진다. 다만 관련 문헌 사료의 소실이 커서 그것을 설명할 사료적 근거의 구축의 문제가 학계의
과제로 남아있다. 고조선의 역사를 이끌었을 사상의 흔적은 후대의 역사서(『삼국사기』, 『삼국유
사』 등)에서 나라 고유의 사상으로 묘사되는 '선(仙)' 혹은 '풍류(風流)' 같은 것을 실마리로 하
여 탐색해 갈 수 있을 것이다.

11 서양교육사상의 시대별 흐름에 대한 전반적 이해를 위한 안내서로서 주영흠의 『서양교육사상사』
(양서원, 1995)를 비롯해서 그간 출판된 다양한 관련 저서들이 참조된다. 그리고 서양 역사 속의
대표적인 교육사상가들의 교육철학에 대한 설명에 초점을 맞춘 저술로는 연세대학교 교육철학연
구회 편, 『위대한 교육사상가들 I ~ VI』(교육과학사, 1996~2002)이 주목된다. 또한 그간 연구
가 특히 부족했던 바의, 서양 르네상스기 인본주의 교육사상 전반에 대해서는 김창환의 『인본주
의 교육사상』(학지사, 2007)이 참조된다.

더불어 그 시대와 사회의 교육 문제를 진단하고 풀어가고자 했던 교육철학적 사유와 실천의 범례들이 있다. 이러한 사례들을 통해 우리는 교육에 대해 철학적 눈으로 바라본다는 것이 무엇을 의미하는지, 그런 시각이 얼마나 다양하게 전개될 수 있는지, 나아가 교육에 대한 철학적 사유가 역사와 어떻게 호응하면서 그 시대적, 사회적 역할을 하는지에 대해 사색해 볼 수 있다. 이에 역사 속에서 작동해 온 교육철학적 사유 방식의 사례를 선별해 살펴보는 것은 교육철학의 존재 이유와 의미에 대한 이해를 갖는 데 도움을 준다. 어떤 것이 포함될 수 있을까?

동서양의 역사 속에는 다양한 교육사상을 대표하는 인물들 및 유파들이 존재해 왔다. 인물들로 보면 서양의 경우 소크라테스, 플라톤, 아리스토텔레스, 아우구스티누스, 코메니우스, 루소, 헤르바르트, 페스탈로찌, 프뢰벨, 듀이 등이, 동양의 경우 공자, 붓다, 노자, 주희, 왕수인, 이황, 이이, 도행지 등이 먼저 떠오르는데, 이 외에도 수많은 교육사상사를 거론할 수 있다. 이들은 각각 교육철학적 견해를 특징적으로 보여주었는데 이 지면을 통해 다 살피기는 어렵다. 역사 속에 존재해 온 교육철학적 사유의 사례를 검토하고자 하는 이 글의 목적상 그 사유의 방식에 따라 몇 가지 범주로 묶어서 살펴보는 것이 도움이 된다. 서구권의 논의와 그 영향하에 있는 국내 논의들에서는 관례상 '~론', '~주의', '~학'이라는 표현으로 그 사유의 방식을 설명해 왔다. 예를 들면 관념론관념주의: idealism, 실재론실재주의: realism, 실용론실용주의: pragmatism, 진보주의progressivism, 본질주의essentialism, 항존주의perennialism, 재건주의reconstructionism, 비판이론critical theory, 실존주의existentialism, 자연주의naturalism, 구조주의structuralism, 포스트모더니즘postmodernism, 해석학hemeneutics, 현상학phenomenology, 분석철학analytic philosophy, 실증주의positivism, 행동주의behaviorism 등이 그것이다. 학계의 일각에서 제기하듯 이런 학파 분류는 그 구분의 경계가 모호하며 각각에 포함되는 내용에 있어 저술 간에 일관성을 지니지 못하는 등의 문제점이 없지 않다.[12] 그래도 이

---

12 R. Bailey, R. Barrow, D. Carr, C. McCarthy, 이지헌 역, 『교육철학 1: 이론과 역사』, 학지사,

런 식의 분류는 교육의 철학적 사유방식의 다양한 전개 양상을 개괄하는데 유용한 면이 있다. 다만 이 분류방식을 활용하는 이들 각자가 세운 기준에 따라 각 교육철학 사조의 중요도 및 의미는 달리 취급될 수 있고, 주요 사조들이 취사선택되거나 아예 새롭게 구성한 것이 편입될 수도 있다.

이 책에서는 이러한 분류방식을 기본적으로 존중하면서, 다음 두 가지 기준에 충족하는 사조 패러다임을 선별하고 구성해서 서술해 보고자 한다. 그 기준이란 1) 그 패러다임 자체로부터 교육에 대한 현상적 설명과 규범적 지향의 관점을 동시에 볼 수 있는 것, 2) 교육에 대한 연역적, 조작적 개념정리가 아닌, 역사적으로 제기된 교육적 문제에 대한 시대적 응답으로 나타난 것이다. 이런 기준에서 우선 철학적 연구 방법론으로서의 성격이 강하고, 이에 교육의 현상적 설명에 대한 관점은 있으나 그 패러다임 자체 논리로부터 교육의 규범적 지향점이 필연적으로 도출되지 않는 경우예로 분석철학, 해석학, 현상학, 실증주의 등,**13** 또 시대적 교육문제에 대한 응답으로서 등장하기보다, 지식 및 진리에 관한 순수 철학적 관점으로부터 교육의 의미를 연역해 내고자 한 경우예로 넬러가 분류한 바의, 관념론 및 관념주의, 실재론 및 실재주의, 실용론 및 실용주의**14**, 그리고 또 한 시대의 세계관으로 풍미했고 교육 현상을 설명하는 관점의 다양화에 일정한 역할을 했으나 교육의 의미 및 규범적 지향에 대한 분명하고 일관된 시각을 제공했다고는 보기 어려운 경우예로 구조주의, 후기구조의, 포스트모더니즘**15** 등은 이 책에서는 제외하기로 한다.

2013, 50−54쪽.

13 분석철학이나 행동주의의 경우 교육의 의미 설명에 대한 정형화된 교육개념 규정이 있는 듯 보인다. 교육개념에 대한 분석철학계의 피터스의 정의("가치있는 삶의 양식에로의 입문")나 허스트의 정의("사회적 실제로의 입문"), 그리고 실증주의 및 행동주의 계열의 정범모의 정의("인간 행동의 계획적인 변화")가 그 사조의 정형화된 형태로 인정되는 듯하기 때문이다. 그런데 이는 분석철학적 방법으로, 그리고 실증주의적 행동주의적 관점에서 도출된 주요한 조작적 개념 정의의 사례들이지, 그 사조 자체의 논리로부터 필연적으로 도출된 유일한 형태로 보는 것은 적절치 않을 것이다. R.S. 피터스, 이홍우 외 역, 『윤리학과 교육』, 교육과학사, 2003; 정범모, 『교육과 교육학』, 배영사, 2000 참조.

14 G.F. 넬러, 정희숙 옮김, 『교육철학이란 무엇인가』, 서광사, 22−30쪽.

15 구조주의, 후기구조주의, 포스트모더니즘의 관점에 대해서는 본문에서 다루지 않는 대신 여기서

　　결국 이 책에서는 이런 판단 준거를 기초로 기존 사조 중에서 진보주의, 본질주의, 항존주의, 비판이론, 실존주의, 자연주의를 꼽고 마음주의를 새롭게 구성해서 편입시켜서 핵심적으로 살펴보기로 한다. 진보주의, 본질주의, 항존주의는 미국 교육의 현대화 과정에서 역사적으로 등장한 교육철학 사조로서, 교육의 의미와 역할에 대한 미국의 현대적 관점을 특징적으로 보여줄 뿐 아니라 교육에 대한 서양 전통의 관점도 상당부분 대변하고 있기에 교육철학 입문의 단계에서 검토의 가치가 있다. 다음으로 비판이론과 실존주의는 현대 유럽

　　그 사유의 특징을 간략하게만 집어 보기로 한다. 구조주의는 어떤 사물의 의미가 독립된 개별자로서가 아니라 그 사물이 속하는 전체 세계 속에서 다른 사물들과의 관계에 따라 규정된다는 인식을 전제로 한다. 말하자면 사물의 참된 의미는 그 사물 자체의 속성과 기능에서가 아니라 사물들 간의 관계에 따라 결정된다는, 사물간의 관계망 속에서 사물이 지니는 위치에 따라 결정된다는 인식을 깔고 있다. 이런 관점 아래에서 구조주의는 인간 개인의 행위나 의식 등도 이를 둘러싼 총체적인 구조나 체계에 대한 탐구를 통해 이해해 가고자 한다. 구조주의적 사유는 소쉬르(F. Saussure, 1857~1913)의 언어학에서 출발하여, 라캉(J. Lacan, 1901~1981)의 정신분석학, 레비스트로스(C. Levi−Strauss, 1908~2009)의 인류학, 바르트(R. Barthes, 1915~1980)의 사회학, 알튀세르(L. Althusser, 1918~1990)의 정치학, 푸코(M. Foucault, 1926~1984)의 역사학 등 다방면으로 전개된다. 구조주의는 특히 인간 주체 문제에 있어 그 주체 앞에 구조를 강조하면서 인간의 주체론을 중심에 둔 실존주의와 대응하며 20세기의 가장 영향력 있는 사상으로 자리 잡는다. 라캉과 푸코, 나아가 데리다(J. Derrida, 1930~2004), 들뢰즈(G. Deleuze, 1925~1995), 료타르(J.−F. Lyotard, 1924~1998) 등의 구조주의는 후기구조주의라고도 불리는데, 구조를 선험적, 보편적인 것으로 이해하고자 한 초기구조주의에 대해 그 구조가 정적임을 비판하며 구조의 역사성과 상대성을 주목한다. 후기구조주의에서는 초기구조주의에서 거의 무시되었던 종교와 역사의 역할, 그리고 인간과 사회의 역동성을 중시한다. 후기구조주의는 곧 보편이성을 기반으로 해 온 모더니즘에 대해 다원성, 개체성을 극단적으로 부각했던 포스트모더니즘의 형성과 발달의 역사 자체와도 연결되고 있다. 구조주의에서 포스트모더니즘에 이르는 인간을 구조적·관계적 맥락에서 이해하는 경향은 주체의 해체론을 낳기도 하였다. 구조주의와 후기구조주의, 그리고 포스트모더니즘은 인간 형성으로서의 교육의 일에 있어서의 구조와 관계의 영향, 인간 및 인간 형성의 다양성 다원성, 차이성, 개별성에 대해 사색할 수 있는 길을 열어 주었다. 교육의 주체에 대한 전통적 이해―주체의 독립성 자율성 등―에 대해 주체의 구조적 구속성에 대해 상기시키기도 했다. 이는 기존의 주체론에 대한 근원적인 성찰의 계기로 작용했다. 그렇다고 해서 기존의 주체론이 모두 무너졌는가? 주체의 구조적 관계적 맥락 및 주체의 비독립성을 수용하면서도 주체의 자율적 힘을 상상할 수 있는 길은 없는가? 그 길은 실존주의 같은 기존의 사상 속에, 그리고 동양의 불교나 도가의 사유 등을 기반으로 얼마든지 모색해 볼 수 있다. 현대사상의 새로운 발전 경로는, 언제나 그랬듯이, 크게 열려 있다.

사회의 암울한 시대적 배경 위에서 실천적 문제의식을 띠고 등장한 철학적 조류로서 암울한 시대 이후의 교육의 의미와 역할에 대한 철학적 사유의 전개에서 중대한 영향을 미쳤기에 다룰 가치가 있다. 자연주의는 동서양 전통에서 우주적, 이법적 질서로서의 자연을 근간으로 교육을 사색하며 시대적 교육문제를 풀고자 한 사례로서 검토의 가치가 있다. 마지막으로 마음주의는, 그간 서구권 중심으로 전개된 교육철학적 조류의 검토에서 소외되었던 동양의 유불도 교육철학의 역사적 사례에 주목하는 경우로서, 유불도 사상의 마음공부 중심의 교육적 사유와 실천 전통과 그 현대적 계승의 흐름을 담아내기 위해 새롭게 제안된 것이다. 결국 이상의 사조가 담고 있는 진보, 본질, 항존, 비판, 실존, 자연, 마음이라는 키워드를 중심으로 은 각각 교육의 본질을 이해하는 키워드로서의 의미를 지닌다.

❶ 진보주의(Progressivism)

진보주의는 19세기 말에서 20세기 초반을 거쳐 미국의 현대교육의 방향 제시와 실천적 기초를 마련하는 데 큰 역할을 했던 교육사조이다. 미국 사회만이 아니라 민주주의를 지향한 20세기 이후 세계 모든 국가의 교육의 이론과 실천에 중요한 영향을 미치게 된다. 진보주의 교육의 이론적 기틀은 듀이J. Dewey, 1859~1952에 의해 구축, 전파되었고 그의 제자인 킬패트릭W. H. Kilpatrick, 1871~1965 등에 의해 가지를 뻗어간다. 미국의 현대사에 전면적으로 등장한 진보주의 교육론은 18세기 이래의, 루소나 페스탈로찌, 프뢰벨 등의 교육론에 기초한 유럽권의 새로운 교육 운동의 움직임과도 맥을 같이 하고 있다.

진보주의는 그 용어 자체가 암시하듯이 기존 교육 체제를 탈피해서 전혀 새로운 단계로 진보하려는 의지를 내장하고 있었다. 즉 진보주의의 교육은, 과거로부터 관습적으로 이어져 온 교육의 실제인 '전통 교육'에 대한 전면적인 문제제기이자 대안으로서 제기되었고 따라서 전통 교육에 대비되는 '새 교육

new education'이라는 명칭이 통용되기도 했다.[16] 듀이를 위시한 진보주의자의 관점에서 미국, 그리고 유럽 등 세계 문명권의 전통 교육의 주류는 분명한 특징 및 오류를 지니고 있었다. 교육의 핵심적인 세 요소로 교사, 학생, 교재를 꼽아 볼 때, 전통 교육은 이 중에서 교사와 교재를 중심에 두고서 학생을 주변화하는 교육이었다는 것이다. 즉 전통 교육에서는 교육의 본연의 과제를 삶에 유용한 보편가치 및 지식을 학생들에게 전달하는 일로 보며, 따라서 교육에서 중요한 것은 그 보편가치 및 지식을 담고 있는 교재와 그 교재의 전문가로서 학생에게 효율적으로 전달하는 역량을 갖춘 교사의 역할로 본다. 학생은 교사를 통해 교재의 내용을 잘 전달받아서 익히는 존재로서, 교사와 교재의 주도성에 대비되는 수동성을 지닌다. 진보주의자들이 보기에 전통 교육의 가장 큰 문제는 바로 학생이 교육의 주체로서 정당한 역할을 하지 못한다는 점이다. 교육의 본질은 학생들이 스스로의 삶을 이해하고 그 역량을 구축해 가는 데 있음에도 불구하고 교육 목표나 내용구성, 교실 운영 등 제반의 과정에 학생이 전혀 참여하지 못하고 늘 수동적으로 끌려가는 위치에 있음을 지적한다. 이에 진보주의자들은 교육의 주체이며 주요 요소로서의 학생의 위상을 복원시키는데 주안점을 둔다. 교육 목표와 과정의 구성 및 실천에서 학생의 본격적인 참여가 가능한 체제를 구축하고자 한다. 교육적 사유와 실천의 중심 축을 교사에서 학생으로, 교재에서 학생의 경험으로 전환한다. 말하자면 교육의 실제에서 보편적 가치가 부여된 교과 지식이, 절대 권위를 지닌 교사에 의해, 학생에게 일방적으로 전수되는 전통교육의 방식으로부터 벗어나, 학생의 흥미와 관심, 동기, 경험의 반영 및 성장이 교육적 관심의 초점이 되고, 교재의 구성과 교사의 역할은 이에 준해서 진행되어야 한다는 것이다. 진보주의자가 학생의 요소를 부각하고 교재와 교사의 요소를 경시하는 것이 아니라, 학생의 요소를 새롭게 중심의 위치에 놓고 교재의 구성과 교사의 역할을 재설정하는 방

---

16 진보주의적 관점에 입각한 '전통 교육'과 '새 교육'의 대비에 대해서는 존 듀이의 『경험과 교육』(강윤중 역, 배영사, 2018)에 잘 드러나 있다.

향으로 나아간다. 즉 학생, 교사, 교재의 세 요소를 모두 중시하되 교육개념의 재구성에 따른 세 요소의 위상과 역할에 대한 재구성을 꾀했던 것이다.

진보주의 이론의 기초자이며 완성자의 위치에 있었던 듀이는 교육의 개념을 "경험의 재구성", 혹은 "성장"이라고 정리했다.[17] 듀이가 말하는 경험 자체가 감각과 이성, 실천과 지식을 아우르는 통합적 성격을 지니는 만큼 성장도 학생의 전면적 성장을 의미하는 것이다. 경험의 재구성 혹은 성장의 교육 개념은, 흔히 이성과 감성, 이론과 실천을 이분해서 접근하는 서양 전통의 교육 관념을 비판적으로 극복하는 지향성을 담고 있었다. 듀이는 학생의 경험의 재구성에 있어 학생의 원초적인 흥미와 관심만이 아니라 경험의 세계를 보여주고 안내하는 지도로의 교과의 역할을 여전히 의미를 지닌다고 보고, 학생과 교과의 상호작용을 어떻게 원활하게 하면서 경험의 성장을 이끌어 낼 것인가에 관심을 가졌다. 이 과정에서 학생과 교과 양자를 충실히 이해하고 상호작용을 이끌어내는 교사의 역할이 중요하다고 본다. 전통 교육에서의 교사에게 단지 교재의 전문가나 전달자로서의 역할만 부여되었다면 진보주의에서 교사는 교재와 학생의 삶, 양자 모두의 전문가로서의 역할이 요구되었던 것이다. 듀이는 진보주의의 선구자로서 당시 잘못된 흐름의 진보주의적 새 교육의 경향에 선을 그었으니, 즉 전통교육에 반하는 원리를 제시하는 데만 골몰해서 학생만 돌아볼 뿐 역으로 교과의 구성이나 교사의 역할을 소홀하게 다루는 문제를 지적하고 분명하게 선을 긋는다. 그럼에도 불구하고 이런 잘못된 경향의 교육이 진보주의의 이름으로 진행되었고 이것이 진보주의 교육을 둘러싼 비판적 논의의 주요 빌미가 된다.

이상에서 보듯이 듀이의 진보주의적 교육관의 초점은 학교교육에 맞추어져 있었다. 그는 학교 교육과 사회적 삶의 괴리를 전통 교육이 지닌 또 하나의 큰 오류로 이해했다. 그리하여 학교를 사회와 분리된 공간이 아닌 하나의 사

---

17 이하 듀이의 교육 개념에 대한 논의는 그의 『경험과 교육』과 더불어 『민주주의와 교육』(이홍우 역, 교육과학사, 2007)에서 상세하게 살필 수 있다.

회적 기관으로 보면서, 학교 생활이 곧 사회 생활과 동일한 구조를 가지도록 학교 환경을 구축해서 학교 생활 속에서 자연스럽게 사회적 역량이 갖추어지는 체제를 만들어 가고자 했다. 특히 학교는 그 자체가 민주주의 원리가 작동하는 민주주의 공동체가 되어 학생들에게 소통과 협력, 자율, 실험적 지성의 역량을 길러줄 수 있어야 한다고 보았다. 듀이를 위시한 진보주의 교육론자들은 민주주의를 새로운 문명의 핵심 원리로 이해하며 민주주의를 구현하는 사회 공동체의 건설을 꿈꾸었고 그 실현의 핵심 토대가 학교 교육이라고 보았다.

진보주의 교육사조는 퍼스C. S. Peirce, 1839~1914, 제임스W. James, 1842~1910 등이 주도한 프래그머티즘pragmatism을 철학적 배경으로 하고 있다. 프래그머티즘은 일차적으로 불변의 본질의 세계가 아닌 변화하는 삶의 세계를 주목하며, 서양 전통의 이성 중심적인 사유방식이나 절대적이고 보편적인 진리관으로부터 벗어나서 삶의 제 문제들에 집중한다. 철학의 초점을 진리의 독립성, 선험성, 보편성이 아닌, 당면한 삶의 문제를 풀어가기 위한 진리의 실험성, 가변성, 맥락성, 도구성, 공리성에 맞춘다. 진리는 당면한 삶의 문제를 푸는 도구로서 의미가 있고 또 그것은 삶의 맥락의 변화에 따라 달라지게 된다는 프래그머티즘의 관점은 그리하여 도구주의instrumentalism라고 불리기도 한다. 진리를 인식하는 독립적 실체로서의 이성 대신에 실제 삶의 문제를 발견하고 해결해가는 실험적 지성, 그리고 그것을 포함하는 통합적 성격의 경험이성과 감성, 지적인 것과 실천적인 것, 지적인 것과 미적인 것이 통합된에 주목하는 특징을 보인다. 이는 보편적 진리를 담은 것으로 상정되는 교재가 아닌, 끊임없이 변화하고 형성되어가는 학생의 경험을 근간으로 교육의 의미를 파악하고 설계하는 철학적 근거가 된다.

❷ 본질주의(Essentialism)

진보주의가 전통 교육에 대한 비판으로 등장했다면 본질주의는 진보주의에 대한 비판으로 등장한 사조로서, 진보주의의 전통 교육 비판에 대해 전통

교육이 지닌 긍정적 요소를 변호하는 역할을 하기도 했다. 본질주의는 특별한 이론적 체계 없이 실천상에서 힘을 발휘해 왔던 전통 교육의 흐름 일반에 대해, 진보주의의 비판을 재비판하는 방식으로 하나의 이론적 틀을 부여한 사례라고도 평가할 수 있다. 그렇다고 해서 본질주의가, 진보주의가 비판하는 바의 전통 교육으로 돌아가자고 주장하는 것은 결코 아니다. 본질주의는 한편으로는 진보주의의 문제제기가 지닌 시대적 의미를 이해하고 일정부분 수용하면서도, 다른 한편으로는 진보주의적 흐름에서 간과되고 위축될 수 있는, 그래서 사회의 위기도 초래할 수 있는 교육의 기본 의미를 다른 시각에서 정리하고자 한 것이다.

본질주의적 교육관의 형성은 배글리W. C. Bagley, 1874-1946를 위시해서 브리그T. Brigs, 브리드F. Breed, 캔들I. L. Kandel 등이 참여한 1930년대 본질주의 교육운동을 기점으로 진행되었다, 중심인물인 배글리는 진보주의의 주도자인 듀이나 킬패트릭과 같이 콜럼비아 사범대학에서 오랜 기간 같이 근무하면서 사상을 교감하고 논쟁하며 본질주의적 교육관을 전개해 갔다.[18] 1930년대 시작된 본질주의 교육에 대한 논의는 이후 <학교와 사회School and Society>의 편집자인 브릭맨W. W. Brickman의 저술 속에서 지속적으로 전개된다.[19]

본질주의의 입장에서 볼 때 진보주의는 교과 및 교사 중심의 전통 교육이 지니는 의미 및 장점을 정당하게 평가하지 못하는 오류를 범했다. 본질주의에 의하면, 사회 공동체의 유지 및 발전을 위해 그 구성원으로 성장하는 학생들로서 필히 익혀야 할 객관적이고 보편적인 가치를 지닌 지적, 도덕적 자산이 있으며, 이는 교과의 형태로 논리적이고 체계적으로 조직되어 모든 학생들에게 전수될 필요가 있다. 즉 교육에서 보다 중요한 것은 학생의 개별적 관심사

---

18 W. C. Bagley, *Education and Emergent Man: A Theory of Education With Particular Application to Public Education in the United States*. New York: Nelson. 1934. / W. C. Bagley, "An Essentialist's Platform for the Advancement of American Education," *Educational Administration and Super–vision* 24(April): 241-256. 1938.

19 넬러, 앞의 책, 84쪽.

와 흥미, 경험의 다양성에 부응하는 일 이전에, 학생들의 개별성과 다양성에도 불구하고 모든 학생들의 삶과 사회 공동체에 공통적으로 유용한 지식과 도덕을 객관적이고 보편적 형태의 교과로 구성, 제공하는 일이다. 넬러의 설명처럼, "본질주의자는 개별적 인간의 경험보다 '사회적 전통'으로서의 '인류 경험'을 중시하고 강조한다. 이러한 사회적 전통으로서의 인류 경험은 오랜 세월을 통하여 인간이 그들의 환경에 적응하면서 획득한 인간 경험의 결정체이다. 이러한 인류의 지혜는 오랜 역사 속에서 시험된 것이므로 검증되지 않는 어린이의 개별적 경험보다는 훨씬 중요하고 값진 것"이다.[20] 본질주의에서 본질적인 것이란 바로 사회적으로 객관적이고 보편적인 가치가 있다고 인정되는 지식체계 및 그 논리적 집적물인 교과이다. 본질로서의 핵심 지식체계를 담은 교과의 전수는 사회 공동체만이 아니라 사회 구성원으로서의 학생 개개인의 삶을 위해서 중요하다는 입장이다. 교사는 무엇보다 이 본질적 지식을 담은 교과의 전문가로서 그것을 전수하는 역할을 핵심으로 하는 존재가 된다.

진보주의에서 학생의 흥미와 관심에 입각한 즐거운 공부와 삶의 경험을 우선시한다면, 본질주의에서는 공부는 본래 주어진 교과 공부를 둘러싼, 엄격한 형태의 학문적 훈련과 노력, 경쟁의 요소를 수반한다는 점을 강조한다. 흥미라는 것도 훈련을 통해서 형성될 수 있음을 배글리는 강조한 바 있다. 교육의 주도권도 학생이 아닌 교사에 있음을 내세운다. 본질주의는 특히 진보주의 내부에서도 비판받은 바 있던 진보주의의 극단적 형태, 즉 학생의 흥미와 관심에 부응하는 일에만 치중해서 교과와 교재의 적절한 위상 및 적극적인 역할의 의미가 제대로 평가되지 못하는, 그리고 학생들이 흥미 위주의 가벼운 공부만 추구하고 당장 어렵게 느껴지는 교과 공부에 대한 도전은 회피하는 그런 새로운 진보주의 계열의 학교 풍토 일단에 대해 반감을 가진다. 이런 식의 학교 교육의 조류는 필히 미래 사회의 위기를 초래한다는 우려도 본질주의자들이 교

---

20 넬러, 위의 책, 87쪽.

사 및 교재 중심의 전통 교육의 장점을 돌아보며 진보주의에 대립하는 이론적 모색을 시도한 배경이 된다. 사회의 합의를 거친 보편적인 교과 체계와 그 교과의 전문가인 교사의 주도 아래 학생들로 하여금 체계화된 훈련을 거쳐 사회적으로 의미 있는 지식 및 역량을 획득해 가도록 하는 것, 이것이 본질주의에서 보는 교육의 이상적인 모습이다.

본질주의에서는 본질적인 지식유산을 담은 객관적 교과로서 읽기, 쓰기, 셈하기의 기본 문해 능력을 비롯해서 역사, 과학, 수학, 문학, 언어, 예술 등 전통 교육에서 중시된 교과를 두루 들고 있다. 본질주의는 전통적 지식유산에 대한 학문체계인 인문과학, 그리고 자연과학을 중시한 반면, 사회문화의 변화를 다루는 사회과학을 소홀히 하는 경향을 보인다. 사회변화에 대해서 보수적 태도를 취하며, '전통'과 '본질'을 구분하기 어려울 정도로 본질의 이름으로 전통을 지키는 관심이 높다. 진보주의에서 흔히 보이는 민주주의적 개혁 관념이나, 민주 사회의 필수요건인 자율성, 비판적 사고, 진보성, 협동정신 등의 소양에 대한 교육적 고려에 있어서 취약한 면을 보였다는 비판을 받기도 한다.

❸ 항존주의(Perennialism)

항존주의는 그 이름 그대로 교육의 일이 시대와 사회의 경계를 넘어서 지속적이고 영구적인 의미를 지닌 위대한 지혜great ideas 및 불변의 원리unchanging principles에 초점을 두어야 한다는 입장이다. 이 입장 역시 단순히 교육에 대한 논리적, 개념적 사유의 결과가 아니라, 진보주의나 본질주의와 마찬가지로 20세기 초, 중반 미국 사회의 교육의 현대적 재구성을 둘러싼 실천적 관심으로부터 나왔다. 항존주의는 진보주의와 본질주의적 교육 처방을 전적으로 부정하는 것은 아니지만, 그 의미에도 불구하고 놓치고 있는 교육의 핵심적 의미를 심각하게 상기시키고자 한다. 허친스R. M. Hutchins, 1899~1977, 애들러M. J. Adler, 1902~2001가 항존주의 논의를 이끈 대표적인 인물이다.

앞서 진보주의와 본질주의를 고찰했으니, 이 둘과의 대비가 항존주의의 특징을 직접 드러내는 좋은 방법일 수 있겠다. 항존주의는 교육내용의 보편성을 강조한다는 점에서 본질주의와 유사한 면을 보인다. 그런데 본질주의의 보편성은 특정 사회 및 시대의 구성원들이 함께 익히면 좋을 공통의 교과체제를 의미하며 이는 특정 시대 및 사회의 선정 기준에 따라서 얼마든지 변화될 수 있는 것이다. 교육내용에 대해 진보주의의 경우에는 개인 단위로 변화될 수 있다고 본다면, 본질주의의 경우 사회 단위로 변화될 수 있다는 입장이다. 이에 비해 항존주의는 시대와 사회의 경계를 넘어서서 변하지 않는 가치가 있으며 교육내용은 이를 담아내는 보편성을 지녀야 한다고 본다. 이는 항존주의가 교육이 인간 자체를 다루고 인간을 발전시키는 일이라고 보는 입장과 연계되어 있다. 허친스에 의하면 "시민이나 국민으로서의 기능은 … 사회에 따라서 다르겠지만 … 인간으로서의 기능은 모든 연령, 모든 사회에 관계없이 동일하다. 왜냐하면 인간으로서의 기능은 인간의 본성에서 나오는 것이기 때문이다. 따라서 교육 체제의 목적은 모든 연령, 모든 사회에서 동일해야 한다. 교육 체계의 목직은 인간으로서의 인간을 발전시키는데 두어야 한다."[21] 또한 아들러에 의하면 "만일 인간이 이성적 동물이라고 한다면 또한 인간성에 있어서도 영속성이 있다면 모든 교육 계획은 문화나 시대에 관계없이 영속성을 가져야 한다."[22] 인간으로서의 기능과 본성은 시대나 사회와 관계없이 동일하므로 교육의 목적은 모든 시대와 사회를 거쳐 동일해야 한다는 것, 그리고 인간의 본성, 본성으로부터 나온 기능의 핵심은 이성이라는 것이 항존주의자들의 주장이다. 인간의 이성을 기르는 일은 모든 시대와 사회의 경계를 넘어선 교육의 핵심 과제이다. 인간의 본성 및 이성을 기르는 교육의 기본 의미에 충실할 것

---

21 R. M. Hutchins, *The Conflict in Education,* New York: Harper, 1953, p.67.(넬러, 앞의 책, 67쪽 재인용.)

22 M. J. Adler, "The Crisis in Contemporay Education", *The Social Frontier* (Vol.591932.2), pp.141－144.(넬러, 앞의 책, 67쪽 재인용.)

을 강조하는 항존주의는 진보주의나 본질주의가 지닌 실용적 관심을 방기하고 있는 것은 아니다. 항존주의는 이런 기본 의미에 충실하는 것이, 특정 시대적, 사회적 문제의 근본적 이해와 해결에도 실용적 효과를 발휘할 수 있다고 본다.

그렇다면 '지속적이고 영구적인 지혜'를 전승하며 이성을 계발하는 교육을 위해 어떤 교육 실천이 가능할까? 우선 영원한 진리에 익숙하게 하며 이성적 본성을 일깨우는 교과체제를 체계화하는 일이다. 자유 교양과목, 읽기, 쓰기, 듣기, 말하기, 사고훈련을 비롯해서 언어, 문학, 역사, 수학, 자연과학, 철학, 예술 등이 그런 역할을 할 수 있는 교과목으로 얘기된다. 표면적으로 보면 교과목 체계상 별 차이가 없지만 이 교과들을 통해 이루고자 하는 목표에 있어서는 뚜렷한 특징이 있다. 기실 항존주의의 교육적 관심은 서양교육사에서 고래로 강조되어 온 이성 및 지성의 계발에 대한 교육적 관심과 일맥 상통한다. 서양 전통에서 이성은 인간과 세계의 실상을 이해하는 힘, 인간과 세계를 관통하는 보편 진리 혹은 우주적 이법을 이해하고 구현하는 힘이었다. 비록 근대 이후 이성은 인식적 논리적 추리의 기관이며 힘으로 의미가 축소되기는 했지만, 그 유전자에는 여전히 우주적 보편 원리를 이해하고 통찰하고 구현하는 힘으로서의 전통적 의미 맥락이 담겨 있다. 전통적으로 7자유교과 등을 통해서 이 이성을 길러내려고 했듯이 항존주의도 주요 교과들을 통해서 이성 계발이라는 전통의 교육 과업을 이루고자 하고 있다.

그런데 교육실천상에서 항존주의의 특징은 교육도구로서 '위대한 고전들 great books'에 대한 강조에서 드러난다.[23] 항존주의는 주요 교과인 언어, 문학, 역사, 수학, 자연과학, 철학, 예술 등 제반의 영역과 연계된 서양의 위대한 고전을 교육의 재료로 활용하는 것을 매우 중시한다. 항존주의자에 의하면, 서양의 역사를 이끈 주요 사상가들에 의해 쓰여진 위대한 고전들 속에는 인간과 세계의 실상에 대한 깊은 통찰 및 지혜들이 담겨있으며 이는 '지속적이고 영구

---

23 R. M. Hutchins, *Great Books: The Foundation of a Liberal Education*, New York: Simon & Schuster, 1954.

적인 진리'에 대한 다양한 인식을 보여준다. 항존주의는 위대한 고전들을 주요 교육 방편으로 삼으면서 학생들로 하여금 지속적이고 영속적인 의미를 지니는 위대한 지혜에 접속하며 이성의 힘을 기르는 교육을 지향한다. 위대한 고전 읽기를 포함한 각급 학교의 교양교육에 대한 강조 및 관련 프로그램의 개발도 항존주의자들이 중시하는 바이다.

항존주의는 철저하게 서양교육사의 전통에 서 있다. 이들이 강조하는 바의 위대한 고전들, 위대한 지혜들은 서양 문명권의 역사적 산물에 한정되어 고려 되고 있다. 나아가 이들의 인간 본성으로서의 이성의 계발에 대한 강조도 철 저히 서양교육사의 맥락에서 이해될 것이다. 20세기 미국사회에 등장한 미국 의 교육철학이지만, 고대 그리스 철학이나 기독교 철학, 근대 계몽철학을 비롯 해서 인간의 이성과 절대 진리 지평을 강조해온 서양의 오랜 교육적, 지적 전 통과 연결되어 있는 것이다. 항존주의는 그 엘리트주의적이고 주지주의적인 편향성에 대해, 전통과 고전의 원리를 강조하는 보수적 성향에 대해, 그리고 역동하는 현실에 적응하려는 교육적 노력을 과소평가하는 경향에 대해 비판을 받기도 한다.

항존주의는 20세기 미국 사회의 교육 담론이며 또한 서양 고유의 전통을 반영하고 있다. 그럼에도 불구하고 그 사유의 원리는 동양의 교육전통을 설명 하는 데도 도움을 준다. 즉 도道나 리理, 공空과 같은 보편 진리를 상정하고 그 것의 통찰과 구현을 강조해 온 동양의 유불도의 교육적 관점과 통하는 바가 있다. 더욱이 방법적으로 사서오경, 불경과 같은 고전 읽기를 핵심 방법으로 활용한 유교 및 불교 일각의 교육방식과 통하는 바가 크다. 항존주의적 사고 방식은, 모든 시대를 거쳐 다양한 사상체계를 통해 드러나면서 '지속적이고 영 구적인 의미를 지닌 위대한 지혜' 및 '영원하고 보편적인 진리' 측면을 반영하 는 교육의 역할을 상기시키는 역할을 했다고 볼 수 있다.

❹ 비판이론(Critical theory)

비판이론은 1930년대에서 1940년대 초반에 걸쳐 독일 프랑크푸르트 대학 사회연구소의 주도적 인물로 구성된 이른바 프랑크푸르트학파에 의해 제창된 이론으로 이후 비판적 교육학의 형성과 전개에 발판이 된다. 주요 인물로는 호르크하이머M. Horkheimer, 1895~1973를 위시해서 아도르노T. W. Adorno, 1903~1969, 마르쿠제H. Marcuse, 1892~1979, 프롬E. Fromm, 1900~1980, 하버마스J. Harbermas, 1929~ 등이 있다.[24]

비판이론은 근대 유럽을 대혼란으로 몰아갔던 나찌즘, 파시즘의 광기, 경제 대공황 및 1, 2차 세계대전의 참혹상과 인간 정신의 피폐화, 산업혁명 이후 물질적이며 기능적인 가치관의 지배와 같은 시대적 문제를 안고 등장했다. 인간과 세상에 대한 어떠한 구원의 희망도 갖기 어려운 암울한 시대에 비판이론은 특히 개인과 사회의 관계에 주목하며 개인의 의식을 구속하고 왜곡하는 사회적 조건을 적발하고 나아가 해방의 길로 이끄는 데 관심을 갖는다. 비판이론의 사상적 기반 및 경향은 크게 세 갈래로 볼 수 있는데, 첫째는 마르크스주의이고, 둘째는 칸트, 헤겔, 베버로 이어지는 서양 근대 계몽이성의 전통이며, 셋째는 프로이트주의이다.[25] 이 세 사상적 기반 위에서 비판이론은 개인의 의식 및 인격 형성과 사회와의 관계, 개인과 집단의 진정한 이해관계의 폭로로서의 계몽, 진정한 이해관계에 대한 통찰을 기초로 한 자기 삶의 통제력의 획득으로서의 해방, 계몽이성의 온전한 구현의 길 등의 문제에 집중한다.

---

24 비판이론가들의 주요 저작의 번역본 중 본 논의의 기초가 된 것은 다음과 같다. 막스 호르크하이머, 테오도르 아도르노, 김유동 역, 『계몽의 변증법』, 문학과지성사, 2001.; 막스 호르크하이머, 박구용 역, 『도구적 이성 비판』, 문예출판사, 2006.; 테오도르 아도르노, 홍승용 역, 『부정변증법』, 한길사, 1999.; 헤르베르트 마르쿠제, 박병진 역, 『일차원적 인간/선진산업사회의 이데올로기 연구』, 한마음사, 2009.; 헤르베르트 마르쿠제, 김현일 역, 『이성과 혁명』, 중원문화, 2011.; 에리히 프롬, 차경아 역, 『소유냐 존재냐』, 까치글방, 2002.; 위르겐 하버마스 지음; 장춘익 역. 『의사소통행위이론 1, 2』, 나남, 2006.

25 R. Gibson, 이지헌·김회수 역, 『비판이론과 교육』, 성원사, 1989, 39-40쪽.

비판이론은 개인과 사회의 관계, 역사 전개 과정을 설명하는데 탁월성을 보였던 마르크스주의를 기반으로 하면서도 정통 마르크스주의를 크게 수정하는 양상을 보인다. "토대경제적 요인가 상부구조법률, 문화, 예술, 교육, 종교 등를 결정한다." 는 명제 위에 경제적 생산관계의 혁명적 변화에 치중했던 정통 마르크스주의에 비해 비판이론은 상부구조의 자율성과 독립성을 주목하며 그 자체의 변화 및 해방적 역할에 집중했다. 당시 러시아 혁명 이후 파시즘적인 스탈린 독재체제의 등장, 프롤레타리아 혁명 가능성의 감소, 사회 모순을 완화하는 힘으로서의 대중문화의 부상 등이 비판이론가들로 하여금 생산관계상의 공산주의적 혁명보다는 상부구조의 이해 및 변혁을 통한 인간 해방의 길을 모색하도록 이끌었다. 한편, 당시 암울한 시대상황과 맞물려 극도로 피폐해진 인간 정신 상황을 사회적, 역사적 측면과 연계하여 이해하고 해법을 모색하는데 관심이 컸던 비판이론은 이를 위해 인간의 표층의 정신세계를 심층의 무의식적 비합리성과 억압의 기제를 통해 설명하고자 한 프로이트주의의 정신분석학도 적극적으로 응용하고자 했다. 비판이론은 정신분석학을 개인만이 아니라 집단, 사회집단의 정신상태를 분석하는 기제로 응용했으니, 예를 늘어 심층의 기제로서 이드의 자리에 도구적 이성을, 무의식의 형성기로서 아동기 자리에 역사를 놓는 식이다.

시대 문제를 돌파하는 비판이론가들의 해법으로서 특히 주목할 부분은 계몽 이성의 전통 위에서 비판이성의 회복을 강조하는 부분이다. 비판이론가들에 의하면 계몽 이성은 서양의 역사를 중세의 종교적 질곡에서 근대적 합리성으로, 신화에서 과학으로, 자연에 대한 인간의 종속에서 지배로 이끈 동력이었다. 계몽 이성은, 베버M. Weber, 1864~1920도 밝혔듯이, 근대적 합리성의 모습으로 산업화와 관료화를 이끌었고 근대 시기 삶의 전 영역을 지배하게 된다. 그런데 비판이론가들이 본 근대적 합리성은 그 빛 이면에 어둠을 지니고 있었으니, 그것이 편협한 기술적 합리성으로 축소되었다는 점이다. 근대적 합리성은 무엇보다 도구이성의 특징으로 드러나는데, 즉 목표와 가치를 따지는 이성의 본래 면모는 위축되고 기술지배사회, 관료사회의 작동에 도구적으로 활용되는 이성의 측면만이 활성화된 것이다. 도구이성의 지배는 자연세계에 대해서만이 아니라 인간사회를 분석하는 방법론으로서 실증주의적 경향이 주류를 이루는 경향과도 맥을 같이한다는 것이 비판이론의 인식이다. 기술적, 실증적 합리성으로서의 도구적 이성은 분명 자연과 사회를 설명하고 사회 체제가 작동하도록 하는데 필수적인 요건이지만 그것이 존재와 가치 자체를 돌아보는 비판이성이라는 토대를 갖지 않으면 위험하다. 나찌즘이나 파시즘의 광기의 등장 및 그에 대한 대중적 동조 현상, 그리고 이런 극단적인 경우는 아니라도 인간 생활 세계 전반에서의 타율화되고 기계화된 기능적 삶의 만연은 바로 도구이성의 압도적 우위에 의한 사회 퇴락 현상을 잘 보여준다. 비판이론가들은 계몽이성의 비판이성적 면모가 다시 중심으로 자리 잡으며 도구이성을 끌고 가는 구조가 되어야 한다고 주장한다. 문화, 예술, 언어, 학문, 종교, 법률, 관습, 여론, 오락, 스포츠, 의사소통 등 삶의 제 방면을 검토하며 비판이성이 활성화될 수 있는 길에 대해 모색한다.

비판이론의 관점에 의한 비판적 교육학은 계몽, 해방, 도구이성비판, 언어와 문화의 관계, 개인과 사회의 관계 등을 키워드로 한 교육적 논의를 펼쳐갔다. 특히 교육의 과정에서 비판이성을 기르는 일에 주목하는데, 즉 사회와 정치, 문화, 인간 현실에 대한 통찰력과 비판적 문제의식을 갖도록 이끄는 정치교육, 역사교육, 문화예술교육, 철학교육, 사회과학교육 등을 강조한다. 또한 비판적 교육학은 교육의 과정에 숨어 있는 이데올로기적, 정치적 작용들을 분석하는 데 관심을 갖는다. 교육적 성취에 있어서의 경제적 배경, 문화적 배경, 언어적 배경, 정치이데올로기적 배경의 영향에 주목하면서 특히 그것이 교육의 불평등과 부정의를 어떻게 유발하고 유지해 가는지를 드러내고자 한다. 비판적 교육학은 교육학의 연구에 있어 자연과학적 실증방법이 주류를 이루는 현상에 대해서도 비판적이다. 자연과학의 실증적 방법이 인간과 사회의 실상을 드러내는 방법으로서는 한계가 있음에도 불구하고 그것이 사회과학의 방법론을 지배하는 현상에 대해 회의를 가지면서, 이에 대해 역사적, 변증법적, 통합적 관점을 내세운다.

비판이론은 1960년대 이후 영미와 유럽에서 학생운동이 대대적으로 흥기하며 또 네오마르크스주의 계열의 새로운 저항적 교육학의 흐름이 출현하는 데도 큰 영향을 미쳤다. 지식으로서의 학교의 교육과정에 내재된 권력적 요소와 그 경제 및 문화 재생산 기능에 대해 집중적으로 분석하고 비판하는 신교육사회학 혹은 교육과정사회학의 출현에 큰 영향을 미쳤다. 보울즈와 진티스S. Bowles and H. Gintis, 부르디외P. Bourdieu, 번스타인B. Bernstein, 영M. Young, 애플M. Apple과 같은 학자들이 관련된다. 또한 <페다고지> 등의 저서로 널리 알려진 브라질의 교육학자 프레이리P. Freire, 1921~1997도 비판적 교육학의 흐름 위에서 설명될 수 있다.

❺ 실존주의(Existentialism)

실존주의는 19세기 이래 근대 유럽의 어둡고 무거운 역사의 전환점을 배경으로 삶과 문명의 진로를 새롭게 찾고자 하는 시대 상황에서 출현한 사조로서 부분적으로 비판이론이 극복하고자 했던 시대 상황과도 겹친다. 비판이론이 도구이성으로 뒤덮인 인간의 의식 속에 잠재된 비판이성의 요소를 회복하는 길을 제시했다면, 실존주의는 존재한다는 것 자체의 의미를 새롭게 돌아보며 개개인의 실존의 감각을 일깨우는 길을 제시했다. 실존주의는 철학, 문학, 예술, 정치, 교육의 제 분야에 이르기까지 넓은 영향력을 보이며 전개되었다. 키에르케고르S. A. Kierkegaard, 1813~1855, 니체F. Nietzsche, 1844~1900를 선구로 하여 부버M. Buber, 1878~1965, 야스퍼스K. T. Jaspers, 1883~1969, 하이데거M. Heidegger, 1889~1976, 마르셀G. Marcel, 1889~1973, 사르트르J. P. Sartre, 1905~1980, 카뮈A. Camus, 1913~ 1960, 볼노우O. F. Bollnow 1903~1991 등을 거치면서 실존주의는 다채로운 색채를 띠고 전개된다.[26]

---

26 실존주의자들의 주요 저작의 번역본 중 본 논의의 기초가 된 것은 다음과 같다. 마틴 부버, 우정

실존주의의 핵심 화두는 존재, 곧 실존이다. 하이데거의 <존재와 시간>, 사르트르의 <존재와 무>, 마르셀의 <존재와 소유>라는 대표적인 저서 제목들이 이들의 공통적인 관심을 잘 보여준다. 각각 풀어가는 방식은 다르나 존재는 주객 분별이 있기 전의, 이미 주어져 있는 것으로 이해된다. 시작과 끝을 알 수 없고 인간의 감각이나 언어를 통한 설명의 한계를 언제나 넘어서 있는 신비의 영역이기도 하다하이데거에 의하면 존재, 시간, 진리가 인간에게 주어진 신비에 가깝다. 노자가 말한 바의 유의 세계를 낳은 무의 지평과도 유사한 면도 있다. 하이데거에 의하면 서양의 철학사는 이 존재를 망각한 역사였다. 현존재의 의식의 대상으로서의 존재자만 다루는 역사였다. 이제 개인은 존재 자체로 돌아가 자기를 찾아야 한다. 하이데거에 의하면 존재의 개별적 현현으로서의 현존재Dasein는 세계 속에 던져져 있고, 죽음을 향하고 있고, 현존재 자신에 대한 염려sorge를 지닌 존재다. 개별자는 존재의 바다에서 흐르고 있는 자신의 현존재를 자각하는 것이 삶을 이해하고 풀어 가는데 중요하다. 키에르케고르죽음에 이르는 병에 의하면 인간은 영원성과 시간성, 무한성과 유한성, 자유와 필연의 종합체로서 양자 간의 균형을 찾는 일이 자기 실현의 요건이다. 인간의 절망은 이 균형의 부재에서 오는데, 인간은 절망을 실마리로 해서 무한한 유한이며 유한한 무한으로서의 균형을 찾아 원래 자기 자신이 될 수 있다. 이 점에서 절망은 희망의 씨앗이며 절망하지 않는 것이 오히려 최대의 불행이다.

실존주의적 사유의 특징은 사르트르의 <구토>에서 <존재와 무>에 걸쳐 정리된, "실존은 본질에 앞선다."라는 구호에 잘 드러나 있다. 여기서 실존은 특히 개개인의 구체적이고 개별적인 삶의 상황에서, 그리고 끊임없이 선택과 결단이 요구되는 삶의 상황에서, 완전하게 주어진 자유의 힘으로써 스스로

길 역, 『교육 강연집』, 지식을만드는지식, 2017.; 쇠렌 키르케고르, 임규정 역, 『죽음에 이르는 병』, 한길사, 2007.; 마르틴 하이데거, 전양범 역, 『존재와 시간』, 동서문화사, 2016.; 장 폴 사르트르, 장소성 옮김, 『존재와 무』, 동서문화사, 2009.; 카를 야스퍼스, 전양범 역, 『철학학교/비극론/철학입문/위대한 철학자들』, 동서문화사, 2017.; 알베르 까뮈, 김화영 역, 『이방인』, 민음사, 2011.

를 결정하고 책임지는 현실 존재로 이해된다. 이 실존에 대비되는 본질이란 보편적이고 객관적으로 존재한다고 상정되는 인간과 세계의 근본적인 속성이나 규범 같은 것으로 보통 관습화되어 인간의 삶의 의식 및 양식을 지배해온 것이다. 본질은 보편, 일반, 객관, 추상, 관습과 같은 언어들과 통한다면, 실존은 특수, 개별, 주관, 현실, 자각과 같은 언어들과 통한다. 서양의 철학사에서 인간 및 삶의 본질은 신, 이성, 이데아, 보편정신, 도덕, 예법 등과 같은 개념으로 설명되곤 했고, 이런 철학적 개념이 아니더라도 "인간이라면 혹은 이런 상황에서는 이러이러해야 한다."는 식의 모든 규정들은 본질의 범주에 포함된다. "실존은 본질에 앞선다."는 실존주의적 명제는 인간은 어떠한 본질적 관념이 먼저 있어 그에 따라 삶의 내용과 방향을 맞추어 가는 존재가 아니라, 먼저 자유와 선택 및 결단의 주체로 실존을 하고서 이 토대 위에 자신의 본질에 대한 이해도 스스로 구성해 갈 수 있는 존재임을 밝히는 것이다. 만일 실존에 대한 자각이 선행되지 않는다면, 관습화되고 타성화된 본질 관념에 휩쓸려 멍하니 끌려가는 노예와 같은 삶을 살지 않을 수 없다. 이는 곧 살아 있지만 죽은 것처럼 사는 삶인데, 실존주의자들이 본 세계는 이런 사람들로 꽉 차 있다. 실존주의자들은 당시 인간성이 극도로 사물화되고 피폐화되는 현실, 그래서 극악한 행위의 대열에도 별 생각없이 동참하곤 하는 현실은 이 실존의 감각의 상실에 기인한 것으로 이해했다.

실존주의자 중에는 무신론적 입장에 선 이들니체, 하이데거, 사르트르은 물론이고, 유신론적 입장을 가진 이들키에르케고르, 부버, 야스퍼스, 마르셀도 있다. 이들은 인간의 자유, 선택, 결단, 주체성의 실존을 사유의 중심에 둔다는 점에서 공통적이다. 그런데 무신론자들은 사람들의 삶에 침투된 신 관념 일반이 타성화된 본질 관념의 대표적인 형태로 자리하면서 주체성을 억누르는 역할을 하고 있다고 인식하며 거리를 두고 있다면, 유신론자들은 신의 의미를 실존적으로 재해석하면서 신을 이들이 회복하고자 하는 존재 지평 자체와 연결해서 이해한다. 유신론적 실존주의자들에게 신은 명령하고 제약하는 신이라기보다, 섣불리 규정할 수 없고 무한히 열려있는 존재 자체이면서 동시에 개인의 고독한 결단을 지지하고 위로하고 함께 하는 궁극의 근거이자 안식처로서 이해된다.

실존주의적 관점은 교육이라는 일과 친화적이지 않다고 볼 수도 있다. 교육은 보통 인간의 성장에 관한 당위적 지향점이라는 본질 관념을 근간으로 하기 때문이다. 개별자의 실존에 앞선 본질 일반을 거부하는 실존주의에서 이런 교육 개념이 마음에 들지 않을 것이라는 점은 이해할 만하다. 볼르노는 실존철학과 교육학이 교감하지 못했던 이유도 여기에 있다고 설명한다.[27] 그렇다고 해도 본질적 지향을 거부하는 실존주의가 실존이라는 지향점을 내세우듯, 실존주의를 반영한 교육학이 실존적 각성의 교육을 지향한다고 설명하는 것은 무리가 없다. 실존주의적 사유에 입각할 때 교육은 무엇보다 개개인의 실존에 대한 자각력과 자유 및 선택, 책임의 주체성을 길러주는 일이다. 배우는 이들이 자신의 내면을 휘젓는 모든 관습화되고 타성화된 본질 관념에 구속되지 않고 지금, 여기에서의 현존을 자각하며 당면한 상황에서 요구되는 선택과 결단을 자유롭게 행하는 힘을 지닌 주체로 성장하도록 이끈다.

교육의 일차적인 관심을 학생들의 실존적 각성에 두는 실존주의에서는 특히 학생들이 당면하는 삶의 한계 상황에 주목한다. 실존적 각성은 삶의 부조리나 불안, 좌절, 위기의 체험을 촉발하는 한계 상황에서 비로소 일어날 수 있기 때문이다. 실존적 각성을 인간의 성장의 핵심으로 보는 실존주의의 관점에서 교육은 비연속적, 단속적 특징을 지닌다. 이는 지식의 함양 등을 인간의 성장의 주요 척도로 삼고 연속적이며 점진적인 성장을 꾀하는 체계적 교육과정을 전제하는 일반 교육학적 관점과 구분된다. 즉 실존주의에서는 실존적 각성이라는 인간 성장의 핵심적 과업은 각 개별자들이 간헐적으로 마주하는 삶의 특별한 상황 및 시간의 계기를 통해 단속적으로 이루어질 수 있다고 본다. 그 특별한 계기란 개개인에게 삶의 의미와 존재, 자신을 규정하는 본질 관념이나

---

27 O. F. Bollnow, 윤재홍 역, 『실존철학과 교육학』, 학지사, 2008. 21쪽.

관습에 대해 근본적인 회의가 일어날 때, 부조리한 상황, 한계 상황에 던져져 좌절할 때와 같은 것이다. 흔히 개인에게 삶의 불행으로 여겨지는 위기 상황이 오히려 그의 실존적 각성을 위한 최적의 교육의 계기가 될 수 있는 것이다. 실존주의는 개인들이 삶의 과정에서 마주한 그 특별한 단속적 계기를 잘 관찰하고 활용하는 데 주안점을 두며, 방법적으로는, 볼르노나 부버의 교육론 등에서도 보이는 바와 같이, 교사와 학생 간의, 그리고 모든 인간 관계에서의 깊은 영혼의 교감이 있는 대화 및 만남, 그리고 상담 등이 주목된다.

❻ 자연주의(Naturalism)

자연주의는 인간의 교육의 의미와 원리를 자연에서 끌어내는 특징을 보인다. 이 때 자연은 삶과 교육에 대한 일반적 사유 방식과 관념의 정당성을 비추어보는 거울과도 같은 순수한 존재 지평으로 이해된다. 자연주의는 인간의 손으로 만들어 온 문명과 가치 및 질서 체제 자체에 대한 회의가 비등하면서 이에 대한 철저한 성찰이 요구되는 시점에서 제기되었다. 자연주의적인 교육적 사유는 동서양의 지성사에서 공히 드러나는데 동양의 경우 무위자연無爲自然을 노래한 도가의 예를 들 수 있고, 서양의 경우 코메니우스J. A. Comenius, 1592~1670, 루소J. J. Rousseau, 1712~1778, 페스탈로찌J. H. Pestalozzi, 1746~1827, 프뢰벨F. Froebel, 1782~1852로 이어지는 근세의 대표적인 교육사상가의 예를 들 수 있다. 여기에서는 서양 근세의 자연주의 교육관 위주로 설명해 보기로 한다.[28]

자연주의에서 자연은 인간의 손으로 만들어 온 문명 일반과 대비되는 개념이다. 이런 점에서 자연은 물리적이며 객관적인 사물의 세계, 혹은 문명 이전의 원시적 상태와 등치시킬 수 있다고 인식되기도 한다. 그런데 이는 표피적 이해라고 할 수 있으니, 자연주의에서 자연은 그보다 훨씬 넓고 깊은 존재론적

---

28 코메니우스, 정확실 역, 『대교수학』, 교육과학사, 2007.; 루소, 민희식 역, 『에밀』, 육문사, 2006.; 페스탈로찌, 김정환 역, 『은자의 황혼』, 서문당, 1998.; 프뢰벨, 이원영 역, 『인간의 교육』, 2005.

의미를 담고 있다고 보아야 한다. 쉽게 생각해 보아도 인간 문명의 저편에 있는 것으로 동식물이나 사물의 세계만이 아니라 신적 세계도 상상해 볼 수 있다. 자연주의자들이 말하는 자연은 인간의 손길이 닿지 않는 동식물 및 사물의 세계와도 연결되어 있으면서 동시에 인간의 감각과 언어로 다 드러낼 수 없는 신비의 존재 자체 혹은 신적 세계와 연결되어 있는데, 이 후자의 연결이 자연 개념을 이해하는데 더 근본적인 의의를 지닌다. "신이 만물을 창조할 때는 모든 것이 선하지만 인간의 손에 건네지면 모든 것이 타락한다."는 선언을 시작으로 자연주의적 교육론을 펼쳤던 루소의 『에밀』은 이 주장을 뒷받침한다.**29**

루소뿐 아니라 동서양 대다수의 자연주의자들은 '신성한' 존재 원천 및 존재 자체로서의 신이나 도道 혹은 하늘[天]의 순수 지평을 전제로 한 사유를 펼치는 경향이 농후하다. 사실, 지금까지의 인류의 역사에서 등장한 교육의 관념과 행태를 전면적으로 돌아봄에 있어 '신적인' 존재 지평을 상정하고 이로부터 삶의 의미와 원리를 끌어내어 기준으로 삼고자 하는 사고는 얼마든지 가능하다. 그런데 이런 사고를 전개할 때 직접 신학적 주장을 펼치는 것도 방법일 텐데, 자연주의자들은 그 길을 피하고 자연이라는 개념을 논의의 도구로 끌어들인다. 이 때 자연은 있는 그대로의 존재 자체―동식물과 인간의 세계, 그리고 미물에서 우주에 이르는 세계, 물질과 정신의 세계를 포괄하는―이며, 신적인 존재 법칙이 인간적 변형과 왜곡이 없이 관찰되는 장이기도 하다. 존재 자체이며 존재하는 모든 것으로서의 자연은 비단 감각적 경험이나 추리의 영역일 뿐 아니라 영성적, 미학적 직관의 영역이 된다.

이렇게, 성서나 전통적인 신학적 주제가 아닌 자연에 초점을 맞추고서 신

---

29 루소의 자연주의적 교육관을 확인할 수 있는 언급으로 『에밀』의 1, 2부에 나오는 다음의 예를 꼽을 수 있다: "자연의 질서 아래서는 인간은 모두 평등하며 그들의 공통적인 천직은 바로 인간 그것이다."; "어린 시절을 존중해야 한다. 그리고 좋은 일이든 나쁜 일이든 성급히 판단을 내려서는 안된다. … 오랫동안 자연이 하는 대로 맡겨두는 것이 좋다. 일찍부터 자연을 대신해서 무엇이든 해보려 해서는 안 된다. 그런 일을 하면 자연의 일을 방해하는 것이다."; "(아이는 우선) 교사의 제자가 아니고 자연의 제자이다. 교사는 단지 자연이라는 가상 훌륭한 스승 밑에서 이 스승의 하는 일이 방해받지 않도록 할 뿐이다." 등.

적인 존재 지평을 논하는 방식은 자연주의자들로 하여금 신의 문제 자체에 대해서도 보다 자유롭고 열린 방식으로 접근할 여지를 준다. 실제로 서양 근세의 자연주의자들의 신 관념은 전통적인 기독교적 시각과 비교할 때 훨씬 포용적이고 개방된 인상을 준다. 이들은 인간과 교육의 길을 논함에 있어서 대체로 신 관념을 활용하면서도 그 연계시키는 방식에 있어 차이를 보이는데, 신 관념을 보다 적극적으로 드러내는 사상가코메니우스, 페스탈로찌, 프뢰벨도 있고, 은연중에 그러나 신실하게 드러내는 사상가루소도 있다. 이 차이는 인간의 언어와 사유로 다 드러낼 길 없는 존재 자체로서의 신적 영역을 자기 나름의 체험에 입각해서 이해하는데 따른 불가피한 분화이다. 중요한 점은 이 차이에도 불구하고 이들 모두에게 신과 신앙에 대한 이해가 지극히 인간화되었으며 감성 및 이성의 차원과도 잘 조화를 이루고 있다는 점이다. 서양 근세의 자연주의자들의 이런 시각은 기독교적인 신 관념을 내세우지 않고 도道나 리理, 천天과 같은 개념으로 존재를 설명한 동양의 도가나 유교 사상과도 잘 통하는 면이 있다.

서양 근세의 자연주의자들은, 한편으로는 중세 말기의 편협하고 맹목적인 종교적 신앙에 구속되지 않고 다른 한편으로는 극단적인 무신론으로 빠지지 않으며, 존재 자체 및 신적 세계에 대한 나름의 이해를 접합시켜 인간과 교육의 길을 논했다. 기실 이런 사유의 특징, 즉 중세의 편협하고 맹목적이며 심지어 폭력적이기까지 한 종교적 행태 및 신앙으로부터 인간의 이성과 주체성을 해방시키려 하면서도, 동시에 메마르고 독선적인 모습을 한 이성적 주체의 오만한 폭주를 경계하는 경향은, 르네상스, 인본주의, 종교개혁, 계몽주의로 흐르는 서양 근세의 지적 흐름에서 주목할 만한 특징이다. 즉 새롭게 부각된 이성의 힘을 근간으로 신 관념 및 신앙을 합리적으로 재구성하고 조화시키는 일이 서양 근세 지성계의 중요한 화두가 된다. 자연주의 역시 이 흐름 위에 있다.[30] 때로 서양 근세의 계몽주의와 루소의 자연주의의 특징에 대해 각각 이성

---

30 서양 근세는 중세의 신학적 사유와 단절하면서 신, 신과 인간의 관계, 인간의 주체성과 이성의 힘에 대해 새롭게 인식해 가는 경향을 보였다. 인간의 이성에 대한 신뢰에 기초해 신에 대해,

과 감각감성의 편에 선 철학으로 대비하는 학계의 경향도 보이는데, 이는 다소 거친 형태의 이분법적 도식이라고 볼 수 있다.[31] 계몽주의는 기본적으로 고대의 통합적 성격의 이성을 재현하고자 했으며, 루소의 자연주의는 이러한 계몽주의의 취지를 수용하되 그 이성이 보다 자연스럽고 풍요롭게 성장할 수 있는 길을 특히 찾고자 했다. 특히 자연주의는 합리적 신앙까지 포괄하고자 했으니, 감각 및 감성의 계발의 터전 위에서 이성, 신앙을 자연스럽게 계발하고 조화하는 삶과 교육의 길을 추구했다. 자연주의자들에게 감성과 이성, 신앙은 배타의 관계가 아닌 조화의 관계였다.

자연주의 교육관은 다음 몇 가지 특징을 지닌다. 하나는 자연성으로서의 인간의 본성에 대한 낙관이다. 인간은 내면에 감성과 이성과 신앙의 씨앗을 지니고 있으며 이 씨앗의 조화로운 계발이 인간 교육의 핵심이다. 둘째 인간의 심리적 발달 단계의 이해에 있어 자연 법칙 및 원리를 활용한다는 점이다. 이로부터 감각에서 이성 및 신앙으로의 발전 원리를 끌어내기도 한다. 셋째 교육방법상에서 추상적 관념이나 언어 중심 교육을 벗어나, 사물 및 실제 상황에 근거한 교육으로 전환한다는 점이다. 넷째 아동의 발견이다. 어른과는 다른 아동 시기의 특수성을 포착했고 이에 근거한 아동의 특수한 교육방법적 구안에 큰 관심을 기울였다.

자연주의에서의 자연이 일종의 이법적 우주의 관점을 내포하고 있다면 이는 우주적 법칙에 부합하는 삶을 노래한 서양 고대 스토아 학파의 사상, 자연으로서의 도에 부합하는 삶을 노래한 동양 고대의 노자와 장자, 그리고 하늘

성서 속의 신비한 내용들은 경계하면서 이지적 설득 방식으로 풀어보려는 경향(이신론, 理神論), 존재 자체를 신과 등치시켜 보는 경향(범신론, 汎神論)도 등장했다. 이 과정에서 격렬한 논쟁과 갈등도 벌어지고 극단적인 무신론도 등장하기도 했는데, 볼테르나 루소를 비롯한 당대의 큰 지식인들은 광신적인 종교와 광포한 이성의 양극단을 피하면서 인간의 길을 찾고자 하는 경향을 보였다. 자연주의는 이 과정에서 탄생했고, 자연을 매개로 합리적 신앙과 이성과 감각(감성)의 세계를 융화시켜 갔다.

31 우리 학계에서는 이성의 계몽주의 대(對) 감성의 자연주의 대비, 또 고전적 자연주의 대 근세 자연주의의 대비의 틀에 입각해 루소의 자연주의를 설명하려는 시도가 있었는데(주영흠, 『자연주의 교육사상』, 학지사, 2003), 이는 자연주의를 편협하게 해석해갈 여지를 낳는다.

로부터 부여받은 본성을 실현하는 것을 교육의 의미로 보았던 유가의 사유 방식도 자연주의적 범주에서 논의할 여지가 있다. 이 중에서 특히 인류 문명의 전개과정에서 타성화되어 온 가치 분별 관념 및 학술적 성취들을 철저하게 문제 삼으며 비움과 내려놓음의 기저 위에 인간의 길을 새롭게 끌어내려 했던 루소와 노자의, 동서양의 경계를 넘어선 사상적 유사성은 눈여겨 볼만하다.

❼ 마음주의(Mindfulism)

마음주의는 마음 공부 및 마음 수행에 초점을 맞추는 동양의 유교와 불교, 도가 등의 교육사상적 전통과 그것의 현대적 계승의 양상을 지닌 교육사상적 흐름으로서, 그 용어는 이 지면에서 새로 도입한 것이다. 이 흐름은 전통적으로는 심학心學이나 도학道學, 선禪 등의 이름으로 전개되었고, 현대에서는 마음교육 혹은 마음챙김 기반 교육의 논의 및 실천의 형태로 전개되고 있다. 현대적인 논의의 무대는 한국과 미국 등지인데, 최근 20~30년 사이에 한국에서는 유·불·도의 마음의 철학과 공부론, 수행론을 현대 교육적으로 재해석하는 마음교육의 논의가, 그리고 미국에서는 초기불교의 마음챙김에 대한 지혜에 뿌리를 둔 마음챙김 기반 교육에 대한 논의가 활성화되고 있다.

유·불·도의 전통에서 마음은 존재의 중심이며 주재자로 이해되어 왔고 때로는 존재 자체를 표현하는 말이기도 했다. 이 전통에서 교육은 이 마음의 본성 및 욕망의 제 흐름을 전체적으로 관조하고 관리하면서, 거기에 잠재된 지성과 덕성의 싹을 끌어내고 길러가는 힘을 기르는 일로 이해되었다. 이런 교육에서 배우는 자가 스스로의 마음의 세계를 이해하고 마음공부를 행할 수 있는 방법을 정립하고 전수하는 일이 무엇보다 중요했다. 선진 유학의 존덕성－도문학尊德性-道問學, 성리학의 거경궁리居敬窮理나 양명학의 치양지致良知, 불교의 팔정도八正道: 正見, 正思惟, 正語, 正業, 正命, 正精進, 正念, 正定나 삼학三學: 戒, 定, 慧이나 선법禪法, 도가의 허정虛靜이나 심재心齋와 같은 것은 그 주요 방법이다. 세부적으로 들어가면 유불도는 각각 특색있는 마음 이해와 마음공부방법을 제안해 왔고, 각각은 나름의 특수한 의미를 지녀왔다. 그래서 유가의 마음교육, 불교의 마음교육, 도가의 마음교육 등을 비롯한 세분화된 접근이 가능하고 필요하다. 이를 위한 기초가 될 만한 정리는 역사적, 철학적으로 다양하고 풍부하게 이루어져 왔다.

동양의 역사의 곳곳에서 마음이 교육적 논의와 실천과정에서 중심으로 자리잡게 된 데에는 인간의 편협하거나 왜곡된 앎이나 탐욕에 의해 인간 본연의 존재 기반이 무너지고 문명이 쇠락한다는 위기의식이, 유·불·도를 근간으로 하는 사상가들 사이에 자리하고 있었기 때문이다. 존재 실상 및 존재의 길에 대한 온전한 통찰이라는 근본 문제로부터 인간의 치우친 욕망과 무지에 의한 시대적 문명 위기를 돌파해 가고자 했고, 그 존재적 각성과 구현을 위해 특히 주목한 것이 주체들의 마음의 세계와 그 교육적 계발의 문제였다. 개인의 내면의 각성에 초점을 맞춘 불교와 도가는 물론이고 인간성 실현과 연계된 사회적, 제도적 질서의 구축에까지 관심을 기울인 유교에서도 교육의 근본적 문제를 마음의 온전한 이해와 구현에 두는 경향이 있었다. 배움의 주체들이 스스로의 마음의 세계를 깊게 통찰하고 욕망과 무지에 의한 왜곡된 흐름을 관리하고 정돈하면서, 마음 본연의 지성과 덕성, 사랑과 이해의 싹을 펼쳐가는 것을 교육의 일차적 의미라고 본 것이다.

시대를 달리했으나 여전히 동일한 인류 문명의 문제들, 즉 인간성의 상실 및 존재의 위기, 문명의 지속 가능성의 위기를 맞은 현대에 이르러, 이와 같은 동양 전통의 유·불·도의 심학적 전통이 다시 주목되면서 그 계승 및 재해석에 대한 논의가 이루어지고 있다. 그 한 사례는 한국에서의 마음교육에 대한 논의로서,[32] 여기에서는 우선 마음 및 마음형성과 교육 사이의 필연적 연관관

---

32 이 방면의 연구로, 황금중, "마음교육론의 학문적 성격과 전망", 『교육학연구』 42(4), 2004, 1-33쪽.; "성리학의 마음교육 이해와 현대 공교육에의 시사", 『한국교육』 32(3), 2005, 3-33쪽,; "지속가능한 미래를 위한 마음교육", 『교육철학』 49, 2010, 199-228쪽.; "마음챙김 (mindfulness) 기반 교육: 기본 설계와 구상", 『교육철학연구』 41(3), 2019, 219-257쪽.; 정재걸 외, 『동양사상과 마음교육』, 살림터, 2014.; 정혜정. "뇌과학과 동학의 마음교육". 『종교교

계에 주목해서 교육의 의미와 성격을 탐색한다. 마음교육론은 교육의 이해에 있어 교육의 주체로서의 마음과의 관련성을 충분히 돌아보지 않거나, 아니면 마음에 대한 파편적이고 분열적인 인식을 반영한 현대 교육학의 이론 및 실천의 한계를 극복하고자 하는 문제의식을 견지한다. 마음과 교육의 관계에 초점을 맞추는 마음교육론의 기본 과제 중의 하나는 마음 및 마음형성의 문제를 둘러싼 통합적이고 심층적인 이해를 구축하는 일이며 이를 위해 동양의 심학 전통에 대한 재해석은 물론이고 현대 심리학과 철학, 사회학, 자연과학의 연구 성과와 관점들 간의 간학문적 대화를 모색한다.

다른 하나의 사례는 미국에서 시작되어 한국에도 큰 영향을 미친 마음챙김 mindfulness 기반의 활동에 대한 논의 및 실천들이다. 초기 불교의 사띠sati 수행 전통에 뿌리를 둔 이 흐름은 냐나뽀니까, 카밧진 등에 의한 현대화 과정을 거쳐 심리학이나 의학, 교육학적으로 넓게 응용되고 있다.[33] 현재 서양권에서 진행되는 마음챙김 연구는 대체로 불교적 맥락에서만 그 뿌리를 찾는 경향이 대세를 이루고 있는데 이것이 서양권 연구의 특징이자 한계이다. 이 때 마음챙김은 비판난석 알아차림, 수의집중 등의 태도로 이해된다. 그런데 마음챙김은 불교에서만이 아니라 성리학에서도 가장 기본적인 삶의 태도로 여겨지며 교육에서 우선 중시하는 기초 역량으로 이해되어 왔으니 '경敬'과 같은 것이 그것이다. 서양권에서는 이 유학적 맥락 등 불교 외의 마음챙김 논의에는 눈을 돌리지 못하는 한계를 보이는데, 앞으로의 마음챙김에 대한 논의와 실천은 그 범위를 확장하며 새로운 단계로 나갈 필요가 있다.

육학연구』 55, 2017, 1-25쪽 등이 있다.

33 Nyanaponika, *The power of mindfulness,* The Wheel Publication, 2001.; B. Bodhi, *The Noble Eightfold Path: The Way to the End of Suffering,* Buddhist Publication Society, 1994.; Bodhi, B., "What does mindfulness really mean? A canonical perspective", *Contemporary Buddhism* 12(1), 2011, 19-39.; J. Kabat-Zinn, *Wherever You Go, There You Are: Mindfulness meditation for everyday life,* Hachette Books, 1994.; J. Kabat-Zinn, Mindfulness-based interventions in context: past, present, and future. *Clinical Psychology: Science and Practice* 10(2), 2003, 144-156.; J. Kabat-Zinn, *Coming to Our Senses: Healing Ourselves and the World Through Mindfulness,* Hachette Books, 2005.

　　최근 마음교육의 요체를 '마음챙김 기반 교육mindfulness-based education'으로
설정하면서 그 이론적, 실천적 진로를 찾고자 하는 움직임도 있다.**34** 여기에는,
일반적으로 지·덕·체의 조화로운 육성, 혹은 참된 존재 상태로의 안내를 목
표로 하는 교육은 마음챙김의 힘을 기르는 과정이 근간을 이룰 때 가능하고
효율적이라는 발상이 깔려 있다. 마음교육은 이런 시도를 포함해서 다양한 방
향의 이론적, 실천적 전개가 가능할 것이다.

　　현대의 마음교육, 혹은 마음챙김에 대한 논의가 전통 유·불·도에 기대지
않고, 현대 교육적 문제의식에 따라 자유롭게 논의되는 경향도 있다. 일본과
중국에서도 현대 도덕교육의 맥락과 연계된 마음교육에 대한 논의가 출현했
고, 미국에서는 랭어와 같은 심리학자가 오직 심리학적 연구에 기대어 마음챙
김과 교육의 문제를 풀고 있다.**35** 이런 시도는 충분히 가능한 일이고 의미가
있다. 다만 마음공부 및 마음수행을 핵심 특징으로 하는 마음교육, 혹은 마음
챙김 기반 교육 패러다임이 학문적 깊이와 균형을 견지하며 정착되기 위해 이
주제에 관해 오랜 역사적 정련 과정을 거쳐 온 전통 사상들에 대한 진지한 참
조와 활용은 긴요하다. 현대의 통합적, 다학문적, 과학적 접근은 유용하고 최
대한 이루어가되, 역사적 범례로서의 유·불·도 전통에 대한 고려는 아무리
강조해도 지나치지 않다.

---

34 황금중은 "지속가능한 미래를 위한 마음교육"(2010)에서 마음교육의 핵심 요소를 '마음챙김
　　(mindfulness)'으로 설정하고 그것이 특정 사상에 구속된 것이 아닌 보편성을 지닌 개념이라는
　　전제를 가지고 그 대표적 사례로 불교의 '사띠(sati, 念)'와 성리학의 '경(敬)'을 들어 살핀 바
　　있다. 이후 "마음챙김(mindfulness) 기반 교육: 기본 설계와 방향"(2019)에서는 논의를 더 진전
　　시켜 마음교육의 정체성을 '마음챙김 기반 교육'으로 잡고 이 틀에서 보편화된 마음챙김 개념을
　　적용하여 모든 단계의, 그리고 (지식 및 도덕을 포함한) 모든 영역의 교육의 토대로써 마음챙김
　　의 힘을 기르는 과정이 배치될 필요와 의미가 있음을 주장했다.

35 엘렌 랭어는 특히 관습적 사유 및 감정에 의한 자동적 반응 패턴에 종속되지 않는 철저하게 열린
　　태도의 의미로써 '마음챙김(mindfulness)'을 설명하고 있다. 그런데 랭어의 마음챙김 이론은 다
　　만 기존의 관습적 관념에 사로잡히지 않는 자유로운 심리 상태 이상의 어떠한 존재론적 의미를
　　담고 있지 않은 한계를 보인다. 카밧진에 의해 활성화된 마음챙김 전통과도 전혀 관련 및 교류가
　　없는 하나의 심리학적 접근이라는 점도 특징이자 제한점이다. E. J. Langer, *Mindfulness,*
　　Addison-Wesley Publishing Company, 1989.; E. J. Langer, *The power of mindful*
　　learning, Hachette UK, 2016.

참고문헌

김창환(2007). 인본주의 교육사상, 학지사.

유시민(2018). 역사의 역사, 돌베게.

정범모(1968, 2000). 교육과 교육학, 배영사.

정재걸 외(2014). 동양사상과 마음교육, 살림터.

정혜정(2017). "뇌과학과 동학의 마음교육", 종교교육학연구, 55, 1－25.

주영흠(1995). 서양교육사상사, 양서원.

주영흠(2003). 자연주의 교육사상, 학지사.

황금중(2003). "한국교육사·철학 연구의 관점과 방법론", 한국교육사학, 25(1), 199－223.

황금중(2004). "마음교육론의 학문적 성격과 전망", 교육학연구, 42(4), 1－33.

황금중(2005). "성리학의 마음교육 이해와 현대 공교육에의 시사", 한국교육, 32(3), 3－33.

황금중(2010). "지속가능한 미래를 위한 마음교육", 교육철학, 49, 199-228.

황금중(2019). "마음챙김(mindfulness) 기반 교육: 기본 설계와 방향", 교육철학연구, 41(3), 219－257.

루소, 민희식 역(2006). 에밀, 육문사.

마틴 부버, 우정길 역(2010). 교육 강연집, 지식을만드는지식.

마르틴 하이데거, 전양범 역(2016). 존재와 시간, 동서문화사.

막스 호르크하이머, 테오도르 아도르노, 김유동 역(2001). 계몽의 변증법, 문학과지성사.

막스 호르크하이머, 박구용 역(2006). 도구적 이성 비판, 문예출판사.

쇠렌 키르케고르, 임규정 역(2007). 죽음에 이르는 병, 한길사.

알베르 까뮈, 김화영 역(2011). 이방인, 민음사.

에리히 프롬, 차경아 역(2002). 소유냐 존재냐, 까치글방.

위르겐 하버마스, 장춘익 역(2006). 의사소통행위이론 1, 2, 나남.

장 폴 사르트르, 장소성 옮김(2009). 존재와 무, 동서문화사.

존 듀이, 강윤중 역(2018). 경험과 교육, 배영사.

존 듀이, 이홍우 역(2007). 민주주의와 교육, 교육과학사.

카를 야스퍼스, 전양범 역(2017). 철학학교/비극론/철학입문/위대한 철학자들, 동서문화사.

코메니우스, 정확실 역(2007). 대교수학, 교육과학사.

테오도르 아도르노, 홍승용 역(1999). 부정변증법, 한길사.

틱낫한, 양미성·김동원 역(2004). 틱낫한 스님의 금강경, 장경각.

페스탈로찌, 김정환 역(1998). 은자의 황혼, 서문당.

프뢰벨, 이원영 역(2005). 인간의 교육, 양서원.

헤르베르트 마르쿠제, 박병진 역(2009). 일차원적 인간/선진산업사회의 이데올로기 연구, 한마음사.

헤르베르트 마르쿠제, 김현일 역(2011). 이성과 혁명, 중원문화.

G. F. 넬러, 정희숙 옮김(1987). 교육철학이란 무엇인가, 서광사.

O. F. Bollnow, 윤재홍 역(2008). 실존철학과 교육학, 학지사.

R. Bailey, R. Barrow, D. Carr, C. McCarthy, 이지헌 역(2013). 교육철학 1: 이론과 역사, 학지사.

R. Gibson, 이지헌·김회수 역(1989). 비판이론과 교육, 성원사.

R. S. 피터스, 이홍우 외 역(2003). 윤리학과 교육, 교육과학사.

Bagley, W. C. (1934). *Education and Emergent Man: A Theory of Education With Particular Application to Public Education in the United States.* New York: Nelson.

Bagley, W. C. (1938). "An Essentialist's Platform for the Advancement of American Education," *Educational Administration and Super−vision*, 24, 241-256. 1938.

Bodhi, B. (1994). *The Noble Eightfold Path: The Way to the End of Suffering,* Buddhist Publication Society.

Bodhi, B. (2011). "What does mindfulness really mean? A canonical perspective", *Contemporary Buddhism*, 12(1), 19-39.

Hutchins, R. M. (1954). *Great Books: The Foundation of a Liberal Education.* New York: Simon & Schuster.

Kabat−Zinn, J. (1994). *Wherever You Go, There You Are: Mindfulness meditation for everyday life*, Hachette Books.

Kabat−Zinn, J. (2003). Mindfulness−based interventions in context: past, present, and future. *Clinical Psychology: Science and Practice*, 10(2), 144−156.

Kabat−Zinn, J. (2005). *Coming to Our Senses: Healing Ourselves and the World Through Mindfulness*, Hachette Books.

Langer, E. J. (1989). *Mindfulness*. Addison−Wesley Publishing Company.

Langer, E. J. (2016). *The power of mindful learning.* Hachette UK.

Nyanaponika (2001), *The power of mindfulness.* The Wheel Publication.

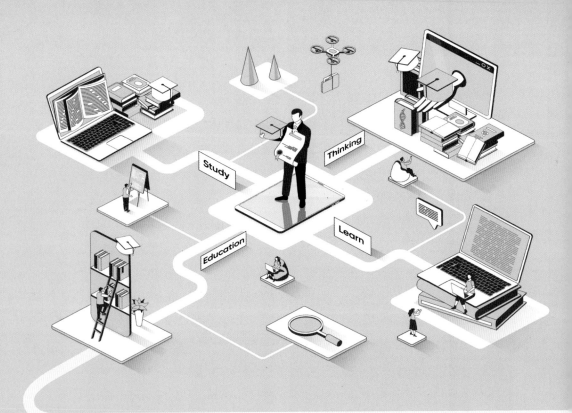

Study

Thinking

Education

Learn

CHAPTER

02

교육인류학:
문화적 과정으로서의 교육현상에 대한 탐구

교육인류학:
문화적 과정으로서의 교육현상에 대한 탐구

박순용

01 ▶ 교육인류학의 특징과 기원: 인류학과 교육의 만남, 그 이상

인류학은 인간의 모든 면을 연구하는 순수학문이자 종합학문이다. 인류학 anthro-pology이라는 용어는 그리스어의 어간 'anthropos인간'와 명사어미 'logia말씀/지식'의 결합인데, 간단하게 정의내리기가 어렵기 때문에 인류학에서 제기하는 몇 가지 일반적인 질문을 통해 인류학의 학문적 성격을 알아볼 수 있다. 가령, '지구상의 수많은 사회는 왜, 어떻게 다르고 동시에 어떤 면에서 유사한가? 어떻게 진화가 인간의 생물학적 실체를 형성했는가? 과거와 현재의 연속성은 어떻게 이해할 것인가? 문화개념은 왜 필요하고 어떻게 기능하는가? 인간에게 집단적 인성이나 민족성은 존재하는가?'와 같이 말이다. 이처럼 인류학은 무엇이 우리를 인간답게 만드는가에 대한 근본적인 질문에서 출발하여 인간의 생물학적 현실, 인간존재에 대한 관념적 이해, 시공을 초월한 인간 삶의 다양한 모습 등을 탐구의 대상으로 삼는다는 점에서 순수학문이다. 또한 인류학은 인간을 인간답게 만드는 생물학적 특징생리학, 유전체 구성, 병리현상, 영양학 등과 사회적 특징언어, 경제, 법, 정치, 가족, 종교 등을 아우르는 총체적인 접근을 통해서 인간을 이해할 수 있다는 신념을 바탕으로 한다는 점에서 종합학문이다.

인류학은 인간의 진화사進化史를 비롯하여 인간 행동의 문화적 패턴, 환경적응과 변화, 의사소통과 집단적 역동 등을 다각도로 연구하는 학문이다. 오늘날 인류학의 세부 영역으로는 고고학archaeology, 생물인류학biological anthropology/physical anthropology, 문화인류학cultural anthropology/social anthropology 및 언어인류학linguistic anthropology이 있으며 이와 더불어 의료인류학medical anthropology, 산업인류학industrial anthropology/business anthropology, 법인류학legal anthropology, 영상인류학visual anthropology 등 학제 간 융합의 추세에 따라 다양한 응용인류학 분야가 존재한다〈표 2.1〉참조. 그 가운데 교육인류학은 문화인류학[1]을 모태로 하는 응용학문으로 출발하여 문화와 교육이 어떻게 맞물려있는지에 대한 탐색을 통해 인간의 특성을 살펴보고 인류의 지속가능성을 가늠하는 고유한 학문분야로 성장해왔다.

인간에게 있어서 교육은 일생 동안 삶의 필수불가결한 부분이며 개인이 문화적 맥락 위에서 기능할 수 있도록 하는 동시에 새로운 문화를 창출할 수 있게 하는 원동력이다.[2] 교육은 시시각각으로 전개되는 사회적 상황 속에서 개인이 적절한 판단과 선택을 할 수 있는 능력을 갖추도록 해주고, 몸담고 있는 문화집단 내에서 온전하게 처신할 수 있는 기초적인 상식을 내면화하도록 한다. 교육인류학은 이처럼 문화적 과정cultural process으로서 이행되는 일련의 교육철학 및 교육체세의 구축과 실전행위가 사회문화적 현실을 가장 극명하게 투영시키는 매개가 된다는 전제로부터 출발한다. 즉, 교육인류학은 근본적으로 가르침과 배움을 둘러싼 인간의 집단적인 사고와 행위를 주요 주제 영역으로 삼는 학문분야이다. 또한 교육인류학자들은 모든 형태의 교육행위를 문화적 토양 위에서 발현되는 문화적 과정으로 본다. 이에 따라 교육인류학에서는 인간의 다양한 삶 속에 펼쳐지는 여러 교육적인 장면들이 모두 연구의 대상이 되며, 그 안에서 작동하는 패턴과 논리에 주목한다. 교육인류학자들은 이와 같은 접근방식으로 그동안 교육현장의 다양하고 역동적인 모습을 담아내면서 인

---

1 인문사회과학 영역에서의 인류학은 역사적 전통과 전개과정에 따라 미국에서는 문화인류학, 영국에서는 사회인류학, 프랑스와 독일에서는 민족학이라는 용어로 다르게 지칭되어왔다.

2 정향진(2008: 100)은 인간이 문화적 존재라고 하는 것이 문화에 전적으로 구속된다는 의미가 아니라 오히려 문화적 존재로서의 자성적 능력을 지니며 이로부터 문화에 대한 성찰도 가능해진다고 말한다.

간에게 있어서 교육이 어떤 의미와 영향력을 갖고 있는지에 대한 궁금증에 답하기 위해 노력해왔다.

📖 **표 2.1 인류학의 영역별 분류[3]**

인류학 분야	목적 및 특성	응용분야/인접분야
고고학	과거의 인류가 남긴 물리적인 흔적들을 토대로 그들의 사회문화를 재구성해보고 세계관을 엿봄으로써 인간 존재의 의미를 탐구한다.	역사고고학(historical archaeology) 문화역사학(cultural history) 선사인류학(prehistoric anthropology) 지질고고학(geoarchaeology)
생물인류학	진화를 중심으로 과거에서 현재에 이르기까지 인류를 포함한 영장류에 대한 생물학적 특징과 변화를 탐구하여 인간 존재의 생물학적 현실을 이해한다.	고인류학(paleoanthropology) 유인원학(primatology) 진화생물학(evolutionary biology) 생태인류학(ecological anthropology) 법의학인류학(forensic anthropology)
문화인류학	문화적 기반 위에 과거와 현재의 인간의 집단적인 삶 속에서 드러나는 특징들을 총체적, 비교적, 종단적으로 연구하고 인간 사회의 다양성과 보편성에 대한 통찰을 얻는다.	교육인류학(educational anthropology) 산업인류학(industrial anthropology) 법인류학(legal anthropology) 의료인류학(medical anthropology) 영상인류학(visual anthropology) 문화학(cultural studies)
언어인류학	언어사용자의 문화를 반영하는 의사소통의 맥락을 포함한 언어현상을 다각도로 탐구하고 언어와 인간 삶의 상관성을 이해한다.	사회언어학(sociolinguistics) 역사언어학(historical linguistics) 심리언어학(psycholinguistics) 언어지리학(linguistic geography) 비교언어학(comparative linguistics)

교육인류학자들은 교육현상과 인간에 대한 이해를 추구하기 위해 그동안

---

3 여기에 제시된 분류체계는 단지 한 가지 예시일 뿐이다. 가령 학자나 학회에 따라 언어인류학을 응용인류학으로 분류하는 경우도 있다. 또 응용분야/인접분야의 학문영역이 이 외에도 더 있지만 상대적으로 연관성이 높다고 판단되는 경우에만 항목에 포함시켰다.

지구촌 곳곳의 다양한 교육현장에서 구체적인 사례들을 심층적으로 분석하여 제시하면서 인류학적 지식의 외연을 확장해왔다. 이러한 과정에서 교육인류학의 학문적 정체성이 구축되어왔다. 이종각2011: 92에 따르면, 교육인류학 분야의 연구자들을 결집시킬 수 있는 이유는 이들이 교육현장의 실제관찰, 교육맥락에 대한 연구, 참가자의 관점을 통합한 자료해석이라는 세 가지의 공동목적을 추구하고 있기 때문이다. 특히 연구대상 집단의 구성원들과 장기간 얼굴을 마주하며 심층면담과 참여관찰을 통해 자료를 수집하고 분석하는 인류학의 현장연구방식과 연구철학은 다양한 인접학문분야에서도 널리 차용되고 있으며[그림 2.1] 참조, 교육연구에도 매우 유용하다. 즉, 교육인류학자의 현장연구는 특정 집단 내에서 통용되는 문화적 코드를 파악해가면서 교육의 역동적인 과정을 매우 세밀하게 포착할 수 있도록 해준다. 이러한 가운데 교육인류학은 여러 사회가 당면하고 있는 교육문제에 대한 해법을 찾기 위한 단초를 종종 제공해준다. 그 배경에는 교육관련 주체들이 주어진 교육 패러다임을 직시하도록 기존 사고의 틀에서 벗어나게 하는 데 인류학적 접근이 다방면으로 도움이 될 수 있기 때문이다. 실제로 교육인류학자들은 그동안 인류학의 강점인 비교

그림 2.1 인류학의 영역과 인접학문분야와의 관계

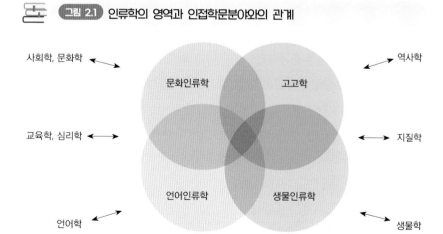

문화적 성찰의 유도를 통해 신선한 혜안 또는 새로운 패러다임에 대한 영감을 얻는 데 기여해왔다. 예컨대 우리의 교육방식이나 교육철학이 한계에 부딪혀 교육관련 문제들에 대해 적절한 대안을 찾기가 어려울 때, 다른 문화권에서 어떤 식으로 유사한 문제를 다루고 있는지에 대한 사례들을 참고하면 새로운 돌파구를 종종 찾을 수 있다.

교육인류학은 문화인류학의 분과영역으로 출발했고 인류학에 그 뿌리를 두고 있기 때문에 학문적 성격 또한 인류학의 고유한 특징들을 대부분 그대로 지니고 있다. 따라서 교육인류학이 어떤 학문인지를 알기 위해서는 인류학에 대한 이해가 선행될 필요가 있다. 인류학자는 우리 자신과 서로에 대한 이해를 증진시키는 것을 목표로 삼는다. 특히 지구촌 시대인 오늘날 문화적·인종적 차이에 대한 깊은 이해를 얻고 사람들의 세계관, 신념 및 관행이 사회, 정치 및 경제적 맥락과 어떻게 연결되어 있는지를 규명하는 작업 또한 인류학자의 몫이다. 인류학 고유의 학문적 속성을 파악하기 위해서는 19세기 이후 시기별로 사회과학으로서의 인류학의 주요 변천사를 짚어볼 필요가 있다.

❶ 19세기

문화인류학은 문화의 비교연구를 주로 시도한 19세기의 민족학ethnology에서 기원을 찾을 수 있는데 19세기 후반은 사회진화론이 가장 영향력 있는 사상적 근간으로 학계에서 맹위를 떨칠 때이다. 모든 사회가 일정한 발달단계를 거쳐 문명사회의 정점으로 나아간다는 단선적unilinear 진화의 개념이 수용되던 이 시기에는 문화 또한 일반화가 가능한 분석적 틀에 의거해 발달단계의 양상으로 이해되었다. 따라서 19세기 후반에 문화와 인간사회에 대해 집필한 학자들은 주로 신교사, 상인, 탐험가 또는 식민지 주재 공무원 등 다른 사람들이 수집한 2차 자료를 활용하여 다양한 문화를 발달단계의 항목 속에 가두어 두고 일반화하려는 경향을 보였다. 이처럼 현장연구가 동반되지 않고 2차 자료에만 기대어 추론하는 과정을 중심으로 문화, 민족, 민속 등의 개념을 논한 학자들은 후세대 학자들에 의해 '안락의자 인류학자armchair anthropologist'라는 오명의 꼬리표를 달게 된다. 또 한 가지 비판은 사회진화론 자체가 안고 있는 일반화의 오류와 정치적 오용 가능성이다. 일례로 식민지 시대의 식민지 경영자들에게 사회진화론은 문명권이 낙후된 문화권을 견인한다는 사상적 당위성을 제공하고 식민지 지배를 정당화하는 명분이 되었다.

❷ 20세기 초 · 중반

20세기에 진입하며 현지 조사의 전통을 수립한 인류학자들은 모든 인간 사회가 동일한 경로의 발전단계progressive stages를 통과하게 된다는 단선적 사회진화론의 주장을 거부했다. 이와 동시에 문화적 상대주의cultural relativism를 이론화하여 이를 기초로 '발전progress' 개념의 허구성과 파괴성을 폭로하는 데 앞장서고 인종차별과 맞서 싸우는 데 큰 힘을 보탰다. 20세기 중반에 이르러서는 사회진화론을 반박할만한 사례가 너무도 많이 축적되어 단선적 진화론은 어렵지 않게 폐기되었고 문화집단 간의 상대적 서열을 염두에 둔 발전단계에 대한 신념 또한 완전히 무너졌다. 인류학자들은 더 이상 문화를 단순한 준거를 통해 비교하고, 인간 본성에 대해 일반화하거나 문화 발전의 보편적 법칙을 발견하는 것에 관심을 보이지 않았다.

인류학은 20세기 초반에 Franz Boas와 Bronislaw Malinowski 등에 의해 사회과학으로서의 튼튼한 기초가 마련되었다. Boas의 제자들이 문화와 문화적 상대주의에 대한 개념을 계승하여 여러 지역으로 나아가 활동을 하는 가운데, 미국 내에서의 문화인류학의 위상은 공고해져갔다. 이와 비슷한 시기에 Malinowski와 A.R. Radcliffe-Brown의 제자들은 영국에서 사회인류학을 발전시키고 있었다. 이 시기 영·미 인류학의 두 시류를 보면 문화인류학은 문화 개념을 중심으로 상징과 가치체계예: 예술과 신화에 관심을 둔 반면에, 사회인류학은 관찰된 사회적 행동과 사회적 구조, 즉 사회적 역할예: 남편과 아내, 부모 및 자녀과 사회 제도예: 종교, 경제 및 정치 간의 관계에 초점을 두었다Dianteill, 2012. 이처럼 대서양을 사이에 두고 각기 발전해 오던 인류학은 오늘날 인류학자들이 사회문화의 모든 요소에 두루두루 관심을 기울이게 됨으로써 실질적으로 그 구분이 큰 의미가 없게 되었다.[4] 사회과학으로서의 인류학은 다른 학문에 비해 선명하게 차별화되는 특징으로써 맥락중심context-based의 심층적 이해, 문화 간 비교 cross-cultural comparison, 장기간의 참여관찰participant-observation을 통한 몰입적 현지조사를 강조하며 성장해나갔다.[5]

❸ 20세기 후반(1980년대~1990년대)

이 시기는 문화기술지 연구가 일반화되고 사회과학으로서의 인류학을 정립하는 철학적·방법론적 기초가 확고하게 자리 잡은 가운데 이전 세대의 소위 '고전적classic' 인류학 연구와는 색깔이 다른 새로운 학술적 경향이 구체화되기 시작한 때이다. 이 때는 포스트모더니즘과 해석학적 연구경향의 부상浮上에 힘입어 인류학계에서도 대전환이 이루어지는 과도기로 볼 수 있다. 새로운 시류에 부합하는 연구관점과 철학적 논의의 필요성을 제기한 문화인류학자들은 고전적 문화기술지 연구모델을 거부했다. 고전적 문화기술지에서는 민족이나 문화가 뚜렷한 경계를 가진 안정적이고 고립된 실체처럼 다루어져 온 경향이 있었다. 이에 반해 새로운 세대의 문화인류학자들은 문화의 경계가 느슨할 뿐만 아니라 문화집단을 탈脫경계적이며 역동적이고 변화무쌍한 것으로 이해하고 접근하게 되었다. 따라서 미시적으로 연구현장을 바라볼 때 그 지역의 현실에 영향을 미치는 외부의 거시적인 정치, 경제, 문화의 틀을 파악하기 위한

---

4 예를 들어, 혈연관계는 상징적 체계와 사회제도로서 동시에 기능한다.

5 물론 다른 학문 분야도 이러한 특징들을 가질 수 있으나, 세 가지 요소 모두를 동시에 포함하여 핵심적인 학문적 성립요건으로 내세우는 분야는 인류학이 유일하다.

노력이 동시에 이루어져야 한다고 보았다. 이러한 시각과 접근방식은 Arjun Appadurai[1996], James Clifford[1988], George Marcus[1995], Peter McLaren[1999], Sidney Mintz[1985], Michael Taussig[1980] 및 Eric Wolf[1982] 등에 의해 확산되었고 인류학의 연구관점과 연구경향에 지대한 영향을 미쳤다. 연구대상을 이해하는 방식 또한 객관적 서술에 대한 집착에서 벗어나 연구자의 주관적인 체험 중심의 고백적 글쓰기 형식이 점차 일반화되었다. 이러한 서술경향은 연구대상 집단과의 관계설정 문제 등 연구자의 위치성positionality에 대한 고민으로 이어지게 된다.

❹ 21세기 현재

20세기 후반의 변화와 더불어 문화인류학은 주어진 현실을 완성된 의미체제로 보지 않고 역동적이고 진행형인 문화적 과정으로 접근하게 된다. 또한 다양한 층위에서 대상을 바라보는 연구경향은 문화기술지에 그대로 반영되고 더 나아가 문화 연구, 미디어 연구, 과학 기술 연구 등 다양한 분야와 융합하여 현장연구에 대한 새로운 가능성을 모색하게 되었다. 그리고 세계화에 따른 인구와 물자의 이동이 급증하고 있는 현실을 반영하여 현장 연구를 한 곳으로만 제한하지 않는 '다현장 문화기술지multi-sited ethnography'가 확산되고 있다. 이와 더불어 지구상의 통신망 체제가 촘촘히 연결되어 인터넷과 사회관계망Social Network Service을 통한 정보교류가 문화접변文化接變과 융합을 가속화시키고 있는 가운데 사이버공간에 대한 인류학적 관심이 증대되고 있다. 이러한 가운데 공간적, 시간적 경계를 넘나들며 글로벌global과 로컬local을 연계하는 참신한 주제들의 인류학 연구가 끊임없이 학계에서 발표되고 있다참고: Bellino, 2018; Ong, 2016; Schepher-Hughes, 2004. 또 다른 추세로는 공공연하게 자문화自文化에 대한 비판적 성찰과 대안제시를 연구목적으로 내세우고 참여적participatory · 옹호적advocative 입장을 견지하는 인류학자들이 늘어나고 있다참고: Alexander, 2002; Cheng, 2018; El

Ouardani, 2018; Utheim, 2014; Vlez Young-Alfaro, 2017.

　　이상에서 인류학의 약사略史를 소개했는데, 교육인류학의 역사 또한 인류학의 역사와 궤적을 같이 한다고 볼 수 있다. 20세기 전반기까지는 인류학자가 낯선 곳을 연구하면서 그 사회를 이해하는 중요한 단서로써 양육과 훈육방식에 주목하는 가운데 교육학적 함의를 발견하는 경우가 대부분이었다. 독립된 학문분과로서는 1950년대에 이르러 Stanford 대학교의 George H. Spindler를 중심으로 학교를 현장연구의 장場으로 삼고 교육현상을 핵심 주제로 다루는 인류학자들이 결집하면서 비로소 교육인류학이 등장하게 되었다. 영국과 미국에서 다양한 교육현장의 모습을 담아내는 문화기술지들이 본격적으로 나오기 시작한 것은 1960년대인데, 그 이유는 당시 교육연구에서 맹위를 떨치던 양적 연구 중심의 심리학 및 사회학에 대한 대안으로 미시적인 교육문화의 질적 탐구를 학계에서 요구했기 때문이다Walford, 2008: 5.**6** 미국의 경우 1969년에 비로소 교육인류학 분과위원회Council on Anthropology and Education가 미국인류학회American Anthropological Association 산하에 발족되면서 교육인류학이 공식적인 인류학의 분과영역으로 인정받게 되었으며, 1970년에는 대표 학술지인 Anthropology and Education Quarterly가 창간되었다. 이후 교육인류학은 1980년대를 기점으로 급격히 확산되기 시작했다이용숙, 2005.

　　지난 20세기 중·후반까지의 사회과학의 행보를 복기해보면 객관주의적 지식관의 위세에 눌려 문화기술지와 같이 언어와 수사를 통해 집단적 논리를 추론하고 세계관을 설명하는 방식은 소수의 학문분야를 제외하고는 상당히 위축되었던 것이 사실이다. 계량적인 지표를 토대로 현상이나 대상을 몇 가지만의 준거를 통해 재구성하는 편향된 연구관행에 대한 비판은 20세기 말과 21세

---

6 여기서 주목되는 점은 1960년대와 1970년대의 교육현장에 대한 문화기술지 연구가 미국에서는 주로 문화인류학자에 의해서, 영국에서는 주로 사회학자와 교육학자에 의해서 신행되었나는 것이다. 즉, 세부주제의 선정이나 연구의 전개방식에서 학문적 배경에 따른 차이를 발견할 수가 있다.

기 초입에 들어와서야 보다 구체화되었다. 이는 포스트모더니즘의 전환적 분수령을 기점으로 보다 체계적으로 정비되어왔다고 볼 수 있다. 1990년대 이후 교육인류학자들의 연구 활동을 살펴보면 교육에서 포스트모더니즘의 영향 또한 두드러진다^{박순용 외, 2018: 43}. 그러나 21세기 현재에도 논리실증주의 및 과학주의 지식관이 여전히 영향력이 강하고, 객관성을 불가역적인 당연지사로 여기는 경향 또한 존재한다. 교육인류학은 이러한 과정에서 발생할 수 있는 정보의 왜곡 가능성을 경계하며 다양한 교육 주체들과의 관계맺음을 통해 상호주관적inter-subjective인 맥락학습을 비롯한 교육현상의 다층적인 의미 체계를 파악하는 데 관심을 두고 있다. 이처럼 교육에 대한 인류학적인 통찰과 연구방법은 가르치고 배우는 행위가 갖는 의미의 상대성을 헤아리는 데 유용하다.[7]

02 〉 인류학의 문제의식과 교육현장 새로 보기

현대 인류학 초창기의 문화인류학자들은 낯선 오지에서 온갖 고생을 마다하지 않고 그 곳의 삶과 문화를 전해주는 영웅적인 모습으로 종종 소개된다. 그런데 우리가 주목할 부분은 이들이 단순히 문화를 소개해주는 역할에만 충실했다면 인류학의 학문적 가치가 반감되었을 것이라는 점이다. 따라서 대다수의 인류학자들은 자신이 속한 문화권에 거주할 때 상식으로 통용되는 문화코드의 친숙함에서 벗어나 자문화에 대한 성찰과 새로운 이해를 학술적으로 이끌어내려 했다. 즉, 낯선 문화권에 스스로 몸담고 현장 구석구석을 누비며 직접 자료를 수집하는 과정을 통해 내부자적 세계관과 문화코드를 체득해가는 경험은 단순히 연구대상을 기술하여 소개하는 데 그치기 위함이 아니다. 낯선 곳에서의 현장연구는 연구대상 집단의 문화에 대한 이해뿐만 아니라 자문화에

---

7 예를 들어, 교육체제 내의 인식 주체가 자신에게 주어진 교육적 상황을 어떻게 해석하는지를 현장연구를 통해 확인할 수 있다.

대한 새로운 시선과 통찰을 얻을 수 있도록 한다. 이는 인류학자들의 사명이기도 하다. 일례로 인류학적 고전古典으로 추앙받는 Margaret Mead1928의 "사모아에서 성년 되기Coming of Age in Samoa"는 사모아 10대 소녀들의 성장경험에 대한 이야기를 현장에서 수집하여 소개하는 내용으로 전개되지만, 근저에는 서구사회에 대한 통렬한 문명비판과 더불어 미국 공교육의 억압적 면모를 우회적으로 폭로하고 있다.

　문화인류학에서는 타문화에 대한 연구뿐만 아니라 자문화에 대한 연구가 오늘날 큰 비중을 차지하게 되었다. 이와 같은 추세에 편승하여 자문화 내의 문화집단으로 분류될 수 있는 소집단예: 산악동호회, 학교동아리, 전통시장, 지역공동체 등이나 전문적인 집단예: 증권거래소, 의료센터 또는 게임회사 등의 전문 커뮤니티에 대한 문화기술적 연구가 많이 발표되고 있다. 이처럼 오늘날의 인류학자들은 서울의 종교 공동체를 연구하든 몽골의 유목민 공동체를 연구하든 상관없이 다양한 사람들이 여러 형태의 집단을 이루고 살아가는 가운데 그 안에서 상호작용이 원만하게 이루어지도록 작동하는 문화적 코드에 관심을 둔다. 즉, 이해관계, 갈등, 협동, 분업, 위계, 경쟁 등 인간의 일상적인 상호작용 속에 드러나는 인간의 본성을 문화가 어떻게 제어하는가를 들여다보면 인류학이 추구하는 인간 이해에 보다 가까이 다가설 수 있다고 보는 것이다. 이처럼 자문화의 타자화他者化: Othering를 통해 현대 인류학은 인간 이해에 대한 새로운 가능성을 활짝 열어 놓았다.

　교육인류학 또한 친숙한 것을 낯설게 대하는 과정을 통해 교육과 관련된 일반적인 주제들을 새롭게 점검해보고 다자적인 관점에서 조망하는 시도를 많이 하게 되었다. 가령 학교교육이 다음 세대에게 그 사회에서 통용되는 문화적 문해력을 갖추도록 의도적인 개입을 하는 것이라면[그림 2.2] 참조, 이를 개선하기 위해서는 기존체제 안에서 길들여진 교육에 대한 신념과 관점으로부터 한 발짝 물러나서 새롭게 볼 필요가 있다. 예컨대 교육을 선의와 순수한 목적만으로 이루어진 것이 아니라 정치적인 논리와 철학적 모순이 혼재된 가운데 개인에 대해 구속력을 행사하는 체제존속 장치로 본다면, 우리는 이에 대한 대응으로써 전혀 새로운 교육방식을 구상해야 한다.

그림 2.2 문화적 문해력

| 문화적 행동코드 (code of conduct) | + | 문화적 감수성 (cultural sensibilities) | = | 문화적 문해력 (cultural literacy) |

이러한 추세에 따라 주어진 사회의 모습을 보이는 그대로 재구성하는데 그치지 않고 능동적인 성찰과 사회정의의 실현을 염두에 둔 비판적 연구critical research가 오늘날 인류학계의 중심에 서고 있다. 이는 21세기에 진입한 이후 연구자의 참여적 성향과 연구대상자와의 협력적 관계를 중시하게 된 인류학계 전반의 풍토를 반영하는 것이기도 하다Lamphere, 2018. 교육인류학에서의 비판적 성향은 주어진 상황에 매몰된 관점에서 해방되어 교육을 통해 배우고 익힌 앎의 방식 자체에 대해 문제의식을 견지한다는 특징이 있다. 즉, 비판적인 접근은 우리가 지식으로 간주하는 것들이 어떤 숨은 의도와 함께 어떻게 구성되고 어떤 방식으로 전달·평가되는지에 대해 자문自問하게 하고 지식체계의 도구성 instrumentality을 간파하도록 한다. 예컨대 교육인류학자들은 문화집단마다 무엇을 지식의 범주로 정의내리고 무엇이 배제되는지, 또한 교육의 명목으로 존재하는 각종 통제와 억압의 수단들이 어떻게 만들어지고 구조적 틀 안에서 존속되는지에 대해 관심을 갖는다. 심지어 집단구성원으로서의 개인은 자신의 원초적인 호기심조차도 무심하게 억누르도록 교육되어질 수 있다는 점을 교육인류학자들이 교육문화에 스며있는 권력의 차원에서 해석해내기도 한다Khurshid, 2017; Murillo, 2009; Rosenfeld, 1983; Uddin, 2011; Willis, 1981.

학문적 특성상 교육인류학은 주류사회의 시야에서 벗어나거나 우선순위에서 뒤처진 교육문제들을 점검하고 부각시키는 데에도 많은 관심을 기울인다.

인류학에서는 '다름'을 가르치면서 여러 가지 열린 가능성을 탐색하는 자세를 동시에 가르쳐주기 때문에, 다원적인 사고를 하는 데 일조한다. 가령 소수자의 교육경험을 주류의 그것과 동등하게 다루거나 기존의 교육문화가 전반적인 사회의 구조적 모순이나 불평등을 심화시키는데 원인을 제공할 가능성을 살핀다. 또한 사회문화가 교육환경과 어떻게 연계되어 있는지도 현장연구를 통해서 확인한다. 예를 들면, 학교에서의 체벌금지나 학생인권조례의 제정은 사회문화가 인권에 대한 인식과 이해에 있어서 충분히 성숙해져야 가능하다. 이처럼 인류학적 관심영역으로 다룰 수 있는 교육현상은 사회의 구석구석에서 얼마든지 발견될 수 있다. 현장연구를 진행하는 도중에도 종종 인류학적 접근으로 다룰 필요가 있는 신선한 주제와 불현듯 마주치게 되기도 한다. 따라서 교육인류학자의 활동반경은 일반적인 교육관련 주제에만 국한되지 않는다. 실제로 독특하고 희소한 교육경험이 매력적인 연구대상이 되는 경우가 많다. 이와 같은 특징을 바탕으로 인류학의 역사만큼 교육인류학의 역사 또한 뚜렷한 색깔을 가지고 전개되어왔고, 여타 사회과학 분야와 차별화되는 연구철학과 방법론을 발전시켰다. 특히 인류학이 표방하는 초미시적, 탈殿전제적 접근의 고유한 방식대로 문화적 과정으로서의 교육의 다양한 층위를 드러나게 하는 데 기여하였다.

오늘날의 학교는 국가가 차세대 양성에 의도적으로 개입하는 제도적인 장치이며 해당 사회에서 통용되는 문화적 논리가 고스란히 반영되는 곳이다. 나라마다 차이는 있지만 대체로 오늘날 공교육의 기본 형태는 19세기 중반~20세기 초반에 걸쳐 산업화 시대에 적합한 구조로 만들어진 것인데 21세기인 오늘날에도 학교교육은 학제, 운영체제, 교과구성에 있어서 많은 부분이 여전히 과거의 패러다임에 갇혀있다. 사회는 변하고 있는데 학교교육이 변화에 둔감하고 극심한 문화지체현상을 보인다면 학교는 박제화된 지식만을 전달해주는 매개체나 평가만을 담당하는 장소로 전락하고 말 가능성이 있다. 인류학적 관점은 기존의 불변이라고 생각했던 고정 관념으로서의 학교를 다시 한 번 새로운 시각으로 바라볼 수 있는 기회를 제공한다. 즉, 교육문화를 지배하고 있는 패러다임은 인류학적 사고방식에 의해 새로운 방향으로 전환될 수 있다.

03 ▷ 문화기술지 연구의 접근방식과 활용: 왜 애쓰노그래피 (ethnography)인가?

인류학은 기술記述의 과학이며 교육인류학은 교육문화를 기술하는 학문이다 이종각, 2011: 90. 현대 인류학의 두드러진 특징은 무엇보다 현지 조사를 기본으로 하는 문화기술지의 일반화이다. 현지 조사또는 현장연구는 상당 기간 동안 다른 문화권에 거주하면서 그 문화에 몰입하는 것을 전제로 한다. 현지인들과의 긴밀한 접촉과 상호작용은 문화적 패턴으로 인간행위를 파악하고 이해하기 위한 기초작업이자 필수과정이 되었다. 전통적으로 교육인류학자들은 몸소 체험한 현장연구를 통해 다른 문화권에서 어떠한 교육철학과 논리 하에 교육이 실행되는지를 글로 소개해왔다. 그러나 이는 생소한 지역의 낯선 사람들의 교육이야기를 학술직으로 담아낸다는 것 이상으로, 궁극석으로는 연구자가 속한 문화권 내에서의 교육문화의 전반적인 양상을 되짚어 보고 성찰한다는 데 그 의미가 있다. 즉, 다양한 교육문화가 제공하는 신선한 통찰은, 연구자가 소속된 문화권의 교육 현실을 일상에 매몰된 관점에서 벗어나 점검할 수 있는 기회를 제공한다. 하나의 문화적 코드에 갇힌 자문화중심적ethnocentric 논리에서 벗어나 교육현실의 타성과 관행을 제3자의 입장에서 직시한다면, 보다 다양한 교육의 실천가능성을 대안적으로 떠올릴 수 있게 된다. 더 나아가 많은 교육인류학자들이 오늘날 추구하는 자문화의 타자화를 통해 주어진 교육현상을 순수하게 보기보다는 특정 형태로 교육문화가 구성되는 논리의 근저를 파고든다. 예컨대 하나의 교육체제가 겉으로는 사회적 합의 하에 가장 합리적인 방식으로 존속된다고 보일 수 있으나 실제로 어떤 권력관계가 개입되고 이에 따라 어떤 인간상을 구현하려는 암묵적인 움직임이 있어왔는지를 드러내어 교육의 도구성을 확인할 수도 있다.

장기간에 걸쳐 연구현장에 머무르면서 연구자가 체험하고 목도하는 모든 상황과 이를 에워싸는 문화적 맥락 및 정치적 동인動因을 해석하여 글의 형태로 결과물을 만드는 것은 인류학 연구에서의 최종 작업이다. 인류학을 과연 기술의 과학으로 본다면, 교육에 대해 인류학적 접근이 누리고 있는 방법론적 당위성은 기술된 결과물을 통해서 확인된다. 연구자의 현장연구경험과 이에 대한 해석을 집약하여 기술한 인류학적 결과물은 애쓰노그래피ethnography; 문화기술지로 통칭된다. 문화를 공유하는 집단과 집단구성원의 행위양식, 신념, 언어, 세계관 등의 양태를 집중적으로 설명, 분석, 해석하여 현장성을 충분히 갖추어 정리하는 것이 문화기술지 연구이다Willis, 2000. 문화기술적ethnographic 글쓰기와 같은 개방적 서술방식은 인류학 연구의 꽃이다. 교육인류학 연구에 있어서도 연구자는 연구대상 집단의 문화와 자신이 속한 문화 간의 정신적인 경계를 넘나들며 주어진 교육현상에 대한 의미를 구축해가는 과정을 모두 기록으로 남기게 된다. 이는 곧 문화기술지의 생성방식이다.

문화기술지에서는 연구자의 주관성을 경계하거나 제한하기보다는 연구자가 가질 수 있는 편견을 가시화한다는 점에서 20세기 후반 포스트모더니즘의 도래와 함께 사회과학 글쓰기에 있어서의 새로운 경향을 선도했다. 예컨대 여러 연구자가 동시에 동일한 현장에서 연구를 하는 경우에도 각자 맞닥뜨리는 상황에 대해 주관적 현실을 다르게 구성할 수 있으므로 오늘날 대부분의 문화기술지에서는 연구자의 모습과 자기성찰이 상당히 구체적으로 텍스트 내에 서술된다. 즉, 객관성을 표방한 실증주의적 연구와는 사뭇 다르게 연구자가 현장에서 주고받는 영향력과 주관적 체험에 대해서 고백적으로 서술하는 방식이 보편화되었다. 대다수의 교육인류학 연구에서도 문화기술지의 이러한 특성을 그대로 반영하여 연구결과를 제시하고 있다. 이는 곧 현장에서의 치밀한 연구과정을 통해 교육행위의 당사자들이 겪는 경험의 실재에 몰입하여 주어진 상황을 수용·저항·변용하는 양상에 대한 입체적인 분석과 풍부한 함의를 그대로 간직한 채 전달하려는 노력의 일환이다.

문화기술지의 작성과정은 장기간의 심층면담과 참여관찰을 통해 수집한 자료가 토대가 되지만 연구자의 경험 자체가 연구대상 집단에 대한 이해의 실마리가 되므로 개인적 경험에 대한 서술과정이기도 하다. 인류학자는 문화를 인간이 부여한 의미의 체제로 파악하기 때문에 의미가 발생하고 부여되는 맥락을 밀도 있게 기술해야 한다이종각, 2011: 128.**8** 특히 연구대상 집단 내의 다양한 사람들의 평범한 일상과 특수한 사건예컨대, 의례, 의식 등을 통해 이들에게 의미 있는 행동 장면에 주목한다. 연구자는 연구과정의 경험을 치밀하게 서술하는 가운데 문화적 과정으로 잠재되어 있는 고유한 패턴이나 세계관을 파악해 나가고 이러한 일련의 행위는 곧 문화기술지의 생성으로 이어진다.

고달픈 수행修行에 가까운 일련의 과정을 통해 독자들에게 전달하게 되는 최종 결과물로서의 문화기술지는 당연히 연구자의 글쓰기를 통해 구현된다. 교육인류학에서의 글쓰기는 앉은 자리에서 묵상을 통해 쏟아내는 독백이 아니라 적극적으로 교육현장에 들어가서 구성원들의 상호주관적inter-subjective 맥락성에 의거하여 그려가는 소통방식이다. 교육인류학에서 글쓰기의 의미는 자自와 타他의 이분법적 경계의 긴장상태를 누그러뜨리는 것이며 '나의 해석'과 '대상의 실재'를 근접시키는 행위이다. 따라서 글쓰기는 상황서술에 그치지 않고 우리가 몸담고 있는 교육적 현실을 다의적多義的인 수준에서 해체하고 재구성해 보는 다양한 시도를 동반한다. 궁극적으로 교육인류학에서의 문화기술지라는 소통매개에 쏟아 붓는 '글쓰기'란 '가르침과 배움이 일어나는 다양한 스펙트럼의 문화적 과정을 담아내는 종결점'이다. 이와 같은 이유에서 교육인류학자가 현장연구를 통해 구현하고자 하는 정신과 마음가짐은 글로써 충분히 표현되어야 한다.

---

8 Geertz(1973)는 이를 고밀도 기술(thick description)이라 하였는데 인간의 행위가 일어나는 맥락에 대한 상세한 묘사와 더불어 연구 참여자들이 제공하는 자신의 행위에 대한 주관적 해석과 의미부여를 함께 제시함으로써 외부자(독자)의 이해를 확장해나가는 기술방식이다.

04 ▶ 결론: 교육인류학의 과제와 미래

가르침과 배움을 둘러싼 인류의 보편적 행위에 대한 문화적 해석의 차이와 이에 따른 실천적 구현의 다양한 양상은 교육인류학적 탐구의 대상이자, 교육학적 영감의 원천이 된다. 즉, 인간을 연구하는 종합학문인 인류학과, 인간을 인간답게 만드는 가르침과 배움의 다양한 면면을 연구하는 교육학의 교차점에 교육인류학이 서있다. 오늘날 교육인류학은 인류학에서 교육을 문화의 연장선 상에서 바라보는 접근과 교육학에서 인류학적 통찰 및 연구방법을 차용하는 방식을 통해 발전해왔다. 전자의 경우 교육행위를 인간사회를 바라보는 하나의 창구로 삼고 다양한 양육철학과 교육실천 양상을 근거로 인간에 대한 보다 심층적인 이해를 얻는 데 기여하였다. 후자의 경우 교육학 영역에서 주로 다루는 주제들을 인류학적 관점을 통해 새로이 조망하거나 해석을 부여하여 문화적 맥락 위에서 구현되는 교육현장을 미시적으로 그려나가는 데 일조하였다. 이와 같은 추세는 미국의 경우 Harvard 대학교와 Stanford 대학교를 비롯한 주요 대학들의 인류학과와 교육학과 대학원 학위과정에서 각각 별개의 교육인류학 과목을 개설하거나 프로그램을 운영하는 데에서도 확인될 수 있다. 이처럼 20세기 중·후반 이후부터 교육인류학은 이원적으로 고유의 학문적 특성을 키워나가며 전개되어 왔다. 그렇다고 해서 별개의 학문분야로 깔끔하게 분리되는 경계나 긴장상태가 존재한다고 보기는 어렵다. 왜냐하면 인류학 및 교육학 분야 모두에 걸쳐 궁극적인 교육인류학의 존재이유는 인간을 인간답게 만드는 교육의 속성에 대한 탐구와 이를 통해 확인되는 인간 삶의 본질에 대한 이해로 귀결되기 때문이다.

교육인류학은 인류학과 교육학의 상보적相補的 관계를 통해 보다 유용한 형태로 진화하고 있다. 정향진2008: 100에 따르면, "인류학과 교육학의 대화로서 상정되는 교육인류학은 '인간이 문화 속에서, 문화를 토대로 성장하는 과정'을 개념화하고, 경험적 연구를 하는 데 유리한 입장에 있다."고 했다. 이와 같은 맥락에서 우리는 교육을 바라보는 사회적인 시선이 협소해지지 않기 위해, 더 나아가서는 당면한 교육문제들에 대해 다채롭고 건강한 대안을 떠올릴 수 있기 위해 교육인류학에서 던지는 화두話頭에 주목할 필요가 있다. 즉, 우리의 교육은 어떤 문화적 특성을 지니고 있으며 이는 건강한 사회를 이루어나가는데 충분한가? 많은 이들이 체감하는 우리 사회의 교육현실은 여전히 해소되지 않은 문제들이 적체되면서 더욱 어려워지고 있다. 가령 우리는 학교교육을 돌아볼 때 교실붕괴로 이어질 수 있는 교육적 위기상황에 봉착해있는 현실이 어떤 문화적 맥락 위에서 초래되었는지를 생각해 볼 필요가 있다. 그 밖에도 교육 기회의 평등문제, 다문화교육, 통일대비교육, 평생교육, 학교폭력, 학업중단현상, 과잉경쟁의 폐해 등 산적한 교육 관련 사안들을 슬기롭게 풀어낼 수 있는 혜안을 기다리고 있다. 이러한 가운데 교육인류학에 입문한 사람이라면 자신이 몸담고 있는 사회에서 교육과 연계된 문화적 코드가 어떻게 작동하고 선순환으로 이어질 수 있는지를 기존의 교육패러다임에 매몰되지 않은 시각에서 다시 한 번 조망하려는 자세를 견지할 필요가 있다. 기존 교육패러다임의 한계를 극복하기 위한 파격적인 주제선정과 창조적인 학술적 시도가 부단히 이루어질수록 전반적인 교육환경의 체질개선이 용이하게 된다. 이와 동시에 교육인류학이 그 외연을 더욱 확장하고 영향력을 행사하기 위해서는 이러한 교육관련 난제들을 공동 화두로 인접 학문분야와의 교류와 협력이 시급하고도 긴요하다.

미국의 경우 건국 이래 다문화적 상황 속에서 교육문제를 늘 다루어왔는데 특히 지난 반세기 동안 매우 활발하게 교육인류학자들의 연구결과를 교육계에서 공유하고 현장에 적용하고 있다. 미국에서는 특히 소수민족 아동들의 학업성취도 문제, 지역 간 교육격차, 소수민족 대학입학특례제도affirmative action, 이민자들의 재교육, 홈스쿨링을 비롯한 대안 교육, 특수아동에 대한 통합교육, 반인종차별 교육 등 다양한 주제를 교육인류학의 렌즈를 통해 탐색해왔다. 그 가운데 여러 교육관련 문제에 봉착할 때마다 인류학적 통찰을 기반으로 이를 풀어가려는 시도 또한 광범위하게 이루어져 왔다_{참고}: Ahmann, 2017; Chikkatur, 2012; Spindler, 1982, 1987; Gibson & Koyama, 2011; Jewett & Schultz, 2011; McLaren 1999; Varenne, 2008; Wolcott, 1973. 이는 교육인류학의 연구방식이 교육현장의 실제 모습을 다양한 층위에서 파악할 수 있도록 해주며 동시에 가르침과 배움의 본질에 대해 치열하게 고민하고 성찰하도록 한다는 점에서 상당히 매력적임을 방증한다.

　　우리나라에서도 2000년대 들어 교육인류학 연구를 수행한 다양하고 신선한 주제의 논문들이 끊임없이 나오고 있다참고: 박소진, 2007; 박순용·오덕렬, 2012; 서근원, 2005; 서덕희, 2018; 신혜숙, 2003; 이용숙, 2001; 정진경 외, 2004; 정병호, 2003; 조용환, 2000; 조혜영, 2007; 조혜정, 2006. 고무적인 사실은 교육인류학 연구 논문들이 우리나라의 교육현상을 다채롭고 세심하게 다루고 있다는 점이다. 반면에 우려되는 점은 교육인류학에서 표방하는 개방적이고 탈전제적인 시각에서 출발한 심층적인 연구는 상대적으로 적은 반면에, 방법론적인 부분을 중용하는 방식으로 연구가 이루어진 논문들이 다수라는 것이다. 교육인류학은 교육현장에서 형식화되지 않은 체험의 광범위한 영역을 포괄해야 한다. 이는 바로 교육인류학의 지향점이기도 하다. 앞으로 교육인류학 연구를 통해 우리나라 특유의 교육문화와 교육현상을 탐구하고 우리나라 교육에 있어서의 주요 쟁점들에 대한 해법이나 대안을 제시하는 데 새로운 통찰을 제공할 수 있는 연구들이 끊임없이 나오기를 기대해 본다.

참고문헌

박소진(2007). 공간적 위계수사와 구별짓기: 강북 어머니들의 자녀교육 내러티브, 한국문화인류학, 40(1).

박순용·정일환·김병주 외(2018). 비교교육학과 교육학, 양성원.

박순용·오덕렬(2012). 취학연령 자녀를 둔 결혼이주여성들의 교육문화 적응연구, 다문화교육연구, 5(1).

서근원(2005). 교육공동체의 교육인류학적 재해석: 산들초등학교 사례를 중심으로, 교육인류학연구, 21(1).

서덕희(2018). 학부모운동의 변천에 관한 한 교육인류학적 소고, 교육인류학연구, 21(1).

신혜숙(2003). 뇌호흡 수련에 관한 교육인류학적 해석: 교육적 상호작용을 중심으로, 교육인류학연구, 6(2).

이용숙(2001). 대학교 수업의 개선을 위한 문화기술적 연구, 교육인류학연구, 4(3).

_____(2005). 교육인류학: 연구방법과 사례, 서울: 아카넷.

이종각(2011). 교육인류학의 탐색, 서울: 도서출판 夏雨.

정진경·정병호·양계민(2004). 탈북 청소년의 남한학교 적응, 통일문제연구, 16(2).

정병호(2003). 문화적 저항과 교육적 대안: 재일 조선학교의 민족 정체성 재생산, 비교문화연구, 9(2).

정향진(2008). 문화적 과정으로서의 교육: 교육인류학을 위한 비판적 고찰, 교육인류학연구, 11(1).

조용환(2000). '교실붕괴'의 교육인류학적 분석: 학교문화와 청소년문화의 갈등을 중심으로, 교육인류학연구, 3(2).

조혜영(2007). 조기 유학생 학업 수행과 적응에 관한 연구: 미국 소도시 유학생들의 사례, 한국문화인류학, 40(2).

조혜정(2006). 가족에서 학교로 학교에서 마을로: 돌봄과 배움의 공동체, 서울: 도서출판 또 하나의 문화.

Ahmann, Chloe. (2017). Accountable Talk: "Real" conversations in Baltimore city schools. *Anthropology and Education Quarterly*, 48(1).

Alexander, William L. (2002). Organization and Advocacy in Rural Chile: Peasant-worker consciousness in the transition to democracy. *Anthropology of Work Review*, 23(3-4).

Appadurai, Arjun. (1996). *Modernity at Large*, Minneapolis: University of Minnesota Press.

Bellino, Michelle J. (2018). Is Development "The New Peace"? global citizenship as national obligation in postwar Guatemala. *Anthropology and Education Quarterly*, *49*(4).

Cheng, Jesse. (2018). Ethnographic Advocacy Against the Death Penalty. *Anthropology and Humanism*, *43*(1).

Chikkatur, Anita. (2012). Difference Matters: Embodiment of and discourse on difference at an urban public high school. *Anthropology and Education Quarterly*, *43*(1).

Clifford, James. (1988). *The Predicament of Culture: Twentieth century ethnography, literature, and art*, Cambridge: Harvard University Press.

Dianteill, Erwan. (2012). Anthropologie Culturelle ou Anthropologie Sociale? Une dispute transatlantique. *L'Année Sociologique*, *62*(1).

El Ouardani, Christine N. (2018). Care or Neglect?: Corporal discipline reform in a rural Moroccan classroom. *Anthropology and Education Quarterly*, *49*(2).

Geertz, Clifford J. (1973). *The Interpretation of Cultures*, New York: Basic Books Inc.

Geoffrey Walford. (2008). *How to Do Educational Ethnography*, Tufnell Press.

Gibson, Margaret A. & Koyama, Jill P. (2011). "Immigrants and Education" in *A Companion to the Anthropology of Education*, pp. 391−407. Blackwell Publishing Ltd.

Jewett, Sarah & Schultz, Katherine. (2011). "Toward an Anthropology of Teachers and Teaching" in *A Companion to the Anthropology of Education*, pp. 425−444. Blackwell Publishing Ltd.

Khurshid, Ayesha. (2017). Does Education Empower Women? The regulated empowerment of Parhi Likhi women in Pakistan. *Anthropology and Education Quarterly*, *48*(3).

Lamphere, Louise. (2018). The Transformation of Ethnography: From Malinowski's tent to the practice of collaborative/activist anthropology. *Human Organization*, *77*(1).

Marcus, George E. (1995). Ethnography in/of the World System: The emergence of multi−sited ethnography. *Annual Review of Anthropology, 24*: 95−117.

McLaren, Peter. (1999). *Schooling as a Ritual Performance: Towards a political economy of educational symbols and gestures.* Routledge & Kegan Paul.

Mead, Margaret. (1928). Coming of Age in Samoa: *A psychological study of primitive youth for Western civilization*, William Morrow & Company INC.

Mintz, Sidney W. (1985). *Sweetness and Power: The place of sugar in modern history*, New York: Viking Press.

Murillo, Luz A. (2009). "This Great Emptiness We Are Feeling": Toward a decolonization of schooling in Simunurwa, Colombia. *Anthropology and Education Quarterly, 40*(4).

Ong, Aihwa. (2016). *Fungible Life: Experiment in the Asian city of life*, Duke University Press.

Rosenfeld, Gerry. (1983). *"Shut Those Thick Lips!"*, A study of slum school failure, Waveland Press Inc.

Scheper−Hughes, Nancy. (2004). Parts Unknown: Undercover ethnography of the organs−trafficking underworld. *Ethnography, 5*(1).

Spindler, George D. (1982). *Doing the Ethnography of Schooling: Educational anthropology in action*, New York, NY: Holt, Rhinehart and Winston.

_____. (1987). *Education and Cultural Process: Anthropological Approaches*, Waveland Press Inc.

Taussig, Michael T. (1980). *The Devil and Commodity Fetishism in South America*, The University of North Carolina Press.

Uddin, Nasir. (2011). Decolonising Ethnography in the Field: An anthropological account. *International Journal of Social Research Methodology, 14*(6).

Utheim, Ragnhild. (2014). Restorative Justice, Reintegration, and Race: Reclaiming collective identity in the Postracial Era. *Anthropology and Education Quarterly, 45*(4).

Varenne, Herv. (2008). Culture, Education, Anthropology. *Anthropology and Education Quarterly, 39*(4).

Vlez Young−Alfaro, Morghan. (2017). Students as Threats: Schooling inside a youth prison. *Anthropology and Education Quarterly, 48*(3).

Walford, Geoffrey. (2008). *How to do Educational Ethnography*, London, UK: The Tufnell Press.

Wolcott, Harry F. (1973). *The Man in the Principal's Office: An ethnography*, AltaMira Press.

Wolf, Eric R. (1982). *Europe and the People without History*, University of California Press.

Willis, Paul. (1981). *Learning to Labor: How working class kids get working class jobs.* Columbia University Press.

_____. (2000). *The Ethnographic Imagination*, New York, NY: Wiley.

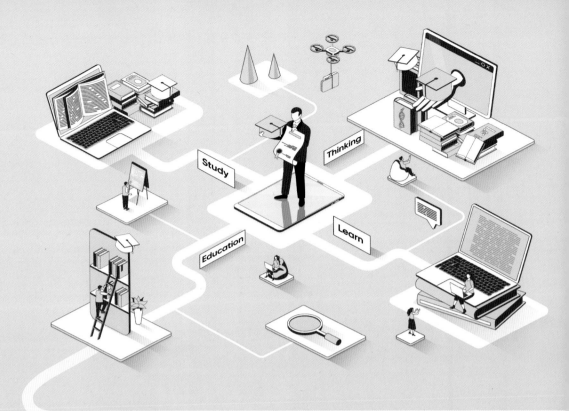

CHAPTER

03

교육심리학:
교육에 내재하는 인간 행동과 사고에 대한 과학적 탐구

교육심리학:
교육에 내재하는 인간 행동과 사고에
대한 과학적 탐구

이희승

01 ▶ 교육심리학 이해하기

❶ 교육심리학이란? 교육심리학은 교육학의 분과학문인가, 심리학의 응용분야인가?

'교육심리학은 어떤 학문인가요? 교육심리학의 정의는 무엇인가요?'라는 질문에 답하는 방법 중 하나는 '교육심리학'이라는 단어를 분석하고 살피는 것이다. '교육심리'는 '교육'과 '심리'라는 두 단어가 만나 이루어진 단어이다. 만약어떤 단어가 앞에 오는지 그 순서와 관계없이 교육과 심리의 단순한 합성어정도로만 여긴다면 교육심리는 교육학과 심리학 두 연구영역의 만남으로 정의할 수 있다. 한편, 두 단어의 선후 관계에 주의를 기울인다면 구조적으로 앞단어인 '교육'은 마치 수식어이고, 뒤의 단어인 '심리'는 주제어인 것처럼 보인다. 이 경우 교육심리학은 심리학의 하위 분과, 또는 심리학의 응용 분야 정도로 여겨진다. 실제로 교육심리학을 처음 접하는 학생들이 많이 던지는 질문중 하나는 '교육심리학은 교육학인가, 심리학인가?' 혹은 '교육심리학은 교육학의 하위 분야인가, 심리학의 응용 분야인가?'이다. 사실 이 질문은 교육심리학의 학문적 정체성과 관련된 것으로 학생들만이 던지는 질문이 아니며, 교육심리학 연구자들이 고민하는 문제이기도 하다. 일반적으로 교육심리학자들은 교육심리학을 단순히 '교육＋심리'가 아닌 '교육×심리'의 결합이 창출하는 새로운 실체로 보고 있다박병기, 2012.

　　교육심리학을 제대로 이해하기 위해서는 우선 교육학과 심리학, 두 학문의 고유한 특성과 차이점을 이해해야 한다. <표 3.1>은 교육학과 심리학의 학문적 목적과 관심사에 따른 차이점을 정리한 것이다이성진, 1996. 첫째, 교육학과 심리학은 추구하는 학문적 목적이 다르다. 교육학의 주요 목적은 인간의 형성, 즉 개개 학습자의 특성을 변화시키는 것인 데 반해 심리학은 인간의 이해, 즉 인간 행동에 대한 보편적 원리와 법칙을 확립하는 것을 목적으로 한다. 따라서 심리학 연구를 통해 발견된 행동의 원리와 법칙을 학교 현장에 직접 적용하기 어려울 수 있으며, 많은 경우 상당한 정도의 수정과 변형이 필요하다. 둘째, 교육학과 심리학은 각 학문 분야가 추구하는 근본 목적에 차이가 있으므로 중요시하는 관심사도 다르다. 교육학은 학습자의 행동에 변화를 일으키는 것을 최우선 목적으로 하기에, 교육 현장에서 실제 학습자의 변화 가능성, 나아가 한 현상이 다른 학습자들에게도 적용 가능한지에 대한 생태학적 타당성 ecological validity에 관심을 둔다. 반면, 심리학은 보편적 법칙을 찾기 위해 정밀성과 경제성parsimony을 중요시한다. 따라서 심리학에서는 주로 통제된 실험실 환경에서 변인 간의 관계를 찾는 것에 집중하고, 변인의 효과를 검증하기 위해 외래적 변인을 엄밀히 통제하고자 한다. 하지만 모든 변인이 잘 통제된 실험실과는 달리, 실제 교육 현장은 변인이 통제되어 있지 않은 경우가 많으며 변인을 통제하는 것이 불가한 경우도 존재한다. 또한, 변인을 통제하려고 할 때 오히려 인위적인 결과가 나오게 되어 실제 교육 현장에의 적용 가능성을 낮추기도 한다. 이러한 이유로 교육학에서는 정밀성과 경제성이 떨어지더라도 현장과 경험을 중요시한다. 셋째, 교육은 가치 지향적이며 처방적prescriptive인 데 반해, 심리학은 가치 중립적이고 기술적descriptive이다. 즉, 심리학은 인간 행동의 연구에서 있는 그대로의 현상을 기술하고 설명하는 데 반해, 교육학은 학습자의 변화, 성장 등과 같은 특정 가치를 실현하려 하므로 처방적인 성격을 가진다.

표 3.1 교육학과 심리학의 차이점

	교육학	심리학
목적	• 인간의 형성 • 개별 학습자의 변화	• 인간의 이해 • 인간행동의 보편적 원리와 법칙 확립
관심	• 실행(실천) • 현장 중심 • 경험 중요 • 생태학적 타당성	• 과학 • 통제된 실험 • 이론과 법칙 • 정밀성과 경제성
가치	• 가치 지향적	• 가치 중립적
형식	• 처방적	• 기술적

출처: 이성진, 1996.

두 학문이 가지는 목적과 관심의 차이 때문에 단순히 일반 심리학의 지식을 교육에 응용하는 것에는 큰 무리가 있다. 교육 현장을 이해하는 데 심리학의 역할이 중요하다는 것은 자명하다. 학습자의 변화라는 교육의 목적을 추구하기 위해서는 인간의 마음과 행동에 대한 이해가 우선되어야 하기 때문이다. 하지만 심리학 연구의 기본은 통제된 실험실 환경에서 원리와 법칙을 발견하는 것으로, 여러 가지 변인이 역동적으로 변화하고 상호작용하는 교육 현장에 직접 적용하기는 어렵다. 이러한 접근은 오히려 교육심리학의 발전을 저해할 가능성이 있다. Wittrock[1992]은 교육심리학의 근본 목적은 교육에 대한 이해와 개선이기 때문에 교육심리학은 일반 심리학과 구별된다고 하며, 교육심리학을 심리학의 응용학문으로 볼 때의 위험성을 지적한다. 교육심리학을 심리학의 응용으로 볼 때 제기될 수 있는 첫 번째 문제점은 교육적 적용과는 별개로 심리학적 이론을 정립하고 연구를 진행하게 된다는 것이다. 예를 들면, 심리학 연구에서는 종종 학습자의 사전 지식을 통제하기 위해 무의미한 철자와 같은 인위적 자료를 실험에 사용한다. 이러한 자료는 실험을 위해 만들어진 것일 뿐이며, 교육 현장에서 사용하는 학습 자료와는 매우 다르다. 즉, 실험실에서 확립된 학습의 원리가 실제 교실 현장에서 학생들의 더 나은 학습을 보장해주지는 않는다. 두 번째 문제점은 교육학과 심리학 간의 벽이 생겨 교육심리학이 일반 심리학에 공헌할 길을 막아 일반 심리학의 이론 정립에 오히려 방해가될 수 있다는 것이다. 역사적으로 볼 때 교육심리학 연구는 일반 심리학에 지대한 공헌을 하였다. 예를 들어, 학습learning 분야는 교육심리학적 이슈와 과제의연구를 통해 지속적으로 발전해왔는데, 20세기의 가장 영향력 있는 학습 이론가이자 최초의 교육심리학자라 할 수 있는 Thorndike[1913, Thorndike & Woodworth, 1901]는 교육심리학 연구를 통해 학습과 전이learning and transfer에 대한 기초 이론을마련하였다. 또한, Bruner[1959, 1961]의 발견학습, Ausubel[1968]의 유의미학습 연구는 초기 인지 모형의 구축에 중요한 역할을 하였다. 즉, 교육에 관한 관심으로부터 출발한 교육심리학 연구는 일반 심리학에서 인간의 행동과 사고를 설명하는 이론 정립과 발전에 지대한 영향을 미쳤다. 하지만 교육학과 심리학의벽은 이처럼 잠재적으로 교육심리학이 일반 심리학에 기여할 수 있는 경로를차단하게 된다. 따라서 교육심리학은 단순히 심리학의 응용학문이 아니라 독자적인 이론 체제와 연구 방법을 가지고 교육의 심리학적 현상을 과학적으로연구하는 기초학문으로 보는 것이 더 타당하다[Wittrock, 1967, 1992].

종합하여 볼 때, 교육심리학은 심리학의 일반적인 원리와 법칙에 대한 이해에서 한 단계 나아가 이것이 교육 현장에서 어떻게 실천될 수 있는가에 관심을 가지는 학문이다. 즉, 교육심리학은 교육학과 심리학 모두에 관계된 학문이며 두 영역의 다리와 같은 역할을 하는 학문이다. 교육심리학은 교육에 내재하는, 가르치고 배우는 과정에서의 인간의 생각과 행동을 과학적으로 연구하는 학문으로 정의된다.

❷ 교육심리학의 역할: 교사에게 교육심리학이란?

잘 가르치는 것과 잘 배우는 것은 교사와 학생 모두에게 중요한 목표이다.

교사는 더 좋은 교육을 위해, 그리고 학생들이 더 잘 배울 수 있도록 다양한 지식을 갖고 있어야 한다. 아무리 전공지식이 풍부한 교사라 하더라도 학생에게 지식을 효과적으로 전달할 수 없다면, 우리는 그러한 교사를 좋은 교사라고 부르지 않는다. 따라서 유능한 교사는 전공영역의 지식뿐만 아니라 '교육에 관한 지식'을 갖고 있어야 한다. 다음의 예에서 보여주는 교사 두 명을 살펴보자.

① 중학교에서 과학 교과를 담당하는 A 교사는 물리학과를 졸업하고 대학원에 진학하여 물리학 석사 학위를 취득하였다. 하지만 학생들은 A 교사의 설명이 어렵다고 느끼며 수업에 집중하지 못한다.

② 고등학교에서 한국사 교과를 담당하는 B 교사는 농담을 잘하고 수업을 재미있게 해서 학기 초에는 학생들에게 인기가 많다. 하지만 시간이 지날수록 학생들은 한국사 공부를 해야 할 필요성을 느끼지 못하고, 수업 시간에 종종 딴생각을 하거나 다른 교과목을 공부한다.

A 교사와 B 교사는 좋은 교사인가? 이에 대한 답은 누구에게나 자명하다. A 교사는 전공지식은 풍부할지 몰라도 학생들의 눈높이에 맞춘 효과적인 수업을 하지 못했고, B 교사는 학생들의 학습 동기를 높게 유지하는 데 실패했다. A 교사와 B 교사가 가진 공통적인 문제점은 무엇일까? 두 교사 모두 교사가 내려야 하는 중요한 의사결정에 실패했다는 것이다.

학교 교실에서 교사는 매일 수많은 의사결정을 한다. 학습 목표를 설정하는 것에서부터, 학습 목표를 성취하기 위해 어떠한 자료를 언제, 어떻게 제시하고, 학생의 이해 수준을 언제, 어떤 방법으로 평가할지 등에 대하여 항상 고민하고 결정해야 한다. 학생의 인지 발달 상태, 선행 학습 수준, 학습 속도 등을 고려하지 않고는 적절한 학습 목표를 설정할 수 없다. 학습과 교수 방법에 대한 이해 없이 이루어지는 교수－학습 과정은 교사와 학생 모두에게 불편하고 답답한 경험이 될 수 있다. 또한, 교사는 학생의 학습 동기를 유지 또는 향상할 수 있어야 하며 교실에서 겪게 되는 다양한 문제 상황에 대처할 수 있어야 한다. 교육심리학은 이러한 다양한 상황에서 교사가 더 나은 의사결정자가 될 수 있도록, 학습자learners와 학습learning 그리고 교수teaching에 대한 지식을 제공하는 학문이다Reynolds & Miller, 2003. 교육심리학이 제공하는 지식은 교사들에게 다양한 교수-학습 상황에 대한 이해의 틀을 제공하고, 이를 기반으로 교사들이 더 나은 의사결정을 할 수 있도록 한다.

한 가지 예를 들어보자.

한 수업에서 교사가 수학 문제 풀이 과정을 설명하기 위해 판서를 하고 있다. 교사가 학생들을 바라보고 서서 강의하는 동안 모든 학생이 조용히 앉아 교사를 바라보며 수업에 집중하는 것처럼 보인다. 하지만 판서를 하느라 학생을 등지고 설 때마다 교실의 한 학생이 우스꽝스러운 행동을 했고, 그것을 지켜본 학생들이 웃느라 필기하지 않고 있다는 것을 교사가 알게 되었다. 교사가 이 학생의 문제행동을 멈추고자 한다면, 어떻게 해야 할까?

그림 3.1 학생의 문제행동에 대한 대처

이 질문에 답하기 위해서는 먼저 이 학생이 왜 이런 행동을 보이는가를 생각해야 한다. 문제행동의 원인에 따라 그에 대한 대처 행동의 종류와 그 효과 또한 달라지기 때문이다. 이러한 문제행동의 이유는 여러 가지로 생각해볼 수 있다. 학생은 친구들을 웃게 하여 친구들에게 인기 있는 사람이 되고 싶다; 교사의 주의를 끌고 관심을 받고 싶다; 문제행동을 일으켜 부모님이 학교에 오게 하고 싶다; 방학 동안 다녔던 학원에서 이미 다 배운 내용이라 수업 내용이 너무 쉽고 지루하다; 반대로 수업 내용이 너무 어려워서 수업에 집중할 수 없다; 선생님의 목소리가 너무 작아서 수업을 제대로 들을 수 없다; 시력이 안 좋아서 또는 칠판의 글씨가 작아서 보기 어렵다; 어차피 나중에 다시 공부해야 하니 수업에 집중할 필요가 없다고 생각한다; 지난 수업 시간에 숙제를 안 했다고 나를 혼낸 선생님을 곤란하게 만들고 싶다; 선생님에게 지적받으면 복도에 나가 잠깐 서 있는 벌을 받는데, 이미 벌을 받는 친구와 같이 시간을 보내고 싶다; 필기 하는 시간에는 딴짓해도 된다고 생각하며 스스로 문제행동이라고 생각하지 않는다; 주의력 결핍 과잉행동 장애ADHD를 갖고 있다 등 표면적으로는 비슷해 보이는 문제행동의 원인은 사실 매우 다양할 수 있고, 그 원인에 따라 교사의 대처 행동 또한 달라져야 할 것이다.

만약 문제행동의 원인이 친구나 교사의 관심을 끄는 것이라면 학생이 문제행동을 할 때마다 보이는 친구들의 웃음이나 교사의 주의와 같은 관심은 문제행동을 멈추는 데 도움이 되지 않는다. 행동주의 학습이론behavioral theory of learning에서는 이를 '강화reinforcement'로 설명하는데 특정 행동 후에 뒤따르는 만족할 만한 결과는 행동의 빈도를 증가시킨다. 반대로 행동 후에 뒤따르는 불만족스러운 결과는 행동의 빈도를 감소시켜 그 행동을 약화한다. 앞서 예에서 만약 학생이 문제행동을 할 때마다 사람들이 학생에게 관심을 보인다면, 학생의 문제행동은 더 강화되는데, 이는 문제행동을 할 때마다 사람들의 관심이라는 긍정적 결과를 얻을 수 있기 때문이다. 이 경우 문제행동의 발생 빈도는 점차 높아지거나 유지될 것이다. 그렇다면 문제행동을 없애기 위해서는 어떻게 해야 할까? 행동주의 학습원리에 따르면 문제행동을 없애는 방법은 행동에 대한 긍정적 결과를 없애는 것이다. 강화물이 없어지면 결국 행동은 약해질 것이며 마침내는 없어질 것이다. 이 과정을 '소거extinction'라고 한다. 즉, 문제행동을 보이더라도 교사가 그 행동에 대해 전혀 반응을 보이지 않고 무관심으로 대응하는 것이다. 학생들에게도 문제행동에 반응하지 말라고 주의를 줄 수 있다. 하지만 이러한 대처 후 학생의 문제행동은 더 잦아질 수 있는데, 사람들이 자신에게 더는 관심을 보이지 않으니 문제를 더 자주 일으키는 것이다. 이처럼 소거 초기에 강화의 제거 이후 일시적으로 행동 수준이 증가하는 현상을 '소거폭발extinction burst' 또는 '소거저항'이라 한다Lerman & Iwata, 1995. 만약 교사가 소거저항에 대해 알지 못했다면, 소거하려고 하는 문제행동에 관심을 보이지 않는 방법이 별로 효과가 없다고 잘못된 결론을 내릴 수 있다. 하지만 실제로는 문제행동에 대해 계속 무관심으로 일관하기를 계속하는 것이 올바른 전략이다Landrum & Kaffman, 2006. 이와 같은 학습원리에 대한 지식을 갖추지 못한 교사는 결국에 문제행동을 멈추기 위해 다시 학생을 지명하고 관심을 보일 수 있는데, 이것은 없애려고 했던 그 문제행동을 오히려 증가시키는 결과를 가져올 수 있다Landrum & McDuffie, 2008.

위의 예에서 볼 수 있듯이 교육심리학이 제공하는 원리나 법칙은 교사의 의사결정에 직접적인 영향을 줄 수 있다. 학습원리, 동기화 이론, 수업 관리 전략 등에 대해 잘 알고 있는 교사는 학생이 부적절한 행동을 보일 때 그런 행동을 하는 이유와 그런 상황에 대처할 수 있는 전략을 알고 있으므로 적절한 대처를 할 수 있다. 물론 지식을 가진 것이 항상 최선의 반응과 대처법을 보장해주지는 않는다. 하지만 그것이 올바른 선택이 아니었을 때, 대처법의 결과를 관찰하고 자신이 알고 있는 또 다른 이론과 원리에 따라 다른 전략을 시도해 볼 수도 있다. 즉, 교육심리학은 교육에 대한 지식을 제공하여 교사가 더 나은 의사결정자가 될 수 있도록 학습자와 학습상황에 대한 이해의 틀을 제공하는 학문이라 할 수 있다. 아동이나 청소년의 인지적 발달단계 특성을 잘 이해하는 교사라면 학교급, 학년 등에 따라 중점을 두어야 하는 학습 목표를 달리할 수 있으며, 학습 목표를 성취하기 위해 더 적합한 학습 도구나 수업방식을 선택할 수 있을 것이다. 아동의 도덕성 발달을 이해하는 교사라면 아동의 부적절한 행동에 대해서 도덕성 발달단계에 따라 적절한 형태의 처벌이나 설명을 제공할 수 있을 것이다. 정보처리와 인지주의 학습원리를 이해하는 교사라면, 학생들이 배워야 할 내용에 주의를 집중하고 인지적 부담을 느끼지 않도록 학습 내용을 구성할 수 있을 것이다. 동기이론을 이해하는 교사라면, 학생들의 학습 동기를 높이기 위해 적절한 외재적 보상을 제공하면서 궁극적으로는 내적 동기를 높이는 방법을 활용할 수 있을 것이다.

❸ 교육심리학자의 역할: 여러분도 아마추어 교육심리학자! 교육심리학자가 당신과 다른 이유

혹자는 교육심리학자들이 연구하는 주제를 보고, 연구 질문에 대한 답이 너무 자명한 것을 연구하고 있다고 이야기한다. 예를 들면, '학생들이 스스로 잘할 수 있다고 믿을 때 더 잘할 수 있다. 따라서 자기 자신에 대한 긍정적 믿음을 가질 수 있도록 해야 한다.', '부모와 교사는 학생들에게 칭찬을 자주 해주는 것이 좋다.' 등은 직관적으로 그럴듯해 보이는 것이다. 이러한 내용은 마치 일반인들도 잘 알고 있는 내용 같아서 교육심리학이 너무나 당연한 것을 연구하고 있는 것이 아닌가 생각하게 된다. 하지만 이는 여러분 역시 교육과 관련한 오랜 경험을 통해 교육심리학적 통찰력을 갖게 되었고, 아마추어 교육심리학자로 자신만의 고유한 개인적 이론을 발전시켰기 때문이다.

대부분 사람은 초, 중, 고등학교에 걸쳐 무려 12년에 해당하는 학교 교육을 경험한다. 또한, 대학교에 진학하여 적게는 2년 많게는 4~6년에 이르는 고등 교육을 경험한다. 이후 대학원에 진학한다면 훨씬 더 오랜 기간의 교육을 받게 된다. 이뿐만이 아니다. 출생에서부터 우리는 부모 또는 부모 역할을 대신한 양육자로부터 다양한 형태의 가정교육을 받았다. 또한, 우리는 교육을 받기만 한 것이 아니라 교육을 제공하는 역할도 하였다. 공식적인 형태를 가진 교육은 아니었을지라도 가정에서 동생의 과제나 시험 준비를 도와주거나 학교에서 수학 문제를 어려워하는 친구를 도와준 적이 있을 수 있다. 교육봉사의 형태로 누군가의 멘토 역할을 하거나 방과 후 학습 보조교사의 역할을 했을 수 있다. 이 외에도, 아르바이트로 과외를 하거나 학원에서 강사를 해본 경험이 있을 수도 있다. 즉, 교사, 교수 등과 같은 교육자가 아닌 이들도 다양한 형태로 오랫동안 교육을 경험해왔다. 다양한 교육과정 속에서 다양한 선생님들을 만나보았고 다양한 교육 현장을 경험하였다. 그리고 자기 경험을 토대로 어떤 것이 좋고 나쁜지, 어떤 것이 효과적이고 비효과적인지 등에 관한 판단을 내릴 수 있게 되었다. 누가 좋은 선생님인지, 어떤 수업 진행 방식이 효과적인지 충분한 경험을 통해 알 수 있게 되었고, 이것은 곧 교육심리학적 통찰로 이어질 수 있다.

그렇다면, 교육심리학자가 교육심리학적 지식 또는 통찰력을 가진 일반인과 다른 점은 무엇인가? 가장 큰 차이점은 직관적 믿음에 의존하는 것이 아니라 과학적인 방법을 이용하여 교육 현상을 분석하고 문제에 대한 개선 노력을 한다는 것이다. 다음에 제시된 <표 3.2>를 살펴보자. 이 표는 사람들이 가진 직관적 믿음과 실제 효과성이 교차하는 서로 다른 네 가지의 경우를 보여준다. 예를 들어, 우리는 어떤 학습법이 효과적이라고 믿기도 하고, 효과적이지 않다고 믿기도 한다. 우리가 직관적으로 어떤 방법이 효과적이라고 생각한다면 그

 표 3.2 효과성에 관한 직관적 믿음과 실제 효과성에 따른 네 가지 경우의 수

		직관적 믿음	
		효과 있음	효과 없음
실제 효과성	효과 있음	①	②
	효과 없음	③	④

방법을 자주 사용하려 할 것이고, 효과가 없다고 생각한다면 그 방법을 사용하지 않으려 할 것이다. 그리고 그 방법은 직관적 믿음과 관계없이 실제로 효과적일 수도, 효과적이지 않을 수도 있다.

우리가 가진 직관적 믿음과 실제 효과성이 일치하는 경우는 ①과 ④에 해당한다. 먼저 ①은 우리가 효과적일 것이라고 믿는 방법이 실제로 효과적인 경우이다. 예를 들어, 많은 학생이 영어단어를 암기할 때 반복해서 읽고 쓰는 것이 효과적이라고 믿는데, 반복repetition은 실제로 효과적인 기억 유지 방법이다. 이 경우, 사람들의 직관적 믿음은 실제 효과성과 일치하기 때문에 교육심리학자가 아니며 전문적인 연구 결과를 알지 못하는 사람들도 자신의 직관적 믿음에 근거해 효과적인 방법을 빈번하게 사용할 것이다. 반면, ④의 경우는 우리가 효과적이지 않다고 여기고 실제로도 효과적이지 않은 경우이다. 예를 들면, 영어단어를 한 번만 눈으로 훑어보는 것은 단어암기에 효과적이지 않으리라 생각하는데, 이는 실제로도 효과적이지 않은 방법이다. ①과 ④의 경우 모두 우리의 직관적 믿음이 실제 효과성과 일치하기 때문에 교육심리학적 연구 결과를 모르더라도 큰 문제는 없다.

하지만 직관적 믿음과 실제 효과성이 불일치할 때 문제가 발생할 수 있는데 이는 ②와 ③에 해당한다. 먼저 ②의 경우 실제로는 효과적인 방법이지만, 사람들이 별로 효과적이지 않다고 생각하는 경우이다. 대표적인 예는 인출 연습retrieval practice이다. 많은 사람이 학습할 때 사용하는 가장 일반적인 방법은 반복적 읽기이다. 반복적 읽기는 분명 효과적인 방법이긴 하지만, 이보다 더 효과적인 방법은 보면서 읽지 않고 기억에서 스스로 정보를 인출하는 것이다. 약 120년에 걸쳐 보고된 연구 결과는 인출 연습이 반복적으로 읽는 것보다 훨씬 더 효과적임을 보여주지만, 많은 교사와 학생들은 정보의 입력input이 인출output보다 더 중요하며, 인출은 단지 학습이 제대로 이루어졌는지를 확인하기 위한 용도로 적합하다고 여기고 있다이희승, 2017. 이 경우 인출 연습이 효과적인 학습 방법임에도 불구하고, 사람들이 가진 잘못된 믿음으로 인해 효과적인 방법을 사용할 기회를 놓치게 된다.

가장 심각한 문제가 발생하는 경우는 ③에 해당하는데, 효과적인 방법이라고 믿지만 실제로는 효과적이지 않거나 오히려 부정적인 영향을 미치는 경우이다. 문제의 심각성은 ②보다 ③이 더 큰데, ②의 경우 사람들이 효과가 없다고 믿기 때문에 그 방법을 사용하지 않지만, ③의 경우 사람들이 효과가 있다고 믿기 때문에 실제로는 효과적이지 않은 방법을 사용할 확률이 훨씬 더 높기 때문이다. 효과적인 방법일 것이라는 직관적 믿음과 교육심리학적 연구가 일치하지 않는 사례들이 모두 이 상황에 해당한다고 할 수 있다. 교육심리학자의 중요한 역할 중 하나는 바로 이러한 부분을 찾아내고, 사람들의 직관적 믿음을 과학적인 방법을 통해 직접 검증하여 교육자에게 교육 개선을 위한 제언을 하는 것이다.

③에 해당하는 가장 대표적인 예는 칭찬이다. '칭찬은 고래도 춤추게 한다'라는 속담에서도 알 수 있듯이 칭찬은 타인의 기분을 좋게 만들고 인간관계에서 윤활유와 같은 역할을 하기도 한다. 가정이나 교육 현장에서도 칭찬은 많이 사용되는데, 아동이 바람직한 행동을 했을 때 부모나 교사의 칭찬은 아동에게 그 행동이 바람직한 행동이라는 것을 알게 하고, 바람직한 행동을 강화할 수 있다. 때때로 사람들은 '칭찬은 많이 할수록 좋다', '아이들에게는 가능한 많은 성공 경험을 갖게 하고, 그 성공에 대해 칭찬해주는 것이 좋다'와 같은 결론을 내리고, 칭찬의 긍정적 효과에 관한 성급한 일반화를 하기도 한다. 하지만 학자들은 칭찬의 긍정적 효과에 대해서 인지하면서도 칭찬의 역효과에 주의해야 한다고 이야기한다. 또한, 무조건 칭찬하는 것보다 어떻게 칭찬하느냐가 더 중요함을 강조한다. 예를 들면, 별로 어렵지 않은 과제를 성공적으로 수행했을 때 주어지는 칭찬은 아동에게 상대방이 자신의 능력을 낮게 평가하고 있다는 인상을 주기도 한다Meyer, 1982. 또한, 우리가 흔히 말하는 '너 정말 똑똑하구나!'와 같은 칭찬은 과제 수행에 대한 노력이 아닌 지능에 대해 칭찬함으로써 아동이 어려운 과제를 회피하게 하기도 한다Dweck, 1999. 따라서 무조

건 칭찬을 많이 해주는 것은 실제로 좋은 방법이 아니다.

칭찬에 대한 연구 결과는 우리가 좋은 의도를 가지고 한 것일지라도 직관적 믿음에 기초한 행동이 오히려 아동에게 악영향을 미칠 수 있음을 보여준다. 국내외에서 수행된 많은 연구가 실제로 학습자와 교수자의 직관적 믿음이 경험적 연구 결과와 다름을 보고하였다(강예원, 이희승, 2022; 안다휘, 이희승, 2018; McCabe, 2011). 따라서 교육심리학자들은 일반인들이 이미 알고 있거나 쉽게 예측할 수 있는 것도 객관적이고 과학적인 방법을 사용하여 검증해보고, 발견된 원리나 법칙이 실제 교육에 적용될 수 있는지를 살펴보아야 한다. 그리고 이러한 연구 결과는 교육자의 의사결정에 유용한 지침으로 작용할 것이다.

02 ▶ 교육심리학의 연구 방법

교육과 관련한 문제에 답하기 위해서 교육심리학자들은 여러 가지 종류의 연구를 설계하고 실행한다. 여기에서는 가장 보편적으로 사용되는 세 가지 연구 방법으로 기술연구, 상관연구, 실험연구 방법을 살펴본다. 세 가지 연구 방법 중 가장 바람직하거나 가장 유용한 연구 방법은 정해져 있지 않다. 교육심리 연구자들은 연구 목적과 상황에 맞게 자신의 연구 문제를 답하기에 가장 적합한 연구 방법을 선택한다.

❶ 기술연구(Descriptive studies)

기술연구란 어떤 조작이나 통제 없이 특정 현상의 상태나 특성을 기술하는 연구이다. 이때 연구자는 검사, 관찰, 면담, 설문 등의 방법을 사용할 수 있다. 예를 들면, 문화적 특성에 따라 교사와 학생의 상호작용이 어떻게 달라지는지를 알아보기 위해 국가별로 수업 장면을 녹화한 뒤에 동영상을 자세히 관찰하여 기술할 수 있다. 교사와 학생이 수업에서 중요하게 생각하는 것이 무엇인지 파악하기 위해 면담을 진행하고 녹음한 자료를 특정 기준에 따라 분석해볼 수 있다. 이처럼 기술연구는 자연적인 상황에서 있는 그대로를 관찰하고 조사하는 것을 목적으로 한다. 교육심리학 분야에서 기술연구의 대표적인 예는 Piaget[1952]의 인지발달 이론이다. 스위스의 발달심리학자인 그는 자신의 아이들을 자세하게 관찰한 뒤에 유아기에서 청소년기에 걸친 인지발달 단계를 기술하는 이론을 개발하였다.

오랜 시간을 두고 교실이나 학교 같은 사회적 환경 내의 특정 집단을 심층적으로 조사할 수도 있는데 이를 문화기술지 혹은 민속지학ethnography이라고 한다. 예를 들면, 능력별 학급편성의 시행에 따른 교사와 학생의 반응을 이해하기 위하여 연구자가 1년 동안 학교에 머물며 교사의 수업방식, 학생의 과제수행 능력과 정서적 반응, 학업성취도 등에 대한 심층 조사를 하고 상세하게 기술할 수 있다. 이렇게 집단 내의 생활에 초점을 두고 장기간 관찰을 할 때 주의할 점 중 하나는 관찰자의 존재 자체가 집단의 행동에 영향을 미칠 수 있다는 것이다. 따라서 연구자는 가능한 한 집단 자체가 원래 가진 역동성을 해치지 않도록 특별한 주의를 기울여야 한다. 또한, 집단이 아닌 특정 사례에 대한 집중적인 연구를 수행할 수도 있는데, 이를 사례 연구case study라고 한다. 예를 들어, 오랜 기간 인간과의 상호작용 없이 지낸 아동의 도덕성 발달 과정을 연구하고자 한다면, 연구 대상을 찾는 것 자체가 쉽지 않다. 이때에는 발견된 특정 사례에 집중해 자세히 관찰할 수 있다. 친사회적 행동이 요구되는 상황에서 아동이 어떠한 반응을 보이는지 관찰하거나, 도덕적 추론 과제를 어떻게 수행하는지에 대한 심층 조사를 하는 방법으로 인간과의 상호작용이 도덕성 발달에 미치는 영향에 관하여 상세히 기술할 수 있다.

기술연구는 특정 상황에 관하여 세밀하게 관찰하여 기술하기 때문에 그 상황에 대한 이해를 넓히는 정보를 제공하지만, 과학적 객관성은 결여되어 있다. 따라서 상관연구처럼 변인 간의 관계를 설명하거나 예측하지는 못한다. 또한,

실험연구처럼 변인 간의 인과관계를 설명할 수 없다는 한계점을 가진다.

❷ 상관연구(Correlational studies)

상관연구란 자연적인 상황에서 변인 간의 관계를 살펴보는 연구를 말한다. 어떤 조작이나 통제없이 자연적인 상황을 관찰한다는 점에서 기술연구와 공통점을 갖지만, 상관연구는 변인 간의 관계를 설명하고 예측하는 것을 주요 목적으로 한다.

이때 변인variable이란 나이, 성별과 같이 하나 이상의 값을 가질 수 있는 것을 의미한다. 예를 들어, 초등학생의 학년에 따른 주의 집중도 수준을 살펴본다면, 1부터 6까지 변화하는 값이 학년 변인이 되고, 10분, 20분, 30분 등 주의 집중할 수 있는 시간이 주의 집중도 변인이 된다. 이때 학년이 증가할수록 주의 집중 시간이 증가한다면, 두 변인은 정적 상관positive correlation을 가진다고 이야기한다. 즉, 한 변인이 높으면 다른 변인도 높고, 한 변인이 낮으면 다른 변인도 낮다. 또한, 두 변인의 관계에서 학년 변인에 따른 주의 집중도 변인의 변화 추이를 살펴본다고 할 때, 학년 변인을 예측 변인predictor variable, 주의 집중도 변인을 준거 변인criterion variable이라고 한다. 즉, 변인 간에 상관이 존재할 때, 우리는 한 변인을 가지고 다른 변인을 예측할 수 있는데, 이때 예측을 위해 사용하는 변인이 예측 변인이고, 예측 변인을 통해 예측하고자 하는 변인이 준거 변인이다. 만약 학업 시간이 늘어날수록 기말시험의 성적이 높아질 것으로 예측하고 두 변인의 관계를 살펴본다면 학업 시간이 예측 변인, 시험 성적이 준거 변인이다. 두 변인이 같은 방향으로 움직인다면, 학업 시간과 기말시험 성적의 관계 역시 정적 상관의 예이다. 반대로 한 변인의 수준이 높아질 때 다른 변인의 수준이 낮아지는 경우도 있는데 이를 부적 상관negative correlation이라 한다. 한 주간 스마트폰 사용 시간과 학점 간의 관계가 그 예가 될 수 있다. 스마트폰 사용 시간이 늘어날 때 학점이 낮아진다면, 두 개의 변인이 서로 반대의 방향으로 움직이므로 부적 상관을 보인다. 끝으로 변인이 서로 상관이 없을 수도 있는데, 이를 무상관 변인uncorrelated variable이라고 한다. 예를 들어, 학생의 신장과 기말시험 성적 간의 관계 등이 그 예가 될 수 있다.

상관연구의 장점 중 하나는 파악된 변인 간의 관계를 토대로 하여 한 변인의 정보를 가지고 다른 변인을 예측할 수 있다는 것이다. 만약 주의 집중도와 학점 간에 정적 상관이 발견되었다면, 주의 집중력이 높은 학생이 그렇지 않은 학생보다 학점이 높을 것으로 예측할 수 있다. 하지만 이러한 관계를 통해 높은 집중력이 높은 학점의 원인이라고 이야기할 수는 없다. 즉, 상관연구는 변인 간의 관계를 기술할 수는 있지만, 인과관계를 설명할 수는 없는데 이는 상관관계의 해석이 여러 가지로 가능하기 때문이다.

[그림 3.2]는 두 변인 간 정적 상관이 존재할 때 가능한 세 가지의 해석을 보여준다. 주의 집중도와 학점 간에 정적인 상관이 존재할 때, 첫 번째 가능한 해석은 주의 집중도가 원인이고, 학점이 결과인 경우이다. 즉, 주의 집중도와

그림 3.2 주의 집중도와 학점의 상관에 대한 세 가지 다른 해석

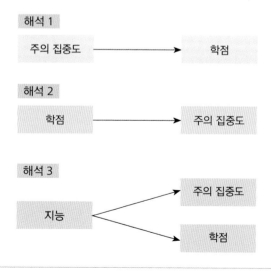

학점이 실제로 인과관계를 갖는 경우이다. 두 번째로 가능한 해석은 두 변인 간 관계의 방향성이 반대인 경우로 학점이 원인이고, 주의 집중도가 결과이다. 만약, 성적이 좋은 사람들이 지속적인 동기부여를 받는다면, 좋은 성적은 높은 주의 집중도를 가져올 수 있을 것이다. 즉, 능력이 있고 높은 점수를 받는 학생들이 다른 학생들보다 주의 집중도가 높을 수 있다. 이 경우 두 변인이 인과관계를 갖는 것은 맞지만, 원인과 결과가 반대이다. 세 번째로 가능한 해석은 두 변인 간에 직접적인 인과관계는 없지만 제3의 변인에 의해 상관이 나타나는 경우이다. 예를 들면, 지능 수준이 높은 학생은 주의 집중력도 뛰어나고 시험 성적도 높을 수 있다. 이때 주의 집중도와 학점은 실제로 직접적인 관계가 없으며, 어떤 것도 다른 변인의 원인이라고 이야기할 수 없지만, 두 변인 모두 지능의 영향을 받기 때문에 정적인 상관이 나타날 수 있다. 정리하면, 상관연구는 인과관계의 방향성이 불분명하다는 점과 제3의 변인 존재 가능성으로 인해 변인 간 상관이 발견되었다 하더라도 어떤 변인이 원인이고 어떤 변인이 결과인지 알 수 없다. 변인 간의 인과관계에 대해 알려면, 실험연구를 수행해야 한다.

❸ 실험연구(Experimental studies)

실험연구는 어떤 처치를 하고 그것의 영향을 분석하는 연구로 변인 간의 인과관계를 살펴보기 위해 실시한다. 예를 들어, 교사의 피드백과 학생의 성취도 간의 관계를 알아보는 연구를 한다고 하자. 교수자의 피드백 제공 여부에 따라 학생의 성취도가 어떻게 달라지는지 살펴보기 위해서 연구자는 피드백 제공의 여부를 조작하고 그 조작의 결과에 따라 성취도가 의미 있게 변화하는지 살펴보아야 한다. 연구자는 원인일 것으로 생각하는 변인의 조작에 따라 실험의 서로 다른 조건을 구성하고, 결과일 것으로 생각하는 변인에서 조건 간에 유의미한 차이가 나타나는지 검증한다. 예를 들면, 연구자는 '피드백 있음' 조건과 '피드백 없음' 조건을 구성하고, 참가자를 두 집단 중 하나에 무작위로 배치할 수 있다. 그 후 모든 참가자에게 같은 시간 동안 같은 자료를 학습하게 하면서 피드백 제공 여부만 달리한 뒤, 학습한 내용에 대한 시험을 보게 하여 학생의 성취도를 측정할 수 있다. 이 예시에서 피드백 제공 여부는 독립변인independent variable이라고 하는데, 이는 연구자가 조작하는 변인으로 연구 가설의 원인이 되는 변인이다. 또한, 독립변인의 영향을 받는 변인인 성취도는 종속변인dependent variable으로 연구 가설의 결과가 되는 변인이다. 이 연구를 할 때, 가장 중요한 것은 조건 간에 피드백 제공 여부만 달라야 한다는 것이다. 즉, 수업 시간, 수업 횟수, 학습 내용, 최종시험 등 피드백 제공 여부만을 제외한 모든 조건이 동일하게 통제되어야 한다. 만약 피드백 제공뿐만 아니라 다른 요인도 조건에 따라 함께 변화한다면, 어떤 것이 학생 성취도의 원인인지 결정할 수 없기 때문이다.

통제와 더불어 실험연구에서 필수적으로 확보해야 하는 것은 집단 간 동질성이다. 조건에 할당된 집단 간의 동질성을 확보하기 위해 연구자들은 조건에 실험참가자를 '무선할당' 또는 '무선배치random assignment' 해야 한다. 무선배치란, 참가자가 어느 한 조건에 할당될 확률이 동일함을 의미한다. 다시 말해, 연구에 참여하는 각각의 참가자가 피드백 있음 조건에 배치되거나 피드백 없음 조건에 배치될 확률이 같아야 한다. 이는 실험연구가 갖춰야 하는 필수요건 중 하나로, 연구자는 각각의 참가자가 실험의 어느 한 조건에 무작위로 배치되도록 해야 한다. 예를 들면, 실험을 오전 9시에 시작하면서 실험실에 도착한 순서대로 먼저 도착한 20명은 피드백 있음 조건에, 나중에 도착한 20명은 피드백 없음 조건에 참가자들을 배치한다면 이는 무선배치가 아니며, 실험 결과의 해석에 심각한 문제를 초래한다. 설령 피드백 있음 조건이 더 높은 성취도를 보였다 할지라도 이것이 피드백 제공 때문인지, 참가자들이 가진 특성때문인지 알 수 없기 때문이다. 가령 실험실에 먼저 도착한 참가자는 평소 성실한 성격으로 원래 학업 성취도가 높은 학생들일 수도 있다. 따라서 무선배치는 실험 집단 간의 동질성을 확보하기 위한 필수적인 과정이다.

어떤 연구가 실험연구라고 불리기 위해서는 두 가지 필수요건을 충족해야 하는데, 첫째는 무선배치, 둘째는 독립변인의 조작manipulation of independent variable 이다. 이 두 가지 중 하나라도 충족하지 못하는 연구는 변인 간의 인과관계를 밝힐 수 없으므로 실험연구라고 할 수 없다. 하지만 모든 연구 주제가 실험연구 방법을 사용할 수 있는 것은 아니다. 때로는 실험연구의 필수요건을 충족할 수 없어 실험 자체가 불가능한 경우도 있으며, 실험연구의 필수 조건을 충족시키려 하다 보면 연구의 내용이 실제 상황과 너무 달라져 연구의 유용성이 떨어지는 경우도 있다. 따라서 연구자는 본인의 연구 질문에 답하기 위해 적합한 연구 방법을 선택해야 한다.

아래에 기술된 연구를 살펴보고, 이 연구에서 사용한 연구 방법이 무엇인지, 그리고 그렇게 판단한 근거는 무엇인지 답해보자. 또한, 이 연구가 지니는 한계점은 무엇인지 생각해보자.

> 김 박사는 수학 수업에서 사용할 수 있는 새로운 교수법을 개발하였다. 그는 이 교수법이 많은 교사가 사용하는 기존의 교수법과 비교하여 학생의 성취에 도움이 되는지 알아보기 위해 연구를 시행하기로 하였다. 우선 김 박사는 서울에 있는 중학교 중 무작위로 선택한 학교 한 곳에서 무작위로 2개의 학급 3-1반과 3-2반을 선택하였다. 그리고 1반에서는 교사에게 기존의 교수법을 그대로 사용하도록 하였고, 2반에서는 김 박사가 개발한 새로운 교수법을 사용하도록 하였다. 한 학기 동안 서로 다른 교수법을 사용하도록 한 뒤, 두 반의 학기말 시험 성적을 살펴보니, 2반의 학생들이 1반의 학생들보다 훨씬 더 높은 수학 성적을 보였다. 따라서 김 박사는 새롭게 개발한 교수법이 효과적이라고 결론 내렸다.

위의 연구에서는 2개의 학급에 서로 다른 교수법을 처치한 뒤, 학기말 성적을 살펴보았다. 이 연구의 독립변인은 교수법의 종류이며 종속변인은 학기말 수학 시험 성적이다. 교수법을 조작했다는 측면에서 언뜻 보기에 위 연구는 실험연구처럼 보인다. 하지만 위에서 기술한 실험연구의 필수요건을 떠올리며 이 연구 설계를 다시 살펴보자. 실험연구의 필수요건 첫째는 무선배치이다. 위 연구에 무선배치가 있는가? 만약 그렇다고 답했다면, 당신이 주목한 표현은 '무작위로 선택한 학교'와 '무작위로 두 개의 학급을 선택하였다'일 것이다. 하지만 이 표현은 무선배치를 의미하지 않는다. 이 표현들은 단순히 연구표본research sample을 설정할 때 표본을 무작위로 선택했다는 것을 의미할 뿐, 참가자들을 서로 다른 조건에 무작위로 배치하였다는 것을 의미하지 않는다. 이 연구에서 두 개의 조건은 '기존의 교수법'과 '새로운 교수법'인데, 무선배치를 하려면 학생이 1반이냐 2반이냐에 관계없이 어느 한 조건으로 무작위로 배치되어야 한다. 하지만 이 연구에서는 이미 존재하는 집단인 3−1반과 3−2반을 특정 조건에 배치하였다. 이렇게 무선배치가 되지 않았을 때 발생할 수 있는 문제점은 설령 2반의 학생들이 1반의 학생들보다 높은 성적을 보인다 하더라도 이것이 새로운 교수법 때문이라고 말할 수 없다는 것이다. 2반이 1반보다 처음부터 학업 성취도가 높은 학생들로 구성된 집단일 수도 있고, 2반의 담임 선생님이 1반의 담임 선생님보다 학생들의 학업 동기 향상에 더 신경을 쓴 결과일 수도 있다. 이처럼 무선배치를 하지 않은 경우 두 집단이 동등할 것이라 가정할 수 없고, 새로운 교수법이 높은 학업 성취도의 원인이라고 이야기하기 어렵다.

하지만 위의 연구가 인과관계를 말할 수 없다고 해서 그 유용성이 없는 것은 아니다. 교육심리학자들은 실험실에서 발견한 원리나 법칙이 실제에 적용되는지 알아보기 위해서 교육 현장에서 이와 같은 연구를 종종 수행한다. 학급과 같이 이미 구성된 집단을 무선배치를 위해 다시 구성하는 것은 어렵기 때문에 원래 있는 집단을 연구에 그대로 사용하는 경우가 많다. 이와 같은 연구를 완전한 실험으로 보기는 어렵지만, 독립변인의 조작, 종속변인의 측정과 같이 실험과 유사한 특성이 있기에 '준실험' 또는 '유사실험quasi-experiment'이라고 한다. 즉, 유사실험이란 무선배치의 조건을 충족하지 않고 행하는 실험이다. 현실적 어려움으로 무선배치가 불가능한 경우도 있지만, 관심을 두는 변인에 따라 무선배치가 원천적으로 불가능한 경우도 있다. 예를 들어, 성별에 따른 언어 학습 능력을 알아보는 연구를 한다면, 성별이 독립변인, 언어 학습 능력이 종속변인이 된다. 하지만 성별은 참가자가 본래 가진 특성을 그대로 사용해야 하며즉, 남성 참가자는 남성 집단에 여성 참가자는 여성 집단에 배치해야 한다, 연구자가 참가자를 남성 또는 여성 집단에 무작위로 배치할 수 없다. 이런 이유로 유사실험 역시 교육심리학에서 자주 쓰이는 연구 방법이다.

03 교육심리학 연구 살펴보기

배움과 가르침은 교육의 중요한 구성요소이다. 교육심리학은 배우고 가르치는 과정에서의 인간의 심리를 살펴보며, 이 과정과 관계된 것을 연구하는 학문이라고 할 수 있다. 이번 절에서는 학습 및 교수에 관한 자기 지식을 점검하고 교육심리학의 주요한 연구 결과 몇 가지를 살펴본다. 먼저 아래에 제시된 문장의 참, 거짓 여부를 판별해보고, 왜 그렇게 답했는지 잠깐 생각해보자.

- 교사가 학생이 뛰어날 것이라고 기대하면, 그 학생은 부담감을 느끼기 때문에 학업 성취도가 저하되는 경향이 있다.
- 빈번한 시험은 부정적인 학습 태도를 갖게 하고, 학습을 방해한다.
- 학습자는 모두 자기만의 학습양식(유형)을 가지며 학습양식에 맞춘 수업을 받을 때 학업 성취도는 높아진다.

❶ 기대 및 신념과 학습

인간의 행동은 자신이 기대하고 믿는 것에 의해 크게 달라진다. 예를 들어, 노력하면 성적이 좋아질 것이라고 기대하는 학생은 자신의 노력이 아무 소용이 없다고 생각하는 학생보다 더 열심히 공부할 것이다. 따라서 자기 능력, 목표 성취 가능성 등에 대한 믿음은 행동의 중요한 원동력으로 작용한다. 개인이 가진 기대와 신념은 자신에게 영향을 미치는 것뿐만 아니라 타인에게까지 영향을 미친다. 특히 교육은 여러 가지 형태의 상호작용으로 이루어진다는 점을 생각할 때 교사와 학생이 가진 믿음은 서로에게 영향을 미칠 수 있다. 교사의 수업, 학생 간 토론 및 모둠 활동, 교사와 학생 간 면담 등은 모두 인간과 인간의 상호작용으로 발생한다. 그리고 이러한 다양한 형태의 상호작용 속에서 사람들은 자신의 기대와 믿음에 따라 행동하고, 이것은 타인의 행동에까지 영향을 미치기도 한다.

교사가 자신, 그리고 학생에 대해 가진 기대와 신념은 학생들에게까지 영향을 미친다는 점에서 중요하다. 예를 들어, 어떤 교사는 학생들의 성취에 가장 중요한 것은 교사 자신의 노력이라고 믿지만, 어떤 교사는 교사의 노력보다는 학생의 타고난 지능이나 좋은 가정환경이 중요하다고 믿는다. 그리고 이렇게 교사가 어떤 믿음을 가지고 있느냐는 이후 교사의 교수방식이나 학생과의 상호작용 등에 영향을 미칠 수 있다. 교사 자신의 노력과 행동이 학생의 성취에 영향을 미칠 수 있다고 믿는 정도를 '교사효능감teacher efficacy'이라고 하는데Henson, 2002, 교사효능감이 높은 교사는 학생의 실패에 대해 책임감을 느끼며 꾸준히 노력하고 학생들이 성공할 때까지 쉽게 포기하지 않는다. 반면 교사효능감이 낮은 교사는 학생이 실패했을 때, 그 원인을 학생의 가정환경, 능력, 태도 등에서 찾으며 수업에 대한 노력을 기울이지 않는다Ashton, 1984.

교사가 교사 자신에 대해 가진 믿음뿐만 아니라 학생들에게 가진 기대 역시 매우 중요하다. 우리가 가진 기대나 예측이 행동과 태도에 영향을 미쳐 그 기대가 실현되게 만드는 현상을 '자기충족적 예언self-fulling prophecy'이라 하는데, 교실에서 교사가 특정 학생에게 설정한 기대가 학생에게 영향을 미치는 자기충족적 예언으로 작용할 수 있다. 교실에서의 자기충족적 예언을 보여주는 사례는 Rosenthal과 Jacobson1968의 연구에서 발표한 피그말리온 효과이다. 이 연구에서는 교사에게 학교에 재학 중인 학생 중 20%에 해당하는 학생 명단을 주면서 해당 학생들이 이후 큰 지적 성장을 보일 우수한 학생이라는 기대를 심어주었다. 그리고 약 8개월 후 지능검사를 시행한 결과, 명단 속의 아이들이 실제로 의미 있는 지적 성장을 보였다. 하지만 학기 초에 교사가 받은 명단은 사실은 무작위로 추출된 학생들로 구성된 것이었다. 이 연구에서 명단 속 학생들의 수행이 실제로 향상되었는데, 이는 교사의 긍정적 기대가 학생들에게 전달되고, 이것이 자기충족적 예언으로 작용했음을 시사한다. 이러한 현상을 '피그말리온 효과pygmalion effect', 또는 연구자의 이름을 따서 '로젠탈 효과Rosenthal effect'라 부른다. 피그말리온 효과의 '피그말리온'이라는 말은 그리스 신화에 등장하는 조각가인 피그말리온이 자신이 만든 여인 조각상을 사랑하게 되고 그의 간절함에 감동한 미의 여신 아프로디테가 이 조각상에 생명을 불어넣어 주었다는 이야기에서 유래한다.

교사의 기대가 학생에게 미치는 영향보다 더욱 중요한 것은 학습자가 자기 스스로에 대해 갖는 기대와 믿음이다. 교사효능감이 교사 자신이 학생에게 미치는 영향에 대한 지각과 믿음을 의미한다면, 학습자 역시 학업을 수행하는 데 필요한 자신의 능력에 대한 믿음을 갖는데 이를 '학업적 자기효능감academic self-efficacy'이라 한다. Bandura1997는 학업적 자기효능감을 학습자가 학업 수행을 위해 필요한 행위를 조직하고 실행해가는 자신의 능력에 대해 내리는 판단으로 정의하였다. 학업적 자기효능감이 높은 학생은 자신이 해낼 수 있다고 믿기 때문에 주어진 과제에 대해 더 큰 노력을 기울이며 어려운 일이 닥쳐도 포기하지 않고 끈기 있게 지속해낼 수 있다. 또한, 자기효능감이 높은 학생은 효과적인 학습전략Pintrich & De Groot, 1990을 사용하며, 뛰어난 자기조절능력Zimmerman et al., 1992을 보이는 것으로 보고되었다.

학업적 자기효능감 외에도 학습자가 갖는 능력 혹은 지능의 변화 가능성에 대한 신념 등도 학습자의 학업성취 행동과 수행에 영향을 미칠 수 있다. Dweck1999; Dweck & Master, 2009은 사람들이 지능의 변화 가능성에 대해 개인적인 암묵적 이론implicit theory을 갖고 있다고 하며 지능에 대한 고정적 관점과 증가가적 관점을 구분한다. 지능에 대한 고정적 관점entity view of intelligence, fixed mindset을 가진 사람들은 사람의 지능은 본질적으로 고정되어 있고 변할 수 없는 것이라고 믿는다. 반면 지능에 대한 증가적 관점incremental view of intelligence, growth mindset을 가진 사람들은 지능 또는 능력은 고정된 것이 아니며 노력으로 변화될 수 있고, 증가될 수 있다고 믿는다. 개인의 지능에 대한 믿음이 학습자의 성취 행동에 미치는 영향은 쉽게 예상할 수 있다. 만약 지능이 고정되어 있다고 믿는다면, 실패나 어려움을 경험하는 것은 개인의 능력 부족, 또는 낮은 지능을 보여주는 증거가 된다. 따라서 어려운 과제가 주어질 때, 학습자는 과제에 도전하기보다는 과제 자체를 피하려고 하는데, 이는 자신의 능력 부족을 증명할지도 모르는 상황을 회피하는 것이 자기 가치감을 보호하는 방법이기 때문이다. 반면 지능이 변화될 수 있다고 믿는 학습자에게 실패나 어려움은 회피해야 할 상황이 아니라 단지 더 큰 노력을 기울여야 함을 의미한다. 따라서 이들은 어려운 과제를 두려워하기보다 과제에 도전하려고 하며, 포기하지 않고 지속적인 노력을 기울인다.

❷ 시험과 학습

많은 학생은 시험을 보는 상황에 부담을 느끼며 때로는 시험 불안test anxiety을 호소하기도 한다. 학생들이 시험에 대해 부정적인 태도를 보이는 가장 큰 이유는 시험으로 인해 자신이 평가받기 때문이며, 학점 등으로 나타나는 시험의 결과가 진학, 취업 등 자신의 진로에 영향을 미치는 중요한 것이기 때문이다. 비록 많은 학생에게 시험은 피하고 싶은 것이지만, 교육심리학과 학습과학 연구자들은 시험이 학습을 증진하기 위한 효과적인 도구로 활용될 수 있음을 보고하고 있다[이희승, 2017].

학자들이 제시하는 시험의 긍정적 효과는 크게 세 가지로 정리해볼 수 있다. 첫째, 시험은 학생들이 꾸준히 공부할 수 있게 한다[Roediger & Karpicke, 2006]. 특히 학습에 대한 자발적 동기가 부족한 학생에게 주기적으로 시행되는 시험은 학습활동을 증가시키고 계획적인 학습활동을 하도록 한다. 주기적인 시험이 없는 경우 많은 학생은 소위 '벼락치기'라고 불리는 방법을 활용하는데, 이는 단기간에 많은 내용을 학습해야 하므로 별로 효과적인 학습 방법이 아니다. 벼락치기만으로 좋은 시험 성적을 받았다고 이야기하는 학생들이 있지만, 당장 시험 성적은 좋다 하더라도 시간이 좀 더 흐른 뒤에 학습한 내용에 대해 같은 시험을 다시 본다면 이 학생들은 좋은 성적을 거둘 수 없을 것이다. 이보다는 긴 시간에 걸쳐 학습 내용의 범위를 분배하는 분산학습spaced learning 방법이 훨씬 더 효과적이다. 시험은 학생들이 꾸준히, 그리고 지속적으로 학습할 수 있게 한다.

둘째, 시험은 학습자의 메타인지에 도움을 줄 수 있다. 메타인지metacognition를 간단하게 정의하면, '아는 것에 대해 아는 것knowing about knowing' 또는 '사고에 대한 사고thinking about thinking'라고 할 수 있다. 학습 상황에서의 메타인지는 학습자 자신의 학습에 관한 지식McCormick, 2003이라고 할 수 있는데, 학습자가 자신이 공부한 내용에 대해 무엇을 알고 있으며, 얼마나 이해하고 있으며, 어떠한 부분을 어려워하고 있는지 등을 이해하는 것을 말한다. 메타인지적 판단에 따라 후속학습에 대한 학습자의 행동이 달라질 수 있으므로, 정확한 메타인지적 판단은 효율적인 학습 시간 분배와 효과적인 학습계획에 중요하다.

아래 학생 세 명을 예로 살펴보자.

- 민호: 이 책을 읽으면서 약 90%에 해당하는 내용을 이해했다고 생각하지만, 실제로는 약 70%에 해당하는 내용만을 이해했다.
- 수미: 이 책을 읽으면서 약 50%에 해당하는 내용을 이해했다고 생각하지만, 실제로는 약 70%에 해당하는 내용을 이해했다.
- 지은: 이 책을 읽으면서 약 50%에 해당하는 내용을 이해했다고 생각하며, 실제로도 약 50%에 해당하는 내용을 이해했다.

위 학생 세 명 중 누가 학습한 내용에 대해 가장 많이 알고 있는지를 본다면 70%를 이해한 민호와 수미가 50%를 이해한 지은이보다 더 많은 양을 이해했다고 볼 수 있다. 따라서 당장 학습한 내용에 관한 시험을 본다면 민호와 수미가 지은이보다 더 좋은 성적을 낼 것이다. 하지만 만약 일주일 뒤에 시험을 보게 된다면 어떻게 될까? 시험을 보기 전까지 주어진 일주일을 어떻게 활용하느냐, 즉 세 학생의 학습계획과 실천에 따라 시험 결과는 달라질 것이다. 이때 이 학습계획에 영향을 미치는 중요한 요인 중 하나는 학습자가 자신의 학습상태에 대해 내리는 메타인지적 판단이다. 현재의 이해 수준과는 별개로 지은이는 민호나 수미보다 메타인지가 더 좋다고 할 수 있다. 즉, 민호는 자신이 아는 것에 대해 과대평가하고 있으며 수미는 자신이 아는 것에 대해 과소평가하고 있다. 반면, 지은이는 자신의 학습 정도를 제대로 파악하고 있다. 민호처럼 실제보다 자신이 더 잘 알고 있다고 판단하는 경우, 학습자는 후속학습의 필요성을 느끼지 않아 학습을 조기 종료할 수 있다. 또한, 수미처럼 자신이 잘 모르고 있다고 판단하는 경우, 학습자는 후속학습 시간을 필요 이상으로 길게 잡아 다른 것을 학습할 기회를 놓칠 수 있다. 반면 지은이는 자신의 학습 정도를 제대로 파악하고 있으므로 시간이 허용하는 범위 안에서 후속학습에 대한 계획을 적절하게 세울 수 있을 것이다.

시험은 자신의 학습상태를 점검해보고 평가할 기회를 제공함으로써 학습자가 더 정확한 메타인지적 판단을 할 수 있도록 한다. 간혹 열심히 공부했고 좋은 성적을 기대했는데, 시험 결과가 예상보다 좋지 않았다고 토로하는 학생들이 있다. 이 학생들은 시험에 대비한 자신의 학습상태에 대한 메타인지적 판단이 좋지 않았을 가능성이 크다. 따라서 시험을 보는 것은 자신의 학습상태를 직접 확인해볼 좋은 기회이다. 학습자는 시험의 결과에 따라 자신의 부족한 부분이 무엇인지 알고 그에 대한 후속학습 계획을 세울 수 있다. 특히 최근에 보고되는 시험과 학습의 관계에 관한 연구들은 앞에서 배운 내용에 대한 시험을 본 학생이 시험을 보지 않은 학생보다 이후에 새롭게 배우는 내용을 더 잘 학습할 수 있음을 보고하였다. 이는 학습자가 시험을 통해 자신의 학습상태와 학습전략을 점검하여 후속학습에서 더 효과적인 학습전략을 사용할 수 있음을 시사한다Choi & Lee, 2020; Lee & Ahn, 2018; Lee & Ha, 2019.

셋째, 시험은 인출 연습을 증대시켜 학습한 내용이 더 오래 기억될 수 있도록 한다. 앞서 인출 연습의 중요성을 잠깐 언급하였지만, 이 절에서는 이에 관하여 좀 더 자세히 살펴보려 한다. 먼저 이를 위해 인간의 기억구조를 설명하는 정보처리 이론information-processing theory에 대해 살펴보자. Atkinson과 Shiffrin1968은 인간의 기억 저장소는 감각기억sensory memory, 단기기억short-term memory, 장기기억long-term memory으로 구성된다고 보고, 정보처리에 관한 3단계 모형을 제안하였다. 이 이론이 제안된 이래로 Baddeley1986의 작업기억working memory에 관한 개념이 포함되는 등 모형의 여러 부분에서 수정과 확장이 이루어졌지만, 여전히 이 3단계 모형은 인간의 학습, 기억, 망각과 관련한 많은 현상을 설명하는데 기본적인 틀로 활용되고 있다. [그림 3.3]은 이러한 기본 틀을 바탕으로 한 인간기억의 모형을 도식화한 것이다.

정보처리에 관한 3단계 모형에 따르면, 외부 환경으로부터 우리의 감각기관을 통해 들어오는 정보는 감각 등록기sensory register에 가장 먼저 들어온다. 하지만 감각 등록기에 들어온 정보는 아주 짧은 기간만 유지되고 대부분 금세 사라지며, 이 중 우리가 선택적 주의selective attention를 기울이는 정보만이 그다음 저장소인 작업기억으로 넘어간다. 이때 우리의 주의는 선택적인데, 이는 우

그림 3.3 정보처리의 3단계 모형

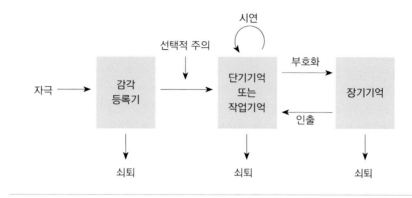

리가 감각기관에 들어오는 모든 정보에 주의를 기울일 수 없으며 오직 제한적인 정보에만 주의를 기울일 수 있음을 의미한다. 예를 들어, 지금 잠깐 하던 일을 멈추고 주변의 소리에 귀를 기울여보자. 이때 시계의 초침 소리, 컴퓨터의 팬이 돌아가는 소리, 혹은 창밖의 바람 소리 등이 들릴 수 있다. 이 소음은 사실 주의를 기울이기 전부터 계속 감각기관에 들어오던 정보이다. 단지, 여러분이 주의를 기울이지 않았기 때문에 의식하지 못하고 있던 것이며 바로 이러한 정보들이 감각 등록기에 잠시 머물렀다가 선택적 주의를 받지 못해 사라진 것이다.

선택적 주의를 받은 정보를 유지하는 곳은 작업기억working memory이다. 국내에서는 작동기억으로 표현하기도 하는데, 작업기억은 우리가 지금 생각하고 있는 정보를 가진 공간으로 우리의 의식적 정보가 모두 이곳에 있다고 생각하면 된다. 즉, 인간이 지각하고 주의 집중하는 정보는 작업기억 안에 있다. 하지만 이 작업기억에는 오직 제한된 시간 동안 제한된 개수만의 정보를 유지할 수 있다. Miller[1956]는 작업기억은 한 번에 약 7개 정도의 정보만을 약 10~20초 정도 유지할 수 있다고 주장하였는데, 이를 밀러의 '매직넘버 7'이라고 표현한다. 예를 들어, 만약 여러분에게 무의미 철자를 연속적으로 불러주고 순서대로 답해보라고 하면, 평균적으로 대략 7개 정도의 철자만 기억할 수 있을 것이다. 작업기억에서 정보를 유지하는 방법은 그 정보에 대해 생각하거나 반복하는 것인데, 이를 '시연rehearsal'이라고 한다. 예를 들어, 개인정보 확인을 위한 인증번호를 입력하려고 할 때 잠깐 인증번호 여섯 자리를 머릿속으로 되뇌거나 소리 내어 반복하는데, 이런 활동은 작업기억 속의 정보를 보유하려는 과정으로 볼 수 있다. 시연은 작업기억 속 정보가 바로 사라지지 않고 유지되도록 하는데 이 과정이 반복될 때 정보는 장기기억으로 전이될 가능성이 커진다.

하지만 작업기억의 제한된 용량으로 인해 우리에게는 더 큰 용량의 저장소가 필요한데 이것이 바로 장기기억long-term memory이다. 장기기억은 작업기억과는 다르게 용량이 무제한이며 저장 기간도 영구적이다. 우리가 성공적으로 학습한 지식 대부분은 장기기억에 저장되는데, 정보들이 따로따로 분리된 정보로 존재하기보다는 이 장기기억 속에서 서로 연관을 맺으며 체계적인 네트워크를 구성하고 있다. 그리고 우리는 필요할 때 장기기억에 있는 정보를 다시 작업기억으로 불러온다. 작업기억에 있는 정보를 장기기억으로 이동시키는 것, 즉 장기기억에 정보를 저장하는 과정을 '부호화encoding'라고 한다. 많은 학습자가 정보를 장기기억에 저장시키기 위해 하는 활동은 반복repetition과 정교화elaboration이다. 예를 들어 '2918'이란 암호를 외우고자 할 때, '2918'이라는 숫자 네 자리를 여러 번 반복하여 암송할 수 있다. 또는 2918을 단순 반복하여 암기하기보다는 '2 곱하기 9는 18'과 같이 숫자에 어떤 의미를 부여하여 정교화하는 방법을 택할 수도 있다. 정보를 작업기억에서 장기기억으로 넘기는 과정을 부호화라고 한다면, 그 반대 방향에 해당하는 정보처리 과정은 '인출retrieval'이라고 한다. 즉, 우리는 장기기억에 많은 양의 정보를 저장해두고 필요할 때 정보를 작업기억으로 불러온다. 예를 들어서 '중국의 수도는 어디인가요?'라는 질문에 '북경'을 떠올렸다면, 여러분의 장기기억에 저장된 정보가 지금 이 질문을 받은 순간 작업기억으로 인출되었다고 할 수 있다.

정보처리 모형에 대한 이해를 바탕으로 이제 다시 시험과 학습의 관계를 이야기해보자. 시험을 볼 때 발생하는 인지적 처리 과정은 '인출'에 해당한다. 즉, 성공적으로 학습한 정보는 장기기억에 저장되어 있으며 시험을 보면서 학습자는 필요한 정보를 인출한다. 약 120년에 걸친 학습에 관한 연구는 시험을 보면서 이 인출 활동을 하는 것이 학습한 정보에 대한 기억을 강화함을 보여주었으며 이를 '시험효과testing effect'라고 명명하였다Roediger & Butler, 2011. 시험효과란, 배운 내용을 반복적으로 읽는 것보다는 시험을 보면서 기억 속의 정보를 인출하려고 시도했을 때 배운 내용을 더 잘 기억하게 되는 현상을 가리킨다. 즉, 인출하려고 노력하는 것 자체가 장기기억 속에 저장된 정보의 표상에 영향을 미쳐 '기억 강화제memory modifier'의 역할을 한다고 보았다Bjork, 1975. 시험을 볼 때 학습자는 더 많은 인지적 노력을 기울여야 하며 이 과정에서 정교화가 촉진되기 때문이다.

　또한, 궁극적인 학습의 목표를 생각해볼 때 시험을 통한 인출 연습은 매우 중요하다. 학습의 목표는 공부한 내용을 학습 직후에 잘 기억할 수 있도록 하는 것을 넘어서서, 미래에 그 정보가 필요한 순간에 해당 정보를 기억하고 활용할 수 있도록 하는 것이다. 만약 아무리 열심히 공부하고 암기한 내용이라 하더라도즉, 부호화에 성공했다 하더라도 시간이 흘러 필요할 때 기억해내지 못한다면 즉, 정보 인출에 실패했다면 그 지식은 무의미하다. 따라서 성공적인 학습은 결국 인출 성공 가능성으로 결정된다고 해도 과언이 아니다. 이를 시험효과에 적용해 생각해본다면, 우리에게 최종적으로 필요한 인지적 처리는 인출인데, 시험은 이 인출 과정을 경험하게 하는 것이다. 즉, 연습시험 등을 통해 인출이라는 인지적 처리 과정을 미리 연습하면, 시간이 흐른 미래에도 학습한 정보를 성공적으로 인출할 가능성이 커진다. 즉, 시험을 본 내용은 시험을 보지 않은 내용보다 미래에 기억될 확률이 높다.

　종합하면, 시험은 학습자를 꾸준히 학습하게 하는 것은 물론 메타인지에 영향을 미쳐 후속학습에서 더 효과적인 전략을 사용하게 하고 효율적으로 학습 시간을 분배할 수 있도록 한다. 또한, 시험 과정에서 경험하는 인출 연습은 기억을 강화해 학습효과가 더 오래 지속될 수 있게 한다. 이러한 시험의 장점은 시험이 단순히 학습을 평가assessment of learning하기 위한 것뿐만 아니라 학습을 위한 효과적인 도구assessment for learning로 활용될 수 있다는 교육적 함의를 제공한다. 교사는 쪽지 시험 등을 활용하여 학습자의 인출 연습을 촉진할 수 있으며, 학습자 역시 자기평가self-testing 등의 방법을 활용하여 인출 연습을 하고 스스로 학습상태를 점검해볼 수 있을 것이다.

❸ 개인차와 학습: 학습양식 원리

효과적인 교육을 위해서 부모나 교사는 먼저 학습자의 특성을 이해해야 한다. 그에 대한 이해가 우선되지 않으면 교사가 아무리 뛰어난 개인적 능력을 갖추고 있더라도 교육의 효과는 제한적일 수밖에 없다. 학습자를 이해하고 교육의 효과를 높이기 위해서 교육심리학자들은 인지 발달, 성격 및 사회성 발달, 도덕성 발달과 같은 인간의 여러 발달영역에 대해 끊임없이 연구해왔다. 인간의 발달 상태에 대한 이해는 교사가 학생의 발달 수준에 따라 학생의 눈높이에 맞춘 적합한 상호작용을 할 수 있게 하고, 이에 따라 학생의 발달과 학습을 촉진할 수 있는 교육이 가능하게 한다. 교육심리학자들은 또한 학습자 개인 내부에 존재하는 요인을 분석하고 학생들 간에 학습 성취에 차이가 발생하는 이유를 탐구한다. 지능, 창의성, 메타인지, 인지 양식과 같은 인지적 요인부터 동기, 태도, 자존감, 자기효능감과 같은 정의적 요인 등에 관한 연구는 가르치고 배우는 과정에서의 학습자의 심리를 살펴보고 학생의 개인차에 대한 이해를 돕는다.

오래전부터 교육자들의 관심을 끈 것이지만 최근에 더욱 교육심리학자들의 주목을 받는 개인차 관련 연구는 '학습양식 원리learning style principle'이다. 학습양식 원리는 모든 사람은 자기 나름대로 독특한 방법으로 학습한다는 생각에 기초하여 수업 또는 교수 방법의 효과성을 높이기 위해서는 교수-학습 과정이 학습자의 학습양식에 맞추어져야 한다는 것이다. 예를 들어, 어떤 사람은 언어적 학습자라서 언어적인 방법으로 학습해야 하고, 어떤 사람은 시각적 학습자라서 그림으로 학습해야 하며, 어떤 사람은 음성적 학습자라서 소리로 학습해야 한다는 것이다. 비록 이 원리는 교수자가 학습자의 개인차를 고려하여 수업을 제공하는 것이 효과적일 것이라는 믿음을 반영하고 교사 교육의 한 영역을 지키고는 있지만, 놀랍게도 이 원리를 지지할 만한 뚜렷한 과학적 근거는 부족하다Pashler et al., 2008.

　　언어적 학습자와 시각적 학습자의 예를 들어 설명해보자. 학습양식 원리가 맞는지 검증하기 위해서는 언어적 학습자와 시각적 학습자에게 언어적 또는 시각적인 방법으로 학습하게 한 후 어떤 방식으로 학습했을 때 더 높은 성취도를 보이는지 살펴보면 된다. [그림 3.4]는 학습양식 원리가 예측하는 결과와 실제 연구 결과를 단순화시켜 그래프로 표현한 것이다Mayer, 2011. 먼저 왼쪽에 제시된 그래프는 학습양식 원리가 예측하는 결과로 효과적인 교수 방법이 학습자의 학습양식에 따라 달라진다. 구체적으로 언어적 학습자는 언어적인 방법으로 학습했을 때 점수가 높으며, 시각적 학습자는 시각적인 방법으로 학습했을 때 점수가 높아야 한다. 하지만, 오른쪽 그래프에 제시된 실제 연구 결과는 학습자의 학습양식에 따라 효과적인 방법이 달라지지 않음을 보여준다 Massa & Mayer, 2006. 즉, 학습자의 학습양식과 관계없이 시각적 방법이 언어적 방

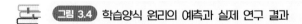 그림 3.4 학습양식 원리의 예측과 실제 연구 결과

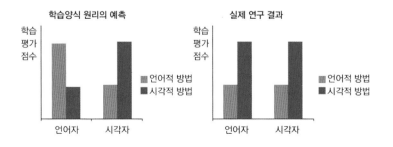

법보다 항상 더 효과적이었다. 특히 이 연구에서는 학습 선호도예: 나는 시각 정보보다 언어 정보가 더 좋다와 능력예: 나는 시각 정보를 언어 정보보다 더 잘 처리한다을 기반으로 한 학습양식 측정 방법 모두를 사용하여 학습자를 분류하였는데, 그 어떤 것도 학습양식 원리를 지지하지 않았다. 물론 이는 하나의 연구 사례에 불과하다. 하지만, Pashler와 동료들2008이 학습양식 원리를 검증한 선행연구를 검토한 결과 놀랍게도 학습양식 원리를 지지하는 경험적 근거는 찾을 수 없었다. 이후 2015년에 보고된 연구 역시 학습양식 원리를 지지하는 결과를 얻지 못했음을 보고하였다Rogowsky et al., 2015. 오늘날 교육심리학자들은 학습양식 원리를 '교육과 관련된 잘못된 속설urban legends in education; Kirschner & van Merrienboer, 2013' 또는 뇌의 작동방식에 대한 오해에서 비롯된 '신경계신화neuromyth; 하효림 외, 2020; Geake, 2008'로 분류한다.

그렇다면, 학습양식 원리를 지지하는 과학적 증거가 없음에도 불구하고 왜 많은 사람이 학습양식 원리에 대한 믿음을 갖고 있을까? 첫째, 학생이 자기 가치감을 보호하기 위해 사용한 변명이 학습양식 원리에 대한 믿음을 강화했을 수 있다. 예를 들어, 어떤 학생이 좋지 못한 성적을 받았을 때, 그 학생은 실패의 원인을 자신의 능력 또는 노력 부족으로 귀인하기보다는 수업방식이 자신과 맞지 않아서라고 이야기할 수 있다. '이 선생님의 수업방식은 나와 맞지 않는다'는 변명은 학생의 자기 가치감을 보호해줄 수 있다. 둘째, 교사가 자신의 경험을 잘못 해석하고 일반화함으로써 학습양식 원리에 대한 믿음이 강해질 수 있다. 예를 들어, 교사가 어떤 개념을 설명하였는데, 한 학생이 이해를 못하는 상황을 가정해보자. 교사는 학생의 이해를 돕기 위해서 이번에는 그림을 그려가며 설명하기로 하였고, 그림 설명을 들은 학생은 비로소 그 개념을 잘 이해할 수 있게 되었다. 이때 교사가 내릴 수 있는 결론 중 하나는 '아, 이 학생은 그림으로 설명해줘야 이해하는구나. 이 학생은 시각적 학습자이니 앞으로 이 학생에게 설명할 때는 그림을 활용해야겠다'이다. 하지만 이 결론은 같은 상황에 대해 내릴 수 있는 여러 가지 결론 중 하나에 불과하다. 예를 들면, 그 학생은 단지 설명이 두 번 필요했을 뿐이다. 혹은 그 개념 자체가 그림을 같이 보아야만 이해할 수 있는 것으로 이 특정 학생뿐만 아니라 모두에게 그림이 유용할 수 있다. 만약 이와 같은 이유로 이 학생이 더 잘 이해하게 된 것이라면, 학생이 시각적 학습자이며 시각적 방법으로 가르쳐야 한다는 것은 잘못된 결론이다.

물론 학습양식과 같은 학습자의 특성에 대해 이해하려고 하는 교사의 노력은 중요하다. 개인차는 효과적인 교육을 위해 교사가 주의를 기울여야 하는 부분임은 분명하다. 하지만 학습양식 원리에 대한 명확한 증거가 제시되기 전까지는 학습양식과 관련한 개인차 요소를 고려한 개별화 교수 방법의 추천은 회의적일 수밖에 없다. 따라서 교사는 이와 관련한 부분에 시간과 노력을 쏟기보다는 이미 효과적이라고 알려진 검증된 방법을 활용하는 것이 더 나을 것이다. 예를 들면, 분산연습distributed practice, 인출연습retrieval practice, 정교화 질문elaborative interrogation, 자기설명self-explanation 등은 이미 경험적 증거가 충분한 효과적인 학습 방법으로 알려졌다Dunlosky et al., 2013.

04 > 결론

이 장은 교육심리학의 개념과 역할, 연구 방법을 다루고, 주요한 연구 결과 몇 가지를 소개하면서 교육심리학에 대한 기초적 이해를 제공하고자 하였다. 지금까지 살펴본 바와 같이 교육심리학은 학습자의 학습 향상과 교육에 대한 이해와 개선을 목적으로 한다. 교육심리학은 교육 현장의 심리학적 현상을 연구하고, 교사에게 교육에 대한 이해의 틀을 제공하는 학문이다. 그리고 이를 위해 교육심리학자는 직관적인 믿음이나 추측이 아니라 체계적인 실험 등을 통한 과학적 연구 방법을 사용하여 가르치고 배우는 과정에 대한 이해를 넓히고자 한다. 과학의 중요성은 교육심리학 분야에서 오랫동안 강조되었다. 최초의 교육심리학자라 할 수 있는 Edward Thorndike1874-1949는 "교육자는 과학적 정신과 방법에 따라 보편적 의견이 아닌 과학적 연구 결과에 기반을 둔 방법을 활용해야 한다"고 강조하였다. 오늘날의 교육심리학자들 역시 과학적인 연구 방법과 경험적 데이터의 중요성을 인지하고, 실제로 효과적인 교수 및 학습 방법을 찾고자 노력하고 있다.

　앞으로의 교육심리학 연구 역시 학습을 증대시키고 양질의 교육을 제공하고자 하는 방향으로 진행될 것이다. 인간의 역사는 학습과 따로 분리되어 존재할 수 없다. 마찬가지로 교육심리학 연구 역시 인간의 역사가 지속되는 한 계속 함께 하며, 교육과 학습의 문제를 이해하는 데 중요한 역할을 할 것이다. 하지만 시대의 흐름에 따라 교육의 모습과 학습의 형태가 변하기 때문에, 이에 따라 교육 현장에서 일어나는 심리학적 현상 또한 달라질 것이다. 현대 과학과 기술의 급격한 발전은 학습의 형태에 많은 변화를 가져오고 있다. 가령 이제는 인터넷을 통해 누구나 수준 높은 강의나 학습 자료에 접근할 수 있으며, 빅데이터, 가상현실, 인공지능 등 다양한 첨단기술을 접목한 학습 환경 구축이 가능해졌다. 학습 환경과 학습 형태가 변화함에 따라 학습자의 경험이 달라지며 교수자의 역할 또한 달라져야 할 것이다. 교육심리학 역시 이러한 시대의 변화에 대응하여 학습자의 경험과 학습에 대한 이해를 새롭게 해야 한다.

참고문헌

강예원, 이희승(2022). 교사의 교수전략 인식 및 활용. 교육심리연구, 36(3), 303−327.

박병기(2012). 한국 교육심리학의 초상. 교육심리연구, 26(1), 1−13.

안다휘, 이희승(2018). 대학생의 학습전략 효과성 인지, 선호 및 활용. 교육심리연구, 32(3), 321−353.

이성진(1996). 교육심리학: 그 학문적 성격과 과제. 교육심리연구, 10(1), 25−43.

이희승(2017). 학습을 위한 시험: 시험의 전방효과와 후방효과. 교육심리연구, 31(4), 819−845.

하효림, Lan Anh Do, 이희승(2020). 대학생의 뇌과학 지식 수준과 확신성, 학습경로 및 성장 신념 간 관계 탐구. 미래교육학연구, 33(2), 97−126.

Ashton, P. (1984). Teacher efficacy: A motivational paradigm for effective teacher education. *Journal of Teacher Education, 35*(5), 28−32.

Atkinson, R., C., & Shiffrin, R. M. (1968). Human memory: A proposed system and its control processes. *Psychology of Learning and Motivation − Advances in Research and Theory, 2*(C), 89−195.

Ausubel, D. P. (1968). *Educational Psychology: A Cognitive View.* New York: Holt, Rinehart & Winston.

Baddeley, A. D. (1986). *Working memory.* New York: Oxford University Press.

Bandura, A. (1997). *Self−efficacy: The exercise of control.* New York, NY: Freeman.

Bjork, R. A. (1975). Retrieval as a memory modifier. In R. Solso (Ed.), *Information processing and cognition: The Loyola Symposium* (pp. 123−144). Hillsdale, NJ: Lawrence Erlbaum Associates.

Bruner, J. S. (1959). Learning and thinking. *Harvard Educational Review, 29,* 184−192.

Bruner, J. S. (1961). The act of discovery. *Harvard Educational Review, 31,* 21−32.

Choi, H., & Lee, H. S. (2020). Knowing is not half the battle: The role of actual test experience in the forward testing effect. *Educational Psychology Review, 32*(3), 765−789.

Dunlosky, J., Rawson, K. A., Marsh, E. J., Nathan, M. J., & Willingham, D. T. (2013). Improving students' learning with effective learning techniques: Promising directions from cognitive and educational psychology. *Psychological Science in the Public Interest, 14*(1), 4−58.

Dweck, C. S. (1999). Caution−Praise can be dangerous. *American Educator, 23*(1), 4−9.

Dweck, C. S., & Master, A. (2009). Self−theories and motivation. In K. R. Wentzel & A. Wigfield (Eds.), *Handbook of motivation at school* (pp. 123−140). New York, NY: Routledge.

Geake, J. (2008). Neuromythologies in education. *Educational Research, 50*(2), 123−133.

Henson, R. K. (2002). From adolescent angst to adulthood: Substantive implications and measurement dilemmas in the development of teacher efficacy research. *Educational Psychologist, 37*(3), 137−150.

Kirschner, P. A., & van Merrienboer, J. J. (2013). Do learners really know best? Urban legends in education. *Educational Psychologist, 48*(3), 169−183.

Landrum, T. J., & Kauffman, J. M. (2006). Behavioral approaches to classroom management. In C. M. Evertson & C. S. Weinstein (Eds.), *Handbook of Classroom Management*. Mahwah, NJ: Lawrence Erlbaum Associates.

Landrum, T. J., & McDuffie, K. A. (2008). Behavioral. In T. L. Good (Ed.), *21st century education: A reference handbook* (Vol. 1, pp. 161−167). Thousand Oaks, CA: Sage.

Lee, H. S., & Ahn, D. (2018). Testing prepares students to learn better: The forward effect of testing in category learning. *Journal of Educational Psychology, 110*(2), 203−217.

Lee, H. S., & Ha, H. (2019). Metacognitive judgments of prior material facilitate the learning of new material: The forward effect of metacognitive judgments in inductive learning. *Journal of Educational Psychology, 111*(7), 1189−1201.

Lerman, D. C., & Iwata, B. A. (1995). Prevalence of the extinction burst and its attenuation during treatment. *Journal of Applied Behavior Analysis, 28*(1), 93−94.

Massa, L. J., & Mayer, R. E. (2006). Testing the ATI hypothesis: Should multimedia instruction accommodate verbalizer−visualizer cognitive style?. *Learning and Individual Differences, 16*(4), 321−335.

Mayer, R. E. (2011). *Applying the Science of Learning*. Boston, MA: Pearson/Allyn & Bacon.

McCabe, J. (2011). Metacognitive awareness of learning strategies in undergraduates. *Memory & Cognition, 39*(3), 462−476.

McCormick, C. B. (2003). Metacognition and learning. In W. M. Reynolds & G. E. Miller (Eds.), *Handbook of Psychology:* Vol. 7. *Educational Psychology* (pp. 79−102). Hoboken, NJ: Wiley.

Meyer, W. U. (1982). Indirect communications about perceived ability estimates. *Journal of Educational Psychology, 74*(6), 888−897.

Miller, G. A. (1956). The magical number seven, plus or minus two: Some limits on our capacity for processing information. *Psychological Review, 63*, 81−97.

Pashler, H., McDaniel, M., Rohrer, D., & Bjork, R. (2008). Learning styles: Concepts and evidence. *Psychological Science in the Public Interest, 9*(3), 105−119.

Piaget, J. (1952). *The Origins of Intelligence in Children*. New York: Basic Books.

Pintrich, P. R., & De Groot, E. V. (1990). Motivational and self−regulated learning components of classroom academic performance. *Journal of Educational Psychology, 82*(1), 33−40.

Reynolds, W. M., & Miller, G. E. (2003). Current perspectives in educational psychology. In W. M. Reynolds & G. E. Miller (Eds.), Handbook of Psychology: Vol. 7. *Educational Psychology* (pp. 3−20). Hoboken, NJ:Wiley.

Roediger, H. L. III., & Butler, A. C. (2011). The critical role of retrieval practice in long−term retention. *Trends in Cognitive Sciences, 15*(1), 20−27.

Roediger, H. L. III., & Karpicke, J. D. (2006). The power of testing memory: Basic research and implications for educational practice. *Perspectives on Psychological Science, 1*(3), 181−210.

Rogowsky, B. A., Calhoun, B. M., & Tallal, P. (2015). Matching learning style to instructional method: Effects on comprehension. *Journal of Educational Psychology, 107*(1), 64−78.

Rosenthal, R., & Jacobson, L. (1968). Pygmalion in the classroom. *The Urban Review*, *3*(1), 16−20.

Thorndike, E. L. (1913). *Educational psychology: The psychology of learning*. New York: Teachers College Press.

Thorndike, E. L., & Woodworth, R. S. (1901). The influence of improvement in one mental function upon the efficiency of other functions. *Psychological Review*, *8*, 247−261.

Wittrock, M. C. (1967). Focus on educational psychology. *Educational Psychologist*, *4*, 1−7.

Wittrock, M. C. (1992). An empowering conception of educational psychology. *Educational Psychologist*, *27*, 129−141.

Zimmerman, B. J., Bandura, A., & Martinez−Pons, M. (1992). Self−motivation for academic attainment: The role of self−efficacy beliefs and personal goal setting. *American Educational Research Journal*, *29*(3), 663−676.

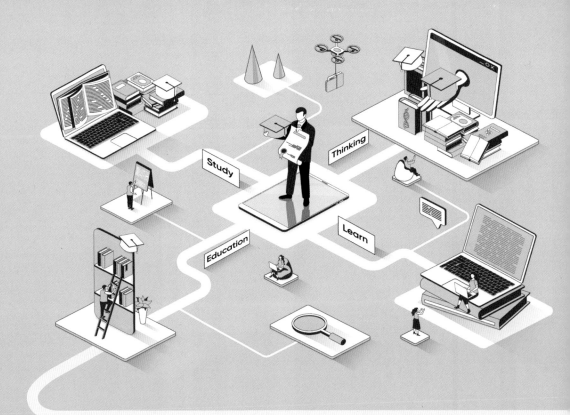

CHAPTER

04

교육과정:
교육과정 연구의 기원과 전개, 과제

교육과정:
교육과정 연구의 기원과 전개, 과제

홍원표

01 복합적 개념으로서의 교육과정

대체로 자연과학에서 사용되는 용어들이 시공간을 초월하여 동일한 대상이나 현상을 가리키는 반면, 인문·사회과학에서 사용되는 용어들은 개인이나 사회, 시대적 상황에 따라 서로 다른 의미를 갖는 경우가 많다. 그렇기 때문에 우리는 일상적 혹은 학문적 상황에서 같은 말을 다른 의미로 쓰고 있다는 사실을 나중에야 깨닫고 허탈해 하는 경험을 하게 된다. 이에 따라 자연과학과 달리 인문·사회과학에서의 논의를 이해하기 위해서는 그것을 구성하는 주요 개념 혹은 용어들이 누구에 의해 어떤 의미로 사용되어 왔는지를 파악하는 것이 중요하다.

교육학의 하위 분야인 '교육과정' 역시 다양한 의미와 영역, 수준을 갖고 있는데, 그 가운데 대표적인 것들을 살펴보면 다음과 같다.

❶ 교육과정의 복합적 의미

'교육과정' 하면 사람들은 흔히 학교에서 가르치는 무엇, 좀 더 구체적으로는 교과서, 학교교육계획서, 수업 진도표와 같은 문서를 떠올리는 경우가 많다. 대다수 사람들이 떠올리는 이러한 의미에서의 교육과정을 일반적으로 공식적official 교육과정 혹은 명시적explicit 교육과정이라고 한다. 공식적 교육과정은 다양한 형태의 문서나 수업 행위로 드러날 수 있지만, 어느 경우이든 한 사회가 다음 세대에 전수하고자 하는 가시적이고, 명시적이며, 어느 정도 합의된 교육과정 메시지라고 할 수 있다.

그러나 법이 도덕의 최소한이듯이, 공식적 교육과정은 학교에서 학생들이 배우는 것들 가운데 극히 일부라고 할 수 있다. 교과서에 포함되어 있지 않고 교사들도 일부러 가르치는 것 같지는 않은데 분명 학생들이 배우는 것이 있기 때문이다. 이처럼 학교 안에 존재하지만 눈에 보이지 않는 교육과정을 숨겨진 hidden 교육과정 혹은 암묵적implicit 교육과정이라고 한다. 일반적으로 숨겨진 교육과정은 학교 교육을 통해 학생들이 은연중에 내면화하게 되는 가치, 태도, 규범, 행위 양식 등을 가리킨다. 예컨대, 우리는 학교 교육을 통해 국내외의 다양한 현상에 대해 어느 정도 집단적인 반응 양식을 익히게 되고, 다양한 사회적 장면들에서 어떻게 말하고 행동하는 것이 적절한지 내면화하게 된다. 우리는 이러한 표준적 가치를 보유하고 있는 사람들을 "배운", "점잖은", 혹은 "편안한" 사람이라고 하는 반면, 그렇지 않은 경우에는 "이상한", "어색한", 혹은 "불편한" 사람이라고 인식하는 경향이 있다.

그러나 비판적 교육학자인 애플Michael Apple, 1975에 의하면 숨겨진 교육과정은 주류 집단 혹은 지배 계급의 이익이나 세계관을 반영하는 경향이 있다. 즉, 남성-여성의 관계에서는 남성중심적 가치관을, 서구-비서구 관계에서는 서구중심적 세계관을, 백인-비백인의 관계에서는 백인의 가치를, 경제적 중상층-하위층의 관계에서는 중상층의 관점을 학생들이 내면화하게 된다는 것이다. 그 이후 많은 사람들이 학교 안에 은폐된 교육과정이 어떻게 기존의 불평등한 사회 질서를 정상적인 것처럼 보이게 하고 그것을 유지·재생산하는 데 기여하는지 드러내고자 시도해 왔다.

한편, 아이스너Elliot Eisner, 2002는 학교에서 가르치지 않은 것이 가르치는 것 못지않게 중요하다고 주장하면서 영null 교육과정이라는 개념을 제시하고 있다.

숨겨진 교육과정이 학교에 존재하지만 명시적으로 가르치지 않는 것이라면, 영 교육과정은 의도적으로 삭제된 교육과정이라고 할 수 있다. 사실 한 세대 전체의 지식과 상상력에 영향을 미칠 만큼 교육과정의 파급력이 크다는 점을 고려한다면, 무엇을 배제할 것인가는 무엇을 포함시킬 것인가 못지않게 중요한 문제이다. 예컨대 세계의 여러 국가들은 과거의 정당하지 못한 행위들을 교육과정에서 배제함으로써 자민족의 역사를 미화하고 국가적 자긍심을 높이려는 경향이 있다. 일본의 교과서는 늘 과거 식민지 시절의 만행을 배제하거나 축소 기술함으로써 주변국의 우려를 낳고 있으며, 미국의 교육과정은 1970년대까지 미국 흑인들의 역사를 본격적으로 다루지 않았다. 이러한 교육과정을 배운 학생들은 일제의 식민지배나 미국의 노예제도에 대해 모르거나 매우 단편적인 지식만을 갖게 될 가능성이 높다. 이렇게 만들어진 무지는 아는 것을 거부하는 적극적 무지, 정치적 의도에 따른 집단적 무지라는 점에서 단순히 무언가를 모른다는 것과는 구분된다. 이러한 영향력을 고려한다면 영 교육과정은 공식적 교육과정이나 숨겨진 교육과정과는 또 다른 중요성을 갖는다고 볼 수 있다.

❷ 교육과정의 다양한 영역

위의 구분과 더불어 교육과정 연구에서 자주 쓰이는 구분이 계획된planned 교육과정, 실행된enacted 교육과정, 경험된experienced 교육과정이다Marsh & Willis, 2003.

먼저 계획된 교육과정은 위에서 말한 공식적 교육과정의 일부로서 주로 문서로 쓰여진 교육과정을 의미한다. 국가교육과정, 교과 교육과정, 학교 교육계획서, 교과서, 해설집, 진도표 등이 여기에 해당한다. 이 영역에 관심이 있는 연구자들은 주로 교육과정 문서 개발에 누가 참여해야 하며, 어떤 과정을 거쳐 어떤 체제로 개발하는 것이 적절한지 관심을 갖는다. 국가 교육과정 문서나 교과서의 체제와 내용을 개선하려는 노력들은 이러한 움직임의 대표적인 사례라고 할 수 있다.

계획된 교육과정이 일종의 교본 혹은 대본으로서의 중요성을 갖기는 하지만 그것이 구현된 모습은 교사와 상황에 따라 다를 수밖에 없다. 동일한 대본이 배우의 역량이나 경력, 해석에 따라 다양한 연기로 실현되듯이, 문서상의 교육과정은 누가 어떤 상황에서 어떤 방식으로 실행하느냐에 따라 다양한 결과로 이어지기 때문이다. 이 영역에 관심이 있는 연구자들은 흔히 교육과정 실행이라는 용어를 사용하며, 학교 현장의 수업이나 교수학습 방법, 혹은 평가에 좀 더 많은 관심을 갖게 된다. 이러한 이유에서 흔히 교육과정 전공을 "교육과정 및 수업Curriculum and Instruction"이라고 부르기도 한다.

마지막으로 경험된 교육과정은 실행된 교육과정에 대한 학생들의 경험에 무게 중심을 두고 있다. 하나의 계획된 교육과정이 다양한 형태의 수업으로 구현되듯이, 동일한 수업 역시 학생들의 배경과 수준, 관심에 따라 다양한 경험과 기억, 해석으로 이어질 수 있기 때문이다. 예컨대 엡스타인Terrie Epstein, 2008에 의하면 백인 학생들과 흑인 학생들이 미국 역사를 기억하고 바라보는 방식에는 상당한 차이가 있다. 즉, 미국 역사에서 중요하다고 생각하는 인물, 노예 해방과 흑인 민권 운동, 흑백 차별 등을 바라보는 관점 등에 있어 두 집단 사이에는 확연한 차이가 있다는 것이다. 이러한 상황에서 학교의 역사 교육이 백인 중심 관점을 반영하고 있다면, 백인 학생들은 일치감을 느끼는 반면 흑인 학생들은 거부감을 느낄 가능성이 높을 수밖에 없다.

이는 곧 계획된 교육과정과 실행된 교육과정 사이에 간극이 존재할 수 있듯이, 실행된 교육과정과 경험된 교육과정 사이에도 상당한 불일치가 있을 수 있다는 점을 시사한다. 따라서 교육과정의 전체적인 면모를 파악하기 위해서는 이 세 가지 영역에 대한 균형 잡힌 연구가 필요하다. 역사적으로 교육과정 문서에 대한 연구가 전통적인 흐름을 형성해 왔다면, 최근 들어 교사의 교육과정 해석과 재구성, 실행에 대한 연구가 늘어나고 있다. 반면, 학생들의 학습 경험에 대한 연구는 아직 미진하기 때문에, 이 영역에 좀 더 많은 관심이 필요한 것으로 보인다.

❸ 교육과정의 다층적 수준

교육과정의 다차원성과 관련하여 마지막으로 살펴볼 구분은 국가 수준의 교육과정, 지역 수준의 교육과정, 학교 수준의 교육과정, 그리고 교실 수준의 교육과정이다. 국가 수준의 교육과정은 학교 교육과정의 목표와 방향, 수업 시수, 교과 내용, 교수학습 방법 및 평가 등에 대하여 국가 차원에서 필요한 지침을 담고 있으며, 우리나라의 경우 교육과정 총론과 흔히 각론이라고 하는 교과 교육과정이 여기에 해당한다. 이어서 지역 수준의 교육과정이 존재하는데, 우리나라의 경우 전국의 17개 시도교육청과 여기에 소속된 교육지원청에서 지역의 상황과 실정을 고려한 지역 교육과정 지침을 개발하는 한편 관내 학교들에게 필요한 안내와 서비스를 제공하고 있다. 이어서 단위학교에는 학교 교육과정 위원회, 교과별 모임, 학년별 교사 모임 등이 존재하며, 이들 모임에서의 협의를 토대로 학교 실정에 적합한 교육계획서를 개발하게 되고 마지막으로 가장 구체적인 수준의 교사별 교육과정이 뒤따르게 된다.

이에 따라 교육과정 연구자들도 각자의 관심에 따라 국가수준의 교육과정에 관심을 갖기도 하고, 좀 더 구체적으로 지역이나 학교 교육과정에 관심을 기울이기도 한다. 특히 우리나라의 경우 국가 수준의 교육과정이 하위 수준의 교육과정에 어떤 영향을 미치는지, 전자가 후자에 의해 어떻게 해석, 수용, 변용되는지 살펴보는 연구가 주요 흐름을 이루어 왔다.

[그림 4.1]이 보여 주듯이 서로 다른 차원의 교육과정은 서로가 서로에게 영향을 미치면서 한 국가의 교육과정 체제를 형성하고 변화시켜 나간다. 그런데 이 가운데 어느 쪽의 영향력이 좀 더 큰가에 따라 중앙집중적centralized 교육과정과 지역중심localized 교육과정으로 나누어 볼 수 있다. 전통적으로 미국, 호주, 영국, 독일과 같이 지방자치의 전통이 강한 서구의 국가들은 지역중심 교

그림 4.1 교육과정의 서로 다른 수준

국가 수준 교육과정

⇕   ⇕

지역 수준 교육과정

⇕   ⇕

학교 수준 교육과정

⇕   ⇕

교실 수준 교육과정

육과정 체제를 운영해 왔다. 이들 국가에서 교육과정은 기본적으로 지역이나 단위학교 혹은 교사에 의해 결정될 사항이라는 인식이 강하며, 따라서 중앙정부 차원의 교육과정 지침이 존재하지 않는 경우가 많았었다. 반면 우리나라를 비롯한 아시아 국가들은 국가 중심의 관료적 교육 체제를 운영해 왔으며, 이에 따라 국가 교육과정이 학교 교육과정의 세부적인 영역까지 규정하는 특징을 갖고 있다.

한 가지 흥미 있는 현상은 1980년대 이후 서구 국가들 사이에 교육과정 표준화standardization 현상이 광범위하게 나타나고 있다는 것이다. 영국의 경우 1988년이 되어서야 교육법의 개정을 통해 국가 교육과정이 도입되었으며Ball, 2013, 미국의 경우 2000년대 들어 각 주별 공통 교육과정이 도입된 이후 최근에는 핵심공통 교육과정Common Core State Standards이라는 이름으로 영어와 수학에 전국적인 교육과정 표준이 도입되었다홍원표, 2011b. 이러한 움직임의 이면에는 이들 국가의 경제가 아시아 국가들에 뒤처지는 이유가 낮은 교육의 질에 있다는 인식이 깔려 있다. 특히 OECD에서 주관하는 PISA에서 우리나라를 비롯한 아시아 학생들이 높은 성취 수준을 보이면서, 교육에 대한 국가 통제를 강화해야 한다는 목소리가 서구 국가에서 커지는 경향을 보이고 있다.

서구 국가들이 아시아의 교육 모델을 지향하고 있는 반면, 우리나라는 역설적으로 서구의 교육과정 체제를 도입하고자 시도하고 있다. 교육에 대한 지나친 국가 통제를 완화하고 교육과정의 결정권을 지역이나 단위학교로 이양하려는 움직임이 꾸준히 진행되고 있는 것이다. 1990년대 이후에 진행된 교육과정 지역화·다양화를 통해 이전까지 유명무실하던 지역이나 학교 수준의 교육과정 의사결정이 중요해졌으며, 교사들의 자율성과 전문성 역시 갈수록 그 중요성이 커지고 있다. 지나친 국가 교육과정의 간섭에 의한 교육과정 획일화를 극복하고 지역적 다양성과 교사의 자율성을 존중하는 방향으로 교육과정이 변화되고 있는 것이다.

아시아 국가와 서구 국가가 서로의 교육 체제를 따라가는 현상이 흥미롭기는 하지만, 이러한 움직임이 각 체제 내에서 상당한 부작용을 낳고 있다는 점에도 주목할 필요가 있다. 특히 영국과 미국의 경우 교육과정 표준화가 교사의 자율성과 전문성을 위축시키고, 시장 논리에 기반한 신자유주의적 교육 개혁을 정당화시키고 있다는 비판이 강하게 제기되어 있다[Ball, 2013; Au, 2011]. 표준화된 교육과정이 학생에 대한 평가로 이어지게 되면, 학교별로 평가 결과가 공개되고, 이 결과에 따라 학교나 교사들에게 각종 제재와 인센티브가 뒤따르게 되면 결국 시장 논리에 기초한 교육개혁으로 이어지게 된다는 것이다. 실제로 영국이나 미국에서는 학생의 성적과 교사의 연봉을 연동시키거나, 학교별로 연간 성취 목표를 달성하지 못하는 학교의 교사를 징계하고 심지어 민간기업에 학교 운영을 위탁하는 움직임까지 등장하고 있다. 그러나 시장논리에 기반한 교육개혁은 학교들 사이의 구조적 격차를 악화시키거나 그것의 원인을 교사의 탓으로 돌리고, 교육의 성과를 눈에 보이는 시험 성적으로 단순화시키는 위험을 안고 있다.

방향은 다르지만 이와 유사한 부작용을 우리나라도 겪고 있다. 앞서 언급했듯이 획일적인 교육과정을 극복하기 위하여 2009 개정 교육과정은 총 수업 시수를 유지하는 범위 내에서 교과 간 수업시수를 일부 증감하는 것을 허용한 바 있다교육부, 2009. 그러나 학교 현장에서는 입시에 유리한 과목의 시수는 늘리는 반면 그렇지 못한 과목들의 비중은 축소하는 현상이 나타나게 되었다홍원표, 2011a. 더욱이 이명박 정부 시절 추진된 고교 다양화 정책을 뒷받침하기 위해 자율형사립고등학교자사고에 좀 더 큰 폭의 교육과정 자율화를 허용해 줌으로써 학교 간 교육환경의 격차가 벌어지는 부작용이 발생하게 되었다. 자사고가 대학입시에서 유리한 위치를 점하면서, 고등학생의 다수를 담당하고 있는 일반고등학교의 교육 환경이 악화되고 있는 것이다김홍주, 김용호, 김철중, 2013; 홍원표, 2014. 이에 따라 2013년에는 국·수·영 수업 시수의 비중이 전체의 50%를 넘지 않도록 하고 체육 과목은 매학기 편성하도록 교육과정이 개정된 바 있고, 각종 일반고 살리기 정책이 추진되어 왔다. 그러나 학교 교육이 전반적으로 계층 간, 지역 간 격차를 심화시키고 있으며, 교육과정이 그 원인을 일부 제공하고 있다는 우려는 여전히 커지고 있다.

위와 같은 상황은 교육과정 표준화를 추구하는 서구의 움직임이나 반대로 교육과정 다양화를 추구하는 우리의 교육과정 정책 모두 유사한 부작용을 낳고 있다는 점을 보여주고 있다. 특히 학교 교육이 사회적 평등에 기여하는 것이 아니라 기존의 격차와 불평등을 유지·재생산하는 방향으로 작동하고 있다는 비판이 여러 나라에서 커지고 있다. 따라서 학교 교육과정이 사회적 불평등의 완화에 기여하는 방안을 찾는 것이 세계적으로 중요한 과제 가운데 하나라고 할 수 있다.

02 > 교육과정 연구의 두 가지 접근

위에서는 교육과정의 다양한 의미와 영역, 차원 등을 소개하고, 이 가운데 어디에 주목하느냐에 따라 연구의 초점과 교육과정의 모습이 달라진다는 점을 살펴보았다. 여기서는 교육과정 연구를 구성하고 있는 두 가지 커다란 흐름,

즉 교육과정 개발과 교육과정 이해에 대하여 살펴보고자 한다.

❶ 교육과정 개발

교육과정이 하나의 독립적인 연구 분야로 발전하게 된 역사적 기원은 20세기 초 미국의 상황에서 찾을 수 있다. 이 시기 미국 사회는 대규모 이민자의 유입으로 초중등학교가 급격하게 팽창되던 시기로서, 공립학교의 교육과정을 어떻게 조직해야 하는가에 대한 고민이 커지던 시기였다Cremin, 1975. 이에 따라 교육과정에 관심을 갖고 있는 연구자들의 숫자도 늘어나기 시작했는데, 이들은 당시 산업화를 이끌던 테일러주의Taylorism에서 학교 교육과정 구성의 단서를 찾았다. 널리 알려져 있듯이 테일러주의는 과학적 분석을 토대로 생산과정을 표준화함으로써 노동 생산성을 비약적으로 높일 수 있다는 발상인데, 초기 교육과정 연구의 대표자인 보빗Franklin Bobbitt, 1918은 학교 교육과정에도 유사한 원리가 적용될 수 있다고 보았다. 즉, 성인들의 삶에 대한 체계적 분석을 통해 그것을 학교 교육과정으로 가져올 수 있다는 것인데, 그는 이러한 접근을 교육과정 개발에 대한 과학적 방법이라고 부르고 있다.

여기에서 이후 교육과정 연구를 지배하게 될 두 가지 전제를 찾을 수 있는데, 하나는 학교 교육과정의 개발이라는 실천적 관심이 교육과정 연구의 출발점이라는 것이고, 또 하나는 학교 교육과정이 과학적 원리에 따라 개발되고 관리될 수 있다는 믿음이다. 이러한 의미에서 교육과정 개발을 학교 교육과정에 대한 건축적 관심이라고 할 수 있을 것이다. 말하자면, 이 입장에 있는 연구자들은 현장의 교사들을 위해 학교 교육과정을 개발하는 보편적인 원리와 절차를 제시하는데 일차적 관심을 갖고 있는 것이다. 타일러Ralph Tyler는 이러한 관심을 가장 잘 보여 주는 사례라고 할 수 있다. 1949년에 출판한 짧은 책에서 그는 [그림 4.2]와 같이 간단한 듯 보이지만 이후 강력한 영향을 미친 교육과정 개발 절차를 제시하고 있다. 요컨대 타일러에 의하면, 교육과정은 학습목표를 설정하고, 이에 적합한 학습경험을 선정하고, 이를 적절한 순서로 조직하고, 마지막에 학습자가 학습목표를 달성했는지 평가하는 순서로 설계될 수 있다는 것이다. 이러한 그의 모형은 교육내용보다 목표설정을 첫 단계로 두고 있다는 의미에서 목표중심 모형, 네 가지 절차가 순차적으로 제시되어 있다는 점에서 선형적 모형이라고 불리기도 한다.

그림 4.2 Tyler 교육과정 개발 절차

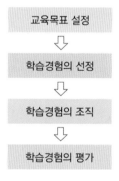

타일러 자신은 이 모형이 하나의 제안에 불과하며 기계적으로 따를 필요가 없다고 당부하고 있지만, 그의 모형은 인간의 행위나 제도를 과학적 원리에 따라 통제하거나 관리할 수 있다는 생각을 전제로 하고 있다는 점에서 기술적 합리성technical rationality을 대표한다고 할 수 있다. 기술합리적 접근은 사회 제도의 과학적 기반을 어느 정도 만들어 주는 장점이 있지만, 인간의 행위가 몇 가지 절차나 법칙으로 설명될 수 있다는 생각으로 인해 위험성도 안고 있다. 타일러 모형의 예를 들자면, 때로 목표가 분명히 진술되기 어려운 경우도 있고, 교육과정에 대한 결정이 직선적인 단계가 아니라 순환적이고 직관적으로 이루어지는 경우도 많기 때문이다. 이러한 이유에서 교육과정 개발에는 보빗에서 타일러로 이어지는 이른바 과학적 접근 외에도 다양한 입장들이 존재한다. 그

중에 특히 중요한 것으로는 보빗과 비슷한 시대에 활동하던 교육철학자, 존 듀이John Dewey가 강조하는 경험주의적 접근을 들 수 있다. 듀이에 의하면 교육은 경험의 계속적인 재구성 과정으로서, 경험의 수준을 지속적으로 향상시켜 나가는 것이 바로 교육의 과정이다Dewey, 1916, 1938. 인간의 경험은 현 단계의 이해 체계와 수준을 보여주는 것으로서 학습자에게 안정감을 주지만, 삶에는 현 경험 체계로 설명하거나 해결할 수 없는 다양한 문제 사태가 존재한다. 이러한 문제 사태에 직면하게 되면 학습자는 혼란과 부조화, 무질서를 겪게 되고, 이를 해결할 수 있는 방안에 관심과 흥미를 보이게 된다.

그런데 문제는 경험의 단계나 흥미가 학습자마다 다르기 때문에 타일러 식으로 외부에서 주어진 목적은 학습자 입장에서 보면 적합하지 않을 가능성이 높다는 것이다. 실제 우리는 외부에서 주어진 학습의 목표와 자신이 알고 싶거나 호기심을 갖고 있는 것 사이에 불일치를 자주 경험한다. 이러한 상황에서 특정한 목표나 교과 지식을 일방적으로 강요하게 되면 학습자는 흥미를 잃어버리고, 학습자와 교육과정이 서로 대립하는 상황이 발생하게 될 것이다. 듀이에 의하면, 이러한 상황을 피하기 위해서는 학습자의 경험과 교과 지식이 상호작용할 수 있도록 연결시키는 작업이 필요하다. 말하자면 교과 지식이 중요하다는 이유로 무조건 습득하도록 강요할 것이 아니라, 학습자의 흥미나 관심을 유발할 수 있도록 재구조화하는 것이 중요하다는 것이다. 우리는 상식적으로 많이 아는 사람이 잘 가르칠 것이라고 쉽게 단정하지만, 사실은 그렇지 않은 경우가 많다. 무언가를 안다는 것은 전향적 행위이지만, 그것을 가르치는 것은 후향적 행위로서 둘 사이에 요구되는 태도와 자질, 기술이 다르기 때문이다. 이러한 맥락에서 듀이는 교과의 논리적 지식을 학습자의 경험 단계에 적합하도록 재구성하는 작업을 심리화psychologizing라는 용어로 설명하고 있다Dewey, 1943.

한편 위의 두 입장과 다르게 교육과정 연구의 일차적 과제는 학생들이 학교에서 배울 내용을 결정하고 이를 정당화해 주는 것이라는 입장도 존재한다. 이러한 입장을 일반적으로 내용중심 접근이라고 하는데, 이에 의하면 인류가 학교라는 교육기관을 별도로 설립하고 인생의 상당 기간을 이곳에서 보내도록 하는 이유는 그만큼 학교가 일상 생활에서 자연적으로 습득하기 어려운 지식을 가르치기 때문이다. 따라서 학교는 결코 아무 내용이나 가르쳐서는 안 되며 인류 문화의 정수, 혹은 보편적으로 가치 있는 지식을 엄선해서 가르쳐야 한다는 것이다. 이러한 입장에서 교육과정의 방향을 제시하는 학자들은 실용적 내용이나 직업교육보다는 인류가 누적시켜온 지식에 대한 학습을 강조하는 경향이 있으며, 이러한 이유로 주지주의intellectualism 혹은 항존주의perennialism로 불리기도 한다.

사실 지식교육을 통해 합리적 마음을 기를 수 있다는 주장은 고대 그리스의 자유교육론으로 거슬러 올라갈 정도로 오랜 역사를 갖고 있지만, 교육과정이 학문적 지식에 기초해야 한다는 주장은 상황과 맥락을 달리하여 지금도 꾸준히 등장하고 있다. 예컨대 1957년의 스푸트니크 충격Sputnik Shock 이후 미국 사회에는 학문적 수준이 떨어지는 교육과정에 대한 대대적인 반성과 개혁의 움직임이 등장하였다. 이 움직임을 이론적으로 주도한 브루너Jerome Bruner, 1960는 지식의 구조라는 개념을 통해 학문중심 교육과정의 새로운 조직 원리를 제시한 바 있다. 그에 의하면 학생들의 학문적 성취를 높이기 위해서는 과학자나 수학자가 하는 학문적 탐구 활동의 구조를 교실 안에 재연하는 것이 중요하다. 즉, 역사에 대해 가르칠 것이 아니라 역사적 탐구활동 자체에 동참하도록 하는 것이 중요하며, 마찬가지로 과학에 대해 가르칠 것이 아니라 학습자들이 직접 과학을 하도록 교육과정을 조직하는 것이 학문적 수월성을 높이는 데 적합하다는 것이다. 이렇게 되면 교실 수업과 학문적 탐구활동은 수준에는 차이가 있을지 몰라도 구조적으로는 동일하다는 것이 브루너의 생각이다. 그는 이러한 생각을 토대로 "지식의 최전선에서 새로운 지식을 만들어내는 학자들이 하는 것이거나 초등학교 3학년 학생이 하는 것이나를 막론하고 모든 지적 활동은 동일하다"는 대담한 가설을 제시하기도 한다이홍우, 2013: 299에서 재인용. 이유와 맥락은 다르지만, 영국의 마이클 영Young, 2013이나 미국의 허쉬Hirsch, 1999를 중심으로 지식 중심의 교육과정에 대한 주장은 지금도 꾸준히 제기되고 있다.

사실 절차중심 접근과 Dewey의 경험주의, 내용중심 접근은 서로 간의 유사점보다는 차이점이 큰 것도 사실이다. 절차중심 접근은 교육에서 무엇을 가르칠 것인가보다는 어떻게 가르칠 것인가에 일차적인 관심이 있다. 반면 경험중심 접근은 객관적이고 보편적인 교육과정 개발 절차보다는 학습자의 흥미와 관심을 강조하는 경향이 있다. 마지막으로 내용중심 접근은 무엇을 가르칠 것인가에 일차적인 관심을 갖고 있으며, 교육 내용의 가치는 아동의 흥미나 관심으로 환원될 수 없다는 입장에 가깝다. 또한 경험중심 접근과 내용중심 접근이 이론적 성격이 좀 더 강하다면 절차중심 접근은 실제적 성격이 좀 더 강하다고 할 수 있다. 이러한 차이에도 불구하고 이들 입장은 학교 교육과정을 어떻게 구성하고 개발할 것인가에 관심을 갖고 있다는 점을 고려하여 여기서는 교육과정 개발이라는 하나의 틀 안에서 설명하였다. 물론 이 세 가지 이외에 학교 교육과정 개발에 대한 다양한 목소리가 있을 수 있다. 예를 들어 최근에는 타일러의 절차중심 접근과 브루너의 내용중심 접근을 절충한 백워드 설계 모형이 많은 사람들의 관심을 받고 있기도 하다Wiggins & McTighe, 2005. 교과의 빅 아이디어big idea에 대한 깊이 있는 이해를 강조하는 백워드 설계 모형은 우리나라에도 영향을 미쳐 2015 개정 교육과정부터 핵심 개념 중심의 교육과정 설계가 강조되어 오고 있다.

❷ 이해 패러다임의 등장과 한계

1918년에 보빗이 교육과정이라는 제목의 책을 처음으로 출판하고, 1938년 콜롬비아 대학에 교육과정 학과가 만들어진 이후, 교육과정 전공은 학교 교육과정 영역에서 나름의 입지를 굳혀가게 된다Cremin, 1975. 그러나 1960년대 중반에 접어들면서 교육과정 분야의 위기가 심화되고 있다는 진단이 여러 곳에서 등장하게 된다. 여기에는 여러 원인이 있지만 스푸트니크 충격 이후 진행된 학교 교육과정 개혁에서 교육과정 전공자들의 입지가 갈수록 줄어들었다는 점을 들 수 있다. 잘 알려져 있듯이, 스푸트니크 충격은 냉전이 한참인 1957년에 구 소련이 세계 최초로 인공위성 발사에 성공하면서 미국의 과학과 교육계가 받게 된 충격이다. 이후 미국 학생들의 학문적 수준을 끌어올리려는 개혁이 대대적으로 진행되었는데, 이 변화를 주도한 것은 교육과정 전공자들이 아니라 주로 분과학문 전공자들이었다. 이전까지 교사와 교육 전문가들에게 맡겨져 있던 교육과정 영역에 관련된 전공의 학자들이 본격적으로 관심을 갖게 된 것이다. 이에 따라 교육과정 분야에 대한 사회적 관심과 연구비 지원이 줄어들면서 전공자들 사이에 위기의식이 커지게 되었다Pinar, 1978.

　　이러한 현실적 이유 외에 교육과정 전공 위기의 또 다른 원인은 그것의 이론적 취약성에서 찾을 수 있다. 각 분과학문은 현상을 설명하고 이해하는 나름의 이론적 틀을 갖고 있으며, 이 이론적 틀을 구성하는 용어와 명제 체계, 관점에 의해 다른 분과학문과 구분된다. 그렇기 때문에 비교적 확립된 분과학문들은 장시간 발전시켜온 이론 체계를 확보하고 있으며, 이를 통해 현상을 이해하고 설명하고자 하는 한편, 미해결 과제를 지속적으로 찾아내고 발굴해 나간다. 그러나 교육과정은 학교 현장의 실제적 문제를 해결하기 위한 실천학으로 등장하였기 때문에, 이론적 기반은 상대적으로 취약할 수밖에 없었다. 이러한 상황에서 실천 영역에서의 입지까지 축소되면서, 교육과정 연구의 정체성이 무엇이냐는 문제의식이 심화되기 시작한 것이다.

　　이러한 위기의식이 고조되면서 슈왑Joseph Schwab, 1969은 교육과정이 빈사상태moribund에 이르렀다는 선언을 하게 되었으며, 1970년대에 이르기까지 교육과정 분야가 심각한 병에 걸렸다는 이른바 "질병 메타포illness metaphor"가 여러 곳에서 등장하게 된다Jackson, 1980: 162. 교육과정 전공자들은 이러한 위기에 맞서 다양한 탈출구들을 제시하였는데, 상반된 방향을 슈왑의 숙의적 접근deliberative approach과 파이너William Pinar의 교육과정 재개념화reconceptualiztion에서 찾을 수 있다.

먼저 슈왑Schwab, 1969은 교육과정은 결국 추상적·이론적 문제가 아니라 학교 현장에서 발생하는 실천적 문제일 수밖에 없다는 점에 주목하고 있다. 이론적 과제는 추상화와 개념적 논의를 통해 해결될 수 있지만, 실천적 상황은 실천적 지혜, 특히 그중에서도 이해 당사자들의 절충과 숙의deliberation를 통해 해결되어야 한다. 이론은 추상적 개념 체계로 세계를 끌고 들어와서 개념과 개념 간의 관계를 통해 현상을 설명하거나 문제를 해결하고자 한다. 그러나 현실 세계는 늘 구체적이고, 독특하고, 복잡하고 예측 불가능한 요인을 갖고 있기 때문에 어느 하나의 이론으로 설명하거나 해결할 수 없는 경우가 많다. 그렇기 때문에 실천적 과제는 이론적 원리나 법칙의 적용이 아니라 서로 간의 대화, 양보, 이해, 합의를 통해 해결되어야 한다. 슈왑에 의하면, 교육과정의 이러한 실천적 속성에도 불구하고 추상적 이론에 의존하고자 해 왔기 때문에 교육과정이 위기를 겪고 있다는 것이다. 이에 따라 슈왑은 교육과정에 절충주의eclecticism 혹은 숙의적 접근을 도입함으로써, 그것의 실천적 성격을 재조명하고자 시도하고 있다.

반면 파이너는 이와는 상반된 방향에서 교육과정 연구의 이론적 토대를 강화해야 한다는 목소리를 강하게 제기해 왔다. 그에 의하면 교육과정의 문제는 학교 현장의 문제에 너무 매몰되어 왔다는 것이고, 전통적인 교육과정 개발 모형, 특히 타일러의 모형은 낡고 단순한 인식론에 뿌리를 두고 있다는 것이다. 그렇기 때문에 교육과정 연구자들은 개발이라는 전통적 틀에서 벗어나 새로운 패러다임을 개척해야 한다는 것이다. 그가 제시하는 방향은 교육과정을 하나의 텍스트로 보고 다양한 인문·사회과학적 관점을 통해 그것을 읽고 해석하고 비판하는 것이다. 이러한 입장에서 그는 교육과정 '이해'라는 표현을 사용하며, 자신에 의해 전통적인 교육과정 개발에서 이해로의 패러다임의 전환이 일어났다고 주장하기도 한다Pinar et al., 2004. 파이너는 이러한 패러다임 전환을 교육과정의 재개념화라고 부르고 있으며, 그의 주장에 공감하는 교육과정 학자 혹은 연구자들은 재개념주의자라고 부를 수 있을 것이다.

파이너의 영향을 직접 받은 경우도 있고 그렇지 않은 경우도 있지만, 인문·사회과학적 관점을 중심으로 학교 교육과정에 접근하는 연구들이 1970년대 중반 이후 하나의 뚜렷한 흐름을 형성하고 있다. 예를 들어 파이너처럼 실존주의적 전통에 가까운 연구자들은 교육과정을 개인이 걸어온 삶의 궤적으로 재개념화하고 인간의 경험을 이해하는 것을 교육과정 연구의 새로운 방향으로 제시하고 있다Graham, 1992. 반면 신마르크스주의나 비판주의의 입장에 있는 연구자들은 사회구조적 불평등에 일차적 관심을 갖고 학교 교육과정이 어떻게 지배집단의 입장이나 이데올로기를 재생산하는지 드러내고자 시도해 왔다. 최근에는 푸코M. Foucault를 중심으로 하는 탈구조주의가 학교 교육과정에 내재된 권력의 영향을 분석하는 새로운 틀로 주목받고 있으며, 탈식민주의나 페미니즘에 이론적 자양분을 제공하고 있다. 이러한 입장에 있는 연구자들은 교육과정을 하나의 텍스트로 설정하고 그 안에 들어 있는 탈구조주의적 메시지, 서구중심적·자문화중심적 메시지, 남성중심적 메시지를 드러내고 해체하는데 일차적 관심을 갖고 있다. 이 외에도 다양한 관점들이 활용되고 있는데 인문·사회과학의 이론적 틀이 세분화되고 있다는 점을 고려한다면, 앞으로도 이들 관점은 더욱 다양해질 것으로 짐작된다.

이러한 연구들이 교육과정의 이론적 수준을 높이고, 교육과정 담론을 이전보다 풍성하게 만들어 주기는 했지만, 특히 파이너를 중심으로 하는 재개념주의는 몇 가지 한계를 갖고 있는 것도 사실이다. 첫째, 이론적 측면을 너무 강조한 나머지 교육과정 연구가 학교 현장의 문제와 괴리될 수 있다는 것이다. 학교 현장의 교육과정은 늘 여러 가지 쟁점과 혼란, 과제를 안고 있고, 현장의 교사들은 이러한 문제들에 대한 교육과정 연구자들의 책임 있는 목소리를 기대하고 있다. 특히 1980년대 이후 영국과 미국을 중심으로 진행되고 있는 신자유주의적 교육 정책과 교육과정 표준화 정책은 교육을 성과에 기반한 경쟁 논리에 종속시켜 왔으며, 이에 대한 우려와 불만의 목소리가 커지고 있다. 이러한 정치적 압력에 맞서 교육의 본질적 가치와 교사들의 전문성을 누군가는 옹호해 주어야 하지만, 재개념주의자들은 이론적 논의에 매몰된 나머지 교육과정 논의가 학교 현장으로부터 멀어지게 할 위험이 있다. 물론 재개념주의자들은 이 점을 부인하며 재개념화된 교육과정도 얼마든지 학교 현장의 교육과정 개선에 기여할 수 있다고 반박한다. 예를 들어 페미니즘을 깊게 이해하고 있는 교사의 성교육은 그렇지 않은 교사들과 분명 다를 것이며, 이것이 성적 소수자나 양성 평등에 대한 학생들의 인식을 새롭게 할 수 있다는 것이다. 그러나 이것은 어디까지나 기대일 뿐 성교육에 대한 지배적 담론과 정부의 지침이 있는 상황에서, 얼마나 많은 교사들이 외부의 압력에 개인적으로 도전할 수 있는지는 의문이다.

또 하나 지적할 수 있는 한계는 이론적 다양성이 자칫 혼란으로 이어질 수 있다는 것이다. 앞에서도 언급했듯이 하나의 분과학문은 공유된 질문 체계와 개념 체계를 기반으로 서로 의사소통하고 현상을 설명하거나 이해한다. 이에 따라 신진 연구자들은 대체로 분과학문에 담겨 있는 공통 언어의 의미와 활용 방식을 공부하는 것으로 분과학문에 발을 디디게 된다. 그러나 교육과정 재개념주의를 구성하는 여러 이론적 관점들은 서로 유사성이 적을 뿐 아니라 문제의식과 개념 체계가 다르기 때문에 하나의 가족을 이루기 쉽지 않다는 어려움이 있다. 이에 따라 암묵적으로 합의된 연구 기반을 토대로 연구자들이 연결되어 있는 것이 아니라, 각자 자신의 관점에서 서로 다른 이야기를 하는 백가쟁명의 상황이 초래될 수 있는 것이다. 교육과정이 "자기 중심적인 분야egocentric field"로 바뀌고 있다는 코넬리Michael Connelly, 2013의 지적은 이러한 문제의식을 반영하고 있다. 이에 대해 재개념주의를 옹호하는 연구자들은 혼존성hybridity, 브리콜라주bricolage와 같은 용어를 통해 이론적 불협화음을 오히려 교육과정 분야가 건강하다는 신호로 해석하기도 한다Malewski, 2010. 그러나 재개념주의를 구성하고 있는 이질적인 논의들이 어떻게 교육과정이라는 하나의 바구니로 담길 수 있는지, 이들이 어떻게 이론적 무정부 상태를 극복하고 느슨하게나마 서로 연계된 담론을 만들어 낼 수 있는지는 여전히 중요한 과제로 남아 있다.

03 > 우리 교육과정의 변화와 과제

❶ 국가 교육과정의 변천

앞 절에서는 주로 이론적 측면에 무게중심을 두고 교육과정 개발과 교육과정 이해라는 상반된 접근을 조망해 보았다. 물론 이 두 가지 입장은 때로 교차하기도 하고, 각 입장 내에 서로 다른 목소리들이 존재하기도 하기 때문에 기계적으로 양분될 수 있는 것은 아니다. 그럼에도 불구하고 이 두 가지 접근은 교육과정 연구의 큰 흐름을 대표한다고 볼 수 있다.

이어서 이 절에서는 우리의 현실로 눈을 돌려 학교 교육과정의 주요 변화와 과제를 살펴보고자 한다. 앞서 언급하였듯이 우리나라는 근대 교육제도의 도입 초기부터 중앙집중화된 교육과정을 운영해 왔기 때문에, 이 작업은 국가 교육과정의 주요 변화를 살펴보는 것에서부터 시작하여야 할 것이다.

우리나라에 근대적 학교가 도입되기 시작한 것은 19세기 늦은 후반부라고 할 수 있다. 일부 선각자나 서양의 선교사에 의해 설립된 원산학사, 이화학당, 배재학당, 언더우드학당 등은 이 시기 근대적 교육기관의 대표적인 사례들이다진영은, 2006. 이들 학교를 중심으로 서구식 교육과정을 도입하려는 노력이 진행되기도 했지만, 국가 차원에서 교육과정을 재정비하려는 시도는 갑오개혁에서 찾아볼 수 있다김수천, 2006. 예를 들어 고종은 1895년 2월에 다음과 같은 교육조서를 통해 교육입국론을 천명하게 된다.

> 세계의 형세를 살펴 보건대 부강하고 독립하여 응시하는 모든 나라는 모두 다 그 인민의 지식이 개명하였도다. 이 지식의 개명은 곧 교육의 선미[1]로 이룩된 것이니 교육은 실로

---

[1] 오늘날의 용어로는 '힘' 또는 '강점' 정도로 이해할 수 있을 것이다.

국가를 보존하는 근본이라 하겠다. 그러므로 짐은 군사(君師)의 자리에서 있어 교육의 책임을 몸소 지노라. 또 교육은 그 길이 있는 것이니, 헛된 이름과 실용을 먼저 분별하여야 한다. 독서나 습자로 옛 사람의 찌꺼기를 줍기에 몰두하여 시세의 대국에 눈이 어두운 자는 비록 그 문장이 고금을 능가할지라도 쓸모없는 서생에 불과할 뿐이다. 이제 짐이 교육의 강령을 보이노니 헛이름을 물리치고 실용을 취하라(김수천, 2006: 77에서 재인용).

위의 말은 오늘날의 표현으로 하면 교육과정을 국제화함으로써 국가의 위기를 스스로 극복해 나가겠다는 선언이라고 할 수 있으며, 이후 소학교와 중학교에 서구적 지식과 기술에 기반한 교육과정을 도입하려는 노력이 실제로 진행되기도 하였다. 그러나 이러한 자주적 노력에도 불구하고 우리나라는 1910년부터 1945년까지 일제강점기를 겪게 되었고, 이 시기 교육과정은 황국신민 양성을 목표로 하는 일제 식민 통치자들에 의해 결정되었다.

해방 이후 한반도의 남쪽에는 미 군정 체제가 자리를 잡게 되는데, 1946년에 미군정청은 남한의 학교에서 가르쳐야 할 과목 체계와 과목별 학습내용을 간략히 담은 교수요목을 발표하게 된다. 이때의 교수요목은 6·25 전쟁 직후인 1954년까지 적용되었는데 이 시기를 교수요목기라고 한다. 교수요목은 일종의 임시 교육과정 지침에 가까우며 학교 교육의 목표와 내용, 교수학습 방법, 평가 등을 체계적으로 담고 있지는 않기 때문에 국가 교육과정이라고 부르지는 않는다. 이에 따라 1954년 초에 공표된 '교육과정 시간배당 기준령'과 1955년에 공표된 '초·중·고 사범학교 교과과정'을 제1차 국가 교육과정이라고 부른다(김대현, 2011; 김재춘, 2012 참조). 이후 우리나라의 국가 교육과정은 다음과 같이 여러 차례 개정되어 현재에 이르고 있다.

<표 4.1>에서 알 수 있듯이 7차 교육과정까지는 비교적 일정한 기간을 갖고 국가 교육과정이 개정되어 왔으며, 이에 따라 앞에 차수를 붙임으로써 이전 교육과정과 구분하는 방식을 택해 왔다. 그러나 2007 개정 교육과정부터는 좀 더 탄력적인 교육과정 개정을 염두에 두고 개정 연도를 붙이는 방식을

따르고 있다. 어느 방식을 따르든 우리나라 국가 교육과정 개정은 정치적 상황이나 정권의 교체와 밀접히 이어져 왔다. 물론 정치적인 상황이 국가 교육과정에 그대로 반영된다고 보기는 어렵겠지만, 외부 요인에 의한 잦은 개정으로 학교 현장의 혼란과 피로감이 누적되어 온 것도 사실이다. 그러나 한편으로 자연 자원이 부족한 우리나라는 다른 나라보다 학교 교육을 비롯한 사회 제도를 기민하게 쇄신함으로써 시대 변화에 성공적으로 대처해 왔다는 점도 고려할 필요가 있다. 또한 정치가 교육에 부정적인 영향을 미치기만 하는 것도 아니다. 정부가 갖고 있는 각종 자원과 수단, 인력을 투입함으로써 교육계 내부 노력만으로는 불가능한 변화를 이끌어 내기도 하기 때문이다. 따라서 정치와 교육의 관계는 양면적 관점에서 바라볼 필요가 있다.

표 4.1 국가 교육과정의 변천

교육과정 개정	교육과정 적용 시기
제1차 교육과정	1954-1963년
제2차 교육과정	1963-1973년
제3차 교육과정	1973-1981년
제4차 교육과정	1981-1987년
제5차 교육과정	1987-1992년
제6차 교육과정	1992-1997년
제7차 교육과정	1997-2008년
2007 개정 교육과정	2009-2011년
2009 개정 교육과정	2011-2020년
2015 개정 교육과정	2017-2026년
2022 개정 교육과정	2024년: 초등 1, 2학년 2025년: 초등 3, 4학년, 중 1학년, 고 1학년 2026년: 초등 5, 6학년, 중 2학년, 고 2학년 2027년: 중 3학년, 고 3학년

* 학교급에 따라 일부 적용 시기가 다를 수 있음.

❷ 최근 교육과정의 주요 변화

우리나라의 교육과정은 살아있는 생명체처럼 끊임없이 움직여 왔고, 지금 이 순간에도 학교 현장과 시도교육청, 국가적 수준에서 새로운 변화가 싹트고 있다. 이들 변화를 모두 살펴보는 것은 거의 불가능하기 때문에, 여기서는 중학교 자유학기제와 고교학점제를 중심으로 최근 교육과정의 주요 변화를 간략히 살펴보고자 한다.

1) 중학교 자유학기제

중학교는 학제에서 독특한 위치에 놓여 있다. 초등학교와 고등학교 사이에 놓여 있다는 것 이상으로 중학교 교육의 방향과 정체성이 무엇인지 분명하지 않기 때문이다최보금, 홍원표, 2022. 영어에서도 중학교는 'middle school'로 불리기도 하고 'junior high school'로 불리기도 하는데, 사실 이 둘은 명칭의 차이를 넘어 중학교 교육의 서로 다른 지향점을 반영하고 있다. 예를 들어 'junior high school'로 보게 되면 중학교는 전기 고등학교로서 고등학교의 준비단계라는 성격을 갖게 되며, 학사 운영, 학교 문화, 교육과정 운영 방식 등에 있어서도 고등학교를 전거로 삼게 된다. 반면 'middle school'이라는 명칭은 고등학교와 구분되는 중학교만의 고유한 교육과정 운영 방식이 존재한다는 문제의식에 토대를 두고 있으며, 이는 1960년대 이후부터 널리 사용되기 시작하였다. 이런 역사적인 연유로 다른 학교급에서는 찾아보기 어려운 '중학교 운동middle school movement'이나 '중학교의 탄생the birth of middle school'과 같은 표현이 사용되기도 한다Schaefer, Malu, & Yoon, 2016.

위 구분에 따르면 우리나라 중학교는 오랫동안 전기 고등학교의 역할을 담당해 왔다고 볼 수 있다. 사실상 고등학교와 유사한 과목 체계를 운영하고, 수업의 방향 역시 교과 지식을 전달하는데 일차적인 비중을 두어 왔기 때문이다. 그러나 이러한 교육과정 운영 방식은 얇은 판자 위에 무거운 짐을 올려두는 것처럼, 신체적·심리적 과도기를 겪고 있는 중학생들에게 지나친 긴장과 부담을 초래할 가능성이 크다. 그 결과 중학생들의 심리적 불안감이 높아지고, 학교생활에 대한 적응이나 만족도가 타 학교급에 비해 떨어지는 현상이 나타나게 되었다이상은, 홍원표, 2020.

이런 문제를 해결하기 위해서 고등학교 진학 준비를 넘어 중학생들의 발달단계와 성숙도에 적합한 교육과정을 운영해야 한다는 문제의식에서 출발한 것이 바로 중학교 자유학기제라고 할 수 있다. 실제로 자유학기제가 추구했던 학생들의 자기 이해나 체험중심 학습, 융합 수업 등은 전기 고등학교와 구분되는 중학교middle school 교육과정의 주요 특징들로 언급되는 것들이다황규호 외, 2013. 자유학기제는 2013년 시범 도입된 이후 학생들에게 긍정적인 영향을 미치는 것으로 나타났으며, 이에 힘입어 2015 개정 교육과정에 관련 조항이 정식으로 포함되기 시작하였다. 2016년부터는 전국의 중학교에 자유학기제가 전면 시행되기 시작하였으며, 학생들은 주로 1학년 한 학기 동안 지필고사 없이 진로탐색 활동, 주제 선택 활동, 동아리 활동, 예술 활동에 자유롭게 참여하게 되었다. 이후 자유학기제의 긍정적 효과에 대한 확신이 높아지면서, 한 학기 170시간을 자유학기제로 운영하던 것에서 1학년 전체로 확대·운영하는 학교가 늘어나게 되었으며, 교육부는 연간 221시간 이상을 자유학기 활동에 활용하도록 하는 자유학년제 운영 안내를 제시하기도 하였다교육부, 2017.

그러나 자유학기제가 확대되면서 이에 대한 다른 목소리 역시 점차 커지기 시작하였다. 우선 현장 교사들은 자유학기 활동과 교과 수업, 창의적 체험활동 사이의 중복 문제를 지적해 왔다이상은, 홍원표, 2020. 예를 들어 진로활동의 경우 교과에도 있고, 창의적 체험활동에도 있고, 자유학기 활동에도 포함되어 있기 때문이다. 이에 따라 교사들 사이에는 교육과정 영역 간의 재정비가 필요하다는 주장이 제기되어 왔다. 한편 학부모들 사이에는 학업성취 저하와 사교육비 증가에 대한 우려가 존재해 왔으며, 이에 대한 논란은 최근까지도 이어지고 있다최보금, 홍원표, 2022. 이에 따라 교육부는 2022 개정 교육과정을 통해 2025년부터는 다음과 같이 자유학기제 시간과 영역을 재조정하고, 대신 학교급 간 연계를 강화하기 위해 3학년 2학기에 진로연계학기를 운영하도록 하였다교육부, 2021, p.24.

표 4.2 자유학기제 편성·운영 개선 방안

구분	현행	개선안	
		자유학기	진로연계학기
시기	• 1학년 자율적으로 자유학기(학년)제 운영	• 1학년 중 적용학기 자율적 선택	• 3학년 2학기
운영	• 주제 선택, 진로 탐색, 예술·체육, 동아리 활동(4개 영역 필수) • 자유학기 170시간 • 자유학년 221시간	→ • 주제 선택 및 진로 탐색 활동(2개) ※ 학생 참여 중심 수업 및 과정 중심 평가 등 수업 혁신 강화 • 102시간 운영	+ • 교과별 진로 단원 신설 +창의적 체험활동 진로 활동 • 학교자율시간을 활용하여 진로 관련 선택과목 운영 가능

그러나 위와 같은 변화가 반드시 자유학기제의 퇴보를 의미하는 것은 아니며, 그렇게 되는 것이 바람직하지도 않다. 자유학기제를 통해 중학교 교육과정이 비로소 그 이름에 걸맞은 방향을 찾게 되었으며, 학교생활에 대한 학생들의 만족도 역시 향상되었기 때문이다. 따라서 2022 개정 교육과정에서의 변화와 무관하게 자유학기제의 취지는 유지될 필요가 있을 것이다.

2) 고교학점제

고등학교 역시 학교급에 따른 교육과정적 특성과 고유한 과제를 안고 있다. 고등학교는 영어로 하면 'upper secondary', 즉 후기 중등교육에 해당하는데, 이 가운데 어디에 방점을 두느냐에 따라 고등학교 교육과정의 모습이 상당히 달라지게 된다홍원표, 2021. '후기'에 무게중심을 두면 대학과 같이 다양성과 선택, 자율이 강조되는 반면, '중등'에 초점을 두면 학교나 교사가 정해주는 교육과정 틀 내에서 학생이 제한된 선택권을 갖는 교육과정의 모습이 좀 더 부각되기 때문이다. 사실 고등학교 2-3학년에 선택 중심 교육과정이 도입된 7차 교육과정 이래 우리나라는 일관되게 후기적 특성이 강화되도록 고등학교 교육과정을 바꾸어 왔다. 예를 들어 2009 개정 교육과정 시기에는 전면 선택형 교육과정과 교과 교실제의 확대를 시도했고, 2015 개정 교육과정은 문이과 통합을 통한 개별 맞춤형 과목 선택을 강조하였다. 특히 2015 개정 교육과정 시기에는 학교 간 공동교육과정이나 지역사회 연계, 온라인 공동교육과정을 등을 통해 학생들이 선택할 수 있는 과목의 범위가 대폭 확대되어 왔다.

그러나 학생 선택의 폭을 넓히려는 기존의 시도들은 제한된 효과를 거둘 수밖에 없었다. 9등급 상대평가가 대학 입시에 커다란 영향을 미치고 있기 때문이다. 기존의 등급 산출 방식은 이수 학생이 적으면 불리한, 말하자면 '뭉치면 유리하고 흩어지면 불리한 제도'이다홍원표, 2023. 그렇기 때문에 선택과목의 다양화가 학생들의 실질적인 선택으로 이어질 수 없는 제약이 존재했던 것이다. 고교학점제의 핵심은 이처럼 학생들의 발목을 잡고 있는 상대평가를 대폭 축소하는 반면, 과목별 성취평가제를 확대함으로써 학생들이 등급에 대한 부담 없이 자유롭게 희망하는 과목을 선택하도록 한다. 물론 성취평가제를 확대하는 것은 결코 간단한 문제가 아니다. 일관성 있는 평가를 위해서는 과목별로 성취기준을 설정해야 하고, 미이수 위험이 있는 학생들에 대한 예방 교육이 필요하고, 선택과목 역시 지금보다는 확대되어야 하기 때문이다. 이뿐만 아니라 고교학점제를 실제 운영하기 위해서는 과목 개설 방식과 학사 운영, 학교 시설 등에 여러 가지 변화가 뒷받침되어야 한다. 이러한 이유에서 고교학점제는 2017년부터 단계적으로 도입이 추진되어 왔고, 2022 개정 교육과정을 통해 전국적 차원의 운영 근거가 마련되었다. 이에 따라 2025년부터는 전국의 모든 고등학교가 학점제형 교육과정을 운영하도록 예정되어 있다. 참고로 고교학점제 단계적 이행 시기인 2023-2024년에 비해 2025년 이후 달라질 고등학교 교육과정의 주요 변화는 다음과 같다.

표 4.3 고교학점제 전면 시행에 따른 고등학교 교육과정 변화

	단계적 이행 시기('23~'24)	전면 적용 시기('25~)
교과목 운영 기간	1년 단위	학기 단위
필수 이수 학점	94학점	84학점
선택 이수 학점	80학점	90학점
선택과목의 구조	일반선택, 진로선택	일반선택, 융합선택, 진로선택
성취평가제 적용 범위	진로선택 과목	전체 선택과목

　　고교학점제는 하나의 제도이기 때문에 향후 이 제도가 어떤 모습으로 구현될 것인지, 학교와 학생들에게 어떤 영향을 미칠 것인지에 대해서는 좀 더 면밀한 관찰이 필요하다. 2017년부터 장기적으로 준비해 왔지만, 고교학점제가 학교 현장의 긍정적인 변화로 이어지기 위해서는 여전히 중요한 숙제들이 남아 있기 때문이다. 이 중에 몇 가지만 언급하자면, 우선 학교 간 교육과정 격차를 해소할 수 있는 방안을 찾아야 할 것이다. 고교학점제는 규모의 교육과정이라고 할 만큼 교사와 학생의 숫자가 많은 학교에 유리한 제도이다. 그만큼 풍성한 과목을 개설할 수 있기 때문이다. 반면 우리나라는 인구감소에 따른 소규모 학교의 숫자가 늘어나고 있다. 따라서 이들 학교의 학생들이 불리한 상황에 놓이지 않도록 지역 간, 학교 간 교육과정의 격차를 해소하는 방안을 마련할 필요가 있다. 둘째, 고교학점제가 수업의 질을 개선하는 계기가 되어야 한다. 사실 선택과목의 다양화가 반드시 긍정적인 효과를 보장하는 것은 아니다. 반찬의 숫자가 많은 것이 능사는 아니듯이, 막상 선택한 수업의 질이 달라지지 않는다면 학생들이 체감하는 변화는 제한적일 수밖에 없기 때문이다. 고교학점제를 위해 총 이수 학점을 줄이고 공강 시간을 배치하도록 하는 것 역시 수업의 질을 개선하기 위한 조치라고 할 수 있다. 따라서 고교학점제를 계기로 학생들이 충실한 학습을 경험할 수 있도록 과목별 교수학습 방법이 개선되어야 할 것이다. 셋째, 교원의 평가 전문성을 강화하고 미이수자 예방

조치를 체계화할 필요가 있다. 고교학점제는 학생 평가에 대한 교사의 권한과 책임이 커지는 제도이다. 학생 간의 비교가 아니라 교사의 판단을 통해 학생의 성적이 결정되기 때문이다. 따라서 남은 시간 동안 성취평가제의 실행 기반을 다져야 하며, 특히 미이수 예방을 위한 책임교육이 체계화되어야 한다. 이를 위해서는 책임교육이나 미이수자 후속 조치를 학교에만 맡길 것이 아니라, 지역 교육지원청이나 관련 기관의 적극적인 지원 체계가 마련되어야 한다. 마지막으로 고교학점제가 대입에 반영되기 시작하는 2028 대입 제도의 변화이다. 사실 대입 제도는 워낙 복잡한 변수들이 얽혀 있기 때문에 여기서 간단하게 논의할 수 있는 사안은 아니다. 다만 교육과정의 입장에서 보면 학생의 과목 이수와 무관한 요소를 100% 반영하여 선발하는 전형은 축소되거나 보완될 필요가 있을 것이다.

❸ 우리 교육과정의 지향점과 과제

앞서 살펴보았듯이, 우리 교육과정은 때로는 좌충우돌하고 때로는 굴곡진 길을 걸으면서 우리 학교 현장의 변화를 이끌어 왔다. 학교 교육과정에 대한 비판의 목소리도 있고 때로는 자부심 넘치는 의견도 있지만, 앞으로도 계속 우리 교육과정은 변화의 길을 걷게 될 것으로 전망된다. 그렇다면 과연 우리는 어디에서 어디로 가고 있는가? 우리가 가고자 하는 길은 어떤 길이며, 그 길은 교사와 학생들을 어디로 안내할 것인가? 본 절에서는 시선을 좀 더 넓혀 우리 교육과정이 지향하는 거시적 방향과 그 과정에 놓여 있는 과제를 살펴보고자 한다.

우리 교육과정의 지향점을 파악하기 위해서는 국가 교육과정이 처음 도입된 1950년대 초반으로 거슬러 올라갈 필요가 있다. 당시는 동족상잔의 비극이 마침내 막을 내렸고, 세계적으로는 냉전이 본격적으로 시작되는 시기였다. 국가적으로는 전쟁의 폐허와 빈곤에서 하루빨리 벗어나야 했고, 북한에 맞서 이념적 단결과 일체감을 강화하는 것이 시급한 과제였다. 또한 1960년대를 지나면서 우리나라는 인구 팽창과 고도성장의 시기를 거치게 되었다. 산업화가 빠르게 진행되면서 1인당 국민소득은 1960년의 158달러에서 2021년에는 3만 달러를 넘어서게 되었다. 학령인구6-21세는 1960년대 이후 지속적으로 증가하여 1970년대 후반에는 1,400만 명을 넘게 되었다통계청, 2006.

우리에게 익숙한 학교의 모습과 교육과정 운영 방식은 이처럼 냉전 시대, 인구 팽창 시대, 산업화와 고도성장의 시대, 그리고 권위주의 시대에 만들어진 것이라고 보면 거의 정확할 것이다. 좁고 긴 복도와 6-70명을 수용할 수 있는 획일적 크기의 교실로 이루어진 학교가 자연스러운 모습으로 자리 잡게 되었다. 교육과정은 대체로 국가에서 정해주는 과목과 내용, 수준, 진도에 따라 운영되었으며, 지역적 상황이나 교사의 자율성이 반영될 여지는 거의 없었다. 또한 학생들 사이의 차이나 다양성, 개인의 인권 등은 거의 고려되지 못했으며, 일방적으로 교사의 말을 따라야 했고 그렇지 않은 학생들에게는 체벌이 가해지는 것이 다반사였다. 이처럼 강력한 중앙집중적 교육과정과 권위적인 학교 문화를 통해 우리 학교는 기초적인 학업능력을 갖추고 조직과 권위에 순응하는 학습자를 효과적으로 길러내 왔다.

그러나 1980년대 후반부터 시기적 차이는 있지만, 우리 사회의 각 부문에서 근본적인 변화의 조짐들이 나타나기 시작하였다. 정치적으로는 권위주의에서 민주주의로 전환되었으며, 국제적으로도 냉전이 종료되고 세계화가 강조되기 시작하였다. 또한 급격한 인구 감소로 인해 한때 1,400만 명을 넘던 학령인구는 2050년에는 400만 명으로 줄어들 것으로 전망되고 있다통계청, 2006. 경제적으로는 산업화에서 탈산업화가 빠르게 진행되면서 평균적이고 순응적인 개인보다는 자기주도적이고 창의적이며 문제해결력을 갖춘 개인들이 선호되기 시작하였다. 이에 따라 사회 전반적으로 집단과 공동체를 우선하는 문화에서 개인의 안전과 행복, 차이와 다양성이 중시되는 문화가 자리 잡게 되었다. 코로나19 사태는 이러한 변화를 더욱 가속화시켰으며, 최근에는 인공지능 기술이 급격하게 발전하면서 학생들의 디지털 역량을 강화하는 것이 우리 교육의 중요한 과제가 되었다.

우리 교육과정의 키워드로 강조되어 온 교육과정 자율화·다양화, 학습자 주도성, 핵심 역량의 개발, 디지털 교육 강화 등은 모두 이러한 시대·사회적 변화에 대한 대응이며, 앞서 살펴본 중학교 자유학기제와 고교학점제 역시 이 러한 대응의 테두리 안에 있다고 볼 수 있다. 요컨대 1980년대 후반 이후 우 리 교육과정의 변화는 권위주의, 산업화, 인구팽창 시기에 만들어진 학교 교육 과정 관행을 탈권위주의, 인공지능 시대, 인구 감소 시대에 적합하도록 바꾸기 위한 움직임이라고 할 수 있다Jeong & Hong, 2023. 우리 사회의 변화가 여전히 진 행 중에 있다는 점을 고려한다면, 앞으로도 유사한 방향의 교육과정 변화 역 시 계속될 것으로 전망된다. 그러나 늘 그랬듯이 교육과정의 변화는 결코 순 탄치 않으며, 긍정적·부정적 효과를 동시에 만들어 내고 있다. 현재 우리 교 육과정이 중요하게 고려해야 할 과제를 간단히 언급하면 다음과 같다.

먼저 교육 격차나 불공정을 해소하는 것이 교육과정에도 중요한 숙제가 되 고 있다. 교육과정의 자율성이 강조되고 대학 입학 전형이 다변화되면서, 역설 적으로 학생의 사회·경제적 배경이 학업성취와 대학 진학에 영향을 미치는 정도가 커지게 되었다. 이에 따라 학교 교육이 사회적 불평등을 완화하는 것 이 아니라 오히려 심화·재생산한다는 우려의 목소리가 커지고 있다. 이에 대 해서는 제도적 평등과 일상적 평등으로 나누어 볼 수 있을텐데, 제도적 평등 은 고교 유형이나 지역 간 격차 해소, 소외계층 지원 등과 같은 구조적 해결 방안을 찾는 것과 관련되는 만큼 사회의 전반적인 합의가 필요한 부분이다. 반면, 일상적 평등은 학생들이 학교에서 피부로 느끼는 차원의 평등이라고 할 수 있으며, 제도적 평등 못지 않게 중요하다고 할 수 있다. 개천의 용을 몇 마 리 늘리는 것보다는 다수 학생들이 평등하게 존중받는 학습 환경을 만드는 것 이 더 중요하기 때문이다. 교육과정은 이 두 차원 모두에 어느 정도 관여되어 있다고 볼 수 있다. 학교 간 교육과정 격차를 해소하는 것이 제도적 차원의 평 등이라면, 포용적이고 개방적인 학습 환경을 만드는 것은 미시적 차원의 평등과 관련되어 있기 때문이다. 이를 포함하여 교육과정과 수업이 사회적 평등에 기여하는 방안을 찾는 것이 교육과정 분야의 중요한 숙제로 부각되고 있다.

둘째, 학생 맞춤형 교육과정 운영 방안을 찾을 필요가 있다. 산업화 시대, 인구팽창 시대에는 정해진 교육과정 표준에 학생들을 맞추는 것이 학교 교육의 일반적 모습이었다. 반면 탈산업화, 인구 감소 시대에는 학생들 사이의 차이와 다양성을 반영하는 교육과정이 좀 더 중요해질 것이다. 이를 위해서는 정해진 교과목의, 정해진 내용을, 정해진 일정에 따라 가르치고, 동일한 기준으로 학생을 평가하는 근대적 교육과정 체계는 지양될 필요가 있다. 학생 한명 한명의 잠재력과 가능성을 극대화하기 위해서는 결국 개별화 교육과정이나 학습자 맞춤형 교육과정이 필요하기 때문이다. 2022 개정 교육과정에서 학습자 주도성을 강조하고, 고교학점제를 도입하는 것도 이러한 전환의 일부라고 할 수 있다. 그러나 이것은 여전히 제도적 차원의 변화이기 때문에, 앞으로 탈표준화, 탈평균화된 교육과정 운영 방안을 모색하는 것이 교육과정 분야의 이론적, 실제적 과제가 될 것이다.

마지막으로 학생의 균형 있는 성장과 발달의 중요성이 그 어느 때보다 커지고 있다는 점에 주목할 필요가 있다. 사실 최근 들어 우리 교육과정에는 상반된 주장들이 백가쟁명처럼 등장하고 있다. 한쪽에는 인공지능 시대에 대비한 교육 대전환을 주장하고 있고, 다른 쪽에서는 인류 문명의 파멸을 막기 위한 생태전환 교육과 인간적 가치의 중요성을 강조하고 있다. 또한 코로나로 인한 감염병 사태가 종식되자 한쪽에서는 학습격차를 우려하는 목소리가 들리고, 다른 쪽에서는 학생들의 정서적 회복과 정신 건강을 강조하는 목소리가 들리고 있다. 이처럼 상반된 주장들 사이의 접점과 균형을 찾지 못한다면 우리 교육과정은 자칫 기형적인 모습으로 전락할 우려도 있다. 따라서 조만간 학생을 중심에 두고 21세기에 조화롭고 균형 있는 주체로 성장하기 위해 필요한 자질과 역량은 무엇인지에 대한 체계적인 접근이 필요할 것이다. 사실 학습자의 전인적 성장은 플라톤 이래 교육의 영원한 이상이었다. 그러나 고대 그리스의 전인교육은 그 목적이 지배계층 양성이었다는 한계를 갖고 있고, 근대 아동중심주의가 주창했던 전인적 발달은 현재의 시대 상황과 맞지 않는 한계를 갖고 있다. 따라서 21세기 현 상황에서 우리 학생들의 균형 있는 성장과 발달을 위해 필요한 것은 무엇인지에 대한 체계적인 논의를 토대로 학교 교육과정에 접근하려는 노력이 필요할 것이다.

04 > 결론

우리는 흔히 예산과 시설을 투입하고, 새로운 제도를 도입하면 학교 교육이 바뀔 것이라고 기대한다. 그러나 교육의 외적 측면이 아무리 개선되어도 교육내용과 수업 방법이 바뀌지 않으면 교육개혁은 한계를 가질 수밖에 없다. 이 점에서 보면 교육과정은 학교 교육의 알맹이 혹은 핵심이라는 중요성을 갖고 있으며, 그만큼 많은 사람들의 관심을 받아 왔다. 우리나라에서는 대학의 연구자들, 교육부의 관련 부서, 한국교육과정평가원과 한국교육개발원을 비롯한 연구소의 전문 연구원 등이 때로는 머리를 맞대고, 서로 긴장하고 갈등하면서 우리나라 교육과정의 이론적·실제적 발전을 이끌어 왔다.

그러나 지금까지 살펴보았듯이, 교육학의 어느 분야나 마찬가지로 교육과정 전공에도 다양한 목소리와 미해결 과제들이 존재한다. 학교는 가장 많은 사람들을 대상으로 하며, 한 사회의 미래와 직결되어 있는 공적 체제라는 점을 고려한다면, 이러한 다양성과 서로 간의 차이 혹은 갈등은 불가피하다고 볼 수도 있다. 누군가 교육과정에 관심을 갖고 있다면, 교육과정을 이루는 다양한 주제와 관점, 역사적 변화에 대한 이해를 바탕으로, 서로 다른 목소리들에 대한 나름의 입장을 정립해 나가야 할 것이다. 이러한 공부는 교육과정 분야의 신진 학자가 되는 출발점이 될 수도 있을 것이고, 교육 문제에 균형 잡힌 시각을 가진 시민으로 살아가기 위한 토대가 될 수도 있을 것이다.

생각할 주제

1) 여러분이 학창 시절에 경험한 숨겨진 교육과정과 영 교육과정에는 어떤 것들이 있는가? 그것은 여러분들의 삶에 어떤 영향을 미쳤는가?

2) 신자유주의에 기반한 교육과정 표준화와 정책은 어떤 부작용을 낳고 있는가?

3) 교육과정 개발과 이해 패러다임의 차이는 무엇이며, 이에 대한 여러분들의 입장은 무엇인가?

4) 중학교 교육과정의 특성은 무엇이며 이런 특성에 비추어 볼 때 자유학기제의 의미는 무엇인가?

5) 고교학점제의 도입 취지는 무엇이며 어떤 과제가 남아 있는가?

6) 우리 교육과정의 변화 방향은 무엇이며, 어떤 과제의 해결이 중요하게 부각되고 있는가?

참고문헌

교육부(1997). 고등학교 교육과정(Ⅰ), 서울: 교육부.

교육부(2009). 초 · 중등학교 교육과정 총론, 서울: 교육부.

교육부(2015). 초 · 중등학교 교육과정 총론, 세종: 교육부.

교육부(2017). 중학교 자유학기제 확대 · 발전 계획, 세종: 교육부.

교육부(2021). 2022 개정 교육과정 총론 주요사항(시안), 세종: 교육부.

김대현(2011). 교육과정의 이해, 서울: 학지사.

김수천(2006). 우리나라 교육과정의 변천, 한국교육과정학회(편), 교육과정: 이론과 실제, 서울: 교육과학사. 71 – 101.

김재춘(2012). 교육과정, 파주: 교육과학사.

김홍주 · 김용호 · 김철중(2013). 일반고등학교 발전 방안 연구, 서울: 한국교육개발원.

이상은 · 홍원표(2020). 2015 개정 교육과정에 따른 중학교 교육과정의 탄력적 편성 · 운영 실태와 시사점 탐색. 교육과정연구, 38(1). 1 – 28.

이홍우(2013). 지식의 구조와 교과(개정 · 증보판), 파주: 교육과학사.

진영은(2006). 교육과정: 이론과 실제, 서울: 학지사.

최보금 · 홍원표(2022). 중학생 학업성취에 영향을 미치는 학생 및 학교 수준 변인 탐색: 2018년 중3을 중심으로, 교육과학연구, 5(2), 121 – 145.

통계청(2006). 장래인구추계, 대전: 통계청.

홍원표(2011a). 우상과 실상: 교육과정 자율화 정책의 모순된 결과와 해결방안 탐색, 교육과정연구, 29(2), 23 – 43.

홍원표(2011b). 오바마 이후 미국 교육과정 정책의 동향과 쟁점: 국가 교육과정을 향한 긴 여정과 불확실한 결과, 교육과정연구 29(4), 137 – 160.

홍원표(2014). 교육과정 거점학교의 효과와 가능성에 대한 탐색적 연구: 서울 지역의 사례를 중심으로, 교육과정연구, 32(1), 53 – 75.

홍원표(2021). 고교학점제: 시지프스의 꿈 혹은 또 다른 좌절, 2021 국가교육과정 현장 소통 포럼(3차) 자료집, 9 – 22.

홍원표(2023). 고교학점제 도입에 따른 책임교육: 교사들이 경험하는 모순과 가능성, 교육과정연구, 41(1), 211 – 236.

황규호 · 김경자 · 소경희 · 홍원표 · 온정덕(2013). 중학교 자유학기제 운영 모델 연구, 교육부 정책연구 보고서.

Apple, M.(1975). The hidden curriculum and the nature of conflict. In W. Pinar(ed.), Curriculum theorizing: The reconceptualists. California: The McCutchan Publishing Co. 95−119.

Au, W. (2011) Teaching under the new Taylorism: high-stakes testing and the standardization of the 21st century curriculum, *Journal of Curriculum Studies*, *43*:(1), 25−45.

Ball, J. S. (2013). *The Education debate* (2nd ed.) Bristol, UK: Policy Press.

Bobbitt, F.(1918). *The curriculum.* Reprinted in 1971. New York: Arno Press.

Bruner, J. (1960). *The process of education.* Massachusetts: The Harvard University Press.

Connelly, F. M. (2013) Joseph Schwab, curriculum, curriculum studies and educational reform, *Journal of Curriculum Studies, 45(*5), 622−639.

Cremin, L.(1975). Curriculum making in the United States. In W. Pinar(ed.), *Curriculum theorizing: The reconceptualists.* California: The McCutchan Publishing Co. 19−38.

Dewey, J.(1916). *Democracy and education.* New York: Macmillan.

Dewey, J.(1938). *Experience and education.* New York: Kappa Delta Pi.

Dewey, J.(1943). *The school and society · The child and the curriculum.* Chicago: The University of Chicago Press.

Eisner, E.(2002). *The educational imagination: On the design and evaluation of school programs(*3rd ed.). New Jersey: Prentice Hall.

Epstein, T.(2008). *Interpreting national history: Race, identity, and pedagogy in classrooms and communities.* New York: Routledge.

Graham, J. R.(1992) Currere and reconceptualism: The progress of the pilgrimage 1975-1990, *Journal of Curriculum Studies, 24*(1), 27−42.

Hirsch, E. D.(1999). *The schools we need: And why we don't have them.* New York: Anchor Books.

Jackson, P.(1980). Curriculum and its discontents. *Curriculum Inquiry, 10*(2), 159−172.

Jeong, Eunjin & Hong, Won− Pyo.(2023).Three driving forces underlying the progress of school curriculum in South Korea. In R. V. Nata (ed.) *Progress in education*, Vol. 74 (pp. 201−222). New York: NOVA.

Malewski, E. (Ed.)(2010). *Curriculum studies handbook: The next moment.* New York: Routledge.

Marsh, C. & Willis, G. (2003). *Curriculum: Alternative approaches, on-going issues*(3rd Ed). New Jersey: Pearson.

Pinar, F. W.(1978) The Reconceptualisation of curriculum studies. *Journal of Curriculum Studies, 10*(3), 205-214.

Pinar, F. W., Reynolds, M. W., Slattery, P. & Taubman, M. P.(2004). *Understanding curriculum.* New York: Peter Lang.

Schaefer, M. B., Malu, F. K., & Yoon, B.(2016). An historical overview of the middle school movement, 1963-2015. *Research in Middle Level Education, 39*(5), 1-27.

Schwab, J. J.(1969). The practical: A language for curriculum. *School Review, 78*(1), 1-23.

Tyler, R. (1949). *Basic principles of curriculum and instruction.* The University of Chicago Press.

Wiggins, W. G., & McTighe, J.(2005). *Understanding by design.* New Jersey: Pearson.

Young, M.(2013). Overcoming the crisis in curriculum theory: A knowledge-based approach. *Journal of Curriculum Studies, 45*(2), 101-111.

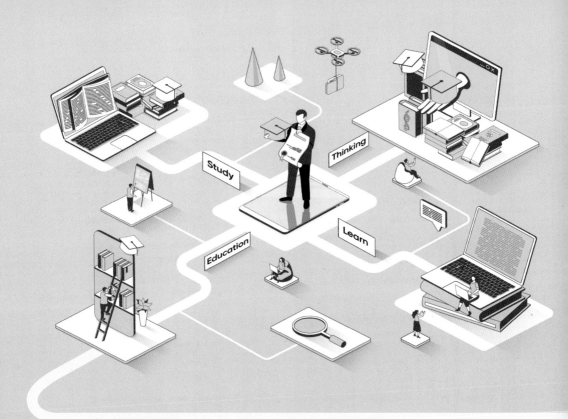

CHAPTER

05

교육평가:
정보수집과 교육적 의사결정 과정

교육평가:
정보수집과 교육적 의사결정 과정

이규민

　이 장은 "교육평가란 무엇인가?"라는 질문으로 출발한다. 교육이라는 현상을 이해하고 설명하는 학문으로서 '교육학'을 개념 정의할 때, 그 하위 영역인 교육평가학을 어떻게 이해해야 하는지가 이 장의 주요 내용이다. 교육평가의 개념을 '의사결정'과 '정보수집'이라는 2개의 고리로 연결하여 정의하고, 그와 연관된 교육측정과 검사의 개념을 구분하였다. 교육평가에 대한 개념적 이해를 바탕으로 현재 교육평가 분야의 주요 동향을 크게 세 가지로 구분하여 정리하였다. 첫 번째 동향은 중고등학교 현장과 대입제도 개편 등에서 뜨겁게 논의되고 있는 절대평가의 실질적 적용을 위한 기준설정 방법이고, 둘째는 컴퓨터와 문항반응이론의 급속한 발전으로 현실화된 컴퓨터 활용 평가의 실용화이다. 마지막 세 번째 동향은 이미 학교 현장에서 광범위하게 사용되고 있는 수행평가가 보다 다양한 형태로 활성화되고 있다는 점이다. 교육평가에 대한 개념적 이해와 주요 동향에 대한 학습은 교육학 전공자나 예비 교사뿐만 아니라 조직이나 단체, 기업에서 교육을 담당하는 실무자에게도 교육평가에 어떻게 접근해야 하는지 알려주는 역할을 담당할 것으로 기대된다.

01 > 교육평가의 개념

먼저 '평가'라는 개념을 정의한다면, '의사결정을 위해 정보를 수집하여 제공하고, 그러한 정보를 바탕으로 의사결정을 내리는 것'으로 요약될 수 있다 Ebel & Frisbie, 1991; Throndike, 2005. 예를 들어, 여행 계획을 세운다고 생각해보자. 주어진 예산을 가지고 교통, 숙박, 먹거리 등 여러 가지 여행에 필요한 의사결정을 위해 정보를 수집하게 된다. 여행 책자나 인터넷, 여행사, 친구나 지인 등 다양한 경로를 통해 필요한 정보를 수집할 것이고, 수집된 정보를 바탕으로 여행 계획을 세우게 될 것이다. 이러한 과정이 바로 '평가'의 과정이라고 이해될 수 있다. 이렇게 우리는 무언가를 결정하려고 할 때 의식적으로든 무의식적으로든 의사결정을 위한 정보를 수집하고 그러한 정보를 바탕으로 의사결정을 하게 되고, 바로 평가 행위를 수행하고 있는 것이다.

'교육평가'는 교육적 의사결정, 즉 교육과 관련된 의사결정을 위해 정보를 수집하고, 수집된 정보를 바탕으로 교육적 의사결정을 내리는 것이다. 학교에서 이루어지는 결정의 대부분은 교육적 목적을 가지고 있으므로 교육적 의사결정과 관련된다. 예를 들어, 학생들의 학업성취도를 파악하기 위해, 시험을 치르고 그 시험 성적을 바탕으로 학생들의 학업성취 수준을 판단하여 보충 수업 실시 여부를 결정하는 것 등이다. 학생 평가 외에도 음악실에 필요한 악기가 무엇이고 어떻게 구입할 것인지, 학교의 강당을 지역 주민들과 공유하여 어떻게 사용할 것인지, 심지어는 학교 급식에 어떤 재료를 사용하여 반찬을 조리하고 제공할지를 결정하는 것도 교육평가의 영역으로 생각할 수 있다.

교육평가의 개념을 좀 더 구체적으로 이해하기 위해, 유사한 용어로 사용되고 있는 평가, 측정, 검사를 구분하여 볼 필요가 있다. 일반적으로 평가 evaluation라고 하면, 학생들이 시험을 보고 그 결과에 따라 성적을 부여하는 과정으로 생각한다. 물론 이러한 학생들의 학업성취 평가도 평가임에는 분명하지만, 평가의 개념은 보다 넓은 개념으로 정의될 필요가 있다. 앞서 정의한 것처럼 평가는 의사결정을 위해 정보를 수집하여 제공하고, 그러한 정보를 바탕으로 의사결정을 내리는 '모든' 과정을 포함한다. 즉, 합리적인 의사결정을 원한다면 어떤 형태로든 평가가 개입된다고 볼 수 있다.

반면, 측정measurement이란 개념은 어떠한 '특성trait'을 수량화시켜 숫자를 부여하는 과정을 의미한다. 특성이란 어떤 개인을 다른 사람과 구별하여 주는 속성을 말하는데, 키라든지 몸무게, 외모, 학력, 지능, 성격 등 특정 개인을 다른 사람들로부터 구별하여 주는 모든 것을 총칭한다. 이러한 개인의 특성을 양적으로 수치화하여 재고, 값을 매기는 과정이 측정이다. Thondike[1918] 같은 측정학자는 이 세상에 존재하는 것은 모두 측정할 수 있고, 측정할 수 없는 것은 이 세상에 존재하지 않는 것이라고 주장하면서, 측정의 광범위한 적용 가능성을 주장하였다.

검사test란 인간의 잠재적 특성latent trait을 측정하기 위해 사용되는 도구로 정의된다. 인간의 잠재적 특성은 개인들을 구별하여 주는 특성들 중에 눈에 보이지 않고 직접적인 측정이 불가능하지만 개개인에 내재되어 있는 특성을 말한다. 키나 몸무게와 같은 특성은 줄자나 저울과 같은 도구를 이용하여 물리적으로 직접 측정이 가능하지만, 지능이나 성격 같은 특성은 눈에 보이지 않고 물리적인 직접 측정이 불가능하다. 이러한 인간의 잠재적 특성을 측정하기 위해 만들어진 도구를 검사라고 한다. 지능 검사, 성격 검사, 학업성취도 검사, 적성 검사, 인성 검사, 우울 검사 등 수없이 많은 검사들을 예로 생각할 수 있다. 인간의 잠재적 특성은 검사를 사용하여 간접적으로 측정하게 되고, 결국 검사는 인간의 잠재적 특성을 수치화하기 위한 측정도구로 이해될 수 있다.

이러한 개념적 구분에 입각해서 보면, 평가, 측정, 검사의 관계는 [그림 5.1]과 같이 도식화될 수 있다. 평가는 가장 넓은 의미의 개념이고, 수치화된 정보를 수집하여 활용하고자 하는 양적 평가와 수치적인 정보를 사용하지 않는 질적 평가로 구분될 수 있다. 측정은 양적 평가 방식으로 접근하고자 할 때, 반드시 적용해야 하는 과정으로 정보 수집을 위해 관심있는 특성을 수치로 나타내는 과정이다. 특성을 수치화하기 위해 사용되는 다양한 방법 중, 특히 인간의 잠재적 특성을 수치화하기 위해 만들어진 측정 도구가 검사이다Ebel & Frisbie, 1991.

📖 그림 5.1 평가, 측정, 검사의 관계

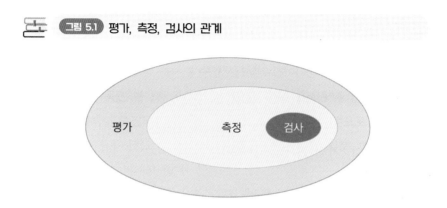

검사, 측정, 평가는 크게 두 학문 분야에서 발전하였는데, 하나는 교육학 분야이고 다른 하나는 심리학 분야이다. 교육학 분야에서는 교육과 관련된 학업성취도 또는 학업적성을 측정하는 것을 주요 대상으로 삼고 있고, 반면 심리학 분야에서는 교육과 상대적으로 관련성이 적은 지능이나, 인성, 성격과 같은 분야를 주요 대상으로 한다. 두 학문 분야는 연구의 대상을 달리 설정하고 서로 다른 관점을 가지고 발전하였지만, 이론의 기저에는 많은 공통점을 갖고 있고, 상호 보완적으로 영향을 미치며 발전해 왔다. 교육학 분야에서는 이러한 영역을 교육측정educational measurement으로, 심리학 분야에서는 심리측정psychometrics 으로 부르고 있다.

교육평가에 대한 개념적 이해를 바탕으로 지금부터 교육평가 분야의 주요 동향에 대해 알아보고자 한다. 교육평가 분야의 주요 동향을 이해하는 것은 현재와 앞으로 다가 올 교육평가 분야의 주요 이슈가 무엇인지를 이해하는 데 도움이 되고, 전반적인 교육 상황에서 평가에 어떻게 접근해야 하는지에 대한 가이드라인을 제공해 줄 것으로 기대된다. 이 책의 목적이 교육학을 처음 접하는 학생이나 독자를 대상으로 하고 있기 때문에, 교육평가 분야의 주요 동향을 설명하면서 이론적 복잡성을 최소한으로 포함하여 내용을 전달하고자 하였다. 따라서 관련된 내용에 대한 보다 깊이 있는 이해를 원하는 독자는 교육평가와 관련된 다른 책이나 논문의 도움이 필요할 것으로 보인다.

02 교육평가의 주요 동향 1: 기준설정 방법의 적용

❶ 규준참조방식과 준거참조방식

학생들의 국어 학업성취도를 알아보기 위해 국어 시험을 시행하였다고 가정해 보자. 시험에서 철수가 65점을 받았다면, 이것은 어떤 의미를 지니게 될까? 65점이라는 점수에 대해 다양한 해석을 할 수 있을 것이다. 그러나 사실 검사를 통해 산출되는 점수 자체는 아무런 의미가 없다. 즉, 평균이 80점일 때의 65점과 평균이 50점일 때의 65점은 전혀 다른 의미를 갖는다. 또한 최소 합격 점수가 60점일 때의 65점과 합격 점수가 70점일 때의 65점은 전혀 다른 결과를 도출하게 된다. 따라서 검사 점수 자체로는 아무 의미가 없고 검사 점수에 의미를 부여해 주는 작업이 필요하게 된다. 검사 점수에 의미를 부여해 주는 방식은 크게 규준참조norm-referenced 방식과 준거참조criterion-referenced 방식으로 구분될 수 있다. 일반적으로 많이 사용되고 있는 용어로 표현하면, 규준참조방식은 상대평가로, 준거참조방식은 절대평가로 이해될 수 있다.

검사점수에 의미를 부여하기 위한 방법으로 규준참조방식은 말 그대로 규준norm에 터해서 점수에 의미를 부여하는 방식이다. 여기서 규준이란 어떤 개인 점수의 상대적인 위치를 설명하여 주기 위해 쓰이는 비교 집단의 점수 분포라고 이해될 수 있다. 예를 들어, 중학교 1학년인 영수가 전국단위의 수학 시험에서 90점을 받았다면 그 학생의 상대적 위치가 어디에 있는가를 알기 위하여 규준이 필요하다. 즉, 시험에 응시한 중학교 1학년 학생 전체를 대상으로 영수의 상대적 위치가 어디에 해당하는지 확인하여야 한다. 영수가 받은 90점은 전체 학생 중 상위 10%에 해당한다고 해석하는 경우가 규준참조방식으로 점수에 의미를 부여하는 예가 될 수 있다.

준거참조방식으로 점수에 의미를 부여하기 위해서는, 준거criterion가 매우 중요한 역할을 하게 된다. 즉, 점수에 의미를 부여하기 위해 다른 학생과 비교하지 않고 정해진 준거를 사용하는 것이다. 준거란 피험자가 수행할 수 있다고 판단되는 지식 혹은 기술의 도달 수준을 말한다. 준거참조방식의 가장 일반적인 예는 자격증또는 면허증 시험을 생각할 수 있다. 의사 면허시험이나 간호사 면허시험과 같이 면허증을 부여하는 시험에서는 개인의 상대적 서열보다는 어떤 일을 성공적으로 수행할 수 있다고 믿는 기준에 도달하였는지를 판단하

표 5.1 검사 점수에 의미를 부여하기 위한 규준참조방식과 준거참조방식의 정의와 특징

구분 \ 내용	규준참조방식	준거참조방식
정의	규준을 설정하여 학생들의 성취 정도를 상대적으로 비교하는 평가 방식	수업목표나 도달수준 등의 준거에 비추어 학생들의 성취 정도를 확인하는 평가 방식
강조점	비교집단 내에서 상대적인 서열	정해준 기준의 도달 여부
의미부여	집단의 점수 분포와 비교	정해진 기준과 비교
활용방식	학생의 선발이나 배치	면허, 자격, 성취수준 부여
유사용어	상대평가	절대평가
장단점	• 개인의 상대적 위치 파악에 용이 • 학생 변별을 해야 하는 상황에 적합 • 한줄 세우기에 의한 경쟁 심화	• 상대적 경쟁이 아닌 기준 도달 확인 • 부족한 부분의 학습 증진에 도움 • 변별력 약화와 학력 저하 우려

여 면허를 부여하게 된다. 학교에서 적용되고 있는 성취평가제는 학업성취도 검사에서 학생이 해당 내용에 대한 이해가 요구되는 수준에 도달하였는지를 판단하여 학생에게 성취수준ABCDE을 부여하게 된다. <표 5.1>은 규준참조방식과 준거참조방식을 비교하여 보여주고 있다.

❷ 준거참조방식과 기준설정 방법의 적용

지금까지 학교 현장에서 활용된 검사나 대부분의 표준화 검사는 규준참조방식을 적용하여 점수에 의미를 부여하여 왔다. 규준참조방식에 의한 점수 해석과 활용이 나름대로의 의미가 있듯이, 마찬가지로 준거참조방식에 의한 점수 해석과 활용도 필요하다. 특히, 우리나라에서 준거참조방식에 의한 점수 해석과 활용은 미미한 실정이고, 실제로 적용된 형태를 보면 준거참조방식의 외형만 갖고 있는 것으로 보인다. 즉, 대표적인 절대평가인 '수우미양가' 평가와 같이 고정 점수로 준거를 정하는 평가는 형식만 준거참조방식일 뿐, 실제적인 측면에서 보면 준거참조방식으로서 갖추어야 할 내용과 의미를 반영하지 못하고 있다. 준거참조방식의 적용을 위해 반드시 선행되어야 할 과제는 '기준'의 설정 방법에 대한 이론적 배경과 실제적 적용을 이해하는 것이다.

검사 점수에 의미를 부여하기 위한 방법으로 준거참조방식을 사용한다면 가장 중요한 관심은 '기준criterion'을 어떻게 설정하느냐의 문제일 것이다. 2017년 교육계에서는 2021학년도 수능 개편에 대한 논의가 진행되었고, 그 중심에 수능 전 영역에 절대평가를 도입하느냐의 문제가 있었다. 수능 전 영역을 절대평가로 시행해야 한다는 주장과 이를 반대하는 입장이 첨예하게 대립되었다. 그러나 실제로 온전한 의미의 절대평가 시행을 위한 기준에 대한 논의는 찾아 볼 수가 없었다. 90점 이상을 1등급, 80점 이상을 2등급, 70점 이상을 3등급과 같이 구분하는 소위 고정 점수를 활용하는 방식을 전제로 논의가 진행되었을 뿐이다. 과연 고정 점수를 기준criterion으로 정해 점수에 의미를 부여하는 방식이 바람직한 것일까?

준거참조방식은 다른 학생들의 성취 정도와 관계없이 개별 학생이 무엇을 얼마나 성취했는지를 평가하여 기준에 도달했는지를 평가하는 방식이다. 예를 들어, 2018학년도 2학기에 '교육평가' 수업에서 하위 점수를 받은 일정 비율예컨 대, 하위 10%의 학생들에게 F 학점을 주었다면, 이는 규준참조방식을 활용한 것이 다. 규준참조방식을 통해 대학에서 학생들에게 학점을 부여하는 방식이 타당한가에 대한 의문이 지속적으로 제기되어 오고 있다. 그렇다면 시험을 포함한 총 평가 점수를 100점 만점으로 환산하여 60점 미만을 받은 학생에게 F 학점을 부여하는 방식을 적용한다면 이것은 타당한 방법일까? 이 방법 또한 학생이 교과에서 학습해야 하는 내용을 어느 정도 학습했는지에 대해서는 구체적인 정보를 제공하지 못한다. 즉, 학생들의 학업성취도를 평가하고 학생들이 정해진 기초학력 기준에 도달하였는지 판단하여 F 학점을 부여한다는 기본적인 준거참조방식의 취지와는 거리가 있다. 이러한 고정 점수 방식의 문제는 대표적인 준거참조방식의 평가인 면허와 자격시험에서 더욱 분명하게 드러난다.

자격시험 또는 면허시험은 대표적인 준거참조방식의 시험이다. 예를 들어, 의사면허를 부여하기 위한 의사국가시험 합격선을 생각해 보자. 한국보건의료인국가시험원이하 국시원이 제시한 의사면허 시험 안내를 보면 필기시험과 실기시험 모두 합격하여야 하고, 필기시험은 전 과목 총점의 60% 이상, 매 과목 40% 이상 득점자로 규정하고 있다. 이 방식은 미리 정해진 기준을 가지고 응시자 점수에 의미를 부여하고 다른 응시자와 비교하는 것이 아니기 때문에 형식면에서 보면 준거참조방식으로 이해할 수 있다. 또한, 국시원에서 사용하고 있는 전 과목 60%와 매 과목 40% 기준은 일반인들에게 매우 친숙한 수치인 것으로 보인다. 다시 말해, 일반인의 관점에서 보면, 국시원에서 사용하는 60%-40% 기준은 그리 문제되는 합격선 설정은 아닌 것으로 보여질 것이다.

이규민2004은 측정학적 관점에서 60%-40%와 같은 합격선 설정은 합리적인 기준이 될 수 없음을 지적하였다. 의사국가시험은 의사로서 갖추어야 할 기본적인 최소한의 능력을 보유하고 있는지를 판단하여, 의사면허를 부여하는 목적으로 시행되는 시험이다. 전 과목 문항의 60%, 각 과목 문항의 40%를 옳게 응답했다는 것이 의사로서 갖추어야 할 최소한의 기본적인 능력을 보유했음을 확인해 준다고 볼 수는 없을 것이다. 의사국가시험의 합격선은 분명 능력있는 의사 지원자와 능력없는 의사 지원자를 구별해 줄 수 있도록 설정되어야 한다.

　의사면허를 부여한다는 것은 어떤 개인에게 의사직과 관련된 일련의 행위, 즉 의료행위를 할 수 있도록 권한을 부여한다는 의미이다. 의사면허제를 사용하는 것은 능력이 없는 자로 하여금 의사가 되어 받게 될 수 있는 가능한 불이익으로부터 일반 국민을 보호한다는 의도이다. 제대로 기능할 수 없는 자에게 의사면허를 주는 것은 국민의 건강과 안정에 절대적인 위해가 된다. 이런 관점에서 의사국가시험은 그 결과 활용의 중요도가 매우 높은 시험이고, 합격선 설정 또한 일반 대중에게 친숙하다는 이유로 쉽게 결정될 성질의 것은 아니다. 이런 관점에서 60%-40% 기준은 의사로서 기능하기 위해 필수적인 최소 능력을 보증해 주는 기준으로 보기 어렵다.

　예를 들어, 어떤 해는 의사국가시험이 쉽게 출제되어 합격률이 90%였고, 그 다음 해는 어렵게 출제되어 합격률이 75%였다고 가정해 보자. 물론 두 해의 합격률이 다르다는 것이 문제는 아니다. 단지, 시험의 난이도에 의해서 의사 지원자의 합격 여부가 결정된다는 점이 문제이다. 결국 쉬운 시험을 친 능력없는 지원자가 합격할 가능성과 어려운 시험을 친 능력있는 지원자가 불합격할 가능성이 있다는 말이다. 의사면허 취득 지원자의 실제적인 능력 외의 시험 난이도가 합격과 불합격을 결정하는 주요한 요인이 될 수 있다는 점에서, 60%-40% 기준은 합리적이지 못하다. 이러한 논리는 수능에서 고정 점수 방식으로 절대평가를 도입하는 상황에도 똑같이 적용된다. 그렇다면, 보다 합리적인 평가 기준선 설정 방법은 없는가?

❸ 북마크 기준설정 방법

준거참조방식으로 점수에 의미를 부여하기 위해서는 기준criterion이 반드시 필요한데, 이는 일종의 분할점수cut score로 이해될 수 있다. 의사국가시험의 경우, 합격을 판가름하는 분할점수를 정하고, 응시자의 점수가 그 분할점수를 넘은 지원자는 합격으로, 넘지 못한 지원자는 불합격으로 처리하게 된다. 자격시험이나 면허시험과 같이 합격과 불합격을 판정하기 위해서는 하나의 분할점수를 정하면 되지만, 경우에 따라서는 여러 개의 분할점수를 정할 수도 있다. 예를 들어, 국가수준학업성취도 평가에서 척도 점수 위에 세 개의 분할점수가 설정되는데, 분할점수를 기준으로 점수는 네 부분으로 구분되고, 각각 기초미달, 기초, 보통, 우수능력 수준과 같이 구분된다.

이 절에서는 여러 기준설정 방법 중 북마크 기준설정 방법을 설명함으로써, 이러한 측정학적 기준설정 방법이 임의적인 고정 점수 방법과 어떻게 다른지, 상대적으로 명확한 의미를 지닌 기준설정이 어떻게 가능한지를 설명하고자 한다. 북마크 방법은 Lewis, Mitzel과 Green1996에 의해 개발된 이후, 현재 전 세계에서 Angoff1971 방법과 함께 가장 보편적으로 사용되고 있는 기준설정 방법이다Lee, & Lewis, 2008. 북마크 설정 방법은 기준설정을 위해 참여하는 패널들로 하여금 검사의 내용과 결과 활용에 익숙해지도록 하고, 패널들로 하여금 분할점수에 대한 그들의 기대치를 표현할 수 있는 수단을 제공하는 방법이다. 기준설정 패널은 그 검사와 관련된 전문가로 구성되는데, 예를 들어, 국어영역의 국가수준학업성취도 평가의 기준설정 패널은 국어 교육을 담당하는 교수, 실무 경험이 풍부한 교사와 연구원, 교육부 관계자 등 다양한 교육 관련 전문가가 될 것이다. 북마크 설정 방법을 이규민2003은 다음과 같이 8단계 절차로 구분하여 설명하였다.

1단계: 패널들에게 난이도별로 쉬운 문항부터 어려운 문항으로 구성된 '순서화된 문제집'(ordered item booklet: OIB)을 나누어 주고, 문제집 구성에 대해 설명한다. 난이도로 순서화된 문제집을 재구성하기 위해, 측정이론 중의 하나인 문항반응이론(item response theory)이 사용되며, 각 문항에 옳게 응답할 확률이 2/3에 해당하는 능력 점수를 그 문항의 척도점수로 사용한다.

2단계: 패널을 몇 개의 작은 소그룹으로 나눈다. 예를 들어, 총 참여자가 24명일 경우, 6명씩 4개의 소그룹을 만들고 각 그룹별로 피험자들이 각 문항에 옳게 응답하기 위해 필요한 지식과 기능이 무엇인지 토의하도록 유도한다.

3단계: 각 소그룹별로 토의가 마무리 되면, 각 패널로 하여금 평가 기준선에 도달하기 위해 반드시 맞추어야 할 문항 중 난이도별로 볼 때, 가장 어려운 문항에 표시하도록 한다. 이때 표시된 문항의 척도 점수가 그 패널이 기대하는 첫 번째 분할점수이다. 북마크 방법이란 명칭도 여기서 유래되는데, 북마크(bookmark)는 책갈피를 의미하는 용어로 패널이 북마크를 이용하여 OIB에 표시를 한다는 의미에서 이 기준설정 방법의 명칭이 유래되었다.

4단계: 소그룹 단위로 서로 표시한 문항을 가지고 토의하도록 한다. 이 토의를 통해, 서로 간에 이견을 좁힐 수 있고, 협의를 통한 분할점수에 이를 수 있다. 소그룹 토의가 끝난 후에, 패널은 각자 두 번째로 OIB에 자신의 선택을 표시하도록 한다. 이것이 그 패널의 두 번째 분할점수 기대치가 된다.

5단계: 두 개의 소그룹을 중그룹으로 묶어 각자의 의견을 가지고 토의하도록 한다. 소그룹 토의에서는 특정 개인에 의해 전체 의견이 주도될 가능성이 있으므로, 소그룹을 둘씩 묶은 중그룹 토의를 통해 의견을 교환하고 개인의 선택을 바꿀 수 있는 기회를 준다. 토의가 끝나면, 패널은 각자 다시 순서화된 문제집에 자신의 의견을 표시토록 한다.

6단계: 마지막으로 패널 전체를 한 자리에 모아 전체 그룹에서 패널 각자가 선택한 문항을 중심으로 토의를 진행하도록 한다. 이제 중그룹이 아닌 전체 그룹 토의를 통해 패널은 전체적인 의견을 들을 수 있고, 자신의 선택을 바꿀 수 있는 기회를 갖는다. 토의가 마무리되면, 패널은 순서화된 문제집에 자신의 의견을 표시한다.

7단계: 기준설정 실무팀은 최종적으로 표시된 문항의 척도점수를 수합, 이를 이용하여 분할점수를 결정한다. 일반적으로 많이 사용되는 방법은 패널들이 지정한 문항들의 척도 점수들의 중앙값(median)을 계산하여 사용하는 방법이지만, 평균(mean)을 사용할 수도 있다.

8단계: 기준설정에 참여한 패널들은 설정된 분할점수를 중심으로 문항의 척도 점수가 분할점수보다 낮은 문항을 분석함으로써 합격한 사람이 수행할 수 있는 지식이나 기능을 열거하여 수행 지표 목록을 작성한다. 즉, 수행수준에 해당하는 점수를 획득한 지원자는 어떤 지식과 능력을 보유하고 있는지를 나타내 준다.

　지금까지 설명한 북마크 기준설정 방법을 사용해서 평가기준선을 설정할 경우, 기존의 고정 점수 방식과 비교해 볼 때, 먼저 해당 영역 전문가들의 협의에 의해 합격선이 설정된다는 점이 가장 다른 점일 것이다. 또한, 그러한 협의의 과정이 단순한 토의를 통해서가 아니라, 실제로 학생들이 치른 시험 문항을 중심으로 분석된다는 점에서 객관성을 확보할 수 있다. 또한, 분할점수 도달자가 최소한 지녀야 할 지식과 능력을 지표로 만듦으로써, 일반 대중이 이해하고 납득할 수 있는 평가기준선을 설정할 수 있게 된다. 이런 측면에서 북마크 방법을 이용한 기준설정 방법은 기존의 고정 점수 방식보다 합리적인 평가 기준선을 제시할 수 있다.

03 ▷ 교육평가의 주요 동향 2: 컴퓨터화 검사의 실용화

❶ 고전검사이론과 문항반응이론

앞서 기준설정 방법으로 북마크 방법을 예시적으로 설명하였다. 설명하는

과정 중에 북마크 방법은 문항반응이론에 기반을 두고 있는 방법이지만, 문항
반응이론과 관련된 내용을 자세히 다루지는 않았다. 문항반응이론은 교육평가
분야의 두 번째 동향인 컴퓨터화 검사의 실용화와도 밀접히 관계되어 있어 문
항반응이론에 대한 기본적인 설명을 이 절에서 간략히 제시하고자 한다.

검사이론의 발달은 1900년 초 검사 개발과 사용이 활성화되면서 이론적
발전도 함께 이루어졌고, 고전검사이론classical test theory이란 이름으로 정리되었
다. 고전검사이론은 검사 자료를 분석하기 위해 개발된 통계적인 모델을 지칭
하는 것으로, Brwon[1911], Brown과 Thomson[1921], Thurstone[1932] 등에서 기
본적인 내용을 확인할 수 있고, 포괄적인 이론 체계는 Gulliksen[1950]이나 Lord
와 Novick[1968]에서 찾을 수 있다. 이렇게 보면, 고전검사이론이 그 토대를 마
련하고 발전한 것은 그리 오래된 역사를 가지고 있지 않지만, 짧은 시간에 비
약적인 발전을 이루었음을 알 수 있다.

검사는 인간의 잠재적 특성을 수치화하기 위한 측정 도구로, 검사를 시행
하고 나면 개인별로 잠재적 특성에 대한 수치가 부여된다. 고전검사이론은 검
사를 시행하고 난 후 부여되는 관찰점수observed score가 그 사람의 진점수true score
와 오차점수error score로 구성된다는 정의에서 출발한다. 예를 들면, 어떤 사람
이 지능 검사를 보고 120이라는 관찰점수를 받았는데, 그 사람의 진짜 지능
점수가 125라면, −5점의 오차점수가 포함되어 있다는 것이다. 즉, 검사를 통
해 부여되는 점수는 우리가 알고 싶은 특성에 대한 진정한 점수가 아니라 오
차가 함께 포함되어 있는 점수라는 것이다. 이것을 수식으로 나타내면 다음과
같이 표현된 수 있다Feldt & Brennan, 1989.

$$X_p = T_p + E_p$$

여기서 X_p는 특정 개인 p가 검사에서 받은 관찰점수이고, T_p는 그 개인의
진점수, E_p는 그 개인의 오차점수를 나타낸다. 우리는 실제 검사를 통해 부여
되는 관찰점수는 알 수 있지만, 진점수와 오차점수는 알 수 없다. 따라서 진점

수나 오차점수에 대해 어떤 정의를 하여야 할 필요가 있다. 진점수와 오차점수는 관찰점수를 구성하는 두 요인이므로 둘 모두 정의할 필요는 없고, 둘 중 하나에 대해 정의를 한다면, 다른 하나는 자동적으로 정의되어질 수 있다. 예를 들어, 진점수를 정의한다면, 오차점수는 추가적인 정의를 부가하지 않아도 관찰점수와 진점수의 차이로 정의될 수 있는 것이다. 일반적으로 고전검사이론에서는 진점수를 다음과 같이 정의한다.

$$T_p = \lim_{n \to \infty} (\frac{1}{n}\sum_{j=1}^{n} X_{pj})$$

즉, 어떤 개인 p의 진점수는 그 개인이 같은 검사를 무한히 반복하여 시행하였을 때 관찰점수 평균으로 정의된다. 또 다른 관점에서 진점수를 정의한다면, 평형검사형parallel test forms이라고 불리는 유사한 검사형을 무한히 반복하여 시행했을 때의 평균으로도 이해될 수 있다. 어떻게 진점수를 개념 정의하고 이해하든 개인의 진점수는 반복되는 측정 과정에서 변화하지 않고, 관찰점수와 오차점수만 바뀌게 된다.

고전검사이론을 이용하여 문항의 특성을 파악하기 위한 문항 분석은 주로 문항난이도와 문항변별도 등의 지수를 활용한다. 문항난이도item difficulty는 문항의 쉽고 어려운 정도를 나타내는 지수로서, 총 피험자 중 정답을 맞힌 피험자의 비율로 표시한다. 즉, 고전검사이론에서 문항난이도는 정답 비율이다. 어떤 문항에서 정답을 맞힌 학생이 많으면 쉬운 문항을 의미하고, 정답을 맞힌 학생이 적다면 어려운 문항이 된다. 예를 들어, 10번 문항에 100명의 학생이 응답해서 80명의 학생이 정답으로 답했다면, 10번 문항의 문항난이도는 0.8이 된다. 따라서 문항난이도가 1에 가까울수록 쉬운 문항을 나타낸다.

문항변별도item discrimination는 문항이 피험자를 변별하는 정도를 나타내는 지수를 말한다. 능력이 높은 피험자가 문항에 정답을 맞히고 능력이 낮은 피험자가 문항을 틀렸다면 이 문항은 피험자를 제대로 변별하는 문항이다. 그러나, 오히려 능력이 높은 피험자가 문항의 정답을 찾지 못하고, 능력이 낮은 피험자가 문항의 정답을 많이 맞혔다면, 이 문항은 피험자를 제대로 변별하지 못하는 문항이다. 문항변별도 지수 중 하나는 상위 능력집단과 하위 능력집단의 정답 비율의 차이로 문항변별도를 추정한다. 두 집단 간 정답 비율의 차이가 크다면 그 문항은 피험자를 변별하는 기능이 있고, 차이가 작다면 변별하는 기능이 떨어진다고 해석할 수 있다.

고전검사이론은 검사점수 분석에 광범위하게 사용되고 있지만 다음과 같은 문제점을 가지고 있다. 첫째, 문항난이도, 문항변별도는 피험자 집단의 특성에 따라 변한다. 동일한 검사 문항이라도 피험자 집단의 능력이 우수한 경우 쉬운 문항으로 분석되고, 피험자 집단의 능력이 낮을 경우에는 어려운 문항으로 분석된다. 문항난이도는 문항의 특성을 나타내는 지표인데, 어떤 피험자 집단을 대상으로 하느냐에 따라 쉬운 문항이 될 수도 또는 어려운 문항이 될 수도 있는 것이다. 둘째, 피험자의 능력이 검사도구의 특성에 따라 달라지게 된다. 동일한 피험자라 하더라도 쉬운 문항으로 구성된 검사를 보게 되면, 피험자 능력이 높게 나타나고, 어려운 문항으로 구성된 검사를 보게 되면 피험자 능력이 낮게 나타난다. 예를 들면, 같은 영어 시험이라도 쉬운 검사를 보면 80점을 받았던 피험자가, 어려운 검사를 보면 50점을 받을 수 있다. 그렇다면 과연 이 피험자의 영어 능력을 어떻게 해석해야 할까? 즉, 검사 문항 구성에 따라 피험자의 능력 점수가 바뀌게 된다는 것이다. 고전검사이론의 이러한 문제점을 극복하기 위해 등장한 이론이 문항반응이론이다.

문항반응이론이 적절하게 적용된다면 문항난이도나 문항변별도와 같은 문항 특성을 나타내는 지표는 피험자 집단에 따라 변하지 않는 문항 특성 불변성invariacne of item parameters을 확보할 수 있다. 마찬가지로 검사가 쉬운 문항으로 구성되든 아니면 어려운 문항으로 구성되든 우리가 관심있는 피험자 능력 모수는 바뀌지 않는다는 피험자 능력 불변성invariacne of ability parameters 특성을 갖게 된다. 이러한 문항 특성과 능력 특성 불변성이라는 장점으로 인해 문항반응이론은 실제로 대부분의 주요 평가 기관에 의해 광범위하게 사용되고 있다. 이제 문항반응이론은 주류 측정이론이 되었다.

문항반응이론은 'item response theory'로 보통 IRT로 불린다. 이름에서 알 수 있듯이, 문항반응이론은 검사의 총점에 바탕을 두고 이론을 발전시킨 고전검사이론과는 달리, 개별 문항에 대한 반응을 분석하여 이를 통해 문항 모수와 능력 모수 추정에 접근하는 이론이다. 즉, 문항반응이론은 각 문항이 가지고 있는 고유한 문항특성곡선item characteristic curve을 통해서 문항난이도, 문항변별도, 문항추측도를 파악하며, 파악한 문항들의 특성을 기반으로 피험자 능력을 찾게 된다. 문항반응이론에서 핵심은 문항특성곡선인데, 이것은 문항과 피험자 능력 사이의 함수 관계를 나타내는 것으로 특정 능력을 지닌 피험자가 문항에 정답을 맞힐 확률을 수학적으로 나타내는 모형이다Hambleton, 1989.

그림 5.2 문항반응이론의 문항특성 곡선 예시

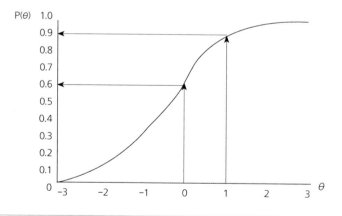

문항특성곡선은 피험자의 능력θ에 따라 문항에 정답할 확률[$p(\theta)$]을 나타내는 함수이다. 예를 들어, 능력 수준이 1인 피험자가 [그림 5.2]와 같은 문항특성곡선을 가진 문항에 정답할 확률은 0.9이며, 능력 수준이 0인 피험자가 이

문항을 맞힐 확률은 0.6이다. 이와 같이 x축은 피험자 능력으로 y축은 해당 능력을 가진 피험자가 문항에 정답을 맞힐 확률을 나타내도록 하고, 둘 사이의 함수 관계를 표현해 주는 것이 문항특성곡선이다. 검사에 포함된 모든 문항은 문항마다 고유한 속성을 지니고 있으므로 각각 다른 형태의 문항특성곡선을 갖게 된다.

문항반응이론에 의하면 각 문항은 피험자 집단의 특성에 따라 문항의 난이도와 변별도, 추측도가 변하지 않는다. 고전검사이론에 의하면 동일한 문항이라도 피험자 집단의 특성에 따라 문항 특성이 달리 추정된다. 그러나 문항반응이론은 피험자 집단의 특성이 바뀌어도 문항난이도, 문항변별도, 문항추측도가 일관성 있게 추정된다는 장점을 가진다. 문항반응이론에서는 피험자의 능력을 추정할 때 검사의 난이도에 관계없이 일관성 있게 피험자의 능력을 추정한다. 고전검사이론은 쉬운 검사를 실시하면 피험자의 능력을 높게 추정하고, 어려운 검사를 실시하면 능력을 낮게 추정하는 문제점을 갖고 있다. 그러나 문항반응이론은 이러한 고전검사이론의 제한을 벗어나 어떤 수준의 검사를 실시하여도 피험자의 능력을 일정하게 추정할 수 있다.

❷ 컴퓨터화 검사의 상용화

전통적으로 검사는 지필검사paper & pencil test의 형태로 시행되어 왔고, 지필검사는 현재도 주요한 검사 유형으로 활용되고 있다. 그러나 컴퓨터의 발전은 인간의 전 영역에서 거대한 변화를 가져왔고, 측정·평가 영역에서도 마찬가지로 급격한 변화를 일으키고 있다. 새로운 컴퓨터 테크놀로지의 발전은 검사 분야에서 큰 변화를 가져오고 있고, 문항 생성, 검사 시행, 채점과 검사 결과 제공, 응시자 관리, 맞춤 검사와 같이 다양한 형태로 검사 전반에 혁신을 가져오고 있다. 컴퓨터를 이용해서 시행되는 검사인 컴퓨터화 검사computerized test는 이미 오래 전부터 상용화되었고, 더욱 발전된 형태로 진화하고 있다.

교육평가 분야에서 컴퓨터의 활용은 지필검사의 채점이나 결과 분석에 컴퓨터를 이용하거나 문제은행을 구축하는 등, 컴퓨터를 지필검사에서 보조적으로 활용하는 형태를 넘어서고 있다. 컴퓨터를 통해서 직접 검사를 실시하고 채점과 결과 분석까지 처리하는 컴퓨터화 검사로까지 발전하였다. Drasgow, Luecht와 Bennett 2006은 컴퓨터화 검사를 크게 다섯 가지 유형으로 구분하였는데, 이를 다시 크게 분류한다면 두 개 유형으로 구분할 수 있을 것이다. 즉, 컴퓨터로 검사를 시행하는데 피험자들이 공통된 문항으로 구성된 검사를 보게 되는 컴퓨터 고정 검사 computer fixed test: CFT와 피험자의 문항 응답에 따라 다음에 제시되는 문항이 선택되는 컴퓨터 적응 검사 computer adaptive test: CAT 유형이다. 컴퓨터 고정 검사는 간단히 말하면 지필검사를 컴퓨터를 통해 시행하는 형태로 이해할 수 있지만, 컴퓨터 적응 검사는 아직 생소하게 느껴지는 독자가 많을 것이다.

컴퓨터 적응 검사는 모든 피험자에게 동일한 문항을 제시하는 것이 아니라, 문항으로 구성된 문제은행 item bank 또는 item pool에서 피험자의 응답에 따라, 피험자의 능력 수준에 부합하는 문항을 선택하여 제시하는 과정을 반복함으로써 검사를 '적응적으로' 구성하는 방식이다. 예를 들면, 어떤 특정 피험자가 제시된 문항에 정답으로 응답하면 좀 더 어려운 문항을 다음에 제시하고, 반대로 오답으로 응답하면 좀 더 쉬운 문항을 제시하는 방식으로 개인마다 응시하는 문항이 다르게 된다. 즉, 개인의 능력 수준에 적합한 문항들로 검사를 구성해서 시행하는 방식이 된다. 이런 측면에서 컴퓨터 적응 검사를 맞춤검사 tailored test로 부르기도 한다. 성태제 2014, p. 479는 컴퓨터 적응 검사가 실제 어떻게 작동될 수 있는지를 [그림 5.3]과 같은 알고리즘으로 제시하였다.

컴퓨터 적응 검사의 가장 큰 장점은 정확성과 효율성에 있다. 예를 들어, 100문항으로 구성된 지필검사를 시행하고 어떤 개인의 능력이 대략 70점 정도의 수준이라고 가정하자. 그 피험자는 대체로 60점 수준보다 쉬운 문항은 대부분 정답으로 응답할 것이고, 반면 80점보다 어려운 수준의 문항은 오답으

그림 5.3 컴퓨터 적응 검사의 실행 알고리즘 예시

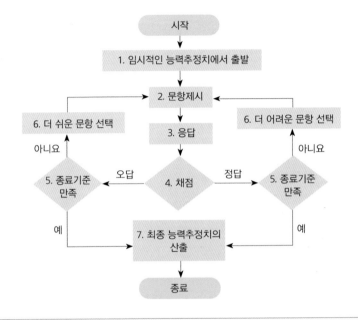

출처: 성태제(2014)가 제시한 '컴퓨터화 능력적응검사 알고리즘'임.

로 응답할 확률이 높다. 즉, 100문항 중에 대략 60점에서 80점 수준의 문항들이 이 피험자의 능력을 추정하는데 적합한 문항들인 것이다. 컴퓨터 적응 검사로 시행한다면 피험자 응답에 따라 다음에 제시되는 문항이 선택되기 때문에 100문항이 모두 피험자 능력에 적합한 문항들로 구성될 수 있고, 결과적으로 피험자 능력을 추정하는데 훨씬 정확성을 높일 수 있게 된다. 컴퓨터 적응 검사의 '정확성'을 다른 측면에서 접근한다면 '효율성'으로도 이해할 수 있다. 즉, 100문항 지필검사로 피험자의 능력을 추정할 때 확보할 수 있는 정도의 정확성을 목표로 한다면, 컴퓨터 적응 검사는 그보다 적은 문항수예를 들면, 50문항로 유사한 수준의 정확성을 확보할 수 있다.

컴퓨터 적응 검사가 컴퓨터 고정 검사에 비해 갖는 장점이 있음을 알 수 있지만 동시에 의문도 제기된다. 즉, 컴퓨터 적응 검사는 피험자가 문항에 어떻게 응답하느냐에 따라 다음 문항이 선택되기 때문에 피험자마다 응시하는 문항이 다르게 된다. 만일 대학 입시와 같이 중요한 의사결정에 사용되는 시험에 컴퓨터 적응 검사를 시행한다면, 그 결과를 받아들일 수 있을까? 옆에서 시험을 본 학생과 내가 다른 문항으로 구성된 검사를 보았는데, 그 학생은 합격하고 나는 불합격했다면 이러한 결과를 받아들일 수 있을까? 지금 현재 우리나라에서 시행되는 수능과 같은 고정형 지필검사를 생각한다면 받아들이기 힘든 상황일 수 있다. 그러나 앞서 설명한 문항반응이론의 장점 중 하나가 피험자 능력 불변성 특성이란 점을 생각한다면 이는 쉽게 받아들일 수 있는 상황이 될 수도 있다. 즉, 쉬운 문항이든 어려운 문항이든 어떤 문항으로 구성된 검사를 보더라도 피험자의 능력 추정은 바뀌지 않기 때문에, 문항반응이론을 적용한다면 컴퓨터 적응 검사를 활용할 수 있는 근거가 마련되는 것이다. 컴퓨터 적응 검사를 상용화하기 위해서는 문항반응이론을 적용한 문제은행 구성과 능력 모수 추정, 그리고 피험자 응답에 따라 문제은행에서 다음 제시 문항을 선택하는 과정 등이 중요한 역할을 담당하게 된다.

컴퓨터 테크놀로지의 발전이 측정·평가 영역에서 미친 변화를 컴퓨터 적응 검사를 예로 들어 설명하였다. 그러나 컴퓨터 테크놀로지의 발전은 검사 진행 유형에만 국한되지는 않는다. 예를 들면, 논술 시험의 채점과 같은 상황에서도 컴퓨터 테크놀로지의 발전은 지대한 영향을 미치고 있다. 미국 대학원 진학 시 필요한 GRE나 GMAT 시험의 논술형 작문 시험의 경우, 자동화 채점 방식automated scoring이 이미 도입되어 시행되고 있다. 피험자의 논술 문항 응답을 채점했을 때, 사람과 사람 사이의 채점 일관성만큼 컴퓨터와 사람 사이의 일관성이 확보되었고, 이러한 결과를 바탕으로 실제 자동화 채점 방식이 적용되고 있다. 인공지능artificial intelligence: AI이나 기계학습machine learning의 발전은 이러한 분야의 혁신을 더욱 가속시킬 것으로 예상된다.

자동화 채점과 함께 자동화 문항 생성automated item generation 또한 상용화되고 있다. 개념적인 문항 개발 모듈이 만들어지면, 수학 같은 영역에서 컴퓨터 프로그램을 활용하여 다양한 변형 문항을 생성해 낼 수 있다. 멀티미디어 환경을 활용하여 컴퓨터화 검사를 시행할 수 있기 때문에 지필검사에서는 적용할 수 없었던 다양한 형태의 문항 혁신이 가능하고 이를 통한 학습 촉진도 유도할 수 있을 것으로 기대된다. 인터넷의 발전은 응시 자격 판정과 시행 측면에서 편리한 플랫폼을 제공해 주고 있다. 인터넷을 통해 물품을 구매하거나 비행기 티켓을 예약하듯이 편리한 시간과 장소에서 검사를 시행할 수 있는 토대가 마련되었고, 이미 다양한 영역에서 인터넷 기반 검사가 활용되고 있다. 휴대전화를 포함한 모바일 기기의 발전은 앞으로 또 다른 측면에서 검사의 혁신을 가져올 것이고 이러한 변화는 학생의 학습을 돕는다는 관점에서 주목받게 될 것이다.

04 > 교육평가의 주요 동향 3: 수행평가의 활성화

❶ 수행평가의 대두

『교육평가용어사전』을 보면, 수행평가performance assessment는 "교사가 학생이 학습과제를 수행하는 과정이나 그 결과를 보고, 그 학생의 지식이나 기능이나 태도 등에 대해 전문적으로 판단하는 평가 방식, 즉 학생 스스로가 자신의 지식이나 기능을 나타낼 수 있도록 산출물을 만들거나, 행동으로 나타내거나, 답을 작성서술 혹은 구성하도록 요구하는 평가"로 정의하고 있다. 즉, 수행평가는 학생에게 어떤 활동을 수행하거나 반응을 구성하도록 하는 방식으로 주어진 문제나 과제를 해결하도록 하는 작업을 포함할 수 있고, 때에 따라서는 협동작업도 가능하다. 수행평가는 과정이나 산출 모두에 대한 평가를 포함할 수 있고, 일반적으로 학생에게 충분한 시간을 주고 어떤 것을 창조하거나 생산하게 한다.

1980년대 새롭게 주목받게 된 수행평가에 대한 관심은 고등사고력과 추론 과정을 보다 직접적으로 평가하고자 하는 요구에서 비롯되었다고 볼 수 있다 Fitzpatrick & Morrison, 1971; Messick, 1994; Lane & Stone, 2006. 수행평가의 대두는 이러한 요구가 기존에 사용되던 선택형 중심의 지필평가일반적으로 전통적 평가로 명명로는 성취되기 어렵다는 한계에 대한 지적과도 밀접히 연관된다. 즉, 선택형 지필평가 중심의 전통적인 평가는 인지적 영역의 평가에 제한되고, 특히 단순 암기나 지식 수준의 평가로 전락되기 쉽다는 지적이다.

수행평가는 선택형 문항 중심의 지필 검사인 전통적 평가와 구별되어 대안적으로 사용된다는 의미에서 '대안적 평가'로 이해되기도 한다. 선택형 문항으로 구성된 검사는 단순 지식, 이해, 적용 수준의 능력을 측정하는 데는 적합하지만, 학생들의 고등정신능력인 창의성, 문제 해결력, 비판력, 판단력, 통합력, 정보수집능력, 분석력 등을 측정하기에는 한계가 있다고 지적받는다. 측정의 대상 영역을 중심으로 보면, 선택형 중심의 전통적 평가는 주로 인지적cognitive 영역을 측정하는데 적합하지만, 정의적affective 영역이나 심동적psychomotor 영역을 측정하는 데는 적합하지 않다는 점 또한 비판받아 왔다. 수행평가는 이러한 문제점을 극복하기 위해 제안된 새로운 '대안적' 평가 체제를 지칭하는 개념으로도 이해되고 있다. 전통적 평가와 대안적 평가에 대한 비교 내용이 <표 5.2>에 제시되어 있다.

수행평가가 기존의 선택형 지필 검사에 대한 대안으로서의 역할도 하지만, 보완의 성격도 갖는다는 점을 기억할 필요가 있다. 즉, 수행평가는 기존의 전통적 평가로는 수행할 수 없는 영역이나 내용을 평가하기 위해 사용되기 때문에 전통적 평가의 대체로서의 기능을 갖는다. 그러나 수행평가가 기존의 전통적 평가를 대체하고 전통적 평가를 폐기하려는 것이 목적이 아니라, 기존의 전통적 방법이 제공하지 못하는 정보를 제공한다는 점에서, 그 가치가 더욱 분명하다. 수행평가는 선택형 문항 중심의 전통적 평가가 담당할 수 없는 영역에서는 대안적 평가로 기능하지만, 이와 함께 전통적 평가와 서로 상보적인 관계도 있음을 이해하여야 할 것이다. 전통적 평가가 줄 수 있는 정보와 수행 평가가 줄 수 있는 정보는 서로 다르기 때문에, 필요한 의사결정에 따라 전통적 평가와 수행평가는 상호보완적으로 활용될 수 있다.

📖 표 5.2 전통적인 평가와 대안적인 평가 비교

구분	전통적 평가	대안적 평가
진리관	• 절대주의적 진리관	• 상대주의적 진리관
철학적인 근거	• 합리론, 경험론 등	• 구성주의, 현상학, 해석학, 인류학 등
시대적 상황	• 산업화 시대 • 소품종 대량 생산	• 정보화 시대 • 다품종 소량 생산
평가체제	• 상대평가, 양적평가, 선발형 평가	• 절대평가, 질적평가, 충고형 평가
평가목적	• 선발, 분류, 배치 • 한 줄 세우기	• 지도, 조언, 개선 • 여러 줄 세우기
평가내용	• 선언적 지식(내용적 지식) • 학습의 결과 중시	• 절차적 지식(방법적 지식) • 학습의 결과 및 과정도 중시
평가방법	• 선택형 평가 위주 • 표준화 검사 중시 • 대규모 평가 중시 • 객관성, 일관성, 공정성 강조	• 수행평가 위주 • 개별 교사에 의한 평가 중시 • 소규모 평가 • 전문성, 타당도, 적합성 강조
평가시기	• 학습활동이 종료되는 시점 • 교수-학습과 평가활동 분리	• 학습활동의 모든 과정 • 교수-학습과 평가활동 통합

출처: 백순근(2000)이 제시한 표의 내용을 일부 수정한 것임.

❷ 수행평가의 유형과 특성

수행평가는 지금까지 전혀 볼 수 없었던 완전히 새로운 형태의 평가가 아니다. 사실 이미 오래 전부터 여러 영역에서 평가 방법으로 사용되어져 온 것들이 대부분이다. 예를 들면, 리사이틀, 연기, 예술 작품 전시, 그리고 체육활동 평가 등은 수행평가 유형으로 인식될 수 있다. 이러한 평가 유형은 이미 오래전부터 사용되어진 것이지만, 창의성이나 문제 해결력, 융합능력, 분석력, 종합적 사고력 등 고등정신능력을 측정하려는 측면에서 새롭게 주목받게 된 것이다. 현재 주로 언급되는 수행평가 유형은 서술형주관식 검사, 논술형, 구술시험, 토론법, 실기시험, 실험·실습법, 면접법, 관찰법, 자기평가보고서법, 동료평가보고서법, 연구보고서법, 포트폴리오법 등으로 구분된다백순근, 2000.

검사 이론의 측면에서 볼 때, 수행평가가 기존의 선택형 중심의 전통적 평가와 가장 구별되는 측면은 '채점자rater'가 측정 과정에 포함된다는 점이다. 선택형 중심의 전통적 평가에서는 객관적 채점이 가능하고 실제로 채점자가 개입하지 않고 기계 채점으로도 충분하다. 그러나 수행평가는 학생으로 하여금 실제로 어떤 과제를 수행하도록 하고 그 과정을 관찰하여 평정한다든지 아니면 학생이 실제로 활동을 통해 산출한 결과물을 보고 평정해야 하는 과정이 포함되게 된다. 그렇기 때문에 수행평가에서는 어떤 형태로든 채점자가 개입되고, 이러한 채점자의 개입은 선택형 지필검사를 기반으로 발전한 검사이론에 큰 변화를 가져오게 되었다.

전통적 평가에서는 학생이 문항에 제시된 선택지 중 하나를 고르는 형태로 진행되고, 이를 채점하여 점수를 추정하게 된다. 그러나 수행평가에서는 과제에 대해 학생이 생성한 반응을 채점자가 부여한 점수로 학생의 능력을 산정하게 된다. 수행과제에 대한 동일한 학생의 반응에 대해 서로 다른 채점자가 다른 점수를 부여할 수 있기 때문에 채점자에 의한 오차 개입 가능성이 항상 존재한다. 예를 들어, 점수를 후하게 주는 채점자에게 채점을 받는 학생은 점수를 박하게 주는 채점자에게 채점을 받은 학생보다 유리하게 될 것이다. 학생의 점수는 학생의 고유 능력 외에 채점자의 주관적 판단도 포함되어 결정된다. 이러한 결과는 검사 점수의 신뢰도reliability를 낮추는 결과를 가져오게 된다. 일반적으로 수행평가의 신뢰도는 선택형 지필검사의 신뢰도보다 낮고, 이는 수행평가 결과를 중요한 의사결정의 자료로 활용하는 데 제약이 된다. 검사이론

측면에서는 기존의 고전검사이론에서 채점자 효과를 파악할 수 없기 때문에 측정 모형에서 채점자 효과를 포함할 수 있는 일반화가능도이론generalizability theory 이나 다국면라쉬모형many facet Rasch model과 같은 새로운 측정이론이나 모형의 적용이 필요하다. 아직도 이론적 측면에서는 채점자를 포함하고 있는 측정 상황에서 해결해야 할 많은 이슈들이 남아 있는 상황이다.

수행평가의 의미있는 활용을 위해서는 수행평가 결과의 신뢰도 확보가 중요하다. 즉, 수행평가에서는 채점자로 인한 오차 부분을 가능한 줄이기 위한 노력이 필요하다. 이를 위해 반드시 고려되어야 하는 것이, 채점 기준표scoring rubric 의 설계와 적용, 그리고 채점자 훈련rater training이다. 채점 기준표 설계는 학생 수행의 질을 판단하고 채점 절차와 기준을 상세화하기 위해 필요하다. 채점 기준표에는 점수를 부여하기 위한 구체적인 채점 기준이 제시되어야 한다. 예시 답안을 제시하며 채점 기준표를 설명하면 채점자의 이해를 높일 수 있는 좋은 방법이 되기도 한다. 수행평가 결과가 중요한 의사결정에 사용되는 경우, 수행평가의 채점 과정은 며칠 동안의 채점자 훈련 과정을 포함하게 된다. 채점자 훈련에서는 채점 기준표와 이를 적용하기 위한 상세 기준이 무엇인지 등이 논의되고, 가채점을 시행하고 가채점 결과를 가지고 채점자 간 토의하는 시간을 갖는다. 채점자들은 학생의 응답에 대한 가채점을 통해 채점 일관성을 평가하게 되고, 채점자들 간에 토의과정을 통해 자신의 채점 기준을 조정하기도 한다. 자격이나 면허시험, 입학 관련 시험과 같이 매우 중요한 시험의 경우에는 채점자 훈련을 통해 사전에 충분히 검증된 인력을 확보하고, 이러한 인력만 채점에 참여하도록 하는 방안이 적용된다.

수행평가는 학생들이 고정되어 있는 선택으로 반응하는 것이 아니라 개방형 과제에 대하여 학생들이 반응을 구성하도록 함으로써, 다양한 측면에서 학생의 능력을 측정할 수 있다. 학생 개인뿐만 아니라 학생들이 집단으로 함께 과제를 수행하도록 설계할 수도 있고, 다른 사람과 함께 하는 협동과제를 통해 함께 일하는 능력도 평가할 수 있다. 학생들이 문제를 제기하고 해결하며,

분석하고, 연구하는 등 다양한 활동을 요구할 수 있고, 판단력, 문제해결력, 고 등사고능력, 의사소통능력과 같은 복합적인 기술을 시현하도록 할 수도 있다. 반면, 수행평가는 도구 개발이 어렵고, 채점을 위한 채점 기준표 작성과 점수 부여 상세 기준을 제시하기가 힘들다. 또한 평가도구 개발, 채점과 점수 부여, 결과 활용 등에 많은 시간과 비용이 소요된다. 그럼에도 불구하고, 채점자 개 입에 의한 신뢰도 문제를 해결하기가 어려워 대학 입학과 같이 중요한 의사결 정의 자료로 활용할 때는 상당한 주의가 요구된다.

05 〉 결론

이 장은 교육평가의 기본 개념을 학습하고 교육평가 분야의 주요 동향에 대 한 기초적 이해를 제공하고자 하였다. 이러한 목적을 위해 교육평가의 개념을 '의사 결정'과 '정보 수집'으로 설명하고, 측정, 검사의 개념과 구분하였다. 교육 평가 개념에 대한 이해를 바탕으로 최근 교육평가 분야의 주요 동향을 (1) 기준 설정 방법의 적용, (2) 컴퓨터화 검사의 상용화, 그리고 (3) 수행평가의 활성화 로 요약하였다. 이러한 흐름은 우리나라에서만의 흐름이 아니라 전 세계적인 흐름이고, 이를 통해 교육평가 분야의 동향을 이해하는 데 도움이 될 것이다.

절대평가로 불리는 준거참조방식은 각종 자격이나 면허 시험과 대학수학 능력시험 일부 과목에 적용되고 있으며, 학교 현장에서는 성취평가제라는 방 식으로 시행되고 있다. 그러나 아직 고정 점수를 기준으로 사용하고 있어 바 람직한 수준에서 기준설정 방법이 적용되고 있다고 보기 어렵다. 교육현장에 서 의미있는 기준설정이란 무엇이고 어떻게 적용되어야 하는지에 대한 진지한 고민과 노력이 필요한 시점으로 보인다. 최근 컴퓨터를 이용한 평가가 급속히 발전하고 있고, 특히 인터넷 환경에서의 검사 개발은 우리나라의 정보 인프라 나 컴퓨터/소프트웨어 기술 수준을 생각하면 발전 가능성이 큰 분야라고 생각된다. 이러한 부분은 특히 4차 산업혁명의 인공지능, 기계학습과 같은 기술의 발전을 통해 한층 혁신적인 변화가 있을 것으로 기대된다. 수행평가는 1990년 후반에 고등정신능력 측정을 목표로 하는 인지 영역 평가에서 새롭게 주목받게 되었고, 우리나라에서는 학교에서 일정 부분을 반드시 수행평가로 반영하도록 규정하면서 급속히 현장에 파급되었다. 이제는 수행평가라는 용어를 모르는 사람이 없을 정도로 일반적인 용어가 되었지만, 그에 비해 측정학적 연구나 현장에서의 적용이 만족스러운 수준은 아닌 것으로 보인다. 특히 수행평가 도구 개발과 채점 기준표 작성, 채점자 훈련과 채점자 효과를 통제하기 위한 연구와 노력이 필요해 보인다.

어떤 학자는 교육평가는 이제 전문가의 영역으로 넘어 갔다는 이야기를 한다. 대부분의 외국 주요 평가 기관에서는 문항반응이론을 기저 이론으로 검사와 척도 개발을 하고 있다. 문항반응이론을 일반인이 깊이 있게 이해하기는 어려운 것이 사실이다. 수행평가의 활성화로 인해 채점자가 평가 과정에 개입하게 되었고, 이를 분석할 수 있는 일반화가능도이론과 같은 새로운 측정이론의 적용과 연구가 중요한 시점이다. Angoff나 북마크와 같은 측정학적으로 타당성이 입증된 기준설정 방법의 적용도 전문가의 도움 없이는 진행하기 어렵다. 그렇다면 이제 평가는 전문가에게 맡기고 더 이상 평가에 관심을 둘 필요가 없는 것인가? 그럴 수는 없다. '교육'의 과정에는 교육의 목표설정과 내용구성, 교육의 효율적 실행과 개선, 그리고 전체적인 교육 시스템의 발전을 위한 정보 수집과 합리적인 의사결정을 도출하기 위한 '교육평가' 영역이 반드시 포함되어야 하기 때문이다. 오히려 교육평가에 대한 이해가 어려워졌기 때문에, 교육에 관여하는 사람은 누구나 전문가 수준은 아니더라도 전반적인 교육적 맥락에서 교육평가를 이해할 수 있는 있는 '평가 전문성'을 함양할 필요가 증대되고 있다.

참고문헌

백순근(2000). 수행평가의 원리, 서울: 교육과학사.

성태제(2014). 현대교육평가(4판), 서울: 학지사.

이규민(2003). Bookmark 방법을 이용한 수행 기준 설정, 교육진흥, 16(3), 143-150.

이규민(2004). 의사국가시험 합격선 설정에 관한 측정학적 접근, 보건의료교육평가, 1(1), 5-14.

한국교육평가학회(편)(2004). 교육평가용어사전, 서울: 학지사.

Angoff, W. H. (1971). Scales, norms, and equivalent scores. In R. L. Thorndike (Ed.), *Educational measurement* (2nd ed., pp. 508-600). Washington, DC: American Council on Education.

Brown, W. (1911). *The essentials of mental measurement*. Cambridge, England: University Press.

Brown, W., & Thomson, G. H. (1921). *The essentials of mental measurement* (2nd ed.). Cambridge, England: University Press.

Drasgow, F., Luecht, R. M., & Bennett, R. E. (2006). Technology and testing. In R.L. Brennan (Ed.), *Educational measurement* (4th ed., pp. 471-515). Westport, CT: American Council on Education and Praeger Publishers.

Ebel, R. L., & Frisbie, D. A. (1991). *Essentials of educational measurement* (5th ed.). New Jersey: Prentice Hall, Inc.

Feldt, L. S., & Brennan, R. L. (1989). Reliability. In R.L. Linn (Ed.), *Educational measurement* (3rd ed., pp. 105-146). New York: American Council on Education and Macmillan.

Fitzpatrick, R., & Morrison, E. J. (1971). Performance and product evaluation. In R. L. Thorndike (Ed.). *Educational measurement* (2nd ed., pp. 237-170). Washington, DC: American Council on Education.

Gulliksen, H. (1950). *Theory of mental tests*. New York: Wiley.

Hambleton, R. K. (1989). Principles and selected applications of item response theory. In R. L. Linn (Ed.), *Educational measurement* (3rd ed.). Phoenix, AZ: Oryz Press.

Lane, S., & Stone, C. A. (2006). Perfromance assessment. In R.L. Brennan (Ed.), *Educational measurement* (4th ed., pp. 387−431). Westport, CT: American Council on Education and Praeger Publishers.

Lee, G., & Lewis, D. M. (2008). A generalizability theory approach to standard error estimates for bookmark standard settings. *Educational and Psychological Measurement, 68,* 603−620.

Lewis, D. M., Mitzel, H. C., & Green, D. R. (1996). *Standard setting: A bookmark approach.* Paper presented at the Council of Chief State School Officers National Conference on Large−Scale Assessment, Boulder, CO.

Lord, F. M., & Novick, M. R. (1968). *Statistical theories of mental test scores.* Reading, MA: Addison−Wesley.

Messick, S. (1994). The interplay of evidence and consequences in the validation of performance assessments. *Educational Researcher, 23*(2), 13−23.

Thorndike, E. L. (1918). *The seventeenth yearbook of the National Society for Study of Education* (Part II). Bloomington, IL: Public School Publishing Co.

Thorndike, R. M. (2005). *Measurement and evaluation in psychology and education* (7th ed.). Upper Saddle River, NJ: Pearson Education.

Thurstone, L. L. (1932). *The reliability and validity of tests: Derivation and interpretation of fundamental formulae concerned with reliability and validity of tests and illustrative problems.* Ann Arbor, MI: Edwards Brothers.

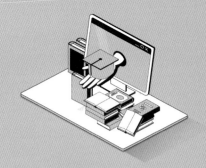

PART 02

교육과
교육학의 실천적 확장

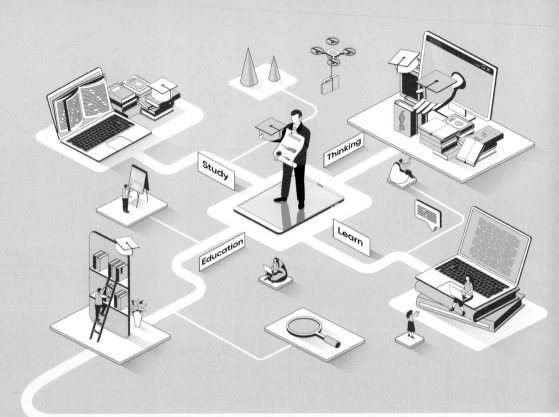

CHAPTER

06

교육행정:
교육과 학습 지원을 위한 이론과 실천

교육행정:
교육과 학습 지원을 위한 이론과 실천

이무성

01 교육행정의 개념과 연구

❶ 정의

'교육教育'의 사전적 의미는 가르침과 성장이다. 'education'은 라틴어 educare 의 '이끌어내다'에서 파생한 단어이다. 즉, 교육은 인간의 잠재력을 이끌어내고 품성을 성장시키는 활동이라 볼 수 있다. 그런데 교육은 학교라는 맥락에서 이루어질 때 '사회적, 공공적, 조직적' 성격을 갖는다김혜숙, 2019; 주삼환 외, 2015, pp. 23-24. 동시에 학교에서 이루어지는 교육활동은 도덕적이어야 한다. '교육적'이 라는 말에는 이미 '도덕적'이라는 의미가 함축되어 있기 때문이다. '행정'은 어 원적으로 ad[to]와 minister[serve]의 결합인 점을 볼 때 본질적으로 봉사적이며 지 원적 활동주삼환 외, 2015, p. 24이라 할 수 있다.

교육행정에 대한 정의는 다양하겠으나, 교육행정을 교육과 행정이 결합된 조어로 이해한다면, 교육행정은학교에서 이루어지는 교육활동을 위한 사회적, 공공적, 조직적, 도덕적 지원을 의미한다. 따라서 교육행정의 성격은 가치중립적이라 기보다는 가치지향적이다. 교육행정은 여타 공공행정처럼 공공의 이익을 조직 화하며, 제도화된 형태로 추구한다. 동시에 그 과정에서 지향하는 교육적 목적 과 교육활동에 내재한 가치를 실현하는 지원적 활동이다.

❷ 정치 · 행정 이원론 vs. 정치 · 행정 일원론

상술한 교육행정에 대한 이해는 전통적인 정치 · 행정 이원론과는 대치하는 면이 있다. 정치 · 행정 이원론의 관점에서 교육행정은 정치로부터 분리된 전문 관료집단의 정책집행에 의해 이루어진다. 즉, 정치 · 행정 이원론 관점에서 교육행정은 여타 일반행정 영역의(예: 내무, 외무, 재무, 법무) 하나로 인식된다. 즉, 교육행정은 '교육에 관한 행정'으로서 국가 권력기관이 설정한 교육목표 및 관련 입법내용을 충실히 집행하는 것을 의미한다.

이러한 정치 · 행정 이원론의 입장은 베버의 관료제에 뿌리를 두고 있다. 베버가 활동한 19세기 후반 미국에서는 근대적 입법 국가가 형성되고 있었다. 이 시기 미국의 관료제 운영은 소위 엽관제(spoils system)에 근거했다. '엽관'(獵官)의 문자적 표현에서 유추할 수 있듯이, 선거에서 이긴 정당이 행정부 공직을 장악하는 제도를 의미한다. 엽관제의 문제점은 하급 공무원에서 주요 직위까지 전문성이 부족한 정치인이나 당원들이 관료로 등용되는 것이었다. 이는 정실주의 폐단과 행정의 비전문성을 초래했다. 엽관제는 베버가 말한 '합리적 지배'로서의 관료제의 정당성과 효율성에 대치하는 제도였다. 20세기 초 우드로 윌슨이 대통령이 되면서, 본격적으로 정치 · 행정 이원화가 진행되었다. 윌슨은 대통령 취임 이전에 프린스턴대학의 법학 및 정치학과 교수였기에 베버의 관료제에 대한 지식을 갖고 있었다. 그는 행정의 역할은 민주적 대의성을 정책집행을 통해 효율적으로 반영하는 것이라 믿었다. 이를 위해서는 유럽식의 관료제가 적합하다고 생각했다. 나아가 행정이라는 것은 경영의 영역이기에 과학적 관리의 관점에서 행정의 집행기능을 강조했다.[1] 따라서 윌슨은 행정은 일정

---

1 이러한 맥락에서, Frederick Taylor(1911)는 조직 수준에서 행정에 대한 과학적 관리(scientific management)를 주장하였다. 소위 테일러리즘이라 알려진 과학적 관리론은 작업 현장의 과학화 및 효율화를 위한 분업화, 표준화, 성과보상제 개념을 제시한 초기이론이다. 테일러리즘은 조직을 합리체제로 상정하고, 조직 구성원 역할의 명확한 규정, 과업의 세분화, 작업의 표준화를(예: 시간, 동선) 통해 고용주 및 노동자 모두에게 최대 이익을(maximum prosperity) 창출하고자 했

부분 정치와 분리된 영역에 있어야 한다고 보았다Wilson, 1887.**2**

정치와 행정을 이원화하여 행정을 전문 관료에게 위임하여 실행하는 것은 베버가 말한 관료제의 요체이다. 베버는 관료제를 통한 정부 체제의 운영을, 봉건시대의 전통적 지배와 카리스마적 지배와 구별되는 합리적 지배방식이라고 생각했다Weber, 1921. 또한 합리적 지배의 정당성은 관료들의 전문적 지식과 관료 조직의 위계에서 기인한다고 보았다Hoy & Miskel, 2013.

하지만 행정에 대한 현대적 이해는 정치와 행정의 일원화로 회귀하고 있다다만, 80년대 이후 신공공관리론의 대두는 이와 대비되는 현상이다.**3** 이러한 이유는 정치·행정 이원화의 이상적인 형태로서 관료제가 제대로 작동하지 않는 것에예: 무사안일주의, 관료적 무관심 기인하기도 하지만, 이는 부수적인 이유이다. 보다 근본적인 이유는 정책을 집행, 실현하는 과정은 가치판단으로부터 자유로울 수 없기 때문이다. 환언하자면, 가치판단은 정치성의 영역인 것이다.

오늘날 교육행정을 이해하는 주요 관점 중의 하나인 조건정비적 접근김혜숙, 2019은 정치와 행정이 분리될 수 없음을 전제한다. 조건정비적 관점에서 교육행정은 어떤 교육적 목표를 달성하기 위해 '인적, 물적, 자원을 지원하고, 이 과정에 리더십을 발휘하는 지원적, 서비스의 역할'로주삼환 외, 2015, p. 26 규정된다.**4** 이 과정에서 조건정비적 교육행정은 교육적 목표의 결정과 실행과정에서

다. 하지만 조직을 공장식 모델(factory model)로 표준화하고 경직시킴으로 인해 구성원의 개성과 다양성을 간과했다는 비판을 받게 된다.

2 한 가지 유의할 점은, 윌슨은 엽관제의 폐해로부터 행정의 전문성과 효율성을 지키기 위해 정치·행정 이원화를 지지하였지만, 정책결정의 과정에서 정치와 행정의 완전한 분리는 현실적으로 불가능하다고 보았다.

3 신공공관리론에서는 정책의 결정과 집행을 이원화하고자 한다. 정책 결정이 정치권력 집단의 몫이라면, 집행은 행정관료(예: 교육청 관료) 및 실행 집단(예: 교장, 교사)의 자율성과 책무성에 기반하여 이루어져야 한다고 본다. 즉, 관료제의 경직성과 비효율성을 해결하기 위해, 정책집행 권한을 행정관료와 실행집단에 분산, 위임, 이양하는 것을 골자로 한다. 다만 이러한 자율성은 목표설정의 자율성이 아닌, 평가적 국가(evaluative state)가 실행하는 방향성이 상정된 자율성이며, 시장경쟁 요소가 포함된 자율성이고, 책무성이 부과된 자율성이다(Boston, 2011; Witty et al., 1998).

가치판단을 수반하게 되고, 국가권력집단의 정치적 속성과 맞닿게 된다. 유사한 맥락에서, 교육행정을 정책실현의 과정으로 보는 입장도즉, 정책 실현설 행정이 정치와 분리되기 어렵다고 본다. 정책실현설 관점에서 교육행정은 정책을 실현하는 과정에서 집행의 역할뿐만 아니라 결정의 기능도 갖기 때문이다김혜숙, 2019; 주삼환 외, 2015. 조건정비적 관점과 정책실현적 입장 모두 정치·행정의 일원화 관점에 터하며, 교육행정의 가치지향성을 인정한다. 다만 어떠한 가치를 지향하는가에는 차이가 있다. 조건정비적 관점에서는 교육행정은 본질적으로 '교육을 위한 행정'이다김혜숙, 2019; 남억우 외, 1996. 따라서 교수-학습활동의 지원, 봉사, 조건정비를 통해 교육본연의 가치예: 아동의 잠재력 개발과 품성 함양를 실현하는 것에 방점을 둔다. 반면 정책실현적 관점의 경우, 교육행정을 정치권력기관에 의해 정당화, 공식화된 특정 교육이념 및 목표를 정책을 통하여 실현하는 것으로 이해한다.

정리하자면 교육행정은 교육과 행정의 결합된 조어이다. 이때 교육의 의미를 무엇으로 볼 것인가, 교육이 이루어지는 맥락을 어떻게 규정할 것인가, 행정을 정치와 분리해서 볼 것인가 등에 따라, 교육행정의 정의와 범위는 달라진다. 또한 교육과 행정 중 무엇을 강조할 것인가예: 교육을 위한 행정 vs. 교육에 관한 행정에 따라 교육행정의 역할이 달라진다.

❸ 교육행정과 교육정책

교육정책은 교육행정의 대응적 표현 또는 혼용어로 자주 쓰인다. 이 둘은 어떤 관계인가? 먼저 정책의 사전적 정의를 살펴보자. 정책政策의 문자적 의미

---

4 오늘날 조건정비적으로 교육행정을 이해하는 것은 영미권에서는 주류적 관점이다. 이러한 관점은 널리 통용되는 용어에서 쉽게 유출할 수 있다. 예컨대, 예비교사를 pre-service teacher, 현직교사를 in-service teacher라고 표현하는 것에서 유추할 수 있듯이, 교사의 핵심 역할이 교수-학습활동을 지원하고 봉사하는(service) 것으로 보는 것은, 교육활동의 조건정비적 관점의 투영이라 할 수 있다. 다만 여기서 의미하는 'service'는 end user의 '만족'을 위한 서비스라기보다는 '성장'을 위한 서비스로 이해할 필요가 있다.

는 정치적 목적을 실현하기 위한 계획 또는 방법이다. 정책은 일반적으로 정부 또는 공공기관이 행위 주체이기에, 이때 정책은 공공정책public policy이 된다. 공공정책 사전에 따르면 정책이란 '정치 시스템의 산출물이며 대개 규칙, 규정, 법률, 법령, 법원 판례, 행정적 결정' 등의Kruschke & Jackson, 1987, p. 35 형태로 나타난다. 즉, 교육정책을 포함한 모든 공공정책이 정치적 체제의 산출물이라는 관점은, 정책에는 정치성이 내재함을 의미한다. 비록 그 결정과 실행의 주체가 정부 또는 공공기관이라는 점에서 정책은 공공성을 갖지만, 실제 정책 결정과 실행의 과정은 정치적 이해관계의 갈등과 조정의 산물이라는 의미이다. 이 점에서 Fowler2013, p. 5는 교육정책의 형성과 실행은 '정치적 시스템이 공공의 문제를 해결하는 역동적이며 가치 내재적dynamic and value-laden 과정'이라고 본다. 따라서 정책은 공공의 이익을 위해 바람직한 것을 구현하거나 주요한 사회적 문제를5 합리적으로 해결하는 성향을 갖기도 하지만, 동시에 정책 형성의 의사결정과 집행과정은 당파성, 우연성, 불합리성을 갖기도 한다.6

정책이 정치 시스템의 산출물이라는 관점은 정치·행정 일원론의 관점과 궤를 같이한다. 교육행정은 정치적 과정과 분리할 수 없는 것으로, 즉 정책의 계획, 결정, 집행, 지원, 평가의 일련의 과정에 정치성이 내재한다고 본다. 상술하였듯이, 오늘날의 교육행정은 국가권력기관의 교육이념과 목표를 실현하기 위한 정책의 형성, 결정, 집행, 평가의 총체적 활동을 의미하며정책실현적 관점, 교육기관의 핵심적 기능인 교수-학습활동을 통해 정책실현은 구체화된다. 따라서, 교육행정은 학교와 같은 교육기관의 교수-학습활동을 위한 제반 조건을 정비하고 지원 체계를 제공하는 활동으로 정의된다조건정비적 관점. 이 과정에서 교육행정 활동은 가치지향성과 정치성을 내재한다정치·행정 일원화 관점. 주목할 부

---

5 모든 사회문제가 정책의제로 발전되지는 않는다. 특정 사회문제가 정책의제로 받아들여지기 위해서는 해당 사회문제가 사회적 쟁점(issue)화 되어야 하고, 이것이 공중의 의제나 정부의 의제로 인식되어야 한다. 정책의제설정론은 이러한 과정을 연구하는 분야이다.

6 따라서 모든 정책의 결정과 실현과정에는 '누가 최대 수혜자인가?(who most benefits?), 누가 배제되는가?(who are excluded?)'라는 정책의 양면성에 대한 질문이 제기되기 마련이다.

분은, 위 세 관점 모두 교육행정을 교육정책을 포괄하는 광의의 개념으로 규정한다는 점이다.**7**

그렇다면 교육행정의 관점에서 정책은 어떻게 형성되는가? 이에 답하기 위해서는 정책의 성격을 보다 구체적으로 규명할 필요가 있다. 이종재 외2015는 교육정책의 성격을 세 가지로 분류한다: ① 합리적 문제해결과정의 산출물로서 정책, ② 정치적 이해관계 조정의 산출물로서 정책, ③ 우연성의 결합물로서 정책pp. 97-101. 합리적 문제해결과정 관점에서는 정책문제를 항상 명확히 정의할 수 있다고 전제한다. 이에 따른 평가 가능한 정책목표 및 동원 가능한 정책 수단에 대한 합리적 의사결정의 과정을 통해 정책이 형성된다고 보는 견해다. 정치적 이해관계 조정으로서 정책을 바라볼 때 중요한 질문은 '누구의 합리성'인가이다이종재 외, 2015. 바꿔 말하면, 해당 정책으로 인해 누가 가장 혜택을 받는가에 대한 문제 제기. 정책형성과정의 다양한 참여자들은 특정 정책문제에 대한 동일한 해석과 인식을 하기 어렵다. 따라서, 정책목표 및 수단에 대한 서로 다른 선호와 이해를 수반한다고 보는 입장이다. 이 경우, 정책형성은 정책 참여자들의 개별적 합리성개별적 이해의 조정 과정으로 정의된다. 끝으로 정책형성을 우연성의 결과로 바라보는 관점에서는 정책형성이 단선적이거나, 체계적이라고 보지 않는다. 오히려 정책형성은 그 과정의 복잡성다양한 정책주체, 정책환경의 지속적 변화, 의사결정과정의 비합리성으로 인해, 우연성의 성격을 갖는다고 본다이종재 외, 2015.**8**

---

7 교육학대사전에서는 다음과 같이 기술되어 있다. '교육행정과 교육정책을 명확히 구분하기 곤란하나 개념상으로는 권력의 주체, 즉 넓은 의미에서의 정부가 교육정책을 실시하는 행위를 교육행정이라고 말할 수 있을 것이다'(남억우 외, 1996, p. 190). 이는 정치와 행정의 일원화 관점에서 교육행정을 좀 더 포괄적인 개념으로 보는 관점이다. 다만 정치와 행정의 일원화 과정에서는 권력의 집중화에 따른 행정의 정치화의 문제가 제기된다. 이를 연구하는 파생학문이 교육정치학이다. 교육정치학은 교육정책을 형성하는 정치적 과정에 대해 연구하는 상대적으로 신생 학문분야이다. 주로 교육체제 내에서 자원과 권력의 배분에 관심을 갖고 동시에, 교육체제가 외부 정치적 요인에 어떻게 영향을 받고, 역으로 교육체제가 어떻게 정치적 산출과 사회변화를 이끄는지를 탐구하는 학문 영역이다.

8 이종재 외(2015)는 담론으로서 정책을 추가한다. 담론으로서 정책에 대한 자세한 논의는 Olssen et al. (2004)을 참조 바란다.

❹ 교육행정의 주요 연구 영역

오늘날 다수의 교육행정 연구자들은 교육행정을 광의의 개념으로 이해하고 접근하고 있다. 이는 김병찬·유경훈2017의 논문에 잘 드러나 있다. 해당 연구는 한국교육행정학회의 학술지 '교육행정학연구'에 게재된 논문 1,433편을 연구주제 및 방법을 기준으로 총 15개 연구영역으로 분류하였다: 교육행정 이론 및 연구6.9%, 교육정책 및 기획13.1%, 학교조직 및 경영18.7%, 교육재정 및 경제5.9%, 교육법규 및 제도7.8%, 교육인사행정4.5%, 교육행정체제6.9%, 장학1.8%, 교원교육6.4%, 초·중등교육6.0%, 고등교육14.5%, 평생교육 및 인적자원개발1.5%, 유아·특수교육0.6%, 외국제도 및 행정4.5%, 기타0.8%. 가장 많은 연구가 이루어진 영역은 '학교조직 및 경영'이고 '교육정책 및 기획'이 그 뒤를 이었다. 즉, 교육정책 연구를 교육행정의 한 분야로 보는 경향이 뚜렷하다.[9]

교육행정 연구 영역은 분석의 수준에 따라서 분류할 수도 있다. 크게 세 영역으로 나눌 수 있다. 첫째, 거시 수준의 교육 현상인 학교교육체제 및 제도의 형성과 발전 과정을 탐구하는 영역이다. 이를 위해 국가 간 비교 및 역사적·통시적 접근이 주로 사용된다. 둘째, 다양한 교육조직을 연구하는 조직론 영역이다. 교육조직들 가운데, 학교조직에 대한 분석은 교육행정 연구에 있어서 핵심 영역이다. 학교조직의 구조적, 문화적, 정치적 특성 및 조직 구성원의 개인적 특성과 그들 간의 관계성을 조직행동, 조직심리의 관점에서 연구하는 영역이다. 예컨대, 학교조직의 특성이 교사의 삶과 학생의 배움에 어떠한 상호작용의 양상을 보여주는지 경험연구를 통해 실천적인 제언을 제시하는 연구이다. 셋째, 교육체제 및 조직의 다양한 행위자들의 미시적 상호 작용에 분석의 초점

---

9 한 가지 주의할 점은 위의 15개 연구영역을 교육행정이란 분과학문이 모두 포괄한다는 의미는 아니다. 예컨대, 평생교육 및 인적자원개발 분야는 독립적인 분과학문 영역으로서 교육행정과 학문적 경계가 존재한다. 교육행정학연구지에 게재된 해당 논문들은 평생교육 및 인적자원개발 분야에서 교육행정 관련 이슈를 연구한 논문들로 보아야 한다.

을 두는 분야이다. 예컨대, 학교장의 리더십과 교사들의 전문학습공동체 연구가 이에 해당한다. 이 수준의 연구는 조직론 연구의 연장선에 있으나, 행위자들의 미시적 상호작용에 좀 더 집중한다. 물론 위 세 영역은 분석의 수준에 따라 구분한 것이다. 따라서 위 세 영역을 개념적 연속체continuum로써 바라보는 것이 적절하다. 예컨대, 학교장의 리더십은 학교조직 특성에 맥락 의존적이며, 학교조직의 특성은 거시적 교육체제 및 제도의 관성에 영향을 받는다.[10] 따라서, 실제 교육상황을 총체적으로 이해하기 위해서는 위 세 분석 수준을 연결지어 바라보아야 할 필요가 있다.

❺ 교육정책 연구와의 관계

일반적으로 교육정책은 위에 언급한 교육행정 연구의 세 분석 수준들에 대한 크로스커팅cross-cutting 이슈를 다루는 경우가 많다, 예컨대, 교원평가 정책의 실행은 제도화 과정을 거친다는 점에서 교육행정의 거시 수준 분석과 접점을 가지며, 학교조직의 의사결정에 영향을 미친다는 점에서 교육행정의 조직 수준의 분석 영역과 맞닿아 있고, 학교 구성원들의 교육적 실천과 교섭한다는 점에서 교육행정의 미시 수준 분석과 연결된다. 따라서 교육정책 연구는 교육행정 연구의 세 가지 분석 수준들이 연속체로서 실제 현장에서는 상호 연결되어 있음을 상정한다.

[그림 6.1]은 OECD가 제공하는 교육정책 연구영역의 맵핑mapping으로, 교육행정과의 관계성을 이해하는 데 도움을 줄 수 있다. 첫 번째 그림은 교육정책 연구영역을 주제별로 분류한 것이며, 두 번째 그림은 각 영역이 어떻게 연결되어 있는가를 보여준다. 예시를 위해, 두 번째 그림은 교사에 대한 주요 정책

---

10 학교조직은 교육행정 연구 분야의 핵심이라 말할 수 있다. 하지만, 교육제도 및 체제에 중요한 구성요소인 고등교육기관, 성인교육기관, 비형식 교육기관, 지역 사회 단체, 국제기구에 대한 교육행정적 연구 또한 꾸준히 증가하고 있다.

그림 6.1 OECD 교육정책 연구 맵핑

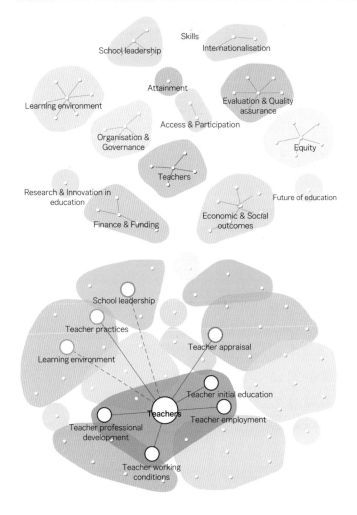

출처: OECD, 2023. Education GPS.

연구영역을 보여준다. 즉, 교사의 전문적 발전, 교사 근무 조건, 교사 임용/고용, 교사 양성 등이 주요 정책 연구 영역들이다. 앞서 언급했듯이, 이러한 정책들의 실행은 일반적으로 제도화 과정을 거치면서 교육행정의 영역으로 포섭된다는 점이다예: 직무연수제도 개정령, 근무환경 및 처우 개선 시행령, 양성제도 개편 등. 또한, 두 번째 그림의 점선들이 보여주듯이, 교사 관련 정책들은 교원평가, 학교 리더십, 교사 실천, 교육환경 등의 다른 정책 연구영역들과 접점을 갖게 된다. 이 과정에서, 특정한 교육정책의 실행은예컨대, 교원평가 평책 제도화 과정을 거치며, 학교조직의 의사결정 내용과 과정을 규정하고, 학교장의 리더십 행위와 교사들의 교육적 실천에 영향을 준다. 이러한 점에서, 해당 교육정책은 교육행정 연구의 세가지 분석 수준과 연결된다.

다만, 교육정책 연구에서 사용되는 주요 방법론과 접근 방식들은 교육행정 연구보다는 기존의 정책과학policy sciences이나 유관 사회과학 분야의 방법론과 더 긴밀한 관계를 맺는 경향이 있다. 이 때문에 교육정책 연구를 교육행정과 결이 다른 독자적인 분야로 보는 관점도 존재한다. 예컨대, 교육정책 연구에서는 정책과정의 이해를 위해 다양한 정책 분석 모형예: Dunn의 모형, Kingdon 모형, 옹호연합모형 등을 사용하거나, 신제도주의적 관점에서 연구한다. 이 과정에서 정책내용에 대한 부분은 논증구조 분석, 담화구조 분석, 비판적 담론분석 등과 같은 교육행정 연구에서 흔히 볼 수 없는 연구기법을 사용한다. 정책효과 분석의 경우에도, 주로 국가수준의 빅데이터나 국제교육데이터를 활용한 계량적 접근을 통해, 정책효과의 인과성을 밝히는 연구기법 등은예: difference-in-difference, randomized controlled trials, propensity score matching 교육행정 연구에서 상대적으로 적게 활용된다. 교육정책 연구에서는 이러한 분석을 통해, 기존 교육정책의 보완 또는 새로운 정책 기획의 논거와 아이디어를 제언하는 역할을 강조한다.

02 > 교육행정의 핵심 영역으로서 학교조직

❶ 개방적 사회체제로서 학교

학교조직은 교육행정의 핵심 영역이다. 학교조직을 이해하는 현대적 관점은 개방적 사회체제로서의 학교이다Hoy & Miskel, 2013. 개방적이라는 의미는 학교가 정책환경 및 지역사회의 가치, 자원, 역사적 전통 등의 외부적 요인과 상호의존함을 말한다. 따라서 개방체제로서 학교는 역동적 체제이다. 또한 개방체제의 특징은 체제의 구성요소 간의 상호의존성을 통해 항상성을 유지하려는 경향이 있다Hoy & Miskel, 2013. 사회체제라는 의미는 학교가 상호작용하는 행위자들로 조직된 사회적 성격을 가짐을 뜻한다. 이에 사회체제로서의 학교조직은 목표지향적이다. 또한 학교는 조직의 목표지향과 관련된 과업의 효율적 수행을 위해 구조적 전문화 및 분업화의 특성을 갖는다. 구조적 분화와 위계는 공식적 규칙과 규정을 통해 안정성을 갖게 되지만, 구성원 간의 규범 및 가치 공유, 권력관계에 의해 안정성이 지속되기도 한다Hoy & Miskel, 2013.

Hoy & Miskel2013은 개방적 사회체제로서 학교의 모습을 [그림 6.2]와 같이 제시한다. 전체적으로 IPOinput-process-output 모델에 기반하면서도, 기대 산출과 실제 산출과의 간극이 발생할 때 피드백 고리를 통해 자기교정하는 조직 모형이다. 또한 기대 산출과 실제 산출이 정합적일 때는 피드백 고리를 통해 자기강화를 지속함을 상정한다.

📚 **그림 6.2** 개방적 사회체제로서 학교조직

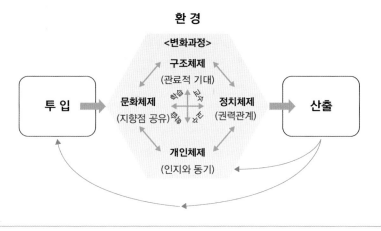

출처: Hoy & Miskel, 2013, p.33 재구성.

❷ 학교조직의 변화과정에 대한 네 가지 관점

[그림 6.2]에서, 학교조직의 핵심 영역은 중앙에 위치한 '교수-학습' 활동이다. '교수-학습' 활동은 4개의 과정process 변인을 통해 변화한다. 네 가지 요인은 구조, 개인, 정치, 문화이다Hoy & Miskel, 2013. 유사한 맥락에서 Bolman & Deal2005은 구조, 인간관계, 정치/권력, 문화/상징의 네 가지 프레임으로 학교를 포함한 다양한 공식조직formal organization을 이해할 수 있음을 보여준 바 있다. 아래에서는 Hoy & Miskel 및 Bolman & Deal의 논의를 상보하여 네 가지 요소를 논의해 보고자 한다.

구조적 관점에서 학교는 조직의 목표 달성예: 학교의 책무성에 대한 관료적 기대을 위해 구성원의 역할 부여와 적정한 분업화를 추구한다. 이러한 분업화는 대개 구성원의 전문성에 기반하여 이루어지며, 규칙과 규정을 통해 업무 수행의 안정성과 동질성을 확보한다. 이를 통해, 목표 달성의 효율성을 극대화하고자 한다

Hoy & Miskel, 2013. 학교조직에 대한 이러한 구조적 관점은 관료제적 합리성 개념에 바탕한다. 즉, 학교조직이 관료적 위계의 고도화와 구성원의 전문성을 조화롭게합리적으로 구조화할 때, 조직 목표를 효율적으로 달성할 수 있다고 보는 것이다. 하지만 현실에서 이러한 베버적 이상체제Weberian ideal structure는 찾기 어렵다.[11] 오히려 현실 학교조직은 관료제의 고도화와 교사의 전문성/자율성이 느슨하게 결합된 이완체제loosely coupled 형태로 나타난다Hoy & Miskel, 2013; Weick, 1976. 유사한 맥락에서, Mintzberg[1980]의 조직 모형의 관점에서는 학교의 구조를 전문적 관료제로professional bureaucracy로 간주하기도 한다. [그림 6.3]에서 보듯이, 전문적 관료제 조직에서 주요 토대는 운영핵심operation core이라 불리는 하부 조직으로, 학교조직에서는 교사들을 의미한다.[12] 이 때 operation core로서 교사 집단은 전문성과 자율성을 확대하려 하지만, middle line인 관리자로서 교장과 strategic apex로 교육당국은 관료제적 위계를 통해 교사들에게 책무성을 부여하고자 한다. 이러한 내적 긴장을 조정하는 기제로서 '기술의 표준화'standardization of skills가 상정된다Hoy & Miskel, 2013[13]. 즉, 학교의 핵심 교육활동인 교수—학습 과정의 표준화를 통해예: 교육과정, 수업계획안, 평가방식 등에 대한 표준화, 교사들의 전문성/자율성과 관료적 통제 사이에 존재하는 긴장이 조정된다고 본다.

---

11 이론적으로 베버의 관료제적 구조에서는 조직 내에서 핵심 업무에 대한 전문성이 가장 탁월한 구성원이 관료제의 위계 정점에 위치해야 한다. 하지만, 실제 학교조직에서는 학교장이 교수—학습에 대한 지식과 실행 기술이 가장 탁월한 구성원일지는 논의의 여지가 있다.

12 전문적 관료제로서 학교의 조직구조는(예: 조직 직제표, 학생 분반 방식, 교수—학습의 표준화된 시수, 교실 공간 등) 전 세계적으로 동형화(isomorphism)하는 경향이 있다. 따라서 학교조직은 기능적, 물리적으로 좀 더 유연하고 다양해질 필요가 있다.

13 하지만 기술의 표준화가 교사들의 핵심 업무의 조정 기제로 작동한다는 주장은 몇 가지 도전에 직면해 있다. 예컨대, 교사들의 pedagogical content knowledge(PCK)는 데이터 베이스화 되거나 표준화를 통해 포착하기 어려운 지점이 있다. 또한, 학교와 교실 맥락과 무관하게 호환 가능하지도 않다.

그림 6.3 전문적 관료조직

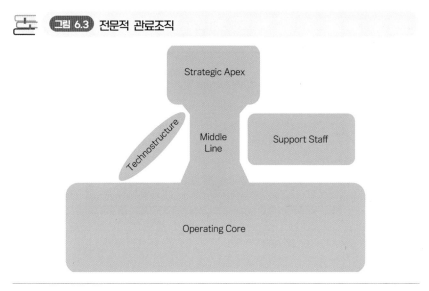

출처: Mintzberg, 1980, p. 334 재구성.

조직의 변화과정에 영향을 주는 두 번째 요소는 '개인'이다. 이 관점에서는 조직행동에 영향을 주는 개인의 동기, 신념, 인지 등을 강조한다. 구조적 관점에서 조직은 합리체제이기에, 조직의 합리성이 개인의 이해관계를 넘어설 때 조직은 효과적일 수 있다Bolman & Deal, 2005. 하지만 개인 관점에서는 효과적 조직이란 구성원 개개인의 욕구와 필요를 충족시키고, 동기를 부여하는 조직을 의미한다. 이러한 관점에서 Bernard1938[1971]는 조직과 개인은 상보적인 존재이기에 조직을 협동체제로 인식한다. 즉, 조직은 보상 체제를 통해 개인의 조직에 대한 헌신과 노동력 제공을 유인한다. 이러한 조직-개인의 교환이 안정적으로 반복되는 상황을 조직평형organizational equilibrium이라 한다Bernard, 1938. 협동체제로서 조직을 이해하는 것은, 상술한 구조적 관점과 긴장관계를 형성한다. [그림 6.4]처럼, 구조적 관점에서는 관료제적 기대와 개인의 필요/욕구는 제로 -섬zero-sum 관계로 설정되기 때문이다Hoy & Miskel, 2013.

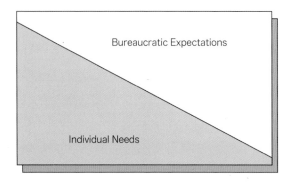

그림 6.4 개인의 필요와 관료제적 기대의 관계(구조적 관점)

출처: Hoy & Miskel, 2013, p.28 재구성.

개인의 관점에서 조직을 이해하는 것과 조직을 인간관계human relations로 보는 관점은 여러 유사점이 있다. 인간관계 관점에서는 개인의 욕구와 필요에 대한 조직의 보상과 지원은 '사람에 대한 투자'로 간주하기에, 관료제적 기대와 상충하는 것으로 보지 않는다. 오히려 개인의 조직에 대한 장기적 헌신을 이끌 수 있는 효과적인 방식은 개인의 업무에 대해 '제대로 보상'하고, '장기 고용을 보장'하고, '내부 승진'을 장려하고, '성과를 공유'하는 것으로 본다. 나아가 개인의 학습에 투자하고, 발전 기회와 자율성을 제공함으로써 개인들에게 권한 부여empowerment하는 것이 조직을 이끌어 가는 가장 효과적 방식이라 본다Bolman & Deal, 2005. 요약하자면, 개인은 업무를 통해 '만족과 의미'를 발견할 수 있을 때, 조직은 개인의 능력과 헌신을 효과적으로 조직운영에 활용할 수 있다는 관점이다Bolman & Deal, 2005.

개인 또는 인간관계 관점의 조직에 대한 이해는, 조직을 정치적 이해집단의 연합으로 보는 관점에 의해 종종 비판받는다. 정치적 관점에서는 조직은 개인 및 집단의 이해관계가 복잡하게 얽혀 있으며, 지위 및 희소자원 확보를 위한 정치적 장political arena으로 인식되기 때문이다Bolman & Deal, 2005. 따라서 인간관계 관점에서 조직은 협동체제로 상정되지만, 정치적 관점에서는 경쟁하는 이해당사자로서 개인 및 집단 간의 교섭, 협상, 지위쟁탈의 역동적 장으로서 조직을 바라본다. 인간관계 관점에서 권한 부여empowerment를 가장 효율적인 조직의 운영방식으로 보는 입장과는 대척적인 모습이다.

정치적 관점은 상술한 구조적 관점과도 조직의 구조와 권력의 형태에 다른 입장을 취한다. 구조적 관점에서는 조직의 형태는 대개 전통적인 피라미드 형태이다. 따라서 구속력있는 의사결정을 행사할 수 있는 개인은 피라미드의 상층부에 위치한즉, 공식 구조에 의해 권위가 부여된 관리자이며, 이때의 의사결정은 권위authority를 동반한다. 하지만 정치적 관점에서 조직의 형태는 서로 다른 이해관계와 신념을 가진 공식/비공식 집단의 연합으로 본다. 또한 정치적 관점에서는 행사되는 권력의 형태가 직위에 기반한 권위뿐만 아니라, 정보와 전문성에 기반한 권력, 연합과 네트워크, 의제의 접근과 통제에 기반한 권력 등도 중요하다고 본다Bolman & Deal, 2005. 유사한 맥락에서, Mintzberg1979는 정보와 전문성에 기반한 권력을 전문기술체제에서 발생하는 권력으로 설명한다. 예컨대, 정치적 관점에서는 학교조직에서 교사들의 교육과정 전문성에 기반한 자율적 의사결정예: 무엇을, 어떻게 가르칠 것인가, 평가할 것인가의 확대는, 직위 권력 기반의 교장이나 상급 교육청 관료들과 긴장감을 형성하는 권력 행사의 과정으로 간주될 수 있다.

문화적 관점에서는 조직들을 구별하는 핵심적 특성으로 문화를 상정한다. 여기서 '문화'의 의미는 다의적이겠으나, 주요 연구자들은 다음과 같이 정의한다. '조직의 내재적인 가치와 신념을 그 구성원들에게 전달하는 상징, 의식 및 신화'Ouchi; '한 조직을 다른 조직과 구별하여 주고, 조직구조의 골격에 어떤 생명을 불어넣는 조직의 전통과 신념'Mintzberg; '보다 깊은 수준의 기본가정, 가치, 신념을 위해 보존되어야 할 것'Schein. Hoy & Miskel, 2013, Chapter 5에서 재인용.**14** 문화의

---

14 조직문화는 심층적 수준에서 오랜 시간 퇴적된 공유가치와 전통이다. 따라서 표면적으로 쉽게 드러나지 않는다. 이러한 이유로, 상대적으로 단기적인 관점에서 조직의 분위기를 살펴봄으로써 조직의 '풍토'를 드러내려는 연구가 교육행정 분야에서 많이 이루어져 왔다. 조직풍토 연구는 조

이러한 성격으로 인해 조직문화는 조직구조와 함께 학교조직의 일관성과 지속성에 기여한다. 더 나아가, 문화는 구성원에게 소속감과 유대감을 제공함으로써, 학교조직에 정체성을 부여한다. 구성원들은 지속적인 상호작용을 통해 공유된 가치와 규범을 내면화하고, 이는 일상적 업무처리 과정과 방식에 내재화된다. 즉, 문화는 구성원에게 공유된 지향성을 형성하며, 한 조직을 다른 조직과 구별하는 중요한 요인이 된다.

따라서, 문화적 관점에서는 개인의 필요/욕구와 관료적 기대 사이에 선형적 zero-sum 관계가[그림 6.4] win-win 또는 lose-lose 관계로 변환될 수 있다고 본다. 예컨대, 긍정적 조직 문화는 관료적 기대와 개인의 필요를 동시에 충족시킬 수 있다예: 모범적인 혁신학교에서 학생과 학부모의 교육만족도가 높아지고, 교사의 전문적 성장과 관료제적 역할 기대가 충족되는 상황. 역으로 학교문화가 부정적인 곳에서는 관료적 기대와 개인의 필요가 동시에 무너지는 상황도 가능하다.

문화적 관점에서는 조직 구성원들 사이에서 공유되거나 전승되는 서사narrative, 역사, 영웅적 이야기를 통해 조직의 정체성이 형성된다고 본다.[15] 또한 조직문화는 의례ritual와 상징예: 조직의 로고, 표어, 구호 등을 통해 구현되거나 언어화된다. 이러한 의례와 상징은 구성원들에게 조직생활의 안정성과 예측가능성을 높이며, 구성원을 결속시키는 역할을 한다. 조직문화의 이러한 특성들 때문에, 조직의 지속가능한 발전은 문화적 요소를 고려하지 않고는 불가능해 보인다.

직 구성원 간의 상호작용 행태와 그 행태에 대한 구성원들의 (공유된) 인식을 분석하는 데 초점을 둔다. 이러한 연구를 시도한 초기 연구자 중 Likert가 대표적이다. 그는 오늘날 서베이 조사 연구에서 광범위하게 사용되고 있는 Likert 스케일로 더 잘 알려져 있기도 하다.

15 애플(Apple)은 조직의 리더를 영웅적으로 모델링함으로써 독특한 조직문화를 만들어가는 대표적 기업이다. 예컨대, 스티브 잡스가 펩시 부사장을 애플로 영입할 때, '평생 설탕물을 팔겠습니까? 아니면 나와 함께 세상을 바꾸겠습니까'라고 설득한 이야기는, 애플 구성원뿐만 아니라 외부자들 사이에도 회자 되는 서사이다. 이러한 서사는 애플 구성원들이 당장에 겪는 조직 내의 어려움이나 개인적 불만에도 불구하고, 자신의 일을 통해 세상을 바꾸고 있다는 애플 구성원으로서 정체성을 심어준다. 동시에, 외부자들에게도 애플은 '세상을 바꾸는' 기업이라는 이미지와 신뢰를 준다.

실제 학교조직의 문화에 관한 여러 연구는 문화적 요인들이 지속 가능한 학교 개선sustainable school improvement에 중차대하게 기여하고 있음을 보여준다예: Lee & Louis, 2019. 따라서, 문화적 관점에서는 조직에 발생하는 문제점을 조직의 구조적 결함이나 부재를 재조정restructuring하기보다는, 근본적으로 재문화화reculturing 함으로써 해결할 수 있다고 본다Fullan, 2001.

❸ 학교효과성 연구

학교조직의 변화과정에 대한 위 네 가지 관점은, 효과적인 학교조직은 어떤 모습인가, 어떻게 효과적 학교조직을 만들것인가에 대한 통찰을 제공한다. 이러한 통찰이 가능하게 된 것은 학교효과성school effectiveness 연구에 기인한다. 학교효과성 연구의 역사적 배경은 1966년 James Coleman의 '교육기회의 평등'Equality of Educational Opportunity 보고서까지 거슬러 올라간다. 이 연구는 700쪽이 넘는 방대한 분량의 정부 수탁 보고서이다. 이 보고서의 배경이 되는 1960년대의 미국은 사회적으로 인권운동이 활발히 전개되고 있었으며, 경제적으로는 2차 세계대전 이후 최대의 호황기였다. 따라서, 사회 전반에 걸쳐 학교교육의 긍정적인 기능에 대한 인식이 광범위하게 존재하고 있었다. 예컨대, 당시 많은 미국인들은 소위 아메리칸 드림을 내면화하고 있었기에, 학교 교육을 통해 좋은 직업과 윤택한 삶을 얻을 것이라고 믿고 있었다. 즉, 대부분의 미국인은 사회적 이동성social mobility의 경로 및 기회로서 학교 교육의 기능에 대한 낙관적인 인식을 갖고 있었다. 이러한 사회적 분위기 속에서, Coleman의 연구는 미국 공립학교 시스템이 학생들의 삶의 기회life chance를 향상시키는 것에 얼마나 기여했는지를 조사했다. 보고서의 핵심적 연구 질문은 학생들이 학교에서 얼마나 잘 배우고 있고, 학생들의 학습 능력과 성취에 가장 큰 영향을 미치는 요인이 무엇인지를 밝히는 것이었다. 연구 결과는 당시 미국의 사회경제적 분위기와 다수 미국인의 낙관적 인식과는 동떨어진 것이었다. 핵심적 발견은 가정환경 변인의 효과가 학교효과school effect보다 훨씬 더 크며, 학업성취는 인종 및 계층에 따라 매우 불평등하게 나타난다는 것이었다. 당시 사회적 파장을 불러온 이 연구는 이후 'Coleman Report'로 명명되었다. 지금까지도 학교교육에 관련한 가장 큰 규모의 계량 연구이자 영향력 있는 사회조사 연구이며, 무엇보다도 학교효과school effect 연구의 시발점이 되었다.

Coleman Report 발표 이후, 1970년대 여러 서구 국가의 학자들 역시 유사한 주장과 결과를 발표했다비록 이론적 해석은 달랐지만. 예를 들어, Bourdieu & Passeron1970은 학교가 지배계급의 특권적 지위를 정당화하는 특정 문화적 취향과 개념을 교육과정을 통해 전달함으로써, 사회계층을 재생산한다고 보았다. 이러한 의미에서, Althusser1972[2001]는 학교를 지배 이데올로기를 합법적으로 재생산하는 국가 장치apparatus로 분류했다pp. 136-138. 이러한 관점의 연장선상에서, 미국의 Bowles & Gintis1976[2011]는 그들의 저서 'Schooling in capitalist America'에서 기존 사회계층의 경제적 재생산을 위한 핵심 메커니즘으로서의 학교의 기능에 주목했다.

1970년대 학교의 역할에 대한 이 모든 암울한 주장과 발견은, 역설적으로 1970년대 후반 학교효과성school effectiveness 연구의 등장 배경이 되었다예: Edmonds, 1979. 이 시기에 다수 교육사회학 연구자들은 자본주의 국가에서 학교가 사회경제적 약자의 사회적 이동성보다는 사회적 재생산의 기제로 기능하는 경향이 있음을 보고하였다. 하지만 일부 교육행정학 연구자들은, 여전히 학생들의 삶의 기회 향상을 돕는 효과적인 학교가 존재한다고 믿었다. 이 연구자들은 사회경제적으로 낙후된 지역에 위치하면서도 학업 성취도가 높은 학교를 찾기 시작하였다. 상대적으로 소수의 학교가 존재했지만, 이러한 학교들의 공통점을 조사하고 그 요인들을 유목화하기 시작했다. 학교조직의 관점에서 이러한 공통적 요인들을 효과성effectiveness으로 개념화하였다. 예컨대, 효과적인 학교들effective schools의 특성으로 McEwan2009은 다음의 열 가지를 제시하였다: 수업 리더십, 연구 기반 수업, 명확한 학업 초점, 관계적 신뢰, 협동, 높은 기대,

배움의 기회, 일관성 및 정합성교수-학습, 교육과정, 평가, 향상된 학업 결과, 책무성. 또 다른 예로서, Hoy & Miskel2013, p. 318은 학업성취를 높이는 효과적 학교의 아홉 가지 공통적인 특성을 제시하였다: 조직 신뢰, 집단적 효능감, 학업적 낙관주의, 조직 시민의식, 수업 역량, 수업 리더십, 전문학습공동체, 학업에 대한 강조, 학부모 참여.

정리하자면, 학교효과성 연구는 학교가 사회계층의 단순한 재생산의 기제를 넘어, 학생의 삶의 기회 향상에 긍정적으로 영향을 미치고 있음을 실증적으로 밝힌 데 그 의의가 크다. 실천적인 관점에서, 학교효과성 연구는 학생의 학업성취에 대한 효과적인 학교조직 요인들에 대한 실증 연구 기반의 지식을 교육자와 정책책임자에게 제공하는 데 기여를 했다.

❹ 학교효과성 연구 비판

학교효과성 연구의 기여에도 불구하고 몇 가지 비판점들이 제기되어 왔다. 첫째, '효과성'의 의미가 협소함에 대한 비판이다Townsend et al., 2016. 위에 언급한 효과적인 학교들의 특성들은 교육의 산출로서 '학업성취'에만 초점을 두었다. 이는 기존 학교효과성 연구의 대부분이 양적 데이터에 기반하며, 일부 주지과목의 표준화된 시험 점수를 교육의 산출물로 협소하게 규정하고 있기 때문이다. 이는 학교효과성 연구의 시초라 여겨지는 Coleman Report 이후 지속적인 현상이다. 특히, 학교효과성 연구는 80년대 신공공관리론의 대두 이후에 시험기반 책무성test-driven accountability 정책과 궤를 같이하면서 '효과성'에 대한 개념을 협소하게 고착시켜 왔다. 학교효과성 연구는 표준화 시험에 기반한 학업성취라는 결과적 책무에만 초점을 과도하게 두게 됨으로써, 그 의도와는 달리 No Child Left BehindNCLB와 같은 관료적 책무성 및 시장적 책무성 정책의 도구적 역할을 수행한 측면이 있다. 학업성취가 학교의 역할에 중요한 부분이지만, 학교 역할의 모든 부분이 아님은 분명하다. 예컨대, 학업성취보다 근본적인 학교 교육의 목적은 학교효과성의 연구에서 거의 다루어지지 않았다. 우리 교육기본법 제2조가 규정한 교육의 본질적인 목적인 '인격도야, 자주적 생활능력, 민주시민적 자질' 등을 기존 학교효과성 연구에서는 소홀히 다루었다. 마찬가지로, 학생의 웰빙well-being과 사회정서적 역량 등의 긍정적인 학교 경험을 제공하는 학교는 기존 학교효과성 연구에서 주요하게 다루어지지 않았다. 정리하자면, 학교효과성 연구에서 '효과성'에 대한 실제적인 정의와 분석의 범위를 보다 포괄적이면서도 본질적인 교육목적을 반영해야 한다는 과제가 남아 있다.

둘째, 형평성equity 문제에 대해 상대적으로 관심이 부족했음을 지적할 수 있다. 학교효과성 초기 연구는 낙후되고 도전적인challenging 환경에 처해 있지만 뛰어난 학업성취를 보이는 학교들을 주 대상으로 했다. 따라서 형평성에 관한 관심이 내재하고 있었다. 하지만 이후 학교효과성 연구가 일반적인 학교로 확대되면서, 형평성에 관한 관심이 희석되었다. 이는 학술연구의 결과물에도 반영되어 있다. 예컨대, 학교효과성 연구에 대한 가장 큰 규모의 학술단체인 International Congress for School Effectiveness and ImprovementICSEI가 발행하는 School Effectiveness and Improvement 학술지는 2023년 6월 기준 34권 2호를 발행 중이며 876개의 논문이 게재되었다. 이 가운데 논문 제목에 equity를 명시적으로 포함하고 있는 연구는 8편에 불과하다. 학교효과성 연구에서 형평성에 대한 개념적, 방법론적 논의 역시 매우 빈약하다. Kelly & Elliott-Kelly2018는 학교효과성에 연구에서 형평성의 개념화가 분배정의 관점보다는 공리주의 접근에 경도되어 있음을 비판한 바 있다. 방법론적인 측면에서도, Lee2018는 학교효과성 연구에서 형평성 측정은 학업성취에 있어 집단 간 평균차, 횡단적 분석, 가정환경 배경의 학업성취 분산 설명력 등으로 여전히 제한됨을 지적한 바 있다.

마지막으로, 학교효과성 연구가 실증 연구에 기반한 지식을 교육실천가들에게 제공하였지만, 이를 학교 현장에 적용하는 데 있어 연구 지식의 맥락성을 충분히 고려하지 못했다는 비판이다. MacBeath et al.2007는 다양한 교육제도와 사회적 맥락에 적용 가능한 '무엇'what과 '어떻게'how를 처방하는 것으로서 학교효과성 연구의 지식은 오히려 '반생산적'counter productive일 수 있다고 지적하였다Townsend et al., 2016에서 재인용. 학교효과성 연구에서 생성된 지식의 맥락은, 해당 지식이 적용될 맥락과 같지 않기 때문이다Townsend et al., 2016. 정리하자면, 학교효과성 연구에서 생산하는 지식을 고도화된 보편적 지식으로 받아들이기보다는, 맥락 특수적context specific이며 가치 내재적value-laden 지식으로 간주해야 한다는 점이다. 예컨대, 앞서 언급한 McEwan의 효과적인 학교의 열 가지 특성들은 학교별 상황과 사회적 맥락과 무관하게 마치 체크리스트check list처럼 적용하거나, 공식처럼 대입하여 사용할 수 있는 것이 아니라는 점이다. 학교마다 열 가지 특성들이 의미하는 바가 무엇인지에 대한 해석과 상황이 다를 수 있다. 따라서 적용 여부와 방식도 달라져야 한다는 것이다.[16] 이를테면, 10가지 특성 중에 첫 번째로 언급된 '수업 리더십'이 학교와 지역 상황에 따라서 학업성취에 오히려 부정적 영향을 가져올 수도 있다예: Lee, Walker, & Chui, 2012; Robinson et al., 2008는 점이다. 또한 개별 학교들이 열 가지 특성을 체크리스트 채우듯이 모두 다 갖추는 것은 현실적으로 불가능하다.

❺ 학교개선 연구

학교효과성 연구에서 생성된 지식은 1980년대 학교개선school improvement을

---

[16] McEwan(2008)의 책은 여러면에서 자기계발서와 서사 구조가 비슷하다. 먼저 원저의 제목이 10 traits of highly effective schools인데, 이는 널리 알려진 베스트 셀링 자기계발서인 7 habits of highly effective people(성공하는 사람들의 7가지 습관)과 유사하다. 서사 구조를 자세히 보면 자기계발서와 여러 공통점들이 있다. 예컨대, 저자는 효과적인 학교의 유능한 관리자로서의 경험을 바탕으로 효과적인 학교의 특성을 교훈(lessons), 정보(tips), 비결(secrets)처럼 묘사하는데, 이는 여타 자기계발서 저자들의 서사구조와 유사하다. 그러한 교훈, 정보, 비결, 방식 등이 개별 조직의 맥락과 상황에 무관하게 쉽게 적용되거나 공식화될 수 있는지에 대해서는 의문을 갖게 한다(Lee, 2017).

위한 실천의 촉매제 역할을 했다Renihan & Renihan, 1989. 학교효과성 연구자들은 [그림 6.2]에서 제시된 네 가지 변화과정의 요소구조, 개인/인간관계, 정치, 문화들이 정합적인 관계를 이룰 때 효과적인 학교가 될 수 있다고 보았다Hoy & Miskel, 2013. 하지만, 상술하였듯이 학교효과성 연구 지식이 학교개선의 실천으로 전이되는 데는 여전히 간극이 있었다. 이를 보완하고 극복하기 위해 등장한 것이 '학교개선' 연구이다.

1980년대부터 일군의 질적 연구자들은 학교효과성 연구에 기반한 지식이 실제 어떻게 '교육 실천 및 학교 변화과정'에서 적용될 수 있을지에 대한 고민을 시작하였다. 이들은 학교 및 교실에서의 교사의 페다고지 실천, 학교장의 리더십, 학교 조직 문화, 학생의 목소리/관점에 초점을 둔 연구를 수행하였다. 이러한 접근은 기존의 학교효과성 연구가 주로 학교의 행정조직, 공식적 구조 및 측정이 용이한 조직수준의 요인에 집중한 것과 구별된다Chapman et al., 2016. 따라서, 학교개선 연구는 ① 교육적 실천practice 및 ② 학교 변화 과정process과 관련한 연구 지식을 우선시했다. 즉, 학교효과성 연구가 교육적 '실천을 위한' 지식에knowledge for practice 집중했다면, 학교개선 연구는 교육적 '실천에 대한' 지식knowledge of practice과 교육적 '실천에 내재한' 지식knowledge in practice을 드러내는 데 초점을 두었다.

최근의 학교개선 연구는 학교를 넘어선 지역사회를 포함하는 광범위한 학교 공동체 내에서의 협력을 강조하며, 학생의 학업성취뿐만 아니라 다양한 교육적 결과예: 시민의식, 웰빙들에 그 관심을 확대하고 있다Australian Council for Educational Research, 2020.**17**

물론 학교개선 연구에 대한 비판도 존재한다. 학교개선 연구 지식은 대부

---

17 호주의 대표적 교육연구 및 정책 씽크탱크 기관인. Australian Council for Educational Research (ACER)의 학교개선에 대한 정의는 이를 잘 반영한다. 'School improvement involves leadership, teachers, culture, resources, pedagogy and the broader school community all working in unison to change school practices in ways that lead to better student outcomes'(출처: ACER, 2020 webpage).

분 질적연구나 현장에서 실행연구action research를 통해서 생성된 지식이다. 때문에 매우 맥락 의존적이며context dependent, 때로는 특이성을 가지며idiosyncratic, 암묵적tacit 지식인 경우가 많다. 즉, 학교개선의 연구 지식은 실천에 대한, 실천에 내재한 지식이기에 체계적으로 정리하여 제시하기 어려운 면이 있다.[18] 이 때문에 학교개선 연구는 무이론적atheoretical이라는 비판을 받기도 한다Chapman et al., 2016.[19] 따라서 연구 지식을 체계적이며 통합적 이론으로 발전시키는 것이 학교개선 연구가 직면한 도전이다.

❻ 학교효과성과 학교개선의 상보성

학교효과성과 학교개선의 관계를 설명하는데, 톨스토이의 소설 안나 카레니나의 첫 문장은 유용하다. 'Happy families are all alike; every unhappy family is unhappy in its own way.' 이 문장은 다음과 같이 차용해 볼 수 있다. 'Effective schools are all alike; every effective school is improved in its own way.' 즉, 학교효과성 및 학교개선 연구는 어떻게 하면 효과적인좋은 학교를 만들 것인가에 공통적인 초점을 맞춘다. 그러나 상술했듯이 이 두 연구영역의 강조점과 접근방식은 결이 다르다. 학교효과성 연구의 전제는 '효과

---

18 이는 학교개선 연구의 관심이 학교변화의 결과보다는 그 과정에 있기 때문이다. 부연하자면, 학교개선 연구는 학교조직이 스스로 변화할 때 역설적으로 지속 가능한 조직이 될 수 있다는 전제를 갖고 있다. 즉, 변화를 구현하고 변화에 내재한 가치를 지속 가능하도록 구조화하는 것은 학교개선의 목표이다. 따라서 학교개선의 실상을 이론화하는 것은 까다로운 일이다. 비유컨대, 학교개선의 실상은 깔끔하게 완성된 자수의 앞면의 모습이라기보다는, 지속적 변화를 반영하는 실타래로 복잡하게 얽혀진 자수의 뒷면과 같은 양상에 가깝기 때문이다.

19 '실천에 대한 지식'의 강조는 '교육의 질은 교사의 질을 넘을 수 없다'라는 널리 알려진 표현처럼 교사의 역할에 방점을 둔다. 이는 교사의 품성, 자질, 교수방식 등에 대한 효과성에 대한 학술적 관심으로 발전했는데, 이러한 장르를 교사효과성(teacher effectiveness) 연구라 한다. Hattie(2008)의 광범위한 메타분석은 학생의 학업성취에 미치는 100개가 훨씬 넘는 다양한 요인을 정리했는데, 교사의 질(teacher quality)과 가르침의 질(teaching quality)과 관련한 요인들이 학업성취에 매우 중요하게 영향을 미치고 있음을 보여 준 바 있다.

적인 학교는 모두 엇비슷하다'이며, 이를 주로 양적 연구를 통해 드러낸다. 학교개선 연구의 전제는 '모든 효과적인 학교는 나름의 방식으로 개선된다'는 것이다. 즉, 학교 개선 연구는 학교의 조건과 맥락에 따라 학교를 개선하기 위한 다양한 접근과 사례가 존재한다고 생각한다. 이러한 차이는 [그림 6.5] 벤 다이어 그램의 여집합의 영역으로 나타낼 수 있다.

그림 6.5 학교효과성과 학교개선의 상보성

두 분야 간의 긍정적인 시너지 창출을 위한 노력은 지속되고 있으며, 최근의 연구 동향은 두 분야의 여집합보다는 교집합 영역이 확장되는 추세이다. 학교효과성 및 학교개선 모두 효과적인좋은 학교를 만드는 데 초점을 두고 있기 때문이다. 부연하자면, 학교효과성 연구는 효과적 학교를 만들기 위해 '우리가 무엇을 해야 하는지에 대한 지식'knowledge about what we should do에 집중한다. 동시에, 학교개선 연구는 학교효과성 연구 지식을 '어떻게 올바르게 실행/적용할 수 있는지에 대한 지식'knowledge about how we translate what we should do into doing it right을 생성하는 데 중점을 둔다.[20] 이러한 상보성은 학교효과성과 학교개선이 하

---

20 비유컨대, 학교효과성 연구 지식은 좋은 음식을 만들기 위한 재료(ingredients)를 선별하는 것에 가깝고, 학교개선 연구 지식은 상황에 따른 다양한 recipes를 개발하는 것과 유사하다. 최근 일부 학교개선의 연구가 design-based research에 영향을 받고 있다는 점은(Mintrop, 2020), 학

나의 연구 관점으로 결합될 수 있음을 의미한다. 예컨대, Hoy & Miskel²⁰¹³은 사회체제로서 학교조직을 상정하면서, 교수-학습활동을 둘러싼 학교조직의 구조, 문화, 개인, 정치적 차원이 정합적으로 상호작용 과정을 거칠 때 학교효과성이 담보될 수 있다고 주장한다. 이러한 관점은 학교개선 연구의 강조점인 '과정'에 대한 관심을 반영하면서도 전통적인 IPO^{투입-과정-산출}모델에 기반하고 있다는 점에서 학교효과성 연구 진영의 관점을 수용한 것이다.[21] 두 연구 영역의 교집합의 확대 및 하나의 연구 관점으로 통합은 앞서 언급한 ICSEI 학술공동체를 통해 활발히 진행되고 있다.

❼ 학교혁신

우리나라에서는 학교혁신과 학교개선이라는 용어가 종종 혼용되어 쓰인다. 하지만 둘은 개념적으로 다르다. 학교개선의 기본 전제는 오토 노이라트^{Otto Neurath}의 '배 수리' 비유를 통해 설명하면 쉽게 이해할 수 있다. 오스트리아의 철학자 노이라트는 항해 도중에 바다 한가운데서 물이 새는 고장난 배를 고치는 현실적인 방법은 당장 침수된 부분들을 동시다발적으로 수리하며, 계속해서 항해를 진행하는 것이라 말한다. 망망대해에서 배 전체를 모두 해체하고 재조립할 수는 없기 때문이다. 이러한 접근은 배의 나머지 부분들은 여전히 견고하다는 가정에 기초한다. 학교개선도 그러하다. 학교제도라는 거대한 선박의 문제점들을 해결함에 있어서 '제도를 유지하면서'^{즉, 배가 항해를 계속 진행하듯이} 해결하고자 한다. 실제, 학교교육의 역사적 전개를 보면 제도운영의 기본적인 원리 또는 학교교육의 일반적인 문법들^{예: 일정 수준 표준화된 교육과정 및 교과목, 선발을 위한 평가체제, 연령별 학습자의 배치, 교실공간 중심의 교수-학습 과정}은 거의 변화한 것이 없다^{Hargreaves & Shirley, 2012}. 다만 이 과정에서 발생한 문제들에 보완^{patching} 또는 수선/개선

교개선 연구의 지식이 recipes라는 은유로 설명되기에 적절함을 보여주는 사례이기도 하다.

21 학교효과성과 학교개선의 중첩영역의 연구의 최근의 예로 Lee & Louis(2019)를 들 수 있다.

tinkering을 해왔을 뿐이다Tyack, 1997. 이러한 학교개선의 모습은 파괴적 혁신 disruptive innovation 또는 개혁reform과는 다르다즉, 항해 중인 선박을 회항 또는 견인하여 선박 건조대 에서 해체 및 재조립하는 것이 아니다. 해외 문헌에서 학교개선이라는 용어가 학교변화school change와 혼용되어 쓰이는 것도 이러한 이유이다. 조직을 변화시킨다는 것은 조 직을 해체하고 완전히 새로운 다른 조직으로 탈바꿈하는 것이라기보다는, 조 직의 망가진 부분을 수선하고 향상시키는 일에 가깝기 때문이다.**22**

　　Hargreaves & Shirley2012는 점진적 개선incremental improvements과 파괴적 혁 신disruptive innovations은 양자택일의 문제가 아니라는 흥미로운 주장을 펼친다. 즉, 이 둘 간의 실천적 경계 해체의 필요성을 제기한다pp. 26-29. 우리나라에서 지난 10여년 간 추진되었던 정책 아이디어로서 혁신학교는 이러한 실천적 경 계를 넘어서기 위한 시도로도 해석할 수 있다. 이런 맥락에서, 우리나라에서는 학교혁신과 학교개선이 혼용되어 쓰여 왔다. 최근에는 학교혁신이라는 표현이 연구 문헌 및 정책 보고서에 더 자주 등장한다. 이는 아마도 경기도를 시발로 하여 전국으로 확산되었던 '혁신학교'와 '서울 혁신 교육정책'과 같은 정책용어 의 영향으로 보인다. 또한 개선이라는 표현이 일정부분 결핍에 대한 보충의 의미를 담고 있는 조어이기에, 혁신이라는 표현이 선호되는 것으로 보인다.

　　하지만 혁신과 개선 간에는 여전히 긴장이 존재한다. 개선은 그 변화의 과정

---

22 학교개선을 위한 해외 실천 사례를 하나 소개한다. 호주의 경우 2013년부터 National School Improvement Tool(NSIT)을 사용하여 단위학교 자체적으로 지속적인 학교개선을 위한 계획수 립 및 자체평가를 실시하고 있다. NSIT는 단위학교별로 질 높은 교수학습 활동에 영향을 주는 9개 영역에 대한 현재의 실천 상황, 개선의 증거 및 개선이 요구되는 영역을 파악하는 공유된 관점을 제시하기 위해 개발되었다. 이를 통해 궁극적으로 학생의 학업성취와 웰빙을 향상하는 데 목적을 둔다. 2023년에는 School Improvement Tool이라는 명칭으로 업데이트 되었고, 9개 의 학교개선 영역을 제시하고 있다: 1) Driving an explicit improvement agenda, 2) Analysing and discussing data, 3) Promoting a culture of learning, 4) Targeting school resources, 5) Building an expert teaching team, 6) Leading systematic curriculum implementation, 7) Differentiating teaching and learning, 8) Implementing effective pedagogical practices, 9) Building school—community partnerships.(출처: https://www. acer.org/au/research/school—improvement—tool)

이 점진적이기 때문에 제도적 흡수가 수월하다. 하지만, 변화의 결과는 여전히 기존 제도와 연속성을 유지하는 경향이 강하다. 또한 개별적인 개선들improvement initiatives의 선의에도 불구하고, 제도 전반적으로는 부정적 결과를 가져올 수도 있다예: Christmas tree problem.**23** 반면 혁신은 그 변화의 과정이 점진적일 수도 급격할 수도 있지만, 변화의 결과는 기존 제도와 비연속성을 갖는다.

그렇다면, 혁신학교는 기존 학교 제도로부터 비연속성을 갖고 있는가? 그렇지 않다. 혁신학교 역시 국가교육과정 운영 등 기존 학교 제도의 연속체에 놓여있다. 이는 '혁신'+'학교'라는 조어가 심층적 의미 차원에서 형용모순일 수 있음을 의미한다.**24** 학교는 제도이다. 혁신은 제도화되면 그 본질을 잃는다. 달리 말하자면, 혁신이 제도화된다는 것은 혁신의 본질이 시간이 지남에 따라 사멸될 수 있음을 의미한다. 혁신적 아이디어 또는 프로그램이 제도화institutionalized되기 시작하면, 해당 혁신은 점차 당연한 것taken-for-granted thing in itself이 되기 십상이다.**25** 당연하게 여기는 생각들은 더 이상 혁신이기 어렵다. 예컨대, 1960년대 평생교육/학습이라는 개념이 유네스코에 의해 주창되었을 때 기존

---

23 Bryk et al.(1998)의 연구에서 제시된 조어로, 크리스마스 트리(즉, 학교)에 장신구들(즉, 개혁 프로그램들 및 혁신적 아이디어들)이 일관성(consistency) 및 연관성(coherence) 없이 동시다발적으로 매달려져 있는 상황을 의미한다. 이는 정합성 없이 시행되는 많은 개혁과 개선의 아이디어들이 동시다발적으로 전개될 때, 학교에 어떤 문제를 발생시키는지를 비유적으로 보여준다.

24 사실 '혁신학교'라는 조어의 의미가 '심층적' 차원에서 형용모순임을 말하는 것이지, 표층적 의미 자체가 형용모순임을 주장하는 것은 아니다. 조어적으로 볼 때 표층적 의미 자체가 형용모순인 대표적인 예는 '담배인삼공사'(지금의 KT&G)이다. 담배라는 유해물과 인삼이라는 건강식품의 대명사가 기표로 함께 포진하고 있다.

25 제도화의 하위 개념 용어로 형식화(formalization)와 일상화(routinization)가 있다. 형식화는 제도가 갖는 특성들이 규정과 규칙 등을 통하여 표준화된 정도를 의미한다. 일상화는 제도의 어떠한 특성들이 행위자의 인지수준과 문화적 관행으로 인해 익숙하고 반복적으로 받아들여지는 상황을 의미한다. 즉, 제도화 과정은 형식화와 일상화를 통해 제도 내의 행위자들의 선택과 행동을 제약한다(즉, 길들인다). 사족을 추가하면, 영화 "쇼생크탈출"에서 50년간 수감생활 끝에 가석방된 노인 Brooks가 바깥 세상에 적응하지 못하고 자살하게 되자, 동료들은 Brooks의 행동을 이해하지 못한다. 이때 Red(배우 Morgan Freeman이 연기함)가 이렇게 말한다: "It's just, just institutionalized." 이는, Brooks가 쇼생크 감옥(institution)에서 50년간 길들여져왔기(institutionalized)에 그러한 선택을 할 수밖에 없었음을 암시한다.

의 학교교육 중심적 사고에 균열을 가져온 패러다임의 전환이었다Lee & Friedrich, 2011. 하지만, 평생교육/학습은 점차 제도화되면서예: 학점은행제, 평생학습계좌제, 평생학습도시 그 혁신적 성격예: 배움을 통한 자기실현(self-fulfillment), 살아가는 힘의 배양, 편견 또는 지배적 사고로부터 해방성 보다는 기존 교육문법의 경직성, 관료성, 교환양식에 포섭되어 왔다Lee & Friedrich, 2011.**26** 사실, 우리가 지금은 당연시 여기는 많은 제도들이 한때 혁신이었다. 대중적 학교교육 제도 역시, 한때 혁신의 총아였다. 비록 자본의 논리에 기초한 출발이었지만, 봉건시대에 문자를 매개로 한 지식에 접근할 수 있었던 것은 소수의 기득권층임을 생각한다면, 학교 교육의 시작은 혁신적이라 할 수 있다. 요컨대, 혁신적 생각과 프로그램은 제도화를 통해 종국에는 혁신의 특성을 잃게 된다.**27** 이는 오늘날 공공제도의 핵심 운영 원리인 관료제의 특성과도 관련이 있다. 베버는 관료제의 자기지속적 성격을 다음과 같이 설명한다.**28**

> 관료제화는 [합의된] "공동체 행위"를 합리적으로 조정된 "이익사회 행위"로 바꾸는 특수한 수단이다. ... 행정의 관료제화가 일단 완전히 관철된 곳에서는 사실상 부숴버릴 수 없는 형태의 지배 관계가 만들어진다(Weber, 1921, pp. 62-63).

관료제적 지배와 운영의 원리인 전문자격을 통한 관료들의 평준화, 비인격성, 관료제적 무관심Bureaucratic indifference, 이익사회 추구에 상응하는 규제 조치

---

26 혁신의 제도화와 상용화는 구별이 필요하다. 상품이나 과학기술로서의 혁신은 상용화되었을 때, 그 혁신의 파장이 확대된다. 상품으로서 전기의 상용화가 대표적인 예이다.

27 쉽게 일상적 비유를 들자면, 연애의 감정이 결혼이라는 제도화 과정을 거치면, 그때부터 설렘과 같은 연애의 본질적 감정은 사라진다. 상투적인 표현이지만, '결혼은 연애의 무덤'이라는 말처럼 말이다.

28 가라타니 고진은(2014, pp. 298－299) 관료제의 발생은 관료집단이 문자화된 지식을 독점하는 현상이 강한 국가에서 발생함을 지적한다. 이러한 주장은 상당히 설득력이 있다. 실제 일본의 막부시대, 서양의 중세시대, 중국의 춘추전국시대는 전문 관료제가 부재한 봉건제였고, 문자화된 지식에 접근 가능한 집단은 소수의 왕족, 귀족, 성직자들에 불과했다. 전문관료라는 개념이 부재한 사회였기 때문이다. 반면, 조선이 중앙집권적 관료제를 구축할 수 있었던 주요한 이유는 상대적으로 규모가 있는 사대부 집단들의 문자지식 독점과 연관이 있다. 이는 베버가 말한 관료제의 합법적 권력(authority) 원천이 지식에 기반하고 있음과 무관치 않다.

등Weber, 1921은 혁신을 응고시킨다.

그렇다면 제도화는 혁신의 적인가? 항상 그렇지는 않다. 제도화는 혁신을 합법적 장치를 통해 보호할 수 있다. 다만 모든 혁신에는 유통기한이 있고, 사회-공간적social-spatial 맥락에 제한성이 있다. 따라서 한 번 제도화되면 그 혁신의 장점은 서서히 굳어진다. 제도는 혁신의 오랜 퇴적물이기에 우리에게 익숙해진 것들이다. 따라서, '개선'은 '혁신'이 제도화 과정에서 응고되지 않도록 투여하는 용해제 같은 것이다. 우리나라에서 혁신학교 정책에 대한 상이한 평가와 관점이 존재하는 이유도 운동movement으로서 초기 '혁신학교'의 모습과 제도화된 보급형 '혁신학교'와의 틈새가 존재하기 때문으로 보인다. 때문에, 최근의 혁신학교 모습이 마을공동체로 확대되는 이유 중의 하나는, 학교라는 공간과 제도에 갇힌 변화가 아닌, 학교변화의 지속가능성을 도모하기 위함으로 보인다. 좀 더 큰 관점에서 이러한 현상은 사회문제 해결에 대한 교육 만능주의 태도를 지양하고, 이미 학교를 넘어선 교육문제들에 대해 학교로의 책임을 환원하려는 덫에 걸리지 않기 위한 현명한 무게중심의 이동으로 보인다.[29]

---

29 우리가 조우하는 사회문제에 대해 종종 교육이 해결책으로 제시된다. 예컨대, 부의 양극화나 계층적 분화를 '교육 사다리'의 복원을 통해 해결할 수 있다는 논리가 대표적인 교육 만능주의라 할 수 있다. 본질적으로 불평등 문제는 사회적 차원의 해결 문제이지, 교육의 목적 그 자체가 불평등 문제 해결을 위해 존재하는 것이 아니다. 이는 교육목적을 협소한 기능적 차원으로 치환하는 오류라고 생각한다. 이런 맥락에서, 우리가 겪고 있는 여러 교육문제들, 예컨대 사교육 문제 등을 무기력한 공교육의 책임으로만 돌리는 것도 협소한 환원주의라 할 수 있다. 학교는 사회문제를 해결하기 위한 기능을 갖기도 하지만, 동시에 오늘날 학교가 겪는 많은 교육문제들에 대해 사회가 치유의 역할을 해야 한다. 예컨대, 교육문제들의 해결은 학교자체가 해결할 수 있는 것을 넘어, 사회 주요 영역의(예: 주택, 보건, 조세, 노동 등) 정합적 개선과 개혁을 통해 해결해야 할 필요가 있다.

03 ＞ 학교조직에서의 리더십

❶ 고전적 리더십 이론

학교조직에서 병리적 현상을 방지하고, 학교효과성, 학교개선, 학교혁신을 이루고자 할 때 중요한 것은 조직 구성원 간의 상호작용을 학교의 비전과 목표에 정합적으로 연계시키는 일이다.[30] 이때 반드시 필요한 것이 리더십이다. 전통적 관점에서, 학교 리더십school leadership은 학교장의 리더십principal leadership 을 의미한다. 학교장의 리더십이란 무엇인가? 학교장의 리더십을 이해하기 위해서는 리더십 이론의 발달을 잠시 언급할 필요가 있다.

리더십을 이해하는 세 가지 고전적인 관점은 특성론, 행동론, 상황론이다. 특성론은 '리더는 타고나는 것'이라는 관점에서 리더십을 바라본다. 따라서 리더들의 인지적, 심리적, 사회적, 신체적으로 남다른 특성traits을 강조한다주삼환 외, 2015; Northouse, 2021. 특성론은 리더십 연구의 기초를 제공했으나, 엄밀히 말하자면 리더leader에 관한 관심이었지 리더십leadership에 대한 연구는 아니었다. 또한 조직 내의 구성원과 상호작용을 고려하지 못한 제한점이 있다.[31]

---

30 '학교병리' 또는 '학교실패' 연구는 교육행정 연구에서 상대적으로 주변부에 자리 잡고 있다. 여러 이유가 있겠으나, 본문에 설명한 학교효과성 연구의 역사적 기원과 관련이 있다. 또한 학교효과성 연구가 효과적인 학교들의 공통성에만 초점을 강조하고 있고, 학교병리와 실패의 원인들은 대개 조직별로 예외성, 특이성, 다양성에 터하고 있기에, 상대적으로 유목화하기 어려운 점도 이유로 생각된다.

31 leadership과 자주 혼용되는 용어로 management가 있다. 널리 알려진 구분으로는 리더십은 'doing the right things'에 대한 것이며, 경영은 'doing things right'에 대한 강조로 보는 입장이다(Lunenburg, 2011). 이는 리더십은 조직의 비전과 목적 차원의 것이라면, 경영은 기술적 (technical), 운영적(operational) 영역으로 구별하는 입장이다. 또한 리더십은 조직내에 사람과 그들의 '관계'에 대한 방점을 둔다면, 경영은 조직의 업무와 그 업무에 대한 '관리'에 대해 강조한다. 물론 이러한 이분적 개념화는 리더십과 경영이 연속체상에 극단에 위치했을 때를 상정한다(Lunenburg, 2011).

　이러한 문제의식에 기반하여, 1940년대 이후 리더의 '행동'behavior에 초점을 둔 연구가 본격화되었다. 리더의 행동에 대한 관심은 '리더는 만들어진다'는 전제에 기초한다. 즉, 리더처럼 행동한다면 누구나 리더가 될 수 있다는 생각에 기반한다. 행동론은 리더와 구성원의 관계를 이해하기 위해 리더의 행동유형예: 권위형, 방임형, 민주형 리더십 행동 유형에 관심을 가졌는데, 1940년대, 50년대 오하이오주립대학교에서 수행된 일련의 연구들에 의해 발전되었다. 1960년대 들어 행동론 관점은 리더십의 주류 관점이 되었고, 그 대표적인 연구로 Blake & Mouton1964를 꼽을 수 있다. 이 연구에서는 리더의 행동유형을 크게 생산성지향형예: 과업과 인간관계 지향형관심, 배려으로 구분하고 이에 따라 크게 다섯 가지 리더십 유형을 제시하였다: Team높은 생산성 지향, 높은 인간관계성 지향, Country Club낮은 생산성 지향, 높은 인간관계성 지향, Impoverished낮은 생산성 지향, 낮은 인간관계성 지향, Task/Produce−or−Perish높은 생산성 지향, 낮은 인간관계성 지향, Middle of the Road중간 생산성 지향, 중간 인간관계성 지향.**32** Blake & Mouton 연구에서는 Team 유형을 가장 효과적인 리더십 유형으로 본다. 리더의 행동으로서 리더십에는 일종의 최선의 접근이one best way 존재한다고 보는 견해다.

　하지만 '상황론'situational, contingency의 관점은 리더십에 있어 최선의 접근이 존재한다는 점에 대해 회의적이다. 예컨대, Team 유형의 리더십 행동이 전통적인 기업이나 기관에 적합할 수도 있으나, 직원들에게 높은 자율성, 창의성, 자기주도적 시간me-time을 강조하는 구글과 같은 혁신기업 조직에는 부적합할 수도 있다고 주장한다. 즉, 상황론의 관점에서 리더십situational leadership은 조직 구성원의 직무성숙도, 리더와 구성원의 관계성, 조직의 환경, 조직의 철학/성격 등에 따라 각각의 상황에 적합한 리더십 행동이 필요하다는 관점을 취한다

---

32 Blake & Mouton의 이러한 리더십 유형 구분은 Managerial Leadership Grid라 불리는데, 이는 생산성 지향과 인간관계지향의 정도를 각각 9단계로 나누고 이를 격자(grid)로 제시하였다. 따라서 리더십의 유형은 이론적으로 81가지가 된다. Blake & Mouton의 이러한 접근방식은 1940년대, 50년대 오하이오대학에서 수행한 일련의 연구 및 1960년에 발표된 McGregor(1960)의 X,Y 이론에 영향을 받았다.

Fiedler, 1981; Hersey & Blanchard, 1969. 조직의 상황적 요인을 고려하기에 상황론은
행동론을 보완하는 측면이 있다. 하지만, 개별적 상황 맥락에 대한 강조로 인
해, 하나의 정립된 이론으로 발전하기에 한계가 존재한다.

❷ 학교(장) 리더십

80년대부터 학교^장 리더십에 대한 연구가 활발히 이루어지고 있다. 이러한
연구들은 학교장의 리더십이 교사들의 교육실천 변화와 전문적 성장을 어떻게
이끌어내고 있는지에 주목했다. 즉, 전통적인 특성론, 행동론, 상황론에서 리
더십의 과업은 조직성과의 극대화였다면, 최근의 학교^장 리더십 연구는 구성원

표 6.1 시기별 학교 리더십 연구의 주요 모델

Models	Total	80-84	85-89	90-94	95-99	00-04	05-09	10-14
Distributed/Collaborative Leadership	205	2	2	4	3	15	61	118
Instructional Leadership	181	11	9	18	8	15	35	85
Teacher Leadership	151	1	5	9	13	13	47	63
Transformational Leadership	147	–	4	13	7	16	32	75
Curriculum Leadership	49	–	2	2	1	8	16	20
Technology Leadership	46	–	–	2	1	5	13	25
Transactional Leadership	40	–	–	5	–	–	8	27
Ethical/Moral Leadership	38	1	–	1	5	8	8	15
Charismatic Leadership	27	–	1	4	–	5	6	11
Administrative/Managerial Leadership	21	1	1	2	7	2	3	5
Strategic Leadership	20	–	–	–	–	2	6	12
Authentic Leadership	18	–	–	–	1	–	8	9
Visionary Leadership	18	–	–	–	4	1	6	7
Sevant Leadership	16	–	–	–	1	1	7	7

출처. Gumus *et al.*, 2018, p. 36.

의 성장예: 교사들의 실천적 변화와 전문적 성장, 학생들의 배움을 통한 성취에 초점을 두는 경향이 강하다. <표 6.1>은 지난 40여 년간주로 서구에서 수행된 리더십 연구에서 사용된 대표적인 이론적 관점으로는 수업중심적, instructional 리더십, 분산적distributed 리더십, 교사teacher 리더십 등임을 보여준다.

❸ 수업 리더십

수업 리더십은 학교장의 리더십 역할과 행위에 초점을 둔다. 이는 분산적 리더십과 교사 리더십에서 학교 구성원 간의 리더십 상호작용을 강조하는 것과 구별된다. 최근에는 교사 리더십과 분산적 리더십 관점이 폭넓게 받아들여지면서, 학교 리더십의 주체가 확대되고 있다. 그럼에도 불구하고, 학교 리더십 연구에서 학교장의 리더십 역할과 책임의 중요성은 지난 반세기의 많은 연구물이 제시하는 공통적인 결과들이다자세한 내용은 Lee, 2022 참조. 이러한 연구들이 상당히 일관성 있게 제시하는 발견은 학생의 학업성취에 영향을 미치는 다양한 학교 변인 가운데, 학교장의 리더십은 두 번째로 중요한 학교 변인이라는 점이다Robinson et al., 2008.[33] 비록 학교장이 학생들을 직접 가르치는 경우는 드물지만, 학교장은 효과적 교수학습 활동을 위한 학교조직의 구조, 문화, 풍토, 자원, 행위자 간의 상호작용에 관여함으로써, 학생의 학업성취에 간접적이지만 중대하게 영향을 미친다는 점이다Bryk et al., 2010; Day et al., 2008; Hallinger & Heck, 1996; Louis et al., 2010.

학교장의 리더십으로서 대표적으로 연구되어온 영역이 수업 리더십이다. 미국에서 시작된 수업 리더십 개념은Bridges, 1967 학교효과성 연구와 관련을 맺고 있다Bossert et al., 1982. 앞서 언급했듯이, 학교효과성 연구에서는 효과적 학교를 만드는데 기여하는 여러 요인 중에 특별히 학교장의 수업 리더십을 주목해

---

33 앞서 언급했듯이, Hattie(2007) 메타분석에 따르면 학생 학업성취와 관련한 가장 중요한 학교 내 변인은 교사 및 교수행위 관련 요인이다.

왔다예: McEwan, 2008. 수업 리더십은 1980년대의 미국적 상황과 맞물려 강조되기 시작한 학교장의 리더십 형태이다. 1983년 Nation At Risk 정책문서로 조성된 미국 교육에 대한 위기 담론에 터하여 학교의 책무성이 요구되기 시작했다. 정치적으로는 레이건 정부의 신자유주의 기조와 신공공관리론 대두 속에서 기존의 행정적, 관료적 리더십과 대비되는 새로운 학교장의 리더십이 요청되었다. 이러한 환경변화에 대한 응대로서 수업 리더십이 주목받기 시작했다. 이후 1990년대 단위학교 경영제와 2000년대 No Childhood Left BehindNCLB와 같은 시험기반 책무성test-driven accountability을 강조하는 교육개혁을 거치면서 학교장의 핵심적 리더십 형태로 받아들여졌다. 국제적으로도 OECD가 Teaching and Learning International SurveyTALIS 데이터에서 학교장 리더십 측정을 위해 수업 리더십 관련 측정변수를 핵심적으로 포함시키면서 그 중요성이 더욱 부각되었다. 학계에서도 2008년 미국교육행정학회 학술지에 발표된 Robinson 외의 메타분석 연구에서, 수업 리더십이 학업성취에 가장 효과적임을 밝히면서 수업 리더십의 위상은 공고해졌다. 요컨대, 지난 40년간의 정책환경의 변화와 경험연구들의 축적에 힘입어 수업 리더십은 학교장의 핵심적 리더십으로 인식되어 왔다.

　　하지만 수업 리더십을 학교 상황과 관계없이 보편적 리더십 형태로 적용하는 것에는 주의가 요구된다. 첫째, 상술했듯이 수업 리더십이 학교효과성 연구에서 강조되었다는 점은, 학교효과성 연구와 수업 리더십은 그 제한점을 공유한다는 의미이다. 즉, 학교가 처한 맥락적인 고려 없이 수업 리더십을 처방전처럼 사용하는 것은 주의가 필요하다. 또한 수업 리더십이 미국을 중심으로 시작되었다는 점은 문화적 환경이 다른 아시아 지역에서는 적절하지 않을 수 있음을 암시한다. 수업 리더십의 주요 요소인 학교장의 교사의 수업에 대한 직접 감독direct supervision of instruction은 한국이나 일부 아시아 지역 국가에서 흔히 발생하는 학교장의 리더십 행동이 아니다. 학교장과 교사 간의 신뢰와 소통의 문화가 전제될 때 수업 리더십은 긍정적으로 발휘될 수 있다. 이러한 조직문화의 부재 상황에서, 수업 리더십 행위가 오히려 학생의 학업성취에 부적 영향을 주기도 한다Lee, Walker & Chui, 2012. 둘째, 수업 리더십은 NCLB와 같이 과도하게 시험기반 책무성을 강조하는 정책환경 속에서, 학업성취에 오히려 부적 효과를 가져오기도 한다Lee, Walker & Chui, 2012 참조. 셋째, 수업 리더십은 다차원적 구인construct이기에Lee, Walker & Chui, 2012; OECD, 2009, 학교 상황과 조직의 성숙도에 맞게 적절한 하위 영역차원을 취사선택하고 우선순위를 갖고 접근할 필요가 있다. 마지막으로, 수업 리더십은 중/고등학교와 같이 교과별로 교사들의 수업 전문성이 분화되어 있는 상황에서는, 학교장이 모든 교과에서 수업 리더십을 발휘하기 위해서는 분산적 형태가 요구된다Lee, Hallinger & Walker, 2012.

❹ 분산적 리더십

Gronn2002의 이론적 논의와 Spillane2006의 경험연구 등이 분산적 리더십 문헌에서 주류의 관점을 형성하고 있다. Spillane의 관점을 잠시 소개하자면, 그는 리더십을 실행, 'practice'로 본다. 여기서 실행이란 학교조직의 리더들, 팔로워들, 그리고 이들을 둘러싼 상황예: 도구, 정례적 관행의 복합적 상호작용joint interactions의 산출물product로 정의된다. 여기서, 실행＝산출물이라는 점은 분산적 리더십이 복수의 리더들의multiple leaders 특정한 행동들behaviors과 조직 효과성을 연결 지으려는 시도가 아닌, 조직 내의 모든 구성원들리더들, 팔로워들과 그들을 둘러싼 상황의 상호작용의 결과로서 리더십을 이해한다는 의미이다. 따라서 분산적distributed 리더십은 더 나은 조직을 만들기 위해서 어떻게 리더십 책임과 권한을 분산할지distributing지에 대한 관심보다는, 리더십이 어떠한 방식으로 분산되어 있는지distributed, 그 자체에 대한 초점을 맞춘다.

Spillane2006에 따르면, 리더십의 분산이 계획적일by design 수도 있으나, 기본적으로 어떤 조직이든 리더십은 어떤 형태로든지 분산되어 있기에by default, 이 자체를 드러내는 작업이 분산적 리더십 관점의 이론적 효용이라는 것이다.

따라서, 분산적 리더십은 그 분산의 형태가 민주적democratic, 협력적collaborative인지에 대한 규범적 처방prescription을 위한 도구라기보다는, 조직에서 리더십이 어떻게 분산되어 있는지또는 실행되었는지 기술description하는 이론적 렌즈로서 효용을 갖는다는 것이다pp. 10-25. 하지만, 이러한 가치중립적인 틀로서 분산적 리더십에 대한 접근에 대해 모든 연구자가 동의하는 것은 아니다. 예컨대, Lee, Hallinger, & Walker2012는 학교조직 내에 여러 공식적, 비공식적 경계와 층위를 가로질러 다양한 구성원 간의 상호 작용을 촉발하고 활용하는 의도적인가치내재적인 리더십 행위를 분산적 리더십으로 본다.

❺ 교사 리더십

교사 리더십은teacher leadership 학생의 배움과 학업성취를 향상시키기 위해, 기존에 팔로워로 상정되던 교사들에 주목한다. 교사들 간에 협력collaborating, 중개brokering, 옹호advocating, 모델링modeling, 상호학습mutual learning, 자원제공/연계providing/mediating resources 등의 상호영향력을Cheung et al., 2018; Harris, 2003 행사하는 일련의 과정을 리더십 행위로 바라보는 관점이다York-Barr & Duke, 2004. 이러한 특성들로 인해 교사 리더십은 분산적 리더십과 개념적으로 중첩되는 면이 있으나, 차이도 존재한다. 분산적 리더십 관점에서는 교사 리더십은 리더십 권한과 책임이 복수의 교사들에게 분산된 특수한 리더십 형태로 인식된다. 하지만, 교사 리더십 연구 관점에서는 분산된 리더십의 주체로서 복수의 교사들의 리더십 실천의 내용과 양상이 학생의 배움과 성취에 어떤 영향을 주는가에 주된 관심을 둔다. 즉, 교사 리더십과 분산적 리더십은 그 구조적 양상에 있어 중첩되는 면이 있지만, 근본적인 차이점을 지적하자면, 교사 리더십은 리더십 권한과 책임이 복수의 교사들에게 분산되고 공유되는 것을 바람직한 것으로 인식한다는 것이다.

❻ 학교장 리더십에 대한 시간 연구

1960년대 이후로 학교장 리더십 연구는 교육행정 연구자들의 주요 관심 영역이었다. 하지만, 대부분의 학교장 리더십 연구는 교사를 대상으로 한 학교장의 리더십 인식 조사에 의존해 왔다. 이러한 접근의 제한점은 리더십의 인식과 실제 간의 간극이 존재한다는 점이다. 이러한 제한점을 극복하고자 1980년대 초반부터 학교장의 실제 시간 사용을time use 통해 리더십을 측정하는 일련의 연구가 등장했다예: Kmetz & Willower 1982; Martin & Willower, 1981. 이러한 접근의 전제는 학교장은 리더로서 자신이 중요하다고 생각하는 업무 영역에 더 많은 시간을 사용하며, 시간 배치의 우선순위를 둘 것이라는 것에 기초한다.

그렇다면 학교장들은 어디에 가장 많은 시간을 사용하고 있는가? Lee[2022]는 문헌분석을 통해 다음의 다섯 가지 리더십 영역에 학교장의 시간 사용이 주로 이루어지고 있음을 보고한다: ① 행정, ② 교사와 학생과의 관계, ③ 학부모 및 지역사회와의 관계, ④ 자기계발, ⑤ 수업 리더십. 행정은 학교장 시간 사용에 관한 모든 연구에서 공통적으로 확인된 리더십 영역이다. Lee와 Hallinger[2012]는 국가 간 비교 연구에서 대다수 국가의 초등학교 교장들이 행정 업무에 그들의 업무 시간 대부분을 사용하는 것을 보고하였다. 또 다른 주요 시간 사용 영역은 수업 리더십 영역과 교사와의 상호작용 영역이었다. 교사와 상호작용공식, 비공식 미팅 등에 시간을 많이 사용하는 학교장들의 특징은 변혁적 리더십transformational leadership을 강조한다는 점이었다Lee, 2022. 즉, 구성원들과 상호작용을 통해 조직문화와 분위기를 변화시키는 데 시간 사용을 집중하는 것으로 나타났다.

학교장들은 개별 학생들과 상호작용하는데도 일정부분 시간을 할애하는 것으로 나타났다. Lee et al.[2021]에 따르면, 34개 국가/지역의 초등학교 교장들은 평균적으로 업무 시간의 11.4%주당 약 4.7시간를 학생들과 상호작용하는 것으로 나타났다. 주목할 만한 점은, 학교장의 학생과 직접적인 상호작용에 적지 않은 시간을 사용함에도 불구하고, 관련한 연구는 부족한 실정이다. 그 이유는 전통적으로 학교장의 리더십 연구는 리더십 효과가 교사와 학교조직을 통해 매개 된다는 간접 효과모형indirect effect model에 기초하고 있기 때문이다. 하지만 학교장의 시간 사용에 대한 초기 연구물들은 학교장이 학교 내에서 투어tour, 감독superivsion, 모니터링monitoring, 교실 방문, 등하교 시 생활 및 안전지도, 비공식적 대화, 훈육 등의 행위를 통해 학생들과의 관계 구축에 힘쓰고 있음을 이미 보여준 바 있다Dwyer et al., 1983. Lavigne 외2016는 2011/12 Schools and Staffing SurveySASS 자료를 기반으로 한 연구에서 미국의 공립학교장들의 업무 시간의 23%를 학생들과의 상호작용에 사용한다고 보고하고 있다. 최근의 국가 간 비교 연구는 학교장의 개별 학생들과의 상호작용 시간은 학생들이 학교에서 안전함safety을 느끼는 정도와 긍정적 관계가 있음을 실증하고 있다Lee et al., 2021. 이 점에서, 학교장의 개별학생과의 직접적 상호작용의 효과에 대한 조사는 향후 교육행정 연구자들에게 중요한 리더십 연구 영역이라 생각한다Lee, 2022.

학교장의 학부모 및 지역사회 연계 활동은 학교장의 시간 활용 분야 중 하나이며, 이 부분에 관한 연구는 상당히 진척되어 왔다. 상대적으로 연구가 미흡한 분야는 학교장의 전문성 개발과 관련한 영역이다. 일부 미국에서 진행된 연구들은 학교장들이 평균적으로 5%의 업무 시간을 연수 참가, 전문 자료 읽기, 자기계발 계획수립 등에 사용하는 것으로 보고하고 있다Rowland, 2017.

최근 학교장의 시간 사용 연구는 시간 사용의 내용과 양을 측정하는 것뿐만 아니라 시간 사용의 방식과 맥락을 포착하는 방향으로 진행되고 있다. 이를 통해 학교장의 시간 사용과 학교조직의 다양한 산출물과의 연관성을 파악하고자 하는 연구들이 활발히 진행 중이다예: Lee, Pollock, & Tulowitzki, 2022. 이를 위해 연구자들은 다양한 방법을 활용 및 발전시켜 오고 있다, 예컨대, 관찰된 근무 활동 분석Kmetz & Willower, 1982; Martin & Willower, 1981, 구조화된 관찰 및 반성적 인터뷰Dwyer et al., 1983; Martinko & Gardner, 1990, 자체 보고 활동 로그log 데이터의 군집 분석^{Goldring et al., 2008}, 자체 보고 활동 로그 데이터와 교사 설문 조사의 양적 분석^{May & Supovitz, 2011}, 민족지학적 연구^{Wolcott, 1973}, 경험 샘플링 방법^{ESM} 로그 데이터와 인터뷰, 관찰, 웨어러블 기기의 자료를 수집 등이 있다^{Lee, 2022}. 또한 대규모 국제 평가데이터를 활용하는 연구도^{Lee & Hallinger, 2012; Lee, Ryoo, & Walker, 2021; Shin & Slater, 2010; Ten Bruggencate & Luyten, 2010} 등장하고 있다.

04 > 맺음말

6장은 교육행정이 무엇인가를 개괄적으로 소개하고 논의하는 데 그 목적을 두고 있다. 지금까지 소개와 논의에 기초하여, 교육행정 연구는 '교육과 학습 활동 지원을 위한 체계적 이론과 실천의 사회과학'으로 정의할 수 있다. 물론 교육행정 연구을 위한 정의는 연구의 관점과 범위에 따라 유동적으로 변화할 수 있으나, 큰 틀에서는 위 정의가 일정한 유통기한을 가지리라 생각한다.

끝으로 교육행정에 관심이 있는 학생들과 젊은 연구자들을 위해 교육행정 연구의 지식생산과 유통을 담당하는 주요 플랫폼을 소개하며 이 글을 마치고자 한다. 교육행정 연구와 관련한 많은 학술지 중에 권위 있는 3개의 학술지를 제시하자면, Educational Administration Quarterly^{EAQ}, Journal of Educational Administration^{JEA}, Educational Management, Administration, and Leadership^{EMAL}을 꼽을 수 있다.[34] EAQ는 미국교육행정학회의 공식 학술지로서 교육행

---

[34] 위 학술지 외에도 교육행정 연구 관련 국제학술지를 소개하면 다음과 같다(알파벳 순): Educational Leadership, International Journal of Educational Management, International Journal of Leadership in Education, Journal of Educational Administration and History, Journal of School Leadership, Leadership and Policy in Schools, Peabody Journal of Education, School Leadership and Management. 유관 분야 주요 학술지까지 포함하면 다음과 같다(알파벳 순): Educational Evaluation and Policy Analysis, Educational Policy, Journal of Education for Teaching, Journal of Educational Change, Journal of Education Policy, Journal of Professional Capital and Community, Journal of Teacher Education, Improving

정 분야 선도적 연구를 소개하는 아웃렛이다. JEA는 교육행정 학술지 중 가장 오랜 역사를 지닌 국제학술지로서 명성을 갖고 있다. EMAL은 영국교육행정학회 공식 학술지이다. 추가로 School Effectiveness and School Improvement는 앞서 언급한 ICSEI의 공식 학술지로서 교육행정 분야에서 학교효과성과 개선 문제를 선도하는 학술지이다. 한국의 젊은 연구자들이 위 유수의 학술지에 한국적 상황을 반영하는 교육행정 연구를 통해, 토착적이면서도 확장성을 갖춘 연구물들을 출판하는데, 본 챕터의 내용이 마중물이 되기를 바라며 글을 마친다.

Schools, Teaching and Teachers, Teaching and Teacher Education.

참고문헌

김병찬·유경훈(2017). '교육행정학연구' 게재 논문의 연구 동향 특징 분석: 연구주제 및 연구 방법을 중심으로, 교육행정학연구, 35(4), 173-200.

김혜숙(2019). 교육행정: 교수-학습의 성공적 구현을 위한 필수적 지원 활동. 강상진 외(편저), 미래를 여는 교육학, 서울: 박영사.

남억우 외(1993, 편저). 최신교육학대사전(1996), 서울: 교육과학사.

이종재 외(2015). 교육정책론, 서울: 학지사.

주삼환 외(2015). 교육행정 및 교육경영, 서울: 학지사.

Althusser, L. (1972[2001]). Ideology and ideological state apparatuses. In L. Althusser (Ed.), Lenin and philosophy and other essays. New York: Monthly Review Press.

Australian Council for Educational Research(2020). School and system improvement. https://research.acer.edu.au/tll_misc/37/

Bernard, C. (1983[1971]). The functions of the executive. Cambridge: Harvard University Press.

Blake, R. R., & Mouton, J. S. (1964). *The managerial grid*. Houston, TX: Gulf Publishing.

Bolman, L.G. & Deal, T.E. (2005). Reframing organizations (2nd Edition). San Francisco: Jossey-Bass.

Bossert, S., Dwyer, D., Rowan, B., & Lee, G. (1982). The instructional management role of the principal. *Educational Administration Quarterly, 18*(3), 34-64.

Boston, J. (2011). Basic NPM ideas and their development. In Christensen, T. & Lægreid, P. (Eds.), *The Ashgate research companion to new public management* (1st edition). Routledge.

Bourdieu, P. & Passeron, J-C.(1970). Reproduction. 이상호 번역(2000). 재생산. 서울: 동문선.

Bowles, S. & Gintis, H. (1976[2011]). *Schooling in capitalist America*. Chicago: Haymarker Books.

Bridges, E. (1967). Instructional leadership: A concept re-examined. *Journal of Educational Administration, 5*, 136-147.

Bryk, A. S., Sebring, P. B., Allensworth, E., Luppescu, S., & Easton, J. Q. (2010). *Organizing schools for improvement: Lessons from Chicago.* Chicago, IL: University of Chicago Press.

Bryk, T., Sebring, P.B., Kerbow, D., Rollow, S., & Easton, J.(1998). *Charting Chicago school reform.* Boulder, CO: Westview Press.

Chapman, C. Reynolds, D., Mujis, D., Sammons, P., Teddlie, C., & Clarke, P.(2016). Educational effectiveness and improvement. In Chapman, C. Mujis, D., Reynolds, D., Sammons, P., & Teddlie, C. (Eds). The Routledge international handbook of educational effectiveness andimprovement Research, policy, and practice. London: Routledge.

Cheung, R., Reinhardt, T., Stone, E., & Little, J. W. (2018). Defining teacherleadership: A framework. *Phi Delta Kappan, 100*(3), 38-44.

Day, C., Sammons, P., Hopkins, D., Leithwood, K., & Kington, A. (2008). Research into the impact of school leadership on pupil outcomes: Policy and research contexts. *School Leadership & Management, 28,* 5−25.

Dwyer, D., Lee, G. Rowan, B., & Bossert, S. (1983). *Five principals in action: Perspectives on instructional management.* San Francisco: Far West Laboratory for Educational Research.

Edmonds, R. (1979). Effective schools for the urban poor. *Educational Leadership, 37*(1), 15−27.

Fiedler, F. E. (1981). *Leader attitudes and group effectiveness,* Westport, CT: Praeger, Greenwood Publishing Group.

Fowler, F.C.(2013). *Policy studies for educational leaders.* New York: Pearson.

Fullan, M.(2003). *The new meaning of educaitonal change*(3rd Edition). New York: Routledge.

Goldring, E., Huff, J., May, H., & Camburn, E. (2008). School context and individual charعacteristics: What influences principal practice? *Journal of Educational Administration, 46*(3), 332-352.

Gronn, P. (2002). Distributed leadership as a unit of analysis. *Leadership Quarterly, 13,* 423−451.

Gumus, S., Bellibas, M. S., Esen, M., & Gumus, E. (2018). A systematic review of studies on leadership models in educational research from 1980 to 2014. *Educational Management Administration & Leadership, 46*(1), 25-48.

Hallinger, P., & Heck, R. (1996). Reassessing the principal's role in school effectiveness: A review of the empirical research, 1980-1995. *Educational Administration Quarterly, 32,* 5-44.

Hargreaves, A. & Shirley. D. (2012) *The global fourth way.* Sage: CA Thousand Oaks.

Harris, A. (2003). Teacher leadership as distributed leadership: Heresy, fantasy or possibility?. *School Leadership & Management, 23,* 313-324.

Hattie, J. (2008). *Visible learning: A synthesis of over 800 meta-analyses relating to achievement.* London: Routledge.

Hersey, P. and Blanchard, K. H. (1969). *Management of organizational behavior -Utilizing human resources.* N.J.: Prentice Hall.

Hoy, W. & Miskel, C.(2013). *Educational administration: Theory, research, and practice* (9th edition). New York: McGraw Hill

Kelly, A. & Elliott-Kelly, C.(2018) Towards a philosophy of equity in educational effectiveness research: moving from utilitarianism to a Rawlsian paradigm, *School Effectiveness and School Improvement, 29*(4), 529-544.

Kmetz, J. & Willower, D.(1982). Elementary school principals' work behavior. *Educational Administration Quarterly 18*(4): 62-78.

Kruschke, E.R. & Jackson, B.M,(1987). *The public policy dictionary,* Santa Barbara, CA: ABC-CLIO.

Lee, M. (2017). Decoding the neoliberal subjectivity in self-helping adult learners. *International Journal of Lifelong Education, 36*(1&2), 145-163.

Lee, M. (2018). A critical perspective of think tank reports' influence on measuring and comparing the outcomes of schooling systems. Paper presented at the International Congress for School Effectiveness and Improvement. NIE, Singapore., January, 2018.

Lee, M. (2022). Principal time use as a research area: Notes on theoretical perspectives, leadership domains, and future directions (pp. 9-21). In Lee, M., Pollock, K., & Tulowitzki, P. (Eds.). *How school principals use their time: Implications for school improvement, administration and leadership.* U.K.: Routledge.

Lee, M. & Friedrich, T. (2011). Continuously reaffirmed, subtly accommodated, obviously missing and fallaciously critiqued: Ideologies in UNESCO's lifelong learning policy. *International Journal of Lifelong Education, 30*(2), 151-169.

Lee, M. & Hallinger, P. (2012). National contexts influencing principals' time use and allocation, *School Effectiveness and School Improvement, 23*(4), 461−482.

Lee, M., Hallinger, P., & Walker, A. (2012). A distributed perspective on instructional leadership in International Baccalaureate (IB) schools. *Educational Administration Quarterly, 48*, 664−698.

Lee, M. & Louis, K.S. (2019). Mapping a strong school culture and linking it to sustainable school improvement, *Teaching and Teacher Education, 81*, 84−96,

Lee, M., Pollock, K., & Tulowitzki, P. (2022). (Eds.). *How school principals use their time: Implications for school improvement, administration and leadership.* U.K.: Routledge.

Lee, M., Ryoo, J−H., & Walker, A. (2021) School principals' time use for interaction with individual students: Macro contexts, organizational conditions, and student outcomes. *American Journal of Education,* 127(2), 303-344.

Lee, M., Walker, A., & Chui, Y.L.(2012). Contrasting effects of instructional leadership practices on student learning in a high accountability context. *Journal of Educational Administration, 50*(5), 586-611.

Lavigne, H. J., Shakman, K., Zweig, J., & Greller, S. L. (2016). *Principals' time, tasks, and professional development: An analysis of Schools and Staffing Survey data.* Washington, DC: Institute of Education Sciences & Regional Educational Laboratory at Educational Development Center, Inc.

Louis, K. S., Leithwood, K., Wahlstrom, K. L., & Anderson, S. (2010). *Investigating the links to improved student learning: Final report of research findings.* MN: University of Minnesota.

Lunenburg, F.C. (2011). Leadership and management. A key distinction - at least in theory. *International Journal of Management, Business andn Administration, 14*(1), 1−4.

Martin, W. & Willower, D. (1981). The managerial behavior of highschool principals. *Educational Administration Quarterly, 17*(1), 69-90.

Martinko, M. J., & Gardner, W. L. (1990). Structured observation of managerial work: A replication and synthesis. J*ournal of Management Studies, 27*(3), 329-357.

May, H., & Supovitz, J. A. (2011). The scope of principal efforts to improve instruction. *Educational Administration Quarterly, 47*(2), 332-352.

McEwan, E. (2008). *10 traits of highly effective schools.* Thousand Oaks: Sage.

McGregor, D. (1960). *The human side of enterprise.* New York, NY: McGraw−Hill.

Mintrop, R. (2020). *Design−based school improvement: A practical guide for education leaders.* Cambridge: Harvard Education Press.

Mintzberg, H.(1979). *The structuring of organizations.* NJ: Prentice Hall.

Mintzberg, H.(1980). Structure in 5's: A synthesis of the research on organization design. *Management Sciences, 26*(3), 322−341.

Northouse, P.G. (2021). *Leadership: Theory and practice.* 9th Edition. Thousand Oaks: Sage.

OECD(2003). *Education GPA.* https://gpseducation.oecd.org/revieweducation policies/#!node=&filter=all

Olssen, M., Codd, J.A., & O'Neill, A−M. et al.(2004). *Education policy.* London: Routledge.

Robinson, V. M. J., Lloyd, C. A., & Rowe, K. J. (2008). The impact of leadership on student outcomes: An analysis of the differential effects of leadership types. *Educational Administration Quarterly, 44*(5), 635−674.

Rowland, C. (2017). *Principal professional development: New opportunities for a renewed state focus.* Washington DC: American Institutes for Research.

Shin, S.−H., & Slater, C. L. (2010). Principal leadership and mathematics achievement: An international comparative study, *School Leadership & Management, 30*(4), 317-334.

Spillane, J. P. (2006). *Distributed leadership.* San Francisco, CA: Jossey−Bass.

Taylor, F.(1911). *The principles of scientific management.* New York: Cosimo Classics.

Ten Bruggencate, G., & Luyten, H. (2010). From school leadership to student achievement: Analyses based on TIMSS, 2007. In G. Ten Bruggencate, H. Luyten, & Scheerens, J. (Eds.), *Quantitative analyses of international data: Exploring indirect effect models of school leadership* (pp. 29-46). Enschende, The Netherlands: University of Twente.

Townsend, T. &MacBeath, J., & Bogotch, I. (2016). Critical and alternative perspectives on EEI. In Chapman, C. Mujis, D., Reynolds, D., Sammons, P., & Teddlie, C.(Eds). *The Routledge international handbook of educational effectiveness and improvement Research, policy, and practice.* London: Routledge.

Tyack, D. (1997). *Tinkering toward utopia: A century of public school reform.* Cambridge: Harvard University press.

Weber, M.(1921). *Wirtschaft und Gesellschaft.* 이상률(2018)(번역). 관료제. 서울: 문예출판사.

Weick, K.E.(1976). Educational organizations as loosely coupled systems, *Administration Science Quarterly, 21*(1), 1−19.

Whitty, G., Power, S., & Halpin, D.(1998). *Devolution and choice in education: the school, the state, and the market.* 이병곤 외 번역(2000). 학교, 국가 그리고 시장. 강화군: 내일을여는책.

Wilson, W. (1887). The study of administration. *Political Science Quarterly, 2*(2): 197-222.

Wolcott, H. F. (1973). *The man in the principal's office: An ethnography.* San Francisco, CA: Holt, Rinehart and Winston Inc.

York−Barr, J., & Duke, K. (2004). What do we know about teacher leadership? Findings from two decades of scholarship. *Review of Educational Research, 74*(3), 255-316.

柄谷行人(2014). 帝國の構造: 中心·周邊·亞周邊. 가라타니 고진(2014). 제국의 구조. 조영일 번역(2016). 도서출판b.

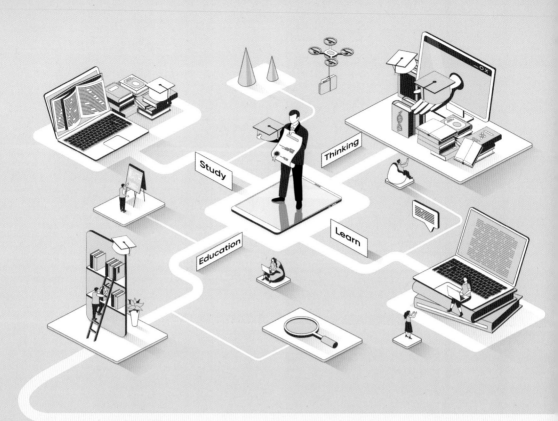

CHAPTER

07

교육공학:
교수학습에의 체제접근

교육공학:
교수학습에의 체제접근

이명근

　교육공학은 이제 교육학의 의미있는 한 분야로 어엿하게 발전했지만 엄밀히 볼 때 그 정체성은 여전히 모호하게 받아들여지는 경향이 있다. 교육공학의 학문적 정체성을 규명하기 위해서는 교육공학 분야의 태동과 발전사 그리고 핵심 탐구영역을 살펴 볼 필요가 있다. 이 작업은 또한 4차 산업혁명이라는 경제문화사적 대변환기에 대응하는 학문분야로서 기여하는 바를 가늠해보는 일이기도 하다.

01 ▶ 교육공학의 태동

　현대 교육공학의 발전을 주도한 미국 교육공학계에서는 고대 그리스의 소피스트들을 교육공학의 효시라고 본다. 무엇보다도 그들은 교육내용에 대한 체계적 분석과 교수자료의 조직, 그리고 설명식 강의 및 자유토론, 집단토론 등의 교수전략들을 적절히 활용하고 구사했던 사람들이기 때문이다Saettler, 1990. 신학과 철학 명제들에 대해 찬반의 견해를 나열하고 학습자수사들 스스로 결론에 유도하게 하는 중세 수도원 학교의 스콜라식 교육 또는 Abelard[1] 방법이라

---

　1 Peter Abelard(1079–1142)는 변증법을 신학에 적용하여 발전시킨 스콜라 신학의 창시자의 한 사람이다.

는 것도 중세의 교육공학적 시도로 언급된다.

17세기에는 경험론의 영향을 받은 보헤미아^{현재 체코}의 J. A. Comenius¹⁵⁹²⁻¹⁶⁷⁰가 교육은 자연의 사물과 실제적인 것들을 통하여 귀납적으로 일반화된 지식을 유도해야 한다고 역설한 바 있다. 이는 Platon 이후 서양 교육사에 있어서 지배적이던 능력심리학^{faculty psychology}2 사상으로부터 감각에 우선을 두는 교수원리로의 변화를 강조하는 근대 교육공학 사상으로, 특히 그가 편찬한 세계도해^{世界圖解, Orbis Sensualium Pictus: Visible World in Pictures}3를 강조한다. 이 책은 일종의 어린이용 그림책으로 150장의 그림을 포함한 라틴어 교재로서 17세기 영국의 경험론 영향으로, 언어중심^{verbalism}의 전통적 교육방법을 비판하며 제안한 세계 최초의 시각 교육^{visualization} 운동이라는 것이다. 그러나 엄밀히 말해 시각교육의 효시는 우리나라이다. 왜냐하면 고려 말 권근^{權近, 1352-1409}이 '대학'과 '중용'을 배우려는 초학자에게 성리학의 기본원리를 그림으로 풀어 설명한 삽화 교과서인 '입학도설^{入學圖說}'을 편찬한 바 있기 때문이다. 이는 철학을 독창적인 이미지로 풀어 설명하는 방식으로서, 실제 사물을 묘사한 것에 불과한 Comenius의 세계도해와는 질적으로 그 수준이 다르기에 그렇고, 시기도 260여 년 앞서기에 더욱 그렇다.

오늘날과 같은 학교제도가 수립되기 시작한 19세기 초에는 영국의 Joseph Lancaster¹⁷⁷⁸⁻¹⁸³⁸가 고안한 반장활용 중개교육^{monitorial instruction}이 창안되고 교육에 적용되기 시작하였다.4 이것은 적은 비용으로 대규모의 학습자들을 교육

---

2 인간의 마음은 일련의 능력들로 이루어지고, 이 능력들은 특정 교과를 통한 교육훈련에 의해 향상된다는 관점이다. 플라톤, 아리스토텔레스, 그리고 근대의 Thomas Reid(1710-1796) 등이 이를 주장한 대표적인 학자들이다. 특히 Reid는 인간의 마음은 생득적인 43개의 능력으로 이루어진다고 보았다(Brooks, 1976).

3 단순 그림책이란 차원에서 흔히 세계도회(世界圖繪)라고 번역하지만, 세상의 주요 사물과 현상을 그림으로 설명한다는 원래 취지를 살려 세계도해(世界圖解)라고 해야 한다.

4 이전까지 대체로 개별적으로 이루어지던 교육이 19세기에 이르러 영국을 중심으로 산업화가 이루어지면서 대량생산의 개념을 모방한 대규모화, 학년화 등 집단교수 방식의 Lancaster 제도가 교육제도로 도입되었다.

하기 위한 방안으로 교사 한 명이 여러 명의 반장monitors들에게 먼저 가르치고, 이어 이들이 다른 여러 명에게 중개함으로써 결국 교사 한 명이 한 번에 수백 명을 교육하는 효율지향적 교육공학 시도였다. 물론 이는 오늘날 지식을 일방적으로 전달하고 학습자의 행동을 통제하려는 획일적lockstep인 교수방법의 전형을 수립하는 데 일조하기도 하였다. 이 무렵, 스위스의 Johann Pestalozzi 1746-1827와 독일의 Friedrich Froebel1782-1852은 교수학습에 대한 심리학적 고찰의 결과 소위 실물교수object teaching 이론**5**을 개발하여 인간의 감각훈련과 함께 단순한 감각훈련을 넘어서는 이론적 근거를 갖춘 독특한 교수이론을 역설하였다. 특히, Froebel은 게임과 노래, 구성, 교구 등으로 이루어지는 이른바 놀이에 의한 어린이 교수법을 제안하였다. 이어 Johann Herbart1776-1841는 Pestalozzi의 감각훈련 차원을 넘어서서 심리학적 요소를 강조하는 교수과정을 체계화하며 새로운 차원의 교육공학적 시도를 하였다. 구체적으로, Herbart는 '명료-연합-체계-방법'**6**으로 이루어지는 4단계 교수전략을 제시함으로써 20세기 초엽까지 유럽과 미국의 교육현장을 풍미하며 교수학습에 대한 현대적인 과학적 탐구 다시 말해, 현대 교육공학의 발전을 선도하였다고 할 수 있다.

미국에서는 20세기 초 John Dewey1859~1952의 진보주의 교육철학과 Edward L. Thorndike1874~1949의 과학적 학습심리학의 영향으로 교육계의 새로운 혁신이 일어나게 되었다. 철학자로서 Dewey는 인간의 본성과 학습 그리고 윤리, 논리 등을 포괄하는 종합적 이론 체계를 제시하며 흔히 성찰적 교수reflective method로 회자되는 과학적 탐구법scientific investigation과 문제해결 방법problem-solving method)을 주장하였다Dewey, 1910. 미국 학습심리학의 태두로서 Thorndike 는 그의 결합조건화 이론connectionism을 토대로 학습자의 활동을 바람직한 결합 connections으로 유도하는 경험적-귀납적 교수전략을 강조하였다Thorndike, 1912.

---

5 물론 Froebel의 단순히 대상물(object)을 강조한 것이 아니라 신의 선물(gift), 즉 은물(恩物)이라는 개념으로 번역하기도 한다.

6 clearness-association-system-method.

이 두 대가의 이론을 통합한 William H. Kilpatrick[1871-1965]은 이른바 프로젝트 방법project method이라는 체계적 교수학습 방안을 제시하였는데, 구체적으로 Thorndike의 결합조건화 이론의 한 요소인 효과의 법칙에 따라 학습자의 유목적적 활동purposeful activity을 중심으로 하고, 이를 다시 Dewey의 철학을 감안하여 사회적 환경에 투영한 것이었다. 그리고 교육과정을 각 단계의 학습자의 흥미에 맞는 일련의 프로젝트들로 재조직하고, 교재로부터 배우는 것이 아닌 문제해결 활동에 의한 학습learning by doing을 역설하였다Kilpatrick, 1926. 이렇게 볼 때, Kilpatrick의 프로젝트 방법은 내용상으로나 시점으로나 현대 미국 교육공학의 효시라고 할 수 있다. 그러나 현대적인 의미에서 교육공학이라는 학문의 본격적인 발전은 이 무렵 시작된 미국의 시청각 교육운동부터라고 보는 견해가 지배적이다.

우리나라의 경우는 조선 후기에 이른바 실사구시實事求是의 차원에서 이익李瀷, 1681-1763의 일신전공日新全功7이나 최한기崔漢綺, 1803-1879의 무실사상務實思想8이 새로운 교육혁신으로 잠시 대두된 바 있다. 이것은 바로 한국 교육공학 사상의 태동이었다고 할 수 있다. 그러나 아쉽게도 구한말의 시대적 상황으로 말미암아 체계적인 변혁으로 이어지지는 못하고金賢中, 1985 단발적 주장으로 끝나고 말았다. 다시 말해, 이어지는 일본 제국주의의 강점에 의한 식민지 암흑기로 접어들게 되면서 이러한 선구적인 사상들이 우리나라의 교육공학으로 전혀 발전하지 못할 수밖에 없게 되었던 것이다.

---

7 항상 새로운 것을 생각(日新)하며 집중적으로 학문에 정진(全功)한다는 일종의 탐구학습의 방법을 의미한다.

8 경험주의 사상으로, 선험적 지각보다는 실증적 견문을 통한 지각의 염습(染習)을 바탕으로 실리(實理)를 터득해야 한다는 것을 강조하였다.

02 ❯ 현대 교육공학의 발전

오늘날의 교육공학이라는 학문분야가 본격적으로 발전한 것은 19세기 말에서 20세기 초 미국사회에서 시작된 시청각 교육운동부터라고 할 수 있다. 구체적으로는 19세기 말엽 미국 전역을 순회하며 문화강좌를 개최하는 성인교육 단체들이 이른바 시각교육visual instruction이라는 것을 시도하면서부터이다Anderson, 1962. 즉 이 문화강좌들에서 랜턴환등기lantern slides, 사진, 그림들을 주요 교수매체로 활용하기 시작하였는데, 이에 발맞추어 교육계에서도 실체경stereoscope, 실체환등기stereopticon 등이 교수매체로 각광을 받기 시작하였다. 그리고 이러한 경향이 발전하여 1905년 St. Louis의 공립학교들을 위한 전용박물관이 설립됨으로써 시청각 교육으로서의 학교박물관 운동도 확대되기 시작하였다. 20세기에 들어서면서는 영사기motion picture projector의 발명과 함께 영국, 프랑스, 미국 등에서 제작되기 시작한 교육영화는 시청각 교육운동의 박차를 가하게 되었다. 이 때 교육영화 제작의 선구자 중의 하나인 Thomas Edison은 10년 안에 학교교육에서 책은 사라지게 될 것이라는 지금까지도 빗나간 책무용론을 호언장담하기까지 하였다Saettler, 1990. 1920년대와 1930년대에는 라디오, 녹음기, 유성영사기가 발명되면서 정확히 말해 이 때까지의 시각교육에서 시청각 교육시대가 도래하게 되었다McCluskey, 1981. 아울러 다양화되기 시작한 시청각 교육의 발전을 이론적으로 정리하는 경향이 대두되었는데, 대표적인 것으로 구체성─추상성 이론Hoban et al., 1937과 경험 원추 이론Dale, 1946을 들 수 있다.

제2차 세계대전1939~1945의 발발은 이러한 시청각 교육운동을 위주로 한 현대 교육공학의 발전을 한때 위축시키기도 하였지만 결국에는 오히려 이 분야의 발전을 촉진하게 되었다. 즉 효과적 전쟁수행을 위해 영화를 통한 훈련이 강조되면서 이 분야에 대한 국가의 투자가 증대되고, 결과적으로 OHPOverhead Projector, 환등기slide projector, 언어교육장치, 모의실험장치 등의 훈련매체들이 개발되고 광범위하게 활용되기 시작했다Olsen & Bass, 1982. 그리고 이러한 다양한 매체들은 2차 세계대전 후 학교교육에 대대적으로 적용되고, 아울러 대학들을 중심으로 시청각 교육에 대한 다양한 학술연구도 수행하게 되었다. 예를 들어, 1940년대 후반부터 시작하여 1950년대에는 다양한 학문적 배경을 바탕으로 통신이론communication theory이 수립되고, 이와 관련하여 매체의 개념 및 메시지의 설계에 관한 이론들도 주장되기 시작했다McQuail & Windahl, 1981. 특히 1950년대 시청각 교육과 관련하여 주목할만한 것으로는 TV를 통한 교육ITV: Instructional Television이 주요 교수매체로 부각되었고, 이와 아울러 CCTV도 일반 교과목을 가르치는 데 활용된 바 있다Blakely, 1979; Gordon, 1970. 그러나 TV를 통한 교육 운동은 1960년대 중반에 와서 시들해지기도 했는데, 그것은 이에 대한 교사들의 거부, 설치 및 유지 비용, 일방적 통신 등의 여러 가지 제한점 등이 그 원인이었다Gordon, 1970; Tyler, 1975.

1960년대에 들어서면서는 전미 교육협회의 시청각교육 분과를 중심으로 시청각 교육에 대한 학문적 개념정립이 시도되고, 메시지의 설계 및 활용이라는 소프트웨어적인 개념으로 확대된 바 있다Ely, 1963.[9] 이러한 경향에 따라 1970년에는 결국 시청각교육 분과의 명칭을 교육통신·공학협회AECT: Association for Educational Communications and TEchnology로 개칭함으로써 바야흐로 시청각 교육의 개념이 교육공학이라는 보다 포괄적인 개념으로 정립되기 시작하였다. 그리고 교육공학계의 대표적 학술지였던 Educational Communications and Technology Journal이 1989년에 Educational Technology Research and Development ETR&D로 변경된 것도 시청각교육의 개념이 교육공학으로 완전히 통합되었음을 상징하는 것이라고 볼 수 있다.

현대 교육공학 분야가 본격적으로 발전하게 된 두 번째 흐름 또한 19세기 말에서 20세기 초 미국 교육계에서 본격화되기 시작한 개별화 교수 운동이다.

---

9 다시 말해, 시청각 기자재(매체)가 아닌 process(과정)를 강조하였다(Reiser & Dempsey, 2012).

첫 시도는 19세기 이후 도입된 Lancaster 제도가 획일적 집단교수lockstep group instruction 방식으로 변모하게 되면서 19세기 후반 무렵부터 이에 대한 문제점이 제기되고, 1855년에 개별적인 실습위주로 학습을 하는 실험실법laboratory method 을 들 수 있다Saettler, 1990. 그러나 본격적인 개별화 교수 운동의 시작은 1912년 샌프란시스코 사범대학장인 Frederic Burk를 중심으로 최소한의 교사 지도와 함께 학습자의 개별적 속도에 따라 진행해가는 개별화교수 체제individualized instruction 를 제안한 것이었다. 이것은 모든 교과에 적용할 수 있는 것으로 외국에까지 수출될 정도로 주목을 받았는데, 교육부에 소속시켜야 한다는 법적 해석과 함께 위축되기도 하였다Kulik, 1982. 그리고 Burk의 동료인 Carleton W. Washburne과 Hellen Parkhurst는 1919년 명실 공히 가장 뛰어난 개별화교수 체제를 개발하였는데, 각각 적용된 지역이름을 붙여 Winnetka Plan과 Dalton Plan이라고 명명하였다Sattler, 1990. 즉 Winnetka Plan은 Washburne이 Illinois주의 Winnetka교육감이 된 후 개발한 것으로, 개별적 학습자료와 개별시험 등에 의해 개별적 속도로 진도를 나가도록 고안된 것이었다. 물론 그렇다고 해서 집단활동을 배제하는 것이 아니라 하루 일과의 반은 연극, 음악, 학생회, 공개토론 같은 집단활동에 할애하였다. Dalton Plan은 Massachusetts주 Dalton의 한 장애자 학교에서 개발된 것으로, 이는 학습자가 상이한 능력수준별로 교사와 일종의 학습계약을 맺고 이를 점진적으로 완수해나가도록 한 제도이다. 이러한 개별화 교수 체제들은 대체로 학습자는 다음 단계로 가기 전에 현 단계의 내용을 완전학습해야 한다는 것과 모든 교수는 학습자 개인의 속도에 따라 구성되고 진행되어야 한다는 두 가지 원리를 전제하였다.

개별화 교수 운동은 1930년대의 대공황과 진보주의 교육철학의 영향으로 위축되다가 1950년대에는 소위 프로그램화 교수학습programmed instruction으로 변환되어 강조되었다. 특히 프로그램화 교수학습은 1954년 B. F. Skinner가 교육기계teaching machine를 발표하면서 주목을 받게 되었는데, 이는 그의 작동 조건화operant conditioning의 학습 원리를 일종의 원시적인 개인용 컴퓨터와 같은 기계로 구현한 것이었다. 여기서 교수자료는 오늘날 컴퓨터 화면과 같은 작은 판에 프레임frame 단위로 세분화되어 제시되고, 학습자는 아래쪽 작은 단추를 작동하여 이에 적극적 반응을 하도록 하고, 그 반응결과에 따라 즉시적 강화를 제공받으며 학습자 개인의 속도에 따라 진행하도록 한 것이다Lumsdain & Glaser, 1960. 이러한 Skinner의 프로그램화 교수학습은 교육계뿐만 아니라 군대, 산업체 등 각계의 반응을 불러 일으켰고 이를 적용한 수많은 프로그램들이 개발되어 활용되었다. 그러나 프로그램화 교수학습은 1960년대 후반에 이르러 쇠퇴하기 시작했는데, 대체로 전통적 교수보다 더 효과적이지 못하고, 이론적 배경대로 실현되지 않는 경우가 많았을 뿐만 아니라 특히, 학습자들이 싫증을 내고 자료대로 따라가지 않는 등 문제점들이 노정되었기 때문이다Brown, 1970; Krumboltz, 1964; Lublin, 1965. 따라서, 1960년대 후반에는 개인차에 부응하는 개별화 교수 체제들이 주로 교재와 같은 인쇄자료로 재개발되어 초중등 학교 및 대학 등 각급 학교 기관에서 활용되었다. 이러한 프로그램들에는 Personalized System of InstructionKeller Plan, Mastery Learning, Audio—Tutorial Approach 등이 있고, 특히 IPIIndividually Prescribed Instruction, PLANProgram for Learning in Accordance with Needs, IGEIndividually Guided Education 등의 세 프로그램은 1970년대까지 폭넓게 지지되었다가 프로그램 교수학습의 경우와 같은 문제점들로 말미암아 역시 쇠퇴하였다Gagne, 1987; Saettler, 1990.

1970년대 중반에 이르러서는 개인용 컴퓨터personal computers: PC의 개발로 컴퓨터 보조 교육Computer-Assisted Instruction: CAI이라는 새로운 형태의 개별화 교수체제가 강조되기 시작하였다. 물론 1950년대부터 IBM 및 몇몇 대학, 정부 그리고 재단들이 개별적으로 혹은 제휴하여 PLATO[10]나 TICCIT[11] 등의 대형의 본main 컴퓨터를 터미널terminals로 연결하여 활용하는 컴퓨터 활용 교수체제를 개발하기도 했지만, 1970년대 중반 이후부터는 개인용 컴퓨터 기반의 개별화 교

---

10 Programmed Logic for Automatic Teaching Operation at University of Illinois.

11 Time—Shared, Interactive, Computer—Controlled Information Television.

수를 제공하는 방식의 컴퓨터 보조교육이 더욱 활성화되기 시작했다Pagliaro, 1983. 특히 컴퓨터 보조 교육CAI은 무엇보다도 학습자와의 개별적 상호작용을 전제로 하기 때문에 개별화 교수를 전적으로 가능하게 하므로 세계적으로 각광을 받게 되었다. 그리고 동적 그림animation을 구현하거나 비디오디스크 매체를 연결한 대화형 비디오interactive video**12** 등으로 텍스트 위주의 화면자료의 한계를 극복하게 되면서 단순히 컴퓨터 보조의 수준이 아닌 컴퓨터 활용 교육Computer -Based Instruction: CBI의 개념으로까지 발전하게 되었다.

1990년대 중반에는 World Wide Web이라는 새로운 인터넷 환경의 도래로 말미암아 우리의 생활환경 전반이 바뀌게 되었고 이에 따라 컴퓨터 활용 개별화 교수 환경도 상당한 변화가 이루어졌다. 우선은 인터넷이라는 네트워크를 통해 '언제 어디서나 누구에게나' 필요한 교육을 그것도 다각적인 자료연계hyperlink를 통해 효과적으로 전달할 수 있는 소위 웹기반 교육Web-based instruction, WBI이라 불리는 인터넷활용 교육이 확산되기 시작했다. 이어서 음향, 애니메이션은 물론 동영상까지도 원활하게 제공streaming하는 인터넷 환경의 발전으로 말미암아 컴퓨터활용 교육이 보다 화려한 입체적인 교육자료multimedia, hypermedia로 변모하게 되었다. 2000년대에 들어와서는 컴퓨터 활용 교육CBI이라는 용어보다는 웹기반 교육WBI, CD-ROM에 의한 교육, 사이버 교육 등으로 불리다가 결국은 같은 전자공간electronic space이라는 틀 안에서 이루어지는 교육이라는 의미에서 전자교육e-Learning이라는 개념으로 통합되어 강조되기도 하였다. 최근에는 다양한 스마트기기를 기반으로 한 스마트기기 활용 교육smart learning과 정보통신 기술들이 우리 주변 공간의 모든 곳에 편재ubiquitous되어 상시 개별학습u-Learning으로 진화하는 혁신적인 컴퓨터기반 개별화 교수체제들이 다양하게 모색되고 있다.

---

12 컴퓨터(CAI)와 Laserdisk Player를 연결하여, 주로 컴퓨터의 본문(텍스트)으로 학습을 하다 동영상과 같은 고용량의 자료가 필요한 단계에서는 레이저디스크의 해상도 높은 비디오와 오디오를 통해 학습을 하도록 한 장치이다.

현대 교육공학 분야가 본격적으로 발전하게 된 세 번째 흐름은 20세기 초부터 미국을 중심으로 본격화되기 시작한 체제적 교수학습systemic instruction 또는 교수학습 체제instructional systems 운동이라고 할 수 있다. 물론 교수학습에 대한 현대적인 과학적 탐구의 발단은 독일의 J. Herbart가 19세기 중엽 그의 교육과학science of education에 근거하여 주창한 4단계 교수전략 이론에서이다. 또한 이와는 별도로 같은 유럽 대륙인 이탈리아의 Maria Montessori가 20세기 초 과학적 교수체제의 필요성을 강조하며 등급에 따른 교수자료를 제안Montessori, 1964한 것도 이러한 노력의 일환이었다. 그러나 과학적, 체제적 교수학습 운동의 본격적인 시작은 20세기 초 미국의 J. Dewey의 진보주의 교육철학과 E. Thorndike의 과학적 학습심리학이라고 할 수 있다. 정확히 말하면, 이 두 학자의 이론을 통합한 W. Kilpatrick1871-1965이 체계적 교수학습 방안으로 주창한 프로젝트 방법project method이라고도 할 수 있다. 특히 행동주의 학습심리학의 대표 주자였던 E. Thorndike는 교육문제를 해결하는 데 있어 과학적 방법을 활용할 것을 역설하였다. 그러나, 학습심리학은 실험위주의 자연과학적 접근을 지향하면서 표방했던 것과는 달리 점차 실제 교육문제와는 거리가 멀어졌다. 이 간격이 좁혀진 것은 제2차 세계대전을 계기로 교육학자와 심리학자들이 공동으로 군사훈련의 개발연구에 착수하면서부터이다Hilgard, 1964. 그리고 이 과정에서 발전된 연구결과들이 군대 밖의 다양한 상황에 적용되기 시작했다. 이와 아울러 행동주의 학습심리학을 집대성한 미국의 B. Skinner가 주창한 프로그램화 교수학습programmed instruction도 경험적으로 입증되면서 체계적 교수학습의 발전을 촉진하였다.

이 와중에 1957년 구 소련이 스푸트니크Sputnik 인공위성을 최초로 발사한 사건 이후 1960년대 미국 사회에서 대규모의 교육 개혁운동이 일어나면서 교수학습 과정에 대한 보다 체계적인 접근이 강조되었다. 예를 들면, Carroll1963, Bruner1966, Gagnè1977, Case1978, Knowles1978 등이 교수학습의 일반적 원리로서의 다양한 교수이론을 발표하였다. 또한 1960년대부터는 교수학습과정에 있어 주요 요소들에 대한 연구가 이루어졌는데, Mager[1962]의 행동적 목표, Glaser[1963]의 준거참조평가, Scriven[1967]의 형성평가 및 종합평가에 관한 연구 등 특정주제에 대한 집중적 분석이 이루어지기도 하였고, 다른 한편으로는 Gagne-Briggs, Merrill, Reigluth, Landa, Colins-Stevens 등에 의하여 주요 교수학습과정에 대한 체계적 설계를 위한 소위 교수설계 이론Instructional Design Theories: ID theories 분야도 발전하기 시작했다Reigeluth, 1983.

이후 교수이론, 교수과정의 요소들에 대한 연구 및 교수설계 이론 등은 개별적 발전에서 이들을 전체 프로그램 또는 교과의 개발에로 통합하는, 바꾸어 말하면 교수학습체제 개발ISD: Instructional Systems Development의 개념으로 확대발전하게 되었다. 그리고 이러한 경향은 군사훈련 및 기업교육 분야에서도 특히 활발하게 진행되었는데, 교수학습체제 개발의 초기 모형들을 제공한 사람들로서는 Banathy[1968], Kemp[1971], Gagnè & Briggs[1979] 등을 들 수 있다. 이후에도 교수학습체제 개발은 다양한 상황에 적용되는 여러 가지 모형들이 개발되었는바Andrews & Goodson, 1980, 대체로 교수학습 과정의 주요 요소들을 통합하여 절차화된 다섯 단계들로 표현된다. 첫째, 초기분석analysis의 단계에서는 교수학습목적, 요구분석, 교수학습 분석직무분석 등에 의해 교수학습 요건을 규명한다. 둘째, 설계design 단계는 교수목표 규명, 교수학습 계열화, 교수학습 전략의 고안 등 앞서 규명된 교수학습요건에 대한 처방을 포함한다. 셋째, 이러한 처방들에 대한 실제 교수학습 자료를 개발development하고, 넷째, 이를 실제 대상자들을 상대로 시행을 해본다implementation. 끝으로, 종결단계에서는 개발된 교수학습 체제에 대한 평가evaluation를 하고 그 결과를 이전 단계들에 되알리기 함으로써 교수학습 체제 전반의 개선을 도모하고 효용성을 평가한다. 이와 같이 각 단계들은 서로 유기적인 관계를 형성함으로써 궁극적으로 모든 학습자의 완전학습을 지향하는 효과적인 교수학습 체제를 지향한다.

이상에서와 같이 현대의 교육공학 분야는 20세기 초부터 주로 미국을 중심으로 한 시청각 교육, 개별화 교수, 체제적 교수학습 운동 등의 크게 세 흐름 속에서 정립되고 발전되어 왔다는 것을 알 수 있다. 여기서 시청각 교육, 개별화 교수 분야들도 마찬가지이지만, 특히 교수설계 이론 및 교수학습체제 개발 분야는 교수학습에 대한 전통 교육학적 접근과 교육공학적 접근을 구분 짓는 대표적 영역으로 간주됨과 아울러 이 자체들이 독립된 탐구분야로까지 발전할 정도이다.

03 > 교육공학과 교수설계

교육공학 분야의 학문적 정체성을 파악하기 위해서는 이 용어educational technology or instructional technology 자체의 의미를 살펴 볼 필요가 있다. 즉 '교육education or instruction'에 '공학technology'이라는 용어가 합성되어 성립한 교육공학이라는 개념 의 규명은 과연 '공학technology'이라는 용어가 왜 사용되는가에서부터 출발해야 한다. 우선 공학이라는 용어는 다양한 의미로 사용된다. 실례로, 오늘날의 눈 부시게 발전한 과학기술의 결과로 산출된 어떤 장치나 기계를 의미하는 경우 가 대부분이지만 과학기술 자체를 의미하기도 한다. 그렇다면 이 용어를 사용 하는 서구 사람들의 의식에는 어떤 개념으로 자리잡아왔는가? 이 용어의 어원 은 희랍어 'techne'에서 비롯된 것인데, 이는 원래 '특정 활동' 또는 '일종의 지 식'을 의미하였다고 한다Mitcham, 1979. 예를 들어, 플라톤은 '체계적 또는 과학 적 지식'이라는 뜻의 episteme를 techne와 동의어로 간주하였으며, 아리스토 텔레스에게는 인간의 지적인 행위를 위한 지식의 체계적 활용을 의미하였다고 한다. 이는 공학이라는 말의 원래 의미는 어원적으로 볼 때 어떤 장치나 기계와 같은 산출물product의 개념보다는 오히려 활동이나 지식과 같은 과정문제해결과정, process의 개념을 포함한다고 보는 것이 더 타당하다는 것을 시사한다. 이러한 주장은 특히 공학이라는 말에 대한 다음과 같은 현대적 해석들에 의해서도 뒷 받침된다.

- 과학적 또는 조직화된 지식을 실제 과업에 체계적으로 적용하는 것(Galbraith, 1967)
- 재화나 서비스를 창출하는 사회의 능력을 고양시키고 생산적 기능, 조직 또는 기계 등으로 구체화되는, 실험이나 과학적 이론에 기초한 체계화된 실제적 지식(Gendron, 1977)

그런데 '공학technology'에 대한 어원적 의미나 현대적 해석들을 곰곰이 살펴 보면 공통적으로 강조되는 개념이 있는데, 그것은 바로 체계적systematic이라는 것이다. 이 '체계적'이라는 용어는 바로 체제system의 개념과 직결되며, 이 말은 원래 생물학적인 용어로 쓰이기 시작한 것이다Hwang, 1995. 즉 '세포-조직-기 관' 등으로 이루어진 유기체가 하나의 체제를 이루어 독특한 기능을 수행하는 데서 유래한 것이다. 그리고 이 체제의 개념이 근대에 전폭적으로 지지되어 왔던 기계론적인 과학주의 또는 인과율적인 법칙주의에 대한 대안으로 여러 학문분야에 적용이 되기 시작하면서 일반체제이론general systems theory으로 정립 된 것이다von Bertalanffy, 1968; Laszlo, 1972.

일반체제이론에서는 체제란 '공동의 목적을 위하여 긴밀한 유대관계를 가 지고 기능하는 일련의 구성요소들의 집합체'로 정의한다. 예를 들어, 시계, 인 간의 신체, 정치 조직 등은 서로 연관되는 여러 가지 부분들로 구성되며 어떤 목적을 위해 기능하기 때문에 하나의 체제이다. 그런데 한 체제가 기능하는데 있어서는 이 체제를 둘러싸고 있는 환경으로서의 상위체제suprasystem와 이 체제 안의 조직으로서의 하위체제subsystem라는 위계구조 속에서 영향을 주고 받으 면서 평형equilibrium을 유지하려고 역동적으로 기능한다. 이러한 체제의 개념을 그림으로 나타내면 [그림 7.1]과 같다.

일반체제이론이 다양한 상황의 문제들을 해결하는데 적용이 되면서 다시 체제접근systems approach이라는 개념이 대두되었는데, 이 개념에 대한 대표적 정 의는 다음과 같다Ryan, 1975.

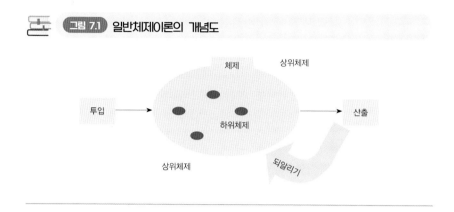

그림 7.1 일반체제이론의 개념도

체제접근이란 해당 체제를 분석하고 문제를 해결하여 새로운 체제를 개발하거나 기존 체제를 수정하는 등 일련의 작용을 가함으로써 한 조직 또는 어떤 구조의 결과를 적정화하는 과학적, 체계적, 합리적 절차이다.

즉 체제접근은 순서 또는 계획의 개념을 포함하며, 기존 체제로부터 의미를 도출해내거나 나아가 새로운 구조를 창출하고 문제를 해결하는 것을 의미한다. 또한 이 체제접근의 개념에는 여러 가지 절차 또는 단계들이 내포됨을 알 수 있는데Banathy, 1968; Romiszowski, 1981; Ryan, 1975; Silvern, 1972, 이 체제접근의 개념이 의미하는 일반적 절차들을 그림으로 나타내면 [그림 7.2]와 같다.

그림 7.2 체제접근의 일반적 절차

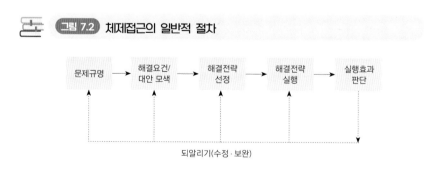

출처: R. A. Kaufman(1970), p.140.

여기서 알 수 있는 바와 같이 체제접근에는 관련된 문제를 체제의 개념에 기초해서 먼저 그 문제의 본질을 명확히 규명하고, 이를 해결하는데 필요한 대안들을 고안해내고, 이에 따른 해결전략을 수립실행하고, 그 결과를 평가하여 적정화가 이루어지지 않았다면 이전 단계들을 수정·보완함으로써 궁극적으로 문제를 해결하는 일련의 절차들이 포함된다. 이렇게 볼 때, 체제접근이란 결국 관련된 문제를 하나의 체제로 보고 종합적으로 계획·실행·평가함으로써 해결하는 과정, 즉 문제해결과정이라고 정의할 수 있다.

공학의 본질적 의미가 체제접근이라면 공학과 교육이 합성된 개념으로서의 교육공학이란 결국 교육문제에 대한 체제접근을 통한 문제해결 과정이다. 여기서 과정process이라고 강조한 것은 교육공학의 본질을 현대 과학기술의 부산물products인 TV, 컴퓨터, 위성 등의 여러 첨단매체들을 교육에 활용하는 분야로만 인식하는 경향을 불식시키기 위한 것이다. 그리고 교육공학educational technology은 교육문제 중에서도 그 핵심은 교수학습의 문제이므로 '교수공학instructional technology'이라는 용어가 더 적절할 수도 있다. 그렇기 때문에 교육공학에 대한 외국의 개념 정의들에서 볼 수 있듯이 이 두 가지가 혼용되어 왔다. 교육공학educational technology이라는 용어를 선호하는 경우는 instruction을 education의 일부분으로 보고, 오히려 포괄적인 education이 여러 상황을 포함하는데 더 적절하다고 보는 것으로 특히 영국이나 캐나다 학계가 여기에 해당되는 것으로 보인다. 반면에 교수공학instructional technology라는 용어를 선호하는 경우는 교육공학의 기능을 묘사하는 데 더 적절하다고 보며, 주로 미국 학계에서 많이 사용되는 것을 알 수 있다.

이상에서 볼 때, 교수·학습의 제반문제들을 하나의 체제로 보고 그 해결책을 종합적으로 계획·실행·평가함으로써 해결하려는 과정으로서의 교육공학 분야의 실체는 바로 체제적 교수학습을 핵심으로 하여 시청각 교육 및 개별화 교수를 포괄하는 분야로 재정의 할 수 있다. 그리고 이러한 교육공학의 학문적 정체성을 가장 잘 드러내는 대표적 탐구영역으로 교수설계 분야의 대표적 이론 하나를 살펴봄으로써 교육공학의 본질을 확인할 필요가 있다.

❶ 교수학습조건 설계이론

교수설계 이론의 대표적 이론으로서 교수학습조건 설계이론은 기존 학습심리학의 관점들을 종합한 Robert M. Gagné의 학습심리학 관점Gagné, 1965, 1968, 1977과 매체활용에 관한 Leslie J. Briggs 이론Briggs, 1970을 결합하여 발전시킨 것으로 크게 세 단계로 이루어진다. 첫째, 인간의 다섯 가지 학습결과learning outcomes 를 토대로 학습조건을 규명하고 학습과제 분석을 통해 교수목표들을 설정한다. 둘째, 설정된 교수목표들을 중심으로 기본적으로 학습위계learning hierarchy의 원리에 따라 교수과정을 계열화sequencing 한다. 셋째, 해당 교수목표들 전체에 대해 9 외적 교수절차external events of instruction를 배열하되 교수활동별로 적절한 매체를 활용하며 교수절차를 설계한다.

1) 교수학습조건 규명과 학습과제 분석

Gagné는 인간학습의 결과를 지적 기능, 인지전략, 언어정보, 태도, 운동기능의 다섯 가지로 분류하였다. 즉 교수학습을 통하여 궁극적으로 학습자에게 획득되는 인간의 능력human capabilities 또는 장기기억 속에 축적되는 학습결과는 결국 이 다섯 가지로 규명되며, 모든 교수학습의 전개는 이에 따른 학습과제의 분석으로부터 이루어진다는 것이다Gagné, 1965, 1977, 1985. 이 다섯 가지 학습결과에 대해서는 구체적으로 살펴볼 필요가 있다.

첫째, 지적 기능intellectual skills은 상징 또는 개념화를 통하여 환경과 상호작용하게끔 하는 기능, 즉 어떻게 하는 절차에 관한 기능learning-how-to-do으로서 절차 지식procedural knowledge; Anderson, 1985이라고도 한다. 지적 기능은 또한 복합성에 따라서 다섯 가지로 대별되는데, 사물의 물리적 차이를 구별하는 식별기능discriminations, 같은 종류의 사물이 갖게 되는 공통적 특징을 구분하는 구체적 개념concrete concepts, 사물·사건·관계의 의미를 분별하는 추상적 개념defined concepts, 사물이나 사건들 사이의 관련성을 파악하는 규칙rules, 그리고 경험하지 않은 새로운 문제를 해결하기 위하여 여러 규칙들을 복합적으로 구성하여 고차원적 규칙복합규칙을 창출할 수 있는 문제해결problem solving 등이다. 지적 기능은 형식교육의 대부분을 구성하며, 따라서 일반적으로 교수설계의 근간이 된다.

둘째, 인지전략cognitive strategies은 학습자가 자신의 학습, 즉 사고과정을 스스로 조절하는 능력으로서 지적 기능의 특수한 형태이며, 그동안 학습촉진행위mathemagenic behavior: Rothkopf, 1971, 자기관리행위self-management behavior: Skinner, 1968 또는 조건 지식conditional knowledge: Paris, Lipson, & Wixson, 1983 등으로 언급되어 왔다. 예를 들어, 되풀이, 밑줄치기, 베껴쓰기 등의 반복rehearsal, 산문학습의 경우 부연하기, 문답보조질문 등의 정교화elaboration, 의미있는 유목으로 정돈예: 주기율표하는 등의 조직화organization, 학습의 전 과정을 전략화하는 학습조정comprehensive monitoring 또는 조망인지metacognition 등을 포함한다.

셋째, 언어정보verbal information는 우리가 언어로 진술할 수 있는 지식으로서 어떤 명칭labels이나 개별적 사실facts, 역사적 사건들과 같은 조직화된 지식organized knowledge 등을 말한다. 즉, 언어정보는 어떤 것을 학습하는 것learning that 이며, 서술 지식declarative knowledge: Anderson, 1985이라고도 한다. 특히 언어정보는 다른 학습 성과들과 함께 장기기억 속에 명제망propositional network을 형성하는 데 있어 중심이 된다. 학교교육을 통해 습득하는 언어정보는 한편으로는 배우는 그 교과를 위한 것이고, 다른 한편으로는 성인이 된 후에 여러 상황에서 비교적 용이하게 인출되는 지식을 형성하게 된다.

넷째, 태도attitudes는 소위 정의적 영역affective domain: Krathwohl et al., 1964에 속하는 것으로 사물, 사람, 또는 상황 등에 대한 감정을 말한다. 따라서 태도는 가치, 신조 등 개인적 행위선택에 영향을 미치게 된다.

다섯째, 운동기능motor skills은 자전거를 탄다든가 줄넘기를 한다는가 등의 근육운동과 관련된 능력이 학습되는 것이다. 또한 철자쓰기, 선 그리기 등 형식교육의 일부로서 학습되는 기능들도 포함된다. 운동기능은 물론 근육운동과 관련된 수행을 가능케 하는 것이지만 다른 학습을 촉진시키는 기능을 하기도 한다. 가령, 철자 쓰는 기능을 수행하면서 단어 및 문장을 만드는 학습이 가능하게 된다.

이상의 다섯 가지 인간학습의 결과는 교수설계에 있어서 중요한 의미를 갖게 되는데, 왜냐하면 이것은 교수학습 상황에서 다루어지는 학습내용 또는 학습과제, 즉 교수목표가 되기 때문이다. 예를 들어, 기초과학에 관한 강의에서 아래와 같은 세 가지 학습결과를 교수목표로 설정할 수 있다. 여기서 첫 번째 목표는 지적 기능에 관한 것으로 학습자의 지적 조작을 포함하는 수행을 나타낸다. 두 번째 목표는 학습자가 이미 학습한 개념이나 규칙을 활용하는 데 있어 거의 지도를 받지 않는 생소한 상황에서 보여야 하는 복합적 수행에 관한 것이므로 인지전략과 관련되는 목표라고 볼 수 있다. 그리고 세 번째 목표는 과학적 활동을 지향하는 행위의 선택과 관계되므로 태도에 관한 목표임을 알 수 있다.

ㄱ. 속도, 시간, 가속에 관한 문제를 풀기
ㄴ. 진술된 가설을 과학적으로 검증할 수 있는 효율적 실험을 설계하기
ㄷ. 과학적 활동을 존중하기

이 다섯 가지 학습결과는 다른 관점에서 생각해보면, 이전의 교수학습의 결과로 획득된 장기기억의 구성원소로서 학습자가 새로운 학습 장면에 임할 때 갖추게 되는 이른바 학습의 내적 조건internal conditions of learning을 형성하는 요소가 된다.

학습의 실체를 이렇게 다섯 가지 학습결과로 분류하는 것이 교수학습 설계에 있어서 중요한 또 다른 이유는 이러한 상이한 학습결과는 상이한 교수학습 조건을 필요로 하기 때문이다. 가령, 새로운 지적 기능을 학습하기 위해서는 이전에 학습한 선수기능prerequisite의 상기라는 내적 조건internal conditions과 이 새

로운 지적 기능을 구성하는 여러 가지 하위기능 – 필수 및 촉진 하위기능 – 의 수행이라는 외적 조건external conditions이 수반되어야 한다. 다시 말하면, 내적 조건이란 학습자가 과거에 학습하여 장기기억에 저장된 것 중 새로운 학습에 필수적이거나 또는 이를 촉진하는 요소로서 학습자의 작업 기억working memory에 존재하는 상태를 말한다. 그리고 외적 조건이란 내면의 학습과정을 활성화하고 촉진하기 위해 학습자 외부에서 제공되는 다양한 방식의 교수절차instructional events를 말한다. <표 7.1>은 상이한 학습결과에 따른 학습의 상이한 내적·외적 조건들을 정리한 것이다.

표 7.1 5학습결과와 교수학습조건

학습결과	내적 조건	외적 조건
지적 기능	이전 학습 선수[하위]기능 상기	필수·촉진 선수[하위]기능 수행·강화
인지전략	관련 지적 기능, 언어 정보 상기	상당 기간 생소한 문제상황에서 문제해결 연습
언어정보	관련 맥락 상기	유의미 맥락에서 새 정보 제시
태 도	목표행동 관련 정보, 지적 기능 상기	학습자 존중 모범 제시 및 반응행동에의 직·간접적 강화
운동기능	실행절차(executive subroutine) 수립 또는 상기	실행절차 제시에 이은 부분 기능 및 전체 기능 연습, 그리고 수행에의 즉시적 강화

이와 같이 상이한 교수학습 조건을 필요로 하는 지적 기능, 인지전략, 언어 정보, 태도, 운동기능 등의 다섯 가지 학습결과에 따라 학습과제를 분석하기 위해서는 먼저 과제분석task analysis을 할 필요가 있다. 과제분석은 궁극적 교수목표terminal objective – 교과수준 또는 단원수준에서의 교수목표 – 를 수행하는 과정의 단계들, 즉 수행목표target or performance objectives들을 분석하는 것으로부터 시작한다. 그리고 이렇게 규명된 수행목표를 학습하는데 필요한 선수기능

prerequisite skills 혹은 하위기능subordinate skills**13**을 규명하게 된다. 예컨대, 영어 동사의 단수형태를 진술하기 위해서는 학습자가 규칙동사 및 불규칙동사에 관한 지식을 알아야 한다. 이러한 하위기능 혹은 선수기능은 두 종류로 구별되는데, 하나는 학습자가 이미 갖추고 있기 때문에 해당 교수학습에서 취급되지 않는 선수기능과 실제 교수과정의 요소가 되는 선수기능으로 나뉘어진다.

이상에서와 같은 과제분석의 결과, 교수학습에서 실제로 다루어지는 학습내용 또는 학습과제는 학습결과지적 기능, 인지전략, 언어정보, 태도, 운동기능의 관점에서 분류되고, 이어서 명확한 교수목표들로 진술된다. 그리고 교수목표가 다섯 가지 학습결과 중 어느 영역에 해당하는지를 명확히 하기 위해 <표 7.2>에서와 같이 학습결과 동사learned capability verb로서 표준적인 동사를 활용할 것을 장려한다.

 표 7.2 학습결과별 교수목표

학습결과	표준동사	교수목표
지적기능		
식 별	식별하다	불어의 o 및 ou의 발음을 관련지어 식별할 수 있다.
구체적 개념	구분하다	대표적 식물의 부분을 지칭하여 구분할 수 있다.
추상적 개념	분별하다	개념정의를 하여 가족의 개념을 분별할 수 있다.
규 칙	시연하다	예제를 풀어서 양수 및 음수의 연산을 시연할 수 있다.
문제해결	창출하다	제 이론들을 종합하여 공포상황에서의 인간의 행위를 묘사하는 문장을 창출할 수 있다.
인지전략	채택하다	미국의 각 주를 써서 열거하는데 지도를 연상하는 기법을 채택할 수 있다.
언어정보	진술하다	19대 대통령 선거운동의 이슈를 구두로 진술할 수 있다.
태 도	선택하다	여가활동으로 골프치기를 선택할 수 있다.
운동기능	실행하다	연결로를 따라 차를 후진하는 것을 실행할 수 있다.

출처: Gagné, R.M. *et al.*(1988), p.124.

---

13 지적 기능에 있어서는 선수기능 또는 하위기능이라고 하는 것이 적절하지만 언어정보나 태도의 경우에는 특히 선수되는 학습의 실체가 기능(skill)이 아니므로, 선수학습 또는 하위학습이라고 하는 것이 더 적절한 용어이다.

예를 들어, '전기회로의 개념을 이해시키다'와 같은 모호한 목표보다는 '전기회로 만들기를 시연해 보일 수 있다'와 같이 구체적인 행위동사action verb를 포함하는 이른바 행동적 목표behavioral objectives로 진술하는 것이 바람직하다는 것이다Gagné et al., 1988. 이처럼 교수목표를 행동적 목표로 진술하는 것은 교수학습의 관련자들 사이에 있어서 의사소통에 도움이 되고, 교수학습 설계에서 중시해야 할 초점을 제공해주며, 학습자의 수행을 측정하는데 지침이 되는 등 여러 가지 측면에서 유용하다. 그러나 무엇보다도 중요한 행동적 목표의 기능은 궁극적으로 학습자의 학습을 촉진한다는 것이다.

2) 교수과정의 계열화

과제분석을 통해 규명된 교수목표들을 중심으로 교수과정을 계열화sequencing 하는데 있어서는 기본적으로 학습위계learning hierarchy의 원리에 따른다. 학습위계란 교수학습과정에 있어서 먼저 학습되지 않으면 결코 이후의 학습을 할 수 없는 선후관계에 있는 교수목표들 간의 관계이다. 다시 말하면, 효과적 학습을 촉진하기 위한 수행목표 또는 구성목표들 간의 위계적 관계라고 할 수 있다. 실례로 [그림 7.3]은 '문서편집기의 활용'이라는 궁극적 교수목표terminal objective를 구성하는 다양한 수행목표들을 학습위계의 원리에 따라 계열화한 것이다.

학습위계의 원리는 인간의 다섯 가지 학습결과에 속하는 여러 교수목표들 가운데서도 원칙적으로 지적 기능intellectual sills에 속하는 식별, 구체적 개념, 추상적 개념, 규칙, 문제해결들 간의 관계에만 적용되는 개념이다. 그런데도 학습위계가 계열화에 있어서 항상 강조되는 것은 일반적으로 교수학습의 과정은 대부분 이 지적 기능들을 중심으로 이루어지기 때문이다. 예를 들어, 교수목표가 운동기능인 경우에도 전체기능을 구성하는 부분기능들을 효율적으로 수행하는 규칙executive subroutine을 먼저 가르치고, 부분기능들을 각각 지도한 다음에 그리고 이들을 한꺼번에 수행하도록 지도한다. 지적 기능이나 운동기능이 아닌 다른 교수목표들인 경우에도 학습위계의 원리와 같은 맥락의 선수학습prerequisite learning에 근거하여 계열화할 수 있다.

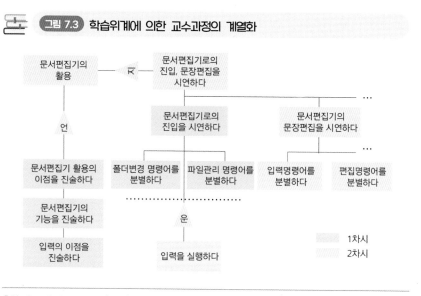

그림 7.3 학습위계에 의한 교수과정의 계열화

출처: Gagné, R.M. et al.(1988), p.157.

교수학습의 계열화에 있어서 끝으로 고려해야 할 것은 학습자가 수행목표를 구성하는 선수기능들 중 어디까지를 미리 학습했는가를 결정하는 것이다. 다시 말하면, 이는 교수학습의 출발점의 기준으로서 선수기능entry skills—즉, 출발점 행동entry behaviors—을 결정하는 것인데, 대체로 교수자의 판단 또는 사전검사pretest를 통한 학습자 분석에 의해 이루어진다. 예를 들어, [그림 7.3]에서 학습자를 분석한 결과 대체로 입력을 할 수 있으므로 '입력을 실행하다'라는 운동기능에 관한 목표는 출발점 기능으로 간주되고 해당 교수학습 과정에서는 다루어지지 않게 된다.

3) 외적 교수절차 설계

학습과제에 대한 분석을 기초로 교수학습의 전 과정에 대한 계열화를 한 다음에는 구체적 교수목표들에 대한 교수학습 설계를 하게 된다. 이 구체적 교수목표들에 대한 교수설계는 바로 Gagné의 9 외적 교수절차events of instruction: Gagné, 1965 &1985: Gagné & Briggs, 1979에 따른다. 이것은 지금까지의 교수학습 과정에 대한 계열화가 거시적 수준macro level의 전개 전략임에 비해서 상대적으로 미시적 수준micro level의 계열화라고도 할 수 있다.

9 외적 교수절차는 모든 교수학습 상황에 적용되는 아홉 단계의 일반적 교수절차로서 정보처리 학습이론에 근거한다Gagné, 1974. 즉 단위학습의 과정에는 자극의 수용reception of stimuli, 정보의 등록registration of information, 선택적 지각selective perception, 반복rehearsal, 유의미 체계화semantic encoding, 인출retrieval, 반응생성response generation, 수행performance, 과정의 조절control of processes 등 아홉 단계에 걸친 학습자 내면의 인지과정들internal processes이 수행된다Bower & Hilgard, 1981. 그런데 이 내면의 인지과정들은 학습자 외부에서 발생하는 과정들external events에 의해서도 영향을 받게 되는데, 바로 이 과정들이 9가지 외적 교수절차를 구성하게 된다는 것이다.

9 외적 교수절차는 때로 학습자가 특정 학습자료와 상호작용하는 가운데 자연적으로 발생할 수도 있다. 그러나 대개의 경우 외적 교수절차는 교수자에 의해서 신중하게 계획되어야 한다. 이 외적 교수절차를 정보처리 학습이론에서 규명한 정보처리 과정, 즉 학습자 내면의 인지과정들과 대응시켜 도식화하면 다음 [그림 7.4]와 같다.

여기서 '주의집중시키기'gaining attention는 감각수용기의 수용준비를 촉진시키는 절차로서 다양한 방법으로 자극의 변화stimulus change를 시도할 수 있다. TV 교육방송을 예로 들면, 애니메이션이라든가 또는 장면의 갑작스런 변경 등을 활용할 수 있다. 교사에 의한 교수에 있어서는 일반적으로 학습자의 흥미에 초점을 맞추는 경우가 일반적이다. 예를 들어, 낙엽에 관한 단원을 가르칠 때 교사는 "나무에서 잎이 왜 떨어지는지를 알고 싶지 않으세요?"라는 구두질문을 사용한다. 주의집중시키기와 관련하여 교수설계가 제대로 되었다면 교수자에게 보다 많은 대안을 제공해주는 경우라고 할 수 있다.

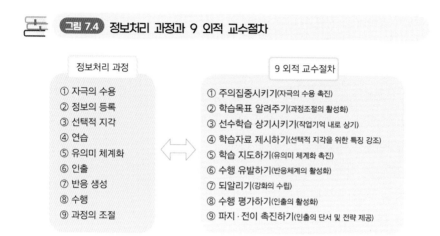

그림 7.4 정보처리 과정과 9 외적 교수절차

정보처리 과정

① 자극의 수용
② 정보의 등록
③ 선택적 지각
④ 연습
⑤ 유의미 체계화
⑥ 인출
⑦ 반응 생성
⑧ 수행
⑨ 과정의 조절

9 외적 교수절차

① 주의집중시키기(자극의 수용 촉진)
② 학습목표 알려주기(과정조절의 활성화)
③ 선수학습 상기시키기(작업기억 내로 상기)
④ 학습자료 제시하기(선택적 지각을 위한 특징 강조)
⑤ 학습 지도하기(유의미 체계화 촉진)
⑥ 수행 유발하기(반응체계의 활성화)
⑦ 되알리기(강화의 수립)
⑧ 수행 평가하기(인출의 활성화)
⑨ 파지·전이 촉진하기(인출의 단서 및 전략 제공)

'학습목표 알려주기'informing the learner of the objective는 인지과정의 조절을 활성화하여 학습자로 하여금 학습과제 및 이로 인해 기대되는 학습결과에 적합한 전략을 선정하도록 도와주는 것이다. 물론 운동기능에 대한 학습의 경우예: 테니스에서 빌리의 학습와 같이 학습의 목표가 분명해서 특별히 언급할 필요가 없기도 하지만, 지적 기능과 관련한 학교교육에서는 초기에 학습자들에게 교수목표가 분명하지 않은 경우가 종종 있다. 즉, 교수자의 마음 속에 있는 것을 학습자가 상상하도록 하는 교수상황을 계획해서는 안 되고, 교수목표는 반드시 학습자에게 알려져야 한다. 학습자에게 학습목표를 알려주는 것은 그리 어려운 작업이 아니며, 무엇보다도 학습자로 하여금 학습궤도에서 이탈하지 않도록 하는 기능을 하기 때문에 중요하다. 또한 학습목표 알려주기는 교수자로 하여금 교수과정의 초점을 잃지 않도록 도와주는 기능도 한다.

'선수학습 상기시키기'stimulating recall of prerequisite learning는 학습자가 이전에 습득하여 현재의 교수학습 장면에 가지고 들어오는, 즉 학습자의 장기기억에 속에 있는 내용을 작업기억^{단기기억} 안으로 인출하여 새로운 학습을 촉진시키는 절차이다. 예를 들어, 뉴톤의 운동의 제2법칙인 질량에 관한 규칙에 대한 학습에서는 곱하기의 개념과 더불어 가속도 및 힘에 관한 개념들이 관련된다. 따라서, 학습이 일어나기 위해서는 이전에 학습된 관련내용들이 작업기억 내에 가용해야 되며, 그러기 위해서는 새로운 학습이 일어나기 직전에 상기되어야 한다. 선수학습의 상기는 대체로 이를 상기하는 질문^{recall question}에 의해 이루어 질 수 있다. 가령, 아동들에게 산에서 비가 자주 오는 현상을 가르치고자 할 때, "여름에 이곳저곳을 떠돌아다닌 구름 속의 공기의 상태는 어떻다고 배웠지요?"라는 질문을 할 수 있다. 그리고, 이어서 "높은 산위의 공기의 온도는 어떻지요?"라고 질문을 함으로써 이전에 학습한 규칙을 상기시키고 아울러 따뜻하고 습기가 찬 구름이 차갑게 될 때 발생하는 결과와 관련된 새로운 규칙을 학습하게 된다.

'학습자료 제시하기'^{presenting the stimulus materials}는 모든 학습에 있어서 고려되는 당연한 절차이다. 그럼에도 불구하고 여기서 특별히 강조되는 이유는 무엇보다도 적합한 자극이 제공되어져야 한다는 것을 의미한다. 예컨대, 학습자가 구두로 전달되는 불어에 대한 답변을 하는 것이 목표라면 적합한 학습자료는 영어로 하는 질문도 아니고 인쇄된 불어 질문도 아니다. 적합한 학습자료 사용에 소홀히 하는 것은 결국 그릇된 기능의 습득을 조장하는 것이다. 또한, 학습자료 제시에 있어서 중요한 것은 학습자의 선택적 지각^{selective perception}을 위하여 특징을 강조하는 것이다. 가령, 교재설계자들은 포함되는 내용을 제시하는 데 있어서 굵은 글씨, 밑줄치기, 한자, 영어, 도표 등의 다양한 방법들을 활용하여 학습자들이 주요 특징들을 지각하는 데 도움을 줄 수 있다.

'학습 지도하기'^{providing learning guidance}는 새로이 학습하는 내용을 장기기억 속에 유의미하게 체계화^{semantic encoding}시키기 위한 절차이다. 이 절차는 대체로 교수자와 학습자 간에 일련의 문답으로 이루어진다. 문답은 학습자에게 즉시로 정답을 일러주는 것이 아니라 내면적 사고과정을 촉진시킴과 동시에 학습자로 하여금 올바른 방향으로 사고하게끔 도와준다. 물론 학습 지도하기는 학습의 종류에 따라 달라질 수 있다. 예컨대, 학습자에게 생소한 사물의 명칭을 붙이기와 같이 단순한 학습의 경우에는 바로 정답을 일러주는 것이 적절한 학습지도가 된다. 반면에 발견학습의 경우에는 학습자가 스스로 발견하도록 도와주는 방식이 적절한 학습지도가 된다. 또한 태도attitudes에 관한 학습을 지도하는 데에는 무엇보다도 모범human model을 관찰하도록 하는 것이 효과적이다Bandura, 1986. 그리고 학습을 지도하는 데 있어서 또 한 가지 고려할 필요가 있는 것은 학습자의 특성이다. 예를 들어, 조바심내는high anxious 학습자에게는 낮은 수준의 질문을, 반면에 조바심내지 않는 학습자에게는 오히려 어려운 질문이 도움이 될 수 있다Spence & Spence, 1966.

'수행 유발하기'eliciting the performance는 학습자의 반응체계를 활성화시키는 절차로서 결국 학습자가 학습한 것을 확인하기 위한 것이다. 대체로 이 단계에서는 이전 단계에서 학습자가 경험했던 것과 같은 사례를 활용하게 된다. 가령, 영어단어 중 '-ix'로 끝나는 단어의 복수형에 대해서 배우는 가운데 matrix가 사용되었다면, 수행을 유발하는 단계에서 matrices를 반응하도록 계획한다.

'되알리기'providing feedback는 학습자가 유발한 수행의 정확도에 관한 정보를 제공해 줌으로써 결국 강화reinforcement를 수립하기 위한 것이다. 물론 꽤 많은 경우에 있어서 이러한 정보의 되알리기가 자동적으로 이루어지기도 한다. 예컨대, 테니스의 발리를 학습하는 경우 학습자는 수행 후에 즉시적으로 그것이 어느 정도 목표에 근사했는지를 직감할 수 있다. 그러나, 일반 교수학습 현장에서 이루어지는 과제 중 많은 것이 이와 같은 자동적 되알리기를 수반하지 않으므로 교수자의 논평과 같은 외부로부터의 되알리기가 필수적이다. 되알리기를 제공하는 데는 다양한 방식이 있을 수 있다. 가령, 인쇄된 프로그램 자료를 가지고 개개인의 속도에 따라 진행해가는 개별화 산문학습self-paced prose learning의 경우에는 해당되는 쪽page의 한쪽 구석에 또는 다음 쪽의 윗쪽 구석에 정답을 제공할 수 있다. 또한 교사에 의해 되알리기가 제공될 때는 고개를 끄떡거린다든가 미소를 띠운다든가 혹은 구두로 할 수도 있다.

'수행 평가하기'assessing performance는 학습자를 위하여서는 장기기억으로부터의 인출retrieval을 활성화시키는 것이며, 궁극적으로는 교수학습의 효과성을 평가하는 것이다. 물론, 앞의 '수행 유발하기'도 학습결과에 대한 평가이지만 이는 수행의 신뢰도reliability나 타당도validity의 문제를 해결해 주지는 못한다. 다시 말하면, 한 번의 적절한 반응이 우연에 의한 것인지를 알 수 없으며 또한 그 반응이 단지 암기에 의한 것인지 혹은 이전 경험으로부터의 기억에 의한 것인지를 보장할 수가 없다. 따라서, 학습할 때와는 다른 다양한 예를 통하여 학습자의 수행을 유발하고 그 결과가 의도한 학습목표를 충족시키는지를 평가할 필요가 있다.

끝으로, '파지 · 전이 촉진하기'enhancing retention and transfer는 학습자에게 인출의 단서 및 전략을 제공하기 위한 것이다. 파지를 위해서는 무엇보다도 인출을 연습하는 과정이 필요한데, 이것은 초기학습에 연이은 반복repeated examples보다는 몇 주 또는 심지어 몇 달을 주기로 한 반복spaced repetitions에 의해서 효과적으로 이루어 질 수 있다Reynolds & Glaser, 1964. 또한 생소한 문제상황으로의 전이는 학습할 때와는 본질적으로 상이한 새로운 과제를 부여함으로써 촉진될 수 있다. 예를 들어, 인칭대명사에 따른 동사형을 일치시키는 영어과 교수목표의 경우, 먼저 '수행 평가하기' 절차에서 다양한 예를 통하여 인칭대명사와 동사를 일치시키는 문제를 풀게 한다. 이어서 전이를 위해서는 학습자로 하여금 스스로 동사 및 인칭대명사를 만들어 몇 가지 문장을 작성해보도록 할 수 있다. 혹은 간단한 영화를 보여 주고 그 안에서 어떤 장면을 묘사하는 가운데 인칭대명사와 동사를 포함하는 문장을 작성하도록 할 수도 있다.

이렇게 볼 때 9 외적 교수절차는 결국 교수학습의 외적 조건external conditions of learning을 형성한다는 것을 의미한다. 그리고 앞서 언급한 교수학습의 내적 조건을 구성하는 요소로서의 5 학습결과와 교수학습의 외적 조건으로서의 9

외적 교수절차는 교수학습 과정의 근간내적, 외적 조건을 이루게 된다. 달리 말하면 9 외적 교수절차에 의하여 교수학습을 전개할 때 학습자 내면의 학습과정은 촉진되고 결과적으로 효과적 교수학습이 이루어져 학습자의 장기기억에 새로운 학습결과들이 축적된다는 것을 의미한다. 그렇기 때문에 교수학습instruction 이란 학습자의 내면적 학습과정을 촉진하기 위하여 설계된 일련의 외적 교수절차들로 정의되기도 한다. 그러나 모든 교수학습에 있어서 이 9 교수절차가 반드시 이러한 순서대로 진행되어야 한다는 것은 아니며 또한 이 모든 절차가 다 포함되어야 한다는 것을 의미하는 것도 아니다. 교수학습조건 설계이론이 의도하는 바는 이상의 9 외적 교수절차가 효과적인 교수학습 전개에 있어서 중요한 고려사항으로 충분히 반영되어야 함을 강조하는 것이다.

4) 교수매체 활용

교수학습조건 설계이론에서는 교수매체를 외적 교수절차를 제공하는데 제시되는 교수자극을 위한 모든 수단으로 정의하므로, 시청각 자료, 인쇄물, 교수자 및 학습자의 음성까지 폭넓게 포괄한다Briggs, 1970. 교수매체 선정은 교수과정의 계열화에 이어 외적 교수절차들을 고려하며 교수활동별로 결정할 것을 권장한다. 이 때 각 교수절차별로 상이한 기능과 자극을 감안하여 교수매체를 선정하면서 한 가지 이상의 매체들을 활용하기도 한다. 예컨대, 심폐소생술CPR 에 관한 교수학습에서 다음과 같이 다양한 매체들을 활용할 수 있다.

- 인쇄된 프로그램 자료에 의해 사실, 개념, 규칙을 가르친다(학습자료 제시하기, 수행 유발하기, 되알리기)
- 동영상과 슬라이드에 의해 CPR을 적절히 수행하는 기법을 보여준다(학습자료 제시하기)
- 검토목록표에 의해 CPR을 수행하는 단계를 가르친다(학습 지도하기)
- 마네킹에 의해 실제 상황처럼 CPR의 수행을 연습시킨다(수행 유발하기)
- 마네킹의 전기장치에 의해 가슴에 대한 수압박의 비율을 조정한다(되알리기)

- 교수자가 CPR수행과 관련한 자신의 경험을 제공하고(주의집중 시키기), 이 경험을 실제 활동 및 프로그램 학습으로 연관시키고(파지·전이 촉진하기), 학습자의 문제를 진단하고 이를 해결하는 길을 제시하고(학습 지도하기), 학습자의 수행을 점검하고(되알리기), 자료를 복습하고(파지·전이 촉진하기), 전체 교수목표의 성취도를 검사한다(수행평가하기)

물론 교수매체를 선정하는 데 있어서 위와 같은 외적 교수절차를 고려하는 것 이외에도 학습자의 연령이나 기타 비용, 실제성, 가용성, 개발시간 등에 대해서도 고려할 것을 강조한다.

이상에서와 같은 교수학습조건 설계이론은 모든 학습과제를 포함하는 포괄성과 이론적 기초 및 논리적 전개의 견고함에 있어서 두드러지는 이론으로 평가되며, 다양한 영역에서 폭넓게 활용되고 있다. 다음은 이 이론을 가정교과에 적용한 사례이다.

❷ 교수학습조건 설계이론의 적용

1) 교수내용 및 대상

중학교 1학년 가정의 식생활 단원은 건강한 생활을 위해 식생활이 얼마나 중요한가를 이해하고, 올바른 식생활을 영위할 수 있는 태도를 기를 수 있도록 하기 위해 (1) 인체와 영양소 (2) 기초 식품군과 균형 식사 (3) 청소년기의 식생활 부분으로 나누어져 있다.

현재 1학년 학생들은 전 시간까지 인체와 영양소에 대해 학습하면서 6대 영양소, 즉 탄수화물, 단백질, 비타민, 무기질, 물 각각에 대한 내용을 배웠으므로 대체로 그 종류와 기능에 대해서는 알고 있다. 이 시간에는 기초 식품군의 설정 목적과 각 기초 식품군에 속하는 식품과 영양 특성에 대해 공부하고 이를 이용하여 균형 있는 식사를 할 수 있도록 한다.

2) 교수설계

		ㄱ	ㄴ	ㄷ	ㄹ	ㅁ	ㅂ
⑤ 기초 식품군을 이용하여 균형 있는 식생활을 위한 식단을 창출할 수 있다.						2,6	
④ 식사 내용의 영양적인 균형 상태를 분별할 수 있다.	1, 3				2,4,6		8,9
③ 식품 구성탑을 구분할 수 있다.				2,4,5,6,7			
② 각 기초 식품군에 속하는 식품과 영양 특성에 대해 진술할 수 있다.							
① 기초 식품군을 설정하는 목적을 진술할 수 있다.		2,4,5,6,7					
㉠ 6대 영양소(탄수화물, 단백질, 지방, 비타민, 무기질, 물)의 기능에 대해 진술할 수 있다.		9					
교수활동		ㄱ	ㄴ	ㄷ	ㄹ	ㅁ	ㅂ

교수활동	교수 절차	매체
ㄱ	학습자에게 질문 제시: 오늘 아침 식사를 하고 왔나요? 아침 식사 때 어떤 종류의 음식을 먹었나요?　　　　　(주의 집중시키기)	교수자
	6대 영양소(탄수화물, 단백질, 지방, 비타민, 무기질, 물)에 대해 복습하기　　　　　(선수학습 상기시키기)	프로젝터
ㄴ	교수목표①②: 기초 식품군을 설정하는 목적에 대해 알아보고 기초 식품군에 속하는 식품에 대해 공부하겠습니다.　　　(학습목표 알려주기)	교수자
	5가지 기초 식품군의 종류와 특성 진술　　　　　(학습자료 제시하기, 학습 지도하기)	교수자 프로젝터
	오늘 아침에 먹은 식품이 어떤 식품군에 속하는지 점검표에 적어 보도록 한다.　　　　　(수행 유발하기)	스마트기기
	학생들이 적은 식품들을 함께 검토해 본다.　　　(되알리기)	프로젝터

ㄷ	교수목표③: 식품 구성탑을 제시하고 식품 구성탑의 영양적 특징을 정리한다. (학습목표 알려주기/학습자료 제시하기/학습 지도하기)	교수자 프로젝터
	식품 구성탑의 각 층에 해당되는 식품군을 점검표에 작성해 보도록 한다.　　　　　　　　　　　　　　　(수행 유발하기)	스마트기기
	학생들이 적은 식품들을 함께 검토해 본다.　　　　(되알리기)	프로젝터
ㄹ	교수 목표④: 식단 작성의 예를 제시하면서 식사 내용이 영양적으로 균형이 있는지에 대해 생각해 보도록 한다. (학습목표 알려주기/학습자료 제시하기/수행 유발하기)	프로젝터
ㅁ	교수 목표⑤: 이 시간에 배운 기초 식품군과 식품 구성탑을 바탕으로 각자 자기 가족의 일요일 식단을 작성해 보도록 한다. (학습 목표 알려주기/수행 유발하기)	스마트기기
ㅂ	학생이 직접 작성한 식단을 발표하고, 균형 식사인지 아닌지 스스로 평가하게 한다.　　(수행 평가하기/파지·전이 촉진하기) 〈본시 내용과 차시 내용의 관계에 대해 언급〉	프로젝터

04 ▶ 4차 산업혁명 시대에의 도전과 전망

　　오늘날의 교육공학은 20세기 초부터 주로 미국을 중심으로 시청각 교육, 개별화 교수, 체제적 교수학습 운동이라는 크게 세 흐름 속에서 수립되고 발전된 분야이다. 특히 체제적 교수학습 운동의 일환인 교수설계 분야는 앞 절에서 살펴본 바와 같이 교수학습에 대한 전통 교육학적 접근과 교육공학적 접근을 구분 짓는 대표적 영역으로 독립된 탐구분야로까지 확대발전하고 있다.

　　현대 학문으로서 우리나라의 교육공학은 독자적으로 발전해왔다기 보다는 주로 미국 교육공학 발전 흐름의 영향을 대체로 수용하며 정상 학문으로서 태동－성장－도약이라는 발전과정을 지속하고 있다. 즉 태동기1950년대-1960년대에는 주로 라디오나 텔레비전을 교육에 활용하는 시청각 교육의 개념이 도입되어 강조되었다. 특히 6·25 전쟁으로 인해 교육 운영이 어렵게 되면서 라디오 같은 도구의 활용이 절실했고, 그러한 요구가 1951년 6월 전쟁 와중에 '한국 시청각교육회'라는 민간 조직의 발족金賢中, 1985으로 분출된 것은 특기할 만한 사건이다. 이러한 흐름에서 1963년에는 일반 대학에 정식으로 시청각 교육과 가 설치되기도 하였다. 성장기1970년대-1980년대에는 행동과학연구소를 통해 B. F. Skinner의 프로그램화 교수학습programmed instruction이, 교육개발원을 통해서는 체제적 교수학습을 모형화한 교수학습체제ISD: Instructional Systems Developmnet 개념 이 미국으로부터 수입되어 수업체제모형이란 개념으로 교육계에 보급된 바 있 다한국교육개발원, 1984: 박성익 외, 2006. 이어 1984년에는 일반 대학에 교육공학과란 명 칭의 전공학과가 처음 설치되고, 이어 교육공학 분야를 대표하는 학회인 한국 교육공학연구회가 발족하게 되었다. 즉 이 시기에 이르러 비로소 현대 학문으 로서 우리 나라의 교육공학이 본격화되었다고 할 수 있다. 도약기1990년대 이후에 는 개인용 컴퓨터의 대중화와 아울러 인터넷 망의 구축을 토대로 이른바 교육 정보화 사업, ICT활용 교육, 전자교육e-Learning 등으로 이어지는 우리나라 교육 공학의 역량을 최대한 발휘하며 비약적으로 발전을 한 시기이다. 특히 교육정 보화 사업은 인프라 구축부터 ICT활용 교육, 전자교육, 최근의 디지털 교과서 개발에 이르기까지 정부주도로 치밀하게 진행되고, 현재는 그 성과를 외국에 수출할 정도로 독자적 발전과 눈부신 성취를 이루고 있다. 아울러 이 시기에 는 한국교육방송공사EBS, 1990년, 한국교육과정평가원KICE, 1998년, 한국교육학술정 보원KERIS, 1999년과 같은 교육공학 관련 국가주도 공영방송 및 연구기관도 다양하 게 설립, 운영되기도 하였다. 이들 기관은 유관기관인 한국교육개발원1972년 설립 과 함께 현재 교육공학도들이 졸업 후 주로 진출하고 있는 기관들이기도 하다.

교육공학은 한마디로 교육학의 연구결과를 실제에 적용하는 분야이기 때 문에 이론theories과 실제practices가 문자 그대로 직결되어 발전하고 있는 분야이다. 실례로, ICT활용교육, 교수설계, 능력기반 교수학습환경권미경·이현경·이명근, 2023과 같은 탐구 결과를 학교교육 실제의 혁신을 위해 적용하며 성과를 도모하는 탐구활동은 학교 교육공학이라고 할 수 있다. ICT활용교육 가운데에서도 특히 교육용 소프트웨어를 교수학습에 활용하거나 4차 산업혁명 시대에의 대응으로서 저작도구예: StarLogo^{TNG}를 활용한 대안 소프트웨어 교육 등에 대해 탐구하는 활동을 컴퓨터 교육공학이명근, 2016이라고 할 수 있다. 그리고 교육훈련 프로그램 개발ISD, 전자교육CBT, WBT, e-Learning, 비형식 교육훈련CoP, 혁신관리 등의 탐구 결과를 기업교육 실제의 혁신을 위해 적용하는 가운데 성과를 도모하는 탐구활동은 기업 교육공학이라고 할 수 있다. 이러한 탐구 활동들의 본질은 바로 다양한 사회조직에서의 구성원들의 수행문제에 대한 교육훈련 기획과 혁신이며, 이는 바로 4차 산업혁명 시기에 가장 중요한 과업이기도 하다. 사물인터넷, 무한자료 분석Big Data, 인공지능, 가상현실 등 첨단기술로 대변되는 문명사적 대전환기로서 4차 산업혁명 시대는 특히 교육 분야의 근본적 혁신을 요청하기 때문이다. 체제접근을 토대로 교육의 근본적인 혁신에 대해 탐구하는 분야로서의 교육공학은 이러한 시대적 도전에 대응하는 학문분야로서 명실상부한 기여를 하고 있다.

참고문헌

권미경 · 이현경 · 이명근(2023), 초등 보건교육의 능력기반 교수학습환경 효과분석, 미래교육학 연구, 36(1), 87 – 104.

金種亮(1985), 敎育工學 意味의 再照明과 發展的 槪念定立을 위한 摸索, 교육공학연구, 1(1), 45 – 60.

金賢中(1985), 敎育工學 發達의 歷史的 考察, 교육공학연구, 1(1), 137 – 157.

박성익 외 (2006), 교육공학 탐구의 새 지평, 서울: 교육과학사.

이명근(2016), 컴퓨터교육공학: 스타로고, 서울: 학지사.

한국교육개발원(1984), 수업의 질을 높이기 위한 새 수업방안 탐색, 서울: 한국교육개발원.

Anderson, C. (1962). *Technology in American education*: 1650 – 1900. U.S. Department of Health, Education, and Welfare.

Anderson, J. R. (1985). *Cognitive psychology and its implications(2nd ed.).* Freeman.

Aronson, D. A. & Briggs, L. J.(1983). Contributions of Gagné and Briggs to presciptive model of instruction. In C. M. Reigeluth(Ed.), *Instructional – design theories and models: An overview of their current status.* Lawrence Erlbaum.

Andrews, D. H. & Goodson, L. A.(1980). A comparative analysis of models of instructional design. *Journal of Instructional Deveopment*, 3, 2 – 16.

Banathy, B. H.(1968). *Instructional systems.* Fearon.

Bandura, A. (1986). *Social foundations of thought and action: A social cognitive theory.* Prentice – Hall.

Blakely, R. J.(1979). *To serve the public interest: Edcuational broadcasting in the United States.* Syracuse University.

Bloom, B. S.(Ed.)(1956). *Taxonomy of educational objective: Cognitive domain.* David McKay.

Briggs, L.(1970). *Handbook of procedures for the design of instruction.* American Institutes for Research.

Brooks, G. P. (1976). The faculty psychology of Thomas Reid. *Journal of the History of the Behavioral Sciences*, 12, 65 – 77.

Brown, J. L.(1970). Effects of logical and scrambled sequence in mathematical materials on learning with programmed instruction materials. *Journal of Educational Psychology*, 61, 41−45.

Bruner, J. S.(1966). *Toward a theory of instruction.* W.W. Norton.

Caroll, J. B. (1963). A model of school learning. *Teachers College Record*, 64, 723−733.

Case, R.(1978). A developmentally based theory and technology of instruction. *Review of Educational Research*, 48, 439−463.

Dale, E. (1946). *Audio−visual methods in teaching.* Dryden.

Dewey, J. (1910). *How we think.* D. C. Health & Company.

Ely, D. P.(Ed.)(1963). The changing role of the audiovisual process in education: A definition and a glossary of related terms. TDP Monograph No. 1. *AV Communication Review*, 11(1) Supplement No. 6 (January/February1963).

Gagné, R. M.(1965). *The conditions of learning.* Holt, Rinehart & Winston.

Gagné, R. M.(1968). Learning hierarchies. *Educational Psychologist*, 6(1), 1−6.

Gagné, R. M.(1974). *Essentials of learning for instruction.* Holt, Rinehart & Winston.

Gagné, R. M.(1977). *The conditions of learning* (3rd ed.). Holt, Rinehart & Winston.

Gagné, R. M.(1985). *The conditions of learning and theory of instruction* (4th ed.). Holt, Rinehart & Winston.

Gagné, R. M. & Briggs, L. J.(1979). Principles of instructional design (2nd ed.). Holt, Rinehart & Winston.

Gagne, R. M. (Ed.)(1987). *Instructional technology: Foundations.* Lawrence Erlbaum.

Gagné, R. M. et al.(1988). *Principles of instructional design*(3rd ed.). Holt, Rinehart & Winston.

Gagné, R. M. et al.(1992). *Principles of instructional design*(4th ed.). Holt, Rinehart & Winston.

Galbraith, J. K.(1967). *The new industrial state.* Houghton Mifflin.

Gendron, B.(1977). *Technology and the human condition.* St. Martin's.

Glaser, R.(1963). Instructional technology and the measurement of learning outcomes: Some questions. *American Psychologist*, 18, 519−521.

Gordon, G. N.(1970). *Classroom television: New frontiers in ITV.* Hastings House.

Hilgard, E. R.(Ed.)(1964). *Theories of learning and instruction* (Part I, 63rd yearbook of the National Society for the Study of Education). University of Chicago.

Hoban, C. F., Sr. et al.(1937). *Visualizing the curriculum.* Dryden.

Hwang, A. S.(1995). Two traditions of systems thinking in instructional Development. *Educational Technology,* 35(2), 40−42.

Kaufman, R. A. (1970). System approaches to education: Discussion and attempted integration. In P. Piele, T. Eidell, & S. Smith (Eds.), *Social and technological change: Implications for education.* University of Oregon.

Kemp, J. E.(1971). *Instructional design: A plan for unit and course development.* Fearon.

Kilpatrick, W. H. (1926). *Foundations of method: Informal tasks on teaching.* Macmillan.

Knowles, M.(1978). *The adult learner: A neglected species*(2nd ed.). Gulf.

Krathwohl, D. R., Bloom, B. S., & Masia, B. B. (1964). *Taxonomy of educational objectives. Handbook II: Affective domain.* McKay.

Krumboltz, J. D.(1964). The nature and importance of the required response in programmed instruction. *American Educational Research Journal,* 1, 203−209.

Kulik, J. A. (1982). Individualized systems of instruction. In H. E. Mitzel (Ed.), *Encyclopedia of educational research* (5th ed.). Macmillan.

Laszlo, E. (1972). *Introduction to systems philosophy.* Harper & Row.

Lublin, S. C.(1965). Reinforcement schedules, Scholastic aptitude, autonomy need, and achievement in a programmed course. *Journal of Educational Psychology,* 56, 295−302.

Lumsdaine, A. A. & Glaser, R.(Eds.)(1960). *Teaching machines and programmed learning: A source book.* National Education Association.

Mager, R. F.(1962). *Preparing objectives for programmed instruction.* Fearon.

Martin, F. et al.(2004). *Effects of instructional events in computer−based instruction.* A paper resented at the Association for Educational Communications and Technology Conference. Chicago, IL. October 19−23.

McCluskey, F. D.(1981). DVI, DAVI, AECT: A long view. In J. W. Brown & S. N. Brown(Eds.), *Educational media yearbook: 1981.* Libraries Unlimited.

McQuail, D., & Windahl, S.(1981). *Communications models for the study of masscomunications.* Longman.

Mitcham, C. (1979). Philosophy and the history of technolgoy. In George Bugliarello & Dean B. Doner (Eds.), *The history and philosophy of technology*(pp. 163−201). University of Illinois.

Montessori, M.(1964). *The Motessori method.* Schocken.

Norman, D. A.(1973). Memory, knowledge, and answering of questions. In R. L. Solo(Ed.), *Contemporary issues in cognitive psychology: The Loyola symposium.* Winston.

Olsen, J. R. & Bass, V. B.(1982). The application of performance technology in the military: 1960—1980. *Performance and Instruction*, 21, 32—36.

Pagliaro, L. A.(1983). The history and development of CAI: 1926—1981, an overview. *Alberta Journal of Educational Research*, 29, 75—84.

Paris, S. G., Lipson, M. Y., & Wixson, K. K. (1983). Becoming a strategic reader. *Contemporary Educational Psychology*, 8, 293—316.

Reigeluth, C. M.(Ed.)(1983). *Instructional—design theories and models: An overview of their current status.* Lawrence Erlbaum.

Reigeluth, C. M.(Ed.)(1987). *Instructional theories in action: Lessons illustrating selected theories and models.* Lawrence Erlbaum.

Reiser, Robert A., & Dempsey, John V. (2012). *Trends and issues in instructional design and technology*(3rd ed.). Allyn & Bacon.

Reynolds, J. H., & Glaser, R. (1964). Effects of repetition and spaced review upon retention of a complex learning task. *Journal of Educational Psychology*, 55, 297—308.

Richey, R.(1986). *The theoretical and conceptual bases of instructional design.* Kogan Page.

Romiszowski, A. J.(1981). *Designing instructional systems: Decision making in course planning and curricular design.* Kogan Page.

Rothkopf, E. Z.(1971). Experiments on mathemagenic behavior and the technology of written instruction. In E. Z. Rothkopf & P. E. Johnson (Eds.), *Verbal learning research and the technology of written instruction.* Teachers College Press.

Ryan, T. A.(1975). Analysis of the systems approach. In S.D. Zalatimo & P. J. Sleeman (Eds.), *A systems approach to learning environments.* Docent.

Saettler, P. (1990). *The evolution of American educational technology.* Libraries Unlimited.

Scriven, M.(1967). The methodology of evaluation. In R. W. Tyler et al., *Pespectives of curriculum evaluation.* Rand McNally.

Silvern, L. C.(1972). *Systems engineering applied to training.* Gulf.

Spence, J. T., & Spence, K. W. (1966). The motivational components of manifestanxiety: Drive and drive stimuli. In C.D. Spielberger (Ed.), *Anxiety and behavior*. Academic Press.

Thorndike, Edward E. (1912). *Education: A first book*. Macmillan.

Tyler, R. W.(1975). Have educational reforms since 1950 created quality edcuation? *Viewpoints*, 51, 11−31.

von Bertalanffy, L. (1968). *General system theory: Foundations, development, applications*. George Braziller.

Yerkes, R. M., Dodson, J. D. (1908). The relation of strength of stimulus to rapidity of habit−formation. *Journal of Comparative Neurology and Psychology*, 18, 459−482.

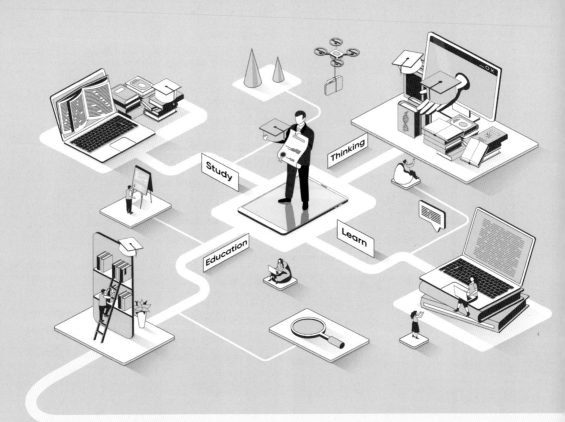

Study

Thinking

Education

Learn

CHAPTER

08

에듀테크,
교육의 '미래'를 향해

에듀테크, 교육의 '미래'를 향해

김남주

최근 교육계에서 가장 큰 화두는 단연 에듀테크이다. 예상치 못했던 COVID -19 사태로 인해 대면 교육이 제한되면서 온라인 학습환경과 함께 에듀테크 EduTech는 교육의 새로운 패러다임으로 많은 관심을 받고 괄목할 만한 성장을 이루었다Williamson, 2021. 하지만 에듀테크는 전혀 새로운 개념이 아니다. 집단의 학습경험 공유를 위해 사용되었던 선사시대 동굴벽화에서부터 최근 인공지능 AI, 가상현실VR, 증강현실AR 등에 이르기까지 오랜 기간에 걸쳐 다양한 역할로 교육현장의 변화를 주도하였다. 더욱이 4차 산업혁명으로 인해 최첨단 기술이 발전하면서 에듀테크의 범위와 잠재력은 더욱 커지고 있다. 이를 증명하듯 글로벌 에듀테크 시장은 2025년까지 421조 원에 이를 것으로 전망되며HolonIQ report, 2020 국내 에듀테크 시장도 매년 가파른 성장세를 보이며 2025년에는 10조 원의 규모를 달성할 것으로 추정된다중소벤처기업부, 2021.

그러나 에듀테크에 대한 오해와 우려도 존재한다. 에듀테크를 단순히 기술을 교육에 접목하는 것으로 생각하거나, 학습의 효율성을 위한 도구로 여기는 관점은 에듀테크의 본질에 대한 오해에서부터 비롯된 것이다. 에듀테크는 교육의 양적인 측면과 아울러 질적인 측면 또한 향상시키며, 모든 사람에게 양질의 교육을 평등하게 제공하는 데 기여할 수 있는 무한한 잠재력을 가지고 있다.

8장에서는 에듀테크에 대한 올바른 개념과 활용 방안, 미래 교육에 미칠 영향, 활용 사례에 대해 알아보고 앞으로 해결해야 할 과제에 대한 논의와 함께 교육의 미래 그리고 에듀테크의 발전 방향을 모색하고자 한다.

01 〉 에듀테크의 개념과 정의

에듀테크는 '교육Education'과 '기술Technology'이란 단어가 합쳐진 혼성어로서 교육 현장에서의 기술 활용이란 의미로 많이 사용되고 있다KOTRA, 2020. 여기서 기술, 즉 테크놀로지는 흔히 말하는 단순한 '과학 기술'을 의미하는 것이 아니라 그리스어 "tekhnologia: systematic treatment" 단어에서 유래한 것으로 우리말로 '체계적인 처방'이란 의미로 해석할 수 있다. 이를 고려하면 에듀테크란 "교육 현장에 발생할 수 있는 문제에 대한 체계적인 처방"으로 학습의 구성요소를 면밀히 분석하여 가장 효율적이고 효과적인 교육 처방을 내리는 교육공학과 맥락을 같이 한다. 교육공학의 관점에서 에듀테크를 재정의하면 다음과 같다.

> 교육상황에서의 문제점을 해결하고 주어진 학습목표의 달성을 위해, 특정 과학기술의
> 본질과 특성을 반영한 교수-학습설계를 도입하는 교육공학의 한 분야

이 정의는 에듀테크를 단순히 첨단기술을 교수학습 상황에 적용하는 협의보다는, 교육의 목표와 과정을 달성하기 위한 효율적이고 효과적인 방법을 고안하고 이 목적에 맞게 테크놀로지를 체계적으로 활용한다는 측면을 강조하고 있다.

따라서 교육공학의 원리를 접목한 에듀테크의 적용 및 활용은 신중한 접근이 필요하며 에듀테크의 종류와 역할이 매우 다양하기 때문에 교육의 목표와 과정에 적합한 에듀테크를 선정하는 것이 무엇보다 중요하다. 교육의 목표와

과정은 각 학습자의 독특한 특성, 개인적 요구사항, 그리고 학습 환경에 따라 다양하기에, 이에 대한 철저한 분석을 바탕으로 기존의 교육방식과 비교하여 에듀테크의 적용이 가져올 수 있는 장단점을 파악하는 것이 필수적이며 개발 담당자예: instructional designer or technologist들은 적용과정에서 교수자와 학습자의 의견을 충분히 반영하여 에듀테크의 접근성, 사용성, 그리고 효과성을 고려하는 것이 중요하다.

예를 들어, 단기간에 많은 정보를 기반으로 효과적인 지식 전달과 이해를 목표로 설정한 수업에서는 컴퓨터 기반 학습CBL이나 온라인 학습이 적합한 에듀테크가 될 수 있다. 학습 과정에서 제공되는 강의내용, 다양한 학술적 자료, 실전 예제 등을 에듀테크를 활용하여 보다 다양한 형태로 학습자에게 제공하며 학습자들은 신뢰성 있는 최신 학습 자료에 언제 어디서나 쉽게 접근할 수 있고 학습 내용을 더욱 효율적으로 이해하고 소화할 수 있다. 또한 필요 시 학생들의 이해도와 기억력을 향상시킬 수 있는 반복학습을 에듀테크를 통해 구현할 수 있다.

수업의 다른 목표로서 학습자들의 창의력과 문제 해결 능력을 향상시키는 경우에는 프로그래밍 학습 플랫폼이나 시뮬레이션 소프트웨어와 같이 맞춤형으로 개발된 에듀테크를 도입하여 학습자들이 메타인지를 활용하여 문제를 해결하는 과정을 지원할 수 있다. 이러한 혁신적인 에듀테크는 학습자들의 고차원적, 창의적인 사고를 촉진하여 현실 세계에서 발생하는 다양한 문제에 효과적으로 대응할 수 있는 능력을 향상시킨다. 예를 들어, 스크래치라는 프로그래밍 학습 플랫폼은 코딩과 디버깅논리적 오류를 찾아내는 과정을 통해 학습자들의 문제 해결 능력을 강화하고, 시뮬레이션 소프트웨어는 현실적인Authentic 시나리오를 통해 학습자들이 실제와 같은 환경에서 도전적인 과제에 대비할 수 있는 능력을 지원한다. 이러한 에듀테크를 통해 학습자들은 논리적 사고와 혁신적인 아이디어를 발전시키고, 실제 현실에서 발생할 만한 문제에 대한 적극적이고 효과적인 해결 능력을 키울 수 있다. 이처럼 설정된 교육목표 달성에 부합하는 적합한 에듀테크를 선택하는 과정은 에듀테크의 효과적인 개발 및 적용을 위해 반드시 선행되어야 한다.

적절한 에듀테크를 선택하는 것만큼이나 중요한 고려 사항은 해당 에듀테크의 장점을 최대한 활용하기 위한 새로운 교육 전략을 수립하는 것이다. 전통적인 교육 방법과 교수-학습 전략은 급격히 변화하고 발전하는 에듀테크 기반 교육 환경에 적응하기 어려울 수 있다Hill & Hannafin, 2001. 기존의 수업은 서책형 교육자료나 교사주도의 획일화된 강의식 수업에 주로 의존하고, 학습자들의 적극적인 참여와 상호작용이 성공적인 학습을 위해 요구되지 않는다는 제한점이 있었다. 또한 개별화와 맞춤화가 어려워 학습자들의 다양한 학습 스타일과 수준을 고려하지 못하고, 추상적인 지식의 이해, 암기만을 강조하는 경향이 있었다.

이러한 전통적인 교육 방법 및 전략의 한계를 극복하기 위해 활용될 수 있는 에듀테크 적용 교수-학습전략은 다양하다. 학습자의 개별화 학습과 협력 학습을 중시하는 문제 중심 학습을 주요 교수-학습전략으로 선택하고, 기존 문제 중심 학습의 한계로 제시된 학습 과정상의 어려움과 문제점학습 도움의 부재, 한정된 학습 시간 등을 해결하기 위해 디지털 기반 온라인 문제 중심 학습 환경을 개발할 수 있다. 또한, 이 학습 환경 내에서 VRVirtual Reality이나 ARAugmented Reality 과 같은 기술을 활용하면 제시되는 과제를 학습자에게 실제 현장과 유사하게 체험할 수 있는 기회 제공 또한 가능하다.

예를 들어, 학습자들은 가상 혹은 증강 현실을 통해 실제 상황에서 문제를 경험하고 해결하는 과정에서 높은 몰입도와 현장감을 경험할 수 있으며, 이러한 실제적인 경험은 학습자들이 추상적인 개념을 구체적인 학습활동을 통해 이해하고 현실 세계에 적용하는 데 도움이 된다. 또한 이는 학습자들의 문제 해결 능력과 협업 능력을 향상하는 데에도 기여한다. 이렇게 디지털 기술을 통한 에듀테크의 도입과 이에 맞는 교수설계와 교수-학습전략은 학습 경험의 혁신과 효과적인 지식 전달, 적용을 위한 새로운 가능성을 열어줄 수 있다.

02 > 에듀테크의 발전 현황

에듀테크의 발전은 교육의 패러다임의 변화에 발맞춰 이루어져왔다. 먼저, 행동주의와 인지주의의 학습이론과 그 맥락을 같이 하고 있는 교수주의 instructivism 기반 학습은 교수자중심 학습과정을 지향하고, 교수자의 수단과 전략을 통해 객관적으로 존재하고 있는 사실이나 지식을 직접 학습자들에게 효과적으로 전달하는 것이 성공적인 학습의 필수적인 과정이라고 여겼다Porcaro, 2011. 이러한 학습 패러다임은 초기 에듀테크의 역할을 정의하고 개발을 이끌었으며, 라디오, 텔레비전, 비디오 등이 교육 도구로 활용되었다.

그러나 최근의 교육 현장에서는 구성주의 학습이론의 영향력이 커지고 있다. 구성주의는 학습자가 지식을 직접 구축하고 의미를 만들어 나간다는 관점을 제시한다Tracey, 2009. 이에 따라 에듀테크는 단순한 정보 전달이 아닌 학습자의 주도적인 참여와 상호작용을 강조하는 방향으로 발전하고 있다. 예를 들어, 온라인 협업 도구, 개별화된 학습 경로를 제공하는 지능형 튜터링 시스템, 그리고 학습자의 창의성을 촉진하는 디지털 콘텐츠가 이에 해당한다.

이처럼 에듀테크는 행동주의와 인지주의적 학습으로 대변되는 교수주의 학습이론을 기반으로 하는 전통적인 패러다임을 넘어서 구성주의적 접근을 도입하여 현대 교육에 적합한 솔루션을 제공하고 있다. 이러한 발전은 교육현장에서 학습자를 지원하고 창의적인 학습 환경을 조성하기 위한 노력의 결과로 볼 수 있다.

다음의 <표 8.1>은 교수주의와 구성주의의 특징을 비교하여 나타내고 있다. 이를 통해, 에듀테크가 이러한 패러다임에 어떻게 적응하고 있는지, 그리고 교육현장에서 어떤 역할을 수행하고 있는지에 대한 더 깊은 이해를 도모할 수 있다.

표 8.1 교수주의 vs 구성주의

	교수주의(Instructivism)	구성주의(Constructivism)
학습의 주체	학습의 주체인 교수자가 주도적으로 지식을 전달하고 학습자는 이를 받아들이는 방식.	학습자의 주도적인 지식 형성, 교수자의 학습촉진자로서의 역할.
학습의 목표	학습을 통해 추구하는 지식과 기술의 전달을 목표. 효과적인 학습을 위해 지식과 기술을 하위영역으로 분류한 세분화된 학습목표.	학습자가 자신의 경험과 지식을 바탕으로 새로운 지식을 형성해 나가며(주관적 의미 구성), 이를 적용하여 실제 현실에서의 문제 해결능력향상.
학습의 방식	대부분 교수자에 의한 강의식 수업 위주. 교수자가 학습자에게 정보를 제공하고 학습자는 이를 수용하는 일방향적 의사소통.	학습자는 스스로 학습 목표를 설정하고 학습 과정을 주도하는 방식으로 학습이 이루어짐. 또한 협력학습을 통해 서로의 지식과 경험을 공유하고 토론하며, 공동의 목표를 달성하기 위해 노력.
학습의 내용	객관적 사실. 교수자가 제시한 지식을 학습자가 받아들이는 방식.	학습내용과 관련된 실제 현실에서 직면하는 문제를 해결하는 방식.
학습의 평가	객관적 지표를 통해 학습을 평가. 교수자가 제시한 지식을 학습자가 얼마나 잘 습득했는지를 평가.	주관적 지표를 통해 학습을 평가. 학습자가 지식을 자신의 경험을 통해 얼마나 잘 이해하고 적용했는지를 평가.
장점	효율적인 지식 전달이 가능하고 학습자의 학습 속도를 일정하게 유지.	자기주도적 학습능력, 창의성과 문제해결 능력의 향상.
단점	학습자의 주도성이 부족하고 창의성과 문제해결 능력이 저하. 학습내용의 불활성 지식(Inert Knowledge) 현상.	복잡한 학습과정으로 인해 효율적인 지식 전달이 어려울 수 있고 학습자의 상이한 학습 속도와 진행 과정으로 인해 학습의 불균형이 발생.

교수주의는 교수자가 학습의 주체가 되어 지식을 전달하며 학습자는 수동적으로 수용하는 형태의 학습을 강조하는 학습 이론이다Onyesolu et al., 2013. 이 이론은 객관적 지식 전달을 목표로 하기에 교수자는 지식과 기술을 하위 영역으로 분류하여 세분화된 학습 목표 아래 학습자에게 효과적으로 제공한다. 학

습자는 이를 수용하는 방식으로 학습이 진행되고 평가는 학습자가 교사가 제시한 지식을 얼마나 잘 습득했는지 객관적 지표를 통해 확인하는 방식으로 이루어진다Cherenkov & Cherenkova, 2019. 교수주의는 지식을 효과적으로 전달하고 학습 속도를 일정하게 유지할 수 있는 이점이 있다. 교수자가 지식을 전달하고 학습자가 이를 수용하는 방식으로 학습이 진행되므로, 학습자가 빠르게 많은 양의 지식을 습득해야 할 경우에 적합할 수 있다. 그러나 교수주의에서는 학습자의 주도성과 창의성, 문제 해결 능력이 제약을 받을 수 있다. 이는 주로 학습자가 교사의 지시에 따라 수동적으로 학습하는 경향 때문이다. 또한, 이 방식은 객관적 지식 전달에 중점을 두어 창의적 사고와 및 문제 해결 능력의 발달을 제한할 가능성이 있다Jaffer, 2010.

　　반면에, 구성주의는 학습자의 자기주도적 지식 구축을 강조하는 학습 이론이다. 이 교육 패러다임은 학습자가 자신의 경험과 이해를 바탕으로 새로운 지식을 구축하고, 현실에서의 문제 해결 능력을 키우는 방식으로의 학습을 강조한다Amineh & Asl, 2015. 이 학습과정에서 학습자는 스스로 목표를 설정하고 학습 과정을 주도하며 협력학습을 통해 다른 동료학습자와 지식 및 경험을 공유하고 토론하여, 공동의 목표를 달성하기 위해 노력해야 한다. 구성주의에서의 학습은 비구조화된 현실Authentic/ill-structured의 문제 해결이며, 학습자는 기존의 표준화된 검사를 통해 평가되었던 학습내용의 단편적인 이해를 넘어서 고차원적인 사고능력의 향상을 학습의 목표로 삼는다. 구성주의 학습이론의 장점은 학습자가 스스로 학습 과정을 주도하고, 현실의 문제를 해결하는 방식으로 학습이 이루어지기 때문에, 학습자의 주도성, 창의성 그리고 문제해결 능력들이 강화될 수 있다Cobern, 1993. 그러나 구성주의 학습이론하에서는 효율적인 지식 전달이 어렵고 복잡하고 자기주도적 학습과정으로 인해 학습자마다 학습 속도와 진행 과정이 상이할 수 있으며, 이는 학습의 불균형과 불평등이 이어질 수 있다는 한계 또한 존재한다Steffe & Gale, 1995.

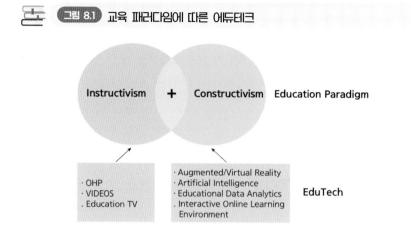

그림 8.1 교육 패러다임에 따른 에듀테크

이런 두 가지 교육 패러다임교수주의와 구성주의에 따른 학습의 목적과 특성을 고려하여, 에듀테크는 다양한 형태와 역할로 진화해왔다[그림 8.1] 참고. 이러한 진화는 각 패러다임의 학습상황에서 교육의 효과를 높이기 위한 노력의 결과로 볼 수 있다.

❶ 교수주의 기반 에듀테크

전통적인 교수주의 기반 교육 패러다임에서는 교수자가 주로 지식을 전달하며 학습자는 수동적으로 수용하는 방식으로 학습이 이루어진다. 이러한 맥락에서 에듀테크는 지식의 효과적인 전달과 학습의 객관적 평가를 보조하는 데 역할을 해왔다. 또한, 교수주의에서 교수자가 학습 과정을 주도적으로 설계하고 운영하는 반면 학습자는 주로 에듀테크를 수동적으로 활용하는 특징이 있다.

이러한 목적으로 우리의 교육 현장에서 가장 활발하게 사용되었던 에듀테크 툴은 흔히 OHP라고 불리던 오버헤드 프로젝터Overhead Projector이다. 오버헤드 프로젝터는 투명한 시트에 글자나 이미지를 작성하고, 이를 프로젝터를 통해 화면에 투사하는 장치이다. 교수자는 오버헤드 프로젝터를 사용해 미리 준비한 수업자료를, 투명시트를 활용하여 큰 화면으로 투사함으로써 개별 학습자들에게 배포되는 인쇄용 학습자료 개발의 비용과 노력을 줄일 수 있었다. 그리고 그 위에 직접 내용을 추가하여 학습자들이 시각적으로 학습 내용을 이해할 수 있는데 큰 도움을 주었다. 이런 OHP의 활용은 디지털 기계와 소프트웨어의 발달로 인해 점차 디지털 프로젝터와 파워포인트 슬라이드로 대체되었다.

이후에 가장 많이 활용된 에듀테크는 동영상이다. 동영상은 교육 분야에서 과거부터 현재까지 다양한 방식으로 광범위하게 활용되어 왔다. 초기에는 교사들이 녹화한 비디오테이프 등을 통해 수업에서 사용할 자료를 학생들에게 제공하는 방식이었다. 이러한 동영상 자료를 통해 학생들은 시각적으로 학습 내용을 이해하고 기억할 수 있었다. 교육용 동영상이 큰 관심을 받게 된 계기는 학교 수업 내용이나 전문적인 교육 프로그램이 TV를 통해 전파되는 교육용 TV의 등장이었다. 넓은 의미의 교육용 TV는 대중의 일반 지식을 향상하기 위한 목적으로 방송되지만, 좁은 의미에서 교육용 TV의 주요 목적은 명확한 목표를 가진 학습자에게 체계적인 교육 활동과 수업을 제공하는 것이다Kim & Kim, 2021. 기존의 인쇄 매체와 달리 교육용 TV는 비디오, 음향 효과, 애니메이션, 도표, 그림 등의 멀티미디어 요소를 사용하여 학습 콘텐츠를 역동적이고 생동감 있게 전달할 수 있어 학습자의 관심과 주의를 끌기 쉽다.

20세기 중반부터, 교육용 TV 프로그램은 학교에서 주로 사용되어 언어 교육, 수학 강의, 그리고 과학 실험과 같은 다양한 주제를 다루었다. 이러한 프로그램은 교실에서 교사의 설명을 시각적으로 보강하여 학생들이 교과과정을 더욱 흥미롭게 이해하고 기억하도록 도왔다. 예를 들어, 언어 교육에서는 흥미로운 이야기나 문학 작품을 시각적으로 제시하여 학생들이 언어적 개념을 더 잘 이해하고 소통하는 능력을 향상할 수 있었다. 수학과 과학에서는 실제 실험 과정이나 수학 문제를 시각적으로 풀어내는 방식을 제시하여 학생들이 추상적인 개념을 더욱 명확하게 이해하도록 도왔다. 이로써 학생들은 교육적인

TV 프로그램을 통해 학습에 대한 에듀테크의 긍정적인 경험을 쌓아가며 교과목에 대한 지속적인 흥미와 학습 동기를 얻을 수 있었다.

현재에는 인터넷과 디지털 플랫폼의 발전으로 동영상이 보다 쉽게 제작되고 공유되어, 교육적인 용도로 더욱 광범위하게 사용되고 있다. 교수자들이 자체적으로 제작한 양질의 교육 콘텐츠는 유튜브와 같은 플랫폼을 통해 언제 어디서나 학습자 필요에 맞춰 제공할 수 있게 되었다. 또한, MOOC Massive Open Online Courses와 같은 온라인 교육 플랫폼은 세계 각지의 학습자들에게 시간과 공간에 구애받지 않고 세계 유수 대학의 녹화된 동영상 강의를 무료로 제공함으로써 교육 기회의 격차를 줄이고 교육불평등 해소에 큰 도움이 되고 있다.

지난 수십 년 동안 교육 방식은 교수자가 주로 지식을 전달하고 학습자는 효과적으로 그것을 수용하는 방식으로 학습은 이루어졌다. 이에 교수주의 기반 에듀테크의 등장은 주로 지식의 전달과 학습 감독을 보조하는 역할을 수행하면서 학습자가 학습내용을 보다 쉽고 다각적으로 이해할 수 있는 수단이 되어왔으며 학습의 흥미와 동기를 높이는 효과적인 도구로서 자리매김해왔다.

❷ 구성주의 기반 에듀테크

구성주의 교육 패러다임은 학습자의 자기 주도적 지식 구축과 문제 해결 능력을 강조한다. 또한 이 접근법에서는 협력학습과 자기 주도 학습이 중요한 역할을 한다. 이에 발맞춰 에듀테크는 학습자 중심의 도구로 발전하여 개별화된 학습 목표, 학습 경로, 그룹 협력 도구 그리고 맞춤형 피드백 등을 제공한다. 그리고 이러한 특성은 학습자의 주도성을 높이고 창의성과 문제해결 능력을 향상하는 데 기여한다.

디지털화된 학습자료 또한 구성주의 기반 에듀테크의 발전을 촉진시켰다. 디지털 학습자료는 전자책 e-book, 쌍방향 학습 모듈 interactive learning modules, 시뮬레이션 소프트웨어 simulations software 등 다양한 형태로 제공될 수 있다. 이러한 학습자료는 구성주의 학습 이론을 기반하여, 학습자가 지식을 구성하고 의미를 만들어가는 과정을 중요시한다. 디지털 학습자료를 활용함으로써 학습자들은 자신의 학습 경로를 자유롭게 선택하고 조정할 수 있다. 쌍방향 학습 모듈은 학습자들이 각자의 학습 속도에 맞추어 학습할 수 있는 기회를 제공하며, 시뮬레이션 소프트웨어는 학습자들이 실제와 같은 상황에서 문제를 해결하는 경험을 할 수 있도록 돕는다. 이러한 도구들을 통해 학습자들을 자기 주도적으로 학습 경험을 쌓으며 지식을 구성하고 개인적인 의미를 부여할 수 있다.

또한, 전자책은 학습자가 텍스트를 읽으며 자신만의 이해와 해석을 통해 지식을 구축하는 데 유용하다. 구성주의적 디지털 자료는 학습자들에게 지식의 주체로서 역할을 부여하며, 개인적인 의미 체계를 형성하고 발전시키는 과정을 지원한다. 이는 학습자 중심의 접근 방식과 일치하며, 학습자들이 자기 주도적으로 의미 있는 학습을 탐구하고 이해하고 경험할 수 있도록 돕는 역할을 할 수 있다.

구성주의는 학습자가 주도적으로 학습 과정을 설계하고 운영하는 방식이다. 따라서, 학습자가 스스로 학습 내용을 탐구하고 이해할 수 있도록 도와주는 가상/증강현실Augmented/Virtual reality, 인공지능Artificial Intelligence, 교육적 데이터 분석학 Educational Data Analytics, 쌍방향 온라인 학습환경Interactive Online Learning Environment 등이 구성주의 기반 에듀테크의 좋은 예라고 할 수 있다Alam & Mohanty, 2023.

이와 같은 교육 패러다임에 따른 에듀테크의 분류는 사용되는 각 매체 technology의 특성에 기반하고 어떤 학습 원리에 부합하는지를 고려하여 이루어졌다. 하지만 이러한 분류는 절대적인 것은 아니다. 교육 설계자는 교육 목표와 정해진 교육 활동에 근거하여 에듀테크 활용에 있어서 교수주의와 구성주의 두 가지 교육 철학을 모두 적용할 수도 있고, 아니면 위의 분류와 반대되는 방식으로 활용할 수도 있다. 예를 들어, 증강 현실에서 3D 객체를 나열하여 효과적인 정보 전달 수단으로 활용하고, 학습자가 이 정보를 수동적으로 받아들이는 방식으로 학습환경이 설계되면 이는 교수주의에 적합한 에듀테크가 될 수 있는 것이다.

그래서 에듀테크를 교육 패러다임에 따라 분류하는 것은 유용한 방법이 될 수 있지만, 절대적인 것은 아니다. 교육 설계자는 교육 목표와 학습자의 특성을 고려하여, 에듀테크를 가장 효과적으로 활용할 수 있는 방법을 모색해야한다. 그럼에도 다음은 현재 구성주의 기반 에듀테크의 도구로 많이 활용되고 있는 예가 될 수 있다.

1) 교육용 로봇(Educational Robot)

4차 산업혁명 시대의 첨단 기술 발전과 융합은 사회 전반에 걸쳐 급격한 변화를 불러일으키고 있다. 특히 로봇은 생산, 서비스, 의료, 군사 등 다양한 분야에서 인간의 노동력을 대체하거나 보완하는 임무를 수행하며 그 중요성이 더욱 커지고 있다.

교육 분야에서도 로봇의 활용이 확대되고 있다. 1950년대, 하버드대학교 교수이자 행동주의 심리학자인 B.F. 스키너는 자신의 조작적 조건화 이론에 기반한 Teaching Machine을 개발하여 교육용 로봇의 시대를 열었다. Teaching Machine은 정답과 오답에 대한 즉각적인 '반응'을 학습자에게 자동으로 제공함으로써, 쉬운 지식에서부터 복잡한 원리 이해까지 학습 단계를 조직하여 학습자의 능동적인 학습을 가능하게 하는 최초의 교육용 로봇이라 할 수 있다.

최근에는 학습자의 인지적, 정의적, 운동 신체적 변화를 탐지할 수 있는 각종 첨단 센서들과 OID Optical Identification 기술이 발전하고 있다. 또한 초보자도 쉽게 로봇을 제어할 수 있게 해주는 사용자 친화적 코딩프로그램의 개발로 인해 교육용 로봇의 활용이 급속히 증가하고 있다 Papadakis & Kalogiannakis, 2020.

예를 들어, 미국 국립과학재단 NSF의 '초등학생을 위한 혁신적 로봇 공학 체험 Transformative Robotics Experience for Elementary Students' 프로젝트는 휴머노이드 로봇 프로그래밍 환경을 활용하여 학생들의 학문적 몰입과 참여를 촉진시키고, 로봇 공학 및 컴퓨터 과학에 대한 지식을 넓히는 것을 목표로 한다 Shen et al., 2022.

이러한 코딩 로봇의 활용은 학습자들이 협동 학습을 통해 새로운 형태의 창작물이나 게임을 개발함으로써, 협동심과 의사소통 능력 그리고 나아가 사회성 또한 향상하는 데 큰 도움을 주고 있다.

교육용 로봇을 활용한 수업은 능동적 학습 원리Active Learning, 사회적 구성주의Social Constructivism, 그리고 페퍼트 박사의 구성주의Constructionism 학습 이론이 강조하는 학습의 원리를 뒷받침하고 있다. 능동적 학습 원리는 학습자가 자기 경험을 통해 직접적으로 학습하는 것을 강조한다. 교육용 로봇을 활용한 수업은 학생들이 직접 로봇을 조작하고, 코딩을 통해 로봇의 동작을 제어함으로써, 능동적으로 학습할 수 있는 기회를 제공한다Eguchi, 2016. 사회적 구성주의는 학습이 사회적 상호작용을 통해 이루어진다는 것을 강조한다. 교육용 로봇을 활용한 수업은 학습자들이 서로 협력하여 로봇을 조작하고, 코딩을 통해 문제를 해결함으로써, 사회적 상호작용을 통해 학습할 수 있는 기회를 제공한다Mubin et al., 2013. 페퍼트의 구성주의는 학습자가 직접 탐구하고, 실험하고, 만들어가는 과정을 통해 학습하는 것을 강조하는 학습 이론이다. 페퍼트는 이러한 학습 이론을 실현하기 위해 로고 프로그래밍 언어를 개발하여 어린 학습자들이 자기 생각을 표현하고, 자신만의 문제해결과정을 통해 새로운 창조물을 만들어낼 수 있는 도구를 제공하였다Papert, 1980. 즉, 페퍼트는 학습자가 자신이 이해하고자 하는 대상을 직접 조작하고, 그 결과를 관찰함으로써, 자신의 지식을 스스로 구성해 나갈 수 있는 '실천을 통한 학습learning by doing' Ackermann, 2001을 강조하였다.

최근 열풍이 불고 있는 교육용 로봇을 활용한 수업은 이 학습이론들이 강조하는 능동적 경험, 사회적 상호작용 그리고 실천을 통한 학습을 효과적으로 구현할 수 있는 수단으로 주목받고 있다. 그리고 이러한 접근법은 4차 산업혁명 시대에 요구되는 핵심 역량을 함양하는 데 효과적인 방법으로 평가받고 있다.

교육용 로봇 개발의 예: SK텔레콤과 협력으로 개발된 아띠Atti는 순 우리말로 '친한 친구'란 뜻을 지닌 휴머노이드 로봇으로, 취학 전 또는 유치원 연령대의

📚 그림 8.2 개발의 예: 유치원생을 위한 교육용 로봇

아이들을 대상으로 수학, 영어, 미술, 음악 등 다양한 영역의 학습을 위해 개발된 교육용 로봇이다[그림 8.2] 참고. 아띠는 스마트폰과 연동하여 작동하는 다양한 첨단 기능멀티미디어 재생, 신체 움직임 포착, 광학 및 근접 센서, 음성 인식, 스피커, 움직임을 제어하는 마법의 봉이 내장되어 있어 사용자들이 아띠와 상호작용하며 즐겁게 학습을 할 수 있도록 설계되었다.

아띠는 다양한 교육용 앱을 내장하고 있으며 이 앱은 스마트폰을 통해 구동되고 로봇을 통해 실행된다. 아띠에 탑재된 교육용 앱은 기존의 학습용 모바일 앱과는 달리, 학습로봇의 여러 기능을 통해 학습자로 하여금 공간개념, 문제풀이, 측정, 기하학 등의 여러 활동을 인지적, 감성적, 운동적 융합능력을 통해 해결할 수 있도록 도와주며 특히 로봇과 사용자 간의 상호작용예: 학습자의 행동을 따라하기과 협력을 통해 학습자의 문제해결을 위한 과정을 지원해주기 때문에 어린 학습자들은 아띠와 함께 학습하면서 흥미와 관심을 더욱 증진시킬 수 있다.

2) 가상/증강 현실(Virtual/Augmented Reality)

가상 현실Virtual Reality, VR은 현실 세계와 완전히 분리된 가상의 공간을 구현하는 기술이다. 증강 현실Augmented Reality, AR은 VR과 달리 현실 세계에 디지털 정보를 겹쳐서 보여주는 기술로, 현실 세계와의 상호 작용을 가능하게 한다. 이런 기

술을 교육적으로 활용한 VR/AR 기반 학습 환경에서는 구성주의constructionism, 상황 학습situated learning, 구현형 몰입embodied immersion, 참여형 시뮬레이션participatory simulation의 이론과 교육 원리 및 실제를 적용할 수 있다. 구성주의자들은 학습은 지식 구성의 과정이며, 사람들이 주변 환경과의 상호작용을 통해 의미 있는 결과물을 능동적으로 만들어낼 때 효과적인 학습이 일어난다고 믿는다Papert & Harel, 1991. 또한 상황 학습은 진정성 있고 맥락적인 교육 환경이 제공될 때 유의미한 학습이 가능하다고 주장하며Lave & Wenger, 1991; Stein, 1998, 구성주의와 상황 학습에 기반한 구현된 몰입Xu et al., 2022은 세 가지신체적, 감각적, 인지적 차원에서 학습 경험을 더욱 효과적으로 설계하는 방법을 안내한다. 이를 토대로 개발된 VR/AR 환경에서 학습자는 컴퓨터로 생성된 대화형 세계에 몰입하여 오디오, 시각, 신체 움직임 등 다양한 방식을 통해 가상적 학습환경으로부터 정보를 수집하고 처리한다Frasson & Blanchard, 2012. 특히 참여형 시뮬레이션이 적용된 VR/AR에서 학습자들은 제시된 구조화되지 않은 문제나 실제 문제를 구체적으로 경험하고 분석하며Ackermann, 2012; Colella, 2000 역할극을 통한 다른 학습자들과 동적인 상호작용을 통해 능동적인 실험 및 성찰적 관찰 과정을 포함하는 실제 문제해결과정에 참여할 수 있다Ke & Xu, 2020; Kolb, 1984; Lave & Wenger, 1991. 최근에는 VR/AR이 가지고 있던 공간과 활동의 제약을 극복한 메타버스Metaverse: Meta + Universe의 등장으로 가상공간에서 면대면 수업 수준의 상호작용과 학습 활동을 가상공간에서 구현하게 되었으며 다양한 영역의 학습을 동시에 진행하는 융합교육을 위한 학습플랫폼으로 활용되고 있다.

　　가상현실 개발의 예: 고등학교 과학수업을 위해 개발된 이 가상현실 프로그램[그림 8.3] 참고은 학습자가 대기오염의 심각성을 깨닫고 그 해결책을 모색하는 자기주도적 학습을 지원하기 위해 개발되었다. 대기 오염은 전 세계적으로 심각한 문제로 대두되고 있다. 대기 오염은 인체 건강에 악영향을 미치고, 기후변화를 가속하는 원인이 되고 있다. 이에 따라 대기 오염에 대한 교육의 중요성이 커지고 있다. Read It MoreRIM는 학생들이 가상 현실을 통해 다양한 도

그림 8.3 개발의 예 1: 고등학교 과학수업을 위한 가상현실

출처: Kim et al., 2022.

시의 공기오염을 직접 경험하고 대기질Air Quality을 분석하고 해결책 모색을 위한 가상현실 기반 학습플랫폼이다. RIM에서 학생들은 (a) 문제상황지역 도시의 나쁜 대기질에 대한 구조화되지 않은 실제 시나리오를 제공받고 (b) 대기질에 관련된 기본적인 정보와 연구자료를 학습하며 (c) 학생들이 찾아야 할 정보를 식별하고 정보를 찾는 데 도움이 되는 애니메이션 튜토리얼HeLIOS을 자기주도학습의 활성화를 위해 활용하였다. 이처럼 학습의 기본 단계를 마친 후 학생들은 가상 현장 여행VFT에서 도시 간의 대기질을 탐구하기 시작한다. RIM의 가상 현실 요소는 다음과 같은 장점을 제공한다. 첫째, 몰입감이다. RIM은 학생들이 실제 도시의 모습과 대기질을 생생하게 체험할 수 있도록 가상 현실을 활용한다. 이를 통해 학생들은 대기 오염을 더욱 직관적으로 이해할 수 있다. 두 번째 장점은 현실감이다. RIM은 Google 스트리트 뷰를 통해 실제 도시의 모습을 제공한다. 또한, 실시간 대기질 정보를 제공하여 학생들이 대기 오염의 정도를 정확하게 파악할 수 있도록 한다. RIM은 가상 현실의 몰입감과 현실감

을 활용한 다양한 학습자료와 학습도움을 통해 학생들이 대기 오염에 대한 이해를 높이고, 참가 학습자 간의 협력학습을 지원함으로써 최선의 해결책을 도출할 수 있는 능동적 참여적 학습환경을 제공해주었다.

📚 **그림 8.4** 개발의 예 2: 대학교 이공계 수업을 위한 증강현실

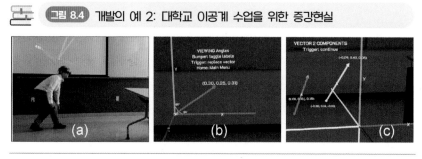

출처: Giancaspro et al., 2023.

증강현실 개발의 예: 정역학Distributed Force은 공학계열 전공을 하려는 학생들에게 요구되는 필수 개념이다. 하지만 이 개념을 다루는 과목은 대부분 이차원적인 학습 교재나 자료를 사용하여 벡터의 개념을 설명하려 했기 때문에, 학습자가 이를 이해하기 어렵고 그로 인해 수업에서 중도탈락율이 다른 이공계 기초과목보다 현저하게 높다. 이를 해결하기 위한 방안으로 증강 현실AR을 활용한 수업방식이 고안되었다[그림 8.4] 참고. 이 증강현실은 이공계 전공 학생들의 정역학에 대한 이해를 향상시키기 위한 학습과정의 학습보조도구로서 활용되었으며 학습자들은 (a) 여러 분산된 힘이 작용하는 바탕면을 가상의 선Beam으로 모델링하고 (b) 자유 몸체 다이어그램을 시각화하고 (c) 외부 지지 반응을 계산할 수 있었다. 이는 이차원적 학습자료를 사용했던 기존의 수업방식에서는 구현하기 불가능한 학습 과정이며 증강현실 프로그램을 사용한 학습자는 그렇지 않은 학습자들보다 유의미하게 높은 정역학에 대한 이해도를 보여주었으며 수업의 중도탈락율 역시 크게 낮아졌다. 이러한 결과는 체험형 증강현실이 복잡하고 추상적인 학습내용을 삼차원적 객체로 시각화시킴으로써 단편적

인 이해가 아닌 현실에서 배운 내용이 실제 적용되는 "경험을 통한 학습"을 가능케 하여 학습 실제감과 몰입을 향상시키는 데 중요한 역할을 할 수 있다는 것을 보여준다.

3) 학습 데이터 분석(Educational Data Analytics)

온라인 학습의 증가와 COVID-19 팬데믹의 영향으로 학습 관련 데이터는 급격히 증가하였다. 온라인 학습 플랫폼과 스마트 기기, 센서를 활용한 학습 활동의 증가로 인해 학습자의 학습 성과, 학습 과정, 학습 환경에 대한 다양한 데이터가 생성되고 있기 때문이다.

이러한 데이터는 학습 데이터 분석을 통해 효과적으로 처리할 수 있다. 교육 분야 데이터를 수집, 분석, 모델링하여 교육과 학습 프로세스를 개선하고 이해하는데 활용되는 기술과 방법론을 의미하는 교육 데이터 분석은 학습자의 학습 패턴과 특성을 파악하고, 이를 바탕으로 학습자의 학습 성과를 향상하고 학습 과정을 효율적으로 관리하는 방법을 제시한다.

예를 들어, 학습 데이터 분석을 활용하여 특정 학습자의 학습 과정을 분석하면 어떤 학습영역에서 성과가 낮은지 판단할 수 있으며 이에 맞춤형 학습 계획을 제공할 수 있다. 또한 이러한 분석과정을 통해 학습자가 학습과정에서 어떤 어려움을 겪고 있는지 파악하고, 이를 해결하기 위한 학습 지원을 제공하는 데 유용하다.

결과적으로 학습과 관련된 빅데이터 분석으로 얻은 정보를 바탕으로 교육 프로그램을 개선하고 개별 학생에게 맞춤형 지도를 제공하는 것이 가능해진다. 따라서 학습 데이터 분석은 교육 분야에서 지식을 형성하는 과정을 지원하며, 이를 통해 교육 기관은 효율적인 교육 전략을 개발하고 개별 학생의 학습 경로를 최적화함으로써 지혜를 형성하는 데 기여한다.

다시 말해, 학습 데이터 분석은 학습 전반과 관련하여 수집된 원 데이터raw data를 특정 목적에 맞게, 시각화, 측정, 분석을 통해 의미를 부여함으로써 데이터의 정보information로의 변환을 추구한다. 또한 이 정보들을 군집화하고 이를 어떻게 교육현장에 활용할지 이해하는 과정을 통해 정보의 지식knowledge화를 추구하며 우리는 이 지식을 실제로 수업에 활용함으로써 궁극적으로 지혜wisdom를 얻을 수 있는 것이다Baker, 2007.

   이 예시는 교육 데이터 분석 기법을 활용하여 학습자의 학습 성취를 정확하고 신뢰성 있게 예측할 수 있는 가능성을 보여주고 있다. 학습자의 학습과 관련된 다양한 시계열 데이터예: 과거 성적, 출석률, 시험 성적, 수업 참여 정도 등 및 학습자의 특성을 나타내는 자료예: 성별, 나이, 인종, 학년, 지역, 학력 등를 수집하고 기계학습 알고리즘을 통해 학습자 특성을 고려한 학업성취도 예측모델을 구축한 후 실제 학습자관리시스템에 적용하면 학습의 이른 시기에 최종 성적을 예측하여 보여주는 시스템이 완성된다. [그림 8.5]는 실제 개발된 예측모델을 통하여 수업 3주차에 시스템이 학습자의 16주차 최종 점수를 예측하고, 교수자가 예측 값을 쉽게 해석할 수 있도록 이모티콘을 활용하여 시각화시킨 모습을 보여주고 있다. 이 교육 데이터분석 기법의 예는 교수자가 미리 학습자의 학습정도를 파악할 수 있기 때문에 이에 맞춰 선처방적인 맞춤형 학습지원의 제공을 통해 학습의 어려움을 최소화하고 학업성과를 개선하는 데 도움을 줄 수 있다.

그림 8.5 개발의 예: 학습자 성취도 예측

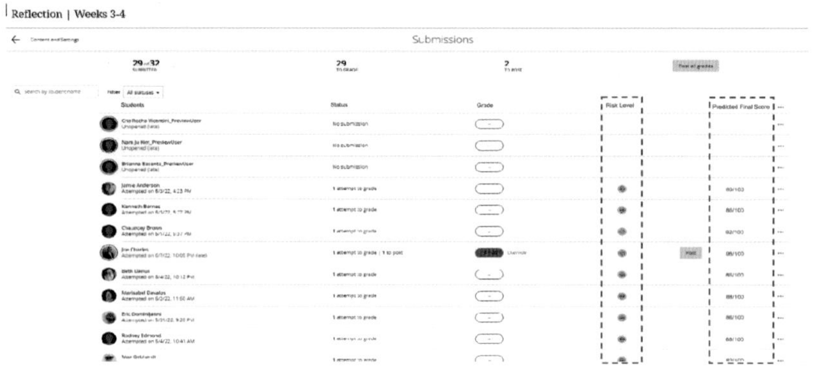

4) 인공지능(Artificial Intelligence)

최근 AI 분야의 발전, 특히 OpenAI에서 개발한 ChatGPT와 같은 생성형 AI의 등장은 전 세계적으로 AI에 대한 흥미와 관심을 크게 증가시키고 있다. 이러한 발전은 사회 전 영역에서 AI의 접목과 활용을 통한 다양한 분야의 지식과 기술을 결합하여 새로운 기회와 혁신적인 해결책을 창출하려는 융합적 발전을 촉진하고 있다. 혁신적인 기업가들, 빌 게이츠를 비롯한 몇몇 인물들도 생성형 AI의 등장이 인류 역사상 큰 전환점이 될 것이라고 강조하고 있으며, 이러한 AI 기술은 혁신적인 방법으로 다양한 분야에서 활용될 것으로 예상된다.

인공지능AI은 인간과 유사한 지능을 가진 컴퓨터 프로그램 또는 시스템으로 정의되며Haugeland, 1989 기계가 인간처럼 사고할 수 있으므로 인간의 학습, 추론 및 지각 능력을 갖춘 인공적으로 구현된 컴퓨터 프로그램을 포함한다Muggleton, 2014. 최근의 인공지능의 구현에서 가장 주목할 만한 발전은 컴퓨터가 인간의 개입을 최대한 배제하고 데이터 기반 모델을 학습하고 데이터 내의 패턴을 식별하여 목적에 맞는 결과를 스스로 도출하는 기계학습Machine Learning 알고리즘의 적용이다Helm et al., 2020. 기계학습 알고리즘은 거의 모든 분야에서 다양한 방식으로 패턴 인식, 빅 데이터 분석, 데이터 클러스터링 및 예측과 같은 작업에 많이 활용되고 있다. 교육 분야 역시 예외는 아니어서 인공지능의 교육적 활용은 AI in EducationAIED라는 교육공학의 세부영역으로 등장하였다Zhang & Aslan, 2021. AIED는 교육과 AI 기술을 통합하는 새로운 학문적 도전을 제기하고 있다. 특히 STEM 교육 분야에서 인공지능은 학생, 교사 및 학교에서 수집된 교육 관련 빅 데이터를 분석하여 교수자의 학습 지원자, 학업 평가자 및 상담가 역할을 지원하는 데 널리 사용된다.

예를 들어, 초등학교 수학 수업에서 44명 선생님의 실제 교수활동을 관찰하고 이를 데이터화 시킨 후 기계학습 분석을 통해 개발된 인공지능 튜터는 각 학생의 특징과 학습정도를 고려한 맞춤형 대화를 통해 개별 학습지원을 제공할 수 있다Cukurova et al., 2021. 또 다른 예로, 아마존Amazon의 알렉사Alexa와 구글 홈Google Home과 같은 스피커에 접목된 인공지능 기반 챗봇은 학습자의 질문에 대한 실시간 답변을 제공할 수 있으며 학습자의 수준, 이해 정도, 학습스타일을 고려하여 제공되는 자료의 종류와 난이도의 조절을 통해 개별학습환경을 제공한다. 이러한 대화형 인공지능 기반 학습보조도구는 과학Topal et al., 2021, 수학Laksana & Fiangga, 2022, 의학 및 간호Chang et al., 2021와 같은 여러 분야에서 활발하게 활용되고 있으며 그 효과가 검증되고 있다. 미국에서 147개 중고등학교 학생 18,700명을 대상으로 한 연구에 따르면, 기존 교과서와 인공지능 교육 소프트웨어 "MATHia"를 사용한 학생들은 교과서만 사용한 학생들보다 대수학 과목에서 평균 점수를 크게 높일 수 있었으며 학습에 대한 만족도 또한 향상되는 등 인공지능의 교육적 활용의 긍정적인 결과를 보여주었다Pane et al., 2014.

인공지능의 교육적 활용에 대한 효과가 많은 연구로부터 검증되면서 이로 인해 AIED분야가 크게 관심 받고 있지만, 사실 교육공학 분야에서 오래전부터 이미 지금의 인공지능과 비슷한 원리와 개념을 적용하여 학습의 보조적인 수단으로 개인별 맞춤형 학습을 제공하려는 여러 시도가 있었다. 그 대표적인 예로 지능형 튜터링 시스템Intelligence Tutoring System; ITS이 있다. 지능형 튜터링 시스템은 이미 구조화된 학습 내용, 과제에 따라 학습자의 학습 상태를 파악하고 학습의 어려움을 시기적절한 도움예: 힌트, 질문, 피드백 등을 제공하여 해결해 주는 일종의 컴퓨터 시스템이다Kumar & Ahuja, 2020. 지능형 튜터링 시스템은 그 설계와 개발을 위해 크게 도메인 모델, 학습자 모델, 교수자 모델로 구성된다. 도메인 모델은 학습의 주제에 대한 지식을 저장하고 관리하는 모델이다. 도메인 모델은 학습의 목표, 학습 내용, 학습 방법에 대한 정보를 포함한다. 도메인 모델은 학습자가 학습할 내용을 이해하고, 학습 목표를 달성할 수 있도록 지원한다. 학습자 모델은 학습자의 학습 수준, 학습 스타일, 흥미 등을 파악하는 모델이다. 학습자 모델은 학습자의 학습 데이터를 분석하여 학습자의 학습 패턴을 파악한다. 학습자 모델은 학습자가 자신의 학습 수준을 이해하고, 학습에 대한 흥미를 유지할 수 있도록 지원한다. 또한 교수자 모델은 학습자의 학습 과정을 관리하고, 학습자에게 적절한 피드백을 제공하는 모델이다. 교수자 모델은 학습자의 학습 진도를 모니터링하고, 학습자가 어려움을 겪고 있는 부분을 파악한 뒤, 이에 적절한 처방을 내리는 역할을 한다. 이 세 가지의 모델에 의해 파악된 학습 내용과 학습자의 수준, 학습 상태 등의 정보와 이에 맞는 학습경로와 학습 도움은 인터페이스를 통해 제공된다. 지능형 튜터링 시스템의 구체적인 예는 Dr. Anderson의 인지적 튜터cognitive tutor를 들 수 있다. 인지 아키텍처인 ACT-R 이론의 기반을 둔 이 인지적 튜터는 학습자들의 학습 수준과 진행 상황에 따라 맞춤화된 학습 콘텐츠와 피드백을 제공하는 역할을 한다Anderson et al., 1995. 또한 Dr. Graesser의 AutoTutor는 인간 대 인간 튜터링 세션의 분석을 통해 인간 튜터의 대화 패턴을 시뮬레이션하고, 답변에 구두 설명과 추론이 필요한 도전적인 개방형 질문을 제시한다Graesser et al., 1999.

　하지만 기존의 지능형 튜터링 시스템은 제한된 데이터와 분석알고리즘으로 인해 학생의 학습 수준과 진행 상황을 정확하게 파악하거나 개별적인 피드백을 제공하는 데 한계가 있었다. 예를 들어 기존의 지능형 튜터링 시스템은 학습자의 학습 데이터를 인간이 수동으로 분석하여 학습자의 학습 수준과 진행 상황을 파악했기 때문에 매우 시간과 비용이 많이 드는 작업이었다. 하지만 기계 학습 알고리즘과 대규모 언어모델의 발전으로 인해 자동으로 학습과 관련된 다양한 데이터를 수집하고 분석할 수 있게 되었으며, 이를 통해 학습자의 학습 수준과 진행 상황을 더욱 정확하고 신속하게 파악할 수 있게 되었다. 또한 기존 대부분의 지능형 튜터링 시스템은 학습자의 답변에 대한 정답과 오답만을 피드백으로 제공했지만 기계학습 알고리즘의 발전으로 인해 학습자의 답변을 직접 분석하여 학습자의 학습에 도움이 되는 개별적인 피드백을 더욱 구체적으로 제공할 수 있게 되었다. 이는 학습자가 자신의 학습 과정을 이해하고, 오류를 수정하여 학습 성과를 향상시키는 데 도움이 되기 때문에 학습자가 자신의 경험과 지식을 바탕으로 새로운 지식을 습득한다는 구성주의 기반 학습에 적합하다고 볼 수 있다.

그림 8.6 개발의 예 1: 과학적 글쓰기를 돕기 위한 인공지능 기반 스캐폴딩 (Scaffording)

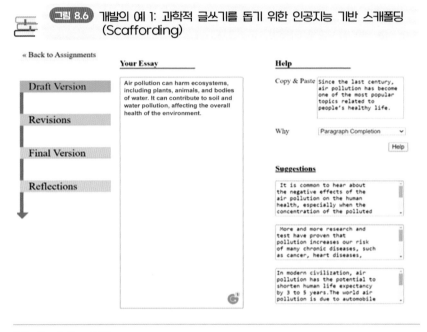

출처: Kim & Kim, 2022.

　　AIED 개발의 예 1: 이 시스템은 K-12 학생들의 과학적인 글쓰기를 돕기 위해 고안된 것이다. 과학적 글쓰기는 일반 글쓰기와 달리 기존 지식을 탐구, 검증, 강화, 개선하여 새로운 지식을 창출하는 과학적 사고를 표현하는 것이다 Grogan, 2021; Lindsay, 2020. 또한 과학적 글쓰기는 단순히 암기된 지식을 나열하는 것이 아니라 스스로 의미를 구성하는 과정을 거치므로 학생들이 과학적 사고력, 비판적 분석 추론력, 문제 해결력을 향상시켜 STEM 교육의 궁극적 목표인 과학적 소양을 함양할 수 있도록 도와준다. 하지만 성공적인 과학적 글쓰기는 학습자의 고차적인 사고력과 자기주도적 학습능력을 필요로 하므로 이를 갖추지 못한 이들을 위한 맞춤형 도움은 필수적이다.

OpenAI에서 개발한 GPT−2라는 인공지능 알고리즘은 대규모 데이터로 학습된 강력한 언어 모델로, 사용자가 입력한 내용을 바탕으로 일관성 있고 응집된 텍스트를 생성할 수 있는 장점을 가지고 있다. 또한, GPT−2는 특별한 작업에 대한 별도의 훈련 없이도 최첨단 수준에서 텍스트 생성, 독해, 기계 번역과 같은 다양한 언어 작업을 수행할 수 있다. 이런 GPT−2의 텍스트 생성 능력은 사용자에게 주제에 관한 학술 연구를 인용하여 텍스트를 완성하는 개념적 스캐폴딩conceptual scaffolding과 예시를 제공하거나 사용자의 주제를 보완하여 문제 해결을 지원하는 전략적 스캐폴딩strategic scaffolding을 제공하는 역할을 할 수 있다. 다시 말해, 학습자는 주어진 실제적인 문제적인 상황에서 문제해결을 요하는 과제를 받고 이에 대한 해결책을 제시하고 이를 뒷받침할 수 있는 구체적인 자료를 스스로 탐색하고 검증하는 과정을 통해 과학적인 글쓰기를 완성한다. 이 과정에서 학습자가 자신의 글쓰기를 진행하는 데 어려움을 겪는다면 인공지능 알고리즘은 학습자가 지금까지 쓴 내용을 바탕으로 이후에 전개될 내용을 대신 작성해줌으로써 학습자에게 무엇을 어떻게 써야 할지에 대한 가이드라인을 제시해 주는 스캐폴딩 역할을 하는 것이다[그림 8.6] 참고.

그림 8.7 개발의 예 2: 인공지능 기반 학습동기 측정

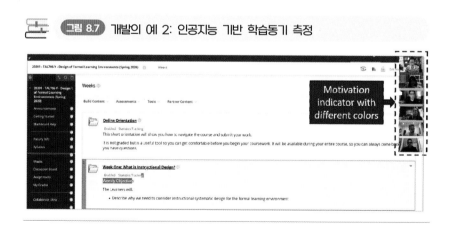

AIED 개발의 예 2: 인공지능은 위의 예처럼 학습자의 학습 과정에서 발생하는 인지적 어려움을 도와주는 역할을 할 수 있지만 최근 비인지적인 측면, 즉 감성적인 측면학습자의 흥미, 동기, 태도을 실시간으로 측정하고 이에 대한 정보를 교수자에게 제공함으로써 학습자가 긍정적인 학습경험을 유지할 수 있도록 감성적 지원을 제공하는 사례가 많아지고 있다Sharman et al., 2023; Sullivan et al., 2023. 특히 학습동기는 학습자가 특정 행동을 시작하고, 목표를 달성하기 위해 적절한 전략을 사용하도록 유도한다. 따라서 인공지능이 학습자의 동기를 실시간으로 측정하고 이 정보를 축적할 수 있다면 학습자의 동기를 크게 저해하는 학습 콘텐츠, 활동, 교수법을 쉽게 파악할 수 있는 장점이 있다. 이를 위해 개발된 **AIMI**AI-Augmented Motivation Indicator는 학습자의 표정, 감정, 동기와 연관된 빅데이터를 수집한 후 여러 가지의 기계학습 알고리즘의 분석을 통해 실시간으로 학습자의 동기를 측정할 수 있다. [그림 8.7]에서 AIMI 프로그램은 온라인 학습 환경에 접목되어 학습자의 실제 동기 상태를 실시간으로 다양한 색을 통해 보여주고 있다.

또한 이 시스템은 학습자가 낮은 동기상태를 계속 유지할 경우 교수자에게 경고 메세지를 보냄으로써 교수자가 적절한 처방을 줄 수 있는 정보 또한 제공하고 있다[그림 8.8] 참고.

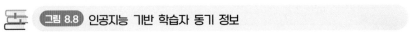

그림 8.8 인공지능 기반 학습자 동기 정보

인공지능의 교육적 활용은 현대 교육에서 중요한 변화를 불러오고 있으며 앞으로 그 역할이 증대될 것이 분명하다. 이러한 새로운 교육 패러다임은 학습자들에게 다양한 맞춤형 학습 경험을 제공하며, 개별 학습자의 요구와 능력에 더욱 적응 가능한 교육환경을 조성할 수 있는 구성주의적 학습이론에 적합한 학습환경을 마련해 줄 수 있다. 예를 들어, 인공지능은 학습자들의 여러 학습관련 데이터나 개인정보 데이터를 분석하여 학습 양상을 신속하게 파악하고, 이에 기반하여 맞춤형 교육 계획을 수립하는 데 도움을 줄 수 있다. 그 뿐만 아니라, 인공지능에 의한 자동 평가 및 피드백 시스템을 통해 학습자들은 실시간으로 자신의 이해 수준을 확인할 수 있으며 고차적인 문제해결 능력의 지속적인 발전을 기대할 수도 있다. 이는 학습자들이 더 높은 학습 성과를 이룰 수 있도록 돕는 데 중요한 역할을 한다.

5) 쌍방향 온라인 학습 환경(interactive online learning)

과학기술의 발전으로 온라인 학습 환경은 크게 변화하고 있다. 기존의 온라인 학습 환경은 학습 내용을 효과적으로 전달하는 데 중점을 두었다면, 새롭게 등장한 쌍방향 온라인 학습 환경은 학습자가 능동적으로 학습할 수 있는 기회를 제공하는 데 중점을 둔다.

첨단 테크놀로지의 적용을 위한 학습플랫폼으로서, 쌍방향 온라인 학습 환경은 시간과 장소에 구애받지 않고 학습자간, 학습자와 교수자간, 학습자와 시스템 간의 상호작용 기회를 제공한다. 이러한 다양한 상호작용을 통해 학습자는 보다 풍부한 학습 경험을 얻게 되며 학습과정에서 협력, 의사소통, 그리고 비판적 사고 능력을 증진시킬 수 있다. 이에 쌍방향온라인 학습환경은 미래 지식 사회에 필수적인 역량을 효과적으로 강화하는 플랫폼으로 주목받고 있다.

또한, 쌍방향 온라인 학습 환경은 인공지능 기반 학습 도움 시스템과 학습분석학Learning Analytics을 통해 학습자의 앞에서 언급한 개별화된 학습을 가능하게 한다. 인공지능 기반 학습 도움 시스템은 학습자의 학습 수준과 진행 상황

을 파악하여 학습자에게 맞춤화된 학습 콘텐츠와 피드백을 제공하며 학습분석
학은 학습자의 학습 데이터를 분석하여 학습자의 학습 패턴, 학습 성과, 학습
동기 등을 파악한다.

쌍방향 온라인 학습 환경은 학습자의 주도성을 향상시키고, 창의성과 문제
해결 능력을 함양하며, 학습자의 개별화된 학습을 가능하게 하는 등 기존의
온라인 학습 환경보다 많은 장점을 가지고 있다. 또한, 실시간 협동학습을 지
원함으로써 학습자의 학습 경험을 더욱 풍부하게 만든다.

그림 8.9 개발의 예: 쌍방향 온라인 문제중심학습(커넥션 로그)

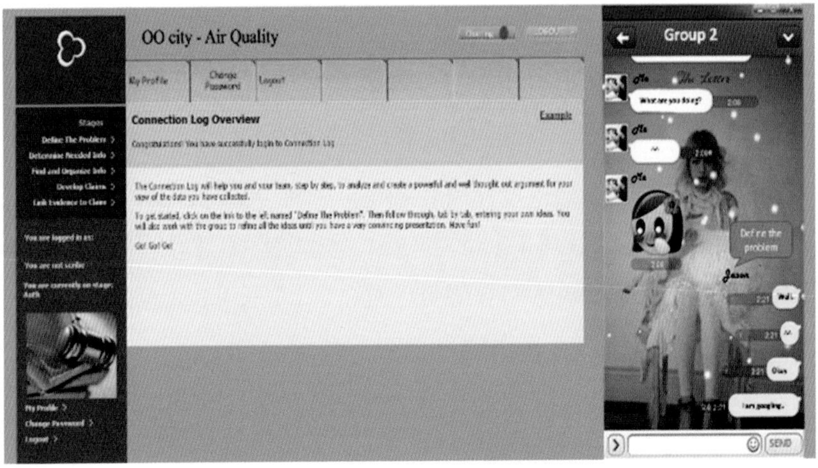

출처: Kim et al., 2022.

쌍방향 온라인 학습환경 개발의 예: 실시간 협동학습은 학습자들이 서로의
지식과 경험을 공유하고, 함께 문제를 해결하는 학습 방식이다. 기존의 온라인
협동학습도 채팅 등의 도구를 통해 학습자들 간의 의견 교환이 어느 정도 가
능했지만, 이를 진정한 협동학습을 위한 도구라고 보기는 어렵다. 하지만, 쌍
방향 온라인 학습 환경은 진정한 의미의 온라인 기반 협동학습 환경을 제공하

기 위해 컴퓨터 지원 협력 학습Computer-Supported Collaborative Learning 스크립트scripts 라는 협업 도구를 제공한다. 더욱이, 교수자는 실시간으로 협동학습에 참여하여 학습을 보조하는 역할을 수행할 수 있다.

커넥션 로그Connection Log는 온라인 문제 중심 학습 플랫폼으로, 학생들이 과학 현상의 문제를 해결하고 원인과 쌍방향 해결책을 찾는 데 도움을 주기 위해 개발되었다[그림 8.9] 참고. 이 플랫폼은 다음과 같은 5단계의 학습 과정으로 구성된다Kim et al., 2022.

1. 문제 정의: 문제를 정의하고, 해결해야 할 문제를 파악한다.
2. 필요한 정보 결정: 문제를 해결하기 위해, 필요한 정보를 결정한다.
3. 필요한 정보 찾기 및 증거로 조직화: 필요한 정보를 찾고, 증거를 수집하여 조직화한다.
4. 해결책 개발: 문제에 대한 해결책을 개발하고, 이를 주장으로 제시한다.
5. 해결책과 증거의 연결: 해결책과 증거를 연결하여, 해결책의 타당성을 입증한다.

커넥션 로그는 쌍방향 온라인 학습 환경을 제공하여, 학생들이 그룹 구성원들의 진행 상황을 확인하고 정보의 정당성을 진단할 수 있도록 한다. 모든 활동은 그룹 구성원들이 합의에 도달해야 진행되며, 이를 통해 학생들의 자기 주도 학습과 협력 학습을 촉진할 수 있다.

또한, 커넥션 로그는 과제 지원 및 자기 성찰적 스캐폴딩학습도움을 제공한다. 과제 지원 스캐폴딩은 학생들이 정보를 찾고 분석, 정당화하며 증거를 선별하고 그룹 내 합의를 통해 증거의 정당성을 평가하는 데 도움이 되는 문제 중심학습Problem-Based Learning의 절차적 프레임워크를 제시한다. 커넥션 로그는 또한 학생들이 자신의 학습 과정을 되돌아볼 수 있는 기회도 제공한다. 이를 통해 학습자는 자신의 문제 해결 과정을 재고찰할 수 있으며, 이를 통해 자신의 오류를 인식하고 줄일 수 있는 능력을 향상시킨다.

커넥션 로그에서 그룹 구성원들 간의 상호작용은 서로의 활발한 의견교환을 통해 학습자들이 학습 목표를 재확인하고, 합리적인 문제해결방안에 대한 다각적인 접근방법을 고안하고, 수집자료의 신뢰도과 정확성 등을 성찰할 수 있도록 도와준다. 또한 원활한 협력학습을 위해 필요한 가이드라인CSCL Scripts 을 제공함으로써 협력학습에 익숙하지 않은 학습자들도 단계적 공유지식을 형성하는 과정에 적극적으로 참여할 수 있다. 따라서 커넥션 로그는 쌍방향 온라인 학습환경으로서 학생들이 주어진 학습과제를 효과적으로 해결하는 데 필요한 정보를 얻고 스스로 문제 해결안을 도출하며 그 과정을 성찰하는 구성주의적 학습과정을 위한 효과적인 에듀테크가 될 수 있다.

03 > 에듀테크의 과제

정보통신기술의 발달로 교육 분야에서도 에듀테크의 활용이 증가하고 있다. 에듀테크는 교육과 기술의 융합을 통해 교육의 효율성과 효과를 높이는 것을 목적으로 한다. 그러나 학교 현장에서의 에듀테크 활용은 여전히 미흡한 실정이다. 이는 학교 선생님들의 에듀테크 활용에 대한 부정적 인식과 제약이 원인으로 작용하고 있다. 학교 선생님들의 에듀테크 활용에 대한 부정적 인식은 다음과 같은 측면에서 나타난다.

첫째, 기술적 지식과 역량 부족이다. 에듀테크 기반 학습은 첨단 기술을 기반으로 하는 교육 방법이기 때문에, 선생님들의 기술적 지식과 역량이 요구된다. 그러나 많은 선생님들이 에듀테크에 대한 전문적인 교육을 받지 못해 새로운 기술을 배우고 익히는 데 어려움을 겪고 있다. 이러한 어려움은 에듀테크를 활용한 수업을 준비하고 진행하는 데 대한 부담으로 이어진다. 둘째, 교육 방식의 변화에 대한 부담이다. 에듀테크는 기존의 교육 방식과는 다른 방식으로 교육을 제공한다. 선생님들은 기존의 교육 방식에 익숙하고, 새로운 방식의 교육을 도입하는 데 부담을 느낄 수 있다. 또한, 에듀테크를 활용하기 위해서는 기존의 수업 계획과 교재 등을 수정해야 하는 경우가 많아, 시간과 노력이 많이 소요될 수 있다. 이러한 부담은 에듀테크를 적극적으로 활용하려는 선생님들의 의지를 약화시킬 수 있다.

이러한 부정적 인식은 학교 선생님들이 에듀테크를 활용하는 데 있어 걸림돌이 되고 있다. 따라서 이러한 인식을 극복하고, 학교 선생님들이 에듀테크를 적극적으로 활용할 수 있도록 지원하는 것이 필요하다.

하지만 긍정적인 변화도 기대된다. 인공지능의 등장으로 이 기술을 활용한 에듀테크에 대한 선생님의 인식이 바뀌고 있다. 최근 연구Kim et al., 2022에 따르면, GPT 알고리즘에 기초해 개발된 학습자의 과학적 글쓰기scientific writing를 지원해 주는 인공지능 프로그램에 대한 현직 선생님의 인식은 기존의 에듀테크에 대한 부정적 인식에서 긍정적으로 변화한 것을 확인할 수 있다. 이는 인공지능기술의 접근성, 편리성, 그리고 정확성에서 그 이유를 찾아볼 수 있다그림 8.10 참고.

그림 8.10 인공지능 기반 에듀테크에 대한 긍정적 인식

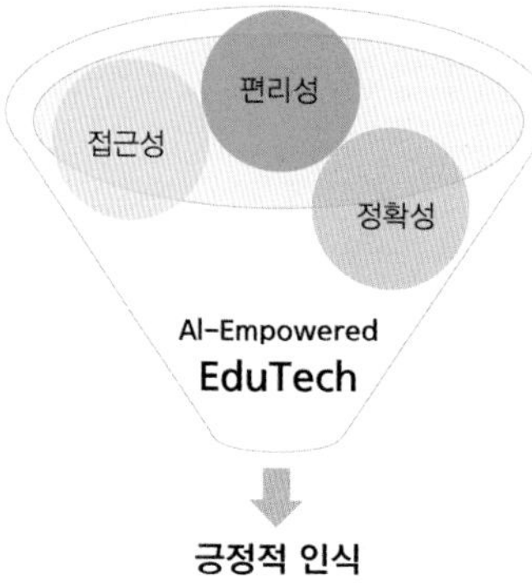

편리성
접근성
정확성

AI-Empowered
EduTech

긍정적 인식

접근성 측면에서, 인공지능 기반 에듀테크는 기존의 에듀테크에 비해 비교적 저렴하고, 사용하기 쉬워졌다. 또한 이미 많은 교사들이 실생활에서 인공지

능 기술이 적용된 사물 인터넷Internet of Things 환경에 익숙하므로 인공지능 기술을 학습에 적용시키기 위한 노력과 시간은 기존 에듀테크에 비해 상대적으로 적게 요구된다. 이러한 접근성 향상은 선생님들이 인공지능 기반 에듀테크를 도입하고 활용하는 데 있어 큰 장벽을 제거하고 있다. 따라서 선생님들이 인공지능 기반 에듀테크에 대한 부정적 인식을 극복하고, 적극적으로 활용할 가능성이 커지고 있다.

편리성 측면에서, 인공지능 기반 에듀테크는 학습자의 학습 수준과 성향에 맞춰 학습 콘텐츠를 제공하고, 실시간 피드백을 제공한다. 또한 학습자의 학습 과정과 성과에 대한 구체적인 정보도 확인할 수 있기 때문에 이러한 편리성은 선생님들의 수업 준비와 진행에 대한 부담을 크게 줄여줄 수 있다는 장점이 있다.

정확성 측면에서, 인공지능 기반 에듀테크는 개별 학습자의 방대한 정보를 인공지능의 분석과 학습 능력을 활용하여 학습자의 학습 과정을 정밀하게 측정하고, 이에 대한 피드백을 제공한다. 그리고 스스로의 수정개선 과정을 거치기 때문에 좀 더 최신의 정보를 정확하게 제공해줄 수 있는 시스템을 구축한다. 이러한 인공지능의 도입은 기존의 에듀테크 문제점으로 지적되었던 정보의 신뢰도와 정확성에 대한 선생님의 비판적인 인식을 바꾸는 데 크게 도움이 될 수 있다.

위와 같은 세 가지 이유로 인해, 인공지능 기반 에듀테크는 기존의 에듀테크와는 달리 선생님들의 부정적 인식을 극복하고 적극적으로 활용될 가능성이 커지고 있다. 이 같은 긍정적인 변화는 교육의 질을 높이는 데 크게 기여할 것으로 기대된다.

두 번째로 고려해야 할 에듀테크의 과제는 바로 윤리적인 문제이다. 많은 에듀테크 설계와 개발특히, 인공지능 활용이 실제 많은 양의 학습이나 학습자의 데이터를 수집하고 분석하는 과정이 필요하다. 이러한 데이터에는 학습자의 개인정보, 학습 성향, 학습 성취도 등이 포함될 수 있다. 하지만, 학습자의 개인정보는 민감하여 잘못 다루어질 때 학습자의 권리를 침해할 수 있는 만큼 개인 정보의 보호는 매우 중요하다. 따라서 에듀테크 개발 및 활용 시에는 학습자의 개인정보를 안전하게 수집하고 보관하는 것은 필수적이며 수집대상자의 명확한 동의가 필요하다. 이때, 학습자들이 데이터의 수집 및 활용 목적을 이해하고, 이에 동의한다는 것을 분명히 알고 있어야 한다. 또한 인공지능 기술이 많이 활용되고 있는 분야가 학습자의 학습성취나 중도포기의 예측이다. 이는 미리 학습자의 취약점을 교수자가 미리 파악하여 학습처방을 보다 빠르고 정확하게 제공해 줄 수 있다는 장점이 있지만 반대로 이러한 예측결과가 교수자로 하여금 특정 학습자에 대한 선입견을 갖게 하여 낙인효과로 이어지는 부정적인 결과를 초래할 수도 있다. 이에 학습자로 하여금 자신의 학습과 관련하여 어떠한 예측도 거부할 권리를 반드시 부여해야 하며 교수자 또한 이러한 예측 결과를 맹신하지 말고 학습자의 학습상황을 판단하는 데 활용되는 여러 자료 중의 하나로서 에듀테크를 활용해야 할 것이다. 이러한 윤리적 측면을 고려하여 에듀테크를 개발하고 활용한다면, 학습자의 권리를 보호하고, 학습의 공정성과 형평성을 높이는 데 이바지할 수 있을 것이다.

세 번째 과제는 무분별한 에듀테크의 개발을 지양하는 것이다. 에듀테크 분야에서 새로운 기술이 끊임없이 등장하고 있지만, 이를 무분별하게 도입하는 것은 효과적인 학습을 방해할 뿐만 아니라, 많은 자원과 시간을 낭비할 수 있는 결과를 초래할 수 있다. 이에 체계적인 분석과 효과적인 교수설계를 통해 에듀테크를 개발하고 도입하는 것이 중요하다.

이를 위해 에듀테크 설계 및 개발자들은 다음의 절차를 고려해야 한다.

1. 목표 설정: 먼저 학습 목표를 명확하게 설정하는 것이 선행되어야 한다. 에듀테크는 그 종류와 역할이 다양하므로 학습을 통해 어떤 지식 또는 기술을 학습하고자 하는지를 먼저 정의하고, 이를 바탕으로 에듀테크의 활용 목적을 명확히 해야 하는 과정이 필수적이다.

2. 학습자-학습 환경 분석 과정: 대상 학습자의 특성을 정확히 파악하고 고려함으로써 에듀테크를 효과적으로 최적화하고 맞춤형 학습 경험을 제공할 수 있도록 설계, 개발되어야 한다. 이에 학습자의 연령, 선호도, 학습 수준 등을 종합적으로 고려하여 에듀테크를 개발하는 것이 필수적이다. 또한, 에듀테크를 개발할 때 중요한 고려 사항 중 하나는 설계된 에듀테크를 사용하는 데 필요한 적절한 하드웨어 및 소프트웨어의 구성이다. 이를 고려하지 않으면 학습자들이 원활하게 에듀테크를 활용하지 못할 수 있다. 따라서 에듀테크 개발 시 최신 기술 표준을 준수하고, 다양한 환경에서 호환성을 확인하는 등의 작업이 필요하다. 이와 함께, 에듀테크의 사용자 경험을 향상시키기 위해서는 직관적이고 사용하기 편리한 인터페이스를 설계하는 것이 중요한다. 이를 위해 선정된 에듀테크 툴의 철저한 알파(alpha) 및 베타(beta) 테스트를 통해 사용자들이 에듀테크를 효과적으로 활용할 수 있도록 지속적인 피드백을 수집하고 이를 반영하는 것도 필요한 과정이다.

3. 사용자 학습 경험 설계: 에듀테크를 활용한 교수설계의 주요한 특징은 기존의 교수설계에 비해 학습 경험을 더욱 체계적으로 설계한다는 점이다. 이러한 학습 경험 설계는 학습자들이 에듀테크와의 상호 작용을 통해 적극적으로 학습에 참여하고 자기주도적으로 학습할 수 있는 기회를 제공하여 학습 동기부여를 높일 수 있다는 장점이 있다. 또한, 체계적인 학습 경험 설계를 통해 기존 교수설계보다 더 유연하고 개인 맞춤형 학습을 지원하여 학습자 개개인의 요구에 더 잘 부응할 수 있다.

4. 콘텐츠 개발: 학습 목표와 대상 학습자를 고려하여 에듀테크 활용에 적합한 학습 콘텐츠를 개발한다. 이 과정에서 다양한 미디어 요소를 활용하여 학습자의 흥미를 유발하고 학습 효과를 극대화하는 것이 중요하다. 또한 에듀테크의 효과적인 활용을 위해 교수자에 대한 교육 및 지원이 필요하다. 이를 위해 전문성 개발(professional development) 과정이나 온라인 튜토리얼 등을 제공하는 것 또한 에듀테크 개발의 중요한 부분이다.

5. 평가 및 개선: 에듀테크의 효과를 정량적, 정성적인 방법으로 평가하는 과정이 포함되어야 한다. 개발초기에 설정된 학습 목표에 대한 기대와 성과가 얼마만큼 달성되었는지 객관적인 평가 기준을 통해 측정되어야 한다. 그리고 학습자의 참여도, 성취도, 사

용 편의성, 학습경로 등에 대한 정보를 다각적으로 수집하여 개선 사항을 도출해야 한다. 또한 에듀테크의 특성을 고려하여 평가 단계에서는 도구의 안정성과 보안과 관련된 사항이 고려되어야 한다. 특히 교육 기관과 학생들의 개인 정보 보호를 위해 철저한 보안 시스템을 도입하고, 기술적인 안정성을 확보하는 것이 중요하다.

04 > 마치며

에듀테크는 교육과 기술의 결합을 의미하는 용어로, 교육상황에서의 문제점을 해결하고 교육의 주어진 목표의 효율적인 달성을 위해, 특정 과학기술의 본질과 특성을 반영한 교수-학습설계를 도모하는 교육공학의 한 분야로 정의내릴 수 있다. 에듀테크의 사용 목적과 그 활용은 교육의 패러다임에 따라 다양하게 변화해왔으며, 최근에는 구성주의 학습이론을 기반으로 학습자의 자기주도적 학습으로의 능동적 참여와 학습내용의 실제 적용과 탐구를 돕기 위한 방향으로 에듀테크가 활용되고 있다.

개인 맞춤형 교육의 활성화. 에듀테크는 학습 전 과정에서 일어난 모든 학습활동에 대한 데이터분석을 통해 학습자의 학습속도와 수준에 맞는 내용을 선별하고 제공하는 맞춤형 교육을 실현하는 데 큰 역할을 할 것이다. 다시 말해, 기존의 에듀테크가 학습과정에서 발생한 학습의 어려움을 해결하는 데 도움을 주는 후처방적 성격이 강했다면, 이제는 인공지능의 도움으로 개별 학습자가 겪을 학습과정의 어려움을 미리 예측하고 특정 학습내용과 도움을 맞춤형으로 제공해줄 수 있는 선처방식 학습도우미의 역할을 할 수 있다. 이러한 새로운 방식의 에듀테크의 활용은 학습자의 학습 효율성과 만족도를 높이는 데 크게 기여할 수 있다.

협동 학습을 위한 최적의 학습환경 구성. 주어진 학습과제를 공동으로 노력으로 해결해가는 협동학습은 서로의 지식과 경험을 공유하고 경쟁이 아닌 활발한 상호작용 및 협력을 통해 최선의 문제해결에 도달할 수 있다는 점에서 교육현장에 많이 도입되고 있다. 하지만 개별 학습자의 특성을 어떻게 반영하여 팀을 구성할 것인지, 팀을 몇 명으로 구성할 것인지, 다른 구성원에게 의존하지 않는 고른 참여를 어떻게 독려할 것인지 등 효과적인 협력학습을 위해 고려해야 할 문제들이 남아있다. 최근의 에듀테크는 이와 같은 문제점을 개선하기 위해 모든 학습자의 학습과정을 모니터링하고 자신의 학습성향 및 성과를 고려하여 팀배치를 돕는 온라인 협업 도구를 통해 학습자들은 서로의 지식과 경험을 공유하고 토론할 수 있는 최적의 협동학습 환경을 제공할 수 있다.

교육의 평등화. 전 세계적으로 교육과 관련된 가장 큰 이슈는 교육의 불평등이다. 전통적 교육방식은 학습자의 특성과 학습능력의 차이를 크게 고려하지 않고 동일한 학습내용을 정해진 시간과 장소에서 전달하는 것이 일반적이었다. 이러한 교육방식은 나라간, 지역간, 학교간 교육격차로 인하여 교육내용, 교육자원의 양과 질, 교수자의 역량 등에서 크게 차이가 날 수밖에 없으며 이는 곧 교육의 불평등으로 이어질 수 밖에 없는 상황이다. 특히 코로나 19 사태에 인하여 소외계층이나 저소득계층의 교육을 담당하고 있는 공교육 학교들이 모두 문을 닫게 됨에 따라 전 세계 학생 인구의 90% 이상이 제대로 교육을 받지 못하였고 이는 교육의 불평등을 심화시키는 계기가 되었다UNESCO, 2020. 새로운 에듀테크는 학습자에게 위에서 언급한 개별화학습과 자기주도학습, 제한 없는 높은 수준의 교육자원의 공유를 가능케 함으로써 교육불평등을 해소하는 데 큰 역할을 할 것으로 기대 받고 있다. 특히, 이러닝, 모바일러닝 같은 온라인 학습환경은 언제 어디에서나 학습을 가능하게 함으로써 교육의 지리적 장벽을 허무는 데 일조했으며 인공지능이나 데이터기반 에듀테크의 활용은 경제적, 사회적 지위에 관계없이 양질의 학습자원의 균등한 분배를 가능케 하며 다른 배경과 환경에서 성장한 학습자들에게 수준에 맞는 맞춤형 개별화 학습을 제공함으로써 학습의 다양성을 통한 교육의 평등을 실현하는 데 도움을 줄 수 있다. 또한 인프라가 열악한 국가나 낙후된 지역의 학습자들도 공공재로서 제공된 하드웨어로 구동되는 가상현실이나 증강현실을 통해 학습내용을 직접 체험하고 느끼며 경험하는 실제적 학습의 기회를 가질 수 있는 장점이 있다.

즉, 에듀테크는 누구나 양질의 교육에 참여할 수 있는 학습환경을 만들어 교육의 평등성을 증진시키고, 학습자 각자의 고유한 학습 여정을 경험할 가능성을 열어줄 수 있는 것이다. 단순한 테크놀로지의 교육적 활용이 아닌, 학습목표, 학습자, 학습환경의 철저한 분석을 토대로 특정 학습이론에 부합하는 에듀테크의 설계와 개발이 이루어지고 교육 현장으로의 효과적인 적용이 가능하다면 지금까지 교육계가 풀지 못했던 많은 문제를 해결할 수 있는 토대를 마련할 수 있으며 교육의 미래를 밝히는 데 핵심적인 역할을 할 것으로 기대를 모으고 있다.

참고문헌

중소벤처기업부(2021). 중소기업 전략기술로드맵 2021-2023, 중소기업기술정보진흥원.

KOTRA(2020). 2020 에듀테크 해외 유망 시장 동향 및 진출전략, 대한무역투자진흥공사.

Ackermann, E. (2001). Piaget's constructivism, Papert's constructionism: What's the difference. *Future of learning group publication*, 5(3), 438.

Ackermann, E. (2012). Perspective−taking and object construction: Two keys to learning. In *Constructionism in practice* (pp. 25−35). Routledge.

Alam, A., & Mohanty, A. (2023). Cultural beliefs and equity in educational institutions: exploring the social and philosophical notions of ability groupings in teaching and learning of mathematics. *International Journal of Adolescence and Youth*, 28(1), 2270662.

Amineh, R. J., & Asl, H. D. (2015). Review of constructivism and social constructivism. *Journal of social sciences, literature and languages*, 1(1), 9−16.

Anderson, J. R., Corbett, A. T., Koedinger, K. R., & Pelletier, R. (1995). Cognitive tutors: Lessons learned. *The journal of the learning sciences*, 4(2), 167−207.

Baker, B. (2007). A conceptual framework for making knowledge actionable through capital information. D.Mgt. dissertation, University of Maryland University College, United States − Maryland. Retrieved October 19, 2010, from ABI/INFORM Global.(Publication No. AAT 3254328).

Chang, I. C., Shih, Y. S., & Kuo, K. M. (2022). Why would you use medical chatbots? interview and survey. *International Journal of Medical Informatics*, 165, 104827.

Cherenkov, V. I., & Cherenkova, N. I. (2019). Approaches to Delivering/ Creating Students' Knowledge in The Digital Era: Inctructivism, Constructivism, and Connectivism. In *ANNUAL GSOM EMERGING MARKETS CONFERENCE 2019* (pp. 157−162).

Cobern, W. W. (1993). Constructivism. *Journal of Educational and Psychological Consultation*, 4(1), 105−112.

Colella, V. (2013). Participatory simulations: Building collaborative understanding through immersive dynamic modeling. In *Cscl 2* (pp. 357−392). Routledge.

Cukurova, M., Khan−Galaria, M., Millán, E., & Luckin, R. (2022). A learning analytics approach to monitoring the quality of online one−to−one tutoring. *Journal of Learning Analytics*, *9*(2), 105−120.

Deveci Topal, A., Dilek Eren, C., & Kolburan Geçer, A. (2021). Chatbot application in a 5th grade science course. *Education and Information Technologies*, *26*(5), 6241−6265.

Eguchi, A. (2016). Educational robotics as a learning tool for promoting rich environments for active learning (REALs). In *Human−computer interaction: Concepts, methodologies, tools, and applications* (pp. 740−767). IGI Global.

Frasson, C., & Blanchard, E. G. (2012). Simulation−based learning. *Encyclopedia of the Sciences of Learning*, 3076−3080.

Giancaspro, J. W., Arboleda, D., Kim, N. J., Chin, S. J., Britton, J. C., & Secada, W. G. (2023). An active learning approach to teach distributed forces using augmented reality with guided inquiry. *Computer Applications in Engineering Education*, e22703.

Graesser, A. C., Wiemer−Hastings, K., Wiemer−Hastings, P., Kreuz, R., & Tutoring Research Group. (1999). AutoTutor: A simulation of a human tutor. *Cognitive Systems Research*, *1*(1), 35−51.

Grogan, K. E. (2021). Writing Science. *Bulletin of the Ecological Society of America*, *102*(1), 1−8.

Haugeland, J. (1989). *Artificial intelligence: The very idea*. MIT press.

Helm, J. M., Swiergosz, A. M., Haeberle, H. S., Karnuta, J. M., Schaffer, J. L., Krebs, V. E., ... & Ramkumar, P. N. (2020). Machine learning and artificial intelligence: definitions, applications, and future directions. *Current reviews in musculoskeletal medicine*, *13*, 69−76.

Hill, J. R., & Hannafin, M. J. (2001). Teaching and learning in digital environments: The resurgence of resource−based learning. *Educational technology research and development*, *49*(3), 37−52.

HolonIQ (2020, August 6). *Global EdTech market to reach $404B by 2025 − 16.3% CAGR*. https://www.holoniq.com/notes/global−education−technology−market −to−reach−404b−by−2025

Jaffer, S. (2010). Educational technology pedagogy: A looseness of fit between learning theories and pedagogy. *Education as Change*, *14*(2), 273−287.

Laksana, F. S. W., & Fiangga, S. (2022). The development of web−based chatbot as a mathematics learning media on system of linear equations in three variables. *MATHEdunesa*, *11*(1), 145−154.

Lave, J., & Wenger, E. (1991). *Situated learning: Legitimate peripheral participation.* Cambridge university press.

Lindsay, D. (2020). *Scientific writing= thinking in words.* Csiro Publishing.

Ke, F., & Xu, X. (2020). Virtual reality simulation-based learning of teaching with alternative perspectives taking. *British Journal of Educational Technology*, *51*(6), 2544−2557.

Kim, N. J., & Kim, M. K. (2022) Teacher's perceptions of using an artificial intelligence−based educational tool for scientific writing. Frontiers in Education, 7, 755914.

Kim, N. J., & Kim, S. W. (2021). A Conceptual Study for Utilizing IPTV as an Aid for Co−Creation of Value in Future Education. 한국컴퓨터정보학회논문지, 26(10), 61−76.

Kim, N. J., Vicentini, C. R., & Belland, B. R. (2022). Influence of scaffolding on information literacy and argumentation skills in virtual field trips and problem−based learning for scientific problem solving. *International Journal of Science and Mathematics Education*, 1−22.

Kolb, D. A. (1984) Experiential Learning: Experience as the Source of Learning and Development, Prentice−Hall, Inc., Englewood Cliffs, N.J.

Kumar, A., & Ahuja, N. J. (2020). An adaptive framework of learner model using learner characteristics for intelligent tutoring systems. In *Intelligent Communication, Control and Devices: Proceedings of ICICCD 2018* (pp. 425−433). Springer Singapore.

Mubin, O., Stevens, C. J., Shahid, S., Al Mahmud, A., & Dong, J. J. (2013). A review of the applicability of robots in education. *Journal of Technology in Education and Learning*, *1*(209−0015), 13.

Muggleton, S. (2014). Alan Turing and the development of Artificial Intelligence. *AI communications*, *27*(1), 3−10.

Onyesolu, M. O., Nwasor, V. C., Ositanwosu, O. E., & Iwegbuna, O. N. (2013). Pedagogy: Instructivism to socio—constructivism through virtual reality. *International Journal of Advanced Computer Science and Applications, 4*(9).

Pane, J. F., Griffin, B. A., McCaffrey, D. F., and Karam, R. (2014). Effectiveness of cognitive tutor algebra I at Scale. Educ. Eval. Policy Anal. 36, 127-144. doi: 10.3102/0162373713507480

Papadakis, S., & Kalogiannakis, M. (2020). Learning computational thinking development in young children with Bee—Bot educational robotics. In *Handbook of research on tools for teaching computational thinking in P—12 education* (pp. 289—309). IGI Global.

Papert, S. A. (1980). *Mindstorms: Children, computers, and powerful ideas.* Basic books.

Papert, S., & Harel, I. (1991). Situating constructionism. *constructionism, 36*(2), 1—11.

Porcaro, D. (2011). Applying constructivism in instructivist learning cultures. Multicultural Education & Technology Journal, 5(1), 39. doi:10.1108/ 17504971111121919

Sánchez—Prieto, J. C., Cruz—Benito, J., Therón Sánchez, R., & García— Peñalvo, F. J. (2020). Assessed by machines: Development of a TAM—based tool to measure AI—based assessment acceptance among students. *International Journal of Interactive Multimedia and Artificial Intelligence, 6*(4), 80.

Sharma, A., Lin, I. W., Miner, A. S., Atkins, D. C., & Althoff, T. (2023). Human-AI collaboration enables more empathic conversations in text—based peer—to —peer mental health support. *Nature Machine Intelligence, 5*(1), 46—57.

Shen, J., Chen, G., Barth—Cohen, L., Jiang, S., & Eltoukhy, M. (2022). Connecting computational thinking in everyday reasoning and programming for elementary school students. *Journal of Research on Technology in Education, 54*(2), 205—225.

Steffe, L. P., & Gale, J. E. (Eds.). (1995). *Constructivism in education.* Psychology Press.

Stein, D. (1998). *Situated learning in adult education* (pp. 640—646). ERIC Clearinghouse on Adult, Career, and Vocational Education, Center on Education and Training for Employment, College of Education, the Ohio State University.

Sullivan, Y., Nyawa, S., & Fosso Wamba, S. (2023). Combating Loneliness with Artificial Intelligence: An AI—Based Emotional Support Model.

Tracey, R. (2009). Instructivism, constructivism or connectivism?. *Training and Development in Australia, 36*(6), 8—9.

UNESCO (2020). Global education monitoring report summary, 2020: Inclusion and education: all means all. Global education monitoring report team.

Williamson, B. (2021). Education technology seizes a pandemic opening. *Current History, 120*(822), 15—20.

Xu, X., Kang, J., & Yan, L. (2022). Understanding embodied immersion in technology-enabled embodied learning environments. *Journal of Computer Assisted Learning, 38*(1), 103—119.

Zhang, K., & Aslan, A. B. (2021). AI technologies for education: Recent research & future directions. *Computers and Education: Artificial Intelligence*, 2021, 2: 100025.

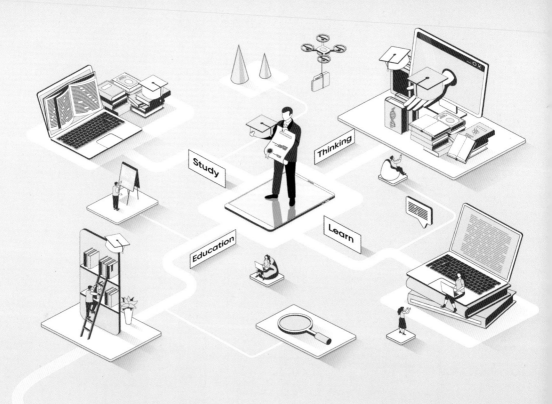

CHAPTER

09

상담교육:
치유와 성장을 지향하는 상담전문가 양성

상담교육:
치유와 성장을 지향하는 상담전문가 양성1

서영석

01 ▶ 상담은 사회적 현상이다!

1950년대 중반 처음으로 전문적인professional 상담이 우리나라에 소개된 이후, 상담counseling은 뚜렷한 체제를 갖춘 독립적인 학문 분야로, 상담사counselor라는 이름으로 직업인을 배출하는 전문 직종으로 꾸준한 성장을 이뤄왔다. 상담에 대한 일반인들의 관심이 어느 정도인지, 그 관심이 시간의 흐름에 따라 어떻게 변해왔는지 빅데이터를 사용해 분석한 결과, 2007년을 전후로 상담에 대한 일반인들의 관심이 폭발적으로 증가한 것을 알 수 있었다. 또한 이 시기에 상담 관련 학술단체에 신규 회원으로 가입한 사람들의 숫자가 기하급수적으로 증가했고, 상담과 관련된 민간 또는 국가자격증예: 청소년상담사을 취득하려는 사람들의 숫자 또한 급증한 것으로 나타났다. 2007년을 전후로 우리나라에서는 어떤 일들이 일어난 것일까? 어떤 일이 상담에 대한 일반 대중들의 관심과 상담 자격증 취득에 영향을 미친 것일까?

우리보다 앞서 상담 등, 정신건강 서비스체계를 마련한 미국의 경우, 전쟁에 참여한 퇴역군인들의 사회적응을 돕기 위한 일환으로 국가 차원에서 정신

---

1 이 장에서 제시하는 내용은 저자가 2016년 한국심리학회 창립 70주년 기념 학술대회에서 발표한 '정신생명 지킴이로서의 상담심리학: 사회적 기여와 과제'를 큰 틀로 하되 많은 내용을 추가하여 보완한 것임.

건강 전문 기관의 수를 늘리게 되었고 자연스럽게 상담사를 비롯한 정신건강 전문가에 대한 수요가 급속히 증가하였다. 우리나라에서도 학교폭력, 자해 및 자살, 성폭력, 사회적 재난 등 사회적 파급력이 큰 사건들이 발생할 때마다 상담에 대한 관심과 상담인력 확충에 대한 목소리가 커지는 것을 목격할 수 있다. 2000년대 중후반 우리나라에서는 어떤 일이 발생한 것일까? 1990년대 후반에 발생한 IMF 금융위기는 일반 국민들의 삶에 엄청난 영향을 미쳤다. 사회 구조적인 측면에서 뿐만 아니라 국민들의 심리정서적인 측면에서 삶의 불안정성과 불확실성은 커졌고, 이혼율, 자살률, 폭력의 발생 빈도 등 삶의 만족과 관련된 지표들에 경고등이 켜졌다. 그 10년의 세월을 견디면서, 곧 이어 닥칠 또 다른 금융위기를 준비하기라도 하듯, 사람들은 헤어진 마음의 살결을 치유할 전문가를 찾았던 것일까? 거울을 보듯 동병상련의 마음으로 지치고 상처받은 사람들을 위로하고 다시 세우는 일에 관심을 갖게 된 것일까? 상담에 대한 국민들의 관심이 증가하고 독립적인 학문 분야로 상담이 발전하게 된 이면에는 국민들의 삶을 뒤흔든 사회적 현상이 자리했던 것으로 보인다. 상담이 절실히 필요한 사회가 된 것이다.

> 상담은 사회구성원들의 삶과 변화 및 아픔을 반영하는 사회적 현상이다.

다음에서는 상담이 사회적 현상이라는 관점을 견지하면서, 문제 해결 및 치유와 성장을 위한 상담사들의 기본적인 태도와 전문적 역량을 기술하고, 전문적인 학문 및 임상 영역으로서 성장하기 위해 상담이 지속적으로 해결해야 할 과제들을 논하고자 한다. 이에 앞서 상담이 무엇인지 그 정의를 간략히 살펴보도록 하자.

02 > 상담은 소통이다!

오랜 기간 가슴속에 힘든 일을 담아두고 버텨온 사람들은 자신을 위한 마음의 일기를 쓰게 된다. 자신을 아프게 한 그 일의 발단과 원인, 경과를 마음에 새기면서 때로는 해결책을 얻은 것처럼 흥분하다가도, 분노와 죄책감을 느끼고 다시 좌절하는 경험을 계속하게 된다. 이러한 일이 무수히 반복되면서 해결책을 찾고 치유되는 사람들도 있지만, 비슷한 상황에 직면하거나 동일한 자극에 놀라 다시 내면의 심연으로 숨는 사람들이 많다.

대체로 사람들은 꼭꼭 숨겨온 비밀스런 문제를 다른 사람에게 터놓고 이야기 하는 것을 꺼려한다. 하지만 치유와 성장은 개방과 이에 대한 주변 사람들의 지지로부터 시작된다. 집단따돌림을 당한 청소년, 사회적 차별을 경험한 다문화가정청소년, 사회적 재난 등 트라우마를 경험한 피해자들을 대상으로 한 수많은 경험적 연구들은 개방disclosure과 사회적 지지social support가 치유와 성장의 시발점이라고 강변하고 있다. 아픈 사람이 아프다고 말할 수 있고, 아프다고 이야기하는 사람을 경청하고 수용하고 지지하는 사람이 주변에 한 명이라도 있을 때 치유와 성장이 시작되는 것이다.

'개방'과 '사회적 지지'는 치유와 성장의 출발점이다.

기본적으로 상담의 도구는 대화이고, 상담은 대화를 하는 사람들 간에 소통이 이루어지는 과정이며, 그 과정에서 뿐만 아니라 그 결과로 치유와 예방, 성장을 지향하는 적극적인 행위이다. 상담이라는 용어로 포장되지는 않지만, 지금도 수없이 많은 삶의 단면에서 친구, 연인, 가족, 동료들 간에 다양한 문제를 소재로 경청과 해석, 조언 및 문제 해결의 내용으로 대화와 소통이 이루어지고 있다. 전문적인 교육과 훈련을 받지 않은 일반인 중에서도 말하기 편하고, 삶의 문제에 정답과 다름없는 조언을 제공함으로써 답답한 속을 시원하게 해주는 사람들이 있다. 소위 '상담을 잘 하는' 대화의 기본기를 갖춘, 소통 능력이 뛰어난 사람들이다.

한편, 호소하는 문제의 강도와 복잡성, 문제해결을 원하는 사람의 내면이 얼마나 강하고 변화할 준비가 되어 있는지에 따라, 그리고 문제 해결의 조력자assistant 역할을 담당한 사람의 지식과 지혜, 선입견 및 편견에 따라, 대화의 내용과 형식, 소통의 질, 결과로서의 치유와 성장의 정도는 달라진다. 더욱이, 심각한 문제가 오래 지속되었을수록, 문제를 해결하려는 노력이 번번이 실패로 돌아갔을 경우, 고통의 주체는 자신의 문제를 다시 세상 밖으로 꺼내는 것을 꺼려할 가능성이 크다. 더욱이, 마치 본인만 그 문제로 힘들어하고 있고 이러한 자신의 모습이 다른 사람들에게 이상하게 비쳐질 것을 두려워하거나, 이야기하는 과정에서 본인을 힘들게 해온 문제를 다시 경험할 것이 예상되어 이야기하는 것 자체를 시도하지 않을 수 있다. 또한 주요 타인들로부터 긍정적인 관심과 수용을 받지 못한 사람이라면, 비록 대화가 시작된다고 하더라도 상대방 역시 자신을 온전히 이해하고 수용하지 못할 것으로 예상하여 대화는 침묵과 방어, 의심과 시험으로 얼룩지게 될 것이다. 개방이 치유의 출발점이기는 하지만, 대화 자체가 힘들어지고 진정한 의미의 소통은 더더욱 일어나기 어렵게 될 것이다. 이때 일반적인 대화 이상의 전문적인 시각과 지식, 태도 및 기술이 필요하게 된다.

03 상담사는 조력자, 내담자는 주력자이다.

상담교육학, 심리학은 병리적인 중증의 정신장애를 치료하는 데 초점을 두지 않는다. 대신, 상담은 사람들이 삶의 주요 과제진로, 학업, 관계 등를 수행해가면서 경험하는 다양한 난관과 역경을 보다 효과적으로 대처하고 해결할 수 있도록 조력하는 데 초점을 둔다. 따라서 상담은 모든 사람을 대상으로 하지만, 상담이 모든 사람들에게 반드시 필요하다고 말할 수는 없다. 왜냐하면, 어려움을 경험하지만 삶의 과제들을 스스로 해결하는 사람들이 있기 때문이다.

> 상담은 진로/학업, 관계, 적응 등 삶의 주요 과제들을 보다 효과적으로 대처하고 해결할 수 있도록 도와주는 전문적인 활동이다.

한편, 상담은 한꺼번에 모든 문제를 해결해주는 일회성 만병통치약이 아니다. 상담은 어느 정도 예상할 수 있고 내성이 쌓였을 수 있지만 여전히 새롭고 지독한 독감에 대한 치료제 또는 예방주사로 비유할 수 있다. 또한 상담을 성공적으로 마쳤다고 해서 오랫동안 우리를 힘들게 해온 난관과 역경이 완전히 사라지고 치유되는 것은 아니다. 상담을 통해 문제에 대한 통찰과 대처능력이 향상되었지만 그러한 문제들은 다른 상황에서 변형된 모습으로 나타날 수 있고, 난관과 역경에 대한 적절한 대처를 위해 다시 상담을 진행할 수 있다. 또한 한 번 상담을 받았다고 해서 삶의 여러 장면에서 부딪히는 모든 난관들에 대해 완벽한 면역력이 생기는 것은 아니다. 상담을 통해 진로와 관련된 어려운 숙제를 해결했지만, 대인관계와 관련된 문제로 다시 상담을 받을 수 있는 것이다. 이때 주목할 것은, 상담과 상담사는 의존의 대상도, 문제 해결의 주력자도 아니라는 점이다. 문제 해결의 주력자는 내담자이고, 상담과 상담사는 조력자의 역할을 담당한다. 감기든 독감이든 그것을 이겨내는 것은 결국 우리의 몸이고 면역체계이지, 약물이 아닌 것처럼 말이다.

> 상담과 상담사는 문제가 있을 때마다 찾는 의존의 대상이 아니라, 우리가 주체적으로 문제를 해결해 나가는 과정에서 우리를 조력하고 촉진하며 힘을 북돋아주는 역할을 담당한다.

구체적으로, 상담은 문제를 호소하는 1인 이상의 내담자client와 정규 교육

시스템에서 체계적인 훈련과정을 이수한 상담사 사이에서 이루어진다. 내담자 한 개인을 대상으로 상담이 진행되면 개인상담이 되는 것이고, 연인이나 부부에게 상담이 진행되면 커플상담, 가족구성원을 대상으로 상담이 이루어지면 가족상담, 유사한 문제를 공유하는 여러 사람들을 대상으로 동시에 상담이 진행되면 집단상담이 되는 것이다.

전문적인 교육과 훈련을 받은 상담사는 상담 분야에 축적된 이론적 지식과 임상적 경험을 바탕으로 내담자가 호소하는 문제의 원인과 양상을 포괄적이면서도 심층적으로 파악하고, 경험적으로 그 효과가 입증된 대인 기술과 상담 기법을 적용해서 일정 기간 내에 내담자와 합의한 목표를 달성하려고 노력한다. 진로/학업을 주요 호소 문제로 상담이 진행될 수도 있고, 대인관계, 성격, 적응, 중독 등 실로 광범위한 삶의 주제들을 대상으로 상담이 진행될 수 있다. 상담접근이나 호소문제에 따라 상담은 1회성으로 진행될 수 있고, 몇 년에 걸쳐 장기간 진행될 수도 있다. 단회 상담이건 중장기 상담이건, 상담을 통해 내담자의 자기인식과 문제인식이 개선되고, 현실적이고 합리적이면서 유연한 사고가 증가한다. 또한 정서를 인식하고 표현하는 등 정서조절 능력이 향상되고, 대안적인 행동을 탐색하고 실천하는 능력이 증진된다. 이렇듯 상담과정에서 배양된 다양한 능력들을 통해 내담자는 당면한 삶의 문제를 효과적으로 해결할 수 있을 뿐 아니라, 앞으로 발생할 수 있는 다양한 삶의 역경을 예방하고 대처할 수 있는 힘을 기르게 된다.

> 상담을 통해 내담자는 당면한 문제를 해결할 수 있을 뿐 아니라, 앞으로 경험할 수 있는 문제들을 대처하고 예방할 수 있는 힘을 기르게 된다.

04 > 상담사의 지향

'공감, 진솔성, 무조건적 긍정적 존중!' 상담에 관심을 가지고 있는 사람이라면 누구나 한 번쯤 들어봤을 상담사의 기본적인 태도다. 상담의 역사에서 가장 대표적인 학자이면서 상담사들이 가장 닮고 싶은 롤 모델 중 한 명인 칼 로저스Carl Rogers는, 상담사가 이 세 가지 태도와 관련된 상담기법을 내담자client에게 보여주면, 내담자는 스스로 자신의 문제를 이해하고 극복할 수 있다고 주장하였다. 상담 장면에서는 이 세 가지 태도가 내담자의 호소 문제를 이해하고 해결하기 위한 필수 요소지만, 세 가지 태도에 깃든 상담사의 가치와 철학은 상담 현장에서 만나는 개별 내담자를 통해, 교육을 통해 접하는 피교육자들을 통해, 출판물과 대중매체를 통해, 그리고 사회적 법적 제도를 통해 상담실 밖의 삶의 현장에 구현되고, 국민들의 정신생명을 지키고 보호하는 데 기여하고 있다. 다음에서는 상담이 우리사회에 기여한 바를 로저스의 세 가지 상담사 태도에 비유해서 설명하고, 상담에 주어진 앞으로의 과제에 대해 논하고자 한다.

✻ 칼 로저스가 강조한 내담자의 성장과 발달을 위한 필요충분조건

　① 상담사의 공감(empathy)

　② 상담사의 진솔성(genuineness)

　③ 상담사의 무조건적 긍정적 존중(unconditional positive regard)

❶ 공감: 내담자의 심리정서적 고통을 경청과 이해로 함께 버텨 주기

"처음 본 순간부터 선생님은 모든 것에 대해 개방적이셨어요. 그래서 저에 관한 모든 것을 말씀 드렸죠… 제가 무슨 일을 했고… 무엇을 후회하는지… 늘 경청해주셨고, 제가 어

떻게 느끼는지 이야기하도록 늘 격려해 주셨어요.”

상담은 현장 중심의 실천 학문이다. 상담사는 학교, 직장, 군대 등 다양한 삶의 현장에서 심리적 어려움과 고통으로 위축되어 있는 내담자들을 지지하고 격려해서encourage, 내담자의 건강한 성장과 발달을 도모할 수 있도록 힘을 불어 넣어empower, 내담자로 하여금 문제해결을 위한 대안을 마련하고 그것을 실천하도록 조력함으로써 문제해결을 가능하게 하는enable 적극적인 역할을 수행한다.

✻ 상담사는 내담자를,
  ① 격려하고(encourage)
  ② 힘을 불어넣어(empower)
  ③ 대안마련과 실천을 가능하게 한다(enable).

1년 동안 상담서비스를 받은 내담자들을 대상으로 설문조사를 실시했을 때 가장 인상적이고 좋았던 것이 무엇인지 질문하면 '상담사의 공감적이고 지지적인, 내편이 되어 주는 태도'라고 답한다. 상담사는 듣는다. 아니 잘 듣는다. 내담자가 말하는 것뿐만 아니라 이야기하지 않는 것까지 파악하려고 노력할 만큼 적극적으로 내담자의 이야기와 몸짓, 또는 이면의 내용까지 경청하려고 한다. 이러한 상담사의 태도는 내담자가 스스로를 이해하고, 문제해결에 대한 대안을 모색하며 이를 삶 속에서 실천하려는 용기를 갖게 하는 원동력이 된다. 내담자의 심리정서적 고통을 줄이고 정신생명을 살리는 일은 매우 의미 있는 기여의 방식이자 상담의 본질이다. 과부화된 경쟁 사회에서 지치고 위축된 내담자에게 일주일에 1시간가량 내면의 목소리에 귀를 기울여 이해하려고 노력하는 상담사의 존재는 그 자체로 헌신이자 치유다. 내담자에게 있어 상담, 상담사의 존재는 위로와 버팀목, 새로운 시도를 위한 디딤돌이다.

1950년대 중반 우리나라에 상담이 처음 소개된 이래 상담전문가들은 국민의 발달과 성장을 도모하고 정신건강을 유지, 향상시키는 일에 기여하고 있다. 현재 전국에 소재한2년제 대학 포함에 상담센터가 설치되어 있는데, 대학생들의 자기이해 증진, 진로 및 학업 조력, 대인관계 향상을 위해 심리검사, 개인 및 집단상담 등의 상담서비스를 제공하고 있다. 또한 1990년대 이후 전국의 시군구에 청소년상담복지센터가 설치되어 해마다 상담서비스를 받는 청소년들의 수가 증가하고 있고, 2008년 시작된 Wee 프로젝트의 경우김인규, 2013, 190여 개 교육지원청에 설치된 Wee 센터에서 위기청소년들에게 위기개입 및 심리상담을 제공하고 있다.

1990년대 중반 이후 개인 및 조직의 정신건강 관련 복지후생의 개념으로 도입된 조직/기업상담은 포항제철소를 필두로 삼성, LG, 현대/기아, SK 등 대기업에서 뿐만 아니라 경찰, 대법원, 철도공사 등 정부기관으로까지 확산되고 있다. 이렇게 우리나라에서 조직/기업상담이 확산되고 있는 것은 일과 삶을 별개로 간주할 수 없다는 사회적 인식과 함께 육체적인 측면과 심리정서적인 측면을 균형 있게 바라보려는 최근의 분위기를 반영하는 것으로 이해할 수 있다. 조직 및 기업에서는 기관 내에 상담실을 구축하고 상담인력을 고용해서 자체적으로 상담서비스를 제공하거나 EAPemployee assistance program 등 외부 상담기관에 의뢰해서 전문적인 상담서비스를 제공하고 있다. 이는 심리검사, 개인 및 집단상담, 심리교육 등을 통해 직무 스트레스, 직장 내 대인관계, 중독, 부부관계를 포함한 가족문제, 경력 개발 및 진로, 트라우마, 자살 등 위기 상황을 경험하는 구성원 개개인의 심리정서적 회복 및 성장, 조직문화 개선과 생산성 향상에 기여하고 있다. 외국의 경우 기업 및 조직에서 상담서비스를 실시한 결과 상담서비스가 제공된 이후에 약 50%까지 결근율이 감소한 것으로 보고되었다McLeod, 2010.

❷ 진솔성: 가면이 아닌 솔직함으로, 과장하지 않은 채 전문가의 길을 묵묵히 걸어가기

> "선생님은 제가 의존하려고 하면 '아니'라고 하셨어요. 무엇보다도 저 스스로에게 의지해야 한다고 하셨고 그렇게 하려고 노력했죠."

일반적으로 상담사들은 전문가로서의 역량을 자랑하지 않으면서 자신의 영역 내에서 묵묵히 상담서비스를 제공한다. 상담사들의 이러한 태도는 상담의 외연을 적극적으로 확장하지 않고 기존의 영역에 안주하는 것처럼 보이게도 하지만, 자신의 정체성을 명확히 하면서 동시에 질적으로 양호한 상담서비스를 제공하려는 시도로 비쳐진다. 길지 않은 상담의 역사에서 상담사들은 교육 및 훈련 프로그램을 자체적으로 마련하고 자격제도를 정비하였으며, 상담전문 인력의 일자리 창출을 위한 토대를 마련하였고, 상담서비스에 대한 일반 대중들의 수요를 창출하는 노력을 꾸준히 기울여 왔다.

1986년에 '상담심리 및 심리치료학회'가 한국심리학회 산하 분과학회로 발족하면서, 상담은 심리검사를 활용한 진단적 영역보다는 심리적 부적응을 예방하고 성장과 발달을 지향하는 학문영역으로 성장하게 된다. 한국상담심리학회는 지금까지 수백 회의 학술 및 사례 심포지엄을 개최하였고, 1988년부터 '한국심리학회지: 상담과 심리치료'를 발간하고 있으며, 상담전문가를 교육하고 훈련시키기 위한 상담심리사 연수프로그램을 실시하고 있다.

상담의 착근과 성장은 자연스럽게 전문적 지식과 기술을 겸비한 상담전문가를 양성하기 위한 자격제도 구축으로 이어졌다. 예를 들어, 한국심리학회는 1973년에 상담심리전문가 자격증을 처음 발급한 이후, 2022년 7,676명_{상담심리사 1급 1,916명, 상담심리사 2급 5,760명}의 상담전문가를 배출하였다. 또한 2003년에 처음으로 국가자격제도인 청소년상담사제도가 시행된 이래 총 37,269명의 청소년상담사가 배출되어 아동청소년상담센터나 초중등학교, 청소년단체 및 시설 등에

서 청소년과 부모를 대상으로 상담 관련 교육과 서비스를 제공하고 있다한국청소
년상담복지개발원, 2018.

　상담사 또는 상담 관련 자격에 대한 법률적 제도 또한 마련되어 시행되고
있는데, 청소년기본법 제62조에 청소년상담사와 관련된 조항이 포함되었고,
군 생활의 고충이나 어려움을 호소하는 장병들을 조력하기 위한 병영생활 전
문상담관 운영에 관한 군인사법 시행령이 마련되었다. 이외에도 2010년에 근
로자 복지 기본법법률 제 10361호이 공포 시행되면서 근로자 지원 프로그램으로서
'전문상담'의 실행에 대한 법적 근거가 마련되었고이동혁, 이송하, 조해연, 2013, 범죄피
해자와 그 가족의 정신적 회복을 위한 상담 및 치료 프로그램 운영에 관한 '범
죄 피해자 보호법', 재난 피해자들의 심리적 안정과 사회 적응을 위한 상담 활
동을 지원하기 위한 '안전관리 기본법 시행령' 등이 마련되었다. 이렇듯 상담
사와 관련된 자격제도가 정착되고 관련 법률이 제정됨으로써 상담전문가로서
갖추어야 할 지식과 경험들이 구체적으로 명시되었는데, 이는 상담기관이나
일반 대중들이 상담사를 선택할 수 있는 객관적인 판단근거로 기능하고, 일정
자격을 갖춘 상담사의 사회적 지위 보장과 향상, 일자리 창출에 기여한 것으
로 이해할 수 있다.

　상담자격제도가 정착되고 상담서비스에 대한 사회적인 요구가 증가하면서
상담이라는 학문적 영역과 상담사라는 직업에 대한 대중들의 관심 또한 증가
하였다. 일례로, 2007년 이후에 상담 관련 자격증을 취득한 상담전문가와 전
문 학회에서 활동하는 회원들의 수가 급격히 증가하였다예: 한국상담심리학회의 경우
2024년 1월 기준 4만명 이상. 또한 170개가 넘는 대학원에 상담 관련 전공이 개설되었
을 뿐 아니라2012, 최아롱, 2000년대 들어 40개가 넘는 대학교에 상담 관련 학과
가 설치되었다4년제 대학 38개교, 2-3년제 대학 7개교.

❸ 무조건적 긍정적 존중: 조건 없이 있는 그대로 사람을 수용하기

"시간이 다 되었는데 … 그날은 계속 상담이 진행되는 거예요. 저 다음에 상담이 있을
수도 있는데, 시계를 보지도 않으시고 … 그 순간 진짜 배려받는다는 느낌이 들었어요. 저
를 한 사람으로 대하고 있다는 느낌이랄까."

조건 없이 사람을 있는 그대로 수용하는 것은 매우 힘들다. 성취 지향적이
고 경쟁적인 사회에서는 더더욱 어려운 일이다. 부모에게도 조건 없이 자녀를
수용하는 일이 어려운데, 상담사는 성별, 인종, 국가, 성적지향성, 종교, 사회
경제적 지위와 상관없이 내담자를 한 인간으로 '조건 없이 긍정적으로 수용'하
라고 배운다. 행위와 말로 사람들을 평가하는 것이 자연스러운 세상에서 생명
을 지닌 고유한 인간의 가치를 수용하는 것은 상담사의 기본 정신이자 소명이
다. 따라서 상담사들은 약자와 소수자를 옹호advocate하는 경향이 강하고, 옹호
하는 것을 역량으로 간주한다. 이는 강자와 주류에 속한 사람들을 배척한다는
것이 아니라, 관심의 사각지대에 있는 취약한 사람들을 만나 이들의 삶을 회
복시키고 난관에 대처하도록 조력하는 일에 시간과 노력을 기울인다는 것을
의미한다. 원가족에서 받은 심리적 상처로 인해, 사회경제적인 어려움으로 인
해, 심리적 외상으로 인해, 따돌림으로 인해 소외되고 고통을 호소하는, 극단
적인 선택의 기로에 있는 사람들을 만나서 듣고 기다리고 버티고 받아준다. 이
러한 상담사의 태도는 내담자에게 전달되고, 상담사가 했던 것처럼 내담자 또
한 자신을 다독이고 격려하고 인정하고 있는 그대로 자신을 수용하게 된다. 승
자 독식의 사회에서 많은 사람들이 잉여의 존재로 좌절할 때, 개인의 생명과 정
신을 가치 있게 여기고 약자를 존중하고 배려하는 상담사의 태도는 분명 국민
들 사이에 울림으로 다가가고 있는 것이다.

상담사들은 고통 받는 사람의 옹호자이고 지지자이다. 2001년 미국 뉴욕
에서 911 사건이 발생했을 때 아무런 조건과 대가없이 수천 명의 상담전문가

들이 현장으로 달려갔다. 우리나라 상담사 또한 다르지 않다. 세월호가 침몰했을 때 700명이 넘는 상담전문가들이 사고 희생자 가족 및 지역 주민들을 대상으로 상담봉사 활동에 참여했을 뿐 아니라, SNS나 언론과의 인터뷰 등을 통해 대리외상에 대한 대처방식을 일반 국민들에게 소개하고, 특별법 제정과 재난대처와 관련된 국회토론회 등에 적극적으로 참여하였다.

제도권 밖의 사각지대에 있는 소수자들을 지지하고 이들의 적응을 조력하는 것 또한 상담의 고유한 관심 영역이자 상담전문가들의 역량과 역할이다. 상담사는 인종/민족적 소수자, 성적 소수자, 관계에서 소외된 따돌림 피해자, 학업중단 청소년, 가출 등 잠재적 위험에 처해 있는 위기청소년, 중독으로 인해 일상에서의 기능이 힘든 사람들, 북한이탈주민, 외국인 근로자와 유학생, 난민을 조력하기 위해 상담프로그램을 개발하고, 현장으로 직접 찾아가 서비스를 제공하며, 양적·질적 연구들을 수행하면서 현상을 정확히 파악하고 효과적인 조력 방식을 확인한다.

이렇듯, 인간 생명과 정신건강을 존중하고 조건 없이 인간을 수용하는 상담사의 태도는 상담실에 찾아오는 개별 내담자에게 직접 전달되고 있다. 또한 이러한 상담사의 태도는 상담대학원에서 상담을 전공하고 있는 초중등학교 교사, 상담의 기본 원리와 기술을 익히는 군대 간부와 지휘관, 청소년의 심리와 정신건강을 배우고 도와주기를 원하는 지역사회 학부모, 또래상담사로 활동하고 있는 중고등학교 청소년, 관계개선 프로그램이나 리더십 프로그램에 참여하는 기업의 임직원들을 통해, 학생, 국군장병, 자녀, 또래 친구, 직장인들에게 전파되고 있다.

05 > 상담사의 전문적 역량

전문적인 상담을 수행하기 위해서는 역량competencies을 갖추어야 한다. 역량을 갖추는 근본적인 목적은, 다양하고 복잡하며 다루기 쉽지 않은 내담자의 문제를 효과적으로 개선하고 이를 통해 내담자의 치유와 성장을 도모하는 데 있다. 상담실을 찾아오는 대부분의 내담자들은 겉으로 드러나는 증상과 그 영향을 알고 있지만 어디서부터 그러한 문제가 시작되고 유지되는지 잘 모르거나, 아니면 문제의 원인과 패턴은 알고 있지만 어떻게 하면 그 문제를 해결할 수 있는지 알지 못하는 경우가 많다. 또한 부적절한 대처 및 해결 전략을 사용함으로써 문제 해결에 반복적으로 실패해서 좌절한 내담자, 문제를 해결하는 것 자체에 저항하고 시도하지 않는 비자발적인 내담자들이 있다. 즉, 동일한 문제를 호소한다고 하더라도, 그 발생 원인과 대처 전략 및 해결 능력, 문제 해결에 대한 지금까지의 노력의 정도와 상담에 대한 동기, 내담자를 둘러싼 지지체계support system는 내담자마다 다르다. 따라서 상담사는 내담자가 호소하는 문제와 그 원인이 무엇인지, 그러한 문제를 해결하기 위해서는 어떤 전략과 방법을 사용해야 하는지, 그리고 문제를 가지고 있는 내담자는 과연 어떤 사람인지를 이해하기 위해 필요한 역량을 갖추어야 한다.

> ❋ 상담사를 찾아오는 내담자들은,
>   ① 문제가 무엇인지, 문제의 원인이 무엇인지 알지 못하고
>   ② 효과적인 문제 해결 방식과 전략을 알지 못하며
>   ③ 문제를 해결하려는 시도가 반복적으로 실패해서 좌절해 있거나
>   ④ 문제 해결에 대한 동기와 의지가 부족할 수 있다.

이렇듯 상담사는 혼자서 해결하지 못한 문제로 인해 힘들어하는 내담자를 공감적으로 이해하고, 문제의 발생 원인과 지속 요인 등 내담자를 둘러싼 심리사회적 환경을 파악해서, 효과가 입증된 전문적인 기법과 기술을 적용하는 등 성실하고 책임감 있게 내담자의 문제를 해결하려고 노력한다. 그렇지 못할 경우, 내담자를 힘들게 하는 문제는 상담을 통해 해결되지 못하며, 경우에 따

라서는 예상치 못한 부작용 때문에 내담자의 증상이 상담을 받기 이전보다 더 악화될 수 있다. 내담자와 내담자가 호소하는 문제를 잘못 파악하고, 내담자의 심리정서적 상태와 준비도를 고려하지 않은 채 입증되지 않은 기법과 기술을 사용할 때, 상담은 오히려 내담자에게 해를 끼칠 수 있다. 따라서 상담사는 상당한 정도의 교육과 훈련을 통해 전문가로서의 역량을 갖추어야 하고, 역량을 증진시키는 노력은 상담사 발달의 전 생애에 걸쳐 이루어져야 한다. 결국, 상담사에게는 전문적인 역량을 갖추고 증진시키는 일이 윤리적 의무라 할 수 있다(Welfel, 2015).

상담사들이 어떤 역량을 갖추어야 하고, 그러한 역량을 갖추기 위해서는 어떤 교육과 훈련이 필요한지에 대해 많은 논의가 있었다. 이러한 논의는 대중들이 호소하는 문제가 다양하고 복잡해짐에 따라 앞으로도 지속될 것이다. 지금까지 전문상담사의 역량에 관해 상담 분야에서 진행된 논의들을 종합하면, 상담사에게는 3~4가지의 역량이 요구되는 것처럼 보인다. 학자들마다 그리고 상담 관련 학술 단체마다 사용하는 용어가 다소 다르지만, 상담사들에게는 지식, 기술, 태도, 옹호또는 사회정의 역량이 필요한 것처럼 보인다. 아래에서는 각각의 역량이 무엇을 의미하고, 이러한 역량을 갖추기 위해 필요한 기본적인 교육과 훈련이 무엇인지 간략히 살펴보고자 한다.

❋ 전문적인 상담사가 갖추어야 할 역량(competencies)

① 지식(knowledge)

② 기술(skills)

③ 태도(attitudes, diligence)

④ 옹호/사회정의(advocacy, social justice)

❶ 상담사 역량으로서의 지식

우선, 상담사가 갖추어야 할 역량으로 지식을 들 수 있다. 지식knowledge은 '무엇에 대해 알고 있는 것'을 의미한다Pope & Vasquez, 2011. 구체적으로, 상담사가 지식을 갖추었다는 것은 상담을 포함한 정신건강 분야의 이론과 연구결과를 알고 있고, 정보를 통해 상담에 대한 의사결정을 내릴 수 있음을 의미한다Spruill et al., 2004. 전문상담에 필요한 지식은 개인 또는 집단을 단위로 하는 상담 및 심리치료 이론개인상담이론, 집단상담이론, 가족상담이론 등, 심리검사 및 진단체계, 정신병리, 다양한 삶의 주제진로, 학업, 관계, 스트레스 및 트라우마, 중독, 우울과 불안을 포함한 정신건강에 대한 상담 접근, 연구 방법양적, 질적, 혼합 연구 방법 등이 포함된다. 상담사들은 이러한 내용을 체계적으로 배우기 위해 대학원 등에서 정규교육과정을 이수한다.

한 가지 주목할 점은 상담이 과학적이고 체계적인 학문의 틀을 갖추기 시작한 것이 150년이 채 되지 않았다는 것이다. 즉, 현재에도 여전히 상담 현장과 연구실에서는 기존의 이론적 지식의 타당성 및 효과가 검증되고 있고, 새로운 모델과 이론적 접근 또한 계속해서 제시되고 있다. 따라서 상담사는 자신에게 익숙한 상담 관련 지식이 고정된 불변의 진리가 아니라 확인되고 입증되어야 할 작업가설working hypotheses임을 인식할 필요가 있다. 가설의 특성상 '참'일 수도 또는 '거짓'일 수도 있기 때문에, 상담사는 자신이 일하고 있는 분야에서 제시되는 최근 연구 결과 및 임상 문헌들을 주시하고 자신의 지식을 점검하고 필요하다면 수정하고 보완하려는 노력을 지속적으로 기울일 필요가 있다. 이 과정에서 상담사는 상담 및 인근 학문 분야심리학, 교육학, 정신의학 등에서의 연구 결과를 읽고 이해하는 능력을 갖추어야 하고, 더 나아가 스스로 상담 연구를 수행해서 가설을 검증하고 현상을 파악함으로써 상담에 유용한 지식을 창출할 수 있는 역량을 갖추어야 한다.

✱ 상담사가 갖추어야 할 지식 역량의 구성 요소

① 개인 또는 집단을 단위로 하는 상담 및 심리치료 이론(개인상담, 집단상담, 가족상담 등)

② 심리검사 및 진단체계

③ 정신병리

④ 다양한 삶의 주제(진로, 학업, 관계, 스트레스 및 트라우마, 중독 등)에 대한 상담 접근

⑤ 연구 방법(양적, 질적, 혼합 연구 방법)

국가 또는 상담 관련 전문 단체에서는 일정한 자격을 갖춘 상담사들에게 전문자격증을 발급하고 있는데, 이때 필기시험을 통해 상담과 관련된 전문적인 지식을 갖추고 있는지 확인한다. 예를 들어, 한국심리학회 산하 한국상담심리학회에서는 자격 급수에 따라 다음과 같은 과목을 시험과목으로 지정하여 검정을 실시하고 있다.

> • 상담심리사 1급: 상담 및 심리치료이론, 집단상담 및 가족치료, 심리진단 및 평가, 성격심리 및 정신병리, 심리통계 및 연구방법론
> • 상담심리사 2급: 상담심리학, 발달심리학, 이상심리학, 학습심리학, 심리검사

❷ 상담사 역량으로서의 기술

상담사가 갖추어야 할 두 번째 역량은 기술skills이다. 기술은 '어떻게 하는지 아는 것'을 의미한다Pope & Vasquez, 2011. 구체적으로, 상담사가 기술을 갖추었다는 것은 내담자와 치료적 동맹을 형성하고 효과적으로 의사소통하며Spruill et al. 2004, 내담자의 문제를 예민하게 탐색하고, 심리검사나 치료적 개입을 효과적으로 적용할 수 있음을 의미한다Welfel, 2015. 지식이 내담자가 호소하는 문제

의 종류와 원인을 알고, 치료적 동맹 형성에 필요한 효과적인 의사소통의 방법과 내용을 이해하며, 심리검사의 종류와 내용 및 사용 절차 등에 관한 사실적 정보를 숙지하는 것을 의미한다면, 기술은 이러한 지식과 정보를 어떻게 적용하는지 실제 행위를 통해 아는 것을 의미한다. 따라서 상담사가 역량으로서의 기술을 갖추기 위해서는 실제 내담자를 대상으로 한 상담실습 경험이 필요한데, 이때 상담전문가로부터 수퍼비전을 받으면서 자신의 상담 행위에 대한 객관적이고 건설적인 피드백을 받는 것이 중요하다Welfel, 2015.

> 상담사로서 기술적인 역량을 갖추기 위해서는, 실제 내담자를 대상으로 심리검사, 개인
> 상담, 집단상담 등을 실시하고, 이에 대해 전문가로부터 객관적이고 건설적인 피드백을 받
> 아야 한다.

예를 들어, 한국상담심리학회는 상담사로서 기술적인 역량을 갖추기 위한 최소한의 기준을 마련하고 있는데, 자격 급수에 따라 일정 시간의 상담실습과 수퍼비전을 요구한다.

표 9.1 한국상담심리학회 상담심리사 상담실무 경력

응시등급	상담유형	실시경력
상담심리사 1급	개인상담	20사례 이상, 합 400회기 이상/수퍼비전 50회 이상
	집단상담	2개 집단 이상, 총 30시간 이상 참여/2개 집단 이상 총 30이상 리더 또는 보조리더로 진행/2개 집단 이상 총 30시간 이상 수퍼비전
	심리검사	20사례 이상 검사 및 해석 실시/10차례 이상 수퍼비전
상담심리사 2급	개인상담	상담 및 심리검사 접수면접 20회 이상/면접상담 5사례 합 50회 이상, 10회 이상 수퍼비전
	집단상담	2개 집단 이상 총 30시간 이상 참여
	심리검사	10사례 이상 검사 실시 및 해석/수퍼비전 5사례 이상

❸ 상담사 역량으로서의 태도

마지막으로, 상담사는 정신건강전문가로서 합당한 '태도'를 갖추어야 한다. 구체적으로, 상담사는 상담이 종료될 때까지 내담자의 문제 해결을 위해 성실하게 조력하되, 상담과 관련된 윤리적, 법적 이슈를 이해하며Pabian, Welfel, & Beebe, 2009, 필요할 경우 내담자의 문제 이해 및 해결을 위해 자문을 구하거나 내담자를 다른 기관이나 전문가에게 의뢰할 수 있어야 한다Welfel, 2015. 또한 상담사는 정신건강전문가로서 무엇에 가치를 두고 어디를 지향할 것인지, 다양하고 복잡한 이해관계와 가치가 서로 충돌할 때 무엇에 초점을 두고 의사결정을 해야 할지, 그리고 자신과 다른 사회문화적 배경과 가치를 지향하는 내담자를 상담할 때 어떤 자세와 관점을 취해야 하는지를 성찰해야 한다김재훈, 서영석, 2018. 전문가 자신의 문화적 배경이 내담자를 바라보는 관점과 치료적 접근에 영향을 미치고 있음을 인정함으로써 다른 세계관에 대해 개방적인 태도를 취할 수 있고, 내담자가 세상을 바라보는 것처럼 세상을 경험함으로써 공감적 관계를 형성할 수 있다Pedersen, Crethar, & Carlson, 2008.

상담사는 정규교육과정을 이수하면서 그리고 상담 기관에서의 수련과 학회에서의 활동을 통해, 상담사로서의 역량 있는 태도를 형성할 기회를 갖게 된다. 예를 들어, 정규교육과정에서는 상담 윤리 및 법, 다문화상담 같은 과목들을 제공하고 있는데, 이를 통해 상담 장면에서 발생하는 윤리적 딜레마에 대한 민감성과 이에 대한 의사결정 능력을 향상시키고, 내담자의 호소 문제와 치료 관계, 치료 성과에 영향을 미치는 사회문화적 환경 변인을 이해하며, 문화적인 존재로서 자신과 내담자를 이해하는 자기성찰과 자기이해의 기회를 갖게 된다. 또한 상담실습 기관에서는 다양한 이론적 배경과 문화적 가치를 지향하는 수퍼바이저들이 수련생들을 교육하고 훈련함으로써, 수련생들은 자신과 다른 문화적 배경을 가진 사람들과의 전문적인 교류를 통해 타 문화에 대한 이해와 수용 정도를 확장하는 기회를 갖게 된다. 이는 결국 수련생들이 다양한 문화적 배경을 가지고 있는 내담자를 보다 정확하게 이해하고 효과적으로 상담하는 것을 촉진하게 된다. 현재 우리나라에서도 상담 관련 윤리와 법, 다문화상담 과목을 개설한 학과들이 증가하고 있고, 청소년상담사국가자격제도뿐만 아니라 민간 상담자격증을 관리하는 한국상담학회에서도 상담윤리 관련 과목을 필수 검정과목으로 지정하고 있다.

> 상담사들은 교육 및 수련 과정을 통해 전문적인 상담사로서 역량 있는 '태도'를 형성한
> 다. 이때 상담 윤리, 다문화상담과 같은 과목들을 이수하고, 자신과 다른 문화적 배경을
> 가지고 있는 수퍼바이저로부터의 수퍼비전 및 내담자와의 상담을 통해, 자신의 문화적 배
> 경과 가치 및 선입견에 대한 반성적인 자기성찰뿐 아니라, 차이(difference)를 수용하고
> 다양함이 주는 풍요로움에 감사할 수 있는 태도를 형성하게 된다.

최근 국내에서 외국인의 수가 증가하고 있고 다문화에 대한 사회적 관심이 커지고 있기 때문에, 정규교육과정에서도 다문화와 관련된 과목들을 제공하는 사례가 늘어나고 있다. 미국을 포함한 서양에 비해 다문화 현상에 대한 경험과 그에 대한 접근과 성찰이 상대적으로 부족한 우리의 현실을 고려했을 때, 앞으로 다문화 관련 논의와 실증적 연구들이 우리나라 상담학계에서 보다 활발히 이루어질 필요가 있다. 상담사들이 소수자들의 권익과 성장을 조력하는 옹호자로서 자신의 위치와 역할을 자리매김할 것이 요구되고 있다.

❹ 상담사 역량으로서의 옹호

앞서 상담사가 갖추어야 할 태도로 무조건적 존중을 이야기하면서 고통을 호소하는 심리정서적 약자와 소수자를 옹호하는 상담사의 역할을 소개한 바 있다. 2000년을 전후로 미국상담학계에서는 지식, 기술, 태도뿐 아니라 옹호 advocacy를 상담사들이 갖추어야 할 기본 역량으로 인식하고 있다. 예를 들어,

미국학교상담사협회와 미국상담사협회ACA에서는 옹호를 상담사가 갖추어야 할 핵심 역량이라고 발표하였다이소연, 서영석, 김재훈, 2018; Trusty & Brown, 2005. 또한 옹호를 상담사 훈련 모델의 핵심 요소에 포함시켜 과학자－실무자－옹호자 모델을 제안하거나Scientist-Practitioner-Advocate model: SPA; Fassinger & O'Brien, 2000, 상담수련생들의 옹호 역량을 증진시키기 위한 교육 및 상담실습 과정을 지역사회와 연계하여 개발하고예: Mallinckrodt et al., 2014, 옹호역량을 갖춘 신입생들을 선발하며, 이러한 요소들이 포함된 상담교육프로그램을 인증하려는 시도가 진행되고 있다.

Field와 Baker2004는 학교상담사의 옹호를 '학생들을 중심에 두고, 학생들을 도와줄 수 있는 주변 사람들을 설득하는 등 기존의 일반적인 상담을 넘어서는 활동'이라고 정의하였다. 또한 Toporek 등2009은 상담사의 옹호를 "내담자로 하여금 자신이 가지고 있는 역량을 인식시키고, 내담자의 환경이 내담자의 요구에 민감하게 반응할 수 있도록 촉진시키는 상담사의 활동"이라고 정의하였다. 이렇듯 상담사가 내담자를 옹호한다는 것은, 기존의 내담자 중심의 개입뿐 아니라, 내담자의 문제를 초래하고 삶의 질을 떨어뜨리는 제도와 정책의 변화를 촉구하는 활동에 상담사가 직접 참여하는 것을 의미한다이소연 등, 2018. Speight와 Vera2008 역시 상담사가 ① 내담자 스스로 자신을 옹호하도록 돕고, ② 내담자를 대신해서 기관이나 정책 담당자들에게 내담자의 상황이나 입장을 전달함으로써 직접적으로 내담자를 옹호하며, ③ 취약계층을 위한 전문가로 교육받음으로써 간접적으로 내담자를 옹호할 수 있다고 주장하였다.

> 2000년 이후 상담사가 갖추어야 할 핵심 역량으로 옹호(advocacy)가 주목을 받고 있다. 상담사의 옹호 활동은 내담자에게 초점을 둔 조력 활동뿐 아니라 내담자 및 내담자의 문제에 영향을 미치는 환경, 제도 및 정책 등 구조적인 측면을 변화시키려는 상담사의 적극적 개입을 포함한다.

상담사의 옹호 역량을 증진시키기 위해 고안된 교육/훈련 내용을 소개하면 다음과 같다. 2009년에 과학자－실무자－옹호자 모델로 미국심리학회로부터 상담심리학 박사과정을 인증 받은 테네시대학에서는, 집단 간 대화, 사회정의 세미나, 사회정의 실습, 지역사회 연계 사회참여 프로그램 등 사회정의 및 옹호에 기초한 이론 및 실습과목을 필수과목으로 지정하였다. 예를 들어, 집단 간 대화 과목에서는 6주 동안의 강의와 실습을 통해 다문화 및 사회정의 관련 지식과 기술뿐 아니라 집단 간 소통 촉진을 위한 이론과 기술을 학습하고, 같은 학기에 다문화상담 수업을 수강한 학부생들과 집단 간 대화를 진행한다이소연 외, 2018. 또한 보스턴대학교 상담심리학 박사과정에서는 '신입생 현장실습' 과목을 필수과목으로 지정하고 있는데Goodman et al., 2004, 박사과정 신입생들은 수업 중에 제도적·환경적 요인이 개인의 정신건강과 성장, 진로발달에 미치는 영향을 이해하고, 주당 6시간씩 공립학교 및 공공기관 등 지역사회에서 현장실습을 진행하면서 예방과 협업, 옹호에 대한 기술을 학습한다이소연 등, 2018.

심리적으로 힘들어하는 개인 내담자와 집단을 공감하고 지지하는 일은 상담사에게 익숙한 역할이자 역량이지만, 옹호라는 개념은 대부분의 상담사들에게는 다소 낯선 용어이다. 최근 들어 우리나라에서는 불평등과 사회정의에 대한 대중들의 관심이 급격히 증가했다. 하지만, 상담 및 상담사의 정체성과 역할, 상담사의 직무 범위에 대한 고정적이고 획일화된 관점으로 인해, 법, 정책, 제도 개선, 사회변화 등을 추구하는 옹호 활동이 상담사의 직무에 해당되지 않는다는 시각이 상담전문가들 사이에 강하게 존재하고 있다이소연 등, 2018. 즉, 상담현장에서는 이미 많은 상담사들이 청소년상담, 다문화상담, 학교상담을 수행하면서 차별, 억압, 불평등을 경험하는 내담자들을 옹호하고 대변하는 역할을 수행하고 있지만임은미, 2015, 그러한 활동을 상담사 본연의 책임과 역할로 간주하기보다는 다른 직업군에 속한 일을 비자발적으로 떠맡아 하는 것으로 간주하는 경향이 강하다. 따라서 내담자의 문제를 파악하고 이를 해결하기 위한 노력의 일환으로 옹호 관련 활동을 전개하고 있는 현장의 많은 상담사들이 자신의 업무를 평가절하하는 등 정체성 혼란과 역할 갈등을 경험하고 있다.

이는 기존의 우리나라 상담학계가 주로 내담자에게 초점을 두고 심리 내적인 문제의 기원과 외현적 증상, 대인관계 문제 등을 다룰 것을 강조한 것에서 비롯된다. 현존하는 상담교육과정이나 대부분의 상담 실습 프로그램들이 주로 이러한 측면에 초점을 두고 미래의 상담사들을 교육하고 훈련시키고 있다는 점 또한 옹호 관련 활동이나 역량이 이질적인 것으로 간주되는 것과 무관하지 않을 것이다. 따라서 우리나라 상담학계 차원에서 상담사의 옹호 활동에 대한 논의를 활성화하고, 이를 통해 옹호 활동을 수행하고 있는 상담사들의 목소리를 인정하고 수용하는 계기가 마련될 필요가 있다이소연 등, 2018.

❺ 수행으로서의 상담 역량

상담사 역량에 대한 논의를 마무리 하면서, 상담사의 역량이 수행performance과 관련이 있음을 강조할 필요가 있다. 즉, 상담사의 전문 역량은 타고난 고정fixed 능력capacity이 아니라 길러지고 증진되는 것이며, 상담사 안에 잠재된 가능성으로 머무르는 것이 아니라 내담자와 상담관계라는 맥락 안에서 구체적으로 표현되는 행동 또는 수행이라는 것이다. 결국, 상담사의 역량은 증진되고 개선될 수 있으며, 외부로 표현되고 검증될 수 있는 가시적인 현상인 것이다.

> 상담사의 역량(competence)은 타고난 불변의 능력(capacity)이 아니라, 길러지고 증진되면서 겉으로 드러나는 구체적인 수행(performance)을 의미한다.

비록 내담자가 호소하는 문제의 종류나 증상의 심각도, 내담자가 처한 심리사회적 환경, 그리고 상담사가 자연인으로서 경험하는 심리정서적 문제로 인해 상담사의 전문적인 역량즉, 수행이 일시적으로 위축되고 왜곡될 수는 있지만, 상담사의 구체적인 조력활동은 일정한 범위 내에서 일관되게 나타날 필요가 있다. 전문가의 역량을 나타내는 수행의 범위는 상담 커리큘럼의 구조와 내용 안에, 상담 현장 수퍼바이저들이 암묵적으로 공유하는 상담 평가 지표 및 기준에, 상담과 관련된 민간 또는 국가자격증의 검정과목 및 요구조건에 반영되어 있다.

06 > 결론: 상담, 생존과 도약을 위한 과제

상담전문가가 향후 미래의 유망 직종으로, 인공지능으로 대체되지 않을 직업 중 하나로 선정되었다는 설문조사를 본 적이 있다. 한편으로는 반갑고 다행스러운 일이지만, 우리보다 훨씬 더 상담이 발달한 외국의 경우가 아닌지 우려된다. 걱정의 이면에는 '현재 상담은 근접 유사 학문과의 경쟁에서 살아남을 만큼 충분한 학문적 기초 체력과 확고한 정체성을 가지고 있는가?', '우리 상담사들은 국민의 정신생명을 지키고 잠재력을 실현시킬 수 있을 만큼 전문성을 지니고 있는가?'라는 질문이 자리하고 있다. 글을 마무리 하면서, 튼튼한 지식기반과 견고한 학문적 정체성을 지닌 상담으로의 도약과 발전을 위한 주요 과제들을 간략히 논하고자 한다.

❶ 학문적 정체성 확립과 지식기반 확충

상담은 그 자체로서 사회적 기여다. 내담자 한 사람을 지지하고 격려해서 성장시키고 살리는 일은 그 자체로서 인간에 대한 기여다. 내담자를 포함한 인간의 심리와 이들의 고통을 이해하려고 노력하는 일, 어떤 상담기법과 접근을 사용하는 것이 내담자의 문제를 해결하는데 도움이 되는지를 확인하고 검증하는 일은 그 자체로서 사회적 기여의 출발이다. 이제 상담은 살면서 한 번쯤 배우고 싶은 학문 분야로만 머물지 않고, 기꺼이 비용을 지불하면서 이용하고 싶은 전문서비스 영역으로 자리를 잡아가고 있다. 여기에 상담의 사회적 책무성이 존재한다. '상담은 비용을 지불할 만큼 효과적인가?'라는 질문에 대해 '그렇다', '누구에게 언제 그리고 얼마만큼 효과적이다'라는 답을 구체적으로 제시해야 한다. 상담이 신비스러운 유사과학이 아니라 과학적이고 체계적인 학문 분야이자 전문서비스 영역이 되려면, 소비자의 시간과 노력, 금전적 비용에 합당한 서비스를 제공한다는 사실을 상담전문가뿐만 아니라 미래의 상담인력, 그리고 현재 상담서비스를 구하고 있는 일반 대중들에게 알릴 수 있어야 한다. 만일 현실의 문제해결과 동떨어진 교육과정으로 상담사를 교육하거나, 상담사가 사용하고 있는 상담기법이나 상담접근이 실제로 내담자의 문제를 해결하는데 도움이 되는지 검증하는 일을 소홀히 한다면, 상담은 과학이 아닌 유사과학에 머물 가능성이 높고, 학문적 정체성의 모호함과 함께 전문성 결여로 인해 그 존립 자체가 위험에 처할 수 있다. 상담소비자들이 상담사의 태도나 기법, 상담 과정에 대해 얼마나 만족하느냐와는 별도로, 상담전문가와 이들을 교육하고 훈련시키는 상담교육자와 수퍼바이저, 상담학자들은 상담이 과연 효과적인지, 어떤 기법과 상담사의 반응이 어떤 내담자의 어떤 문제에 효과적인지, 오히려 해를 끼치는 것은 아닌지를 객관적으로 확인할 필요가 있다. 이것이 사회에 대한 상담의 책무성이자, 독립적인 학문영역으로 살아남기 위한 도전이라 할 수 있다.

우리보다 상담의 역사가 오래된 외국에서는 상담이 실제로 내담자의 문제 해결에 도움이 되는지, 도움이 된다면 어떤 문제에 효과가 있는지, 상담과정에서 어떤 요인이 효과를 가져오는지를 검증하는 연구들이 활발히 진행되고 있다. 이를 반영하듯 외국에서는 경험적으로 효과가 입증된 상담 접근을 사용할 것을 강조하는 증거기반 접근evidence-based approach이 주목 받고 있다. 이에 비해 우리나라에서는 상담의 효과를 검증하려는 노력이 상대적으로 미흡한 실정이다. 내담자의 호소문제에 대해 어떤 상담기법과 접근이 효과적인지를 확인하고 검증하는 일은, 상담사가 범하게 될 시행착오를 줄여줄 수 있을 뿐 아니라 내담자를 보호하고 효과적으로 조력하는데 반드시 필요한 작업이다. 이러한 지식기반이 확립되어야 상담의 학문적 위치와 상담사들의 전문적인 위상이 공고해질 수 있고, 상담이 신뢰할 수 있는 전문 서비스 영역으로 자리매김할 수 있을 것이다.

상담의 사회적 책무성과 관련해서, 자살이나 우울, 분노조절 장애, 인터넷 중독, 집단따돌림을 비롯한 학교폭력 등의 문제들이 사회적으로 조명을 받을 때, 과연 상담학계에서는 신뢰롭고 타당한 답변과 해결책을 제시할 수 있느냐는 질문을 던지게 된다. 미국 심리학회의 경우 홈페이지에 특정 문제예: 우울에 대해 증상, 원인 및 대처, 지역 내 상담전문가 및 관련 출판물을 소개하는 등 소비자들이 유용하게 활용할 수 있는 정보들을 제시하고 있다. 이러한 기능과 편의가 우리나라 상담 관련 전문학회의 홈페이지에 탑재되어 있느냐의 문제를 떠나, 그러한 사회적 질의와 요청에 대해 확신 있게 답변할 수 있을 만큼 객관적인 지식기반이 축적되어 있느냐가 중요하다. 상담이 과연 효과적인지에 대한 포괄적인 검증 작업과 함께, 특정 문제나 증상에 대해 어떤 상담기법과 이론적 접근이 어떤 조건에서 효과적인지에 대한 지식기반이 상담학계 전반에 걸쳐 축적되고 이를 일반대중과 공유할 수 있어야 한다. 마찬가지로, 빠르게 변하는 환경 속에서 이전과는 다른 심각한 문제들을 호소하는 내담자들을 효과적으로 조력할 수 있으려면 새로운 지식과 역량이 구축될 필요가 있다. 예를 들어, 우리 사회에 가족해체가 급속도로 진행되고 있고 노령인구와 다문화 가정이 증가하고 있다는 것은 상담 대상과 그에 따른 상담사의 전문적 역량이 확대될 필요가 있음을 시사한다. 또한 스마트폰과 사회연결망서비스의 발달은 이를 활용할 수 있는 창의적인 상담 방식과 접근이 필요함을 의미한다. 새로운 것에 개방적이고 유연한 상담사의 전문적인 태도가 발휘될 시점인 것이다. 관련 현상이나 호소문제에 대한 양적, 질적 연구들이 상담 분야에서 진행되고 있지만, 변화의 속도와 문제의 심각성을 고려한다면 상담학자와 상담전문가들의 분발이 절실히 요구되는 시점이다.

❷ 우리 몸에 맞는 상담 윤리 마련

상담의 사회적 기여와 관련해서 해결해야 할 과제 중 하나는 상담사의 전문가다움professionalism과 윤리의식을 고취시키는 일이다. 상담사들에게는 익숙하지만 일반인들에게는 생소한 윤리지침 중 하나가 '내담자에게 해를 끼치지 않는다'이다. 고통을 호소하는 내담자를 회복시키고 성장시키는 일에 헌신하는 상담사들을 대상으로 내담자에게 해를 끼쳐서는 안 된다고 강변하는 것은 모순처럼 들린다. 그러나 역으로 생각하면 이 윤리지침은 상담사가 내담자에게 해를 끼칠 가능성이 있고 또 그런 일이 종종 발생한다는 것을 의미한다. 상담사가 내담자의 문제를 다룰 수 있을 만큼 충분히 상담 역량을 갖추지 않은 채 상담을 진행한다면 내담자의 문제가 해결되기보다는 오히려 악화될 가능성이 있다. 또한 상담사가 해결되지 않은 자신의 사적인 욕구나 문제에 대한 성찰 없이 내담자와 상담을 진행한다면, 내담자의 욕구와 문제해결을 우선시해야 할 상담이 오히려 상담사 개인의 욕구를 충족시키기 위한 비윤리적인 행위로 전락할 수 있다. 이 과정에서 내담자들은 심리정서적인 피해를 입게 되고, 상담 및 상담전문가들에게 대한 신뢰는 상실될 것이다. 이는 지난 상담의 역사를 통해 반복해서 확인된 사실이고, 최근 우리나라에서도 심심치 않게 관찰되는 현상이기도 하다. 따라서 전문가다움과 윤리의식에 대한 엄격하고 체계적인 교육이 상담사들에게 제공될 필요가 있다.

대부분의 상담 관련 전문 학회와 국가기관에서는 상담 및 상담사에 대한 윤리강령을 제정하고 이를 이행할 것을 강조하고 있다. 또한 이전에 비해 상담 윤리 과목들이 정규교육과정에 개설되는 사례가 증가하고 있다. 상담윤리를 다루는 교과목에서는 상담에서의 윤리 원칙, 고지된 동의informed consent, 비밀보장과 예외 사항, 상담사의 전문적 역량, 경계boundary 설정, 개인차 이해 및 존중과 같은 주제뿐 아니라, 집단상담, 가족상담, 다문화상담, 아동청소년상담, 수퍼비전 영역에서 민감하게 주의를 기울여야 할 윤리적인 문제들을 다룸으로써, 상담사들의 윤리적 민감성과 윤리적 의사결정능력을 증진시키고자 한다. 이것은 분명 바람직한 일이다. 그러나 현존하는 상담 관련 윤리강령과 윤리 과목들은 우리의 역사와 문화적 전통, 현재 국민들이 경험하는 심리정서적 현상을 얼마나 타당하게 반영하고 있는가? 예를 들어, 대부분의 윤리강령들을 살펴보면, 그 구성과 내용이 외국의 윤리강령과 크게 다르지 않다는 것을 쉽게 확인할 수 있다. 물론 모든 문화에 적용할 수 있는 보편적인 윤리 원칙과 세부 조항들이 존재할 수는 있지만, 윤리는 문화적 현상이자 사회적인 특성을 반영한다. 외국의 문화적 전통과 사회적 특성을 반영한 윤리강령을 그대로 모방하거나 수정해서 적용하는 것은 부자연스러울 뿐 아니라 적절하지 않을 수 있다. 우리에게 맞는 상담 윤리가 무엇인지 고민하고 합의된 조항들을 제정하는 노력을 기울일 필요가 있다.

상담사들은 전문가 자격증이 상담사의 전문성을 입증하는 증거가 될 수 없다는 사실을 잘 알고 있다. 자격증 취득을 위한 시험 준비만으로 상담사의 윤리의식이 고취되지 않으며 전문가다움을 향상시킬 수 없다는 사실 또한 더더욱 잘 알고 있다. 상담에 대한 대중의 관심과 기대가 증폭될수록 효과적이지 않고 비윤리적인 상담행위에 대한 실망은 그만큼 클 수밖에 없다. 상담행위의 비윤리성이 상담전문가들의 대중적 입지와 상담의 학문적 존립 자체를 뒤흔들 수 있음을 인지하고, 우리의 현실을 반영하고 우리의 몸에 맞는 철학을 기반으로 윤리강령이 개정될 필요가 있다. 상담윤리와 관련된 교육과 훈련은 대학원 교육과정과 상담사 연수과정에 필수과목으로 지정되어야 하며, 윤리 위반 및 대처와 관련된 학회의 지식기반이 축적되고 공유될 필요가 있다.

❸ 역량 있는 상담전문가 양성을 위한 교육 및 자격제도 정비

상담에 대한 일반대중의 관심이 증가하면서 상담전문가로 진로를 고려하는 사람들의 수가 증가하고 있다. 그러나 상담전문가를 양성하는 교육과정과 상담실습체계, 관련 자격제도가 적절한지에 대해서는 재고의 여지가 있다. 상담전문가 양성을 위한 교육 및 훈련시스템의 견고함은 배출되는 상담사의 전문성과 이들을 통해 제공되는 상담서비스의 질, 상담소비자들을 보호하는 일과 직결된다. 현재 상담 관련 교육과정은 학교 및 전공프로그램에 따라 큰 차이를 보이고 있다. 그리고 상담실습생을 훈련시키는 훈련과정은 실습을 희망하는 훈련생들에 비해 매우 부족할 뿐 아니라, 훈련 내용 또한 기관에 따라 차이가 있고 지침과 철학 또한 모호하거나 부재한 실정이다.

최근 심리상담은 국가직무능력표준NCS에 독립적인 영역으로 추가되어 심리상담전문가들이 갖추어야 할 역량과 기술, 그리고 이를 뒷받침할 교육과정의 기본 틀이 마련되었다. 그러나 NCS가 전문대학 이상의 교육 기관이나 훈련 프로그램에 실효성 있게 적용될 수 있을지는 지켜볼 일이다. 한 가지 가능한 안은, 미국 심리학회처럼 학회 차원에서 상담전문가를 양성하는 교육과정과 훈련 프로그램에 대한 표준화된 교육 및 훈련지침과 평가 기준을 마련하고, 이러한 기준을 충족시키는 프로그램과 기관을 정기적으로 인증하는 제도를 마련하는 것이다. 현재 학회에서는 일정한 자격을 갖춘 개인에게 자격증을 부여하고 있지만, 미래의 상담인력을 교육하고 훈련시키는 기관에게 자격을 부여하는 인증 제도를 마련하는 일을 고려할 필요가 있다. 비록 인증제도에 강제성이 결여되고, 당분간은 매우 적은 수의 기관만이 학회 차원의 평가기준을 충족시키겠지만, 상담의 사회적 책무성을 확보하고 양질의 상담서비스로 내담자를 보호하기 위해서는 중장기적으로 준비하고 실행할 사안이다.

학회 차원에서 자격제도와 인증시스템을 정비하는 일뿐만 아니라, 국가 차원에서 상담자격제도가 마련되어야 한다. 현재 청소년과 전문상담교사에 대한 국가자격제도가 마련되어 시행되고 있지만, 일반 상담에 대해서는 국가 차원의 자격제도가 마련되어 있지 않다. 이런 상황에서 많은 학회와 민간단체들이 4000개 이상의 상담자격증을 부여하고 있는데, 상담서비스를 찾는 일반대중뿐 아니라 미래의 상담인력과 상담인력을 채용하는 일선의 상담 기관에서는 어떤 자격증을 신뢰해야 하는지 혼란스러워 하고 있다. 자격증이 있는 상담사들 가운데 역량 있는 전문가를 찾기가 힘들다는 불만의 목소리 또한 증가하고 있다. 상담의 전문적 위상을 확립하고 일반대중에게 효과적인 서비스를 제공하기 위해서는, 경험과 역량을 갖춘 상담사들에게 공신력 있는 자격을 부여하는 국가 차원의 표준화된 자격제도가 마련될 필요가 있다. 지난 20년간 상담학계에서는 상담을 법제화하고 국가자격증을 마련하려는 노력을 꾸준히 기울여 왔는데, 앞으로도 지속적인 노력이 요구된다.

참고문헌

김인규(2013). Wee 프로젝트 발전방안 연구, 교육종합연구, 11(1), 137−156.

김재훈, 서영석(2018). 상담역량에 초점을 둔 미술치료 전공 교육과정 및 미술치료사의 인식 분석, 상담학연구, 19(6), 395−420.

서영석(2016). 정신생명 지킴이로서의 상담심리학: 사회적 기여와 과제, 한국심리학회 창립 70 주년 기념 학술대회.

이동혁, 이송하, 조해연(2013). 기업상담자 역할에 대한 인식 및 역할 기대, 상담학연구, 14(4), 2233−2251.

이소연, 서영석, 김재훈(2018). 사회정의에 기초한 진로상담 및 직업상담: 상담자 역할과 상담 자 교육에 대한 시사점, 한국심리학회지: 상담 및 심리치료, 30(3), 515−640.

임은미(2015). 학교장면에서의 옹호상담 방안 탐색, 교육학연구, 53(3), 119−140.

최아롱(2012). 한국의 상담자 전문교육과정의 적합성 연구, 단국대학교 교육대학원 석사학위논문.

한국청소년상담복지개발원(2018). 청소년상담사란? https://www.youthcounselor.or.kr. 446/new / sub01_5.html

Fassinger, R. E., & O'Brien, K. M. (2000). Career counseling with college women: A scientist−practitioner−advocate model of intervention. In D. Luzzo (Ed.), *Career counseling of college students: An empirical guide to strategies that work* (pp. 253−266). Washington, DC: American Psychological Association.

Field, J. E., & Baker, S. (2004). Defining and examining school counselor advocacy. *Professional School Counseling, 8*(1), 56−63.

Goodman, L. A., Liang, B., Helms, J. E., Latta, R. E., Sparks, E., & Weintraub, S. R. (2004). Training counseling psychologists as social justice agents: Feminist and multicultural principles in action. *The Counseling Psychologist, 32*(6), 793−837.

Mallinckrodt, B., Miles, J. R., & Levy, J. J. (2014). The scientist− practitioner−advocate model: Addressing contemporary training needs for social justice advocacy. *Training and Education in Professional Psychology, 8*(4), 303−311.

McLeod, J (2010). Counselling in the workplace: the facts. A systematic study of the research evidence. BACP.

Pabian, Y. L., Welfel, E. R., & Beebe, R. S. (2009). Psychologists' knowledge and application of state laws in *Tarasoff—type* situations. Professional Psychology: Research and Practice, 40, 8—14.

Pedersen, P. B., Crethar, H. C., & Carlson, J. (2008). *Inclusive cultural empathy: Making relationships central in counseling and psychotherapy.* American Psychological Association.

Pope, K. S., & Vasquez, M. J. T. (2011). *Ethics in psychotherapy and counseling* (4th ed.). San Francisco, CA: Jossey—Bass.

Speight, S. L., & Vera, E. M. (2008). Social justice and counseling psychology: A challenge to the profession. In S. D. Brown, & R. W. Lent (Eds.), *Handbook of counseling psychology* (4th ed., pp. 54—67). Hoboken, NJ: Wiley.

Spruill, J., Rozensky, R. H., Stigall, T. T., Vasquez, M., Bingham, R. P., & Olvey, C. D. V. (2004). Becoming a competent clinician: Basic competencies in intervention. *Journal of Clinical Psychology*, 60(7), 741—754.

Toporek, R. L., Lewis, J. A., & Crethar, H. C. (2009). Promoting systemic change through the ACA advocacy competencies. *Journal of Counseling and Development*, 87(3), 260—269.

Trusty, J., & Brown, D. (2005). Advocacy competencies for professional school counselors. *Professional School Counseling*, 8(3), 259—265.

Welfel, E. R. (2015). *Ethics in counseling & psychotherapy: Standards, research, and emerging Issues.* Boston, MA: Cengage Learning.

CHAPTER

10

고등교육:
챗GPT를 활용한 고등교육의 이해

CHAPTER 10

고등교육:
챗GPT를 활용한 고등교육의 이해[1]

이병식

    "고등교육"이 뭡니까? 내가 명함을 내밀고 나면 상대방이 신기한 듯 들여다보다 가장 많이 하는 질문이다. 그때마다 때로는 짧게, 때로는 상대가 하품을 참으려다 눈물을 찔끔 흘릴 때까지 설명하곤 했다. 경제학이나 수학처럼 잘 아는 분야 같으면 애써 물어볼 필요가 없겠지만, 고등교육은 워낙 들어본 적이 없어서 "어떻게 이런 걸 전공하셨어요"라고 부러운 듯이 말해야 할지, "뭘 이런 걸"이라고 해야 할지 판단이 어려운 모양이다. 개인적으로는 지난 20년 동안 학문적으로 고등교육에 대해 공부해보니 "어떻게 이런 걸"에 가깝다는 생각이 든다.

01 > 고등교육의 기초

    우리나라에서는 학문으로서의 고등교육^{고등교육학}이 생소한 분야다.[2] 하지만

---

1 전 세계적으로 챗GPT에 대한 반응이 뜨겁다. 생성형 인공지능의 확산에 대한 기대와 우려가 교차하고 있지만, 나는 적극적으로 사용하는 편이고 수업에서도 학생들에게 활용을 장려하고 있다. 이번 개정판을 쓰면서 내용을 업데이트한 것 이외에 두 가지 새로운 시도를 했다. 하나는 우리 대학 학부생들이 교재를 읽고 질문한 내용을 선별해서 추가하였고, 다른 하나는 학생들의 질문에 이어서 내가 챗GPT에게 질문한 것을 넣었다. 챗GPT를 더 잘 활용하기 위해서는 질문을 잘해야 한다는 점은 잘 알려져 있다. 여기서 다루는 내용을 통해 챗GPT를 활용하는 프롬프트 엔지니어링 기술에 조금 더 익숙해지길 바란다.

2 언젠가는 이 용어를 바꾸고 싶다. 고등교육은 일반적으로 대학에서 이루어지는 교육을 뜻하는

고등교육 규모가 우리나라에 비해 열 배 정도 큰 미국에서는 이 분야의 교육과 연구가 매우 활발하다. 좀 성급하지만 똑똑한 학생은 이런 질문을 하고 싶을지 모르겠다. "우리나라에서도 고등교육이 학문적으로 성장할 수 있을까?" 전공학자로서 나는 "블루오션이다"라고 말하고 싶지만, 여러분은 내 이야기를 좀 더 들어보고 스스로 판단하기 바란다. 이 절에서는 고등교육학이 어떤 학문인지를 소개하기에 앞서 고등교육과 대학을 이해하는데 도움이 되는 기본적인 내용을 먼저 간단히 살펴보고자 한다.

> **대학생이 묻다:** "블루오션 맞나요?" 우리나라만큼 대학 진학률이 높은 국가에서 고등교육학이 성장하지 못한 이유가 단지 절대적인 규모가 작기 때문이라고 말할 수 있는지, 우리나라의 고등교육이 가지는 독특한 특성(높은 사립대학 비중, 정부간섭)들로 인한 난제들이 이러한 학문의 성장에 많은 영향을 미치고 있는지, 그럼에도 불구하고 블루오션이라고 말씀하시는 이유에 대해서 조금 더 자세히 듣고 싶습니다! (20학번 행정학과)
>
> **챗GPT, 넌 아니?:** Can higher education as a field of study be regarded as a blue ocean?

❶ 고등교육의 의미와 경계

고등교육이란 대학에서 이루어지는 교육이다.[3] 학위를 수여할 목적으로 전문대학부터 대학원에서 이루어지는 교육을 통틀어서 고등교육이라 한다.[4] 고

표현으로 사용되지만 학문분야를 나타낼 때도 같은 용어를 사용하고 있어서, 대학에서 이루어지는 교육과 학문분야를 나타내는 표현이 구분되지 않고 있다. 고등교육학이라 한 이유는 학문분야를 나타내기 위해서 고등교육에 '~학'을 붙인 것이다. 김지현(2015)은 고등교육학 대신 대학교육학이라는 용어를 제안했으나 여전히 어색하게 느껴진다. 우리만 그렇게 혼용하고 있는 것은 아니고 미국도 Higher Education을 양쪽의 의미로 사용하고 있다.

3 우리말로 고등교육이라는 용어가 가장 포괄적인 의미로 사용되고 있으며, 이밖에도 대학교육, 중등후교육 등의 표현도 쓰인다. 영어로는 higher education, tertiary education, postsecondary education, university education이 사용된다.

4 우리나라 고등교육법(1997년 제정)은 고등교육을 실시하기 위해 일곱 가지 유형의 학교(대학)를

등교육은 보통 개인의 선택에 따라 대학에 입학하면서 시작되고 학위를 받으면 끝난다. 고등교육을 마치는데 짧게는 2년, 길게는 10년이 필요한데, 수학기간은 어떤 학위를 받느냐에 따라 달라진다.

고등교육을 우리나라 고등교육법이 정한 바대로, 형식교육의 마지막 단계로서 대학이라는 고등교육기관에서 이루어지는 학부교육과 대학원교육만으로 제한해 보면, 다른 유형의 교육—중등교육, 평생교육, 기업교육—등과 쉽게 구분된다. 하지만, 고등교육의 경계가 칼로 무 자르듯 뚜렷하지 않은 경우도 있다. 대학에서 교육이 이뤄지지만 고등교육이라 할 수 없는 경우—평생교육 또는 성인교육 일부—도 있고, 대학 밖에서 이뤄지지만 고등교육이라 할 만한 경우기업체 사내대학, 학점은행제 참여 교육훈련기관도 있기 때문이다.[5]

그림 10.1 고등교육의 범위

| 대학관련 부문 (학위인정 기관) | 평생교육 부문 (학점인정 기관) | 기타 교육훈련 부문 | 기타 학습기회 |

대학생이 묻다: "고등교육을 분류하는 방법이 있나요?" 고등교육의 정의와 분류와 관련해 질문이 있습니다. 학사, 석사, 박사 과정처럼 고등교육에도 전문성에 따른 단계가 존재한

두도록 하고 있다(제2조): 대학, 산업대학, 교육대학, 전문대학, 원격대학, 기술대학, 각종학교.

5 비록 우리나라에서 평생교육은 비형식적인 사회교육의 성격이 강조되고 있지만, 최근 들어 평생교육 중점대학과 평생교육 단과대학 등이 생겨나는 추세를 놓고 볼 때 앞으로 고등교육과 평생교육의 경계가 약해질 수 있다고 본다.

다고 생각하는데 이에 대한 분류나 정의가 존재하는지 궁금합니다. 해당 전문 과정을 모두 포괄적으로 고등교육이라 정의하기에는 학업의 수준(정도) 차이가 크다고 생각합니다. (기계공학과 17학번)

챗GPT, 넌 아니?: What is the International Standard Classification of Education?

❷ 고등교육의 목적

오늘날 전 세계적으로 대학에서 이루어지는 고등교육의 원형은 12세기 서유럽에서 생겨난 대학에서 찾을 수 있다. 이 시기에 생겨난 대학은 누가 건물을 짓고 대학을 만든 것이 아니기 때문에 어떤 대학이 최초인지 분명치 않지만, 그 수식어를 붙일 수 있는 대학은 프랑스의 파리대학, 이탈리아의 볼로냐대학, 영국의 옥스퍼드대학 정도다. 이후 오랫동안 대학은 엘리트를 양성하고 최고수준의 지식을 후세에게 전하는 역할을 해왔다. 그 후 19세기 초 독일이 세운 베를린대학은 오늘날 연구중심대학의 시초가 되었고, 얼마 후 20세기 초 미국의 토지공여대학은 대학의 물리적 울타리를 넘어 지역사회에 공헌하는 새

그림 10.2 대학의 이념

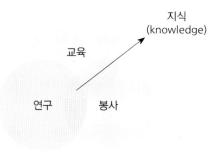

로운 대학의 시작을 알리게 되었다. 현대 대학은 무척 많아지고 다양해졌지만, 어느 나라에 있든지 하나같이 이러한 역사적 발자취를 따라 지식의 전파교육, 지식의 발견연구, 지식을 통한 사회기여사회공헌를 핵심적인 이념으로 삼고 있다.

고등교육도 다른 유형의 교육과 마찬가지로 본질적으로 변혁적이다. 학생들은 교육을 통해 성장하고 자신의 잠재력을 개발하기 때문이다. 그런데 최근에는 대학에서 고등교육의 거래적 성격이 더 많이 강조되고 있다살베리 외, 2020. 예를 들면, 학생들이 대학교육을 통해 무엇을 배우고 얼마나 성장하는지에 관심을 두기보다는 졸업 후에 얻게 될 일자리와 임금 등 노동시장에서 얻는 금전적 혜택과 가치를 더 중시하고 있다. 이렇게 거래적 관점에서 고등교육을 이해하는 것이 잘못된 것은 아니지만 고등교육의 의미는 오랫동안 거래적 관점보다는 변혁적 관점으로 이해되어 왔다.

> **대학생이 묻다:** "고등교육의 어떤 특성이 중요한가요?" 최근의 고등교육은 변혁적 특성보다 거래적 특성이 강조되고 있다고 설명해주셨는데 그렇다면 대학은 학생들의 요구에 맞게 거래적 특성에 집중해야 하나요? 혹은 교육의 본질에 맞게 변혁적 특성에 집중해야 하나요? (교육학과 22학번)

> **챗GPT, 넌 아니?:** These days transactional nature of higher education becomes more popular among undergrad students than transformative one. Should universities meet their needs or focus on the transformative nature?

❸ 고등교육의 변화

12세기부터 시작된 대학의 역사가 다른 유형의 형식교육—초등교육, 중등교육—에 비해 역사가 오래된 것은 분명하지만, 20세기 중반까지도 고등교육은 소수의 특권층을 위한 교육이 주를 이루었다. 1960년대에 이르러서야 고등교육을 받는 인구가 큰 폭으로 증가하였고, 고등교육의 성격도 바뀌기 시작했다. 수적으로 보면 지난 반세기 동안 국가별로 차이가 있기기는 하지만 전 세계 학령인구의 40% 이상이 고등교육을 받고 있다. 이렇게 고등교육을 받는 인구가 늘어나면서 고등교육의 성격도 많이 바뀌었다.

일반적으로 고등교육은 대학에서 이뤄지기 때문에 수준 높은 지식을 가르치고 배운다고 생각할 수 있다. 이도 틀린 말은 아니지만, 오늘날의 고등교육은 보다 다양한 의미를 갖게 되었다. 우리나라 고등교육법에도 대학^{학교의 유형으로}서의 대학의 목적은 "인격을 도야하고, 국가와 인류사회의 발전에 필요한 심오한 학술이론과 그 응용방법을 가르치고 연구하며"로 되어 있어서, 전통적인 대학의 이념을 나타내고는 있지만, 더불어 대학이 "산업인력 양성"이나 "전문직업

 표 10.1 **고등교육의 변화 모형**

고등교육의 단계	엘리트형(0-15%)	대중형(16-50%)	보편형(50% 이상)
누가 고등교육을 받아야 하는가에 대한 사회적 인식	태어나면서부터 갖게 된 특권, 탤런트가 있는 사람	배울 능력과 자격이 있는 사람의 권리	중산층 이상에게 부여된 책무
고등교육의 기능	지배계층의 인격 도야, 엘리트 양성	전문기술 skills 전달, 보다 다양한 영역의 전문가 양성	산업사회에 필요한 인력 양성
교육과정	고도로 구조화된 지식으로 구성	지식의 내용과 순서의 유연성 확대	지식의 경계와 순서, 배움의 형식성 약화
고등교육기관의 특징	동질적임, 공통되고 엄격한 기준이 있음, 소규모 기숙형 대학, 폐쇄적 경계	대학의 유형과 학사 기준의 다양성 증가, 경계의 완화(기숙형과 통학형 공존)	다양성 확대, 공통된 기준의 부재, 개방적 경계
학생선발의 원리	학업성취도 기반	학업성취도와 형평성 고려	개방적, 사회적 취약계층 배려
대학행정가의 특징	행정 아마추어	행정 전문직 확대	대학경영 전문가

출처: Brennan, J. (2004). "The Social Role of the Contemporary University: Contradictions, Boundaries and Change," *in Ten Years On: Changing Education in a Changing World*. Center for Higher Education Research and Information. Milton Keynes: The Open University, P.24에 기초해서 수정함.

인 양성"을 하는 곳이기도 하다. 이러한 변화는 단지 대학이 무엇을 하는 곳인 가에 대한 생각이 바뀌는 것에 그치지 않고, 가르치고 배우는 내용과 방법뿐 만 아니라 대학이 조직되고 운영되는 방식 등에서도 나타나고 있다. 미국의 한 학자[6]는 이러한 고등교육의 변화를 엘리트 단계, 대중화 단계, 보편화 단계 로 구분하였다.

그는 고등교육의 보편화 단계를 고등교육의 최종 목적지로 보았다. 이 단 계에 이르면, 고등교육은 평생교육과 융합된 모습에 가까워진다. 즉, 보편화된 고등교육은 전 생애에 걸쳐 모든 이들이 원하는 때에 원하는 방식으로 접근할 수 있도록 다양성과 유연성이 심화하고 교육과 학습의 경계도 사라질 것으로 보았다.

> **대학생이 묻다:** "고등교육과 평생교육은 어떻게 결합할 수 있나요?" 고등교육이 평생교육
> 과 결합하여 '고등평생교육'체제로 나아가려는 움직임이 늘어나고 있는 것 같습니다. 그러
> 나 내용적, 제도적으로 보았을 때 고등교육과 평생교육은 다르므로, 그것을 어떻게 자연스
> 럽게 결합할 수 있을지 궁금했습니다. 또한 현 시점에서 한국의 각 대학이 그를 위해 움직
> 이고 있는가를 생각해볼 때 그 움직임이 많이 관찰되지 않다고 생각합니다. 이에 사립대
> 학이 많은 한국의 특수한 고등교육 상황에서 평생교육을 함께 다루려면 어떠한 방향으로
> 나아가야 하는지 알고 싶습니다. (교육학과 22학번)

> **챗GPT, 넌 아니?:** 고등교육과 평생교육은 어떻게 결합할 수 있을까? 한국에서 고등교육
> 과 평생교육이 결합되고 있는 사례가 있을까? 대학평생교육지원사업도 이러한 결합의 좋
> 은 사례가 될 수 있을까? 대학평생교육지원사업을 한 단계 더 발전시키려면 어떤 방향으
> 로 가면 좋을까?

---

6 트로우(Trow, 1974), 미국 캘리포니아 버클리대학교 University of California—Berkeley의 사
   회학자.

❹ 고등교육의 가치와 역할

왜 대학에 가려는 사람이 점점 많아질까? 합리적인 사람이라면 대학 졸업장이 경제적 가치가 있기 때문에 대학에 가려고 하며, 대학을 다니면서 얻을 수 있는 가치도 크기 때문이라고 생각할 수 있을 것이다.

그림 10.3 고등교육 단계별 고등교육 이수 성인의 상대적 임금(2020)

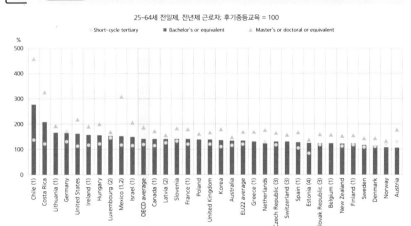

25-64세 전일제, 전년제 근로자; 후기중등교육 = 100

주: 소득이 0 또는 마이너스인 경우를 포함/제외함에 따라 국가별 차이가 있음. 자세한 설명은 정의 및 방법론 참조.
1. 기준 연도는 2020년이 아님. 자세한 설명은 해당 표 참조.
2. 소득세를 제외한 순 임금.
3. 지수 100은 ISCED 2011의 3, 4단계의 합계를 의미함. 자세한 설명은 일러두기 참조.
4. 단기고등교육 단계의 상대적 임금은 해석에 유의가 필요함. 2013/14년도 이후 졸업자가 없음.
   국가명은 25-64세 학사학위 이수자의 상대적 임금을 기준으로 내림차순 정렬함.
출처: OECD(2022년), 표A4.1. 자세한 설명은 출처 및 부록3 참조(http://www.oecd.org/education/education-at-a-glance/EAG2022_X3-A.pdf).

비록 대학을 다니면서 비싼 등록금을 내야 하고 대학에 다니는 동안 돈을 벌 수 없어서 생기는 기회비용이 크다고 할지라도 대학을 졸업했기 때문에 평생 더 받는 소득을 모두 더하면, 대학 졸업장을 얻는 데 든 돈보다 훨씬 더 많은 돈을 벌 수 있기 때문에 고등교육의 경제적 가치는 크다고 할 수 있다.[7] 대학교육을 받으면 돈 뿐만 아니라 사회적 지위가 높아질 수도 있다. 이러한 금전이나 사회적 지위와 같이 겉으로 드러나는 혜택과 더불어 지적으로나 정서적으로 보다 성숙해지면서 생기는 내면의 변화도 크게 경험할 수 있다. 이러한 이유에서 사람들은 가능하면 대학교육을 받으려고 한다고 이해할 수 있다.

대학교육을 받는 사람이 많아지면 교육을 받은 당사자뿐만 아니라 그가 속한 사회나 국가도 혜택이 있을까? 물론이다. 고등교육을 받은 사람뿐만 아니라 주변에 있는 사람들도 뜻하지 않은 혜택을 누릴 수 있고, 지식의 발전과 인재의 양성을 통해 국가도 경제적으로 더욱 부유해지고, 계층이동을 통해 사회가 더욱 공평해질 수도 있다.

> **대학생이 묻다:** "고등교육의 가치가 줄어들고 있나요?" 고등교육의 가치는 경제적 부나 사회적 지위의 상승과 함께 지식의 발전과 내적 변화도 있다고 배웠습니다. 현재 대한민국에서는 의대, 치대, 한의대로의 진학이 과거에 비해 선호되고 있습니다. 최근에 나타나는 이러한 현상으로 인문학과 자연과학 분야로 진학하려는 학생이 줄어들고 있습니다. 이러한 전문직 선호 현상이 인문학과 자연과학과 같은 기초학문의 발달 속도를 저해시켜 지식의 발전이라는 고등교육의 가치가 현재 약화되고 있는지 궁금합니다. (교육학과 21학번)
>
> **챗GPT, 넌 아니?:** 우리나라에서 의대 진학이 선호되고 있는데, 이 때문에 기초학문의 발달을 저해해서 지식의 발전이라는 고등교육의 가치가 약화되고 있지 않을까?

---

7 여기서 말하는 경제적 가치는 통계적으로 "평균적인 사람"을 염두에 둔 것이다. 대학을 졸업했다고 하더라도 취업을 하지 않거나 못하게 되면 생애소득이 없으므로 고등교육의 경제적 가치는 없다.

02 > 현대 대학의 이해

❶ 복잡한 조직

고등교육이 이루어지는 대학은 여러 가지로 독특한 기관이다. 군대처럼 명령에 살고 명령에 죽는 조직도 아니고, 정부기관처럼 법령과 규칙에 따른 과정을 중시하는 조직도 아니고, 기업처럼 이윤을 남기거나 목적 달성이 중요한 유연한 조직도 아니다. 그렇다고 중고등학교처럼 학생을 가르치기만 하는 조직도 아니다.[8]

대학도 다른 조직처럼 추구하는 목적이 있고 구성원들이 있으며 생산방식과 조직을 움직이는 제도와 규칙이 있지만, 각각의 특징이 독특해서 대학조직을 설명하는 특별한 용어가 생겨났다. 세상에 알려진 순서대로 보면, "조직화된 무정부organized anarchy" 조직Cohen, March & Olsen, 1972이 가장 먼저다. 이는 여러 가지 이유에서 대학 내 의사결정이 마치 "쓰레기통"에서처럼 우연히 이루어지는 것 같다고 해서 붙여진 이름이다. 다음으로 "느슨하게 연계된loosely coupled" 조직Weick, 1976이라는 표현도 있는데, 대학조직이 기계처럼 빈틈없이 맞물려 돌아가는 게 아니고 느슨하게 연결된 채 부서의 논리와 정체성을 유지하려는 모습을 나타낸다. 그리고 [그림 10.4]처럼 전문가 집단인 교수들이 조직의 핵심적인 역할을 하는 "전문적 관료제professional bureaucracy" 조직Mintzberg, 1979 또는 "아래가 무거운bottom-heavy" 기관Clark, 1984으로 불리기도 한다.

---

8 학생을 나누는 방식도 중고등학교와는 다르다. 대학은 학생을 학년과 반으로 나누지 않고 학문 분야를 단위로 하는 학과로 나눈다.

그림 10.4 전문적 관료제

대학에서는 의사결정이 내려지는 방식도 특별하다.[9] 대학의 의사결정은 일반적인 관료제 조직과 마찬가지로 조직의 대표가 합리적 절차에 따라 결정을 내리면 조직의 나머지 구성원이 따르기도 하지만, 의사결정이 늘 그렇게 형식적이고 절차적 합리성에 따라 이루어지지는 않는다. 경우에 따라서 교수들의 합의나 전문적 판단에 따라 의사결정이 내려지기도 하고, 앞서 언급한 바대로 "우연히" 내려지는 결정도 있다. 더불어 종종 집단 간의 이해가 대립하는 경우에는 정치적 타협으로 결정이 내려지기도 한다.

이러한 대학의 독특함 때문에 하버드대학의 학장을 지낸 로조보스키는 신뢰할만한 대학운영의 일곱 가지 원리^{이형행 역, 1996: 379-415쪽}를 다음과 같이 제시했는지도 모르겠다.

① 보다 민주적으로 된다고 해서 모든 것이 더 나아지는 것은 아니다.

② 한국민의 시민권과 임의조직에 자발적으로 참여함으로써 획득되는 권리 사이에는 근본적인 차이가 있다.

③ 대학에서의 권한과 책임은 그 대학에 봉직한 기간을 반영해야 한다.

④ 대학에서는 지식을 갖춘 사람에게 보다 더 큰 발언권이 주어진다.

⑤ 대학에서 의사결정의 질은 이해관계의 충돌을 의식적으로 피함으로써 개선될 수 있다.

⑥ 대학은 교육과 연구 능력을 향상시킬 수 있도록 운영되어야 한다.

---

9 대학에서 주요 의사결정에 참여하는 주체는 사립대학의 경우, 대학이사회, 총장, 대학행정가, 교수, 직원, 학생이 있다.

⑦ 관리운영의 계층구조가 원활하게 기능을 발휘하기 위해서는 협의와 책무의 절차가 명백해야 한다.

대학생이 묻다: 고등교육의 독특함 강의에서 교수님께서는 대학이 독특한 방식으로 움직인다고 언급하셨으며, 그것의 예시로 '동료 모형'과 '쓰레기통 모형'을 설명해주셨습니다. 동료 모형과 쓰레기통 모형이 무엇인지 몰라서 그것이 어떻게 역설적인 면을 이루는지 알아보기 위해 설명을 생략하신 쓰레기통 모형에 대해 조금 더 조사해보았습니다. 그 과정에서 질문이 생겨 여쭤보고자 합니다. 쓰레기통 모형은 이른바 '조직화된 무질서 모형'으로서 문제, 해결책, 참여자, 선택기회 등 네 가지의 요소가 뒤죽박죽 움직이다가 특정한 계기로 만나게 될 때 정책 결정이 이루어진다고 보는 모형이라는 것을 알게 되었습니다. 대학은 단계적인 의사결정을 따른다고 생각했는데, 오히려 정리되지 않은 형태로 결정된다는 것이 모순으로 느껴졌습니다. 쓰레기통 모형에서 설명하는 정책결정 과정이 어떻게 대학 내에서 이루어지는지 잘 이해가 되지 않아, 그것의 예시가 무엇인지, 왜 대학을 쓰레기통 모형에 대입하여 설명할 수 있는지 질문하고 싶습니다. (교육학과 22학번)

챗GPT, 넌 아니?: 쓰레기통 모형을 설명해줘. 대학의 의사결정 상황에 쓰레기통 모형을 적용할 수 있는 구체적인 사례를 설명해줘.

❷ 전쟁터 같은 교육과정 curriculum

교육과정이란 학생의 학위취득을 위해서 공식적으로 준비된계획된 교육경험이다Ratcliff, 1996. 이러한 교육경험은 일반적으로 교과목으로 만들어지지만 이에 국한된 것은 아니다. 왜냐하면 교육과정은 계획된 교과목의 모음으로 볼 수도 있고, 계획된 모든 강의가 개설되는 것은 아니므로 개설된 교과목의 모음으로도 볼 수도 있다. 실제로 학생이 경험한 교과목의 모음으로 볼 수도 있다.

교육과정은 [그림 10.5]에서 볼 수 있듯이 일종의 교육계획으로 목적, 내용, 순서, 학습자, 교수학습과정, 교육자원, 평가에 대한 내용을 포함한다. 즉,

교육의 목적이 무엇인지, 어떤 내용을 가르치고, 어떤 순서로 가르쳐야 하는
지, 학습자의 특징과 요구는 무엇인지, 어떤 교수학습방법이 효과적인지, 어떤
교재를 사용하고 어디에서 수업해야 효과적인지, 학습한 내용을 어떻게 평가
하고 개선할지에 대한 내용을 담고 있다. 이러한 교육과정은 학과 교수나 학
생 등 대학 내부뿐만 아니라 대학본부의 영향과 정부나 평가인증기관, 학술단
체, 산업체 등 대학 밖의 영향도 받는다. 이런 외부환경의 영향을 이해하기 위해
요즘 세간의 주목을 받고 있는 융합교육Science, Technology, Engineering, Arts, Mathematics:

 STEAM이 어떻게 강조되기 시작되었는지 생각
해보자.

그림 10.5 교육과정의 구성요소와 영향요인

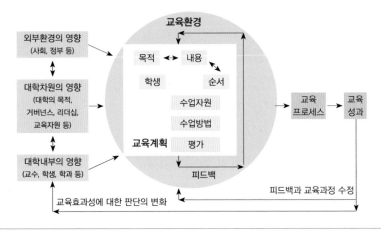

출처: Lattuca, Lisa R. and Stark, Joan S. (2009). Shaping the College Curriculum: Academic Plans
in Context, 2nd Edition. San Francisco: Jossey-Bass, 그림 1.1(5쪽)

이처럼 교육과정을 수립하는데 학교 안팎에서 다양한 이해관계자들이 관
여하고 자신의 이해관계를 보호하고 주장을 관철시키려 하기 때문에 교육과정
의 작은 변화마저도 전쟁터를 방불케 한다. 하지만 교육과정의 변화가 학교현

장을 전쟁터로 변화시키는 이유를 첨예한 이해관계의 대립만으로 보기보다는 교육과정에 대한 생각의 차이 때문으로 이해할 수도 있다. 지금까지 알려진 바로는 어떤 내용이 교육과정에 포함되어야 하는가에 대해서 적어도 다섯 가지 관점이 있다. 첫째는 우리가 후대에 물려줘야 할 가장 중요한 문화유산이 무엇인지를 찾아서 이를 교육과정에 포함시켜야 한다고 보는 전통적 관점이고, 둘째는 학생의 성장에 도움을 주는 경험이 무엇인지 찾아서 이를 교육과정에 반영해야 한다고 보는 경험주의적 관점이며, 셋째는 해당 학문지식의 구조가 중요하다고 보는 관점이다. 넷째는 교육과정을 마쳤을 때 학생들이 무엇을 할 수 있는지가 중요하다고 보는 행동주의적 관점이고, 마지막으로 학생이 세상을 이해하는 법과 생산적이고 창의적으로 사고하는 법을 배우는 것이 중요하다고 생각하는 인지적 관점도 있다.

이밖에도 학부교육의 목적이 인격형성과 전문지식의 습득 가운데 무엇을 더 강조해야 하는지의 문제, 어떤 내용을 필수로 하고 어떤 내용은 선택으로 할지의 문제, 준비된 소수를 위한 교육이어야 하는지 아니면 희망하는 다수를 위한 교육을 해야 하는지의 문제, 어떻게 가르치는 게 효과적인지의 문제, 교육평가의 자율성과 책무성 중 무엇을 강조해야 하는지의 문제 등이 쟁점이 되고 있다.

대학생이 묻다: 먼저, 작게는 한 수업을 운영하는 교수진, 크게는 대학을 운영하는 행정가, 더 나아가 한 나라의 교육을 책임지는 사람들이 각각의 이해관계를 고려하여 교육과정을 구성합니다. 그중에서도 대학에서는 이러한 이해관계를 어떠한 방식으로 절충하여 교육과정을 구성하는지 궁금합니다. 다음으로, 수업에서 하버드대학에서 기업가정신을 필수교양으로 선정한 이야기를 들려주셨습니다. 연세대학교는 기독교의 이해, 글쓰기 수업을 필수과목으로 설정해 두었습니다. 이는 '기업가 정신'과는 달리 실무와는 다소 거리가 있는 과목들이라고 생각합니다. 저는 하버드대학처럼 실무와 연관된 필수과목이 포함되어야 한다고 생각하는데 교수님께서 어떻게 생각하시는지 궁금합니다. (교육학과 22학번)

챗GPT, 넌 아니?: 대학에서 교수, 대학행정가, 학생 등 이해당사자들에 따라 바람직한 커리큘럼에 대한 생각이 다른데, 이렇게 다양한 이해관계자들의 커리큘럼에 대한 요구와 기대가 어떻게 절충될 수 있는지 알려줘.

❸ 멀티플레이어 교수의 특권

교수가 하는 일 가운데 보통 사람들^{종종 학부생}도 잘 모르는 것이 있는데, 그 것은 교수가 가르치는 일만 하는 것이 아니라, 교수마다 차이가 있지만 지식을 만드는 연구라는 창조적 활동에 많은 시간을 쓴다는 사실이다. 이밖에도 교수는 사회공헌 활동을 하고, 교사가 할 수 없는 정치참여가 법적으로 허용되어 있기도 하다. 교수의 특권은 여기서 그치지 않고 다른 사람들은 누릴 수 없는 학문의 자유^{academic freedom}와 종신재직권^{tenure}이 있다. 학문의 자유란 교수가 가르치는 내용과 방법을 자유롭게 결정할 수 있도록 한다는 뜻이고, 종신재직권은 일정한 조건을 충족하면 정년퇴임^{보통은 65세} 때까지 자신의 의사에 반해서 학교에서 쫓겨나지 않고 재직할 수 있는 권리다.

교수의 또 다른 특권이자 아킬레스건은 대학교수가 되기 위해서는 자신이 전공한 분야의 최종학위^{보통은 박사학위}가 있어야 하지만, 해당 전공지식을 가르치는데 필요한 교수법을 반드시 배워야 하는 것은 아니고 대학에서 가르치기 위해 학위증명서 외에 따로 자격증이 필요하지도 않다는 사실이다.[10] 아마도 이런 이유에서 중고등학교 교사와 달리 대체로 대학교수는 스스로 공부하지 않는다면, 학생을 어떻게 가르치는지에 대해 잘 안다고 보기 어렵다. 그래서 가끔은 여러분도 수업을 들으면서 일방통행식 강의 말고 좀 더 나은 수업방법이 있을 텐데 하면서 고개를 갸우뚱한 적도 있었을 테다.

---

10 교사가 되기 위해 교육학을 공부하는 학생에게는 낯선 이야기로 들릴 것이다.

대학생이 묻다: 고등교육이 학생들에게 미치는 영향력과 그 가치가 매우 크다는 것을 알게 되었습니다. 그런데 정작 그렇게 중요한 고등교육을 직접 지도하는 교수가 되기 위해서 교수법을 따로 배우지 않아도 된다는 점이 의아하게 느껴졌습니다. 중고등 교사와 달리 자격증 등이 필요 없는 이유가 따로 있는 것인지, 그리고 이로 인한 문제점(예: 비효율적 교수법)에 대한 해결책이 있는지 궁금합니다. (교육학과 21학번)

챗GPT, 넌 아니?: 중등교원은 자격증이 필요한데 대학교수는 자격증이 필요 없는 이유는 뭘까? 대학차원에서 대학교원의 교수역량을 강화할 수 있는 방안을 알려줘.

❹ 모호한 테크놀로지

대학 강의실은 병원의 수술실이나 제조업체의 공장과 같다. 병원에서 환자를 고치기 위해 수술을 하고 공장에서 물건을 만드는 일이 두 조직의 가장 핵심적인 활동이듯이 대학 강의실에서 이루어지는 교육활동이 대학교육의 핵심적인 활동이기 때문이다. 하지만 환자를 수술하는 병원이나 물건을 만드는 공장과 달리 대학 강의실에서 이루어지는 활동에는 독특한 점이 있다. 교실에서의 활동이 공장처럼 표준화되어 있지도 않고 병원처럼 자격증을 가진 의사가 아닌, 해당 분야의 전문지식만을 가진 교수가 저마다 자신이 선택한 방법으로 강의를 한다는 점이다.

교육활동은 노동집약적이어서 기술의 발전에도 불구하고 가르치는 일을 기계로 대체할 수 없고, 어떻게 하면 양질의 물건을 경제적으로 잘 만들 수 있는지에 대해서 알 수 있는 제조업체와는 달리 어떻게 교육하는 게 좋은지^{교육방} 법과 원리에 대해 명확히 알려진 바가 없다. 더 중요한 점은 교육은 가르치는 사람과 배우는 사람의 협력을 통해 이루어진다는 사실이다. 기업에서 만드는 제품과 달리, 배우는 학생은 수동적인 객체가 아니라 교육성과를 만들어내는 협업자다.

이 때문에 고등교육 연구자와 전문가들은 대학교육의 성과를 내는 원리나

조건을 찾고자 노력해 왔는데, 거듭된 연구를 통해서 학생의 몰입involvement이 중요한 역할을 한다는 점을 밝혀냈다. 몰입은 학생의 노력 정도를 알 수 있는 개념11으로 양적인 측면투입된 시간과 질적인 측면진지함의 정도을 모두 갖고 있다. 몰입이론은 학생이 더 많이 몰입할수록 더 나은 성과를 얻고, 교육방법이나 프로그램, 정책 등이 학생들을 더 많이 몰입하게 할수록 더 효과적이라고 본다.

실제로 몰입과 교육성과의 관계를 알아보기 위해서 수업을 듣는 학부생들을 대상으로 간단한 조사를 해보았다. [그림 10.6(b)]를 보면 학생의 몰입 정도가 종모양으로 분포되어 있음을 알 수 있다. [그림 10.6(c)]는 학생의 몰입 정도와 학습 정도의 관계를 보여주고 있는데, 산포도의 모양과 회귀선의 기울기에서 알 수 있듯이, 몰입이론이 예측하는 바와 같이 몰입을 많이 할수록 교육성과가 높다고 추론할 수 있다. 하지만 여기서는 다른 점을 강조하고 싶다. 그림을 자세히 보면서 곰곰이 생각해보면 이러한 이론적 관계가 얼마나 취약한지 알 수 있다.12

그림 10.6 학생의 몰입 정도와 교육성과의 관계

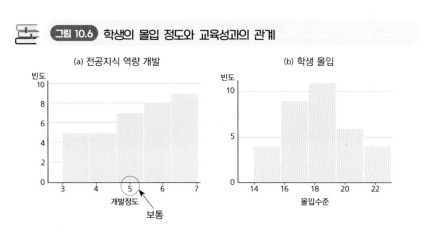

(a) 전공지식 역량 개발

(b) 학생 몰입

---

11 칙센미하일로프가 만든 개념인 몰입(영어로는 flow(플로우)지만, 우리말로는 같은 용어로 번역함)은 애스틴의 몰입보다 학생의 심리적인 상태를 강조한다. 애스틴의 몰입이 보다 포괄적인 용어로 볼 수 있다. 애스틴의 몰입 중 질적인 측면이 칙센미하일로프의 몰입을 보다 잘 나타내준다.

12 역의 인과관계(reverse causation)가 있을 수 있고, $R^2 = 0.17$로 설명력도 크지 않다.

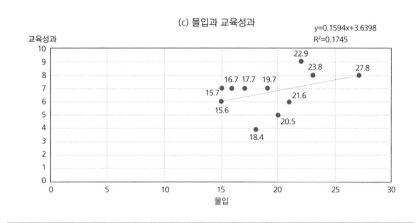

지금까지 살펴본 바대로 대학은 다른 수준의 학교나 일반 조직에서 찾아보기 어려운 독특함이 있다. 더 나아가서 대학 밖의 고등교육 생태계로 눈을 돌려보아도 중고등학교의 생태계와는 두드러지게 다른 점이 있다. 우선 대학의 유형이 다양하고 유별나다. 미국에 있는 대학 중에는 주식시장에 상장된 대학도 있고, 프랑스에는 교수나 교실, 졸업장이 없는 혁신적인 대학도 있고, 저렴한 비용으로 언제 어디서나 교육받을 수 있는 온라인 대학이 있는가 하면, 규모면에서 웬만한 기업에 버금가는 대학도 많다. 여기에 더해 대학이나 학문영역의 질적 수준이 적절한지를 판단하는 평가인증기구accreditation agencies가 나라 안팎에 있고, 학생에게 학자금을 지원하거나 대학에 재정지원을 하는 기관이 있는가 하면, 연구개발과 교육을 위해 대학, 연구소, 산업체가 대학 주변에 클러스터를 이루기도 한다.

다시 우리나라로 눈을 돌려보면, 우리 고등교육만이 갖고 있는 독특함을 접할 수 있다.[13] 고등학교 졸업생 가운데 우리나라만큼 대학에 진학하는 학생이 많은 나라는 세상에 흔치 않고, 우리나라만큼 사립대학에 다니는 학생이 많은 나라도 찾기 어려우며, 선진국 중에 정부가 대학에 재정지원을 적게 해

---

[13] 자세한 내용은 부록 A를 참고하기 바란다.

주는 반면 모든 대학에 대해 정부가 간섭하는 나라는 우리밖에 없다. 이러한
독특한 상황들이 첩첩이 쌓여 고등교육의 난제들이 생겨나고 있다.

> **대학생이 묻다:** 교재에는 몰입과 교육성과의 이론적 관계가 얼마나 취약한지 알 수 있다
> 고 나와 있습니다. 즉, 몰입이 교육성과를 올리는 것이 아니라, 애초에 교육성과가 높은
> 학생이 몰입을 잘하는 것일 수도 있습니다. 또 R^2, 즉 설명력이 낮아 가설의 정확도가 떨
> 어진다고 볼 수 있습니다. 이 밖에도 왜 두 변인의 이론적 관계가 취약한지 알 수 있는
> 근거가 있다면 설명을 부탁드립니다. (교육학과 21학번)
>
> **챗GPT, 넌 아니?:** 몰입을 더 많이 하는 학생은 교육성과도 높다는 가설을 이론적으로 설명할
> 수 있을까? 몰입과 교육성과의 관계를 이론적으로 충분히 설명하지 못하는 부분이 있을까?

03 > 고등교육학 - 새로운 교육학들의 교육학[14]

고등교육에 대한 학문적 탐구는 미국에서 시작되었다. 그 기원은 클라크대
학Clark University의 총장이었던 스탠리 홀Stanley Hall 박사가 1893년에 처음으로 만
든 고등교육 학위과정 프로그램으로 거슬러 올라간다. 이후 많은 미국 대학이
고등교육에 관한 과목을 개설했는데, 고등교육에 관한 연구와 교육이 본격적으
로 발전하게 된 계기는 1950년대 카네기재단이 미시간대학University of Michigan,
캘리포니아 버클리대학UC Berkeley, 콜럼비아대학Teachers College, Columbia University에
50만불현재가치 60억 원씩을 지원하면서부터라고 한다.[15] 이후 고등교육에 대한 학

---

14 학문으로서의 고등교육은 기존의 교육학처럼 여러 학문분야로 구성되어 있다. 그래서 고등교육
학을 새로운 교육학들의 교육학이라 이름 붙였다. 이 책의 다른 장에서 소개된 대부분의 영역에
'고등교육'을 추가하면 새로운 고등교육학의 분야가 된다. 실제로 고등교육철학, 고등교육교육과
정, 고등교육행정(매니지먼트), 고등교육정책, 고등교육사회학처럼 말이다.

15 고등교육학의 학문적 발전과정에 대해 보다 자세한 내용은 Goodchild(2002)의 'Higher Edu-
cation as a Field of Study', 변기용(2009)의 '고등교육의 학문적 성격과 지식기반 탐색을 위한
기초연구'를 참고하기 바란다.

위과정은 주로 대학행정college and university administration을 중심으로 확대되어 왔고 현재는 약 250개 대학에서 좀 더 세분화된 영역으로 발전하고 있다.

학문으로서의 고등교육, 고등교육학은 교육학[16]처럼 여러 영역을 아우르는 표현이라고 생각하기 때문에, 이 용어를 엄밀하게 정의할 필요를 느끼지는 않는다. 다만, 기존의 교육학 지식으로는 대학교육과 관련된 현상을 이해하고 설명하는데 충분하지 않다고 생각하므로, 이러한 차이가 잘 드러나도록 굿차일드 Goodchild, 2001의 표현을 내 식대로 좀 고쳐서, 고등교육학을 이렇게 표현하고 싶다.

> 학문으로서의 고등교육, 고등교육학은 새로운 교육학들의 교육학으로서, 대학과 관련된
> 지식을 탐구하고 대학과 관련된 전문적인 일을 하는데 필요한 것을 가르치고 배우며 연구
> 하는 응용학문이다.

❶ 대학총장을 위한 학문?

고등교육의 학문적 성격을 이해하기 위해 일화를 하나 소개하려고 한다. 내가 미국에서 박사과정을 시작한 지 얼마 되지 않았을 즈음 한국에서 교환교수로 오신 분을 학교에서 우연히 만났는데, 그 분이 나더러 뭘 공부하냐고 물어온 적이 있었다. 고등교육을 공부한다고 했더니 그 분이 말하길 "총장학, 총장을 위한 학문을 하시는군요."라고 했던 기억이 있다. 지금 생각해보니 전혀 틀린 말은 아닌 듯하다. 중고등학교에서 교장을 하려면 교육행정을 하는 게 도움이 되듯이 고등교육을 공부하면 대학총장을 하거나 학교행정을 하는 데 도움이 되는 학문이라고 볼 수 있기 때문이다.[17] 고등교육학은 총장에게만 유용한 학문은 아니다. 고등교육학은 대학행정을 담당하는 보직교수예: 부총장, 처장, 학장, 학과장 등와 행정직원뿐만 아니라 대학의 전문부서예: 교육혁신센터, 교육성과 관리부서, 대

---

16 이학주(2003)의 「우리 교육학의 빈곤, 또는 풍요」 참고.

17 경영학이 기업의 CEO에게 도움을 주듯이 말이다.

학기관연구(Institutional Research) 부서 등에서 일하는 사람들에게도 필요하다.

❷ 왜 새로운 지식이 필요한가

아직 고등교육학을 접해보지 못했더라도 똑똑한 학생은 이런 생각을 할 수도 있겠다. 고등교육이 비록 높은 수준의 지식을 가르치고 배운다고 하더라도 학교에서 이루어지는 교육이기 때문에 기존의 교육학으로도 충분하다고 말이다. 어느 정도는 옳은 말이다. 고등교육도 초중등교육과 마찬가지로 가르치고 배우는 과정이 핵심인 활동이고, 교육과정이 있고, 대학이라는 학교에서 교육이 이뤄지기 때문에 전통적인 교육학 지식이 전혀 쓸모없다고 할 수는 없다.

앞에서 대학이 얼마나 독특하고 우리가 처한 환경이 얼마나 특별한지에 대해서 생각해 보았다면 어느 정도 짐작할 수 있겠지만, 고등교육에 대한 새로운 지식이 왜 필요한지를 보다 확실히 이해하기 위해 머릿속으로 한 가지만 더 시험 삼아 생각해보자. 여러분이 이 책의 다른 장에서 배운 내용을 기초로 아래 질문에 답해보기 바란다.

- 고등교육의 목적은 무엇인가?
- 고등교육의 목적을 어떻게 달성할 수 있는가?
- 어떤 환경에서 고등교육이 이루어져야 하는가?
- 누가 왜 고등교육을 받아야 하는가?
- 대학에서 무엇을 가르치고 탐구해야 하는가?
- 누가 가르쳐야 하는가?
- 어떻게 가르치고 배워야 하는가?
- 대학은 어떻게 조직되고 운영되어야 하는가?
- 누가 어느 정도 교육비용을 부담해야 하는가?
- 개인, 대학, 국가 수준에서 이러한 노력을 어떻게 평가해야 하는가?

이 10개의 질문은 고등교육을 이해하는데 필요한 가장 기본적인 것들이다. 이 물음에 답하는데 기존의 교육학 지식이 어느 정도 도움을 줄 수는 있으나 충분치 않다는 점을 깨달을 수 있을 것이다.

❸ 어떤 새로운 지식이 필요한가

그러면 고등교육 학자나 전문가가 되려면 무엇을 알아야 할까? 이 질문에 답하기 위해 우리나라보다 이 분야의 학문적 성장이 두드러진 미국으로 눈을 돌려보자. 미국의 대표적인 고등교육학회는 1976년에 설립된 Association for the Study of Higher Education^{ASHE}인데, 이 학회는 대학원에서 사용할 수 있는 강의교재 시리즈를 발간하고 있다. 지금까지 출간된 교재를 정리해보면 7개 영역의 20여 개 주제로 나눌 수 있다.[18] 이 교재들의 내용을 살펴보면 고등교육의 학문적 토대를 이해하는데 어느 정도 도움이 될 것이다.

미국 고등교육 학자들은 고등교육을 전문적으로 이해하려면 내용적인 측면에서 다음과 같은 지식이 필요하다고 본다. 고등교육에 대한 역사적 이해와 다른 나라의 고등교육 시스템에 대한 이해, 대학생과 교수에 대한 이해, 대학교육과정과 교수학습방법, 대학조직과 거버넌스, 대학정책과 재정, 연구방법론에 관한 지식이 그것이다.

> ① 고등교육의 기초(Foundations) : 미국 고등교육의 기초(Foundations of American Higher Education), 고등교육사(The History of Higher Education), 비교교육론(Comparative Education)

---

18 이 가운데 한 영역은 다음과 같이 미국 고등교육 상황에 필요한 특별한 주제를 다루고 있다: 고등교육의 다양성 Racial Ethnic Diversity in Higher Education (3rd ed), 커뮤니티칼리지론 Community Colleges (4th ed), 대학스포츠 Sports and Athletics in Higher Education, 기부, 봉사, 펀드레이징 Philanthropy, Volunteerism, and Fundraising, 고등교육과 여성 Women in Higher Education: A Feminist Perspective.

② 대학구성원(People) : 대학교수론(Faculty & Faculty Issues in Universities & Colleges), 대학생발달이론(College Student Development Theory), 대학생론(College Students)

③ 교수학습(Teaching & learning) : 고등교육 교수학습론(Teaching & Learning in the College Classroom), 고등교육 측정 평가(Assessment & Evaluation in Higher Education), 고등교육 교육과정(College & University Curriculum)

④ 행정(Administration) : 고등교육 조직과 거버넌스(Organization and Governance in Higher Education), 대학기획론(Planning and Institutional Research in Higher Education), 대학학사행정론(College Student Affairs Administration)

⑤ 정책(Policy) : 고등교육정책(Public Policy & Higher Education), 고등교육재정 경제(Economics and Finance of Higher Education)

⑥ 방법론(Methods) : 질적연구방법론(Qualitative Research in Higher Education), 혼합연구방법론(Qualitative & Quantitative Research: A Mixed Methods Approach in Higher Education)

교육학을 전공한다고 해서 교육학의 모든 영역을 하나도 빼놓지 않고 공부하지는 않는 것처럼, 마찬가지로 고등교육 학자나 전문가가 되기 위해서 앞에 열거한 모든 분야의 지식에 통달해야 하는 것은 아니다. 공통적으로 알아야 하는 부분을 빼고 나머지는 자신이 원하는 커리어에 맞는 분야와 관련 있는 내용을 알면 된다.

❹ 대학원에서 고등교육 전문가는 어떻게 길러지는가

고등교육 전공 학위과정의 교육과정이 어떻게 구성되어 있는지를 보면, 고등교육 학자나 전문가가 되기 위해서 필요한 지식이 무엇인지를 이해하는 데 도움이 된다. [그림 10.7]은 미시간대학교 교수였던 조앤 스탁^{Joan Stark}이 만든 것인데 고등교육 전공으로 박사학위Ph.D.를 받기 위해서 무엇을 배워야 하는지를 개념화해서 보여주고 있다. 스탁 교수는 고등교육의 학문영역을 크게 넷으로 나누고 있고, 하위영역에 관계없이 공통적으로 배우는 부분과 각 영역에서 보다 세부적으로 배우는 내용을 두었다. 네 개의 영역은 조직행동과 경영①, 정책②, 교육과정③, 측정평가 및 연구방법론④으로 나뉘며, 공통적으로 배우는 내용은 고등교육의 역사와 철학 및 대학생의 발달과 학습이고,[19] 각 영역에서 세부적으로 배우는 내용은 도형 바깥쪽에 적혀 있다.[20]

그림 10.7 고등교육 학위과정의 개념 모형

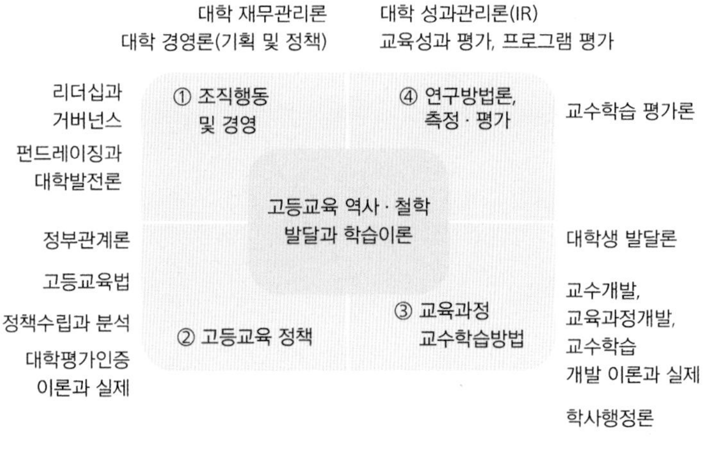

대학 재무관리론
대학 경영론(기획 및 정책)

대학 성과관리론(IR)
교육성과 평가, 프로그램 평가

리더십과
거버넌스

펀드레이징과
대학발전론

① 조직행동
및 경영

④ 연구방법론,
측정 · 평가

교수학습 평가론

고등교육 역사 · 철학
발달과 학습이론

정부관계론

대학생 발달론

고등교육법

정책수립과 분석

대학평가인증
이론과 실제

② 고등교육 정책

③ 교육과정
교수학습방법

교수개발,
교육과정개발,
교수학습
개발 이론과 실제

학사행정론

출처: Lattuca, Lisa R. and Stark, Joan S. (2009). Shaping the College Curriculum: Academic Plans in Context, 2nd Edition. San Francisco: Jossey-Bass, 그림 7.3(220쪽)에 기초해서 수정함.

---

19 박사학위과정 학생은 연구방법론(양적연구방법론과 질적연구방법론)도 공통적으로 배워야 한다.

20 미국 고등교육 분야 대학순위평가(U.S.News & WR)에서 부동의 1위인 미시간대학교의 고등교육 프로그램(Center for the Study of Higher and Postsecondary Education)이 이 모형의 대표적인 사례라 할 수 있다.

이 모형에 포함된 네 개의 영역이 고등교육 전공분야를 대표하는 것으로 볼 수 있지만, 이밖에도 다양한 영역이 있고[21] 최근에는 새로운 영역도 생겨나고 있다.[22] 한편으로 이 모형은 고등교육 전공지식이 어떻게 구성되어 있는지를 이해하는데 도움을 주지만, 다른 한편에서는 고등교육의 학문영역과 인접학문과의 연계성은 잘 보여주지 못하고 있다. 기존의 교육학과 마찬가지로 고등교육학도 인접해있는 기초학문들과의 학문적 교류가 활발하다. 이런 이유에서 고등교육 전공의 학위과정에서는 심리학, 경영학, 정책학, 경제학, 통계학, 사회학, 철학 등에서 자신의 세부영역과 관련된 공부를 함께 해야 한다.[23]

> **대학생이 묻다:** 고등교육을 전문적으로 이해하려면 필요한 지식이 크게 여섯 가지로 나와 있습니다. 이때 공통적으로 알아야 하는 부분을 빼고 나머지는 자신이 원하는 커리어에 맞는 분야와 관련있는 내용을 알면 된다고 하는데, 가장 많은 분야에 공통적으로 필요한 지식은 이 중에 무엇일까요? 다시 말하자면, 어느 분야든 학계에 종사하는 전문가에게 가장 중요한 지식은 무엇일까요? (국제학 21학번)
>
> **챗GPT, 넌 아니?:** What is the core knowledge areas commonly associated with higher education as a field of study?

❺ 고등교육 지식은 어떻게 활용되는가

고등교육에 관한 지식은 대학에서 이루어지는 교육의 효과성을 높이는 데 활용할 수 있다. 예를 들어, 해마다 재학생이 줄고 있는 대학이 있다고 가정해

---

21 비교(국제)고등교육(comparative (international) higher education) 등.

22 우리나라에서는 좀 낯선 분야지만, 미시간대학과 UCLA 등 주요 대학에 대학생지원과 발달 (Student Affairs and Development) 프로그램이 최근에 만들어졌다.

23 인접학문 분야를 공부하기 위해서는 관련 분야를 부전공으로 하거나 별도의 학위과정(행정대학원의 정책학석사, 경영대학원의 고등교육 MBA 등)을 이수할 수도 있다.

보자.[24] 대학 입장에서는 재학생이 학교를 중간에 그만두면 등록금 수입이 줄어서 재정이 나빠지고, 학생 입장에서는 대학을 졸업하는데 시간과 비용이 더 들기 때문에 손해[25]라고 할 수 있다. 이런 경우에 무엇이 문제이고 어떤 해법이 있는지 알 수 있다면 학생과 대학 모두에게 좋을 것이다.

이러한 실제적이고 중요한 문제를 해결하는데 도움이 되는 이론 모형 하나를 소개하려고 한다. 이를 제안한 미국 고등교육 학자는 틴토Tinto다. 그는 학생이 대학을 왜, 어떤 과정을 거쳐 떠나는지 이해하려 했다. 그는 여러 가지 개인적이고 환경적인 요인이 복합적으로 작용해서 학생이 대학을 떠나게 된다고 보았는데, 그 가운데 학생의 의지학위를 얻고자 하는 의지나 입학한 대학에서 졸업하려는 의지와 학업이나 생활 측면에서 자신이 대학의 일원이라고 느끼는 정도가 중요한 역할을 한다고 보았다. 그리고 학생이 대학의 일원이 되려면 일종의 통과의례처럼 고등학교 때까지 함께 했던 친구나 가족으로부터 심리적으로 독립해서 새로운 환경에 적응해야 한다고 보았다. [그림 10.8]은 학생이 학교를 떠나게 되는데 영향을 주는 요인과 그 요인들이 서로 영향을 주고받는 과정을 보다 자세하게 보여주고 있다.

이를 토대로 연구하면 학생이 어떤 어려움을 겪고 있는지와 대학이 무엇을 잘하고 있는지 혹은 잘못하고 있는지를 파악하여 해법을 마련하는 데 도움이 된다.[26] 이처럼 고등교육에 관한 지식은 대학과 관련된 실제적인 문제를 해결하는 데 활용할 수 있다.

---

24 학생이 줄어든다는 표현은 여러 가지 의미를 함축하고 있다. 편입이나 재수를 위해 자퇴하는 학생이 늘어서 학생수가 줄어들 수 있고, 휴학생이 많아져서 학교에 다니고 있는 학생이 줄어든다는 의미로 사용할 수도 있다. 실제로 우리나라는 후자의 경우가 훨씬 더 많다. 전국적으로 재학생의 30% 정도가 휴학을 하고 있다.

25 기회비용 포함.

26 이 모형이 실제로 어떻게 적용되고 활용되는지를 보여주는 좋은 예는 윤여각 외(2015)의 연구를 참고할 만하다. 그리고 이 주제에 대해 보다 깊이 있는 논의는 이병식(2013: 677−699)을 참고하기 바란다.

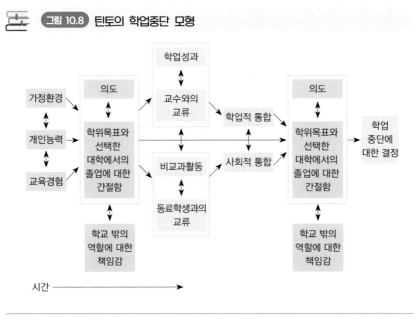

그림 10.8 틴토의 학업중단 모형

출처: Tinto, V. (1993). Leaving College: Rethinking the Causes and Cures of Student Attrition, 2nd edition. University of Chicago Press, p. 114.

대학교육의 수월성을 제고하기 위해 대학효과college impact에 관한 이론과 연구를 활용할 수도 있다. 학생이 좋은 성적을 받고 정해진 수학기간 내에 졸업해서 좋은 직장을 얻었다고 해서, 그 학생이 대학에서 좋은 교육을 받았다고 해석할 수만은 없다. 물론 이것도 대학교육의 성과라고 할 수 있으나, 잘 생각해보면 이는 반드시 대학교육이 좋아서 그렇다고만 볼 수는 없다. 왜냐하면 훌륭한 학생이 입학했거나 대학교육과 관계없이 학생 스스로 노력해서 얻은 결과라고 볼 수도 있기 때문이다. 이런 이유에서 진정한 대학교육의 성과를 파악하려면 학생이 대학에 다녔기 때문에 바람직한 변화가 생겼다는 점을 보여주어야 한다. 하지만 이를 밝히는 일이 생각보다 쉽지는 않다.[27]

---

27 전문용어를 빌려 말하자면 선택편의(selection bias)가 있어서 대학의 순수효과를 밝혀내기가 어렵다.

이러한 방법론적인 어려움에도 불구하고 많은 고등교육 학자와 연구자들이 이 문제와 오랫동안 씨름해왔고 상당한 연구성과가 있었다.**28** 우선 대학교육의 성과가 매우 다양하다는 점이 명확해졌고, 이러한 성과가 나타나기 위해서는 학생의 노력뿐만 아니라 대학도 좋은 환경을 만들어주어야 한다는 사실이 확인되었다. 이러한 연구 성과는 학교 차원에서 교육성과를 측정하고 이러한 성과에 영향을 주는 요인을 분석할 수 있는 틀을 만드는데 활용할 수 있는데, 대표적인 예가 UCLA의 Cooperative Institutional Research Program[CIRP]과 인디애나대학의 National Study of Student Engagement[NSSE]다.**29** 대학은 이러한 연구 성과와 조사도구를 활용해서 대학교육의 현황을 분석하고 개선방안을 마련하는데 활용할 수 있다.

대학생이 묻다: 고등교육 지식에 기반한 노력이 한국 대학을 위기에서 구해낼 수 있는가? (교육학과 17학번)

챗GPT, 넌 아니?: How can higher education as a field of study address the challenges faced by higher education in Korea, particularly resulting from demographic change and strictly stratified system of higher education?

---

28 대학효과연구 분야에서 가장 대표적인 학자는 UCLA 명예교수인 애스틴(Astin)과 아이오와대학의 파스카렐라(Pascarella) 교수, 펜실베이니아주립대학의 테렌지니(Terenzini) 명예교수다. How College Affects Students(1–3권)는 주요 연구성과를 집대성한 역작이므로 관심있는 사람은 참고하기 바란다.

29 CIRP는 1966년에 시작되어 올해로 50년을 훌쩍 넘겼는데 지금까지 누적인원 1,500만 명의 학생(1,900개 대학)이 조사에 참여했으며, NSSE는 보다 최근인 2000년에 시작되었으나 미국뿐만 아니라 세계 여러 나라에서 참여대학이 빠르게 늘고 있다. 미국에서만 현재까지 1,600개 대학, 6백만 명이 참여했다. CIRP는 설문조사를 통해 신입생을 4년간 추적조사(2학년과 4학년)하여 대학이 학생에 미치는 영향을 분석하고 이를 기초로 교육의 질을 제고할 수 있는 방안을 찾는 데 도움을 줄 수 있다. 반면, NSSE는 횡단조사방식을 활용하고 있는데, 신입생과 졸업생을 대상으로 대학교육의 질과 밀접히 관련되어 있다고 보는 학생참여(student engagement) 정도를 조사해서 대학교육의 강점과 개선점을 찾아내는 데 도움을 줄 수 있다.

❻ 고등교육 전문가는 어떻게 지식을 나누는가

고등교육 학자^{또는 연구자}나 전문가들은 국내외 다양한 학술활동을 통해 지식을 나눈다. 국내의 대표적인 고등교육 학술단체로는 1988년에 설립된 한국고등교육학회Korean Association for the Study of Higher Education, http://kashe.kr가 있다. 학회의 학술지로는 고등교육연구Korean Journal of Higher Education가 있는데, 최근 한국대학교육협의회도 고등교육 전문 학술지Journal of Higher Education Research를 발간하며 고등교육 학술활동의 활성화에 기여하고 있다. 국내 고등교육 연구자들의 해외 학술활동도 꾸준히 늘고 있다. 내가 미국 대학에서 박사과정을 하는 동안 1996년에 처음으로 미국 고등교육학회Association for the Study of Higher Education, ASHE에서 발표했을 당시에는 한국인 참석자가 매우 적었으나 최근에는 고등교육 학자뿐만 아니라 국내 대학에 재학 중인 대학원생들의 참여도 크게 늘었다. 국제 학술지에 실린 고등교육 관련 논문이 궁금한 학생들은 미국 고등교육학회에서 발간하고 있는 Review of Higher Education이나 대학기관연구협의회Association for Institutional Research, AIR에서 발간하는 Research in Higher Education을 참고할 수 있고, 보다 국제적인 주제를 다루는 학술지는 Higher Education이 있다.

학술단체 이외에도 우리나라에는 전국적으로 대학 관련 협의체가 116개2021년 기준에 이른다한국대학교육협의회, 2021. 이 가운데 1982년에 설립된 한국대학교육협의회회원교는 4년제 대학, 이하 대교협와 한국전문대학교육협의회회원교는 전문대학, 1986년 설립가 고등교육 발전에 중요한 역할을 하고 있다. 비교적 최근에 만들어진 한국대학IR협의회http://kair.kr도 주목할 만하다. 한국대학IR협의회이하 협의회는 국내 대학에서 최근 관심이 커지고 있는 대학기관연구Institutional Research에 특화된 고등교육 협의체로서 대학에서 데이터에 기반한 의사결정을 활성화하는 데 노력을 기울이고 있다. 한편 미국의 대학기관연구협의회Association for Institutional Research, http://airweb.org는 1966년에 만들어져서 역사가 긴 편이다. AIR에는 현재 고등교육기관, 기업, 정부기관 소속 약 13,000명의 IR전문가가 회원으로 활동하고 있으며 호주, 캐나다, 유럽, 아프리카, 필리핀, 동남아시아, 대만의 대학IR협의회와 교류를 확대하고 있다.

04 > 결론

지난 반세기 동안 전 세계적으로 고등교육은 성장을 거듭해왔다. 대학의 규모도 커지고, 새로운 대학도 많이 생기고, 생각하지 못했던 새로운 유형의 학교도 생겨나고 있다. 고등교육에 대한 수요는 앞으로도 끊임없이 커질 것이다. 어느 벤처 사업가의 말대로라면 전 세계적으로 약 5억 명이 대학교육을 원하지만 받지 못하고 있다. 대학은 개인에게 주는 혜택뿐만 아니라, 지식의 발전을 통해 사회적으로도 점점 더 중요한 역할을 하게 될 것이다.

지금까지 소개한 내용을 잘 이해했다면 대학을 알고 대학과 관련된 일을 하는데 고등교육에 대한 지식이 필요하다는 사실을 어렴풋하게나마 알게 되었을 것으로 본다. 향후 대학과 관련된 커리어를 생각하는 사람은 고등교육을 학문적으로 좀 더 공부해보기 바란다. 미국이나 영국 등 우리보다 고등교육이 앞선 나라의 경험에서 알 수 있듯이 앞으로 고등교육산업이 커지고 전문화될수록 이러한 새로운 지식에 대한 요구도 더욱 커질 것이기 때문이다. 그리고 우리 스스로 해결해야 할 고등교육의 난제들도 많다. 내 수업을 듣거나 나를 만나서 고등교육의 학문적 탐구에 대해 알게 된 사람들학부생, 대학원생, 대학행정에 몸담고 있는 보직교수, 대학행정직원, 학사지도교수, 레지덴셜 칼리지 교육 담당자들은 이런 분야가 있다는 사실에 신기해하면서 미리 공부할 수 있었더라면 좋았겠다고 아쉬워했다.

이 장의 처음에 했던 명함 이야기로 돌아가서 이 장을 마치려고 한다. 지금쯤 여러분은 내 명함에 무엇이 잘못됐는지 알 수 있을 것이다. 고등교육은 학문을 칭하는 것이 아니어서 그렇게만 써놓으면 초등교육이나 중등교육이라 써놓은 것과 다르지 않다. 나는 비록 고등교육학을 염두에 두었다고 하더라도 말이다. 그래서 새로 만든 명함에는 교육학박사^{고등교육경영} 전공라고 적어 놓았더니, 이를 보고 되묻는 사람이 확실히 줄었다.

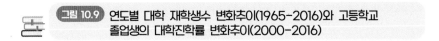

A ▶ **우리나라 고등교육의 독특함**

우리나라 고등교육은 어떤 모습일까? 현재 우리나라 고등교육의 특징을 간단히 말하면 "모든 사람을 위한 국가주도 알뜰교육 모형[30]government-led thrifty

그림 10.9 연도별 대학 재학생수 변화추이(1965-2016)와 고등학교 졸업생의 대학진학률 변화추이(2000-2016)

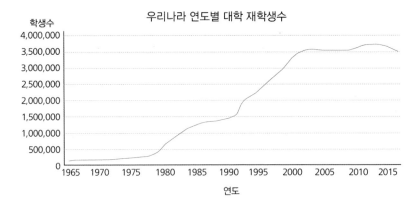

우리나라 연도별 대학 재학생수

학생수

---

[30] 이는 정부의 입장에서 표현한 것이고, 교육수요자의 입장에서 보면 교육비부담이 매우 크다고 해야 옳겠다.

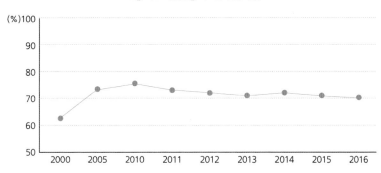

고등학교 졸업생의 대학진학률

출처: 교육부 · 한국교육개발원. 교육통계연보(1965-2016).

model of higher education for all"이다. 능력있고 원하는 사람은 누구나 고등교육을 받을 수 있도록 하기 위해 국가가 비용을 많이 들이지 않으면서[31] 고등교육에 적극적으로 개입하고 있다는 의미다. 이 모형을 다른 나라와 비교하여 좀 더 자세히 살펴보자.

❶ 보편화: 모든 사람을 위한 고등교육을 지향하며

우리나라에서는 19세기 말 개화기와 일제 강점기에 전문학교연희, 이화, 배재, 보성, 숭실 등와 대학경성제국대학을 통해서 근대 서구 모형의 고등교육이 시작되었으며, 해방 후에 본격적으로 국가 수준에서 고등교육을 실시하는데 필요한 토대가 만들어졌다. 이후 우리나라 사람들의 교육열과 더불어 소득수준이 나아지면서 고등교육 인구는 전 세계적으로 유래가 없을 정도로 빠르게 늘어났다.

현재 우리나라에는 430여 개 대학에 약 3백 50만 명의 학생이 재학하고 있다. 한국전쟁 이후 50년 만에 고등학교를 졸업한 학생 10명 가운데 8명이

---

31 다르게 표현하면 교육비 사부담이 큰 상황이라고 할 수 있다.

대학에 진학하게 되었다. 이러한 기록적인 대학진학률은 고등교육의 역사가 수백 년에 이르는 유럽 국가들은 말할 것도 없고 고등교육의 보편화에 가장 앞선 미국보다 더 높은 수준이다.

❷ 민영화: 높은 사립대학 의존도와 교육비 사부담

전국에 있는 대학을 국공립대학과 사립대학으로 나누어 보면, 우리나라 고등교육의 특징이 되는 새롭고 흥미로운 사실을 하나 더 발견할 수 있다. [그림 10.10]에서 보듯이 우리나라 대학은 사립대학의 비중이 매우 높다. 다른 나라들에 비해서 사립대학의 비중이 상대적으로 큰 편인 미국과 일본보다도 더 높다.

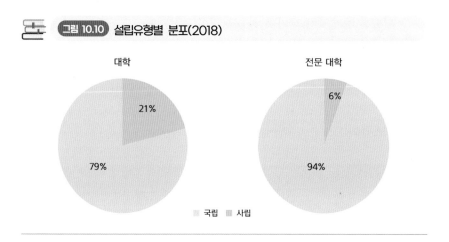

그림 10.10 설립유형별 분포(2018)

우리나라에서 사립대학이 급격히 늘어난 시기는 해방 후 농지개혁기로 거슬러 올라간다. 이 시기에 농지개혁의 영향으로 적지 않은 사립대학이 농지를 기부 받아 설립되거나 운영되었다오성배, 2004. 이후 1997년 대학설립준칙주의 실시에 따라 대학설립이 완화되면서 소규모 사립대학의 수가 많이 늘어 현재 상태에 이르고 있다.

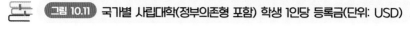 국가별 사립대학(정부의존형 포함) 학생 1인당 등록금(단위: USD)

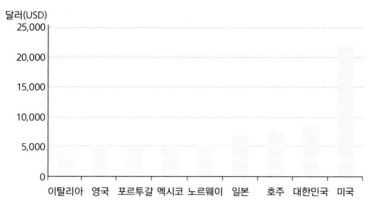

출처: Education at a Glance: OECD indicators 2010(자료 수집년도는 2006-2008학년도).

정부의 재정지원을 거의 받지 못하는 사립대학이 많고 등록금도 비싸기 때문에 고등교육을 받기 위해 교육수요자가 부담하는 비용도 선진국에 비해 많은 편이다.[32] OECD 국가들은 민감부담에 비해 국가부담이 2배 정도 많은데, 우리나라는 반대로 민간부담이 40% 정도 더 많다. 그나마 이 정도 수준을 유지하는 것도 최근 정부에서 추진해 온 소득연계형 반값등록금 정책 덕분이다. 그 이전에는 민간부담이 2배 정도 많았다.

❸ 정부주도(통제)형

우리나라에서는 고등교육의 공급과 재정지원을 이처럼 민간재원에 의존해서 확대해 왔는데도 불구하고, 1960년대부터 현재까지 국가가 대학에 막강한 영향력을 행사해오고 있다. 정부가 사립대학의 운영에 관여할 수 없는 미국[33]

---

[32] 우리나라 고등교육에 투입되는 총 예산은 2017년 기준으로 26조 정도다(교육통계연보, 2017).
[33] 미국은 1819년 다트머스칼리지 대 우드워드 판례(Dartmouth College vs. Woodward case) 이

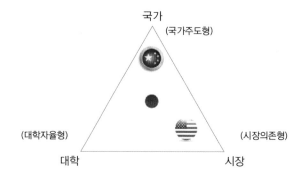

그림 10.12 고등교육시스템의 유형과 사례국가 예시

과 달리 우리나라에서는 사립대학도 교육부장관의 지도와 감독을 받도록 법률_{고등교육법 제5조 1항}로 정하고 있고, 실제로도 각종 규제를 통해 대학운영에 깊이 관여하고 있다_{이병식, 2003; 채재은·이병식, 2006}. 이에 더해서 최근에는 신자유주의 정책의 영향으로 시장의 영향력이 커지고 있는 추세다.

_{부록} B ▷ **어떤 책을 더 읽어볼까?**

아쉽게도 아직은 국내에 고등교육에 관한 핵심적인 지식을 한 곳에 모아놓은 책이 없다. 그래도 지금까지 적지 않은 책들이 출간되었고 이 가운데 좀 더 깊이 있게 공부해보려는 대학원생에게 도움이 될 만한 책을 정리해보았다.

먼저 특정한 학문적 관점에서 고등교육을 어떻게 탐구하는지에 관심이 있다면, 철학적 접근, 역사학적 접근, 경제학적 접근, 사회학적 접근, 교육과정을 다룬 책이 도움이 될 것이다.[34] 대학행정 분야에서 이론과 더불어 실제적인 내

후에 주정부가 사립대학의 운영에 관여할 수 없게 되었다.

34 고등교육 철학(부르바허, 1990), 대학론(김옥환, 1994), 고등교육 교육과정(이성호, 1987), 고등

용이 궁금하다면 대학행정총서 시리즈2009, 총 10권, 학지사 발간가 좋다. 이 시리즈는 대학행정의 기초가 될 만한 주제―법, 기획 및 평가, 재정, 교육과정, 인적자원관리 등―를 다루고 있다.[35] 고등교육과 관련된 주제를 좀 더 깊이 있게 다룬 책도 있다. 이를 주제별로 나눠보면, 대학이란 무엇인가[36], 대학의 미래는 어떤 모습인가어떠해야 하는가[37], 누가 대학에 가야 하는가?[38] 어떤 대학이 좋은 대학인가[39], 대학은 가치가 있는가[40], 무엇을 가르치고 배울 것인가?[41] 대학을 어떻게 혁신해야 하는가[42], 대학은 어떻게 움직이는가[43], 우리나라 대학의 문제는 무엇인가[44], 세계 대학은 어떻게 변하고 있는가[45], 대학은 미래를 어떻게 준비해야 하는가[46] 등이 있다.

교육 사회학(김안나, 2011), 고등교육 경제학(반상진, 2008), 고등교육연구(김기석, 2008), 한국 근대대학의 성립과 전개(우마코시, 2001), 대학과 권력: 한국 대학 100년의 역사(김정인, 2018).

35 이밖에도 고등교육의 국제화를 다룬 책(이종규, 2016)도 있다.

36 대학의 효용(커, 2000), 대학은 무엇으로 존재하는가(바넷, 2011), 대학이 말해주지 않는 그들만의 진실(로드, 2011).

37 고등교육과 공익(닉슨, 2017).

38 누가 선발되는가?(카라벨, 2010).

39 잘 가르치는 대학의 특징과 성공요인(변기용 외, 2015, 2017), 대학의 학부교육: 세계대학의 우수 사례(김지현, 신의항, 2017).

40 대학은 가치가 있는가(베넷, 와일졸, 2014), 비싼 대학(해커, 드라이퍼스, 2013).

41 대학의 교육력(가네코, 2008).

42 한국대학의 개혁을 말한다(서남표 외, 2008), 레지덴셜칼리지에서 길을 찾다(이병식 외, 2017), 미국 최고의 대학은 어떻게 만들어지는가(켈러, 2004).

43 대학 갈등과 선택(로조보스키, 1996).

44 학문의 조건(정범모, 2006), 대학을 바꿔야 나라가 산다(조우현, 2006), 자율과 책무의 대학개혁(박세일 외, 2004).

45 대학교육 개혁의 철학과 각국의 동향(오인탁 외, 2006), 학문적 수월성으로 향하는 길(알트바크, 살미, 2011), 세계수준의 연구중심대학을 향한 도전(알트바크, 2007), 21세기 일본의 대학경영(다케카즈, 2012), 유럽연합의 대학개혁(남궁근 외, 2014), 중국 대학교육의 형성 변화 개혁(리이리쉬, 2005), 동아시아 고등교육의 재구축(이향철, 2007).

46 새로운 대학을 말하다(김도연 외, 2011), 디지털 시대 대학의 생존전략: 기회의 창(두데스탯 외, 2005), 지식사회 만들기: 고등교육의 새로운 도전(이병식, 2002), 대학교육의 미래(뉴먼 외, 2004), 대학혁명(두데스탯, 2004).

영어로 된 자료를 읽고 이해하는데 어려움이 없는 대학원생은 관심영역에 따라 이런 책이 도움이 될 것이다: College Student Development: Theory and Practice, Understanding Colleges and University Organization, Shaping the College Curriculum: Academic Plan in Context.

참고문헌

강영삼(2000). 한국 고등교육 연구의 성장·발달과 전망, 교육논총, 20(1), 39－57.

김기석(2008). 한국고등교육연구, 서울: 교육과학사.

김도연 외 20인(2011). 새로운 대학을 말하다: 대학 총장 21인의 혁신 제안, 서울: 매일경제신문사.

김안나(2011). 고등교육사회학, 서울: 학지사.

김옥환(1994). 대학론, 서울: 교육과학사.

김정인(2018). 대학과 권력: 한국 대학 100년의 역사, 서울: 휴머니스트.

김지현(2015). "고등교육" 용어의 비판적 해체와 교육학의 과제, 교육원리연구, 20(2), 87－122.

김지현, 신의항(2017). 대학의 학부교육: 세계 대학의 우수 사례, 서울: 교육과학사.

남궁근, 김상묵, 김소영, 노종호, 손명구(2014). 유럽연합의 대학개혁, 파주: 법문사.

리이리쉬(2005). 중국 대학교육의 형성 변화 개혁, 파주: 한국학술정보.

박세일, 이주호, 우천식(2004). 자율과 책무의 대학개혁, 서울: 한국직업능력개발원.

반상진(2008). 고등교육 경제학, 서울: 집문당.

변기용(2009). 고등교육의 학문적 성격과 지식기반 탐색을 위한 기초연구, 교육문제연구, 33, 147－175.

변기용, 김병찬, 배상훈, 이석열, 변수연, 전재은, 이미라(2015). 잘 가르치는 대학의 특징과 성공요인 1, 서울: 학지사.

변기용, 배상훈, 이석열, 변수연, 전재은, 전수빈(2017). 잘 가르치는 대학의 특징과 성공요인 2, 서울: 학지사.

살베리, 하사크, 로드리게즈. (2020). 하버드 교육대학원생이 논한 21세기 교육의 7가지 쟁점, 서울: 교육을바꾸는사람들.

서남표, 서울대 기초교육원(2008). 한국 대학의 개혁을 말한다, 서울: 생각의 나무.

오성배(2004). 사립대학 팽창 과정 탐색: 해방 후 농지개혁기를 중심으로, 한국교육, 13(3), 53－73.

오인탁, 강선보, 이상오, 박의수, 박철홍, 유재봉, 손승남, 이경자, 한용진(2006). 대학교육 개혁의 철학과 각국의 동향, 고양: 서현사.

윤여각, 신기현, 정혜령, 주경필, 표세라(2015). 성인기초대학 모델 구현을 위한 제도적 조건, 2015년 12월, 정책과제, 15-05, 서울: 한국방송통신대학교.

이병식(2003). 고등교육 규제에 대한 인식 분석, 고등교육연구, 14(1), 121−143.

이병식, 김혜림, 공희정, 박혜경, 전민경(2012). 한국 대학효과 연구의 최근 동향, 교육과학연구, 43(4), 191−219.

이병식(2013). 대학생의 학업중단과 이동, 한국 교육행정학 연구 핸드북, 서울: 학지사, 677−699쪽.

이성호(1987). 대학교육과정론, 서울: 연세대학교출판부.

이종규(2016). 고등교육 국제화 이론과 실제, 서울: 교육과학사.

이학주(2003). 우리 교육학의 빈곤, 또는 풍요, 아시아교육연구, 4(2), 1−17.

이향철(2007). 동아시아 고등교육의 재구축: 일본 국립대학 법인화의 국제비교 고찰 및 한국에 대한 시사, 서울: 우물이있는집.

정범모(2006). 학문의 조건, 서울: 나남출판사.

조우현(2006). 대학을 바꿔야 나라가 산다, 서울: 랜덤하우스코리아.

채재은, 이병식(2006). 한국 고등교육 규제실태 진단 및 개혁방안 연구, 정책연구과제 2006-지정-13, 서울: 교육인적자원부.

한국대학교육협의회. (2021). 2021 전국 대학 관련 협의회 현황, RM 2021−23 −1001.

가네코 모토히사(金子元久). (2008). 대학의 교육력 (김미란 역), 서울: 북코리아. (원저: 金子元久, 2007, 大學の敎育力.)

에하라 다케카즈(江原武一). (2012). 21세기 일본의 대학경영 (윤택림, 정승운 역), 고양: 타임기획. (원저: 江原武一, 2010, 転換期日本の大学改革─アメリカとの比較.)

우마코시 토오루(馬越徹)(2001). 한국 근대대학의 성립과 전개 (한용진 역), 서울: 교육과학사.

Altbach, P., G., Balan, J. (2007). 세계수준의 연구중심대학을 향한 도전, 서울: 교육과학사. (원저: Altbach, P., G., Balan, J., 2007, World Class Worldwide.)

Altbach, P., G., Salmi, J. (2012). 학문적 수월성으로 향하는 길, 서울: 한국대학교육협의회. (원저: Altbach, P., G., Salmi, J., 2011, The road to academic excellence.)

Barnett, R. (2010). 대학은 무엇으로 존재하는가? (이지헌 역), 서울: 학이당. (원저: Being a University. London: Routledge.)

Bennett, W. J., Wilezol, D. (2014). 대학은 가치가 있는가 (이순영 역), 서울: 문예출판사. (원저: Bennett, W. J., Wilezol, D., 2013, Is College Worth It?.)

Bess, J. L. Dee, J. R. (2008). *Understanding College and University Organization: Theories for Effective Policy and Practice* (Vol. I & II). Sterling, Virginia: Stylus.

Brennan, J. (2004). The social role of the contemporary university: Contradictions, boundaries and change, In *Ten years on: Changing education in a changing world* (pp.22 – 26). Milton Keynes: The Open University.

Chambliss, D. F., Takacs, C. G., (2017). 레지덴셜칼리지에서 길을 찾다 (이병식, 박상욱 역), 서울: 학지사. (원저: Chambliss, D. F., Takacs, C. G., 2014, How College Works.)

Clark, B. R. (1984). The organizational conception. In B. R. Clark (ed.) *Perspectives on higher education. Los Angeles*, CA: University of California Press.

Cohen, M. D., March, J. G., & Olsen, J. P. (1972). A garbage can model of organizational choice. *Administrative science quarterly*, 17(1), 1 – 25.

Duderstadt, J. J. (2004). 대학혁명: 미국 대학 총장의 고뇌 (이철우, 이규태, 양인 역), 서울: 성균관대학교 출판부. (원저: Duderstadt, J. J., 2000, A university for the 21st century.)

Duderstadt, J. J., Atkins, D. E., Van Houweling, D. E. (2005). 기회의 창: 디지털 시대 대학의 생존전략 (이규태, 이철우 역), 서울: 성균관대학교 출판부. (원저: Duderstadt, J. J., Atkins, D. E., Van Houweling, D. E., 2002, Higher education in the digital age: technology issues and strategies for American colleges and universities.)

Evans, N. J., Forney, D. S., & Guido – DiBrito, F. (1998). *Student Development in College: Theory, Research, and Practice.* San Francisco: Jossey – Bass Publishers.

Goodchild, L. F. (2001). Higher Education as a Field of Study. *Higher Education in the United States: An Encyclopedia.* Denver, Colorado: ABC – CLIO.

Hacker, A., Dreifus, C. (2013). 비싼 대학: 미국 명문대는 등록금을 어떻게 탕진하는가 (김은하, 박수련 역), 서울: 지식의날개. (원저: Hacker, A., Dreifus, C., 2010, Higher education? : how colleges are wasting our money and failing our kids and what we can do about it.)

Karabel, J. (2010). 누가 선발되는가? (이종삼 역), 서울: 한울. (원저: Karabel, J., 2005, The Chosen.)

Keller, G. (2006). 미국 최고의 대학은 어떻게 만들어지는가 (박종서 역), 서울: 뜨인돌출판사. (원저: Keller, G., 2004, Transforming a college : the story of a little – known college's strate.)

Kerr(2000). 대학의 효용: 연구중심대학 (이형행 역), 서울: 학지사. (원저 Kerr, 1963, The Uses of the University. Cambridge.)

Mayhew, M. J., Pascarella, E. T., Bowman, N. A., Rockenbach, A. N., Seifert, T. A., Terenzini, P. T., & Wolniak, G. C. (2016). How college affects students (Vol. 3): 21st century evidence that higher education works. San Francisco, CA: Jossey—Bass.

Mintzberg, H. (1979). The structuring of organization: A synthesis of the research. NJ: Prentice—Hall.

Newman, F., Couturier, L., Scurry, J. (2007). 대학교육의 미래: 이상, 현실 그리고 시장의 위험 (한양대학교 교무처 역). 서울: 한양대학교 출판부, (원저: Newman, F., Couturier, L., Scurry, J., 2004, The future of higher education : rhetoric, reality, and the risks of the market.)

Nixon, J. (2017). 고등교육과 공익 (유성상, 김용련, 이길재 역), 서울: 교육과학사. (원저: Nixon, J., 2011, Higher Education and the Public Good : Imagining the University.)

Lattuca, L. R., & Stark, J. S. (2009). Shaping the College Curriculum: Academic Plans in Context (2nd ed.). San Francisco, CA: Jossey—Bass Inc.

OECD. Centre for Educational Research and Innovation (CERI). (2010). Education at a glance: OECD indicators 2010. Paris: OECD.

OECD. Centre for Educational Research and Innovation (CERI). (2015). Education at a glance: OECD indicators 2015. Paris: OECD.

Pascarella, E. T., & Terenzini, P. T. (1991). How college affects students (Vol. 1). San Francisco, CA: Jossey—Bass.

Pascarella, E. T., & Terenzini, P. T. (2005). How college affects students (Vol. 2): A decade of research. San Francisco, CA: Jossey—Bass.

Ratcliff, J. L. (1996). What is a curriculum and what should it be. In Gaff, J. G., and Ratcliff, J. L. (Eds.), *Handbook of the undergraduate curriculum* (pp. 5—29). San Francisco, CA: Jossey—Bass.

Rhode, D. L. (2011). 대학이 말해주지 않는 그들만의 진실 (윤재원 역), 서울: 알마. (원저: Rhode, D. L., 2006, In pursuit of knowledge.)

Rosovsky, H. (1996). 대학의 의사결정 구조와 과정. 대학, 갈등과 선택 (이형행 역), 서울: 삼성경제연구소. pp. 379—415. (원저: Rosovsky, H. The University, An Owner's Manual.)

Tinto, V. (1993). Leaving college: Rethinking the causes and cures of student attrition (2nd ed.). Chicago, IL: University of Chicago Press.

Trow, M. (1974). Problems in the Transition from Elite to Mass Higher Education, in *Policies for Higher Education* (pp.51–101). Paris; OECD.

UNESCO Institute for Statistics. School enrollment, tertiary (%gross). retrieved from The World Bank Data. https://data.worldbank.org/indicator/SE. TER.ENRR.

Weick, K. E. (1976). Educational organizations as loosely coupled systems. *Administrative science quarterly*, 21(1), 1–19.

World Bank. (2005). 지식사회 만들기: 고등교육의 새로운 도전 (이병식 역), 서울: 한국교육개발원. (원저: World Bank, 2002, Constructing knowledge societies: new challenges for tertiary education.)

인터넷 사이트

Education at a glance: OECD indicators. (http://www.oecd.org/education/ education −at−a−glance)

교육통계서비스 교육통계연보. (http://cesi.kedi.re.kr/index)

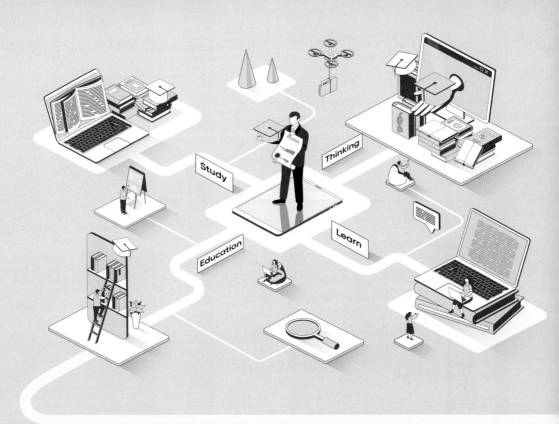

CHAPTER

1

인적자원개발:
일터에서의 학습과 실천

CHAPTER 11

인적자원개발:
일터에서의 학습과 실천

오석영

01 〉 인적자원개발이란 무엇인가?

❶ 인적자원개발의 정의

인적자원개발은 그 용어에 있어 학문적 사용이 그리 오래되지 않았으나 그 의미를 보면 실재 인류의 역사와 함께 존재하고 발전해 왔다고 할 수 있다. 인간이 공동체를 이루고 살면서 항상 생존 또는 번영을 위해 어떻게 스스로를 연마하고 공동체에 축적된 숙련된 기술을 발전시킬 수 있을까에 대한 고민은 항상 있었기 때문이다. 하지만 산업화 시대를 거쳐 효율적 '노동관리'가 지나치게 강조되면서 인간의 도구화 문제가 비판받게 되었고 본격적인 인본주의적 관점의 인적자원개발의 개념이 생겨나고 '학습을 통한 성장'이라는 가치에 기반한 학문적, 실천적 영역이 만들어진 지 이제 50여 년을 넘어가고 있고 아직도 다른 학문 영역들과 융합되며 발전 중이다Nadler, 1970.

인적자원개발Human Resource Development: 이하 HRD은 인간이 학습을 통해 기대되는 방향으로의 변화되는 과정을 의미한다. HRD가 '존재하는 실체being'를 밝혀내고 이해하기 위한 학문이기도 하지만, 동시에 '성장하고 변화되는 과정becoming'을 탐구하는 특성을 가지고 있기 때문이다. '존재하는 실체'의 관점에서는 특정 상태에서 인간이 축적한 지식, 기술, 태도를 파악하고 이를 극대화하려는 노력을 중시하는 반면, '변화되는 과정'의 관점에서는 전자를 포함하면서 역동적이고 지속적인 학습의 과정이 강조된다. 따라서 HRD는 인간을 끊임없이 학습하고 성장하는 존재로 보는 동시에 HRD 활동을 지속적으로 학습, 개발하는 과정으로 보는 것이다. 따라서 누가, 어떻게, 무엇을 학습하는가에 대한 과정에 대해 HRD는 단일 관점으로 이를 정의하는 것 자체가 어렵고Lee, 2014 개인의 관점과 관계지향적 관점이 함께 반영되어 지식을 습득하고 구성하는 학습 과정으로 설명되는 것이다. 따라서 HRD를 정의하는데 필요한 합의된 몇가지 개념을 다음과 같이 간략히 소개한다.

HRD는 그 단어에서 보여지듯이 인간Human과 자원Resource, 개발Development의 합성어이다. 일반적으로 새로운 용어가 여러 단어들로 결합되어 만들어 질 때 각각의 단어가 가진 의미는 각각의 은유적 상징성Metaphor을 갖게 되는데, HRD 또한 인간, 자원, 개발이라는 세 단어의 합성어로서 HRD 학문분야의 독특한 정체성을 형성해왔고 지금도 시대적 요구를 반영하며 그 의미를 진화시키며 발전시키고 있다Rouna, 2016.

먼저 '인간Human'은 학습을 하는 주체와 대상으로서의 상징성을 갖는다. 인간은 자발적으로 학습을 이끄는 주체이기도 하지만 환경, 상황 또는 타인이 되어 자극이나 교감을 주고 받으며 학습되는 학습의 대상이기도 하다. 따라서 HRD에서의 '인간'은 학습이 발생하는 실재ontology라 할 수 있고 개인 또는 개인 간에 어떤 형식으로 맺어진 관계를 통해 유지, 발전되는 집합체를 의미한다. 다시 말해 HRD의 인간은 학습하는 주체로서의 개인과 집합체를 의미하는 동시에 학습되는 대상으로서의 개인과 집합체를 말한다.

이러한 구분은 HRD의 개념을 정의한 다양한 학자들의 견해에서도 나타나는데 초기 HRD 정의에서는 그 주체와 대상이 개인에게 국한되어 '특정한 시간 내의 개인의 행동변화'Nadler, 1970, 또는 '개인의 성장을 위한 의도되고 조직된 학습 활동'Nadler & Nadler, 1989으로 HRD가 정의되기도 하였다. 이후 정의에서는 학습의 주체또는 대상가 집단과 조직, 사회 등으로 확산되어 '조직 내 구성원

집합체 또는 조직 자체의 일과 관련된 학습활동'Watkins, 2000, 또는 '조직, 지역사회, 국가, 그리고 궁극적으로 인류전체를 위한 학습활동'McLean & McLean, 2001 등으로 정의되며 발전되어 왔다. 이처럼 '인간'이 지니고 있는 상징성은 '누가 학습을 하는가?', '누구를 위해 학습하는가?'에 대한 질문의 답으로 확장되어 발전되어 왔으며 주체적이고 독립적으로 학습하는 개인뿐 아니라 서로로부터 배우는 의존적이고 상호적인 관계 속의 학습이 강조된 집단, 조직, 사회, 국가 등과 같은 집합체의 의미로 간주된다. 따라서 자기주도적이고 자율적 자아self와 집단 속에서의 형성된 정체성identity은 학습의 방향과 내용을 결정한다.

HRD에서의 두 번째 단어인 '자원Resource'은 일반적으로 조직이 형성되고 운영되는데 경쟁적 우위를 갖기 위해 활용되는 자산을 상징한다Barney, 2001. 전통적으로 자원이라는 개념은 생산력과 관련된 물적, 재무, 환경적인 개념으로, 생산을 위해 필요한 시설 및 설비, 자산 및 재화, 그리고 조직 규범과 관습 등의 무형의 자원도 포함하여 일컫는다. 때문에 HRD의 인적자원Human resource 역시 조직의 목적을 달성하기 위해 구성하는 주요 자산으로서의 개념으로 인식되어 왔으며 조직의 성과와 경쟁력 증진을 위해 활용될 수 있는 구성원들의 숙련, 지식, 노동력 등이 그 예시로 사용되곤 하였다. 그러나 Swanson2001은 인적자원Human resource이라는 용어가 생겨나게 된 배경을 인본주의적 관점에서의 인간이 지닌 잠재력의 발현의 상징으로 설명한다. 1920년대 Taylor의 과학적 관리법에 기초하여 인간을 경영의 도구와 수단으로 간주하고 이들의 노동을 표준화하고 통제하는 것에 집중한 결과 노동생산성과 작업능률이 급격히 떨어지는 결과를 낳게 되었다. 이를 개선하고자 Hawthorne 등은 노동자의 감정과 동기부여, 관리자와의 관계의 중요성이 오히려 생산성에 높은 관계가 있음을 우연히 발견하게 되었고 이를 인간관계운동Human relations movement으로 발전시켜 조직구성원과 관리자 간의 관계개선에 집중하였다. 그러나 이를 주도한 인간관계학파 역시 조직 구성원은 노동을 제공하는 생산수단이란 기본 전제를 벗어나지 못하였고 근로자가 관리자에 종속된 관계에 있음을 전제하여,

인간 본연의 자발적이고 주체적인 생산적 태도를 간과했다. 이러한 한계를 극복하기 위해 Maslow, Rogers와 Knowles 등의 인본주의 학자들의 학습관, 즉 학습을 통한 성장, 자기주도적 학습, 경험학습, 반성적 성찰 등 인간의 잠재력이 학습을 통해 개발되는 과정이 강조된 '가공되지 않은 원천'으로서 인간자원의 의미가 강조되었다Miles, 1965. 이는 이후 권한 위임, 자율 경영, 액션러닝러치후술 등의 자발성과 개인의 잠재력에 초점을 둔 희소하지만 지속가능한 자원의 개념으로 해석되며 발전된다Swanson, 2022.

　마지막으로 '개발Development'은 변화를 통한 성장에 대한 상징성을 갖는다. 개발은 '변화하는 과정'을 의미하기도 하는데, 여기서 변화는 부정적 상태로의 변화가 아닌 긍정적이고 발전적인 변화를 의미한다Kuchinke, 2014. 따라서 개발은 교육이나 학습과정을 통해 인간이 가진 잠재적 능력을 발현하는 과정이다. 다만 개발은 계획적으로 이루어지기도 하고, 산발적, 우연적으로도 발생되기도 한다. 또한 시간이 지나면 별 노력을 하지 않아도 자연스럽게 개발되는 경우도 있고 아무리 노력을 해도 더디게 개발되는 경우도 있다. 이렇듯 개발은 자연발생적이기도 하고 계획적 의도를 통해 얻기도 하며, 타인과의 상호작용 속에서 우연히 발생되기도 하고, 개인의 사색과 성찰을 통해 독립적으로 발생되기도 한다. 이는 혼재되어 발생될 수도 있지만 이러한 다양한 특성을 잘 이해한다면 이를 효과적으로 활용할 수 있다.

　먼저 개발이 발현되는 특성에 따라 계획된 개발planned development과 우연적 개발emergent development로 구분되어 설명된다. 계획된 개발은 개발을 설계하는 자의 의도가 반영되어 체계적이고 순차적으로 설계되어 진행되는 것을 말한다. 개발을 통한 변화의 방향이 분명히 제시되고 목적 지향적 활동에 중점을 둔다. 고객응대기법이나 생산 기술과 같은 숙련 개발skill development의 경우 조직 또는 특정 상황의 요구에 따라 필요한 지식을 획득하고 행동을 변화시키는 계획된 개발의 예라 할 수 있다. 계획된 개발은 주로 집단이 추구하는 목표를 달성하거나 문제를 해결하는 데 한정된 자원을 효과적으로 활용하여 달성하는 기술에 초점을 맞춘다. 때문에 조직 구성원들의 활동이 조직의 목표와 일치됨을 강조하며 조직의 비전, 전략, 목표 아래 구성원들이 합리적이고 체계적인 직무와 역할을 숙지하고 이를 통해 예상되는 결과물을 얻는 생산중심적 관점production-centered view에 기초한다Kuchinke, 1999. 따라서 학습 활동도 조직이 부여하는 직무와 역할을 익히는 과정으로 설명되고 조직 안에 축적된 지식을 토대로 습득하는 방법을 모색한다.

반면 우연적 개발은 뜻하지 않는 상황에서 변화에 적절히 대응하며 성장하는 과정을 강조한다. 변화와 성장을 계획된 의도에 의해 진행시키는 것이 아니라, 환경에 대응하는 본능적이고 자발적인 태도의 산물로 보기 때문에 변화에 대한 의지, 잠재적 능력, 자발적 참여와 자율적 학습의 정도가 우연적 개발의 질을 결정한다. 우연적 개발은 전통적으로 교육학이나 심리학에서 강조되어온 인간의 내면의 성찰, 비판적 사고, 전환적 학습과 같은 인간의 무한한 잠재역량개발에 초점을 맞추고 있어Knowles, 1984; Meziorw, 1991 인간중심적 관점Person-centered view에 기초한다. 이러한 우연적 개발은 개인 차원의 자유의지나 자발적 태도에 의해 발현되기도 하지만 집단 내 역동적 상호작용을 통해서도 발생된다. 집단이나 조직이 처한 상황의 불확실성이 높을수록 제한된 정보나 지식으로 환경을 해석하기 위한 집단적 행동이 증폭되고 학습으로 유도될 경우 정보를 공유하고, 해석하며 통합하는 집단학습이 발생한다. 이러한 집단학습은 신뢰가 바탕이 된 탐구적인 대화를 통해 확대되며 집단적 의미를 생성하고 상황적 문제해결 방안을 제시하는 형태로 발전된다. Garavan 등2015은 이러한 두 가지 개발의 유형계획과 우연이 조직 내 어디에서 발생되는가에 따라 개인과 집단차원으로 구분하여 개발의 주체를 설명하였다. 다시 말해 개인-집단개발의 주체과 계획과 우연개발의 형태에 따라 네 가지 개발의 유형을 구분하여 제시하였는데 각각의 특성을 설명하면 <표 11.1>과 같다.

표 11.1 개발의 유형

분류	계획된 개발	우연적 개발
독립적 개인	**지식획득적 학습** 필요한 지식을 잘 획득하고 이해하는가? 예) 기술교육, 직무교육, 신입사원교육	**자율적 학습** 자발적으로 참여하고 학습에 몰입하는가? 예) 권한위임, 멘토링, 아이디어제안 프로그램
관계적 집단	**기능적 관계학습** 조직 내 필요한 지식을 효과적으로 공유하며 협력적 역할 수행을 충실히 하는가? 예) 팀워크, 품질경영, 지식공유	**탐색적 관계학습** 탐색적 대화를 통해 상황을 해석하고 의미를 생성하고 공유하는가? 예) 자기참여조직, 학습동아리

출처: Garavan *et al.*(2015, pp. 365-370 내용 보완).

먼저 개인차원에서의 계획된 개발은 조직이 운영되는데 필요한 지식이나 기술을 구성원들 개인이 효과적으로 습득할 수 있을지에 초점을 두고 학습 방법을 설계한다. 앞서 말한 기술교육과 직무교육과 같이 구성원들이 특정 직무를 수행하기 위해 필요한 내용을 체계적인 교수방법을 통해 제공하는 개인교육훈련 프로그램이 예가 될 수 있다. 또한 조직 내에서 순차적으로 제공되는 신입사원교육, 직급별 교육과 같은 경력개발 교육과정도 여기에 해당된다. 반면 집단차원에서의 계획된 개발은 조직을 구성하고 있는 다양한 직무와 역할이 서로 맞물려 제 기능을 할 수 있도록 학습을 제공하는 데 초점을 둔다. 팀의 구성원들이 협업을 통해 팀의 업무성과를 달성할 수 있도록 팀워크 교육을 제공한다던지, 조직이 제품 또는 서비스의 품질을 향상·유지시키기 위해 표준화된 행동을 선정하고 전사적으로 확산시키는 품질경영활동은 좋은 예라 할 수 있다. 구성원들은 협력에 필요한 태도와 지식을 익히고 본인의 표준화된 역할이 시스템 전체에서 조화롭게 수행될 수 있도록 노력한다.

한편 개인차원에서의 우연적 개발은 개인의 학습 동기를 어떻게 하면 이끌어낼지에 초점을 둔다. 따라서 자기주도적인 학습태도가 일터에서 발현될 수 있는 학습 환경을 구축하는 것이 HRD의 중요한 업무가 된다. 구성원 개인이 적절한 업무 범위 내에서 스스로 책임지고 의사결정을 할 수 있는 권한위임제 도나, 사내 멘토를 연결해 주어 구성원이 스스로 성장할 수 있도록 조언, 상담, 지도해주는 멘토링 제도, 일터에서의 문제해결에 자발적인 참여를 유도하는 아이디어제안프로그램 등은 대표적인 학습실천 방안이라 하겠다. 반면 집단차 원에서의 우연적 개발은 집단이 직면한 새로운 변화나 도전에 대해 상황을 해 석하고 공유하며 새로운 해법을 찾아가는 과정을 보장해주는 데 초점을 둔다. 이는 조직이 이전에 경험해보지 못한 새로운 경험을 하게 될 경우 주로 발생 될 수 있으며 새로운 창의적 해결책이 필요한 상황에서 요구된다. 학습동아리 를 결성하여 시행착오를 통해 변화의 의미를 해석하고 창출해 나가거나 팀 또 는 부서가 구성원들의 자발적 참여를 통해 운영에 필요한 의사결정을 이끌어 내는 자기참여조직이 이에 해당된다. 조직은 구성원들에게 정해진 답을 줄 수 없지만 최대한 자유롭게 의견을 제시하도록 심리적 안전감을 제공하고 제안된 해법이 실행될 수 있도록 관련 제도를 정비한다.

일터에서 이와 같은 개발의 특성은 하나의 특성이 독립적으로 발생되기도 하지만 상호 의존적으로 발생되기도 한다. 부서 내 직무교육을 다녀온 사원은 팀 동료와 선배들과 배운 내용을 공유하며 팀 업무에 맞게 조정하여 적용시키 기도 한다. 때론 직무교육에서 배운 내용을 바탕으로 새로운 방법을 고안해 내고 이를 구성원과 공유하며 집단 차원에서 활용 가능한지 피드백을 통해 검 증받기도 한다. 이처럼 계획된 또는 우연적 학습과정은 개인과 집단의 목적에 따라 상호 보완적으로 발생되어 상황에 적합한 학습을 돕는다.

❷ 인적자원개발과 관련영역과의 관계

McLagan[1989, p. 53]은 HRD의 고유 실천영역을 개인개발, 조직개발, 경력개 발로 제시하였다. 개인개발은 "개인의 역량을 의도적인 학습활동을 통해 발견하거나 개발시켜 현재 또는 미래의 성과에 영향을 줄 수 있도록 돕는 활동"으로 주로 교육훈련과정을 설계하고 개발하는 활동을 의미한다. 조직개발은 "조직 내 부서 간 또는 부서 내 구성원 간의 관계를 향상시키고 그들이 변화와 성장을 주도할 수 있도록 돕는 활동"으로 조직 내 문제해결에 자발적 참여를 높이고 계획된 변화를 달성하는 과정으로 설명한다. 경력개발은 "개인과 조직의 목표를 조화롭게 달성하기 위해 개인이 경력을 계획하는 활동과 조직이 이를 관리하는 활동을 일치시키는 활동"으로 조직 차원에서 내부 구성원들을 조직의 목적에 맞게 육성시키고 구성원들은 직무를 통해 성장하여 생애경력관리를 할 수 있도록 돕는 활동이다. [그림 11.1]은 인적자원분야에서 HRD의 고유영역과 연계된 영역인 인적자원관리HRM: Human Resource Management와의 협력적 실천영역을 설명하고 있다. 개인개발, 조직개발, 경력개발은 HRD의 고유 실천 영역으로 개인 차원에서 새로운 지식과 기술을 습득하고 적용함으로써 개인의 인지, 행동, 태도를 개선하는 활동임과 동시에개인개발, 조직이 바람직한 방향으로 변화하기 위해 구성원의 태도, 가치, 신념을 변화시키고 이를 촉진시킬 수 있는 구조, 시스템, 문화를 개선하는 과정이라 할 수 있다조직개발. 아울러 장기적 실천행위로 개인의 일터에서의 성장을 체계적으로 도와 조직의 성장을 도모하는 활동경력개발은 개인의 학습활동을 조직의 그것과 일치시키는 개인-조직 목표의 일치 활동이라 할 수 있다.

이러한 HRD 고유의 실천 활동 외 HRM 활동, 즉 조직 및 직무설계, 인적자원설계, 성과관리체제, 선발과 배치는 HRD에서의 '개발' 활동이 중요하나 꼭 개발이 우선과제가 되지 않을 수 있는 영역, 즉 HRD가 HRM과 함께 협력적으로 운영하는 실천영역이라 할 수 있다. 예를 들어 직무설계의 경우 직무가 요구하는 지식, 기술, 태도를 정하고 이를 달성하기 위해 학습활동을 촉진하는 데 있어 '개발' 과정이 필요하다 할 수 있으나 직무 구조나 체계 및 직무간 관계는 학습활동과 별도로 조직의 전략과 조직 구조, 산업 특성을 반영하는 비학습적 요소에 의해 정해지는 특성을 가지므로 학습이 우선시되지는 않는다. 아울러 선발과 배치의 경우에 있어서도 어떤 가능성을 지닌 인재를 선발하고 이들을 어떤 조직 내 직무 경로로 성장시켜 개인과 조직의 성장을 함께 도모할지는 다분히 '개발'의 의미를 내포하고 있지만 단순히 유능한 외부 인재를 영입하고 활용할 수 있어 학습활동을 고려하지 않은 '관리' 활동으로 간주될 수 있다.

그림 11.1 HR 수레바퀴

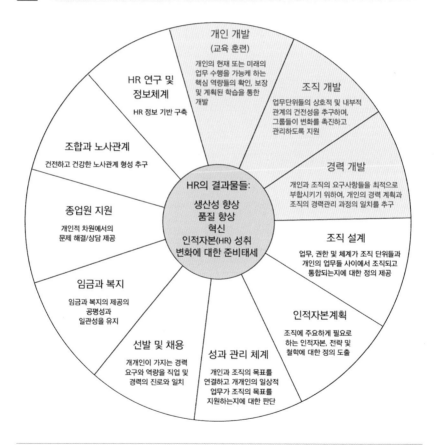

출처: McLagan(1989, p. 53).

마지막으로 HR 정보체계, 노사관계, 직원상담 및 지원, 보상과 복리후생은 HRM 고유영역으로 HRD와는 직접적으로 관계가 없지만 업무환경의 웰빙을 구성하는 것으로 HRD 실천영역에 간접적인 영향을 줄 수 있는 영역이다. HR과 관련된 다양한 정보 및 데이터는 직원의 개인특성과 직무이력 분석에 활용되어 구성원의 학습 성향과 이들을 위한 효과적인 학습방법을 도출하고 적용하는데 사용될 수 있으며 직원의 복리 후생은 일터 내 재정지원을 통한 심리적 안전을 제공할 수 있어 학습에 참여할 수 있는 태도를 유발할 수 있는 간접적 요인이라 할 수 있기 때문이다.

초기의 개인개발, 조직개발, 경력개발은 계획된 학습과 계획된 변화를 강조하여 잘 짜인 훈련프로그램의 제공, 구조화된 학습활동의 전략적 활용, 기업 내 인재상 확립 등 조직이 원하는 인재를 육성하는 데 초점이 맞춰져 운영되었으나, 빠르게 변화하는 기업환경에 대응하기 위한 효과적인 방안으로 학습자의 자기주도적 문제해결 능력을 갖춘 우연적 개발 영역이 강조되면서 HRD와 HRM의 협력적 관계의 중요성이 커지고 있다.

다음은 개인개발과 조직개발, 경력개발이 무엇이고 왜 중요하며 어떻게 실천되는지 알아본다.

02 > 인적자원개발의 실천영역

❶ 개인개발

1) 개인개발의 개념과 특성

개인개발은 의도적이고 자발적 학습기회를 통해 개인의 성장과 발달을 촉진시키는 활동이다. 여기서 개인은 능동적인 학습주체를 뜻하는데, 논리와 경험, 감성과 비판적 시각을 주체적으로 형성하고 학습에 활용하는 성인학습자를 일컫는다Knowles et al., 2005, Nadler & Nadler, 1989. 성인학습자는 단순히 생물학적 연령에 의해 구분되는 '성인'을 의미하기보다는, 주체적인 삶을 통해 성장과 발전을 도모하고 사회적 구성원으로서 책임지고 기여하는 주체적 인간을 뜻한다. 따라서 개인개발은 성인학습자의 특성을 얼마나 학습과정에 반영하여 그들의 성장과 발달을 도모시키는 것이 중요하다. 성인학습자는 다음과 같은 특성을 갖는다. 첫째, 성인학습자는 자기주도적이며 자신의 학습활동에 책임 있게 참여하고 스스로 평가한다. 따라서 교사가 모든 교육과정을 설계하고 책임지는 전통적인 교육과 다르게 학습 내용과 방법을 스스로 판단하고 참여하는 성향을 지닌다. 둘째, 성인학습자는 경험에 따른 학습을 중시한다. 따라서 다양한 경험의 양과 깊이 있는 경험의 질은 학습의 정도를 판단할 수 있는 중요한 학습자원으로 간주된다. 또한 다양한 사람들과의 만남과 교류를 통한 간접 경험은 경험을 보다 풍성하게 하고 의미 있게 만든다. 이러한 특성은 전통적 교육환경에서 교육자의 경험만을 중시하던 관점에서 학습자의 경험을 중시하는 관점의 전환을 통해 학습자의 자기정체성 형성을 강조한다. 셋째, 성인학습자의 학습 내용은 실생활과 밀접한 생활기반적 학습을 강조한다. 다시 말해 학습은 삶과의 관련성이 높을 때 발생하고 맥락에 따라 의미가 달라지는 구성적 특성을 지닌다. 따라서 기존의 규범과 지식을 무비판적으로 따르거나 규칙과 관습에 의한 처방적 학습을 강조하기보다는 실질적 문제를 해결하고 인간이 보다 인간답고 풍요로운 삶을 살기 위해 필요한 지식을 창조하고 생성하는 것을 강조한다. 따라서 성인학습자는 더 나은 삶의 질과 풍요를 위해 지금 처한 상황의 문제를 파악하고 더 나은 상황으로 가기 위해 무엇을 해야 하는지 이해하고, 상호 공감하며, 합의하는 과정을 통해 학습한다.

이러한 성인학습자의 특성은 일터에서의 개인개발과정에 내재되어야 한다. 학습자가 무엇을 알고 싶어 하는지, 학습자가 자율적이고 자기주도적으로 참여하는지, 학습하는 내용이 그들의 삶의 발달단계에 맞는 과업과 잘 연관되어 있는지, 문제중심적이고 맥락적인 내용으로 구성되어 있는지, 내재적 가치와 외재적 보상 등 학습동기가 명확한지 등은 학습의 질을 결정하고 궁극적으로 학습결과가 조직의 성과로 전환되는 정도가 달라질 수 있기 때문이다.

Watkins와 Marsick[2003]은 이러한 성인학습이 잘 실현되려면 학습 목표가 개인의 성장에 얼마나 도움이 되는지 명확하게 알려줄 필요가 있으며 또한 조직이나 사회의 성장에 얼마나 밀접하게 연관이 되어 있는지 설명할 필요가 있다고 강조한다. 일터 내 개인은 주어진 상황에 따라 체계적이고 계획적인 학습이나 우발적이나 우연적 학습을 수행해야 하는데 계획적 학습을 수행하는 데 있어서는 얼마나 성인학습자의 특성을 잘 반영되어 설계되었는지, 우연적 학습을 수행하는 데 있어서는 이러한 특성이 존중되고 잘 발현될 수 있는 환경이 일터에서 조성되는지는 중요한 학습결정 요인이기 때문이다.

인적자원개발에서 개인개발은 크게 교육프로그램 운영과 다양한 일터학습 프로그램을 통해 실천된다. 다음은 대표적인 개인개발 활동인 교육프로그램 개발과 액션러닝에 대해 설명한다.

2) 교육프로그램

교육프로그램은 구성원들의 직무 역량을 향상시키기 위한 조직의 계획적인 교육지원 활동이다[Noe, 2010]. 직무 역량을 향상시키기 위한 지식, 기술, 행동을 습득시키기 위해 체계적인 프로그램을 기획, 운영하는 것은 조직의 경쟁력 강화는 물론 성과향상을 위해 중요한 역할을 한다. 따라서 교육프로그램을 운영하는 것은 조직의 목표를 달성하고 전략을 수행하는 것을 목적으로 한다. 조직 외부의 환경이 조직에 새롭게 요구하는 지식과 기술을 구성원들에게 전파하고 조직을 운영하고 문제를 해결하기 위해 필요한 기본지식을 습득하게 함으로써 조직의 성과를 달성한다. Swanson[2022]은 교육프로그램의 예상되는 성과로 두 가지 차원을 제시했는데 조직 내 시스템을 효과적으로 유지하는 것과 그 시스템을 새롭게 변화시키는 것이다[그림 11.2] 참조. 이와 같은 두 가지 성과 차원은 교육을 통해 획득되거나 생성되는 학습의 결과로도 간주되는 데

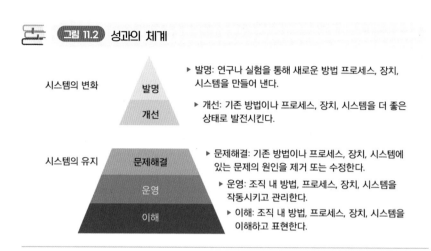

그림 11.2 성과의 체계

출처: Swanson, 2022 p. 226 내용 보완.

'시스템 유지' 차원에서는 교육을 통해 제공되는 지식을 '이해'하고 실제 상황에 적용하여 기존 시스템을 '운영'하는 능력을 갖게 한다. 학습자가 조직 내에서 수행중인 다양한 업무 방법, 장치, 프로세스, 시스템을 운영하는데 필요한 전문성을 갖게 하는 게 교육의 기본 목적이라 할 수 있다. 또한 전문성을 획득한 사람들은 기존 업무 방법, 장치, 프로세스, 시스템에서 발생된 문제를 파악하고 이를 해결할 수 있게 된다. 따라서 구성원들이 기존의 조직 체계를 잘 이해하고 이를 효과적으로 운영하며 운영에 문제가 생겼을 경우 원래상태로 회복시키는 데 집중되어 프로그램이 설계되고 운영된다. 반면 시스템을 근본적으로 변화시키기 위한 노력으로 이러한 교육프로그램은 한계를 갖는다. 교육프로그램은 기존 시스템의 유지의 기능으로 단기적 목표로 설계되는 경우가 일반적이지만 시스템의 변화를 추구할 경우에는 획기적이고 장기적으로 설계되고 추진되어야 하기 때문이다. 이를 위해서는 기존의 방법의 한계를 규명하고 새로운 연구나 실험을 통해 새로운 방식을 '발명'하는 것이 필요하다. 하지만 이때 시스템의 유지를 위한 학습은 여전히 중요하다. 왜냐하면 시스템의 변화를 꾀할 수 있는 전문가들은 우발적으로 발생된 상황 중에 문제를 정의하고 새로운 해결책을 제시하는 성찰능력을 갖게 되는데reflection in action, 이는 기존의 시스템 유지를 위해 끊임없이 현상을 분석하고 성찰하는 과정에 숙달되어 나온 것이며reflection on action 이는 반복되는 일터에서의 경험과 교육과정을 통한 지속적인 학습을 통해 이루어지는 것이기 때문이다Schön, 1983. 따라서 시스템 변화단계는 시스템 유지 역량을 갖춘 상태에서 외부 환경이 변화를 요구할 때 활성화 될 가능성이 크다고 할 수 있다Oh and Kim, 2022.

교육프로그램은 체계적인 설계과정을 통해 만들어진다. 2차 세계대전 이후 군인력을 효과적으로 양성하기 위한 방안으로 다양한 교수설계모형이 개발되고 실행되었지만 대부분의 모형에 공통적으로 포함하고 있고 가장 널리 알려진 설계과정은 분석Analysis, 설계Design, 개발Develop, 실행Implement, 평가Evaluation로, ADDIE 모형으로 불린다Allen, 2006. ADDIE 모형은 시스템 엔지니어링 프로세스의 특징을 적용하여 개발부터 평가까지 인과적으로 영향을 주는 연속적 과정을 중시하는 프로그램 개발 과정을 강조하며 발전해왔으나 지속적인 피드백을 통해 분석, 설계, 개발, 실행의 과정이 반복적이고 유연하게 조정되는 모형으로 진화하며 발전하였다[그림 11.3] 참조. 각 단계의 특징은 다음과 같다.

분석은 교육에 필요한 요구분석을 의미한다. 요구need는 조직 또는 구성원이 필요한 지식, 기술, 태도KSA에 대한 바람직한 상태와 현재 상태의 차이로 측정되어 학습이 필요한 내용을 알려준다. 요구 분석은 조직 요구 분석과 직무 분석, 학습자 분석으로 구성된다. 먼저 조직 요구 분석은 새로운 기술의 출현, 고객의 요구의 변화, 새상품의 출시, 직무능률의 저하, 이직률의 증가 등 조직 안팎에 가시적으로 발생되는 문제를 정의하고 정의된 문제를 해결하는데 교육이 얼마나 기여할지 분석한다. 이러한 문제는 구성원들의 KSA의 부족으로 생겨난 것도 있지만 그렇지 않을 수도 있으므로 이를 구분해 제시한다. 예를 들어 콜센터 직원의 이직률의 증가가 관리자의 고압적인 태도에 기인한 것이라면 커뮤니케이션 기술, 또는 리더십 프로그램 등을 통해 관리자의 바람직한 태도의 변화를 촉진할 수 있지만 만약 비정규직 제도, 보상 등 제도적 문제에 기인한 것이라면 조직 제도를 바꿔야 해결될 수 있기 때문이다. 따라서 조직 요구 분석에서 조직이 문제로 인식한 상황이 구성원들의 수행 역량의 부족에 기인한 것인지, 제도에 기인한 것인지를 구분하는 것은 중요한 분석 과업이라 할 수 있다. 한편 직무 분석job analysis은 구성원들의 직무수행에 필요한 KSA를 잘 갖추고 있으며 직무수행에 필요한 역량이 무엇인지 분석하는 것이다. 따라서 조직 내 직무를 수행하는데 필요한 KSA에 대한 도출은 물론, 구성원들이 해당 KSA를 잘 갖추고 있는지 어떤 역량이 우선적으로 필요한지 제시해주는 것이 필요하다. 마지막으로 학습자 분석learner analysis은 학습자들의 특성, 즉 기초 역량, 작업환경, 선호되는 학습 방법 등을 분석해 최적의 교육이 제공될 수 있도록 한다.

설계 단계는 정해진 학습 내용에 대한 세부적인 계획을 세우고 필요한 교수 전략과 방법, 매체 선정 및 평가계획을 세우는 단계이다. 특히 이 단계에서는 교육과정의 학습 목표와 단원별 학습계획을 세우는 것이 중요한데 요구분석을 통해 나타난 문제점을 해결하는데 필요한 기준과 수행 행동을 사용하여 학습목표를 기술할 것을 권장한다. 이 단계에서는 학습목표를 달성할 수 있는 교육내용을 모듈화, 계열화하고 필요한 교수 전략 및 매체를 선정한다.

개발 단계는 설계 단계에서 정해진 학습목표와 교육 내용, 교수 및 평가 방법을 기반으로 강사 메뉴얼, 학습자용 교재, 교육 매체 및 보조 자료를 개발하고 소단위 파일롯 테스트를 통해 보완하는 단계이다. 이 단계에서 개발자는 학습자의 특성에 따라 교수 방법을 조정하고 교육 목적에 따라 평가 방법을 보완하여 교육 프로그램 구성 내용이 학습목표와 일치할 수 있도록 조정한다. 또한 교육 장소 및 교수자 섭외 등 실행에 필요한 행정 업무도 함께 수행하여 교육 실행 준비를 완성한다.

실행 단계는 기획된 학습 내용을 참여자들에게 잘 전달하는 단계이다. 교육이 차질 없이 진행될 수 있도록 교육에 필요한 시설 및 기자재를 확인하고 운영한다. 교육 대상자를 확인하고 이들의 피드백을 수시로 점검해 효과적인 학습 환경 조성에 초점을 맞춘다.

평가 단계는 교육과정을 운영하는데 필요한 요구분석, 설계, 개발, 운영의 전 과정에 걸쳐 학습자의 의견을 수집하고 수집된 정보를 의미 있는 피드백으로 전환하는 과정이다. 따라서 평가는 각 단계별로 조직의 차원의 관리management, 지원support, 행정administration, 제공delivery 기능과 밀접히 연계되어 피드백을 통해 후속 교육과정의 개선을 위해 활용된다. 관리는 요구분석이 조직 전략과 효과적으로 연계될 수 있도록 개입, 관리하는 것이고 지원은 조직 내 모든 부서가 교육에 협조할 수 있도록 독려하는 것을 말하며, 행정은 과정 개발에 필요한 자료가 축적되고 전달되는 기능이며 제공은 교육이 잘 실행될 수 있도록 돕는 것을 말한다. 조직 차원의 기능이 반영된 ADDIE 모형은 [그림 11.3]과 같다.

그림 11.3 ADDIE 모형

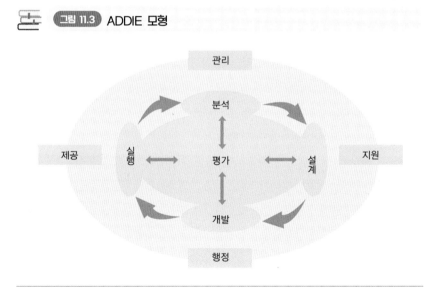

출처: Allen, (2006, p. 438).

3) 액션러닝

교육프로그램이 체계적이고 계획적인 과정을 통해 준비되는 것이라면 액션러닝은 일터에서 실재로 발생되는 업무를 통해 학습의 기회를 제공하는 문제해결형 실전학습이라 할 수 있다Marquardt *et al.*, 2018. 액션러닝은 6개의 주요 요소로 구성되는데 과제a problem, 학습팀a group, 질문questions, 행동action, 학습learning, 학습코치a facilitator가 그것이다.

먼저 액션러닝은 실제 문제 상황으로 부터 발생된 과제, 과업의 제시로 시작된다. 여기서 문제 상황은 단순히 인식되는 미미한 과제가 아니라 조직에 있어 시급하거나 중요한 것이어야 한다. 다만 액션러닝에 참여하는 학습팀의 권한 내에서 해결 가능한 과제여야 하며 권한이 없다면 새롭게 부여되어야 한다.

학습팀은 문제를 효과적으로 해결하기 위해 다양한 시각과 경험을 가지고 학습에 열의가 있는 구성원들의 조합으로 구성한다. 팀은 4－8명으로 구성되며 주어진 과제에 대해 직·간접적인 경험이나 전문성이 있는 사람이면 더욱 좋다. 자발적 참여를 원칙으로 하고 각각의 역할과 책임을 자발적으로 구성하게 하며 문제 해결에 대한 몰입을 높인다.

질문은 비판적 성찰행동을 포함한다. 선입견이나 편견 없이 새롭게 문제를 해석하고 재구성하는 태도가 필요하며 이를 위해 끊임없이 질문할 수 있도록 환경을 조성한다. 질문과정에서 새롭게 요청된 자료의 제공이 원활해야 하며 이를 통해 시스템적 사고를 돕는다. 시스템적 사고란 문제를 단선적 원인과 결과로 보지 않고 조직 전체에서 주어진 맥락을 구성하는 다양한 요소들이 어떻게 상호작용하는지를 생각하는 기술이다. 따라서 질문을 통해 고정관념을 버리고 문제를 새롭게 구성하고 해석한다.

행동은 문제를 해결하기 위해 필요한 실천적 행위를 의미한다. 액션러닝은 문제를 발굴하고 이를 해결하는 과정에서의 학습을 강조하고 있지만 단순히 학습으로 그치지 않고 학습의 결과로부터 나온 해결책을 실행으로 옮기는 것이 다른 학습과 차별화되는 점이다. 따라서 행동은 구체적이고 실행가능한 것으로 제안되어야 하며 이해 당사자들의 합의를 이끌어 내기 위해 단계적 전략을 세우고 합의하는 과정도 포함된다.

학습은 액션러닝의 핵심적 요소이며 개인 차원의 학습부터 팀 차원의 학습까지 포함한다. 학습은 Kolb1984의 경험학습에 기초하는데 구체적 경험, 반성적 관찰과 성찰, 추상적 개념화, 능동적 실험과 일반화과정이 그것이다. 이러한 학습은 개인차원뿐 아니라 학습팀 차원에서도 발생하는데 구성원들의 암묵적 지식을 다양한 방법예: 대화, 토론, 실험 등을 통해 명시지로 전환시키는 지식 창출과정까지 포함한다.

끝으로 학습코치는 학습팀의 문제해결과정에서 학습을 돕는 조력자를 말한다. 학습코치는 문제를 해결할 수 있는 경험과 권한을 가지고 있지만 직접 개입하지 않고 학습팀 구성원들이 스스로 학습하며 문제를 해결할 수 있도록 환경을 조성한다. 과제에 대한 기초 자료를 제공해주고 팀워크를 어떻게 발휘하는지, 갈등이 생길 때 어떻게 해결하는지 등 학습과정에서 발생될 수 있는 학습 장애물들을 해결할 수 있도록 돕는다. 아울러 액션러닝 종결단계에서는 실행에 필요한 조직차원의 지원을 이끌어 주며 적절한 피드백 제공을 통해 결과의 실행을 구체화하는 것을 돕는다.

❷ 조직개발

1) 조직개발의 개념과 특성

조직개발은 조직의 바람직한 변화를 추구하기 위해 조직 구성원들의 신념, 태도, 가치를 변화시키거나 조직 프로세스 및 구조를 개선시키는 일터 학습활동 또는 일터 학습환경 개선 활동이라 할 수 있다. 조직개발이 개인개발과 경력개발과 같이 인적자원개발의 주요 실천영역으로 논의되고 있지만 조직개발의 조직에 대한 영향력은 보다 광범위하여 두 영역을 포괄한다고 할 수 있다

Swanson, 2022. 이는 개인개발이 개인의 잠재성 발굴 및 전문성 함양에 초점을 맞추고 그 결과를 조직의 성장과 연결시키는 관점을 갖는 반면, 조직개발은 조직의 변화과정을 주된 학습활동으로 간주하고 그 과정을 구성원들의 학습과 연계시키기 때문에 거시적이고 체계적이다. 다시 말해 조직 개발은 학습의 주체와 범위가 집단 또는 조직이 되는 경우가 더 많다.

따라서 개인개발이 ADDIE 모형에 기초한 환경/직무/학습자의 요구 분석에서 시작하여 학습전이과정을 평가하는 것으로 마무리된다면, 조직개발은 조직차원의 문제를 진단하고 다양한 해결책intervention을 기획하고 실행하며, 그 결과를 평가하여 궁극적으로 제도화institutionalize하는 과정으로 마무리된다. 이는 학습의 주체가 개인보다는 조직 하위 집단 또는 조직 그 자체이기 때문에 제도화와 제도의 효과를 학습의 성과로 보는 것이다.

조직개발의 개념은 다양하게 정의되며 발전해 왔다. 조직개발을 HRD의 실천영역으로 소개한 McLagan[1989]은 조직개발을 조직 내 집단 간 또는 집단 내 건강한 관계를 확립하고 구성원들이 변화를 추구하고 관리하는 활동이라고 정의하였으며[p. 52], Burke와 Bradford[2005]는 인간중심가치, 행동과학, 개방체계이론 등을 기초로 환경, 미션, 전략, 리더십, 문화 구조, 정보 및 보상체계, 작업절차와 같은 조직변수들 간의 정합congruence을 통해 조직 효과성을 제고하려는 조직전체의 계획적인 변화과정으로 보았다. Cummings와 Worley[2015]는 조직의 효과성 향상을 위한 전략, 구조, 프로세스를 계획적으로 개발하고 개선, 강화하는 데 있어 시스템 전반에 행동과학적 지식을 전용하고 전이하는 것이라 정의하기도 하였다.

이와 같은 다양한 정의에서 나타난 공통된 의미는 다음과 같다.

첫째, 조직개발은 계획된 변화를 추구하는 과정이다. 변화는 더 나은 상태로의 이동을 의미한다. 조직이 직면한 문제를 구성원 모두가 인식하고 조직이 더 나은 상태로 변화하기 위한 방법을 모색하며 구성원들의 인지적·행동적 변화를 통해 달성하려는 의도적이고 체계적인 노력인 것이다. 따라서 변화는

'계획된' 변화이고 체계적인 변화관리과정을 통한 변화를 의미한다. 변화관리 과정은 구성원들의 행동을 체계적이고 과학적으로 분석하고 예상되는 행동으로 이끄는 행동과학적 과정을 통해 이루어진다. 어떤 문제가 일어나고 있는지 수집된 자료와 정보를 통해 얻어진 진단은 문제에 영향을 주는 다양한 원인에 개입intervention하여 문제를 해결하고 행동 변화를 이끈다. 변화된 행동이 제공하는 정보 및 데이터는 계획된 변화를 평가하는 데 활용된다.

둘째, 조직개발은 인간중심의 가치에 기인한다. 조직개발이 계획된 변화를 추구하는 행동과학적 활동이지만 단기적 성과를 강조하는 변화관리Change management와 구분되는 점은 인본주의적 가치가 조직개발 과정을 통해 제공되는 개입활동에 내재되며 구성원들의 참여를 통한 변화수행을 강조하기 때문이다Cummings & Worley, 2015. 조직개발활동의 대표적인 기법인 감수성훈련T-group의 경우, 사전에 특정 주제를 주지 않은 다수의 참여자들이 자유로운 토론과정과 정서적 교감을 통해 문제를 발굴하고, 서로를 의견을 수용하는 과정 속에서 문제를 해결하는 데 목적을 두고 있는데 이는 인간의 직관과 감정이 존중받고 발현되는 과정에서 변화가 시작되고 새로운 공유된 가치가 만들어진다는 조직개발의 특성을 담고 있다.

셋째, 조직개발은 구성원들의 학습 문화를 조성하는 활동이다. 조직의 변화를 구성원들의 자발적 참여를 통해 이루기 위해서는 학습이 중시되고 지원되어야 한다. 개인개발이 개인의 학습을 강조한다면 조직개발은 상호 협력적으로 학습할 수 있는 가치, 규범, 문화를 만들고 유지하는 활동인 것이다. 조직학습organizational learning과 학습조직learning organization은 이러한 조직개발의 특성을 강조한 것으로 전자는 구성원들의 학습을 통해 얻은 결과가 어떻게 조직 수준으로 전이되고 제도화되는가에 대한 조직 전반의 학습전이과정을, 후자는 이러한 학습활동이 잘 이루어질 수 있는 규범적 특성을 지닌 조직을 의미한다. 변화하는 환경에 유연하게 대응하기 위해서는 학습 생태계의 조성이 필요하며 조직개발은 조직학습과정과 학습조직화로 나타난다. 다음은 대표적인 조직개발

변화관리 방법인 액션리서치 모델과 장점탐구 모델에 대해 살펴본다.

2) 액션리서치 모델

행동과학적 지식에 기반을 둔 조직개발활동은 조직 구성원들의 행동을 탐색하고 탐색된 행동이 더 나은 방향으로 개선되기 위해 필요한 행동action과 탐색research의 반복을 통해 조직의 변화 방향과 이를 수행할 방법을 결정한다. 이러한 행동과 탐색의 반복적 행위는 조직원들의 참여를 통해 이루어지고, 이 참여를 통한 개입으로 의도된 변화를 수행하는 것을 액션리서치라 한다.

기본적으로 액션리서치 모델은 Lewin[1951]의 변화단계모형에 기반한다. 변화는 현상을 유지하려는 힘force과 이를 개선하려는 힘 사이에 균형이 깨지는 순간 발생한다. Lewin은 변화단계를 세 단계로 설명하였는데 힘의 균형이 깨지는 해빙unfreezing단계, 변화를 수행하여 새로움에 적응하는 이동moving단계, 새롭게 형성된 가치관과 태도에 기반하여 새로운 행동패턴을 만드는 재동결refreezing 단계가 그것이다. 해빙 단계는 구성원들이 현 상황이 지닌 문제를 인식하고 문제의 원인을 파악하는 과정 속에서 혼란과 갈등과 경험한다. 이동단계에서는 변화가 성공적으로 이루어지기 위해 필요한 정보와 해법을 모색하고 개인, 직무, 조직 차원에서 필요한 개선사항들을 시행한다. 예를 들어 환경변화에 대응할 개인의 전문성이 부족하다면 교육을 통해 새 영역에 대한 지식을 제공한다. 새로운 직무가 생기거나 예전의 방식으로 직무수행 성과가 달성되지 않은 경우 직무체계의 재구조화를 시도한다. 또한 조직 문화, 규범, 제도도 점검 대상이 되고 개선되어야 할 범위와 내용을 정하고 이행한다. 재동결 단계에서는 새롭게 만들어진 체계를 안정화시키며 제도화한다.

Lewin 변화의 3단계는 다양한 액션리서치 모델의 근간이 되며 [그림 11.4]는 Cummings와 Worley[2015], McLean[2006], Swanson[2022]이 각각 제안한 액션리서치 모델이다.

그림 11.4 액션리서치 모델(예)

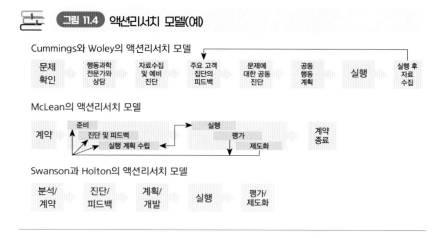

Cummings와 Woley의 액션리서치 모델

| 문제
확인 | 행동과학
전문가와
상담 | 자료수집
및 예비
진단 | 주요 고객
집단의
피드백 | 문제에
대한 공동
진단 | 공동
행동
계획 | 실행 | 실행 후
자료
수집 |

McLean의 액션리서치 모델

계약 → 준비 (진단 및 피드백 / 실행 계획 수립) → 실행 (평가 / 제도화) → 계약 종료

Swanson과 Holton의 액션리서치 모델

| 분석/
계약 | 진단/
피드백 | 계획/
개발 | 실행 | 평가/
제도화 |

Cummings와 Worley는 조직 내 문제를 인식하고 그 원인을 파악하는 해빙의 단계를 여러 단계로 나누어 제시했다. 문제 확인 단계에서 조직 내 문제를 관리자가 얼마나 인식하느냐에 초점을 맞추어, 관리자의 변화에 대한 의지가 조직개발과정에서 중요하다는 것을 강조한다. 아울러 조직개발자가 조직의 문제를 파악하는 과정을 관리자문제 확인 및 행동과학전문가와의 상담 단계, 문제 당사자자료수집 및 예비진단 단계, 주요 이해관계집단주요 고객집단의 피드백 단계, 조직구성원공동 진단 및 공동 계획 단계 등 다양한 대상으로부터 순차적으로 의견을 청취하고 이들이 문제를 함께 인식하고 해결에 참여하게 한다. 문제에 대한 인식을 함께하지 않거나 이를 해결하는데 본인의 의견이 반영되지 않았을 경우 문제 진단 내용을 신뢰하지 않거나 향후 도출된 개입 내용을 부정적으로 받아들이기 때문에 참여를 위한 변화수용에 초점을 둔 것이다.

반면 McLean2006과 Swanson2022은 관리자와 조직개발과정의 시작에 계약 단계로 넣어 최고 경영자의 문제해결의지와 조직개발자의 권한 및 책임 범위 등을 합의하는 과정을 강조한다. 계약은 변화관리 과정에서 발생될 수 있는 예측 못한 상황을 준비하고 협력적으로 변화를 추진하고자 하는 사전합의다. 예를 들어 향후 최고경영자가 갑자기 변화에 대한 속도를 늦추거나 조직개발자가 예측 못한 문제 상황에 봉착했을 때 임의로 변화의 수위를 조절하는 것을 미연에 방지할 수 있다. 또한 McLean[2006]과 Swanson[2022]은 변화 수행 후 개입의 목표가 달성될 경우 이를 제도화하는 것을 중요한 마무리 과정으로 간주하였다. 제도화는 일회적이고 이벤트성으로 변화관리가 이루어지는 것을 미연에 방지하고 합의에 의해 실행된 변화가 지속될 수 있도록 돕는다. 또한 세 모델 모두 변화 실행 후 평가를 통해 목표가 달성되지 않았을 경우 반복적 피드백을 통해 개선할 수 있도록 평가와 피드백 간의 순환적 과정을 강조한다. McLean[2006]은 그의 액션리서치 모델에서 기존 액션리서치 모델이 지나치게 직선적 모형이었음을 비판하며 준비, 진단 및 피드백, 실행계획 수립의 단계가 서로 겹치거나 동시에 일어날 수 있으며 실행계획 수립과 실행은 서로 반복적인 상호영향을 주며 수정될 수 있음을 모형에 제시한다. 아울러 평가를 통한 피드백이 준비나 실행단계에 순환적이고 동시적으로 영향을 주는 복합적 순환모형을 제시하여 변화관리가 보다 유연하게 진행될 수 있음을 설명하였다.

이러한 액션리서치 모델은 다음과 같은 학습적 의미를 준다.

첫째, 액션리서치는 경험학습이론, 즉 구체적 경험—반성적 성찰—추상적 개념화—능동적 실험과 일반화 과정에 기반을 둔 경험에 기반을 둔 학습활동을 강조한다. 구성원들은 조직 내부에 축적된 경험 지식을 반성적으로 성찰하고 외부 경험 지식과 결합하여 새로운 지식을 창출한다.

둘째, 변화를 추구하는 자와 변화의 대상이 되는 자 모두 변화의 필요성을 함께 공유하며 발전적 개입방법을 모색한다. 액션리서치과정은 조직 목적에 부합하기 위한 변화과정이지만 구성원들이 스스로 문제를 파악하고 해법을 제안함으로써 해법을 처방적으로 제시하는 컨설팅과 다르다. 따라서 구성원들이 맥락에 맞는 그들만의 지식을 만들어 내는 함께 성장하는 경험을 함으로써 새로운 문제에 봉착했을 때 성장의 기회로 여기게 된다.

셋째, 개인차원, 집단차원, 조직차원의 학습이 기반이 된 변화과정을 강조한다. 조직의 변화를 추구하기 위해 구성원 개개인의 역량뿐 아니라 집단과 조직의 역량을 점검하게 된다. 개인과 집단, 조직의 목적으로 일치시키고 개인의 의견이 제도화되는 과정에서 무엇이 중요한지 알게 된다. 대화와 토론은 필수 요소이며 서로의 의견을 경청하고 신뢰에 기반한 관계형성은 중요하다. 조직 역량은 이러한 활동을 지원해주는 규범과 문화를 갖추고 있는가로 결정되며 구성원들의 자발적 참여를 이끄는 것은 중요한 조직 경쟁력이 될 수 있다.

3) 장점탐구 모델(Appreciative inquiry)

긍정 모델positive model이라고도 불리는 장점탐구 모델은 조직의 장점을 탐색하고 정의하여 이를 최대한 발휘할 수 있는 방법을 모색하므로 변화를 수행하는 과정이다. 무엇이 우리 조직의 문제인가를 찾는 액션리서치 모델과 달리 우리 조직은 무엇을 잘하는가를 탐구하고 정의하여 실행하므로 조직 내 긍정적 에너지를 생성케 하여 상황에 몰입하게 한다.

이는 구성원들의 신념이 행동을 결정하게 한다는 구성주의 관점에 기인한다. 조직 구성원들이 함께 보내온 시간은 공유된 경험을 만들고, 공유된 경험은 공유된 신념과 가치를 생성한다. 구성원들이 예상하지 못하는 변화와 마주쳤을 때 축적된 신념과 가치는 이들의 행동을 결정하게 하고 행동을 지속하게 한다. 새로운 생각과 행동은 구성원 간 관계와 관계 속에 내재된 언어로 해석되면서 새로운 지식, 아이디어, 이야기, 또는 상징을 생성한다. 예를 들어 사내 벤처양성 프로그램을 통해 출시된 신상품의 시장에서의 성공스토리는 또 다른 도전과 혁신적 사고를 야기한다. 고졸 사원의 임원 성공 스토리는 학력 파괴 인사문화를 형성하고, 신입사원의 고객만족 스토리는 전사적 고객응대시스템을 개선한다. 조직 내 공유된 성공적 이미지나 경험은 역동적인 질문과 탐구를 야기하게 하고 유사한 결과를 얻으려 행동하게 한다. Cummings와 Cummings[2014]는 이러한 대화와 탐구가 중심이 된 변화관리과정은 직원과 조직이 함께 성장하는 '개발'의 개념을 가장 잘 실천하는 과정이며 데이터에 기반을 둔 분석과 합리적 진단이 한계를 가질 때 새로운 해결점을 제시해준다고 강조한다.

Cummings와 Worley[2015]은 장점탐구 모델이 단순히 최고의 사례[Best practices]를 발굴하고 공유하는 데 그치면 안 된다고 한다. 해당 사례가 발생할 수 있었던 경영환경, 개인 특성, 직무특성 등을 파악해 그러한 최고의 경험이 향후에도 만들어질 수 있도록 구체화하는 과정이 필요하기 때문이다. 발굴된 최고의 사례는 특정 환경이나 개인의 독특한 특성 때문에 야기된 경우가 많으므로 일반화하기에는 한계가 있지만, 일반화하여 실천할 수 있는 내용을 구체적인 활동 계획으로 연결해야 한다. [그림 11.5]의 5단계는 이러한 긍정탐구모형을 실천할 수 있는 계획적 변화과정의 예이다.

그림 11.5 Cummings와 Worley의 장점탐구 모델

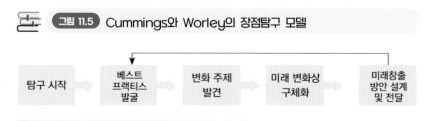

출처: Cummings & Worley(2015, p. 23).

❸ 경력개발

1) 경력개발의 개념과 특성

경력개발은 인적자원개발의 중요한 실천 영역 중 하나이자 평생학습시대를 살아가는 우리의 실생활에서 손쉽게 접한다. 취업을 위해 스펙 쌓기에 열중하는 청년들이나 자신의 꿈을 실천하기 위해 창업하거나 이직하는 직장인이 늘고 있고, 100세 시대에 접어들면서 재취업하는 중고령자들의 모습은 주변에서 흔히 볼 수 있으며 이들은 자신의 경력개발을 위한 다양한 활동을 한다. 경력은 인간이 생애 전체를 통해 일과 관련하여 겪는 연속된 경험이며[Hall, 1975], 경력개발은 인간이 이러한 경험에 의미를 부여하며 지속적인 성장을 꾀하는

성장여정이다. 'Career development'가 국내에서 경력개발이나 진로개발로 혼용되어 번역되고 사용되듯이, 개인의 타고난 특성이 환경과 상호작용하면서 변화, 성장하는 과정을 전생애적으로 살핀다.

HRD의 실천 영역으로 경력개발을 제시한 McLegan[1989]은 경력개발을 개인의 생애경력관리활동과 조직의 핵심인재 관리활동이 서로 교차되는 영역으로 보았다. 개인개발이 일터에서의 경험을 통한 개인의 지속적인 성장을 지원하는 활동이고, 조직개발이 조직의 변화를 위한 조직 구성원들의 협력적 학습과정이라면, 경력개발은 개인의 성장과 조직의 계획적인 변화를 조화시키는 장기적인 개입과정인 것이다. 따라서 조직에서 경력개발은 조직이 구성원의 성장에 대한 요구와 조직이 추구하는 목표달성에 필요한 요구를 조화롭게 일치시켜 개인과 조직의 성장을 함께 도모해가는 과정이라 할 수 있다.

조직이 경력개발에 관심을 갖게 된 것은 그리 오래되지 않았다. 평생고용을 보장하는 경제성장기에는 고용자체가 경력개발을 의미하기도 하였고, 산업유형과 고용형태가 변화하게 되면서 경력개발은 성장하는 몇몇의 기업이 갖는 사치적인 복지제도의 일환으로 인식되거나, '몇몇 의식 있는 경영자들의 선택'으로 지속성 없이 운영되기도 하였다. 그러나 조직의 경쟁력이 사람에게 있고 좋은 인재를 선발하는 것만큼 유능한 인재를 조직에 오래 머물게 하는 것이 조직 경쟁력 및 성과에 직접적인 영향을 준다는 많은 경험적 증거들이 입증되면서, 조직에서의 경력개발의 가치가 주목을 받고 있다.

전통적으로 조직에서의 경력개발의 목표는 조직의 관리자로 승진하거나 좋은 연봉을 받는 것이었다. 조직의 고용 보장을 통해 심리적 안전을 갖고 조직 내 축적된 전문성know-how을 전수받으면서 조직에 헌신하였다. 그러나 평생고용이 더 이상 이루어질 수 없는 산업 환경의 변화는 조직 내에서의 경력에 대한 인식도 변화시켰다.

프로틴 경력protean career은 조직에 의해 경력이 관리된다는 전통적인 경력개발의 개념에서 벗어나 개인의 자유의지에 의해 일의 가치를 실천하는 과정으로 새롭게 제안된 개념이다. Hall[2002]은 프로틴 경력이 자유와 성장이라는 주요 가치와, 일에 대한 만족과 전문가가 되기 위한 헌신적 몰입이라는 주요 태도로 구성된다고 보았다. 따라서 프로틴 경력은 승진이나 금전적 성공을 목표로 하는 것이 아니라 일의 의미를 찾고 성장의 성취감을 만끽하는 심리적 성공을 목표로 한다. 또한 한 조직에서 머물며 승진을 통해 성장하는 것에 연연하지 않고 자신의 성장에 도움이 될 수 있는 직무경험을 따라 수평적으로 이동하는 경향을 보인다. 이러한 직무 중심의 경력이동은 한 분야에서의 충분한 경험을 토대로 인접 분야로 경력의 범위를 넓히며 전문가가 되는 나선형 형태의 이동이라 할 수 있다. 조직에서 제공되는 계획된 훈련프로그램을 통해 경력개발을 도모하기보다 일과 관련된 다양한 네트워크 형성을 통해 학습으로 경력이 개발된다.

이와 유사한 경력의 개념으로 무경계 경력boundaryless career이 있다. 이는 Arthur와 Rousseau[1996]가 제안한 것으로 하나의 고용주가 정하는 테두리에서 개인의 경력의 이동과 범위가 정해지지 않는다는 개념이다. 개인이 일을 통해 성장한다는 것은 본인이 소속된 조직의 직무에 참여하는 것뿐만 아니라 조직 밖의 활동에 자발적으로 참여하여 외부 네트워크나 전문가 집단에 참여하는 활동을 통해 자신의 성장을 돕는다. 따라서 개인이 일의 의미를 찾는 계기는 소속된 조직 내에서의 승진과 임금과 같은 금전적 보상을 받을 때보다 다양한 외부 기회에 자발적으로 참여하여 자신의 성장을 느낄 때이며 이는 조직의 경계를 벗어날 때 더 잘 일어난다는 것이다. 조직 내에서 경험은 그 분야의 전문성을 얻기에 한정될 수 있고 또한 개인의 변화하는 적성이나 능력에 항상 일치되어 제공될 수 없으므로 개인의 요구를 만족시키는 일의 경험은 하나의 조직 테두리 안에 둘 수 없다. 또한 이러한 개인의 적극적인 경력개발 태도는 고용가능성을 높여 경력개발을 돕는다.

2) 직장적응이론과 조직 내 경력개발 체계

조직에서의 경력개발 체계는 개인의 경력개발 목표와 조직의 직무운영 요구와의 합의와 조정과정으로 이해된다. 일터에서의 경력개발 과정을 설명하는 이론적 모델은 다양하게 제시되고 있으나 여기서는 Dawis와 Lofquist[1984]가 제안한 직업적응이론TWA: Theory of work adjustment을 설명한다. 직장에서의 적응은 특정 성향을 가진 개인이 직장이 제공하는 특수한 직무 환경과 상호작용하면서 서로의 요구를 만족충족시켜주며 일치의 상태를 만들어가는 과정을 의미한다. 조직은 개인에게 직무를 수행하기 위해 필요한 능력을 요구하며 능력이 조직의 요구에 부합할 경우 충족satisfactoriness된다. 반면의 개인은 조직 내 직무 수행을 통해 얻고 싶은 가치에 대한 요구가 있으며 조직의 물질적 또는 정서적 유형의 보상강화이 개인의 요구에 부합할 경우 만족satisfaction한다.

충족은 조직이 결정하는 것이고 승진, 부서이동, 고용유지로 이어지며 만족은 개인이 느끼는 것으로 조직 잔류나 퇴직으로 이어진다. 만족과 충족의 정도는 서로에게 영향을 미치기도 하는데 예를 들어 개인이 가지고 있는 능력이 조직에서 요구하는 능력보다 훨씬 낮을 경우 충족이 이루어지지 않지만 개인의 만족이 높을 경우 조직이 요구를 맞추려 노력하여 조직의 충족을 높일 수 있다. 반면 개인의 일에 기대하는 가치와 강화정도가 부합하지 않아 만족이 낮을 경우 개인의 능력과 조직의 요구가 일치해 높은 충족을 보일 경우 개인의 요구에 조직이 맞춰 만족을 높인다. 하지만 이러한 상호보완 과정은 수많은 환경적 요인이 개입되므로 단편적으로 설명하기는 어렵다. 조직과 구성원이 겪는 부조화를 찾는 것이 경력개발이며 적응과 타협이 발생한다[Dawis, 2002]. 낮은 충족은 해고로 이어질 가능성을 높이고 낮은 만족은 이직으로 이어질 가능성을 높인다. 다만 조직과 개인이 충족과 만족의 상태를 인지하고 상호 조정하는 과정을 통해 조화를 이루려고 노력할 때 적응이 발생한다. 반면 상호 조정하는 과정이 생략되어 적응할 수 있는 기회가 줄어든다면, 다시 말해 경력개발과정이 축소되거나 없다면, 해고나 자발적 이직을 통해 직장을 떠나는 결과가 증가한다. 따라서 조직 내 경력개발은 개인과 조직이 서로의 요구를 파악하고 이를 충족^{만족}시키기 위해 합의하고 통합하는 과정인 것이다.

그림 11.6 직업적응모형

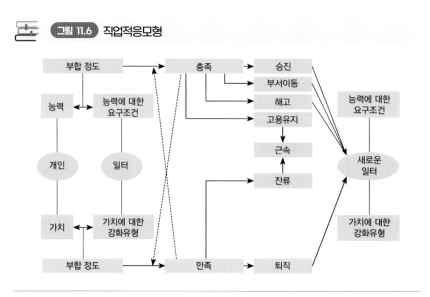

출처: Dawis & Lofquist(1984, p. 62).

[그림 11.7]은 이러한 과정을 반영한 조직 내 경력개발 시스템의 예를 제시한 것이다. 개인은 자신의 흥미와 특성을 파악하고 조직 내 경력목표를 설정한다. 이러한 과정은 입직하는 과정에서 자연스럽게 정해지기도 하지만 입사 후 조직에 제공하는 일터 환경 속에서 다시 한번 진단하고 설정할 필요가 있다. 이때 조직은 입직 후 수행할 직무에 대한 정확한 정보를 제공해야 하며 이를 바탕으로 개인과 조직은 향후 개인이 추구하는 경력목표를 어떻게 실현시킬지 합의하는 과정을 갖는다. 이 과정을 거쳐 직무와 역할이 정해지면, 개인은 그 직무를 수행할 경력 단계별 학습계획과 목표를 정한다. 조직은 개인의 경력경로 내에서 직무를 수행하는 데 필요한 지식, 기술, 태도에 대한 정보

를 제공하여 경력경로설계를 지원한다. 개인은 자신의 직무에 대한 전문성을 향상시키기 위해 조직 내 다양한 학습활동예: 교육프로그램, 학습공동체 활동 등에 참여함과 동시에 조직 외 전문가들과의 교류를 통해 경력계획을 수정, 보완한다. 조직에서는 구성원이 업무를 원활히 수행할 수 있도록 조직 내 축적된 지식을 체계적으로 제공하며 이들의 직무이력을 관리한다. 평가단계에서 개인은 자신의 경력목표를 위해 성실히 직무를 수행했는지 자기평가를 수행하고 조직의 피드백을 참고하여 발전시킨다. 조직은 경력설계 및 개발 과정에서 수정 보완해야 할 사항이 있었는지 점검하여 피드백을 주며 이를 체계적으로 지원할 제도를예: 경력개발시스템 운영한다. 개인과 조직은 함께 경력개발과정을 평가하고 평가 결과에 기초하여 직무를 변경하거나 유지, 승진 등을 결정한다.

그림 11.7 **조직 내 경력개발과정 체계**

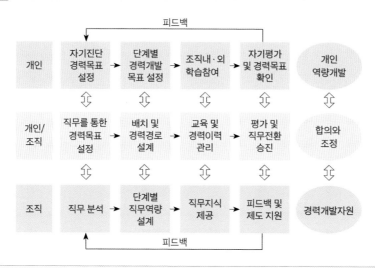

이와 같은 경력개발제도를 운영하기 위해서는 다음과 같은 원칙이 수반되어야 한다. 첫째, 경력개발은 당사자인 개인의 자발적 참여가 중요하다. 조직 내 역할을 찾고 무엇을 통해 성장할 것인지에 대한 자기 주도적 태도가 결여될 경우 조직의 충족과 개인의 만족 모두가 저하될 수 있기 때문이다. 둘째, 기업은 인재육성에 대한 우선적 가치를 부여하고 일터학습환경을 조성하고 유지해야 한다. 기업의 경력개발지원 문화는 개인에게는 신뢰를, 조직에게는 좋은 인재의 유입을 촉진시킨다. 셋째, 공정한 합의와 조정과정이 필요하다. 경력개발과정에서 생길 수 있는 부서 간의 불협화음과 직원과 관리자와의 갈등은 빈번하다. 이때 원칙에 근거한 합의와 조정과정 없이는 갈등이 증폭될 수 있다. 따라서 합의와 조정과정에 필요한 원칙을 세우고 경력을 설계하고 이행하는 과정에 적용하는 것은 중요한 경력개발 원칙일 것이다.

03 > 결론

지금까지 인적자원개발의 정의와 주요 의미, 실천영역의 개념과 특성, 세부 실천 방법들에 대해 알아보았다. 인적자원개발을 실천하는 세부 영역에서 살펴본 바와 같이 인적자원개발 활동은 주로 조직의 목표 달성예: 기업의 성과을 위한 구성원들의 구조화되거나 우연적으로 발생하는 일련의 학습 활동으로 설명된다. 이는 조직의 핵심가치를 생성하고, 공유하며, 이를 협력적으로 달성하려는 구성원들의 노력이며, 개인과 조직 모두의 성장과정인 것이다. 하지만 이러한 내용은 자칫 인적자원개발 활동을 개인이 배제된 조직 성과만을 위한 학습활동, 통제와 간섭을 통한 학습활동의 표준화, 조직을 위한 개별 학습의 도구화로 전락할 수 있는 우려를 포함하기도 한다. 이는 구속 받지 않으려는 인간의 자유의지와 공동의 목적을 향해 집단적으로 행동하려는 조직의 본능이 상존하는 한 발생될 수밖에 없는 딜레마일 것이다. 특히 경제적 목적을 위해 어쩔 수 없이 노동을 제공하는 노동자와 사용자 간의 경제적 거래 관계가 부각될 경우 그 딜레마는 커질 수밖에 없다. 그렇다면 이러한 딜레마 상황을 최소화하기 위해 어떤 노력이 필요할까? 인적자원개발이 구성원 개개인의 자발적 참여와 도전, 변화를 통한 성장을 도모하는 것이라면 구성원 개개인의 학습이 존중되고 독려되는 일터 환경의 조성이 필요하다. 예를 들면, 공정한 학습기회의 제공, 학습이 지지되는 구성원 간의 관계 형성, 학습의 기회가 내재된 직무 설계, 자기주도적인 업무 계획 및 수행의 기회 제공, 실수를 학습의 기회로 삼는 일터 분위기 등은 중요할 것이다. 이와 같은 학습조직문화의 형성은 구성원들에게 일을 통해 성장할 수 있다는 믿음을, 조직에게 구성원들의 학습결과를 성과로 연결시키는 경험을 줄 것이다. 구성원과 조직 모두 학습을 통한 성장을 함께 도모할 수 있는 것이다.

참고문헌

Allen, W. C. (2006). Overview and Evolution of the ADDIE Training System, *Advances in Developing Human Resources, 8*(4), 430−441.

Arthur, M. B., & D. M. Rousseau. (1996). *The boundaryless career: A new employment principle for a new organizational era.* New York: Oxford University Press.

Barney, J. B. (2001). Resource−based theories of competitive advantage: A ten−year retrospective on the resource−based view. *Journal of management, 27*(6), 643−650.

Burke, W., & Bradford, D. (2005). The Crisis in OD in *Reinventing Organization Development*(eds). Bradford, D. and Burke, W. (pp. 1-14.) San Francisco: John Wiley & Sons.

Cummings, T. & Worley, C. (2015). *Organization development and change* (10th ed.). Mason, OH: Cengage Publishing.

Cummings, T. G., &; Cummings, C. (2014). Appreciating organization development: A comparative essay on divergent perspectives. *Human Resource Development Quarterly, 25*(2), 141-154.

Dawis, R. V. (2002). Person−environment correspondence theory. In D. Brown (Ed.), *Career choice and development* (4th ed., pp. 427-464). San Francisco, CA: Jossey−Bass.

Dawis, R. V., & Lofquist L. H. (1984). *A psychological theory of work adjustment.* Minneapolis: University of Minnesota Press.

Garavan, T. N., McGuire, D., & Lee, M. (2015). Reclaiming the "D" in HRD: A typology of development conceptualizations, antecedents, and outcomes. *Human Resource Development Review, 14*(4), 359−388.

Hall, D. T. (2002). *Careers in and out of organizations.* Thousand Oaks, CA: Sage.

Knowles, M. S. (1984). *The Adult Learner: A Neglected Species* (3rd ed.). Houston: Gulf.

Knowles, M. S., Holton, E. F., & Swanson, R. A. (2005). *The adult learner: The definitive classic in adult education and human resource development.* Amsterdam: Elsevier.

Kolb, D. A. (1984). *Experiential learning: Experience as the source of learning and development*. New Jersey: Prentice−Hall.

Kuchinke, K. (1999). Adult Development towards What End? A Philosophical Analysis of the Concept as Reflected in the Research, Theory, and Practice of Human Resource Development, *Adult Education Quarterly, 49*(4), 148−162.

Kuchinke, K. (2014). Perspectives on the concept of development for HRD. in *the Handbook of human resource development: theory and application* (Eds), Chalofsky N, Roccoo T, Morris L (pp. 112−124), San Francisco, CA: Jossey−Bass.

Lee, M. M. (2014). Dilemmas in defining HRD in *the Handbook of human resource development: theory and application* (Eds), Chalofsky N, Roccoo T, Morris L (pp. 95−111), San Francisco, CA: Jossey−Bass.

Lewin, K. (1951). *Field theory in social science*. New York, NY: Harper & Row.

Marquardt, M. J., Banks, S., Cauwelier, P., & Seng, N. C. (2018). *Optimizing the power of action learning: Real−time strategies for developing leaders, building teams and transforming organizations* (3rd ed.). London UK: Nicholas Brealey Publishing.

Mclagan, P. A. (1989). Models for HRD practice. *Training and Development Journal, 43*(9), 49−59.

McLean, G. N. (2006). *Organization development: Principles, processes, performance*. San Francisco: Berrett−Koehler.

McLean, G. N., & McLean, L. (2001). If we can't define HRD in one country, how can wedefine it in an international context? *Human Resource Development International, 4*, 313−326.

Mezirow, J. (1991). *Transformative Dimensions of Adult Learning*. San Francisco: Jossey−Bass.

Miles, R. E. (1965). Human relations or human resources? *Harvard Business Review, 43*(4), 148-157.

Nadler, L. (1970), *Developing Human Resources*, Gulf, Houston, TX.

Nadler, L., & Nadler, Z. (1989), *Developing Human Resources: Concepts and a Model* (3rd ed.), Jossey−Bass, San Francisco, CA.

Nadler, L., & Nadler, Z. (1989). *Developing Human Resources*. San Francisco:

Jossey — Bass.

Noe, R. A. (2010). *Employee Training and Development* (5th ed.). New York, NY: McGraw — Hill.

Oh, S. Y., & Kim, S. (2022). Effects of inter — and intra — organizational learning activities on SME innovation: the moderating role of environmental dynamism. *Journal of Knowledge Management, 26*(5), 1187 — 1206.

Ruona, W. E. (2016). Evolving human resource development. *Advances in Developing Human Resources, 18*(4), 551 — 565.

Schön, D. (1983). *The Reflective Practitioner: How Professionals Think in Action.* New York: Basic Books.

Swanson, R. A. (2001). Human resource development and its underlying theory, *Human Resource Development International, 4*(3). 299 — 312.

Swanson, R. A. (2022). *Foundations of Human Resource Development* (Third Ed.), Oakland, CA: Berrett — Koehler Publishers, Inc.

Watkins, K. E. & Marsick, V. (2003). *Make learning count! Diagnosing the learning culture in organizations.* Advances in Developing Human Resources(Special Issue Eds.), *5*(2). Sage Publications & Academy of Human Resource Development.

Watkins, K. E. (2000). Aims, roles and structures for human resource development. *Advances in Developing Human Resources, 2*(3), 54 — 59.

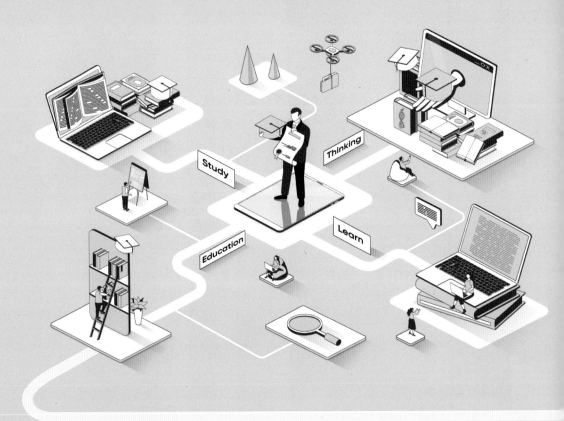

CHAPTER

12

일의 교육학:
평생학습시대의 일과 배움

일의 교육학:
평생학습시대의 일과 배움

장원섭

01 ▶ 평생학습의 시대

　태어나면서부터 죽을 때까지 평생 동안 배워야 하는 시대다. 어리고 젊은 나이에 교육으로 얻은 지식과 기술만으로도 충분히 성인기의 삶을 살아가던 때는 지나갔다. 너무나 빠르게 변화하는 세상이기 때문이다. 이 절에서는 먼저 평생학습에 영향을 미치는 경제사회적 변화에 대해 살펴본다. 그리고 나서 전통적인 학교교육이 갖는 한계를 검토한다. 끝으로 평생학습의 개념과 실천이 발전해 나가는 모습을 개관한다.

❶ 경제사회적 변화

　평생에 걸쳐 학습을 할 수밖에 없도록 만드는 경제사회적 변화는 크게 세 가지 측면으로 나누어 살펴볼 수 있다. 그것은 지식과 기술의 증가, 사회문화적 환경 변화, 그리고 인구구조의 변화 등이다.

1) 지식과 기술의 증가

　과학기술의 발달에 따라 지식이 폭발적으로 증가하고 기존의 기술이 새로운 기술에 의해 빠르게 대체되고 있다. 산업사회가 지식정보화 사회로 전환했든, '제4차 산업혁명'의 시대가 도래했든Schwab, 2016, 우리는 지금 지식과 기술이 급속하게 변화하는 세상을 살아가고 있다. 컴퓨터와 인터넷에서부터 스마트폰과 SNS, 더 나아가 빅데이터, 인공지능, 로봇 등이 지식과 기술의 발전 상을 잘 보여준다. 이렇게 빠르게 변모하는 지식과 기술을 따라가려면 우리는 숨 가쁘게 학습할 수밖에 없다.

더군다나, 인공지능 기계와 로봇 등으로 인해 현재의 직업들이 절반 정도는 사라지고 그 대신 새로운 직업들이 만들어질 것으로 예상된다. 특히, 반복적인 작업이나 업무를 수행하는 단순노동과 사무직 등은 자동화에 의해 대체될 가능성이 크다. 반면, 축적된 지식과 고숙련을 바탕으로 통찰력과 창의성을 발휘하거나 인간의 판단력과 고유의 감성에 기초한 일들은 그러기에는 다소 시간이 걸릴 것이다. 그럼에도 불구하고, 직업세계가 크게 개편되어 갈 것임에는 틀림없다Schwab, 2016; 임언 외, 2017; 정민, 2016.

이미 한 직장에서 정년퇴임할 때까지 근무하는 평생직장의 개념은 더 이상 유효하지 않다. 그 대신 평생 동안 직장과 직업을 바꿔가며 일하는 평생직업의 시대가 펼쳐지고 있다장원섭, 2015a. 따라서 우리는 자신의 직업적 능력을 계속 높이거나 새로 갖춰서 일할 수 있는 준비를 끊임없이 하여야 한다.

이렇게 지식과 기술의 빠른 변화 속에서 살아가기 위해서는 학교교육만으로는 충분하지 않다. 학교교육과정 안에 모든 지식을 다 담아내기는 불가능하기 때문이다. 새로운 시대를 살아가는 우리는 빠른 변화들에 능동적이고 적극적으로 대처해야 한다. 그러기 위해서는 전통적으로 정규 교육이라고 여겨졌던 유치원에서부터 대학교까지의 K-12 교육을 마친 후에도 계속해서 배워야만 한다.

2) 사회문화적 환경 변화

사회문화적 환경이 변화하고 삶의 방식이 달라지고 있다. 오랜 기간 동안 당연하다고 여겨왔던 전통적인 규범과 질서가 무너지고 있다. 그 대신 새로운 가치관과 생활양식이 빠르게 확산되었다. 이런 가운데 많은 사람들이 삶의 방식에서 혼동과 시행착오를 겪고 있다. 사회문화적 변화에 적절하게 대응하고 삶을 더욱 풍부하게 만들기 위한 노력이 필요하다.

구체적으로, 개인중심의 생활양식이 확산되고 있다. 가족이나 조직에 충성하던 삶으로부터 자기 자신을 우선적으로 생각하는 경향이 두드러진다. 가부장적 대가족제도에서 이미 핵가족화가 이루어졌고 가족 형태와 관계는 더욱 다양화되고 있다. 더 이상 조직인간이 아니라 혼자서 일하는 '프리랜서' 또는 '프리에이전트free agent'가 증가하고 있다장원섭, 2006. 일과 일 이외의 삶을 조화롭게 균형 잡으면서 살아가기 위해 '워라밸work-life balance'을 추구한다. 인생은 한번 뿐이므로 즐기며 살아야 한다는 '욜로YOLO, you only live once' 문화도 확산되고 있다.

또한, 단일민족국가라고 여겨져 온 우리 사회도 글로벌화와 다문화화가 빠르게 진전되었다. 국가 간 이동이 빈번하고 국제결혼과 외국인 근로자의 유입이 크게 늘었다. SNS, 위키, 무크 등을 통해 언제 어디서나 누구와도 소통하거나 교류하고, 새로운 정보와 지식을 얻을 수 있다. 가상현실 속에서, 그리고 로봇이나 인공지능 기계 등과도 함께 살아가야 하는 시대가 오고 있다.

더욱 개인주의화되고 다원화된 세상에서 우리는 자신의 욕구를 자유롭게 표출할 수 있다. 더 편리하고 질 높은 삶을 즐길 수도 있다. 반면, 또 다른 위협을 겪을 가능성도 매우 크다. 이미 사회 불평등과 양극화는 더욱 심해지는 경향을 보이고 있다. 불평등은 단지 경제적 소득 수준의 차이에서 뿐만 아니라 '디지털 디바이드' 같은 정보의 격차를 낳기도 한다. 그럼으로써 교육과 여가 등 삶의 질에 있어서 불균등을 초래한다. 사회적 불신과 고립, 불안 같은 문제가 커지고, 개인의 삶과 사회적 안녕이 위협받기도 한다.

이렇게 변화하는 사회문화적 환경에 우리는 적절히 대응할 수 있어야 한다. 그러기 위해서는 자신의 삶에 대한 주체적 의식과 사회 문제에 대한 비판적 인식의 함양이 필요하다. 그래야만 우리는 포용과 관용, 공유 등 더불어 살아가는 새로운 형태의 공동체적 세상을 만들어갈 수 있다. 그런 삶의 학습은 한 개인이 살아가는 내내 일생 동안, 그리고 살아가는 곳곳 어디에서나 이루어져야 한다.

3) 인구구조의 변화

저출산 고령화로 인해 인구구조가 크게 변화하고 있다. 개인 중심의 가족 관념은 저출산을, 의료생명기술의 발전은 고령화를 가속화하였다. 통계청 자료에 의하면, 1960년에 6.16명이었던 합계출산율은 2017년에 1.05명, 2022년에는 0.78명으로 크게 낮아졌다. 세계적으로도 가장 낮은 수준이다한국일보, 2018. 3. 1.. 반면, 1960년에 54.9세였던 기대 수명이 2015년에는 남녀 평균 82.8세로 크게 늘어났다.

이에 따라 노인인구의 비중이 빠르게 증가하면서 인구구조는 피라미드 형태에서 종형을 지나 점차 항아리와 역피라미드에 가까운 모양으로 바뀌어 가고 있다. 인구의 고령화 추세로 인해 우리나라는 2000년에 전체 인구의 7% 이상이 65세 노인인구인 '고령화 사회ageing society'에 진입하였고, 2018년에는 14% 이상의 '고령사회aged society', 그리고 2026년에는 20% 이상인 '초고령 사회super-aged society'가 될 것으로 예상된다한정란, 2005.

또한, 2017년 대비 2040년의 연령대별 인구 구성비의 변화를 보면, 생산 가능 인구15~64세의 비중은 73.0%에서 56.5%로 줄어드는 반면 고령 인구의 비율은 13.7%에서 32.3%로 증가하는 것으로 예측된다. 이러한 저출산 고령화 추세는 산업 인력의 고령화, 복지비용의 증가 등과 같은 문제를 야기할 수 있다. 또한 학령인구의 감소로 인해 이미 학교교육은 학생 수 부족과 같은 문제에 봉착하는 등 여러 변화를 겪고 있다김형만, 장원섭, 황승록, 2014.

이러한 인구구성의 변화는 평생학습에 많은 시사점을 준다. 성인 인구가 많아지고 노년기가 길어지면서 평생학습에 대한 수요 자체가 절대적으로 증가할 것이다. 이들은 계속적인 학습을 통해 새롭게 경력을 개발하거나 지속할 뿐만 아니라 학습 참여를 통해 적극적으로 삶의 의미도 찾고자 할 것이다. 이에 따라 어릴 때는 배우고 젊을 때는 일하며 늙어서는 쉬는, 단선형적인 전통적 삶의 방식이 더 이상 유효하지 않게 된다. 그 대신 교육과 일, 여가가 복잡하게 얽히는 새로운 삶의 모형이 대두하고 있다. 특히 초중등학교와 대학이 이제는 전통적인 학령인구뿐만 아니라 성인들을 위한 평생학습의 장으로 개방되기도 한다. 한마디로, 평생교육은 개인의 삶에서 뿐만 아니라 경제사회적으로 그리고 교육적으로 그 중요성이 더욱더 커지고 있다.

❷ 학교교육의 위기

학교는 이미 교육적으로 위기를 겪고 있다. 학교교육이 갖는 문제는 오래전부터 지적되어 왔다. 근래 들어서는 전통적인 학교 중심에서 평생 학습을 중심으로 교육 패러다임이 크게 탈바꿈하고 있다.

1) 탈학교론의 대두

1960~70년대 여러 학자들과 단체들은 학교의 비교육적 또는 반교육적 현상들에 주목하면서 학교교육의 위기를 경고하였다. 구체적으로, 첫째, 기존의 학교교육은 교육을 수단화, 도구화한다. 둘째, 학교제도는 교육의 장소를 학교라는 특정 물리적 공간으로 제한하여, 학교 이외의 다른 모든 교육을 경시하는 경향이 있다. 셋째, 교육의 시간을 인간 생애의 특정 시간에만 한정한다. 넷째, 능력주의 이데올로기에 따라 학생을 엄격히 선발하는 기능을 가장 중요한 교육기능이 되도록 하였다. 다섯째, 학교의 교육내용은 매우 제한적이고, 교과서를 성전으로 여기도록 하여 교육을 경직화하고 획일화시킨다. 여섯째, 학교제도와 문화는 상당히 비민주적이다. 요약하면, 학교교육 제도의 폐쇄성과 경직성, 그리고 교육의 수단화와 비인간화가 학교교육의 위기를 초래한 주요한 문제로 비판받았다.

학교교육의 위기에 대한 지적과 비판은 "학교는 죽었다School Is Dead"라고 선언한 라이머Reimer, 1971와 학교를 벗어나 새로운 학습체제를 구축하고자 한 일리치Illich, 1971에 의해 더욱 가열되었다. 이들은 학교교육 사망신고와 탈학교를 주창함으로써 현대사회에서 학교가 교육제도를 독점해 나타나는 반反교육적 현상을 비판한 것이다. 또한 교육 본연의 모습과 기능을 되찾기 위해서는 현재와 같은 학교제도를 폐지해야 한다는 입장이다. 결국, 일리치와 라이머 등의 탈학교론은 학교화된 사회schooled society를 철폐하고 진정한 의미의 교육을 회복하기 위한 체제를 구축하기 위한 시도였다.

2) 교육에서 학습으로 패러다임 전환

학교교육은 산업사회의 효율성을 잘 반영하여 왔다. 학교교육의 기원에 대해서는 다양한 주장들이 있지만, 산업화에 따른 대량생산체제에서 학교교육이 주요한 기능을 했다는 데는 대체로 이견이 없다.

산업사회의 대량생산체제에서는 거대한 공장들이 만들어졌고, 그 공장에서 노동할 다수의 인력을 공급받을 필요성이 생겼다. 학교는 이런 인력을 대량으로 공급할 수 있는 주요한 제도였다. 전통적인 도제제도로는 소수의 숙련 기술자만이 육성될 수 있는데 비해, 학교는 표준화된 지식과 기술을 가진 인력을 한꺼번에 많이 배출할 수 있었기 때문이다.

학교교육은 실제로 대량생산체제의 효율성을 그대로 닮아있다. 표준화된 교과서로 많은 수의 학생에게 동일한 내용의 지식과 기술을 습득하도록 한다. 비슷한 수준의 학생들을 대상으로 교육을 시작해서 일정 수준의 지식과 기술을 획득했는지를 표준화된 시험으로 점검하고, 이를 충족하면 학교에서 내보낸다. 한마디로, 학교는 공장모형을 기반으로 하는 매우 효율적인 교육제도다.

그러나 학교교육은 탈산업화에 따라 그 교육적 효과를 잃어가고 있다. 공급자 위주의 대량생산보다는 소비자의 요구에 맞는 맞춤형 생산이 필요한데, 이를 위해서라도 획일적인 지식 주입보다는 다양하고 창의적인 학습이 더욱 중요해졌다.

학생들은 이제 학교에서만이 아니라 언제 어디서나 지식을 습득할 수 있다. 그것도 교과서 속에 갇힌 과거의 지식이 아니라 새로운 첨단의 지식을 얻을 수 있다. 정답을 가진 교사로부터 일방적으로 표준화된 지식을 주입받는 것이 아니라 새로운 답을 찾아서 어느 누구와도 협력적으로 학습할 수 있다.

정보통신기술의 발전은 교실교육을 넘어선 새로운 학습의 방식을 가능하도록 하는 데 기여했다. 스마트 폰, 태블릿 PC, 사회관계망 서비스SNS 등을 기반으로 이러닝, 모바일러닝, 무크 등과 같이 시간과 공간을 초월하여 언제 어디서나 학습할 수 있는 열린 학습체제가 크게 확산되고 있다.

결국, 산업사회의 주요한 교육제도였던 학교교육은 그 교육적 힘을 크게 상실하고 있고, 이제는 그 교육적 역할과 기능을 완전히 바꾸어야만 하는 시점에 놓였다. 그 대신 평생 동안 언제나 그리고 사회 곳곳 어디서나 배울 수 있는 방식으로 전환하였다. 한마디로, 공급자 중심의 학교교육 패러다임이 수요자 중심의 평생학습 패러다임으로 바뀌었다.

❸ 평생교육의 전개

평생교육은 학교교육에 대한 대안으로 등장하였다. 그 이후 전 세계적으로 뿐만 아니라 우리나라에서도 빠르게 확산하였다. 그럼에도 불구하고, 그 교육적 기대를 달성하기 위해서는 여전히 많은 과제를 안고 있다.

1) 평생교육의 등장

유네스코UNESCO는 1940년대 중반 설립 당시부터 '기초성인교육'이라는 개념을 통해 평생교육을 실천하였다. 기초성인교육은 학교교육을 받지 못한 성인들을 위한 문해교육literacy education을 의미했다. 그것을 인간적인 삶을 영위하기 위한 기본 조건으로 여겼다.

1965년에는 평생교육 개념을 처음 제안하였다. 유네스코가 제시한 평생교육 개념은 세 가지의 기본적인 성격을 가졌다. 그것은 교육시기의 연장, 교육장의 확대, 그리고 교육제도의 개방이다. 첫째, 평생교육은 아동과 청소년기에만 집중되던 학교교육을 포함하여 태어나면서부터 죽을 때까지의 모든 교육을 아우르는 개념이다. 즉, 교육의 수직적 확대를 의미한다. 둘째, 평생교육은 학교를 통해서 주로 제공되던 교육이 사회의 다양한 장소에서도 적극적으로 이루어질 것을 강조한다. 이것은 교육의 수평적 확장을 일컫는다. 셋째, 평생교육 개념에는 폐쇄적인 교육기회를 모든 이에게 개방하여야 한다는 의미가 포함되어 있다. 그에 따라 평생교육을 통한 교육의 민주화가 가능하다. 요약하면, 평생교육은 종합적이고 통합적인 교육적 의미와 성격을 가지고 있다.

경제협력개발기구OECD는 1973년에 순환교육recurrent education의 개념을 제시하였다. 순환교육은 학교교육을 마친 뒤에도 계속적인 교육을 받을 수 있도록 직업생활에 들어가서도 필요에 따라 주기적으로 학습할 수 있는 교육의 기회와 자원의 재분배를 강조하였다.

그 이후 OECD는 점차 순환교육 대신 평생학습의 개념을 사용하였다. 그러나 OECD의 평생학습 개념에는 여전히 경제적 유용성의 측면이 강조되었다. 그러한 경제주의적 평생학습 개념은 세계시장경쟁이 치열한 현실 상황 속에서 유네스코의 인문중심 이상주의적 평생교육이념을 넘어서고 있다Boshier, 1998.

평생교육 개념과 그 실천전략에 있어서의 차이에도 불구하고, 평생교육은 근래 들어 더욱더 발전하였다. 모든 사람의 기본적인 인권으로서 학습권을 보장하고, 이를 위해 '모든 이를 위한 교육education for all'을 실현하고자 하였다. 공급자 중심의 교육으로부터 수요자 중심의 학습으로의 패러다임 전환을 통해 학습사회를 구현하고 평등사회를 건설하려 한다. 평생교육은 교육의 이념인 동시에 실천 전략으로 인식되고 있다.

2) 우리나라 평생교육의 발전

우리나라 평생교육은 일제 강점기의 농촌계몽과 문맹퇴치 교육 활동으로까지 그 연원을 거슬러 올라갈 수 있다. 이런 교육 운동은 해방 후에도 지속되었다. 그러다가 1970년대에는 유네스코에 의해 평생교육 개념이 소개되었고,

1980년대 들어 본격적으로 실천이 이루어졌다. 1981년에 방송통신대학교가 독립적으로 운영되었고, 1982년에는 개방대학이 개교하였다. 또한, 1980년대 초반부터 대학 부설 평생교육원이 개설되기 시작하였다.

무엇보다 1980년 헌법에서 '국가는 평생교육을 진흥해야 한다'는 선언을 했고, 1982년 12월에는 『사회교육법』이 제정되어 체계를 갖추게 되었다. 이 법에서는 '사회교육전문요원'현. 평생교육사이라는 평생교육 전문가를 육성하고 자격화하였다. 1990년대에는 평생교육을 통해 학교교육의 기회를 놓친 성인들이 학위 취득을 할 수 있는 다양한 제도들이 도입되었다. 1990년에 독학에 의한 학위취득제도가 시행되었다. 1998년부터는 학교와 학교 밖의 다양한 형태의 학습을 학점으로 인정받아 학위 취득을 가능하도록 하는 학점은행제가 운영되기 시작하였다. 그밖에도 대학의 정규교육과정을 개방하여 자유롭게 수강할 수 있도록 제도화한 시간제 등록제, 기업이 설립하여 운영하는 기술대학과 사내대학제도, 그리고 인터넷 등 첨단 정보통신매체를 활용한 원격대학이 정식인가를 받아 운영할 수 있게 되었다. 2000년 3월 1일부터는 『사회교육법』을 개정하여 『평생교육법』을 시행하였다. 『평생교육법』은 평생학습을 직접적으로 규정하고 있는 법령으로서 학교교육을 제외한 모든 형태의 조직적인 교육활동을 대상으로 하고 있다.

평생학습은 모든 이의 전 생애에 걸친 형식적, 비형식적 학습을 총칭한다. 따라서 그 대상과 내용, 그리고 방법이 매우 다양하고 포괄적이다. 이렇게 볼때 우리나라에서는 국민의 평생학습을 촉진하기 위한 다양한 추진 부처와 법령이 있다. 『평생교육법』뿐만 아니라 근로자의 평생직업능력개발에 중점을 둔 『근로자직업능력개발법』, 그리고 더 포괄적이고 효과적으로 국가인적자원을 개발하고 활용하기 위한 『인적자원개발기본법』 등은 그 대표적인 법령들이라고 할 수 있다. 이 밖에도 평생학습과 직접적으로 관련되는 법령을 거의 대부분의 정부부처가 갖고 있다고 볼 수 있다. 예를 들어, 건설교통부는 건설기술자 양성 및 재교육을, 국방부는 군인 및 유가족 대상을 대상으로 하는 교육을,

법무부는 재소자 및 수용자의 교화 및 사회복귀를 위한 직업훈련을 실시하는 것이 그런 예들이다.

이처럼 우리나라에는 국민이 전 생애에 걸쳐 다양한 형태의 평생학습정책의 수혜를 입을 수 있는 제도가 대체로 마련되어 있다고 할 수 있다. 전 국민의 평생학습권을 보장하기 위해 정부는 재직자, 고령자, 고졸취업자 등 다양한 대상에게 대학, 온라인 강좌 등 여러 가지 방법을 통해 평생교육을 진흥하고 있다. 그러나 평생교육이 크게 늘었음에도 불구하고 학교교육의 불평등을 해결할 제2의 교육기회를 제공하려는 교육적 기대가 달성되었는지는 여전히 미지수다.

실제로 교육부·한국교육개발원2018의 자료에 의하면, 2017년 우리나라 성인의 평생학습 참여율은 34.4%로 아직 주요국들의 참여율에 못 미치고 있다. 더욱 큰 문제는 평생학습 기회가 불평등하게 분배되어 있다는 사실이다. 연령에 따라서는 젊은 층의 학습참가율이 높은 반면 노년층은 낮은 학습참가율을 보였다. 25-34세가 41.8%의 참가율을 보이는 반면, 연령이 높아질수록 점차 낮아져서 65-79세는 26.9%에 불과했다. 도시지역에 거주하는 주민은 약 35%의 참가율을 보이는 데 비해 농어촌 주민의 참가율은 30%에 미치지 못했다. 고용형태에 따라서도, 정규직 임금근로자가 40.9%로 가장 높고 비정규직은 23.4%, 비임금근로자는 28.1%였다. 더욱 주목할 것은 대졸이상의 고학력자의 평생학습 참여율은 44.2%인 데 반해, 고졸학력자는 29.0%, 중졸 이하는 23.0%의 평생학습 참가율만을 보일 뿐이라는 점이었다. 이것은 학교교육에서의 차이가 평생교육에서 더욱 심화되고 있음을 방증한다. 즉, 학습기회와 이로 인한 사회적 성과, 지위 등에서 격차가 더욱 확대될 수 있는 가능성을 보여준다.

결국, 우리 사회에서 평생학습 참가는 사회적으로, 교육적으로 불리한 위치에 있는 사람들에게 제2의 교육기회로서 기능한다고 보기는 어렵다. 오히려 이미 경제사회적으로 높은 지위를 갖고 있거나 학교교육의 혜택을 많이 받은 사람들이 여전히 더 많은 평생학습 기회를 향유하는 것으로 보인다. 학교교육에서 소외된 계층은 그 이후의 평생학습의 기회에서도 더욱 소외되고 있음을 유추할 수 있다.

3) 학습사회론

평생교육은 일생에 걸친 학습을 의미하고, 그 이상으로서 '학습사회'를 지향한다. 학습사회learning society는 언제anytime, 어디서나anywhere, 누구나anyone 원하면 학습할 수 있는 사회로 정의된다. 그럼에도 불구하고, 학습사회의 의미는 다양하게 쓰인다. 그것은 시대의 변화에 따라 진화하였고, 평생교육의 어느 측면을 강조하느냐에 따라 다양하게 유형화된다. 학습사회에 대한 관점은 크게 이상주의, 경제주의, 그리고 네트워크형 학습사회론으로 구분할 수 있다장원섭, 2003.

먼저, 이상주의 학습사회론은 유네스코가 주도한 제1세대 고전 모형이라고 할 수 있다. 이것은 총체적인 교육개혁의 원리로서의 평생교육 개념과 유토피아적인 평생학습사회의 이상을 가진 학습사회론이다. 이상주의적 학습사회론자들이 주장하는 학습사회에서는 교육받는 것이 시민의 권리이자 의무가 된다. 학교교육의 기회를 놓친 성인들에게 제2의 교육 기회를 제공함으로써 모든 이를 위한 학습사회를 실현하고자 한다. 그럼으로써 개인의 시민화와 사회의 민주화를 달성하려고 한다.

그러나 이상주의적 학습사회론은 사회의 안정성과 질서를 가정하고 있기 때문에 너무 이상주의적이고 따라서 추상적인 학습사회 개념에 기초하여 논의를 전개한다. 이러한 학습사회 개념은 매우 규범적이며, 사회 내의 힘의 역학관계에 대해서는 간과하고 있다는 한계점이 있다. 또한 세계화와 무한 경쟁, 그리고 노동시장의 유연화에 따른 구조조정과 높은 실업률 및 불안정이 초래되는 가운데 보다 현실적인 경제주의적 학습사회론에 자리를 빼앗겼다Boshier, 1998.

경제주의적 학습사회론은 OECD가 주도한 제2세대 학습사회 모형이다. 그것은 학습의 경제적 유용성, 개인의 직업적 지위 확보와 고용가능성, 그리고 교육과 일의 연계 등 경제주의적 성격의 평생학습을 강조한다. 또한 시장의 원리에 기초하여 평생교육시장을 가정하면서, 교육시장에서의 소비자인 학습자가 필요에 따라 학습을 선택하는 유연한 시장중심의 학습사회론을 전개한다. 따라서 이 모형에서 개인은 경쟁이 치열한 노동시장에서 생존하고 승리하기 위해서 스스로 자신의 경제적 가치를 높이고 고용가능성을 증진시킬 능력개발에 대한 책임을 지는 존재로 가정된다. 기업이 평생학습의 중요한 장소이기는 하지만 노동이동이 빈번한 유연한 노동시장에서 능력개발의 궁극적인 책임은 개인에게 있게 된다.

시장중심의 경제주의적 학습사회로의 패러다임 전환에는 정보통신기술의 급속한 발달과 그에 따른 경제의 세계화가 크게 작용하였다. 정보통신의 발달은 산업사회의 근본적인 구조 자체를 변화시켰다. 산업사회에서의 핵심적인 생산요소로서 전통적인 토지, 자본, 노동 대신에 지식과 정보의 중요성을 부각시켰다. 다른 한편, 정보통신의 발달은 지식과 정보뿐만 아니라 자본과 노동의 이동성을 촉진시켰으며, 그에 따른 필연적인 결과로서 무한경쟁체제를 초래하였다. 이러한 패러다임의 변화 속에서 개인에게는 일과 학습의 통합과 평생직업능력의 개발 등이 요구되고 있다. 즉, 근로자들은 평생교육을 통하여 자신들의 고용가능성을 지속적으로 높여야 한다.

그러나 시장중심적 평생교육은 시장실패의 가능성을 항상 내포하고 있다. 또한 인간을 수단시하고 평생학습을 경제적 유용성을 위한 도구로 전락시킨다는 비판을 받는다. 따라서 경제주의는 그 자체로 진정한 의미의 학습사회론이라고 할 수조차 없다는 주장이 타당성을 가질 수 있다. 경제적 효율성과 함께 민주적이며 사회통합적인 평생학습이 필요하다. 또한 시민의 비판의식과 인적자원개발에 있어서의 고용주와 노동자 사이의 힘의 균형, 그리고 사회통합적 평생학습을 통해 진정한 의미의 학습사회를 이루어야 한다.

네트워크형 학습사회론은 시장중심적 학습사회를 대신할 수 있는 방안으로 제기되고 있는 제3세대 학습사회 모형이다. 학습망으로서 네트워크형 학습사회는 모든 사람이 다양한 학습망에 참여함으로써 이루어진다. 여기서 학습망은 정보통신 인프라 구축을 통해 조성될 수 있지만, 그것에만 한정하지는 않는다. 평생학습망은 시민 사회와 밀접한 관련이 있다. 그것은 학습이 개인적 활동일 수도 있으나 동시에 거대한 학습망 속에서 이루어지는 사회적 관계의 산물이라는 철학에 근거한다.

네트워크형 학습사회의 중요한 기반을 제공하는 것은 정보통신기술이다. 초고속 정보통신망 구축은 실제로 평생교육을 위한 사회적 기반을 형성한다. 정보통신기술은 다양한 형태의 정보와 지식을 빠른 속도로 언제, 어디서나, 누구와도 주고받을 수 있도록 한다. 예를 들어, 사이버 학습체제는 통신망을 통해 각종 교육 자원에 대한 정보와 교육 콘텐츠를 손쉽게 제공한다.

그러나 네트워크형 학습사회를 정보통신기술에만 그치는 하이테크형 평생교육으로만 이해해서는 곤란하다. 그것은 하나의 수단이며 도구일 뿐이다. 존 내이스빗의 주장대로, 하이테크High-Tech와 함께 사람과 사람 사이의 인간적 교류를 의미하는 하이터치High-Touch의 중요성을 가질 필요가 있다. '하이테크와 하이터치'는 학습의 효과성을 위해서뿐만 아니라 학습사회 그 자체가 갖는 이상적인 사회상의 실현을 위해서도 동시에 고려되어야 한다. 따라서 네트워크형 학습사회는 학습자원들 사이의 인적, 물적, 정보적 교류와 협력 전반을 의미한다. 정보통신 네트워크뿐만 아니라 정보통신 네트워크를 통한 또는 그러한 네트워크에 기반하지 않은 학습을 위한 사회적 네트워크의 구축이야말로 학습사회를 달성하기 위한 필수적인 요건이다.

4) 사회학습망

평생교육의 이념 아래 새롭게 등장한 학습사회 개념은 누구나 언제 어디서나 원하면 학습할 수 있는 이상적 사회를 제시하였다. 그것은 사회의 교육적 제도와 장치를 재정비하거나 새롭게 구축하여 개인이 능동적으로 학습에 참여할 것을 강조한다. 학습사회론은 탈학교론에 비해 모든 이의 자발적인 교육 참여를 가능하게 하는 기회의 제공을 강조한다는 점에서 진일보한 개념이라고 할 수 있다. 또한 학습사회는 이상적 차원에서뿐만 아니라 현실적인 교육시장과 정보통신기술의 활용 차원에서도 이해될 수 있다.

그럼에도 불구하고 학습사회론 역시 여전히 적극적인 의미의 교육권 보장에는 미흡한 점이 있다. 특히 최근의 지배적인 시장중심적 학습사회에서 나타날 수밖에 없는 시장실패로서의 교육적 소외와 네트워크형 학습사회론에서의 디지털 디바이드에 의한 교육 실패는 이미 심각한 현실적 문제로 대두되고 있다. 또한 학습사회를 실현하기 위한 구체적인 장치로서 학습도시, 학습동아리, 사이버 학습공동체의 구축은 학습사회를 위한 하나의 조건일 뿐이다. 그것이 모든 이의 학습권을 보장하기 위한 필요충분조건은 아니다. 더욱 적극적으로 사회가 제도적 장치를 통해 개인의 학습을 보장하여야만 학습사회는 실현될 수 있다. 그래야만 평생학습이 강조되는 사회 속에서도 교육적으로 소외될 수밖에 없는 사회적 약자들을 포함한 모든 이의 교육권이 보장될 수 있기 때문이다.

이런 의미에서 사회학습망social learning net은 더 발전된 형태의 가장 적극적인 교육적 장치를 의미한다고 할 수 있다. 그것은 노인, 장애인, 학교 중도탈락 청소년 등 교육적으로 소외되어 왔던 사회적 취약 계층의 교육 가능성과 학습받을 권리를 보장하는 사회통합에 있어 하나의 중요한 기제이다. 한마디로, 사회학습망은 어떤 한 사회의 교육체제가 학교체제school system에서 교육체제education system로의 전환에서 더 나아가, 사회의 모든 교육 관련 기관과 제도들이 강하게 연계되어 촘촘하게 짜여진, 그래서 교육으로부터 소외되어 왔던 모든 이의 학습을 보장하는 사회학습망을 구축하는 체제로 이행하는 것을 의미한다장원섭, 2003.

사회학습망은 단순히 학교교육과 기존의 평생교육에 대한 배타적인 개념이 아니다. 그것은 전통적인 교육제도들이 겹겹이 쌓이면서 교육적으로 비어 있는 부분을 제거하는 다층적 속성을 가진다. 따라서 학교뿐만 아니라 대학, 도서관, 사설학원, 평생교육기관을 모두 포괄한다. 또한 교육을 주요한 목적으로 하지 않았던 여러 제도들, 예를 들어 가정, 지역사회, 언론, 종교기관, 박물관, 시민사회단체, 공공기관, 기업체 등을 교육적 관점에서 재구성한다. 동시에 기존의 제도들만으로는 채워질 수 없는 교육적 틈새에 대해서는 새로운 제도적 장치를 통해 학습을 보장한다. 사회학습망은 이러한 중복적이고 다층적인 학습제도들을 총체적인 관점에서 일관성 있게 재조직하고 재구조화하려는 평생교육적 시도다.

02 ▶ 일의 교육학[1]

인간 존재와 삶의 중심축으로서 교육과 일은 필연적인 관계를 가진다. 교육을 통해 일을 준비할 뿐만 아니라 일을 하면서 배우고 성장하기도 한다. 일의 교육학은 그런 필연적 관계에 대한 탐구다. 이 절에서는 먼저 일하는 존재로서 인간에 대해 살펴본다. 그러고 나서 교육과 일의 필연적 관계를 검토한다. 끝으로 일의 교육을 제안한다.

❶ 일하는 존재로서 인간

인간은 일을 하면서 삶을 살아가는 존재다. 일은 인간 삶의 중심이 되는 활동으로서 단지 생계수단으로서 뿐만 아니라 사회적 기여와 자아실현의 기반이 된다.

1) 일의 의미

일이란 무엇인가? 자연과학에서는 그것을 단순히 힘을 들여 물체를 움직이는 물리적 현상으로 이해한다. 그러나 인간과 사회 현상으로서 일은 그것을 넘어선 중요한 의미들을 갖는다. 일은 일과 관련한 유사 개념들과의 차이를 통해 그 의미가 더 분명하게 드러날 수 있다. 일은 직업이나 노동 같은 용어들

---

1 이 절의 내용은 장원섭(2006)의 『일의 교육학(학지사)』의 일부를 주로 요약하거나 보완한 것이다.

과 혼용하여 사용되기도 하기 때문이다.

『한국표준직업분류』2000에 따르면, 직업occupation은 '유사한 직무의 집합'이라고 규정된다. 이때 직무job는 '생산활동에 종사하는 개별 종사자에 의하여 계속적으로 수행되었거나 또는 수행되도록 설정된 업무'를 말하고, 유사한 직무란 '동일한 형태의 일'을 의미한다. 결국, 직업은 같은 형태의 일이 일정 기간 동안 계속적으로 이루어지는 활동으로 볼 수 있다.

노동labor은 인간이 자기 내부에 존재하는 육체적·정신적 능력을 사용하여 의식적으로 바깥 자연에 작용함으로써 자연을 인간에게 유용하도록 변화시키는 활동으로 정의된다. 이 개념은 주로 경제적 또는 생계유지적인 의미로 쓰이는 경우가 많다. 또한 직업이 소유적 개념을 나타낸다면, 노동은 행위적 의미가 더 강하다.

그렇다면 일은 직업이나 노동과 어떻게 구분할 수 있는가? 일의 개념을 광의적으로 보았을 때, 일은 직업이나 노동 같은 용어들을 포괄하는 개념으로 사용된다. 임금 노동이나 직업적 활동은 모두 일의 범주에 포함할 수 있다. 그럼에도 불구하고, 일은 직업 또는 노동과 구분되는 다음과 같은 몇 가지 주요한 특징들을 갖는다.

일은 직업과는 달리 더 본질적이고 실체적인 의미를 내포하고 있다. 구체적으로, 일은 일하는 행위 그 자체의 본질인 동시에 실체다. 예를 들어, '교육'이라는 일은 '교사'라는 직업과는 차이가 있다. 교사라는 직업은 가르치고 배우는 일로서 교육 이외에도 또 다른 많은 직무와 역할들을 갖는다. 실제로 교사는 공문서 처리와 같이 행정적인 일들도 수행한다. 이런 점에서 교육이라는 본질적인 의미에서의 일과 교사라는 직업에서의 여러 직무활동들은 구분된다.

일은 노동 개념과도 차이가 있다. 노동이 직무를 수행하기 위해 힘을 행사하는 행위이고, 주로 생계를 위하여 이루어지는 비본질적인 특성을 갖는 경향이 강한 반면, 일은 만들거나 창조하거나 생산하거나 고안해 내는 본질적인 활동으로서의 특성을 갖는다Ciulla, 2000. 또한 노동이 나와 자연 또는 객체와의 관계로 특징지어지는 데 반해, 일은 나와 다른 사람들과의 관계를 더욱더 고려한다. 즉, 일은 노동보다 더욱 인간과 공동체지향적인 활동을 나타낸다. 따라서 관계론적 접근을 통해 파악해야 하는 개념이다Krecker, 1995. 한마디로, 일은 단순히 직무나 과업수행의 합이 아니다. 본질적이고 필연적으로 일은 사회적 관계와 공동체성을 내포한다.

게다가, 모든 일은 가치지향성을 갖는다. 이때의 가치는 경제사회적 가치를 넘어선다. 다시, 일을 직업과 노동의 가치와 비교해 보자. 교사라는 직업은 사회경제적 관점에서 보았을 때 그리 높은 가치를 가지지 못한다. 경제적 수익이나 사회적 위세가 아주 높지는 않기 때문이다. 또한 교사는 사용자인 국가와 사학재단의 지배와 관리 하에 교육노동력을 팔고 있는 임금노동자 또는 종속노동자로서, 이미 만들어진 교육과정에 담긴 지식을 단순히 전달하는 자에 불과하다고 주장되기도 한다한준상 외, 1996. 이렇게 교사라는 직업이 갖는 노동의 경제사회적 가치는 절하될 수 있다. 그럼에도 불구하고, 교사라는 직업과 노동이 핵심적으로 내포하고 있는 교육이라는 일의 본질적 또는 내재적 가치는 매우 높다고 할 수 있다. 교육은 숭고하고 사명감이 넘치는 가치 있는 일이기 때문이다.

결국, 일이란 다른 사람을 위해 가치로운 무언가를 생산하는 활동이다O'Toole, 1973; Fox & Hesse-Biber, 1984. 일은 경제적으로 부가가치를 창출하고 다른 사람들에게도 기여하기 마련이다. 대부분의 사람들은 자신의 생계를 유지하면서도 경제적, 사회적으로 의미 있는 일을 한다. 다만, 자신의 일이 얼마나 가치롭고 유의미한지를 느끼지 못하는 경우가 많을 뿐이다.

2) 일의 중심성

'일과 삶의 균형work-life balance'은 중요한 화두가 되었다. 그러나 엄밀히 따지면, 이 말은 잘못된 용어다. 일과 일 이외의 삶 사이의 조화가 더 정확한 표현이다. 일도 삶의 일부분이기 때문이다. 아무튼 그것은 개인의 삶을 일뿐만 아니라 일 이외의 영역인 가족이나 친구 관계, 여가, 자기개발 등과 조화롭게 이루어 나가는 것을 의미한다천혜정, 한나, 2009.

많은 사람이 일을 줄이고 제한하는 방식으로 삶의 균형을 유지하는 것이 행복한 삶을 살아가는 길이라고 생각한다. 자신만의 여유로운 시간을 갖고 개인적인 또는 가족과의 여가를 즐기기를 원한다. 어쩌면 일로부터 어떻게든 벗어나기를 바란다. 오히려 그 균형을 쉼과 여가 쪽으로 기울이려 한다. 너무 오랜 시간 일을 하며 일에 치이기 때문일 것이다.

그런데 여전히 일은 인간 삶의 중심centrality of work에 있다장원섭, 2006. 한 사람의 생애는 일을 중심으로 펼쳐져 있다. 인생의 대부분을 일을 하면서 살아간다. 어릴 적에 학교에 다니는 것도 어찌 보면 일을 준비하기 위한 과정이라고 볼수도 있다. 과거에는 노후에 은퇴하여 자식들로부터 부양을 받으며 일로부터 멀어지는 삶을 살았을지 모르겠지만, 앞으로는 그럴 수 있을 것 같지도 않다.

Beck[1999]은 카푸치노 비유를 통해 일과 여가의 관계를 표현하였다. 일이라는 쓴 에스프레소 위에 여가라는 달콤한 크림이 더해져야 삶이라는 한 잔의 맛있는 카푸치노가 완성된다고 말이다. 일의 중심성을 강조한 이 모형은 여전히 유효하다. 인간은 여전히 쓰디 쓴 일을 중심으로 하여 달콤한 여가와 함께 삶을 구성하기 때문이다.

여기서 더 나아가 현대 사회에서 일하는 삶을 카페라테로 비유할 수 있다. 이제는 일의 중심성이 새로운 모습으로 나타나기 때문이다. 일과 여가, 배움, 사회관계 등이 분명하게 구분되기 보다는 더욱 섞여가고 있다. 새로운 일의 세계에서 사람들은 언제 어디서나 일을 한다. 재택근무를 할 수도 있고, 심지어는 휴가지에서도 회사 시스템과 접속할 수 있다. 여전히 일이 인간 삶의 중심이고 기반이지만, 월요일에서 금요일까지만 그리고 9시부터 6시까지 직장이라는 공간에서만 일하고 나머지 시간을 쉬는 전통적인 직장생활의 모습이 달라지고 있는 것이다. 현대적 일은 개인의 삶 전체에서 시간과 공간을 초월하여 편재된 상태로 나타난다. 이를 '일의 편재성ubiquity of work'이라고 부른다장원섭, 2006.

이렇게 일의 중심성이 여전하면서 일의 편재성이 더해지는 현대인의 삶에서 일 그 자체가 행복하지 않다면, 그래서 일로부터 멀어져야만 비로소 행복을 얻을 수 있다면 인간의 삶은 얼마나 불행한가? 일 이외의 영역에서만 행복할 수 있다면 그건 반쪽짜리 행복에 불과할 뿐이다. 쓰디쓴 에스프레소를 큰 컵에 마시는 워커홀릭도 문제지만, 달콤한 크림만을 먹다가는 건강마저 잃게 된다. 쓴 커피와 달콤한 크림이 적절히 섞인 카푸치노나 카페라테 같이, 일과 일 이외의 삶이 조화를 이룰 때 일뿐만 아니라 삶도 본래의 의미를 찾을 수 있다.

❷ 교육과 일의 관계

교육제도와 일터는 떼려야 뗄 수 없는 밀접한 관계를 갖고 있다. 일다운 일의 회복은 일이 단지 경제사회적 활동으로서 뿐만 아니라 그 교육적 본질과 가치를 실현할 수 있는 조건이 된다.

1) 일의 교육적 본질

인간이란 본래부터 현재의 인간으로서 성장하도록 이미 결정된 존재가 아니다. 그 대신, 인간은 끊임없이 무언가를 만들어 가는 과정 속에서 자신의 활동과 그 활동의 결과로 다시 새롭게 변화하고 성장하는 존재다. 즉, 인간이란 자신을 표출하고, 삶을 꾸려가며, 다른 사람과 더불어서만 존재할 수 있다. 그리고 그 과정의 한 가운데에 일이 있다. 따라서 일은 인간을 형성하는 주요한 조건이다.

인간 삶의 중심 개념으로서 일은 또 다른 중심 개념으로서의 교육과 본질적 친화력을 갖는다. 다시 말해서, 일과 교육은 필연적으로 관련되어 있다. 일과 교육은 서로가 서로에게 수단이 되기도 한다. 또한 각각의 과정 그 자체가 곧 서로의 과정이 되기도 한다. 구체적으로, 일을 잘하기 위해서 교육이 필요한가 하면, 일이 더 좋은 교육을 위한 수단이 되기도 한다. 모든 사람은 일을 하는 과정 그 자체에서 가르치고 배우는 과정을 겪게 된다.

일의 인간형성적 또는 교육적 본질에도 불구하고, 인간의 일은 인류의 역사를 통해 교육적으로 퇴락의 길을 걸어 왔다. 일의 교육적 퇴락은 세 가지 측면에서 살펴볼 수 있다. 전통적으로 이어져 내려온 정신적 일과 육체적 일의 가치 불균형, 산업화에 따라 더욱더 진전되고 있는 기술에 정복당한 일, 그리고 세계화 경제주의에 의한 일의 양태 변화에 따른 일의 편재성의 위협이 그것들이다. 일의 교육적 퇴락은 일과 교육의 건전한 관계를 훼손하고, 그에 따라 인간의 인간됨을 저해하고 있다.

인간은 일하는 존재인 동시에 가르치고 배우는 존재다. 인간 삶에는 언제나 이미 일과 교육의 중심성과 필연적 관계성이 존재하고 있다. 따라서 일이 전통적으로 직업 또는 노동이라는 이름아래 평가절하되어 왔다면, 그리고 일과 관련한 교육이 그와 함께 무시되어 왔다면, 그것은 곧 인간의 인간됨이라는 본질적 가치가 훼손되어 왔다는 것을 의미한다. 이는 일의 교육적 회복이 필요한 이유다.

어쩌면 일은 하나님이 인간에게 내린 벌이면서, 동시에 축복일지도 모른다. 따라서 우리는 시대적 전환기에 변화하는 일의 양상과 변화하지 않는 일의 본질을 동시에 고려하면서 새로운 일의 교육적 대안을 형성하여야 한다. 일과 교육의 목적과 방법, 경제사회적 분배, 그리고 인간의 의미에 대한 끊임없는 질문과 비판적 성찰, 그리고 이를 통한 대안의 구성이 필요하다.

2) 일과 교육의 필연적 관계성

지금까지 일의 세계와 교육의 세계는 두 개의 분리된 세계로 발전해 왔다. 고대 사회에서도 일과 교육이 동떨어졌었다. 중세와 근대 시대의 도제제도와 같은 방식은 일과 교육을 하나로 통합하는 하나의 사례였다. 그러나 근대 산업사회에서 학교제도의 발달은 이 둘을 명백하게 분리시켰다. 학교는 일을 미리 준비하는 곳이고, 일터는 학습이 없는 장소였다.

이제는 다시 교육과 일을 어떻게든 얽어매려 한다. 일과 교육의 편재성은 그 둘 사이의 관계성을 삶의 모든 시기와 영역에서 더욱더 강화시키고 있다. 산학의 연계가 강조되고, 평생을 통한 일과 학습의 통합이 중요해지고 있다. 그러나 교육과 일에 관한 산업사회의 유산은 분리된 두 세계로 하여금 불안한 이인삼각 경기를 하게 만든다. 그것은 매우 느릴 수밖에 없고, 언제 넘어질지도 모르는 경주다. 교육과 일은 그 필연적인 관련성을 충분히 실현하기에 매우 어려운 구조적 문제를 가지고 있는 것이다Grubb & Lazerson, 2004.

그림 12.1 학교와 일터의 관계

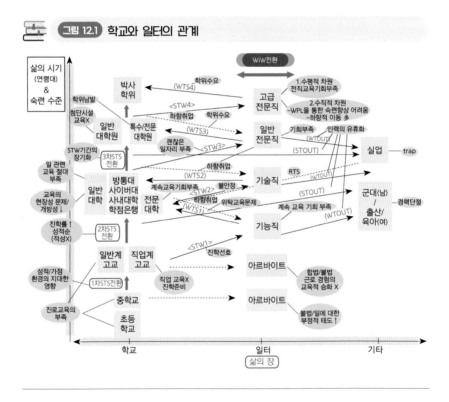

[그림 12.1]은 우리나라에서 학교교육과 일의 세계의 관계가 얼마나 뒤얽혀있는지를 잘 보여준다. 학교에서 학교로 전환하는 과정은 필연적으로 일로의 전환을 더욱 구체적으로 준비하는 과정이다. 또한 일에서 다른 일로 이동

하면서 사람들은 또 다시 교육을 필요로 한다.

인간 삶과 사회 발전의 필수불가결한 사회제도로서 일과 교육은 필연적으로 관계를 가질 수밖에 없다Bills, 2004. 그 둘은 별개로 존재하는 것도, 어느 하나가 또 다른 하나에 종속되어 있지도 않다. 이 둘은 서로가 서로에게 영향을 주고받는 동반자적인 상호작용적 관계의 양태를 보인다.

물론 인문주의적 자유교양교육 옹호자들은 지금도 교육과 일의 분리론을 주장하기도 한다. 그들은 교육의 경제화에 대단한 반감을 가지고 있다. 교육의 경제주의적 도구화를 반대한다. 그것은 옳다. 일답지 못한 일은 인간 성장이라는 교육적 가치를 오히려 저해할 수 있기 때문이다. 그럼에도 불구하고, 그들이 내세우는 교육과 일의 분리 주장과 자유교양교육적 사고는 비현실적이거나 교육적 오류를 초래한다. 일이 여전히 삶의 중심성을 갖는다면, 그리고 인간의 성장이 일을 통해서도 가능하다면, 일을 교육에서 배제하는 것은 더 큰 문제를 낳는다. 오히려 억눌린 일을 일다운 일로 해방시키고 교육적으로 승화하려는 끊임없는 노력이 더 적절한 대안이다.

❸ 일의 교육

일과 교육의 관계를 교육학적 관점으로 정리하면 일을 위한 교육, 일을 통한 교육, 일에 관한 교육으로 구분할 수 있다. 일의 교육은 직업교육, 진로교육, 산업교육, 인적자원개발 등 다양한 용어와 접근을 포괄한다.

1) 일의 교육의 세 영역

일의 교육education of work은 일과 교육 사이의 관계를 나타내는 용어다. 먼저, 일의 교육은 일을 목적으로 하는 교육이다. 즉, 일의 교육은 일을 교육하는 것을 의미한다. 여기서 일은 교육의 목적이 된다. 일 그 자체를 가르침으로써 일을 더욱더 잘할 수 있도록 만드는 교육이다. 이 관계에서 일과 교육은 다소 분리되어 있음이 전제된다. 교육은 일을 준비시키기 위해 시간적, 공간적으로 분리된 상태에서 이루어지는 수단이 된다. 일과 교육의 이러한 관계는 가장 기본적인 일의 교육의 방식이었다. 일을 가르치는, 그래서 일을 준비시키는 교육은 전통적인 형태의 일의 교육으로 자리잡아 왔다. 여러 형태의 제도적 교육 또는 훈련기관에서의 체계적인 직업준비 프로그램들이 그 예다. 일을 위한 교육 또는 '직무수행을 위한 훈련training for job'은 일과 교육 사이의 이런 관계를 나타내는 개념이다.

둘째, 일의 교육은 일이 교육을 소유하고 있는, 그래서 일이 교육을 한다는 의미를 함축한다. 일이 가지고 있는 교육적 성격 또는 일이 교육한다는 말은 일을 하는 행위 그 자체가 교육적 의미를 내포하고 있다는 사실을 일컫는다. 여기서 일은 교육의 담지자가 된다. 사람들은 일을 함으로써 학습하게 된다. 이때 일과 교육은 시·공간적으로 통합되어 있다. 일과 교육은 하나의 공간에서 상호작용하면서 서로 상승효과를 가져온다. 다시 말해서, 일을 하는 과정 그 자체가 곧 교육의 과정이 될 수 있는 것이다. 일을 통한 교육의 과정 속에서 일 또한 더욱더 효과적일 수 있다. 전통적으로 현장체험학습이나 실행을 통한 학습이 그런 예가 될 수 있다. 일과 교육 사이의 이러한 관계는 일을 통한 교육 또는 '직업경험을 통한 학습learning through occupations'으로 개념화할 수 있다.

셋째, 일의 교육은 일을 재료로 하는 교육을 나타낸다. 일이라고 하는 현상 그 자체에 관해서 교육하는 것을 의미한다. 여기서 일은 교육의 대상이 된다. 일의 교육은 일이 이루어지는 세계에 대해 교육하는 것을 포함한다. 그것은 일에 관한, 그리고 일과 불가분의 관계 속에서 일을 둘러싸고 있는 경제사회적 현상에 대한 교육을 일컫는다. 이러한 형태의 일의 교육은 일과 교육 사이의 일정한 거리를 유지하면서 체계적인 프로그램에 의해 이루어지는 경우가 많다. 공식화된 프로그램으로서의 직업윤리교육, 경제교육, 노동의식화교육 등이 그런 사례들이다. 그러나 일을 하는 과정 속에서 반성적 성찰을 통해 일의 세계가 현실적으로 어떻게 구성되어 있고, 실제로 어떻게 돌아가는지 학습할 수도 있다. 이런 형태의 일의 교육은 일에 관한 교육 또는 '노동세계에 관한 교수pedagogy about labor'에 해당한다.

결국, 일과 교육은 다양한 관련성을 가지고 있으며, 그 둘 사이의 이러한 다의적인 관계들을 내포한다. 일의 교육의 개념 속에서 우리는 일과 교육의 공간적, 시간적, 인과적 관련성을 발견할 수 있다. 일과 교육은 분리 또는 통합되어 있으며, 선후 또는 동시에 이루어지기도 하고, 그런 가운데 목적과 수단이 되거나 또는 하나로 묶여 있기도 한다. 그러한 다양한 관계들을 통해 일의 교육은 형성된다. 또한 일과 교육 사이의 다채로운 관련성과 그 의미의 다양함으로부터 우리는 그 둘이 필연적이고 불가분의 관계에 있음을 알 수 있다. 일의 교육은 그러한 다양한 관계의 방식들을 포괄적으로 내재하고 있다.

이런 의미에서 일의 교육은 일과 관련한 모든 형태의 교육적 활동을 통괄하는 개념이다. 그리고 그 안에는 일을 위한 교육, 일을 통한 교육, 그리고 일에 관한 교육으로 대표되는 세 가지 기본적인 영역 또는 접근법이 있다. 그럼에도 불구하고, 각각은 일의 교육의 독특한 측면들이지만 실제로는 서로 중첩되는 경향을 나타낸다. 따라서 직무수행을 위한 훈련, 직업경험을 통한 학습, 그리고 노동세계에 관한 교수는 각각 분리되어 실시될 수도 있다. 그러나 많은 경우에 서로 중복적으로 이루어진다. 이 세 가지 측면들의 공통 부분, 즉 세 가지 방식의 교육이 함께 이루어지는 교육이야말로 총체적인 형태의 일의 교육이라고 할 수 있다.

2) 일의 교육과 유사 개념들

일의 교육은 새로운 개념이지만, 전통적으로 일과 관련한 교육을 나타내는 용어들은 이미 다양하게 존재하여 왔다. 직업교육, 진로교육, 직업훈련, 산업교육, 인력개발 또는 인적자원개발 등은 모두 일과 직접적으로 또는 부분적으로라도 관련된 개념들이다.

(1) 직업교육

직업교육은 일의 교육과 관련해서 가장 오랫동안 활용되어 온 개념이다. 직업교육vocational education은 다음과 같은 특징들을 포함하는 용어였다. 첫째, 직업교육은 학사학위 미만의 낮은 수준의 교육을 의미하였다. 따라서 학사학위 이상의 교육 수준을 포함하는 4년제 대학에서의 직업을 준비하는 교육이나 의학, 법학 같은 전문직업교육professional education은 직업교육의 범위에서 배제되었다. 둘째, 직업교육은 일반교육에 대비되는 개념으로 정의되었다. 직업교육은 일반교육과는 달리, 현장훈련 등을 통해 구체적으로 일의 세계를 준비하는 교육으로 간주되었다. 마지막으로, 직업교육은 비록 비형식교육을 포함하고 있지만, 학교교육을 중심으로 이루어지며, 이러한 학교에서의 직업교육은 청소년이 직업을 준비하는 활동으로 특징지어졌다.

한마디로, 직업교육은 그것이 가지는 어휘상의 개념으로부터 그 범위의 폭이 좁혀져서 규정되었고, 단순히 일을 체계적으로 준비하는 과정만을 강조함으로써 산업사회에서의 경제적 유용성을 늘리는 데 기여하도록 정의되어 왔다.

(2) 진로교육

진로career는 개인이 삶을 살아가면서 가지게 되는 일의 총체를 의미한다. 진로교육은 이러한 개인의 진로와 관련된 활동을 도와주는 교육으로서, 개인에 대한 이해와 일의 세계에 대한 지식을 포함한다.

진로교육은 개인의 특성과 일의 세계를 교육적으로 잇는 매우 포괄적이고 종합적인 의미를 가진 용어다. 이런 점에서 진로교육은 일의 교육 개념에 근접한 측면을 갖는다. 그럼에도 불구하고, 일의 교육의 관점에서 보았을 때, 진로교육의 개념은 뚜렷한 한계를 가지고 있다. 진로교육은 일의 세계를 주어진 것으로 보고 개인을 그것에 적응시키는 과정이라는 의미가 강하게 내포되어 있다. 일에 대한 개인의 생물학적, 심리적 준비에 주로 관심을 가지는 진로발

달, 개인에게 적합한 일이 무엇인지를 알기 위해 심리적 특성을 밝히는 진로
검사, 흥미검사 등은 모두 진로교육의 이런 속성에서 나온 학문적 또는 실천
적 산출물들이다. 결국, 진로교육은 일에 대한 개인교육적인 차원의 접근에 머
무르고 있다. 다만, 인간의 주체적 의지가 배제된 진로발달에서 개인의 적극적
인 의지적 행위 개념을 가진 경력개발로 확대되거나 진화할 수 있는 가능성만
을 가질 뿐이다.

(3) 직업훈련

직업훈련job training의 개념은 적어도 다음과 같은 세 가지 함의를 가진다. 첫
째, 직업훈련은 직업교육에 비해 더 구체적인 직무능력과 관련되어 있다. 따라
서 직업훈련은 특정한 직무를 위한 기능의 반복적 숙련을 의미하는 것으로 인
식되었다. 둘째, 직업훈련은 주로 정규 학교가 아닌 장소, 예를 들면 직업훈련
만을 위한 별도의 비정규 기관 또는 기업현장에서 이루어진다. 또한 그 대상
은 비진학자와 근로자들이 주류를 이룬다. 이들은 대체로 노동시장에 대한 구
체적인 준비 또는 현재의 직무에 대한 능력 향상을 필요로 하는 사람들이다.
그럼에도 불구하고, 마지막으로, 직업훈련과 직업교육의 경계가 흐려지고 평
생직업교육의 중요성이 강력하게 부각되면서 이 두 개념을 구분하기보다는 통
합적으로 다루어야 한다는 견해가 대두되고 있다. 따라서 '직업교육훈련
vocational education and training'이라는 용어를 통해 분리된 현실을 통합하려는 노력
이 이루어지고 있다. 그러나 교육과 훈련이 개념상의 엄밀한 관계 정립 없이
단순히 조합되었기 때문에 모호한 면이 있다. 그뿐만 아니라 교육부 중심의
직업교육과 고용노동부의 직업훈련은 그동안의 오랜 관행, 여전히 분리된 행
정체제와 교육 및 훈련기관 등으로 인해 단순히 병합 수준에 머물러 있어 본
래의 통합 의도를 살리지 못하고 있는 형편이다.

결국, 직업훈련은 직업교육보다도 더 좁은 의미의 구체적인 일을 준비하는
과정에 초점이 맞추어져 있다. 현직에서의 훈련 역시 교육을 통한 생산성 향

상과 경제적 성과를 높이기 위한 성격을 강하게 내포하고 있다.

(4) 산업교육

산업교육industrial education은 19세기에서 20세기로 넘어가는 시기에 미국에서 직업교육을 나타내는 용어로 사용되었다. 그러나 그 이후 직업교육 개념으로 대치되는 경향을 나타냈다.

우리나라에서 산업교육은 크게 두 가지 다른 의미로 사용되었다. 먼저, 1963년에 제정되어 우리나라의 직업교육을 통괄해 온 <산업교육진흥법>에서는 산업교육이 직업교육과 동일한 의미로 활용되어 왔다. 그러나 법 규정을 제외하고 현실에서는 직업교육이라는 용어 대신 산업교육을 사용하는 경우는 흔치 않았다. 오히려 산업교육이라는 용어는 산업체에서 이루어지는 다양한 형태의 교육으로 개념화되어 온 경향이 있다. 즉, 산업교육은 신입사원교육, 계층별 교육, 해외연수, 통신교육 등 산업체 내에서 조직구성원을 대상으로 이루어지는 다양한 교육활동들을 의미하였다. 이 경우에 산업교육은 기업교육 또는 다음에 살펴볼 조직에서의 인적자원개발HRD과 동일한 의미를 갖는다고 할 수 있다.

(5) 인적자원개발

인적자원개발Human Resource Development, HRD은 일반적으로 조직의 관점에서 정의된다. 이때 인적자원개발은 '조직의 성과를 높이기 위해 조직적으로 이루어지는 학습, 수행, 변화촉진과정'이라고 개념화된다. 그것은 개인개발, 경력개발, 수행관리, 그리고 조직개발을 포함한다Gilley, Eggland, & Gilley, 2002. 근래 들어 우리나라에서는 국가적 차원에서 인적자원개발의 용어를 사용하기도 한다. 인적자원개발은 산업사회, 특히 경제개발 시에 강조되었던 노동력의 양적인 투입 개념으로서 인력개발manpower development과는 구분된다. 인적자원개발은 포스트 산업사회에서는 물리적인 자원이나 힘보다는 지식과 사람들 사이의 관계와 같은 질적인 측면이 더욱더 중요하다는 점을 강조한다.

인적자원개발은 조직과 인간이 함께 성장하도록 한다는 의미를 가지고 있기는 하지만, 개념 자체로 보았을 때 그것은 인간의 자원적 특성을 강조한다. 즉, 좀 더 큰 단위의 관점에서 하위 단위로서 인적자원에 대한 접근방식을 취한다. 예를 들어, 조직의 입장에서 조직 내부의 자원으로서 조직구성원의 교육과 개발을 바라본다거나, 국가의 입장에서 국민들의 경제적, 사회적 능력을 신장시키는 활동이 인적자원개발의 개념에 내재되어 있다. 한마디로, 인적자원개발은 언제나 인간이 소속된 조직을 기본적인 전제로 삼고 있다. 따라서 이러한 조건들과는 관계없이 일과 교육에 대해 더욱 폭넓은 접근법을 견지하는 일의 교육과는 차이가 있다.

3) 삶의 교육으로서 일의 교육

일의 교육은 일하는 삶 속에서 교육적 현상을 발견하고 인간을 성장하도록 돕는 교육이다. 일은 단순히 개인의 생계를 위한 수단으로서의 의미를 넘어선다. 국가발전을 위한 경제적 도구만도 아니다. 신으로부터 부여받은 소명의식, 비인격적 자본에 의한 고통스러운 노동소외, 생존경쟁적 노동시장과 스트레스 가득한 일터에서의 직무수행 같은 비교육적이거나 탈교육적 일은 오히려 인간의 성장을 저해한다. 일의 교육은, 이와는 대조적으로, 일다운 일을 통한 인간의 인간됨과 공동체성을 지향한다. 모든 이의 삶의 의미를 발견하기 위한 교육적 일의 회복을 추구한다. 일의 교육을 취업준비나 고용안정성만을 위한 것으로 단순화하지 말아야 한다. 일은 성과와 생산성, 임금에 그 목적을 둘 수는 있으나, 그것이 일의 성취감으로 나타나도록 해야 한다. 또한 그 목적을 달성하기 위한 수단으로서 일을 잘 해내는 방법을 숙달해야 할 뿐만 아니라 그에 대한 반성적 사고와 실천이 필요하다. 이와 같은 과정에서는 적극적으로 자신의 능력과 자아를 드러내고 동료들과 원활한 공동체적 소통도 할 수 있어야 한다. 이런 일련의 일의 과정들이 몰입과 열정의 경험으로 나타나고 즐거움과 기쁨을 얻을 수 있어야 한다. 그랬을 때, 인간은 일을 통해 자신의 성장을 이룰 수 있다. 결국, 일의 교육은 일을 통한 인간 삶의 표현과 자아실현을 도모한다. 일의 과정에서 사회적 공동체성의 회복을 의도한다. 한마디로, 일의 교육은 일을 통한 인간의 인간됨과 성장을 추구하는, 일에 대한 교육적 접근이다.

일의 교육은 교육의 새로운 패러다임을 지향한다. 전통적인 인문교양 중심의 교육과 단지 충실한 노동자를 양성하는 직업훈련으로부터 전체 교육을 새롭게 재구조화하고자 한다. 머리만 큰 요괴인간의 양성을 중시하고 가치롭게 생각하는 인문 중심의 교육적 위계성을 탈피해야 한다. 땀 흘려 일하는 삶의 소중함을 중시하는, 그래서 머리와 손이 온전하게 발달한 인간으로 거듭나게 하는 교육을 추구한다. 한마디로, 일의 교육은 일하는 인간 본성에 대한 이해와, 도구화되고 소외된 비인간적 노동 현실에 대한 반성에 기초하여 일과 교육의 본질적 의미와 가치를 되찾기 위한 시도다.

따라서 일의 교육은, 개별 직업이나 직무 또는 노동의 개념을 넘어서, 일이라는 관점에서 전통적 일 관련 교육을 재개념화한다. 삶 속에 편재하고 있는 일과 교육의 필연적 관계성에 주목한다. 일이 교육을 저해하거나 교육이라는 이름으로 일을 방해하여 상호 훼손하는 관계로부터, 일과 교육이 서로를 승화시키는 관계로 전환하는 노력이다.

일의 교육은 모든 이의 인간됨과 조화롭고 인간다운 삶의 실현을 추구한다. 일은 삶의 기반이고 핵심적 활동이다. 그것은 마음과 몸, 이론과 실천, 외재적 가치와 내재적 가치를 모두 포함한다. 인간은 한 가지 일에만 종사하는 것이 아니라 다양한 일들을 중복적으로 경험하면서 삶을 살아간다. 그 일은 경제적인 소득을 위한 것뿐만 아니라 그렇지 않은 활동들도 포함한다. 따라서 일의 교육은 형식화된 현실의 제도 속에서만 이루어지지 않는다. 교육과 일, 인문교육과 직업교육, 학교교육과 일터학습이 분리되어서는 곤란하다. 일과 교육이 삶의 전 과정 속에서 자연스럽게 통합된 모습으로 나타나야 한다. 일의 교육을 삶 속에서 발현하고, 그럼으로써 궁극적으로는 인간의, 인간으로서의 삶의 회복을 지향한다. 결국, 일의 교육은 삶을 위한, 삶을 통한, 그리고 삶에 관한, 삶의 교육이다.

03 ❯ '오래된 미래'를 향한 일과 배움[2]

'제4차 산업혁명'으로까지 불리는 새로운 산업사회가 도래하였다. 인간은 어떻게 평생 동안 일하며 배우는 삶을 살아가야 할까? 그에 대한 답을 '오래된 미래'인 장인匠人으로부터 찾아보자.

❶ 효율이 아닌 의미의 시대

인공지능 기계나 로봇과 함께 살아가야 하는 시대가 오고 있다. 기계가 사람의 일을 대체할 것으로 전망되고 있다정민, 2016. 이런 가운데 과거 산업사회에서 새로운 산업사회로의 이행은 '효율'에서 '의미'의 시대로 일에 대한 관점을 변화시키고 있다.

인공지능 시대에는 직업세계가 크게 개편될 것이다. 사무 및 행정 지원, 서비스직, 판매, 제조, 건설 관련 직업 등은 상대적으로 변화가 큰 반면, 교육, 법률, 예술, 사회서비스 관련 직업은 자동화로 인한 대체 가능성이 낮다임언 외, 2017. 결국, 단순 반복적이고 정교함이 떨어지는 동작을 하며 사람과 소통하지 않는 직무들은 인공지능과 로봇에 의해 대체될 가능성이 크지만, 중요한 의사결정이나 감성에 기초한 직무들은 여전히 인간이 담당할 것이다고용노동부, 2016.

따라서 새로운 산업 사회에서는 기계가 대체할 수 없는 인간만의 고유한 지식과 기술, 창조력이 필요하다. 인간은 이제 복잡한 문제를 해결하고, 비판

---

2 이 절의 내용은 장원섭(2018)의 『다시, 장인이다(영인미디어)』의 일부를 주로 요약하거나 보완한 것이다.

적으로 사고하며, 창조할 수 있는 역량을 갖출 것을 요구받고 있다. 다른 사람과 함께 협력하고, 감성적이며, 냉철하게 판단할 수 있는 능력도 있어야 한다 Gray, 2016. 앞서 살펴본, 임언 등2017의 연구에서도 미래를 위한 역량으로 가드너Gardner가 강조한 다섯 가지 마음인 도야적 사고, 종합적 사고, 창의적 사고, 존중하는 마음, 도덕적 마음의 중요성을 제시했다. 한마디로, 대량생산의 효율성을 위한 철두철미한 관리보다는 창조적 생산을 위한 고유하고 특별한 정성과 의미를 담은 일하기가 더욱 필요한 시대다.

이미 신으로부터 부여받은 직업적 소명의식과 의무를 따르면서 이를 금전적인 보상으로 확인하는 노동의 시대는 지나갔다. 철창과 같은 조직에서 주말만 바라보며 고통스러운 노동을 참아내는 방식으로 일해서는 곤란하다. 일하는 사람이 스스로 일의 재미와 의미를 찾고, 자신이 주체적으로 일의 과정을 관리하고 통제하며, 자기 자신을 쏟아 부으면서 열정적으로 일해야 한다 Torvards, et al., 2002. 그렇게 남이 아니라 자신의 리듬에 따라 일할 때 비로소 기계가 하지 못하는 인간만의 고유하고 독특한 생산과 서비스가 만들어 질 수 있게 된다.

조직이나 기업의 입장에서도 치열한 시장 경쟁에서 이기려면 구성원들의 이런 일에 대한 열의와 창의성을 이끌어낼 수 있어야 한다. 그래서 다른 경쟁업체에서는 흉내 낼 수 없는 고유성 또는 전혀 새로운 '특이점singularity'을 갖는 제품을 생산하거나 서비스를 제공하여야 한다Kurzweil, 2005. 대량생산의 효율성보다는 창조적인 일이 더 중요한 현대 사회에서는 일하는 사람도, 그리고 그것을 소비하는 사람도 모두 자신만의 고유한 의미를 담는 것을 선호한다. 한마디로, 일의 의미가 더욱더 강조된다.

세계에서 가장 뛰어난 바둑 기사인 이세돌과 커제마저도 이미 인공지능 알파고에게 졌다. 오래 전에 인간의 육체적 힘을 초월한 기계가 이제는 인간의 지력을 넘어선 것이다. 더 이상 수 싸움만을 계속해서는 인간의 일의 미래는 없다. 그렇다고 절망할 필요는 없다. 인간의 일에서 새로운 길은 여전히 열려있다. 진정성을 담아내는 일이 바로 그것이다. 인간의 일은 이런 진심 싸움이라는 '오래된 미래'를 찾아나가야 한다. 우리는 그것을 '장인'으로부터 배울 수 있다.

❷ 일과 배움의 전범으로서 장인

새로운 산업사회에서 우리는 어떤 인재상을 추구해야 할까? 이에 대한 답으로 '장인匠人'을 주목하여야 한다. 여기서 장인은 수공업자에 한정된 개념이 아니다. 더욱 확장된 의미의 현대적 장인을 뜻한다장원섭, 2015b.

장인은 일터의 또는 일하는 사람의 본보기 또는 롤모델이라고 할 수 있다. 장인은 일을 통하여 존재의 의의를 실현하는 사람을 의미한다. 그 어떤 이차적 보상에 대한 추구 동기에 의해서가 아닌 일 자체에서 삶의 목적과 존재의 의미를 발견하며, 그 일을 통해 공동체에 기여를 하고자 하는 사람을 말한다. 한마디로, 장인은 평생 동안 한 분야의 일에 몸담으며 자신이 속한 활동세계에 근거하여 끊임없이 새로운 영감을 발견하며 이를 통해 능동적으로 존재의 의의와 기능적 깊이를 확장시켜나가는 일터에서의 또는 '일하는 사람의 전범典範'이라 불릴 수 있다장원섭, 장인온, 2013; 장원섭, 2015b.

일하는 사람의 전범으로서 장인들을 대상으로 한 연구들장원섭, 김지영, 2013; 장원섭, 장인온, 2013; 장원섭, 2015b에 의하면, 장인은 일터에서 부단히 배우는 고통스러운 노력 끝에 최고의 결과를 만들어 냈다. 이들은 친절하거나 체계적인 가르침이 아니라 어깨너머로 힘겹게 기술을 배우기 시작했고 무수한 시행착오를 겪으며 스스로 자기주도적인 학습을 하여 초기 숙련을 형성했다. 고숙련의 과정에서는 경험을 통한 학습뿐만 아니라 이론을 먼저 습득한 후에 실행으로 옮기는 사고 기반의 학습 방식도 강하게 나타냈다. 이들이 획득한 다수의 자격증과 포상은 이들이 사회적으로 인정받았다는 외적 보상으로 작용하는 동시에 더 높은 목표를 향해 배울 수 있는 개인적 성장 동인으로도 작용했다. 더 중요한 것은, 장인들이 현재에 안주하지 않고 일의 지평을 더 넓히기 위해 학습의 확장을 끊임없이 시도했다는 점이다. 한마디로, 일터에서의 부단한 배움은 이들이 역경과 어려움을 극복하고 필연적으로 최고 숙련의 위치에 오를 수 있게 하였다. 장인들에게 있어서 일은 단순히 먹고 살기 위한 생계유지의 수단을 넘어선다. 처음에는 그렇게 시작했을지 몰라도 장인의 길을 가는 동안 자신의 정체성과 가치를 발견하고 자기를 실현하며 종국에는 사회 공동체에 기여하는 길로 이어진다. 따라서, 장인은 일에 대한 본질적인 가치와 기능을 드러낼 뿐만 아니라 교육적으로도 유의미한 시사점을 제공한다. 한마디로, 장인은 일터의 전범인 동시에 배움의 전범이기도 하다.

장인을 강조한다고 해서 전통사회로 회귀하자는 건 아니다. 현대적 장인이어야 한다. 현대적 의미의 장인은 수공업자를 넘어서 모든 일하는 사람들에게 적용되는 개념이다. 장원섭2015b의 연구는 전통 수공업자와 대한민국 명장들뿐만 아니라 의사와 변호사 같은 전문직, IT 분야의 신직업인, 조각가와 뮤지컬 배우 등 문화예술인을 포함한다. 이들은 일하는 내용과 직무를 수행하는 방법 등이 상당히 달랐지만, 자기 일을 대하는 태도와 일하며 살아가는 방식에 있어서는 매우 유사한 특성을 나타냈다. 그리고 모두 전통의 계승자나 자기 것만 고집하는 외골수라기보다는 창조적으로 일하며 확장적으로 배우는 사람이었다. 그래야만 시장 경쟁 상황 속에서도 일하는 사람의 전범으로서 살아갈 수 있다.

❸ 장인성 형성의 평생학습

어떤 분야에서든 오랜 기간 동안 한 분야에서 일해 온 장인은 자신만의 고유한 행동 특성을 갖기 마련이다. 이는 오랜 경험을 통해 축적하여 몸에 밴 습성이다. 장인의 이런 특성을 '장인성匠人性'이라고 부른다장원섭, 2015b.

장인성은 일반적으로 떠올리는 장인정신과는 다르다. 그것은 장인정신을 포함할 수도 있으나 그보다는 더 물질성에 바탕을 둔 다른 차원의 개념이다. 장인은 정신 세계가 아니라 현실 세계의 존재이고, 따라서 장인의 일은 머리로 아는 것이 중요한 게 아니라 실제로 훌륭한 결과물을 만들어내는 것이기 때문이다.

이제 일하는 사람의 이상적인 특성인 장인성을 어떻게 형성할 수 있는 것인지의 문제가 남았다. 장인성을 형성할 수 있다면 '누구나' 장인이 될 수 있을 것이다. 그러나 그 지난한 과정을 견뎌내야만 한다는 점에서 '아무나' 될 수 있는 것은 아니다.

과연 장인은 타고난 자인가, 아니면 만들어진 자인가? 다시 질문하면, 장인성은 태어나면서부터 가지고 있는 천부적 재능일까? 아니면 태어난 이후에 학습과 경험을 통해 형성된 특성일까? 나는 장인성이 소수에게만 허락된 천재성이라고 보지 않는다. 장인 또는 장인성은 선천적으로 타고나기보다는 후천적으로 육성될 수 있다고 믿는다.

물론 사람마다 타고나는 소질과 능력이 다 다르고 남보다 더 잘하는 분야가 다양할 수 있다. 어떤 분야건 자기 분야에서 최고의 경지에 오르기 위해서는 그 분야에서 필요로 하는 타고난 재능이 뒷받침되어야 할 수도 있다. 그러나 이런 천부적인 특성은 단지 최고가 되기 위한 하나의 조건일 뿐이다. 아무리 천부적인 능력을 갖고 태어났더라도 그런 능력만으로는 장인이 될 수 없다. 오히려 장인성은 천재성과는 상당히 멀리 떨어져 있는 대척적 개념이다. 장인이 되고 장인성을 보이기 위해 더 중요한 측면은 그것들이 어떻게 형성되는가에 있다.

장인이 태어나기보다는 만들어지고, 장인성은 선천적으로 타고나기보다는 후천적으로 형성된다는 주장을 뒷받침할 많은 증거들이 있다. 우리가 잘 알고 있는 유명 인물들의 사례들은 장인성이 형성되는 것임을 더욱 확실하게 보여준다.

누구나 인정하는 천재라고 할 수 있는 모차르트조차도 재능만으로 위대한 음악가가 된 것은 아니다. 그는 다섯 살에 작곡을 시작했고 여덟 살에 피아노와 바이올린 공연을 했으며 짧은 생애 동안 수백 곡의 위대한 작품을 만들었다. 타고난 능력이 있었음에 틀림없다. 그러나 흔히 간과하는 부분이 있는데, 그것은 그의 아버지 레오폴트 모차르트가 당시에 유명한 작곡가이자 연주자였고 동시에 훌륭한 음악 교육자였다는 점이다. 아버지 모차르트는 아들에게 세 살 때부터 작곡과 연주 훈련을 강도 높게 시켰다. 더군다나 아들 모차르트의 초기 작품들은 공개되기 전에 아버지가 악보를 고쳐주었다. 이와 유사하게, 골 프계의 모차르트라고 불리는 타이거 우즈 역시 그의 아버지로부터 어릴 때부 터 철저한 훈련과 지도를 받았다. 20세기 최고의 경영자 중 한 사람인 잭 웰치 는 젊을 때는 특별한 사업가적 기질을 보이지 않다가 나중에야 비로소 가장 영향력 있는 경영자가 되었다Colvin, 2010.

사실 천재냐 아니냐가 그리 중요하지는 않다. 그저 단순히 말해서, 장인은 천재와는 다른 개념이다. 사과와 배가 다른 것처럼 말이다. 따라서 장인성도 천재성과는 다른 의미를 갖는다. 이미 세상에 태어나서 살아가는 우리에게 더 중요한 것은 자신의 길을 최고의 숙련 수준으로까지 이끌어 올릴 수 있는 힘 에 관한 것이다. 이런 점에서 장인성과 천재성은 근본적으로 접근법에 차이가 있다. 창조성과 최고의 경지에 오르는 내용에 있어서, 그리고 그 의미와 시사 점에 있어서 그 둘은 전혀 상반된 관점을 제공한다. 장인성은 일상과 실제에 더 밀착되어 있다. 그럼으로써 모든 사람에게 더 중요한 의미를 가지는 개념 이다. 한마디로, 장인성은 천재성에 비해 더 현실적인 시사점을 제공한다. 특 히 그 교육적 의미가 크다. 그렇기 때문에 우리에게 희망적으로 다가온다.

결론적으로, 장인이 된다는 것은 타고난 능력에 장인성이 더해져야 가능할 지도 모른다. 그러나 분명히 장인성은 타고난 것이라기보다는 만들어져가는 것이다. 따라서 장인은 그리고 그들의 몸에 배태된 장인성은 타고난 것이라기 보다는 형성되는 것으로 보아야 한다. 장인의 탄생은 오랜 시간의 축적과 넓 은 공간의 확장이라는 지난한 형성 과정을 거쳐 비로소 만들어져간다. 일하는 사람의 전범典範 또는 우리가 본받아야 할 이상적인 롤모델로서 장인은 장인성 을 가진 사람이고, 그런 장인성은 일을 하는 과정에서 스스로 형성해나가야 하는 특성을 가지고 있다. 그것은 단지 머리로만 아는 것을 넘어선다. 장인의 행동습관을 몸에 배고 있어야 한다. 그건 타고 난다기 보다는 오랜 기간에 걸처 형성되는 것이다.

그렇다면 장인성은 구체적으로 어떤 것일까? 장인성은 다음과 같은 장인의 여덟 가지 특성들로 이루어져 있다장원섭, 2015b.

첫째, 장인은 성장에의 의지를 가진 자다. 비록 우연한 계기로 자신의 일에 입문하게 되었을지라도 장인은 그 기회를 살려서 최고의 위치까지 이른다. 처음부터 그 일에 소명의식을 가졌다고 보기는 어렵다. 그럼에도 불구하고, 장인은 고된 과정일지라도 우연을 필연의 길로 만들어 낼 수 있는 열의와 힘을 가지고 있다.

둘째, 장인은 지독한 학습자다. 아무것도 모르는 상태에서 일을 시작했을지라도 장인은 그 일에서 성장하기 위해 하나하나 배워 나간다. 이는 혹독한 숙련의 과정이다.

셋째, 장인은 일의 해방자다. 일을 회피하거나 도망가려 하지 않고 오히려 일 자체에서 재미와 보람을 느끼고 일 그 자체에서 성장한다. 일의 참된 본질을 발견하고 그 일의 리듬을 자신의 리듬으로 만들어 행함으로써 일 그 자체를 해방시킨다.

넷째, 장인은 창조적으로 일하는 자다. 일의 전통을 새롭게 창조하거나 새로운 일의 전통을 창조한다. 전통을 고수하고 전승하기보다는 오히려 새로운 전통을 창조하고 확장한다. 새로운 일을 찾기보다는 자신의 일에서 새로움을 만들어낸다. 그럼으로써 일의 지평을 넓히고 새롭게 창조하는 힘을 발휘한다.

다섯째, 장인은 배움을 넓히는 자다. 최고의 숙련과 전문성을 가지고 있음에도 불구하고 장인은 끊임없이 배운다. 장인에게 있어서는 일 자체가 성장의 주요한 발판이 되고 느슨하지만 열린 관계 맺음을 통해 배운다. 그럼으로써 틀을 바꾸어 나간다. 일의 확장과 창조는 이런 배움의 넓힘을 통해 가능하다.

여섯째, 장인은 배움을 베푸는 자다. 장인은 평생에 걸쳐 힘겹게 얻은 배움을 공동체와 후속 세대를 위해 기꺼이 내놓는다. 자신의 기술과 노하우를 나누고 남김으로써 일의 세계를 배려한다.

일곱째, 장인은 정상에 오른 자다. 자신의 분야에서 가장 높은 수준의 숙련도와 전문성을 가진다. 그 결과는 일에 있어서 큰 성과와 최고의 지위로 나타난다. 장인은 그 정상의 기쁨과 희열을 경험한다.

여덟째, 장인은 고원에 사는 자다. 정상의 맛을 잊지 못하고 계속 그 맛을 보기 위해서 정상 주변의 높은 지대에 머무른다. 거기서 언제든 정상에 오를 준비를 하고 있다. 그런 고원에서의 고통이 있을지라도 그 고통을 기꺼이 감내하고 즐긴다.

이 여덟 가지 장인성의 요소들은 서로가 서로에게 영향을 주면서 장인의 성장을 북돋는다. 긍정적 순환의 발판으로 작용하면서 더욱더 장인성을 높여 간다. 어느 것이 먼저고 어느 것이 나중이라는 순차를 따지는 것은 무의미할지도 모른다. 그저 서로 간에 선순환의 영향력을 미칠 뿐이다. 일터에서 이런 긍정적 순환 모형을 만들어 낼 수 있는 구조와 문화를 형성하고 개인이 그 속에서 장인성의 여러 요소들을 경험하면서 장인은 육성되어 갈 수 있다.

구체적으로, 성장을 향한 의지와 숙련을 위한 노력은 상호작용하면서 선순환을 이루어낸다. 즉, 성장 의지는 지독한 학습을 하게 만든다. 이와 동시에, 학습의 성취감은 성장 의지를 솟구치게 하고 더 부추긴다. 게다가 그 과정에서 경험한 작은 정상 경험들, 즉 일에서의 성취감과 주변의 공식적, 비공식적 인정으로 성장 의지를 더욱 강화하고 일의 기쁨과 보람 그리고 가치를 인식하게 한다. 이 과정으로 정상에 오른 후 내리막의 굴곡도 극복해 낼 수 있게 한다. 그럼으로써 더욱 열심히 학습하여 기능을 숙련하고 전문성을 획득하게 만든다. 그런 지독한 학습의 습관은 장인을 평생학습인으로 만들어서 최고의 숙련과 전문성을 가진 이후에도 배움을 계속 넓히도록 한다.

다른 한편, 자격증을 취득하건 포상을 받건 아무튼 사회적으로 인정받는 크고 작은 정상의 경험은 장인으로 가는 길을 이끌 뿐만 아니라 장인이 된 이후에도 여러 가지 측면에서 중요하게 작용한다. 절정 경험들은 일을 지속하고 성장할 수 있게 하는 원동력이 된다. 그것은 일회성도 아니고 객관적 최고도 아닐지 모른다. 어쩌면 주관적 최고이고 그 당시의 최고였을 뿐이다. 이런 정상의 경험으로 인해 절정의 최고도는 계속 높아진다. 그것이 성공 의지를 계속 북돋운다. 왜냐하면 정상의 맛은 일의 해방감을 느끼게 만들기 때문이다. 또한 그것은 계속 그 희열을 느끼기 위해 고원에 살도록 한다. 또 다른 정상의 경험은 새롭게 일을 창조함으로써 이룰 수밖에 없었으므로 일의 확장을 이끈다. 이를 위해서 장인들은 배움을 넓혀 나간다. 물론 일의 창조 그 자체가 또 다른 배움을 낳기도 한다. 게다가 사회적 인정 같은 정상의 경험은 그들이 공동체에 더욱 기여해야겠다는 배움 나눔의 가치를 갖게 한다. 이러한 측면은 개인적 '몰입'의 개념에 그치는 것이 아니라 그 경험을 끊임없이 나누려는 의지에서 동력을 얻고 더욱 성장한다.

또한 정상 경험 이후에 갖게 된 고원에서의 삶은 높고 넓은 지평에서의 배움에 기여한다. 게다가 높은 지대에 거주하기 때문에 쉽게 받게 되는 주위의 많은 시선은 장인으로 하여금 고원에서 내려오지 못하게 만들고 계속 고원에 거주하면서 배움을 넓게 베풀도록 한다. 배움의 나눔과 남김의 과정은 또한 그들이 더욱 성장하도록 북돋운다. 그러면서 더 많이 베풀고 더 넓게 나누는 데 기여한다.

이처럼 장인의 탄생은 이 모든 요소가 뒤얽혀 서로서로 영향을 미치면서 이루어진다. 어느 한 가지 요소도 순수하게 독립변수라거나 종속변수는 아니다. 일과 배움의 모든 요소가 상호작용하면서 선순환을 만들어 장인으로 성장하는 데 긍정적 발판으로 작용한다. 그것은 정상을 향해 그리고 고원에서 걷는 한 걸음 한 걸음을 통해서 나타난다. 한마디로, 일과 배움의 긍정적 순환작용을 통해 장인은 조금씩 성장해 나가는 삶을 살아간다.

참고문헌

고용노동부(2016. 3. 24.). AI·로봇사람, 협업의 시대가 왔다! http://www.korea.kr/policy/
　　　pressReleaseView.do?newsId=156117968 [2017. 12. 14 확인].

교육부·한국교육개발원(2018). 2017 한국 성인의 평생학습실태.

김형만, 장원섭, 황승록(2014). 인적자원정책 인프라 진단 및 정비 방안, 세종: 한국직업능력개
　　　발원.

이관춘(2000). 직업은 직업이고 윤리는 윤리인가, 서울: 학지사.

임언·안재영·권희경(2017). 인공지능(AI) 시대의 직업환경과 직업교육, 한국직업능력개발원.

장원섭(2003). 평생학습지원체제로서 사회학습망의 제안, 안드라고지 투데이, 6(2), 1-20.

장원섭(2006). 일의 교육학, 서울: 학지사.

장원섭(2015a). 인적자원개발: 이론과 실천, 서울: 학지사.

장원섭(2015b). 장인의 탄생, 서울: 학지사.

장원섭, 김지영(2013). 명장(明匠)의 길: 우연에서 필연으로, 진로교육연구, 26(3), 23-41.

장원섭, 장인온(2013). 전통 수공업 장인의 학습 과정과 특성에 관한 질적 사례 연구, 직업교육
　　　연구, 32(4), 59-78.

정민(2016). 2016년 다보스 포럼의 주요 내용과 시사점: "4차 산업 혁명", 글로벌 성장 원동력
　　　으로, 이슈리포트, 2016(2): 1-12.

천혜정, 한나(2009). 근로자의 일 지향성, 일 스트레스 및 조직문화가 일과 삶의 조화에 미치
　　　는 영향, 한국가족자원경영학회지, 13(4), 53-72.

한정란(2005). 노인교육의 이해, 서울: 학지사.

한준상(1996). 학습학, 서울: 학지사.

한국일보(2018. 3. 1.). 가팔라지는 '출산 절벽'… 합계출산율 1.17→1.05명 급감.
　　　http://www.hankookilbo.com/v/7476de62bd494121af3634d0c3412d7c [2018. 3. 5. 확인]

Beck, U. (1999). 아름답고 새로운 노동세계 (홍윤기 역), 서울: 생각의 나무.

Bills, D. B. (2004). 교육과 일: 사회학적 접근 (장원섭, 장시준, 김영실 역), 서울: 박영스토리.

Boshier, R. (1998). Edgar Faure After 25 Years: Down But Not Out. in *International
　　　Perspectives on Lifelong Learning*. edited by J. Holford, P. Jarvis and C. Griffin.
　　　London: Kogan Page. 3-20.

Ciulla, J. B. (2005). 일의 발견 (안재진 역), 서울: 다우.

Colvin, G. (2010). 재능은 어떻게 단련되는가? (김정희 역), 서울: 부키.

Faure, E. et al. (1972). *Learning To Be*. Paris: UNESCO.

Fox. M, F., & S. Hesse−Biber, S.(1984). *Women at work*. Palo Alto: Mayfield.

Gilley, J. W., Eggland, S. A., & Gilley, A. M.(2002). 인적자원개발론 (장원섭 역), 서울: 학지사.

Gray, A. (2016). The 10 skills you need to thrive in the Fourth Industrial Revolution. http://www.weforum.org/agenda/2016/01/the−10−skills−you−need−to−thrive−in−the−fourth−industrial−revolution?utm_content=buffer813d5&utm_medium=social&utm_source=facebook.com&utm_campaign=buffer [2017. 7. 3. 확인]

Grubb, W. N., & Lazerson, M. (2004). *The education gospel: the economic power of schooling*. Cambridge, MA: Harvard University Press.

Illich, I. (1971). 탈학교사회 (황성모 역, 1984), 서울: 삼성미술문화재단.

Krecker, M. L. (1995). From the "instinct of workmanship" to "gift exchange": employment contracts, social relations of trust, and the meaning of work. in Simpson, R. L. and I. H. Simpson (Ed.), *The meaning of Work*. Greenwich: JAI. 105−134

Kurzweil, R. (2005). 특이점이 온다 (김명남, 장시형 역), 서울: 김영사.

Lengrand, P. (1970). *Introduction to Lifelong Education*. UNESCO.

Maslow, A. H. (1999). 존재의 심리학 (정태연, 노현정 역, 2012), 서울: 문예출판사.

O'Toole, J. (1973). *Work in America*. Cambridge: MIT Press

Reimer, E. (1971). 학교는 죽었다 (김석원 역, 1982), 서울: 한마당.

Sandberg, J. (2000). Understanding Human Competence at Work: an Interpretive Approach. *Academy of Management Journal 43*(1): 9−25.

Schwab, K. (2016). 클라우스 슈밥의 제4차 산업혁명 (송경진 역, 2016), 서울: 새로운 현재.

Sennett, R. (2009). 장인: 현대문명이 잃어버린 생각하는 손 (김홍식 역, 2010), 파주: 21세기북스.

Torvalds, L., Himanen, P., & Castells, M. (2002). 해커, 디지털 시대의 장인들 (신현승 역), 서울: 세종서적.

CHAPTER

3

비교교육학:
교육의 국제화, 새로운 패러다임

CHAPTER 13

비교교육학:
교육의 국제화, 새로운 패러다임

김성원

　　오늘날 대부분의 문헌에서는 비교교육을 매우 좁은 방식으로 정의하는 경향이 있으며, 비교교육학 분야에서의 이론과 틀이 다른 나라 교육에 치우쳐 있기 때문에 우리 교육에 적용하기에는 한계가 있다. 비교교육은 단순히 외국 교육제도를 연구하는 학문으로 잘못 인식되어 왔지만, 비교교육학은 외국연구에만 한정되지 않으며, 고질적인 국내 교육문제 해결의 실마리를 제공한다. 국내에만 초점을 맞춘 제한적인 접근방법을 넘어서서 국제적인 시각으로 국내를 바라보는 동시에, 현지에 대한 깊은 통찰력과 이해를 바탕으로 하기 때문이다. 오늘날, 세계화와 활발한 국제협력으로 인해 국제자료의 양은 폭발적으로 증가했다. 반면, 국제자료의 올바르고 효율적인 활용을 위한 사회과학적 분석틀은 아직 미비한 실정이다. 비교교육 학문은 이를 위한 체계적인 틀과 연구도구를 제공함으로써 우리 사회의 교육문제들을 재조명하고 창의적인 해결방안을 제시한다. 이번 장에서는 비교교육학의 포괄적이고 총체적인 개요 및 최신 동향을 간략하게 소개하고, 비교교육학의 새로운 패러다임을 제시하고자 한다.

01 > 비교교육, 교육의 새로운 패러다임

❶ 비교교육학의 목적과 필요성

비교교육은 두 개 이상의 나라에서 교육현상을 비교분석하는 학문으로 좁게 이해되어 왔지만, 이보다 광범위한 학문 분야이며 교육 전반의 다양한 주제들을 국제적인 맥락에서 다룬다. 세계화 흐름 속에서 로컬과 글로벌 교육의 경계가 모호해지면서 교육은 더 이상 지리적인 한계에 국한되지 않게 되었다. 글로벌과 로컬의 이분법적이면서도 상호보완적인 틀은 2012년 출간된 Arnove, Torres, France의 『비교교육: 글로벌과 로컬의 변증법*Comparative Education: The Dialectic of the Global and the Local*』에서 주장하는 바와 같이 비교교육의 중심 주제로 자리 잡았다. 역사적으로 교육은 가정에서 자녀들을 가르칠 수 있는 자원을 가진 극소수의 엘리트만이 향유하는 특권으로 인식되어 왔다. 하지만 현대 사회에서는 공교육의 보편화와 함께 교육이 사적 영역에서 공적 영역으로 확대되었다. 부실한 교육체계와 낮은 학업성취도는 더 이상 개인이 아닌 국가적 차원에서 해결해야 하는 문제로 재조명되었으며, 국제적 쟁점으로 자리 잡았다. 공교육의 확장과 더불어 국제표준을 만들기 위한 지대한 노력이 행해졌다. 이러한 노력의 연장선에서 공동으로 추진해야 할 교육 현안은 다음과 같다. 최소의 보편적인 교육수준은 어떻게 설정해야 하는가? 전 세계 초·중·고등학생들이 공통적으로 배워야 할 필수과정의 내용은 무엇인가? 21세기를 맞이하여 우리는 어떠한 글로벌 인재상을 길러야 하는가? 각 국가별로 산재한 이러한 문제들은 전 세계적 차원에서 모두가 함께 풀어나가야 할 과제이다. 비교교육은 각국이 공조하여 교육적 문제들을 함께 타개하는 것을 목표로 한다.

학문 분야로서의 비교교육은 21세기에 접어들면서 공교육의 확장, 국제적 교류의 확산과 국제기구들의 설립, 그리고 국제협력의 활성화로 인해 점진적으로 발전해왔다. 세계 2차대전이 종전된 후, 평화와 협력을 도모하고자 다양한 국제기구들이 생겨났다. 국제 교육성취도 평가 학회IEA: International Association for the Evaluation of Educational Achievement, 경제협력개발기구OECD: Organization for Economic Co-operation and Development, 세계은행World Bank, 국제연합United Nations의 협업의 산물로 방대한 양의 국제자료들이 수집되었다. 이와 같이 외국 교육제도에 대한 정보와 자료의 증대로 인하여 비교교육학은 주요 학문분야로써 자리매김을 하게 되었다.

오늘날 세계적으로 급변하는 지식기반 정보사회에서 인터넷과 자료의 범람은 정보의 개방을 가져왔고, 이러한 공개 데이터를 기반으로 국제교육의 전 세계적 추이를 파악할 수 있게 되었다. 뿐만 아니라, 과거와 달리 오늘날 교육학 전반의 분야를 혁신할 수 있을만한 분석도구들도 다양해졌다. 하지만 현재 이러한 방대한 양의 국제자료에 비해 이를 적절히 활용할 수 있도록 체계적인 훈련을 받은 전문가의 수는 부족한 실정이다. 특히 실무를 담당하는 정책입안자 및 교육자들은 국내 교육을 개선할 목적으로 국제 교육프로그램 및 정책 성공 사례에 대한 관심을 갖고 있기 때문에, 비교교육의 필요성은 교육현장에서 더욱 대두되고 있다. 만약 정책 차용에 대한 이해가 부족한 상태에서 해외 정책을 국내 맥락에 대한 고려 없이 적용할 경우, 예상하지 못한 부정적인 결과를 초래할 수 있다. 따라서 해외 사례를 성공적으로 도입하기 위해서는 신중한 의사결정 과정과 관련 기술에 대한 전문지식이 필요하다.

❷ 비교분석의 본질과 의미

비교는 일상생활에서 흔히 이루어지고 있다. 물건을 구매하는 소비자 혹은 과목을 선택하는 학생 또한 간단한 비교분석을 통해 결정을 내린다. 비교는 지적 탐구intellectual inquiry에 있어서 기본적인 도구이다. 두 개 혹은 그 이상의 요인들의 유사점과 차이점을 찾아내기 위해서는 비교의 기준점과 체계적인 비

교분석법이 요구된다. 두 가지 구성요소를 비교하는 것이 목적이 아닌 경우에
도, 학자들은 어떠한 분석에서든 결국 비교와 대조를 번갈아 하게 된다. 일반
적으로 두 가지의 비교분석을 수행할 수 있다: (1) 수집한 자료 내의 분석단위
간 비교분석예: 핀란드, 영국과 한국에서의 사회계층화 현상 비교, 또는 (2) 경험적 연구에서의
현상을 일반화하기 위해 이론에 대입하는 것이다예: 한국에서의 사회계층화 현상과 Bourdieu
의 문화자본 재생산 이론의 비교. 이러한 의미에서 대다수의 학자들은 무의식적으로 끊임
없이 비교를 해나간다. Phillips와 Schweifurth2014가 주장한 바와 같이, "비교
는, 어떤 분석에서든 본능적인 지적 반응으로, 매일매일의 우리의 의견을 형성
하고 의사결정을 돕는 활동이다. 우리는 모두 비교연구자이다"p. 1.

　　비교종교, 비교문학, 비교정치와 같이 체계적인 비교분석을 기본틀로 하는
다양한 학문 영역들이 폭발적으로 증가하면서 주요 학문으로 자리 잡았다. 이
러한 비교 연구영역의 강점은 직접 비교하는 과정을 설명하면서 통찰력을 키
우고, 비교를 더욱 체계적으로 할 수 있는 분석틀을 제공한다는 것이다. 위에
서 본 비교 학문영역들은 종교, 문학, 정치와 같이 이미 전통과 역사가 오래된
기초 학문을 기반으로 한다. 이와 같이 비교교육학 또한 기초학문 영역을 토
대로 한 진보된 학문으로 볼 수 있으며, 기본 교육 체계나 특정 교육 분야에
대한 이해 없이는 어떠한 의미 있는 비교분석을 도출하기가 매우 어렵다.

❸ 교육학의 '로컬'한 접근방법: 무엇을 왜 비교하는가?

　　교육을 연구하는 학자들은 유독 자국에만 관심을 갖는 경향이 있다. 미국
학자들은 미국교육을 집중적으로 연구하고, 마찬가지로 한국 학자들 또한 한
국교육을 탐구하는 것은 당연한 결과이다. 소수의 학자들만이 자국 외 다른
나라 교육에도 흥미를 갖고 연구한다. 이는 국외 연구를 수행하는 것이 국내
연구보다 어렵기 때문이라고 볼 수 있다. 국외 연구를 수행하기 위해서는 그
나라의 문화와 언어에 능통해야 하고 많은 시간과 자원을 투자해야 하며 치밀

한 연구계획 또한 세워야 하는 반면, 국내 연구는 비교적 수월한 편이다. 하지만 국내 연구에 치중하는 더 큰 동기는 국내 교육을 개선하는 것이 우선이라는 가치판단에서 기인하는 것이라 볼 수 있다. 그렇다면, 국내 교육을 연구하는 것만이 세계화 시대에 교육을 개선할 수 있는 유일한 방법일까? 이전에 논의한 바와 같이, 대부분의 비교가 타인을 통한 자기 성찰을 이끌어내듯이, 비교교육 또한 국제적 시각을 통해 우리 교육의 현주소를 파악하는데 도움을 준다. 그러므로 비교교육은 지역과 세계의 교육 탐구를 위한 다양한 분석틀과 이론을 제시하며, 이를 통해 교육혁신의 기틀을 마련할 수 있다.

두 번째, 비교교육의 비교영역을 이해하기 위해서는 '로컬'의 기준점이 핵심이다. 예를 들어, 미국의 주요 비교교육 학술저널인 Comparative Education Review 소개글에서는 구체적으로 "미국에 한정되지 않은 다른 나라의 교육현상 분석"에 대한 연구물을 다룬다고 밝히고 있다. 이 기준에 따르면 한국은 '외국'에 포함되기 때문에 한국교육에 관한 연구들은 잠재적으로 '비교' 연구로 분류된다. 이와 같이 우리나라 교육은 분석기준에 따라 '로컬' 연구가 되기도 하고 '글로벌' 연구가 되기도 한다. 그러므로 우리나라를 기점으로 비교연구를 하는 비교교육학자라면 로컬과 글로벌한 관점을 두루 숙지하여야 한다. 글로벌 위계질서의 맥락에서 '우리나라'의 위치성과 지리적·지역적 특성, '우리나라 교육'이 교육학 전반 분야에 어떠한 학문적 영향을 미치는지에 대한 심층적인 이해 없이는 비교연구를 수행하기 어렵다. 문제는 대개의 교육이론들이 사회과학이 먼저 발전하고 학문적 전통이 오래된 서양유럽 또는 미국에서 개발되었고, 이를 기준점으로 둔다는 것이다. 궁극적으로 '다른 나라' 교육 체계를 밝히는 데에 있어 서양의 관점에서 개발된, 서양교육을 바탕으로 만들어진 이론적 틀을 사용하게 된다는 것이다. 이와 같이 교육학 분야 전반에서 영어권 중심 국가들의 교육현상을 무비판적으로 일반화하여 비교의 기준으로 삼는 현상은 바람직하지 않으며, 모순적이다.

위의 논의는 간접적인 비교에 대한 고찰로 이어진다. '비교교육'이라는 용어는 둘 혹은 그 이상의 국가 간의 교육체계에 대한 직접적인 비교만을 의미한다고 잘못 이해하기 쉽다. 하지만 단일 국가에 대한 연구라도 비교적인 관점에서 서술한다면 비교연구에 해당한다. 실제로 비교교육 분야에서는 직접적인 국가 간 비교보다는 단일 국가를 대상으로 비교적인 관점에서 진행한 연구나 국가 내의 다양한 소수 민족 집단을 비교하는 연구가 주를 이룬다.

❹ 국제와 비교의 상호 보완적 관계

학자들은 비교교육을 정의하기 위해 무수히 노력해왔다. 특히 비교교육이 학문으로 잘 자리 잡은 서양 고등교육기관에서 개설되는 비교교육 관련 과목 혹은 연구들을 보면 주제가 매우 다양하다는 것을 확인할 수 있다. 예를 들어서, 대규모 국제통계자료를 활용한 학업성취도 연구를 비롯해 국제이해교육 및 시민교육, 세계적인 교육의 시장화와 민영화 현상, 국제학교들의 교육과정 등의 주제를 다룬다. 위에 언급된 주제들의 한 가지 공통점을 찾자면 세계화 맥락에서 '외국' 또는 '국제' 교육이 등장한다는 것이다.

초기 학자들은 주로 비교적 측면comparative dimension에 치중하였으나 세계화와 국제기구의 영향력이 커지면서 국제적 측면international dimension 또한 점점 강조되었다. 오늘날 글로벌 시대에 접어들면서 교육은 국제적인 성격을 띨 수밖에 없다. 국제 교육 규범과 표준, 국제기구의 역할, 국제 학업성취도 또는 평가방법, 국제학교, 국제이해교육 또는 시민교육 등의 주제들은 '국제'라는 단어를 포함시킨다. Epstein[1994]은 국제교육을 다음과 같이 묘사했다.

'국제교육'은 국가 간 학생, 교육자, 학자들의 국제적 협력을 촉진하여 국제적 소양과 지식을 기르고 서로를 통해 배울 수 있는 장을 마련한다. 국제교육은 이러한 활동에 대한 묘사와 분석을 포함시킨다. 국제교육의 실무자들은 대개 국제교류와 소통의 전문가이다. 그들은 비교교육에 대한 지식을 기반으로 활동한다(p. 918).

위와 같이 국제적인 측면은 국가 간 교류의 활성화로 인해 부각되었으며, 비교적인 측면과 분리해서 생각하기 어렵다. 그러므로 비교교육학은 교육제도를 비교하는 것에만 한정되어 있지 않다. 비교적인 측면도 중요하지만 국제적 측면과 함께 공존하기 때문이다. 이로 인한 학술적 용어 선정에 대한 논의가 활발하다. 예를 들어, 오늘의 미국 비교교육학회는 1956년도에 처음 설립되었을 때, Comparative Education Society비교교육학회로 알려졌었지만 1969년도 9월에서야 확대된 범위를 반영하기 위해서 '국제'라는 단어가 추가되면서 Comparative and International Education Society국제비교교육학회로 알려지게 되었다. 반면, 주요 학술지 Comparative Education영국 또는 Comparative Education Review미국는 '국제'라는 단어가 빠져있지만 소개글을 읽어보면 국제적인 연구에 큰 관심을 보이고 있다.

그러면 과연 비교적인 측면과 국제적인 측면 가운데 어느 것이 더 중요할까? 이는 비교와 국제가 독립적으로 존재할 수 없기 때문에 모순된 질문이다. 예를 들어, 국가 간 비교를 하는 비교연구는 세계화로 인해 이러한 비교가 가능해졌기 때문에 국제적일 수밖에 없다. 국제적인 연구 또한 비교를 수반한다. 국제적인 안목 없이 효율적이며 정교한 비교분석을 한다는 것은 불가능한 일이다. 특히 오늘날 국제기구들은 국가들과의 협력을 통해서 교육의 국제적 규범과 표준을 통일하고자 노력하였다. 즉, 비교교육과 국제교육은 본질적으로 상호 보완적이며, 연구를 할 때 서로 배제할 수 없는 관계이다: "예외는 있으나, 비교연구는 주로 국제적인 성격을 띠며, 국제연구는 비교적인 의미를 내포한다"Phillips & Schweisfurth, 2014, p. 4.

02 > 비교교육학의 자리매김

❶ 비교교육학의 역사적 발전과 변화

비교교육학의 역사적 발전과 변화를 중심으로 비교교육의 발달단계를 알아보자.[1] 수세기 전의 Heredotus[BC 484-425]나 Xenophon[BC 430-355]이 당시 페르시아를 유토피아로 생각하면서, 페르시아와 그리스에서 아이들을 교육한 방법의 단계를 서술하였는데, Phillips와 Schweisfurth[2014]는 이를 비교교육의 시초라고 보았다. 프랑스 학자 Marc-Antoine Jullien은 단행본 『비교교육학 연구를 위한 구상과 예비적 견해*Plan for a Work on Comparative Education*, 1816-17』에서 교육 통계자료의 수집과 활용을 권고하였으며, 비교교육학의 과학화를 주장하였다. Marc-Antoine Julien은 비교교육의 창시자로 여겨지며, 비교교육이 학문영역으로 발돋움할 수 있도록 큰 기여를 하였다.

Noah와 Eckstein[1969]은 비교교육의 발전을 다섯 가지 단계로 설명하였다[그림 13.1]. 첫 번째 단계는 그리스 로마 시대까지 거슬러 올라가며, 이색적인 타지를 관찰하여 얻은 이야기들을 서술한 여행담*traveler's tales*의 형태로 이루어졌다. Marco Polo[1254-1324]나 Denis Diderot[1713-1784]와 같은 문인들 또한 방문 국가에 대해 서술하였는데, 오늘날처럼 교통과 통신이 발달되지 않았던 시대에 일상생활에서 접하기 힘든 외국에 대한 여행담은 대중들을 사로잡았다. 이러한 글들은 다른 나라의 교육을 엿볼 수 있는 기회를 제공하였으며, 비교교육의 시초라고 볼 수 있다. 두 번째 단계는 식민지배 국가의 원주민들을 교육시키는 실천적 방편으로 시작하였는데, 인성발달, 건강과 위생, 농업, 산업기술, 가정학, 3R 교육읽기·쓰기·셈하기 등이 이에 해당된다. 이 단계에서는 인종차

---

1 정일환, 김병주 외 (2012); Phillips & Schweisfurth(2014) 참조.

그림 13.1 Noah & Eckstein(1969)의 비교교육의 발달 5단계

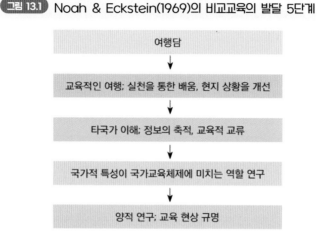

출처: Philips & Schweisfurth(2014), p. 26.

별적이고 자민족중심적인 관점이 지배적이었으며, 교육과정이 강대국 위주로 편성되었다. Michael Sadler[1861-1943], Matthew Arnold[1822-1888], 그리고 Marc Antoine-Julien[1775-1848] 등이 이 시대의 대표 학자라 여겨진다. 세 번째 단계에서는 자료수집방법이 더욱 정교해지면서, 비교연구는 점차 과학적인 성격을 띠게 되었다. 이러한 맥락에서 프랑스의 Victor Cousin[1792-1867]나 미국의 Horace Mann[1896-1859]과 같은 학자들이 관찰여행을 다니면서 왕성한 활동을 하였다. 네 번째 단계에서는 국민성이 국가 교육체제 수립·운영 및 성격에 지대한 영향을 끼친다고 보는 국가중심적인 시각을 확인할 수 있다. 이 단계에서는 이전과 달리 외국 교육을 통해서 국내 교육을 개혁하겠다는 실용적 목적보다는 역사적, 문화적, 사회적 맥락에서의 교육현상을 설명하고 이해한다는 데에 가치를 두었다. 마지막 다섯 번째 단계는 비교교육학의 과학화가 시도되면서 계량적·경험적 접근방법이 급증하는 것을 보여준다. 이는 국제기구의 출현과 함께 지난 세기 축적된 방대한 분량의 자료를 바탕으로 하는 양적 연구를 다루며, 대표 학자로 George Bereday[1920-1983], Brian Holmes[1919-1993],

Harold J. Noah[1925-] 등을 들 수 있다.

Phillips와 Schweisfurth[2014]는 비교 분석에서 역사적 강조점의 대안적 연대기를 제시하였는데, 앞서 그림과 크게 다르지 않다[그림 13.2] 참고. [그림 13.2]는 시기를 정확하게 표현하기보다는 특정 측면을 보여주고자 하였다. 예를 들어, 2~3단계에서 정치적 동기가 강했던 연구가 점진적으로 과학적 탐구로 바뀌는 과정을 포착할 수 있다.

그림 13.2 비교분석에서의 역사적 강조점

묘사 (1)

정치적 분석 (2)

통계적 근거 활용과 체계적 자료 수집 (3)

사회-경제적 근거/이해 (4)

결과 분석 (5)

세계화 맥락 (6)

포스트모던적 접근 (7)

출처: Philips & Schweisfurth(2014), p. 27.

❷ 비교교육학의 학문적 성격

비교교육의 설립 초창기부터 학자들은 비교교육의 학문영역을 정의하고자 고군분투하였고, 그 결과 오늘날 비교교육학은 독자적인 학문영역으로 자리 잡았다. 비교교육은 다양한 분과학문과 연구방법 및 주제를 공유하며, 국제적, 비교적 관점에서 교육을 재해석하는 데에 초점을 맞춘다. 비교연구물을 검토해보면 비교연구는 교육체제와 제도, 교육과정, 사회와 문화 등 여러 영역에서 이루어진다는 것을 확인할 수 있다. 비교교육학자들은 통일된 접근방법을 활용하기보다 여러 개의 분과 학문을 아우르면서 다양한 분석도구를 통해 비교적인 지적 탐구를 이어왔다. 이와 같이 비교교육학과 겹치는 분야가 다양하고 광범위하기 때문에 비교교육학은 학자들에게 정체성 혼란을 안겨주었으며 이에 대한 비판이 끊이지 않았다. 반면, 비교교육 지지자들은 이러한 개방성과 융합적인 접근방법이야말로 우리 시대의 흐름을 반영한 진정한 학문이며, 좁은 소분야에 한정된 연구는 글로벌과 로컬의 연계를 탐구하기에는 제한적이라고 주장해왔다Arnove, 2013; Kubow & Fossum, 2007; Rust, Johnstone, & Allaf, 2009.

비교교육학의 학문적 특성을 이해하기 위해서는 학문의 정확한 정의를 이해할 필요가 있다. 학문discipline이란 "특정한 규범과 방법을 따르는 학습 또는 학구적인 지식 또는 탐구 분야"로써 연구방법과 분석틀이 체계적으로 잡혀있다고 볼 수 있다. 예를 들어, 심리학이나 사회학을 독자적인 학문분야로 볼 수 있는데, 교육심리나 교육사회학은 교육학 내의 분과학문으로서 이러한 모 학문parent field에서 분석틀을 빌려와서, 교육 관련 주제에 적용시키는 학문이라고 할 수 있다. 교육학분야 자체가 다양하게 구성되어 있는데, 심리, 사회, 인류 등 하나의 모 학문영역parent discipline에 확고한 기반을 둔 전공이 있는 반면, 평가, 특수 아동, 교육과정 등 융복합적인 성격이 더 강한 전공들도 있다.

이와 같이 교육학이라는 학문 자체가 융합적인 성격을 강하게 띠는데, 비교교육은 그러한 점이 더욱 두드러진다고 볼 수 있다. 비교교육의 또 한 가지 특성은 미시적인 접근보다는 거시적인 접근을 선호하는 편이라는 것이다. 특히 교육이 사회, 국가, 세계화 등의 현상들과 어떻게 상호 작용을 하는지 규명하는 데에 의의를 둔다. 비교교육학에는 다양한 전공자들이 공존한다. 예를 들어, 고전주의자 Edmund King을 비롯해 과학자 Brian Holmes, 사학자 George Bereday 등 비교교육학자들의 배경은 다양하다. George Bereday는 특히 비교적인 전문성을 기르기 전에 모 학문분야에서 전공지식을 충분히 쌓기를 권장하였다.

위와 다른 견해를 가진 학자들 또한 비교교육의 학문성을 재정립하는 과정에서 비판적인 목소리를 냈다. Patricia Broadfoot2000은 교육의 비교 연구는 학문분야가 아니라 학문 배경context이라고 주장하였다. 비교적인 탐구는 기본적으로 그 나라의 교육이 어떠한 사회적, 역사적, 문화적 맥락에서 이루어지는지에 대한 심도 있는 이해를 전제로 하기 때문이다. 이와 같이 비교교육학은 교육 배경에 대한 심층적 이해를 도와주며, 특정 연구방법이나 접근방법에 제한되어서는 안 된다는 것이다. 이렇듯 학문적 성격에 관한 논쟁에서, 오늘날 비교교육학을 학문영역이 아닌 유사 학문분야quasi-discipline로 보는 학자들이 지배적이다. 이들은 다양한 분과학문을 전공한 학자들의 개별 접근법은 상이하지만, 큰 틀에서는 이론과 주제를 공유하며 하나의 비교교육이라는 영역을 구축해 나간다고 본다.

❸ 비교교육학의 대표적 정의와 기본 영역

비교교육학의 하위영역이 어떻게 규명되어 왔는지를 간단하게 소개한다. 선행연구에서 발견된 고전적인 모형들을 제시함으로써 비교교육 분야에 속해 온 연구가 무엇인지에 대해 큰 그림을 보여주고, 다양한 학자들이 어떻게 비교교육을 바라보았는지를 재조명하고자 한다. 여기에서는 비교교육학을 분류한 두 가지 관점을 소개할 것인데, 하나는 1973년 Halls 모형이고, 다른 하나는 2008년 Dolby와 Rahman이 출간한 논문을 기반으로 한다. 오늘날 비교교육을 정의하는 수많은 이론적 틀이 존재하지만, 이 두 가지 관점을 통해서 확인할 수 있듯이, 기본 영역들은 대부분 겹친다.

1) 홀스의 모형(Hall's typology)

영국 비교연구자이자 역사가인 France W. D. Halls는 비교교육을 항목화한 모형을 1973년에 발표하였는데, 이 틀은 오래되었지만 아직까지도 크게 바뀌지 않았다는 점에서 그의 통찰력을 엿볼 수 있다[그림 13.3]. 각각의 카테고리를 하나하나 설명하기보다는 Halls 모형에서 추가 설명이 필요하다고 생각되는 부분들만 강조할 것이다. Comparative Pedagogy는 교실 수준에서의 과정을 의미하며, 비교적비교교육 혹은 국제적국제교육인 성격을 띨 수 있다. 국제교육은 특히 다국적, 다문화적, 다인종 집단을 가르치는 것부터 시작하여, 국제이해교육, 평화교육, 국제인구 및 생태학, 문화적 차이와 해결방안, 교과서 개발, 교육과정의 일치와 교수법의 국제규범에 이르기까지 광범위하다. Education abroad은 자국 이외의 교육체제연구를 뜻한다. 반면, Intra-educational and intra-cultural analysis은 분석의 하위단계로 역사적, 사회적, 경제적, 그리고 문화적 맥락에서의 분석 위주로 이루어진다.[2] 마지막으로, Development education은 개발도상국에서의 교육연구를 의미하며, 국제기구의 활동과 긴밀히 연관되어 있다. Halls는 이러한 분류가 상호 배타적이지 않고, 중복되는 지점이 존재함을 강조하였다. Halls 모형의 핵심은 비교와 국제의 연구영역이 중첩되기 때문에 이 둘을 상호 보완적인 관계로 보았다는 점이다.

그림 13.3 Halls 비교교육학 모형

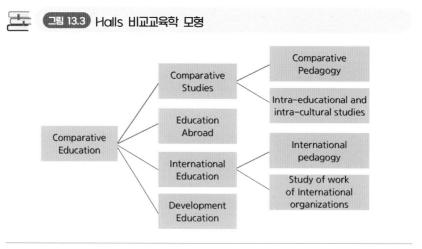

출처: Halls(1973), p. 23.

---

2 분석의 하위단계는 [그림 13.6] Bray & Thomas의 이론적 틀 참고하기.

2) Dolby & Rahman의 보고서

Dolby와 Rahman2008은 국제교육의 연구 동향을 정리하였는데, 국제연구 학문에서 핵심적인 여섯 가지 접근방식을 제시하였다: (1) 국제비교교육, (2) 고등교육의 국제화, (3) 국제학교, (4) 교직과 교사연구의 국제연구, (5) 교육과정의 국제화, (6) 교육의 글로벌화. 위 정의에 따르면, 비교교육을 독자적인 학문으로 묘사한 Halls 모형과 달리, Dolby & Rahman의 '국제비교교육'은 여섯 가지 연구 유형 가운데 한 가지에 해당한다. 그러나 이 보고서는 국제교육이 핵심이기 때문에 국제비교교육을 국제교육 연구의 한 부분으로 분류하였다고 볼 수 있다. Dolby & Rahman이 국제교육의 하위영역으로 분류한 국제비교교육 분야는 방법론적인 면에서 다양성이 강조되며, 학문적·학술적 활동과 더욱 긴밀히 연결되어 있다고 묘사되어 있다. 더 나아가, Dolby & Rahman은 국제비교교육의 전통적인 접근방법을 세 가지로 정리하였다: (1) 개선과 개혁을 목적으로 국가 간 비교분석을 수행하는 전통적 패러다임, (2) 직접적 비교를 하지 않는 외국 교육 체계 연구, 그리고 (3) 주로 국제기구와 연관하여 개발도상국에서 수행하는 응용 및 정책 기반의 연구.

Dolby & Rahman은 고등교육의 국제화, 국제학교, 교직과 교사의 국제연구, 교육과정의 국제화 등 아직 이론적 기반이 부족하지만 실제 현장에서는 수요가 많은 영역들 또한 소개하였다. 고등교육의 국제화는 고등교육에서의 실천적 측면에 주목하는 반면, 국제학교 연구는 교육과정에 초점을 맞추며, 교직과 교사의 국제연구는 해외 교사연수 프로그램을 주로 다룬다. 교육과정의 국제화는 교실 현장과 관련된 평화 교육, 글로벌 교육과 다문화 교육, 인권 교육, 그리고 환경 교육에 관심을 가진다. 이 보고서에서 분류한 마지막 유형인 '교육의 글로벌화'는 가장 최근에 교육학 외의 분과학문에서 활발하게 연구되고 있으며, 인문학과 사회과학에 기초를 둔 글로벌 관점에서의 흑인 교육, 교육인류학, 세계문화이론, 그리고 비판적 글로벌화 연구와 같은 주제들을 포함한다.

03 > 비교교육학의 최신 이론과 연구 동향

　　오늘날 비교교육학의 정의와 하위 영역은 명확히 규명되지 않았다. 급속한 과학기술의 발달으로 인해 새로운 연구 영역이 지속적으로 개발되고 있기도 하지만, 비교교육학을 정의하는 데 있어 더 큰 문제는 비교교육학의 개념과 정의가 서양 학자들의 연구를 기반으로 하기 때문에 서구식 관점이 지배적이라는 것이다. 이 절에서는 아시아에서 대두되는 가장 시급한 교육문제를 중심으로 한국적 상황에 비추어서 각 하위분야를 소개하고자 한다.

그림 13.4 비교교육학의 하위 영역

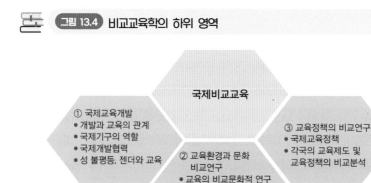

국제비교교육

① 국제교육개발
● 개발과 교육의 관계
● 국제기구의 역할
● 국제개발협력
● 성 불평등, 젠더와 교육

② 교육환경과 문화
　비교연구
● 교육의 비교문화적 연구
● 학업성취에 영향을
　미치는 요인 비교연구
● 부모관여, 사교육

③ 교육정책의 비교연구
● 국제교육정책
● 각국의 교육제도 및
　교육정책의 비교분석

　　일반적으로 비교교육학은 [그림 13.4]와 같이 세 가지 영역의 연구로 분류할 수 있는데, 이 영역들은 각각 전통, 접근 방식, 그리고 주제로 확연히 구분된다. 현재의 분류는 넓게는 큰 영역 혹은 분과 학문분야로 생각할 수도 있다.

❶ 국제교육개발

국제교육개발 영역은 교육과 개발의 쟁점들을 검토하고 관련 방안을 모색하는데, 이 분야에서는 주로 개발도상국 연구에 초점을 둔다. 개발에서의 교육의 역할, 국제기구의 업무UNESCO, World Bank, OECD, 그 외, 국제개발협력, 질 높은 교육quality education 및 성불평등과 같은 국제적 안건으로 설정한 밀레니엄 개발 목표Millenium Development Goals와 지속가능한 개발 목표Sustainable Development Goals에서 중요하게 다루는 교육 문제와 같은 이슈들을 면밀히 검토한다. 국제협력을 통해 모든 아이들에게 평등한 교육기회와 질 높은 교육을 제공하기 위해 노력하는 가운데, 이 분야는 특히 교육 프로그램의 실행과 평가를 탐구하는 정책과 실천에 기반을 둔다. 예를 들어, McEwan2015은 세계적으로 어떠한 형태의 교육개입이 가장 효과적인지 여러 개발도상국에서 실험하였는데, 프로그램별 효과 크기의 차이가 크다는 결론을 도출하였다. 그가 수행한 초등학교 대상의 교육적 개입 메타분석에 따르면, 컴퓨터의 제공과 이러닝 등 IT를 활용한 교육이 가장 큰 효과0.15를 보인 반면, 학비·생활비 지원-0.011 및 보건·위생 시스템 지원0.013은 실효성이 없었다고 파악되었다. 이러한 연구는 정책입안자나 실무자들에게 보다 과학적인 근거를 제공함으로써 국제교육개발에 크게 기여할 수 있다.

국제교육개발에서 질적 연구 또한 활발하게 이루어지고 있다. 질적인 연구는 현재의 교육개발모형을 재검토하는데 노력을 기울이고 있으며, 선진국 교육개발모델을 개발도상국에 일방적으로 주입하는 것을 비판적인 시각에서 바라본다. 뿐만 아니라, 선진국과 개발도상국 간의 상호협력을 통해 교육 개발을 촉진하는 가장 바람직한 방법을 구상하고자 한다.

이러한 연구는 대한민국이 2009년 OECD의 개발원조위원회Development Assis-tance Committee의 회원이 되면서, 현재는 선진국으로서 다른 개발도상국에 공적 개발원조Official Development Assistance를 제공하는 입장으로 바뀌었다는 점에서 더욱 의의가 있다. 공적개발원조는 빈곤퇴치와 개발을 목적으로 선진국이나 국제기구에서 저개발국가에게 자원뿐만 아니라 기술이나 지식을 이전하는 것을 의미한다. 한국은 최초로 가장 짧은 시간 내 개발원조의 대상에서 주체로 역할의 전환을 경험한 국가이다. 이는 큰 성과인 동시에, 첫 수원국-공여국 전환국가로서 개발도상국에게 원조를 제공해야 하는 중책이기도 하다. 대한민국은 1950년대 전쟁의 폐허에서 경제를 재건하기 위해 외국으로부터 긴급구조부터 구조조정까지 최대 120억 달러 규모의 공적개발원조를 받았다. 하지만, 1995년에 세계은행의 원조에 더 이상 의존하지 않게 되었으며, 2000년에는 개발원조위원회의 공적개발원조 대상에서 제외되었고, 마침내 수원국에서 공여국으로 원조 지위의 전환을 맞이했다. 한국의 공적개발원조 규모는 지난 세기 두 배로 늘어났고, 2015년 국내 국민총소득GNI 대비 공적개발원조 비율은 0.14%에 달한다. 이 수치는 2030년까지 0.30%에 도달하는 새로운 목표를 설정함에 따라 늘어날 것으로 예상된다. 특히 교육 부문에 투자되는 지원의 비중이 크기 때문에2015년 2억 6029만 달러로 추정, 더 많은 교육전문가들을 필요로 한다Development Co-operation Report, 개발협력보고서 2016. 반기문 전 유엔사무총장은 2011년 8월 대한상공회의소에서 기업인들을 대상으로 한 조찬강연회에서 "한국은 많은 개도국에 희망의 등대가 되고 있으며, 이들에게 특별한 동반자가 돼야 한다"고 하였다.

이와 같이 수원국에서 공여국으로 전환한 한국은 이제 선진국으로 새롭게 분류된다. 하지만 개발의 대표적인 개념이나 매년 세계은행이 인위적으로 선진국-개발도상국으로 구분하는 나라 간 경계가 모호할 때가 많다. 노벨상 수상자인 Amartya Sen1999, 2005은 자유로서의 발전development as freedom과 인간 능력human capabilities에 대한 개념을 통해 개발을 경제발전의 수단으로만 한정짓는 것은 바람직하지 않다고 주장했다. 그 결과, 국민총생산GNP과 같은 경제발전수준 지표 외의 다양한 범위의 측정단위들이 개발되었다: 인간개발지수HDI, 소득 불평등 지수인 지니 계수Gini coefficient, 초·중·고 취학률 및 대학 진학률, 성불평등지수와 성차별지수Global Gender Gap Index 등이 그 예이다. 또한 빈곤의 개념을 더욱 심층적으로 이해하고자 많은 연구들이 진행되었으며, 절대적 대 상대적 빈곤 및 다차원적인 빈곤 지수에 대한 논쟁 또한 팽팽한 상황이다김지현, 2015. 이처럼 연구자들은 개발의 개념 및 관련 요인들과 측정 방식을 고려하여 무엇이 바람직하고 긍정적인 개발인지 정의하기 위해 지속적으로 노력해왔다.

여기서 주목해야 할 점은 비록 대개의 연구물이 개발도상국을 대상으로 하지만, 개발은 개발도상국에서만 일어나는 현상이 아니며, 선진국을 포함한 모든 국가가 나름의 개발과정을 거친다는 것이다. 개발의 정형화된 양식 또한 찾기 어려우며, 국가마다 개발 패턴이 다를 수밖에 없다. 중국의 경우, 폭발적인 경제적 성장과 공교육mass education의 급속한 확장이 서구모델과 달리, 민주주의를 동반하지 않을 수 있다는 것을 보여준다. 이는 서구의 이론을 무비판적으로 수용할 것이 아니라 재검토해야 할 필요성을 제기한다. 즉, 범국가적인 연구는 일반화할 수 있는 교육과 개발법칙을 발견하고 보편적인 이론을 세워 교육학을 더욱 발전시킬 수 있는 중요한 연구 도구이다.

❷ 교육환경과 문화 비교연구

교육환경 연구는 학교나 교실 내에서 일어나는 교육 현상뿐만 아니라, 학교교육에 지대한 영향을 미치는 사회에 대한 연구를 포괄한다. 교육환경과 문화 비교연구는 특히 교육과 사회의 관계를 규명하고 사회계층화의 보편성을 전 세계적인 측면에서 검토하며, 국가 간 교육환경과 문화를 비교하는 데 의미를 둔다. 학업성취나 교육성과에 초점을 맞추는 연구는 양적인 성향이 강하며, 교육과 배움이 이루어지는 문화적 배경을 탐구하는 연구는 질적인 성향이 강하다. 교육환경에 관한 연구 중 동아시아에서 가장 활발하게 이루어지고 있는 연구는 부모 관여와 사교육에 대한 연구이다. 특히 교육열이 높은 한국, 대만, 홍콩, 싱가포르 등의 동아시아 국가에서는 학교뿐만 아니라 학교 밖의 교육환경이 학생들에게 지대한 영향을 끼친다. 동아시아권 국가들은 서양과 달리 단시간 내에 공교육의 보편화와 급속도의 경제발전이 이루어졌다. 이와 같은 발전과정을 거치면서 신자유주의와 자본주의 사상이 동아시아 국가에서의 교육 담론을 지배하게 되었고, 이러한 맥락에서 교육환경과 문화를 비교하는 연구들이 등장하게 되었다.

1) 질적 연구 예시

교육의 비교문화적 질적 연구의 대표작은 Tobin, Hsueh와 Karasawa2009의 『비교문화적으로 본 유아교육기관: 일본, 중국, 미국을 중심으로*Preschool in Three Cultures*』이다. 이 연구는 미국, 중국과 일본 유치원에서의 하루 일과를 영상으로 담아서 각 나라 교사 및 교육전문가들과 공유하여 문화적 차이에 대한 대화를 유도하였다. 1989년도에 처음으로 세 나라의 유치원을 방문하고, 10년 뒤인 2008년도에 다시 방문해 최초의 종단 연구방법으로 영상자료를 축적하여 방대한 분량의 데이터베이스를 구축하였다. 10년 전에 비해 미국은 PISA Programme for International Student Assessment 성적이 높은 아시아 계열의 국가를 따라 사회성보다는 인지발달과 학습 준비도school readiness를 중요시하며 성적 위주의 정책을 펼치는 반면, 중국은 반대로 미국을 따라 사회정서발달에 초점을 맞춘 전인교육holistic education을 지향하고 있었다. Tobin, Hsueh와 Karasawa2009는 일본은 미국과 중국에 비해 다른 국가들의 영향을 가장 작게 받으며, 10년 동안 문화적 변화가 미미하였다고 결론지었다. 그리고 문화적 차이가 유치원 같은 기초 교육기관에서 두드러지게 나타나며, 문화에 따른 가치관이나 특성이 교육에 큰 영향을 미칠 수 있다는 점을 증명했다. 예를 들어, 일본 교사들은 아이들의 사회화가 학교의 주목적이라고 생각하는 반면, 미국 교사들은 교사와 학생의 일대일 관계를 더 중요시하였다. 이로 인해 일본에서는 학생당 교사 비율이 낮은 대규모 반을 선호하는 반면, 미국에서는 아이에게 맞춤교육을 하기 위해 학생당 교사 비율이 높은 소규모 반을 선호하는 편이였다. 이 예시

에서 볼 수 있듯이, 각국의 교육제도를 심도 있게 이해하려면 각 나라의 독자
적인 교육환경과 문화를 파악하는 것이 중요하다.

2) 양적 연구 예시

양적 교육환경 비교연구 중 가장 활발하게 이루어지는 연구로 꼽을 수 있
는 것은 전 세계적 데이터를 기반으로 한 교육 생산함수 모델 연구이다. 교육
생산함수 모델 연구의 시초는 미국 1966년도에 발표된 Coleman 보고서와 영
국의 Plowden 보고서Peaker, 1971로 보며, 이 보고서들에서는 학교자원보다 가
족배경이 학업성취에 더 큰 영향을 끼친다는 결과를 도출하였다. 이 연구발표
이후로 서구 사회에서 많은 학자들이 학업 성취에 있어 가정환경의 중요성에
주목하여 관련 연구를 수행하여 왔으며, 이는 수십 년 동안 방대한 업적을 낳
았다. 현재 이와 관련된 선행연구물이 상당히 축적되어 있지만, Coleman 보
고서의 출판 이후 교육학 연구자들의 관심은 주로 산업화 국가에서의 가정환
경의 영향력을 조사하는 데 머물렀다. Heyneman이 유일하게 개발도상국에서
도 Coleman 보고서의 결론이 유효한지 검증하는 연구를 수행하였는데, 우간
다에서는 학교요인이 가정환경의 효과보다 더 크다는 상반된 결과를 얻었다
Heyneman, 1976. 이 연구를 바탕으로 1970년대의 최대한 많은 국제자료를 구축
하고 분석한 결과, 역시 "가난한 나라일수록, 학교 시설과 선생님 수준 등의
학교요인이 학생의 학업성취에 중요하다"는 놀라운 결론을 내릴 수 있었다
Heyneman & Loxley, 1983, p. 1180. 이후 Heyneman-Loxley 효과라고 일컬어진 이
가설은 이어진 연구에서 반복해서 입증되었다.

이와 같이 개발도상국에서 가정환경의 효과가 상대적으로 작은 원인을 선
행연구에서는 다음과 같이 설명한다. 첫째, 산업화가 더딘 사회일수록 학교는
희소성을 지닌 재화이기 때문에 부모와 자녀 모두 자신의 가정환경과 상관없
이 학교 교육을 통해 사회적 지위를 획득하기 위해 최선을 다한다. 즉, 소득수
준이 전반적으로 낮은 가운데 학교에 등록한 아이들의 학업태도나 부모의 지

원이 크게 차이나지 않으므로 가정환경이 그만큼 학업성취에 큰 영향을 미치지 못한다는 것이다. 둘째, 산업화 사회에서는 공교육의 보편화가 이루어지면서 학교의 질 또한 전반적으로 높아진다. 어느 사회에서나 개별 학교의 질적 차이가 약간은 존재하지만, 학교 예산의 규모가 큰 산업화된 국가에서 보이는 것과 같이 학교 자원 투입량이 일정 수준에 다다르면 학교의 한계 효과marginal effects는 줄어든다. 하지만 개발도상국의 경우, 개별 학교 간 질적 차이가 크기 때문에 학교 요인의 영향력이 가정환경의 영향력보다 큰 것이라 설명하기도 한다.

그러나 오늘날 개발도상국을 비롯한 전 세계에서의 학교팽창 현상과 학교 민영화가 보편화됨에 따라 국가 내 개별 학교의 수준 차가 줄어들었다. 이와 관련된 여러 논문들이 최근에 발표되었는데, 개발도상국에서도 가정환경의 영향력이 학교 요인의 영향력보다 커졌다는 결론을 내렸다Baker, Goesling, & LeTendre, 2002; Bouhlila, 2015. 위 연구들은 산업화된 서구 사회에서 대규모 통계자료의 분석 결과를 바탕으로 개발된 이론과 연구결과들이 전 세계적으로 유효한지 의문을 제기하면서 비교교육학 분야에 큰 영향을 끼쳤다.

❸ 교육정책의 비교연구

교육정책의 비교연구에 속하는 연구로는 국제교육정책, PISAProgramme for International Student Assessment나 TIMSSTrends in International Mathematics and Science Study와 같은 자료를 활용한 국제비교 연구, 그리고 정책 차용이나 전이 등을 꼽을 수 있다. 오늘날 지식기반 정보사회에서 국가 간 교육정보의 공유는 자연스러운 현상으로 자리 잡았다. 이는 국제교육개발에 큰 기여를 하지만, 국제적인 위상이 높은 나라들의 영향력이 크기 때문에 교육정책의 전이가 한쪽 방향으로만 이루어지지 않을까 하는 우려를 낳기도 한다. 교육정책의 비교연구에서는 다른 나라 교육에 대한 단편적인 인식과 이해에 머무르지 않고, 숫자나 표면적인 결과에 치우쳐 있을 수 있는 국제적 사례를 재검토하여 학문적으로 비판적인 태도를 견지하고자 한다. 즉, 현지에 한정된 교육학의 로컬한 학문적 특성을 극복하여 국제적 사례를 적절하게 활용할 수 있는 안목을 키우고자 한다는 것이다.

1) 국제 통계자료의 활용에 대한 고찰

세계화 시대를 맞이하여 국가 간 교류가 활성화되고 국제학업성취도평가 결과가 전 세계에 공개되면서 학업성취도가 높은 국가들이 두각을 나타내게 되었다. 상위권을 유지해온 한국을 포함한 동아시아 국가들은 서구 사회에서 높은 학업성취도로 주목을 받았다. 특히 미국 학자들은 아시아인들의 교육비결을 파헤치기 위해 다양한 노력을 기울여 왔다. OECD의 교육통계 총책임자이자 독일 교육학자인 Andreas Schleicher는 이러한 국제자료가 전 세계에 미치는 긍정적인 영향을 강조하였으며, 이로 인해 독일과 폴란드 등 많은 국가들이 교육의 형평성과 수월성equity and excellence 면에서 크게 발전할 수 있었다고 주장하였다. 반면, 이러한 국제자료의 부작용으로 전 세계적으로 교육에 대한 담론이 교육성과에 치우쳤고 진정한 교육의 의미가 변질되었다는 비판도 나왔다. 비교교육학자들은 이와 같이 국제 통계자료가 국내·외 교육담론에 미치는 영향을 고찰하며, 국제 통계자료를 올바르게 활용하는 방안을 모색하였다.

2) 교육정책 차용 연구(educational policy borrowing/transfer)

교육정책 차용의 개념은 예전부터 존재했지만, 오늘날 국제자료의 범람으로 인해 교육현장에서 다른 나라의 성공사례 도입을 선호하는 경향이 최근에 들어서야 두드러졌다. 1970년대에는 교육정책의 차용에 대한 논쟁이 팽팽한 가운데, 지지자들은 정책 차용을 바람직한 현상이라고 옹호하는 반면, 외국 교육 성공사례를 국내에 들여오는 것이 가능할지에 대한 회의적인 태도를 취하는 학자들 또한 목소리를 냈다. 다른 나라의 성공적인 교육 정책을 빈번하게 차용하는 관행에 대해 Michael Sadler1900, 1964년 재인쇄는 문제를 제기하고 주의를 환기하며, 다음과 같은 말을 하였다.

다른 나라의 교육체제를 연구하는 데 있어서 학교 안의 요소도 중요하지만 학교 밖 현상 또한 학교교육에 막대한 영향을 미친다는 점을 간과해서는 안된다. 우리는 세계 각국의 교육체제를 자유롭게 누비면서 탐색할 수 없다. 이는 마치 아이가 정원에서 산책하다가 여기에서 한 송이 꽃을 꺾고 다른 관목에서 나뭇잎을 꺾어 집으로 가져와서 흙에 심은 뒤 살아 있는 식물이 될 것이라고 기대하는 모습과 같기 때문이다. 세계 각국의 교육체제는 살아 숨쉬는 것으로, 잊혀진 투쟁과 고난, 그리고 오랜 전쟁의 산물이라 할 수 있다. (p. 310)

위와 같이 정책 차용의 당위성 문제를 떠나서 학자들이 내놓은 세 번째 입장은 교육정책 차용은 세계화 시대에 불가피한 현상이라는 것이다. 교육개혁을 통해 국제경쟁력을 확보하고자 하는 열망은 개발도상국과 선진국을 포함한 전 세계 국가들의 교육정책 기본방침에 반영되며, 교육지표, 교육기준과 평가, 교육의 질, 역량 강화 등의 키워드와 함께 국제적인 교육담론으로 자리 잡았다. Levin[1998]은 국제통계자료가 교육성취와 데이터 중심적인 교육담화로 재편한 현상을 전 세계적으로 유행하는 전염병epidemic에 비유하였다. Watts[2003]은 더 나아가 교육개혁의 전이를 세 단계로 묘사하였는데, 마치 바이러스와 같이 처음에는 점차적으로 번지다가slow growth 어느 순간 걷잡을 수 없이 급격하게 증가하여exponential growth, 마지막에는 수그러든다고burnout 표현하였다. 마치 바이러스 균이 몸속에 침투할 때와 같이 국가의 면역 체계가 약할 때 국제 교육 개혁의 '병'에 걸리기 쉽다고 본 것이다. 비교교육학자들은 교육개혁의 영향이 세계 곳곳으로 퍼지면서 고유의 로컬한 성격이 변질되는 과정을 규명하여, 이를 정책의 탈영토화deterritorialization 현상이라고 정의했다Steiner-Khamsi & Waldow, 2012. Sahlberg[2009]은 국제 교육담론에 민감하게 반응하는 나라들을 지도로 [그림 13.5]와 같이 표현하였는데, 영어권이 아닌 나라 중 한국이 특히 서양의 영향을 많이 받는다는 것을 확인할 수 있다.

그림 13.5 GERM(Global Education Reform Movement)의 확산

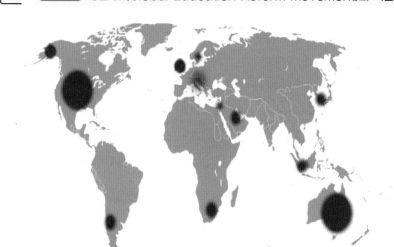

출처: adapted from Sahlberg(2014).

David Phillips, Steiner-Khamsi와 같은 비교교육학자들은 왜 교육정책 차용이 일어나는지, 교육 전이가 어떻게 일어나는지 규명하려고 노력하였다 Steiner-Khamsi & Waldow, 2012. Phillips와 Ochs2003에서는 정책 차용의 네 단계를 다음과 같이 설명한다: (1) 국가간 끌림cross-national attraction이나 내부적인 위기 상황internal crisis을 모면하기 위한 방편으로 외국 교육에 눈을 돌리는 'impulse충동' 단계, (2) 'decision-making결정' 단계, (3) 'implementation실행' 단계, (4) 'internalization내재화' 단계이다.

04 > 비교교육학 연구의 쟁점

국내에는 체계적으로 비교교육 연구방법론을 소개하는 전공서가 미흡한

상황이다. 최근에 정일환 등2017이 번역한 Bray, Adamson와 Mason2014 단행
본에서나마 간단한 비교접근법 몇 가지를 소개하는데, 이 또한 구체적인 연구
도구를 제공하기보다는 "연장통 안에 담겨 있는 연장들의 유형과 연장 선택에
영향을 줄 중요하게 고려해야 할 사항에 대한 간략한 소개"에 그친다고 설명
한다p. 438. 비교교육 연구방법은 특히 다양하고 광범위하기 때문에 대표적인
비교연구방법을 요약해서 정리하는 것은 불가능한 일일 수도 있다. 이번 절에
서는 전반적인 비교방법론을 제시하기보다 비교연구를 할 때 참고할 수 있는
방법론적인 기초 개념과 문제점들을 몇 가지 정리해보았다.

❶ 국가 중심적 분석법의 한계

분석의 가장 일반적인 단위는 국가이지만, 좁게는 국가 내의 특정집단예: 여
성 혹은 소수민족, 넓게는 지역예: 동아시아권, 구소련 연방국가을 단위로 설정할 수 있다. Bray
와 Thomas1995는 국가를 넘어선 분석 단위들을 개괄적으로 서술하는 체계적
인 이론틀을 고안하였다[그림 13.6] 참고. 널리 인용되는 육면체 모형은 세 개의 축
을 기준으로 서로 교차한다: (1) 지리적·지역장소 차원의 단위국가, 주, 학교구, 학급,
개인, (2) 비장소적·인구통계학적 집단인종, 연령, 종교, 성별, (3) 실질적인 교육/사회
이슈교육과정, 교수법, 재정, 관리 구조, 정치, 노동시장. 네 번째 축은 시간인데, Bray &
Thomas는 시간을 직접적으로 모형에 표현하지는 않았지만 시간 흐름별 비교
가 가능하다는 점을 강조하였다. 이와 같이 이 육면체 모형에서 국가는 많은
하위 범주 중 하나에 불과하며, 비교분석은 여러 범주 가운데 교차점에서 이
루어질 수 있다는 것을 보여준다. 예를 들어, 두 나라의 교육과정 비교도 비교
연구에 속하지만, 학교 유형별 남녀 비교 또한 비교교육연구에 포함된다고 볼
수 있다. 이후 Bray & Thomas 모형을 비판적인 시각으로 확장한 모형들예를
들어, Sobe & Kowalczyk, 2014; Wiseman & Huang, 2011이 제시되었지만, Bray & Thomas
의 기초 모형은 체계적인 비교분석을 실행할 수 있는 기본적인 틀을 마련하였

다는 점에서 현재까지도 유용하게 쓰이며, 관련 연구에서도 광범위하게 인용되고 있다Bray, Adamson, & Mason, 2014.

그림 13.6 비교교육 분석틀

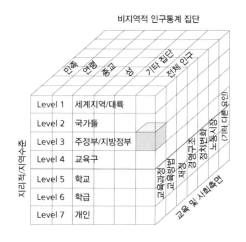

비지역적 인구통계 집단

민족 / 연령 / 종교 / 성 / 기타 집단 / 전체 인구

지리적/지역수준

Level 1	세계지역/대륙
Level 2	국가들
Level 3	주정부/지방정부
Level 4	교육구
Level 5	학교
Level 6	학급
Level 7	개인

교육과정 / 교육방법 / 재정 / 경영구조 / 정치변화 / 노동시장 / (기타 다른 요인)

교육 및 사회측면

출처: Bray & Thomas(1995), p. 475.

이와 같이 단일 범주에 국한된 분석은 범주 간 경계선이 모호하거나, 주요 분석 단위로 범주가 부적절한 상황이 종종 발생하는 한계를 가진다. 예를 들어, Shields2014는 세계화와 유학생의 초국가적 이동현황을 파악하고자 하는 연구에서 국가를 분석 단위로 설정하는 접근방법에 대해 문제제기를 하였다. 범주를 국가로 한정지으면 국가 내의 이동뿐만 아니라 지역적 패턴을 파악하기 어려운 점을 지적하고, 분석 단위를 국가 간 교류로 재설정하여 국제기구와 세계무역 등 글로벌 네트워크에 초점을 맞춰야 한다고 주장하였다Shields, 2014. '지역'을 분석단위로 설정한 연구 또한 문제점을 내포하고 있는데, 식민지배 역사, 경제 연합, 종교 등 지역적 요인들이 정형화되지 않았으며 시대에 따라 유동적으로 변할 수 있기 때문에 지역이라는 범주가 모호하다는 것이다Manzon, 2010.

❷ 비교연구자의 역량과 자질

자료수집과 분석과정에 있어서 연구를 크게 제1차 분석과 제2차 분석의 두 가지 유형으로 분류해서 생각할 수 있다. 제1차 분석에서는 연구자가 직접 자료를 수집하기 때문에 어느 정도의 언어구사력과 문화적 맥락에 대한 이해가 필수적이다. 연구 대상 나라에 대한 깊은 이해 없이는 연구를 제대로 수행하기 어렵다. 예를 들어, 한국 연구자가 사하라 사막 이남의 아프리카에 대한 사전 지식 없이 처음으로 방문하여 제1차 연구를 수행하는 것은 굉장히 어려우며 실패할 가능성이 높다. 특히 질적 연구에서는 연구자 자신이 주된 연구도구가 되기 때문에 비교연구에 있어 연구자의 위치성positionality은 매우 중요하다. 이를테면, 한국인으로서 중국을 연구하는 것은 미국 학자가 연구하는 것과 본질적으로 다르다. 비교연구자들은 어느 정도 친숙한 지역을 선정하여 연구하고자 하는 경향이 두드러진다. 과거에 여행 혹은 거주 등 개인적 경험이 있거나 자문화와 비슷하기 때문에 쉽게 접근할 수 있는 나라를 지속적으로 연구하여 경험적 지식을 바탕으로 지역적 전문성을 키워나가기도 한다.

연구의 두번째 유형은 제2차 분석으로 연구자가 직접 자료를 수집하지 않고 다른 사람이 축적한 자료나 작성한 문서를 일차적 원천으로 삼는 경우를 의미한다. 제2차 분석은 PISA나 TIMSS와 같이 인터넷을 통해 쉽게 접근할 수 있는 개방형 대규모 국제 통계자료를 주로 다룬다. 개인 연구자 혼자서 이러한 자료를 수집하기는 어려우며, 대규모 데이터베이스 구축을 위해서는 다양한 전문가들로 이루어진 대규모 연구인력과 자원뿐만 아니라 국가 간 협업을 필요로 한다. 수집에 참여하지 않더라도 국제적 자료의 분석 자체 또한 국가별 특성에 대한 심층적인 이해를 수반하기 때문에 국제교육에 대한 전문지식 없이는 진행하기 어렵다. 이와 같이 비교학자들은 공통적으로 국내외 체계를 연구하지만, 위와 같이 어떤 분석 방식을 택하는지에 따라 대응전략을 달리할 수 있다.

❸ 비교적 접근방법

비교연구를 성공적으로 수행하는 데 있어 여러 가지를 고려해야 하는데, 그 중 (1) 비교대상 선정, (2) 비교분석의 절차 및 단계, 그리고 (3) 연구방법 등이 핵심적이라고 볼 수 있다.

1) 비교대상 선정

비교교육을 다루는 연구물들을 살펴보면 지역중심 연구와 주제중심 연구로 구분된다. 지역중심 연구는 특정 지역에 대한 전문지식을 바탕으로 그 지역에서의 교육문제나 이슈에 중점을 둔다. 반면, 주제중심 연구는 특정 교육 주제에 초점을 맞추기 때문에 지역적 전문성보다 교육 문제에 집중한다. 비교연구를 수행할 때 지역을 기준점으로 비교 대상 국가를 선정한다면 이는 지역중심 연구인 반면, 교육 문제를 잘 묘사할 수 있는 국가 위주로 표집한다면 주제중심 연구에 해당된다고 볼 수 있다.

2) 비교분석의 절차 및 단계

Bereday[1964]의 분석 모형analytic model은 초창기 비교 모형 가운데 하나로, 국가나 지역 등 두 가지의 범주를 비교할 때 폭넓게 적용할 수 있는 가장 기본적인 분석틀이다. [그림 13.7]에 제시된 바와 같이, Bereday의 분석 모형은 '기술, 해석, 병치, 비교' 네 단계로 나뉘는데 단일 분석단위기술, 해석에서 두 개 이상의 단위를 비교분석하는 단계병치, 비교로 넘어가는 과정을 잘 보여주며, 마지막 두 단계는 비교대상을 나란히 배치하여 직접 비교분석할 수 있는 기초틀을 제시한다. 이러한 분석틀 외에도 다양한 접근방법을 통해 비교할 수 있으며, 거시적 관점사회경제적, 제도적, 정치적에서부터 미시적 관점교수방법에 이르기까지의 여러 가지 범위들을 동시에 고려해볼 수 있다. Bray와 Koo[2004]는 이러한 비교 이론틀을 바탕으로 홍콩과 마카오에 중점을 두고 지역 비교의 심층적인 분석

방법을 고안해냈다. 이 분석방법은 상호적인 비교 접근 방식을 제공하였다는
점에서 의의가 있다고 평가되었다.

그림 13.7 Bereday의 비교연구 이해 모델

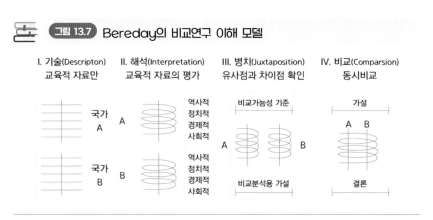

출처: Bereday(1964), p. 28.

3) 양적 · 질적 연구방법

비교연구에서는 주제와 영역에 따라 양적 혹은 질적 연구방법을 활용한다.
선행연구에서 가장 많이 활용되는 두 가지는 양적 연구방법을 대표하는 '변수
중심variable-oriented'과 질적 연구방법을 대표하는 '사례 중심case-oriented' 접근법
이다Lor, 2011. [그림 13.8]에서 보면 10개국 이상의 다국가적 비교연구는 변수
중심이며 양적인 접근이 지배적인 반면, 단일 국가 대상 연구는 사례 중심적
이며 질적인 성향이 강하고, 그 나라의 역사적, 문화적, 사회적, 경제적, 정치
적 배경을 심층적으로 다룬다. 다수2~5의 국가들을 비교분석한 소규모 국제 연
구는 질적, 양적 접근법을 병행한다. 즉, 각 나라의 특성을 표현한 변인 중심
으로 연구가 이루어지지만 각 나라에 대한 구체적인 배경을 묘사하기 때문에
두 가지 접근법을 혼합하기도 한다.

그림 13.8 | 비교교육의 양적·질적 접근방법

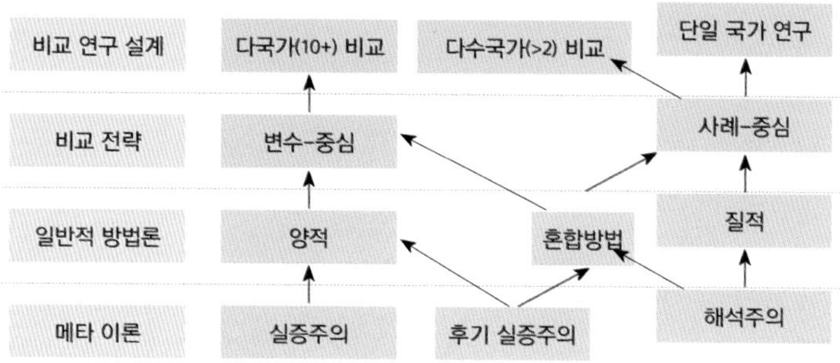

출처: Lor(2011), p. 2.

[그림 13.8]에서 제시된 바와 같이, 실증주의와 해석주의를 대표하는 양적, 질적 이분법적인 사고방식은 서로 상충된다고 볼 수 있으며, 이는 뚜렷한 세계관과 분석 관점에서 기인한다. 구조이론에서는 양적 접근방법이 지배적인 반면, 사회적 행위이론을 포함하는 해석주의에서는 질적 연구의 논리와 기법이 활용된다Creswell, 2014. 연구자들은 주로 양적 혹은 질적인 접근방법을 선택하여 연구를 수행하는데, 이는 연구자의 세계관을 반영해준다.

이 두 가지 연구방법은 각각 다른 전통에서 유래되었으나 고유의 특성을 유지하면서 발전해왔으며, 오늘날 비교교육학에서의 주요 연구방법으로 자리잡았다. 질적 접근 방식은 역사적, 사회문화적 전통에서 비롯되었고, 관찰, 현장연구, 그리고 기술적 분석 작업으로 대표되는 인류학적, 문화인류학적 접근방식을 포함한다. 역사적으로 유명한 학자로는 Isaac Kandel, Nicholas Hans, Vernon Mallinon, Joseph A. Lauwerys 등을 꼽을 수 있고, 이들은 교육현상이 일어나는 문화적 배경에 주목하였다. 다른 한편으로, 양적 접근 방식은 과학적이고 실증주의적 패러다임을 기반으로 발전하여, 수학적 근거를 바탕으로 수집하고 해석할 수 있는 통계자료를 통해 사회현상을 설명하고자 한다Aliaga & Gunderson, 2000. Brian Holmes, Harold Noah와 Eckstein, 그리고 George

Bereday가 대표적인 학자로, 교육 현상에서 체계적 예측을 통해 정형화된 양식을 발견해내고자 하였다.

05 > 결론

비교교육학은 국내·외 교육을 개선하기 위한 다양한 연구도구와 분석틀을 제공하며, 교육 분야에 다방면으로 기여할 수 있다. 첫째, 교육 이론의 실질적 입증 과정을 살펴보면 비교교육학의 파급력이 크다는 것을 확인할 수 있다. 비교교육학은 세계화로 인해 개별 국가들이 범국가적으로 수렴하는지 아니면 오히려 분산되는 양상을 보여주는지 고찰함으로써 한 나라 이상에 유효한 교육법칙의 일반화를 성립할 수 있을 만한 근거를 제공한다Noah & Eckstein, 1969. 이러한 접근방법은 이론을 도출하고 체계화하는 데에 큰 역할을 한다. 비교교육학의 두 번째 공헌은 국제자료와 사례를 수집하여 비교분석함으로써 교육을 개선할 수 있는 실질적인 방안을 제시하는 것이다. 다른 나라 교육개혁 과정에서의 실수를 반복하지 않고 우리의 문제를 효율적으로 대처하며 더 빠른 발전을 도모하고자 국제적인 사례들과 전 세계의 교육정보를 수집하여 구축한 대규모 국제 데이터는 활용성이 매우 높다. 뿐만 아니라, 비교교육학에서는 지역별 교육의 특수한 역사적, 사회적, 경제적, 정치적, 문화적 맥락을 잘 이해하고 체계적으로 반영한 분석틀을 제공한다. 세 번째, 비교교육학은 연구자로 하여금 다양한 국가 및 교육체제를 접하고 국제적 감각을 기를 수 있도록 도움을 준다. 시급히 해결되어야 할 우리 사회의 교육문제를 파악하고 적절한 대책을 제시하기 위해서는 국내교육에 좁게 초점을 맞추기보다 글로벌과 로컬, 각각에 대한 깊은 이해를 기반으로 국제적 안목을 갖추어야 한다.

현재 대한민국은 저개발국에서 선진국으로 발전하여 원조를 제공하는 중책을 맡게 되었다. 또한 해외로 가장 많이 학생들을 보내는 유학생 공급국가이며, PISA 등 국제학업성취도 평가에 민감하게 반응한다. 뿐만 아니라, 다른 나라의 성공적인 교육정책을 빈번히 차용한다. 이와 같이 오늘날 우리 교육은 세계화의 맥락에서 이루어지고 있기 때문에 교육에 대한 국제비교적인 안목이 절대적으로 필요하다. 이러한 취지에서, 비교교육학은 글로벌과 로컬의 상호 관계를 잘 이해하고 국제자료를 분석하고 해석할 수 있는 국제적 감각과 능력을 키워주는 것을 목표로 삼는다. 비교교육학은 궁극적으로 세계화 시대에 교육 분야의 새로운 패러다임을 제시하고자 하는 학문적 노력의 산실이다.

참고문헌

김지현(2015). 빈곤의 정의: 다면성과 측정의 과제, 국제개발협력, 2015(1), 11−38.

정일환, 김병주 외(2012). 비교교육학: 이론과 실제, 서울: 학지사.

정일환, 권동택 외 역(2017). 비교교육학: 접근과 방법(2판), 서울: 교육과학사.

Aliaga, M., & Gunderson, B. (2000). Introduction to quantitative research. Doing Quantitative Research in Education with SPSS. Thousand Oaks, CA: Sage Publications, 1−11.

Arnove, R. F. (2013). Introduction: reframing comparative education. Arnove, R. F., Torres, C. A., & Franz, S.(Eds.), Comparative education: The dialectic of the global and the local. (4th ed). Lanham: Rowman & Littlefield Publishers, 1−25.

Arnove, R. F., Torres, C. A., & Franz, S.(Eds.). (2012). Comparative education: The dialectic of the global and the local. Lanham: Rowman & Littlefield Publishers.

Baker, D. P., Goesling, B., & LeTendre, G. K. (2002). Socioeconomic status, school quality, and national economic development: A cross−national analysis of the "Heyneman−Loxley effect" on mathematics and science achievement. *Comparative education review, 46*(3), 291−312.

Bereday, George Z. (1964). Comparative Method in Education. New York, NY: Holt, Rinehart and Winston.

Bouhlila, D. S. (2015). The Heyneman-Loxley effect revisited in the Middle East and North Africa: Analysis using TIMSS 2007 *database. International Lournal of Educational Development*, 85−95.

Bray, M., & Koo, R. (2004). Education and society in Hong Kong and Macao: Comparative perspectives on continuity and change. CERC Studies in Comparative Education 7, 2PndP edition, Hong Kong: Comparative Education Research Centre, The UNIVERSITY of Hong Kong.

Bray, M., & Thomas, R. M. (1995). Levels of comparison in educational studies: Different insights from different literatures and the value of multilevel analyses.

Harvard Educational Review, 65(3), 472−491.

Bray, M., Adamson, B., & Mason, M.(Eds.). (2014). Comparative education research: Approaches and methods. (2nd ed). Hong Kong: Comparative Education Research. Centre, University of Hong Kong and Dordrecht: Springer.

Broadfoot, P. (2000). Comparative education for the 21st century: Retrospect and prospect. *Comparative Education, 36*(3), 357−371.

Coleman, J. S. (1966). Equality of educational opportunity.

Creswell, J. W. (2014). Research design: Qualitative, quantitative, and mixed methods approaches. Thousand Oaks, CA: Sage Publications.

Dolby, N., & Rahman, A. (2008). Research in international education. *Review of Educational Research, 78*(3), 676−726.

Epstein, E. H. (1994). Comparative and international education: Overview and historical development. *The International Encyclopedia of Education, 2*, 918−923.

Fraser, S., & Jullien, M. A. (1965). Jullien's plan for comparative education, 1816−1817.

Halls, W. D. (1973). Culture and education: The culturalist approach to comparative studies. Relevant Methods in Comparative Education, 119−135.

Halls, W. D. (1990). Comparative Education: Contemporary Issues and Trends. London: Jessica Kingsley.

Heyneman, S. P. (1976). Influences on academic achievement: A comparison of results from Uganda and more industrialized societies. *Sociology of education*, 200−211.

Heyneman, S. P., & Loxley, W. A. (1983). The effect of primary−school quality on academic achievement across twenty−nine high−and low−income countries. *American Journal of Sociology, 88*(6), 1162−1194.

Kubow, P. K., & Fossum, P. R. (2007). Comparative education: Exploring issues in international context (2nd ed). Mahwah, NJ: Merrill Education.

Levin, B. (1998). An epidemic of education policy: (what) can we learn from each other?. *Comparative education, 34*(2), 131−141.

Lor, P. (2011). Methodology in comparative studies. *International and Comparative librarianship*, 1−21.

Manzon, M. (2010). Shape−shifting of comparative education: Towards a comparative history of the field. Larsen, M. A.(Ed.). New thinking in comparative education: Honouring Robert Cowen. Rotterdam: Sense, 83−101.

McEwan, P. J. (2015). Improving learning in primary schools of developing countries: A meta−analysis of randomized experiments. *Review of Educational Research, 85*(3), 353−394.

Noah, H. J., & Eckstein, M. A. (1969). Towards a science of comparative education. Basingstoke: Macmillan.

OECD(2016). Development Co−operation Report 2016. Organization For Economic.

Peaker, G. F. (1971). The Plowden children four years later. National Foundation for Educational Research in England and Wales.

Phillips, D., & Ochs, K. (2003). Processes of policy borrowing in education: Some explanatory and analytical devices. *Comparative education, 39*(4), 451−461.

Phillips, D., & Schweisfurth, M. (2014). Comparative and international education: An introduction to theory, method, and practice. London: A&C Black.

Rust, V. D., Johnstone, B. & Allaf, C. (2009). Reflections on the development of comparative education. Cowen, R., & Kazamias, A. M.(Eds.). (2009). International Handbook of Comparative Education. Dordrecht: Springer, 121−139.

Sadler, M. E. (1900). How far can we learn anything of practical value from the study of foreign systems of education?. Printed at the Surrey Advertiser Office. Reprinted 1964 in *Comparative Education Review, 7*(3), 307−314.

Sahlberg, P. (2009). A short history of educational reform in Finland. European Union Institution publication.

Sen, A. (1999). Freedom as development. Oxford: Oxford University Press.

Sen, A. (2005). Human rights and capabilities. *Journal of human development, 6*(2), 151−166.

Shields, R. (2014). Globalization and international student mobility: A network analysis. *Comparative Education Review, 57*(4), 609−636.

Sobe, N. W. & Kowalczyk, J. (2014). Exploding the cube: Revisioning context in the field of comparative education, *Current Issues in Comparative Education, 16*(1), 6−12.

Steiner−Khamsi, G., & Waldow, F.(Eds.). (2012). World Yearbook of Education 2012: Policy borrowing and lending in education. London: Routledge.

Tobin, J., Hsueh, Y., & Karasawa, M. (2009). Preschool in three cultures revisited: China, Japan, and the United States. University of Chicago Press.

Watts, D. J. (2003). Six degrees: The science of a connected age. New York, NY: Norton.

Wiseman, A. W., & Huang, T. (2011). The development of comparative education research on Chinese educational policy reform: An introduction. Huang, T. & Wiseman, A.W.(Eds.), The impact and transformation of education policy in China. Bingley: Emerald Group Publishing. 1–18.

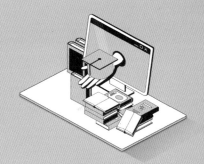

PART 03

교육연구의
방법론적 이해

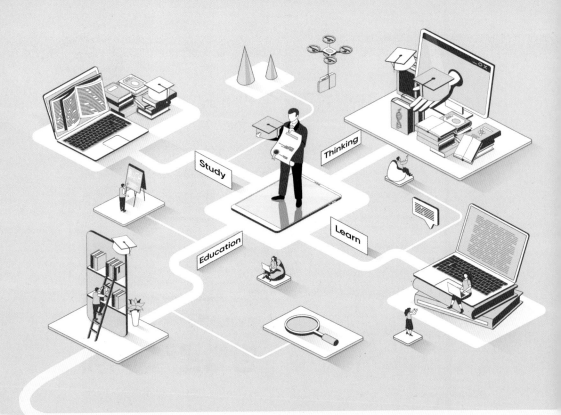

CHAPTER

14

교육통계 · 데이터사이언스 (Educational Data Science): 양적 연구 방법론의 적용

교육통계 · 데이터사이언스
(Educational Data Science):
양적 연구 방법론의 적용

류지훈

01 들어서기

생물통계학Biostatistics과 생물정보학Bioinformatics은 통계학과 정보학에서 파생되었지만, 이미 그 영역이 생물학에 특화되어 학문의 한 분야로 자리잡고 있다. 교육통계Educational statistics; Edustatistics도 유래와 학문의 역할에서는 동일하게 태동되었다. 아직도 교육통계라는 용어를 통일되게 사용하고 있지는 않지만, 이전에 많이 사용한 양적연구방법론, 교육 측정/평가 등도 교육통계와 때로는 구분없이 사용될 수 있는 용어라 할 수 있다. Cambridge 사전에서 통계학Statistics을 다음과 같이 정의하고 있다.

The science of using information discovered from collecting, organizing, and study numbers - 수량화된 가치(numbers=value)를 모아서(collecting), 이해하고(organizing), 연구하여(studying) 발견된 정보(info)를 사용하는 과학(science)

도구로서의 통계는 가치value를 만들어내는 영역과 결합했을 때, 그 영역에서 과학적인 결과와 발전을 이룰 수 있다. 즉, 교육학이란 영역에서 과학적인 발전을 이뤄내는 도구가 된다는 뜻으로, 교육통계는 연구의 목적이면서 주체인 교육을 과학적인 방법인 통계로 이해하고자 하는 학문이다. 이 장에서는 이러한 교육통계를 구체적으로 어떠한 하위영역으로 구분되어 이해할 수 있으며, 이를 실현하는 여러 도구에 대하여 알아본다.

이 장에서 다룰 또 하나의 큰 주제는 데이터사이언스Date Science이다. 과연 데이터사이언스는 어떤 학문일까? 여러 종류의 정의가 나올 수 있겠지만, 통계를 정의한 Cambridge 사전에서 정의를 가져와 본다.

> The use of scientific methods to obtain useful information from computer data, especially large amounts of data – 디지털화된 자료, 특히 대용량 자료들(large amounts of data)로부터 유용한 정보(info)를 수집하기 위해 사용하는 과학적인 방법들(scientific methods)

데이터사이언스 정의의 키워드는 '대용량 디지털 데이터'와 '과학적인 방법'이다. 통계적 방법도 대용량 데이터를 요구하는 것이 대부분이긴 해도, 연구방법론에 기반하여 실험연구를 통한 과학적인 결과 도출로 데이터사이언스와 대비될 수 있다. 이에 반해, 데이터사이언스는 대용량 디지털 데이터를 기반하고 있어, 오히려 기계학습machine learning과 인공지능artificial intelligence 등의 대용량 데이터 활용과 관련된 방법론에 더 가깝다. 교육학에서 대용량 데이터가 활용되기 시작한 것은 기계학습과 인공지능이 대두되기 시작하는 시점과 동일하다. 특히, 인간의 행동을 결정하는 부분이 유전적인 형태와 상관성이 있다는 많은 연구가 진행되어 왔는데, 몸 조직의 정보를 담은 유전자 연구를 하는 유전체학Genomics의 발전이 대용량 데이터를 사용하기 시작하는 시점에서 급속도로 성장해 왔기 때문이다.

교육통계 · 데이터사이언스 전공은 간단히 교육데이터사이언스EDS: Educational Data Science라고 명명하고 사용한다. Stanford 대학에서는 Education Data Science라는 이름의 석사과정을, Oregon 대학에서는 EDS에 특화된 석 · 박사 학위를 수여하고 있으며, 그 외 많은 대학에서도 학문의 영역으로 교육데이터사이언스를 두고 연구하고 있다. '교육학이 과학'인 출발점에서 교육데이터사이언스를 예제와 함께 좀 더 상세히 다뤄보고자 한다.

02 > 교육통계

교육통계Educational Statistics; Edustatistics는 교육학 연구에서 과학적으로 타당한 valid 연구 결과를 도출하기 위하여 자료수집, 자료의 분석, 분석 결과의 해석을 진행해 가는 일련의 과정이라고 볼 수 있다. 특히, 자료의 분석에는 연구 문제를 해결하기 위한 통계 분석 방법들을 활용한다. 하지만, 많은 경우 통계를 통계 분석 방법에 국한시키는 경향이 있다. 즉, '차이가 있다'라는 결과만을 얻고, 해석하려고 한다. 통계는 오히려 분석 결과보다는 분석 방법의 타당성을 중요하게 생각한다고 보는 것이 맞다. 즉, 과학적인 결과를 이끌어내기 위해서는 방법의 타당성이 중요하다는 뜻이다. 다음의 절차는 교육통계를 실행하는 단계이다.

표 14.1 교육통계의 4단계 실행 방법

단계	내용
1단계	연구문제의 설정 및 모집단의 정의
2단계	연구방법의 설계 B.1. 연구하고자 하는 특성에 대한 척도 정의 및 측정 도구 구축 B.2. 모집단을 대표하는 표본 설정 및 자료수집 방법 구축 B.3. 통계 모형의 선택 및 멱검정
3단계	연구실행 C.1. 자료수집 C.2. 설정된 통계 모형을 통한 자료 분석 및 결과 도출
4단계	연구결과의 해석 적용

❶ 1단계: 연구문제의 설정 및 모집단의 정의

'교육학을 연구한다'는 뜻은 종종 '이론에 근거가 되는 명제를 검증하거나 이론적 근거를 수립한다'는 말을 뜻한다. 이를 위해서, 교육현장에서 현상을 파악/이해하고, 이론적 근거를 정립하기 위한 가설을 설정한다. 그 가설은 흔히 연구문제를 검증 가능한 형태로 바꾼 것을 의미하며, 교육통계에서는 그 가설을 기각하거나 채택함으로서 이론 정립의 과학적인 근거를 제시한다. 연구문제가 가설로 표현될 때, 반드시 명료하고 구체적으로 기술해야 하는 것이 연구대상이다. 연구의 대상은 이론이 적용될 모든 이들을 포함하며, 이를 모집단population이라 일컫는다. 모집단에 대한 정의는 대상의 구체화뿐만 아니라, 이 모집단을 대표할 표본sample을 구성함에 있어서도 아주 중요하다고 할 수 있다.

그림 14.1 층화임의표집(stratified random sampling)

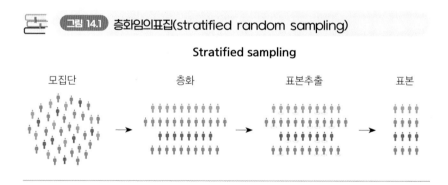

Stratified sampling

| 모집단 | 층화 | 표본추출 | 표본 |

교육통계 실행의 단계를 설명하기 위해, 국제경제협력기구OECD가 주관하는 PISAhttps://www.oecd.org/pisa/ 시험을 고려해보자. 2000년부터 매 3년마다코로나19가 포함된 2018년부터 2022년은 4년 15세인 학생들을 대상으로 80개의 참여국2022년 기준에서 읽기, 수학, 과학 및 금융 리터러시 과목을 시험을 시행하여 왔다. 이는 서로 다른 교육체계 및 정책과 문화적 차이에서, 학생들의 지식 능력의 향상이 얼마나 효율적으로 이뤄지는지를 알고자 하는 데 그 목적을 두고 있다. 15세인

학생들을 대상으로 읽기, 수학, 과학 및 금융이라는 교과에서 교직pedagogy이 미치는 학습의 효율성을 비교해 본다는 것은 쉽지 않다. 오히려, 문화적, 경제적 환경 차이가 학습의 효율성에 교직보다 더 크게 작용할 수 있어서, 단순한 점수의 차이가 우리에게 가르쳐 주는 것이 미미할 수도 혹은 잘못된 정보를 줄 수도 있을 것이다Pohl, Ulitzsch, & von Davier, 2021. PISA2022의 자료를 활용해 다음의 가설을 설정하고 연구를 진행해 보고자 한다.

"가설: 한국 학생들은 숙제를 하는 시간에 따른 수학성적 평균은 차이가 없다."

위 가설을 통해서 연구문제가 표현되었다고 볼 수 있다. Cooper, Robinson과 Patall2006은 그들의 연구에서 긍정적인 상관관계가 있다고 했지만, 여전히 많은 연구자들에게는 논쟁이 되고 있는 문제이다Maltese, Tai, & Xitao, 2012. 이 장에서 연구자는 '한국 15세 학생들이 숙제를 하기 위해 보내는 시간에 따른 수학성적 평균은 차이가 있는가?'라는 연구문제를 가진다고 본다. 아울러, 연구의 대상인 모집단은 가설에서 한국의 15세 학생들이라 볼 수 있다.

❷ 2단계: 연구방법의 설계

1) 연구하고자 하는 특성에 대한 척도 정의 및 측정 도구 구축

연구방법의 설계 단계에서는 연구가설을 검증하기 위한 도구들을 구축하는 과정이다. 교육통계는 과학적인 검증 방법에 기반하기 위하여, 타당한 자료를 활용한다. 자료는 숫자로 표현된 값으로 한정할 수 있겠지만, 보다 보편적으로 숫자뿐만 아니라, 어떤 특성을 갖는 정보이다. 그런 정보를 나타내는 대명사를 변수variable라고 부르고, 자료의 형태에 따라 그 변수의 척도scale of measurement를 정의한다Stevens, 1951.

그림 14.2 측정의 형태에 따른 척도의 정의

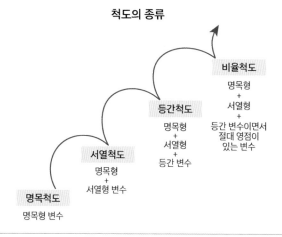

척도의 종류

앞선 가설에서 고려해야 할 첫 번째 변수는 학생들이 숙제를 하면서 보내는 시간이 되고(X), 두 번째 변수는 학생들의 수학성적(Y)이 된다. PISA2022에서 학생들이 하루에 숙제하는 시간(X)을 여섯단계로 나눈다. (1) 30분 미만, (2) 30분에서 1시간, (3) 1시간에서 2시간, (4) 2시간에서 3시간, (5) 3시간에서 4시간, 그리고 (6) 4시간 이상이다. 이는 (1)부터 (6)까지의 서열은 있지만, 간격이 같지 않아서 서열척도로 보는 것이 맞다. 이에 반하여 학생들의 수학성적(Y)은 표준화된 점수로 절대영점이 평균을 뜻하여, 비율척도로 볼 수 있다. PISA2022에서 수학성적은 문항에 대한 정답과 오답을 바탕으로 학생들의 수학능력을 추정하는 문항반응이론Item Response Theory: Lord, 1952에 근거하여 측정된 표준화 점수이다.

위의 두 변수(X, Y)의 정보는 학생의 설문survey과 시험test을 통하여 얻어지는
데, 설문지를 구성함에 있어서도 연구의 목적에 부합되게 구성하는 것이 중요
하다. 이는 연구의 결과가 이론적 근거가 되는 타당성validity을 확보하게 되는
단계이다. 반면, 시험은 보다 복잡한 작업을 통하여 측정도구가 구축된다. 측
정measurement은 구인construct을 양화시켜나가는 과정으로 구인의 정의가 타당valid
해야 하며, 측정된 값이 정확reliable해야 한다. 보다 상세한 정보는 이 책의 교
육측정의 영역을 참고하기 바란다.

2) 모집단을 대표하는 표본 설정 및 자료수집 방법 구축

다음은 표집sampling을 고려해야 한다. 표집의 목적은 표본sample이 모집단을
대표하며, 표본을 통한 자료의 결과가 모집단의 특성을 추론함을 밝히는 데
있다. 표집 설계는 확률적이냐 아니냐에 따라 우선적으로 나뉘고, 좀 더 세부
적으로 표집을 진행하는 방법과 특성에 따라 다음과 같이 분류된다. 분류의

그림 14.3　표집설계의 형태

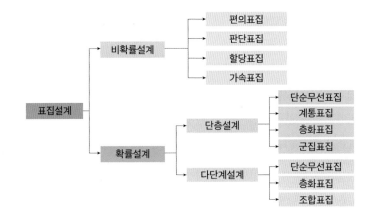

세부적 단계와 방법은 Lohr[2021]을 참고하길 바라며, 표집의 핵심은 모집단의 특성을 잘 반영하는 표본을 선별하는 것이다. 가장 보편적인 방법은, 모든 연구 대상들이 표본에 선택될 확률이 동일하다고 가정하여 선별하는 무선 또는 무작위 표집random sampling이라 할 수 있다.

3) 통계 모형의 선택 및 먹검정

표집설계를 마친 뒤, 가설 검증에 필요한 통계 모형의 선택이 있어야 한다. 통계 모형을 설명하기에 앞서, 통계 분석의 두 가지 방법이 존재하는데, 그 하나는 기술통계 분석이고, 다른 하나는 추론통계 분석이다. 전자는 수집된 자료를 이해하고 설명할 목적으로 분석하는 것이고, 후자는 수집된 자료를 모집단population에서 표집sampling된 것으로 보고, 분석을 통해 모집단의 특성을 이해하고 설명할 목적으로 진행하는 것이다. 가설의 검증을 진행한다는 것은 추론통계 분석을 적용하는 것으로, 통계 모형의 선택은 추론통계 분석을 가정한다.

그림 14.4 **통계 분석 방법: 기술통계와 추론통계**

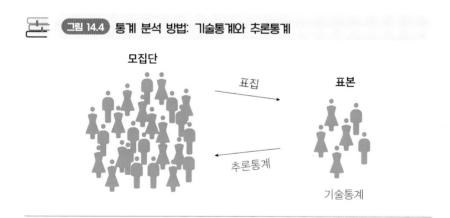

통계 분석은 통계 모형을 선택하여 가설 검증을 통해, 정의된 변수 간의 관계를 파악하기 위함이다. 우선, 역할에 따라서 독립변수independent variable: X와 종속변수dependent variable: Y로 나누어진다. 흔히, 독립변수는 설명변수라고도 일컬어지며, 변수 간의 관계에서 원인제공을 하는 변수에 해당된다. 반면 종속변수는 독립변수에 의하여 설명이 되어지는 변수이다. 이를 수식으로 나타내어 보면, 관계성을 규명하는 함수를 F라고 할 때, Y=F(X)의 형태이다. 통계 모형은 변수의 형태와 관계성에 의하여 규명되는데, <표 14.2>처럼 종속변수가 하나인 일변량 통계 모형을 정리할 수 있다. 척도의 분류에 기반하여, 변수를 서열, 동간, 비율 척도에 해당하는 연속형 변수와 명명, 서열 척도에 해당하는 범주형 변수로 나눌 수 있다. 서열 척도는 몇 개의 서열이 존재하느냐에 따라 연속형으로도 범주형으로도 활용될 수 있다. 연속형 종속 및 독립변수의 관계를 파악하기 위한 회귀모형regression analysis, 범주형 종속 및 독립변수로 종속변수의 독립성을 파악하기 위한 카이제곱분석chi-sqaure analysis, 범주형 종속변수를 연속형 독립변수로 설명하고자 하는 로지스틱회귀모형logistic regression analysis, 그리고, 연속형 종속변수를 범주형 독립변수로 설명하고자 하는 분산분석analysis of variance이 있다. 물론, 이보다 더 세분화하여 변수들의 역할 구분에 따른 통계 모형도 존재한다Howell, 2013.

표 14.2 변수의 형태에 따른 통계 모형 분류

독립변수	종속변수 연속형	범주형
연속형	회귀모형	로지스틱 회귀모형
범주형	분산분석	카이제곱분석

　　PISA2022 데이터를 통해 한국 학생의 수학성적 평균은 학생들이 숙제를 하면서 보내는 시간에 따라 차이가 나는지 검증해 보고자 한다. PISA 2022년에 참여한 학생들의 자료를 통해서, 가설을 검증해보고자 하기에, 추론통계에 해당된다. 두 변수인 수학성적과 숙제를 하는 시간은 역할에 따라, 각각 종속변수와 독립변수가 된다. 통계 모형을 통해 알고자 하는 것은 그 관계성으로

다음과 같은 함수로 표현할 수 있다: 수학성적=F(숙제하는 시간). 그 함수를 표현할 통계 모형은 숙제를 하는 시간인 서열변수를 연속형으로 보면, 연속형 종속변수인 수학성적을 파악하기 위해 회귀모형으로 분석할 수 있다. 반면, 숙제를 하는 시간인 서열변수를 범주형으로 보면, 분산분석을 적용하여 분석할 수 있다.

분석을 위한 통계 패키지는 다양하게 존재한다. 사회과학자를 위한 상용 통계 패키지인 SPSS^{Statistical Packages for Social Sciences}, 또는 무료 통계 패키지인 R 이 보편적으로 사용되는 것이라 할 수 있다. 그 외에도, SAS, STATA, Python 등 많은 패키지들이 존재한다. 본 장에서는 SPSS를 통하여 통계 분석을 진행하고 도출된 결과를 확인해 보고자 한다. 분석 전 SPSS상의 데이터의 배치는 [그림 14.5]에 나타나는 것과 같다. 열은 학생아이디, 학년, 성별, 숙제시간, 수학성적의 5개의 변수를 뜻하며, 표본수는 행의 수와 일치한다.

그림 14.5 SPSS 데이터 배치

PISA2022Kor_미교.sav [데이터세트2] - IBM SPSS Statistics Data Editor

파일(F) 편집(E) 보기(V) 데이터(D) 변환(T) 분석(A) 그래프(G) 유틸리티(U) 확장(X) 창(W) 도움말(H)

	🔒 학생아이디	📊 학년	🔒 성별	🔒 숙제시간	📈 수학성적	변수	변수	변수	변수	변수
1	41000001	10	2	4	488.291					
2	41000002	10	1	6	619.742					
3	41000003	10	1	3	347.699					
4	41000004	10	1	2	580.784					
5	41000005	10	1	3	662.605					
6	41000006	10	2	3	653.672					
7	41000007	10	2	2	518.389					
8	41000008	10	1	1	671.673					
9	41000009	10	1	3	672.264					
10	41000010	10	1	4	585.688					
11	41000011	10	1	3	636.770					
12	41000012	10	2	2	638.958					
13	41000013	10	2	4	708.859					
14	41000014	10	2	4	489.813					
15	41000015	10	1	1	524.180					
16	41000016	10	2	1	793.902					
17	41000017	10	1	3	580.390					
18	41000018	10	2	1	513.261					
19	41000020	10	2	2	533.653					
20	41000021	10	2	3	508.983					

멱검정. 추론통계 분석에서 또 하나 중요하게 확인해야 할 부분이 연구결과의 타당성 확보이다. 가설 검증의 결과가 똑같은 환경에서 반복적으로 시행했을 때, 우리는 같은 결과를 갖는다고 얼마나 확실히 보장할 수 있을까? 같은 환경이라도, 표집이 확률모델을 기반함으로 똑같은 표본이 선택된다고 할 수 없다. 즉, 어느 정도 같은 환경에서도 표본이 달라질 수 있어, 결과에 변화가 있을 수 있다는 것이다. 연구 결과의 일관성이 유지된다고 말하기 위해서는, 표본이 모집단의 특성을 잘 반영할 수 있어야 한다. 달리 말하면, 표본이 모집단을 대표하기 위해서 어느 정도의 자료가 모여야 한다는 말이다. 멱검정은 그 자료의 크기인 표본의 크기를 확인하는 절차이다.

또한, 표본의 크기는 가설 검증에 적용할 통계 모형에 따라서 상이할 수 있다. 좀 더 상세히 말하자면, 표본의 크기는 가설을 검증하는 통계 모형, 통계 분석에 적용되는 유의미성제1종 오류인 α의 크기, 주로 0.05를 기준으로 함, **효과 크기**모집단을 다 조사한다고 했을 때, 변수의 특징에 근거하여 계산된다상세한 정보는 Murphy & Myors, 2023 참고.

📚 **그림 14.6** **G*Power를 이용한 멱검정**

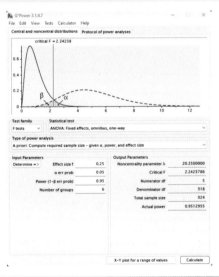

본 장에서는 표본 크기를 설정하기 위한 멱검정의 통계 패키지인 G*Power를 사용하였다. PISA2022를 기준으로 숙제시간을 6개의 그룹의 명목형 독립변수라 생각한다면, 연속형 종속변수인 수학성적의 평균이 숙제시간에 따라 나누어진 그룹에 따라 달라진다는 결론을 얻었다고 했을 때, 이 결론을 같은 환경 속에서 반복하는 상황에서도 같은 결론을 95% 정도 확률로 얻고자 한다면, 표본의 크기는 324명의 학생이 필요하다고 말할 수 있다. 6개의 그룹이니, 각 그룹당 54명의 인원이 있어야, 숙제시간에 따른 수학성적의 평균이 모집단을 잘 대표한다고 할 수 있다는 뜻이다.

❸ 3단계: 연구실행

1) 자료수집

앞서 설명한 표집방법을 바탕으로 자료를 수집하는 단계이다. 자료수집에 있어서 무작위성randomness을 위반하면, 즉 모든 모집단의 구성이 표집될 확률이 같지 않아지게 된다는 뜻이다. 연구자가 의도적으로 표집을 한다거나, 편의상 상대적으로 표집이 편한 표본을 구성하게 되면, 결과의 타당성이 위배되고 결과가 부정확할 수 있다. 또한, 표집을 함에 있어서, 다양한 형태의 결측 자료가 발생할 수 있다. 결측이 일어나는 이유는 다양하지만, 결측이 무작위성을 벗어나느냐 그렇지 않으냐에 따라, 통계 모형을 통하여 얻은 결과가 타당할 수도 혹은 타당하지 않을 수도 있다. 반면 표집에서 무작위성을 확보하면 결측은 통계 모형을 통한 결과에 유의미한 영향을 주지 않는다Rubin, 1976.

2) 설정된 통계 모형을 통한 자료 분석 및 결과 도출

PISA2022 자료를 통해 검정하고자 하는 가설은 '한국 학생들이 숙제를 하는 시간에 따른 수학성적 평균은 차이가 없다'라는 것으로, 독립변수인 숙제하는 시간은 6개의 그룹이 있는 범주형 변수이고, 종속변수로 비교하고자 하는 수학성적은 연속형 변수이다. <표 14-2>를 통해, 분산분석이 적합한 통계모형임을 안다. 분산분석을 활용함에 있어서 이러한 변수의 형태뿐만 아니라, 각 그룹에서 종속변수의 정규성과 분산의 일관성의 만족이라는 가정을 확인하여야 한다Howell, 2013. PISA2022의 자료는 이러한 가정들을 만족하였고, SPSS에서 분산분석을 진행하기 위해, SPSS에서 분석의 탭아래, 일반선형모형 옵션

그림 14.7 SPSS의 활용 및 결과 출력

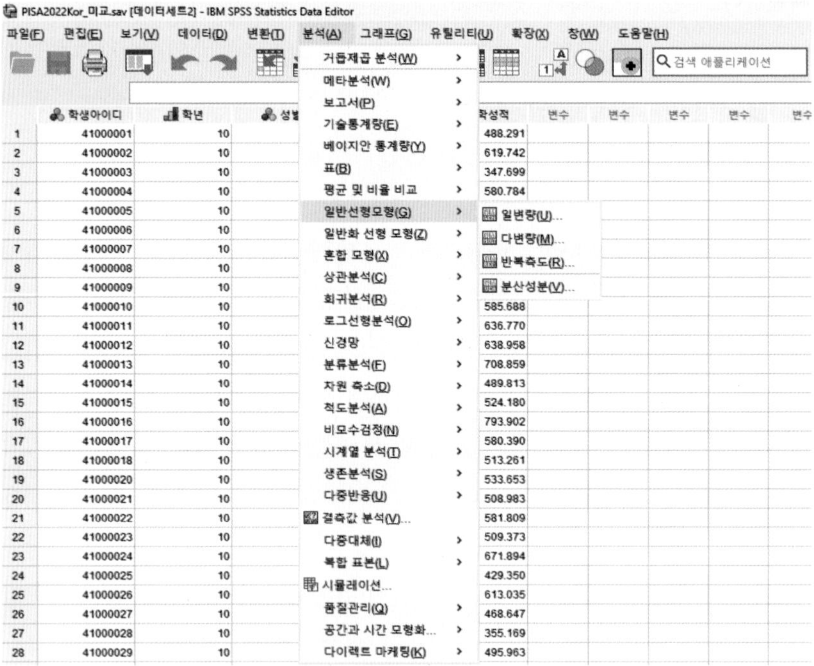

개체-간 효과 검정

종속변수: Plausible Value 1 in Mathematics

원인	제 III 유형 제곱합	자유도	평균제곱	F	유의확률
수정된 모형	7573156.371[a]	5	1514631.274	155.493	<.001
절편	1084474407.8	1	1084474407.8	111332.698	<.001
숙제시간	7573156.371	5	1514631.274	155.493	<.001
추정값	61493946.305	6313	9740.844		
전체	1868126051.1	6319			
수정된 합계	69067102.676	6318			

에 있는 일변량을 선택하여 분석할 수 있다[그림 14.7] 참고.

SPSS의 통계 분석 결과는 출력결과 페이지에 다음과 같이 출력된다. 숙제 시간의 행에서 제일 오른쪽의 열에 유의확률<.001 값을 확인할 수 있는데, 이는 숙제시간의 그룹에 속한 학생들의 평균은 통계적으로 유의미한 차이를 나타낸 다는 뜻이다유의확률이 0.05 이하인 경우.

❹ 4단계: 연구결과의 해석 적용

통계 분석을 통해, 도출된 결과는 실제 상황에서 어떻게 해석될 수 있는지 해석해 주는 것으로 완결된다. PISA2022 데이터에서 검증된 결과로는 기존 가설이 기각됨을 의미한다. 즉, 수학성적의 평균이 차이가 있다는 뜻이다.

교육통계는 앞서 언급한 통계 모형들을 통하여 많은 가설 검증을 할 수 있 지만, 각각의 통계 모형은 타당한 결과를 도출하기 위하여 만족해야 할 가정 들이 존재한다. 특정 가정이 만족되지 않을 때, 이를 보완해가며 타당한 결론 을 도출할 수 있도록 여러 가지 고급 통계방법들이 개발되어 왔다. 고급 통계 방법은 다층모형Raudenbush & Bryk, 2002, 종단연구모형Long, 2012, 구조방정식Mulaik, 2009 등을 포함하고 있다.

03 > 데이터사이언스

❶ 데이터사이언스의 이해와 적용

데이터사이언스Data Science가 교육통계와 다른 측면은 대용량 디지털 데이 터를 활용한다는 것이다. 하지만, 교육통계와 구별된다기보다는, 앞서 언급한 교육통계에서의 여러 분석방법들과 컴퓨팅 기술의 접목을 통한 융합적이며 응용의 연구분야로 이해하는 것이 맞다. 교육학은 인간발달의 생태학적 관점 Brenfonbrenner, 1979에서 인간 발달과 연관하여 교육학의 많은 이론을 이해하려고 하였다. [그림 14.8]에 묘사된 생태학적 시스템 이론EST: Ecological Systems Theory에서 학습자는 학습을 해 나가면서 상호작용을 하는 시스템, 사회문화적인 시스템, 시대적 흐름과 학습자가 속한 사회의 규범 및 정책적인 시스템에 영향을

그림 14.8 통계 모형을 구성할 때 고려되는 생태학적 시스템 이론

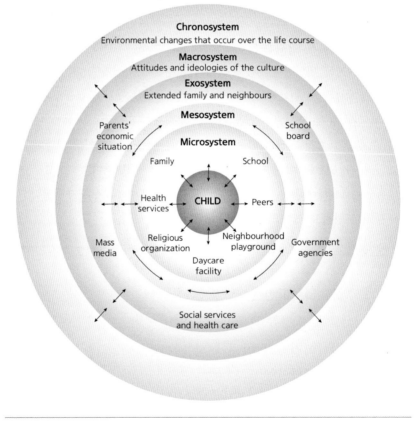

출처: Rhodes, M. (2013), How Two Intuitive Theories Shape the Development of Social Categorization. Child Dev Perspect, 7: 12-16. https://doi.org/10.1111/cdep.12007

주고 받는 것으로 보고 학습을 이해하고자 하였다. 여러 가지 특성들과 상황들이 변수를 통해서 양화되고, 양화된 변수들의 관계성을 파악해 가면서 많은 교육학적 이론들을 정립해 왔다. 이러한 발전은 과학적인 연구방법인 교육통계와 아주 밀접하게 연결되어 있다. 여기서 모아진 대용량 디지털 데이터들은 추론통계를 지속해 가기에는 너무도 다양한 사회현상과 연결되어 있다.

대용량 디지털 데이터는 모집단을 구분하고 표본을 통해서 추론하는 것만큼, 데이터 그 자체에서 도출해 낼 수 있는 기술통계를 통해서도 많은 현상을 예측하게 만들어 주었다. 이러한 이해의 선상에서 데이터사이언스는 추론통계보다는 대용량 디지털 데이터와 기술통계의 측면에서 쉽게 이해될 수 있다.

EST에서 관찰된 데이터를 통한 연구도 있고, 다소 추상적일 수 있는 특정 기구를 사용함이 없이는 관철되지 않는 대용량 데이터 또한 존재한다. 예를 들면, 유전자 데이터와 같은 것이다. 유전자 데이터는 양화quatificiation시켜가는 방법 자체가 특별한 기술을 필요로 할만큼 양화의 과정이 쉽지는 않다. 기술의 발달로 이러한 데이터 역시 양화되고, 교육학을 이해하는 데 많은 도움을 주고 있다Hwang, Cho, Jin, Ryoo, Choi, & Lee, 2021.

데이터사이언스를 이해하기 위한 예로 PISA2022 데이터에 학생의 성별, 수학호감도, 집단따돌림, 교내안전성, 교사지원, 수학불안감, 부모학력을 추가하여, 한국 학생들의 수학성적 평균 차이를 만들어 내는 변수를 탐색해 보고자 하였다. 이를 위해 사용된 기술통계 분석 방법은 분류분석의 의사나무결정모형이다. SPSS를 통하여 수학점수가 다른 그룹으로 나눌 때, 나누어지는 부모노드parent node는 1,500명 이상을, 결과인 자식노드child node는 750명 이상을 기준으로 탐색했을 때 나온 결과는 [그림 14.9]와 같다.

우선, 수학성적은 수학호감도가 높은 학생과 낮은 학생들로 구분이 되었다. 수학호감도가 가장 높은 학생은 예측되는 수학평균이 605.6점이고, 다음으로 높은 수학호감도를 보이는 그룹의 평균은 567.5점, 수학호감도가 낮은 그룹은 524.0점, 그리고 가장 수학호감도가 낮은 그룹의 수학평균은 477.2점이었다. 수학호감도가 두 번째로 높은 그룹은, 다시 부모의 학력이 높은 그룹과 부모의 학력이 낮은 그룹으로 나누어졌으며, 전자의 예측 수학평균이 586.5점이고 후자의 예측 수학평균은 542.4점이었다. 수학호감도가 낮은 그룹도 부모의 학력에 따라 541.0점과 505.5점으로 나누어졌으며, 부모의 학력이 높은 그룹의 예측 평균점수도 높았다. 마지막으로, 수학호감도가 가장 낮은 그룹은 다시 수학숙제를 30분 이상 하는 그룹은 예측평균점수가 505.5점으로 수학숙제를 30분 이하로 하는 그룹의 평균인 441.6점보다 높았다.

그림 14.9 의사결정나무를 활용한 수학성적이 유사한 학생들의 그룹의 탐색

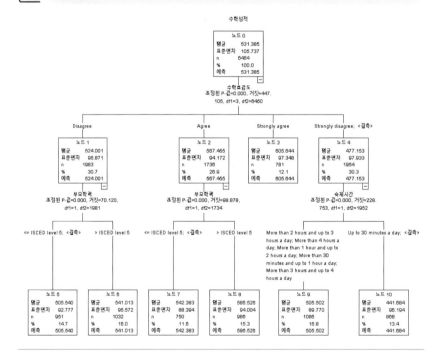

　　이러한 분석을 통하여, PISA2022의 데이터는 수학성적의 차이에 가장 큰 영향을 주는 변수는 학생들의 수학호감도임을 예상할 수 있고, 수학호감도가

극단에 있는 학생이 아닐 경우 부모의 학력이 높은 집단이 예측 수학점수가 높음을 알 수 있었고, 숙제를 하는 것이 수학 성적에 영향을 미치는 것은 수학 호감도가 아주 낮은 그룹이라는 것을 예측할 수 있었다. 전체 6,454명의 자료를 가지고 분석한 내용으로 경향성을 파악하는 데 도움을 줄 수 있다.

의사결정나무에서 결과를 도출해 내는 과정은 기계학습법machine learning의 방법 중에 하나로 대용량 디지털 데이터 분석에 많이 사용된다. 기계학습법은 다시 인간이 생각하는 방식대로 여러 가지 층layer들로 복잡한 사고를 프로그램화한 딥러닝deep learning과 인공지능artificial intelligence로 발전된다. 이러한 기술의 발달은 기계적인 예측모형이 데이터를 취합하여 결론을 도출하는 생성형 AI로 발전하게 된다. 2022년 11월 30일 대용량 언어 모델을 기반으로 하는 ChatGPT가 소개되었는데, ChatGPT가 생성형 AI의 대표적인 예시라고 할 수 있다. 데이터사이언스에서는 AI 기술을 포함한 연구방법을 바탕으로 교육학의 연구를 더욱 발전시켜나가고 있다.

그림 14.10 AI 기반 교육플랫폼인 CLASS-Analytics

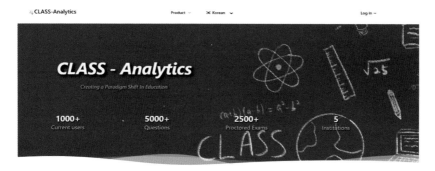

CLASS-Analytics   Product ∨   Korean ∨   Log in →

CLASS - Analytics

Creating a Paradigm Shift in Education

1000+	5000+	2500+	5
Current users	Questions	Proctored Exams	Institutions

Class Services

What does CLASS Offer?

CLASS는 학습자의 학습을 극대화하기 위한 서비스로 구성되었습니다. 이를 위해, 학습관리시스템의 기본들을 포함하고 있으며, 더 나아가 평가를 위한 문항제작 및 시험제작 도구들을 포함하고 있습니다. 컴퓨터회된 적응시스템으로 측정 및 평가의 여러 시스템을 구축하고 있습니다.

많은 기능에도 불구하고, CLASS는 교/강사 간의 협업을 중시하며, 문항제작 및 시험제작이 공유될 수 있도록 하였으며, 좋은 문제는 문항보안기능을 보완한 자동문항생성으로 변환될 수 있도록 하였습니다. 이러한 기능들이 복잡한 코딩을 요구하는 것이 아니라, 사용자 편의를 위해 몇번의 클릭으로 가능하게 하였습니다.

본 절에서는 AI의 기술에 대한 논의보다는 AI를 이용한 교육플랫폼을 소개하고, 어떠한 데이터사이언스 요소들로 구성되어 있는지 알아보고자 한다. 이를 위해서, 학습분석학에 기반을 두고, 평가모형을 클라우드 시스템에서 구현한 클래스애널리틱스CLASS-Analytics; 박희주, 류현석, 권종겸, 류지훈 2022; Sa, Ryoo, & Ryoo, 2022를 살펴본다.

❷ EDS를 활용하여 개발한 개인별 맞춤형 교육플랫폼

1) 학습분석학

학습분석학은 "학습의 이해 및 최적화를 목적으로, 학습이 일어나는 환경 속에서 학습자와 교과과정에 대한 자료를 측정, 수집, 분석 및 보고하는 일련의 과정"으로 학습분석학 연구학회는 정의한다http://www.solaresearch.org/about/what-is-learning-analytics/. 온라인 교육에서는 이러한 학습분석학 일련의 과정들이 시스템에 내재되어 학습자에게 제공되어야 하며, 교과과정과 평가는 교과 내용 전문가들에 의해서 타당한 내용으로 구성되어야 한다. 그 과정에서 측정 및 수

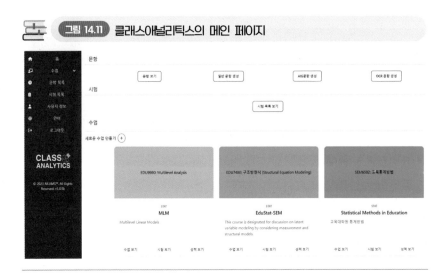

그림 14.11 클래스애널리틱스의 메인 페이지

집에 관한 평가 내용은 아래의 '온라인 평가' 섹션을 참고하길 바란다. CLASS−Analytics에서 교과과정의 설계는 구인별로 모듈module화하여, 교사/강사는 선택적으로 구성 및 활용하여 과목을 구성할 수 있게 하였다. 또한, 교사/강사 역할에서 모듈들을 공유하며, 검증된 모듈은 중요리스트에 공유되는 시스템으로 구축되었다. 이러한 모듈의 활용성을 바탕으로, 고등교육에서 공통교과교양과목와 전공의 유기적 연계를 활성화할 수 있게 한다. 모듈화된 교과는 학습자가 과목 구성의 주체가 된 경우도 과목을 자유롭게 설계할 수 있도록 하였다. 이는 초중고등학교의 교과과정에서도 바로 적용될 수 있다. 예를 들면, 고교학점제에서 학생수준별 수업을 진행해 감에 있어서, 온라인 평가를 기반으로 한 과정중심의 평가가 이뤄질 수 있는 최상의 조건을 제공하게 된다.

분석 및 보고의 과정에 있어서는 학습의 성취에 대한 경과가 학생, 학부모, 교사 등 모든 주체들에게 즉각적으로 보고되어, 학습이 최상의 조건에서 이뤄질 수 있도록 구성한다. 학습관리시스템LMS: learning management system상의 학습과 연관된 모든 데이터를 데이터 마이닝, 교육통계 방법을 포함한 데이터사이언스를 바탕으로, 학습의 성취가 모형화된다. 이를 위해, CLASS−Analytics는 집약적 종단 데이터intensive longitudinal data; Bolger & Laurenceau, 2013를 활용한 성장모형을 제공한다. 이를 통해, 학습의 과정이 명세화되며, 즉각적인 피드백과 함께 적응학습의 기반을 제공한다.

2) 온라인 평가

독립적인 온라인 교육을 위하여, 인지디자인시스템cognitive design system; Embretson, 1998과 증거기반 모형evidence-based assessment design; Mislevy, Almond, & Lukas, 2003을 통한 통합적인 '디지털 평가'가 내재된 LMS의 완전 자동화가 교육현장에서 요구되어진다. Mislevy2006는 인지심리학의 측면에서 사람들이 인지하는 과정 자체는 비슷하나, 개인의 능력과 한계 그리고 개인이 가진 각기 다른 경험을 통해 학습이 결정되므로, 인지 과정의 범주가 문화에 따라 다르게 결정되어진다고 주장한다. 학습의 장에서 학습자는 여러 형태의 개념, 도구 등을 활용하는 데Bhaskar & Simon, 1977, 학교나 직장에서는 학습자의 학습이 일어나는 과정을 바탕으로 증거주의evidentiary argument; Mislevy, 2006에 입각하여 교과과정과 평가를 설계한다[그림 14.12] 참고. CLASS-Analytics는 인지심리학과 증기주의 기반 평가를 온/오프라인에서 동일하게 구현하는 역할을 한다.

그림 14.12 평가디자인 단계의 개요(Mislevy, Steinberg, & Almond(2003))

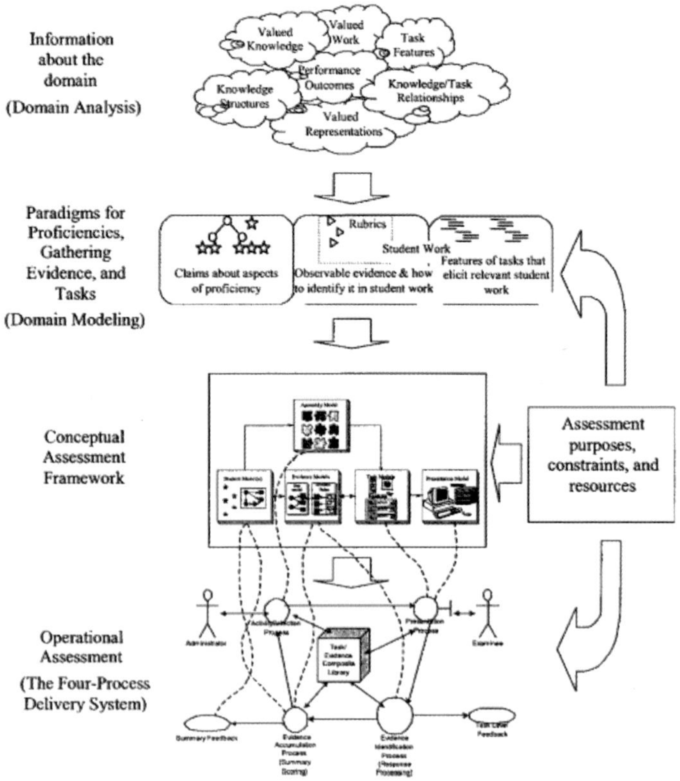

평가assessment는 "학습자들, 산물들, 또는 프로그램들의 특성에 대한 추론

을 위해 사용되어진, 시험이나 다른 자원들을 통하여 정보를 얻고자 하는 체계적인 방법"으로 정의된다Standards for Education and Psychological Testing; AERA, APA, & NCME, 2014. ICT기반 온라인 평가도 평가의 정의적인 측면은 동일하다. 이를 위해 평가의 디지털화 과정이 필요한데, 그 핵심에 자동문항생성automatic item generation; AIG; Gierl & Haladyna, 2012과 AIG에 특화된 문항반응이론item response theory(IRT); Embretson & Yang, 2007, 그리고 적응학습을 구현하는 컴퓨터화/다단계 적응검사가 있다Magis, Yan, & von Davier, 2017.

내용전문가 집단에서 인지디자인시스템의 구축에 나타난 목표를 학습자가 성취하기 위하여, AIG는 우선 학습단계별 문항들을 코딩을 통해 문항모델item model로 학습관리시스템에 탑재시키는 방법을 적용한다. 탑재된 문항모델을 통해, AIG는 학습자가 학습에서 요구되어지는 단계를 마스터할 때까지 무한에 가까운 많은 문제를 생성하는 역할을 한다. 학습자가 매번 접하는 문항은 문항모델로부터 생성되며, 개별 문항은 임의적으로 생성되기 때문에 학습자가 학습에 도달해야 하는 내재된 개념은 모두 같으나, 매번 개별 학습자에게 제공되는 문항은 다르다. 이를 통해 학습자의 적응학습은 시간적인 제한을 받지 않게 된다는 이점을 가진다. AIG 문항 모델은 IRT 문항들이 갖는 특성을 품고 있기 때문에, 학업성취를 객관적이며 타당한 방법으로 평가한다. 또한, 적응검사는 학습을 진행해가는 학습자의 능력을 실시간으로 측정하는 방법으로 문항모델의 특성으로부터 학습자의 능력을 측정할 뿐 아니라, 문항모델의 특성을 순환적으로 업데이트 시켜주는 역할을 담당한다. 2024년 현재 연세대학교의 대학통계 과목과 경상국립대학교 및 홍익대학교 세종캠퍼스의 대학수학 과목과 경남 고성중앙고등학교에서 공통수학 과목에 CLASS-Analytics를 사용하고 있으며, 한국 중학생들의 독서동기 검사도구가 적응형 평가로 CLASS-Analytics내에 구성되어 활용되어지고 있다. CLASS-Analytics는 AI를 활용한 온라인 평가 측면을 계속해서 개발하고, AI 튜터링 서비스로 수업조교의 기능도 개발해 나가고 있다.

독립적인 온라인 평가 체계를 갖추기 위한 또 하나의 기능으로, CLASS-Analytics는 서답형 혹은 논술형 문항에 대한 온라인 채점online assessment 형식을 탑재한다. 선다형 문항이 주가 되는 온라인 평가는 Bloom의 분류체계Bloom, 1969에서 '기억하다'와 '이해하다' 등 인지의 하위 영역에 속하는 평가로 구성되기 쉽다. CLASS-Analytics에서는 Anderson, Krathwohl과 Bloom2001이 Bloom의 분류체계를 인지과정과 지식차원으로 분류한 이원분류표를 바탕으로 '적용'과 '분석' 등 인지의 상위영역 및 다양한 지식의 차원이 평가에 구현될 수 있도록 설계하였다. 온라인상에서의 평가는 평가 영역을 과학, 기술, 공학, 및 수학STEM뿐만 아니라, 인문/사회 과학 영역까지 확장하여 CLASS-Analytics가 초·중·고등학교 교육 및 고등교육의 평가도구로도 활용될 수 있게 한다.

그림 14.13 Bloom의 분류체계

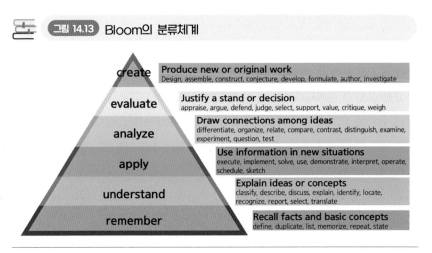

출처: https://cft.vanderbilt.edu/guides-sub-pages/blooms-taxonomy/

04 > EDS의 발전과 전망

   본 장을 통해서 교육통계와 데이터사이언스의 EDS를 정의해 보았다. 과학적인 연구방법인 EDS는 표본을 통하여 모집단의 특성을 파악하거나 대용량 데이터를 통해 현상을 예측한다. 하지만, 표본이 모집단을 완벽하게 대표할 수 없기에, 아무리 대용량의 데이터라 하더라도 앞으로 일어날 일들은 지금의 데이터와 다를 수 있다. 그리하여 EDS에서는 결과의 타당성과 정확성을 보완할 수 있어도, 결과와 동일한 일들이 일어난다고 단언할 수 있는 결과를 도출할 수는 없다. 이러한 불완전성으로 인해 EDS는 끊임없이 타당성과 정확성을 높이면서 발전해 나갈 것이다.

   연구방법론적 측면에서 EDS는 교육학 내 여러 전공분야에 다양하게 활용되고, 융합되어 교육학 연구의 교량 역할을 해 오고 있다. 예를 들면, 온라인 교육의 발전과 함께 쏟아져 나오는 대용량 데이터는 EDS의 여러 방법들로 처리되어 가고, 교육정책 분야에 증거기반 연구를 적용하여 더욱 효율적으로 정책을 세우거나 평가해 나가는 것 등이다. 교육의 대상인 학생을 둘러싼 생태학적 시스템이 시시각각으로 변화되어 가듯이, 이를 이해하고자 하는 연구도 역동적으로 진행될 것이다. 그 중심에 EDS가 있고, EDS는 자생적으로 끊임없이 연구방법을 개발해 나갈 것이다.

참고문헌

Anderson, L. W., Krathwohl, D. R., & Bloom, B. S. (2001). A taxonomy for learning, teaching, and assessing: A revision of Bloom's taxonomy of educational objectives. New York: Longman.

Bhaskar, R. and Simon, H.A. (1977), Problem Solving in Semantically Rich Domains: An Example from Engineering Thermodynamics. Cognitive Science, 1: 193−215. https://doi.org/10.1207/s15516709cog0102_3

Bloom, B. S. (1969). Taxonomy of educational objectives: The classification of educational goals : Handbook I, Cognitive domain. New York: McKay.

Bolger, N., & Laurenceau, J.−P. (2013). Intensive longitudinal methods: An introduction to diary and experience sampling research. Guilford Press.

Bronfenbrenner, U. (1979). The ecology of human development: Experiments by nature and design. Cambridge, MA: Harvard University Press.

Embretson, S. E. (1998). A cognitive design system approach to generating valid tests: Application to abstract reasoning. Psychological Methods, 3(3), 380-396. https://doi.org/10.1037/1082−989X.3.3.380

Embretson, S. E., & Yang, X. (2007). Construct Validity and Cognitive Diagnostic Assessment.

Gierl, M. J., & Haladyna, T. M. (2012). Automatic item generation : theory and practice.

Howell, D. C. (2013). *Statistical Methods for Psychology (8*[th] *ed.).* Belmont, CA: Wadsworth Cengage Learning. Materials for the textbook including R codes and SPSS manuals are available: http://www.uvm.edu/~dh owell/methods8/

https://www.psychologie.hhu.de/arbeitsgruppen/allgemeine−psychologie−und−arbeit spsychologie/gpower

Hwang H, Cho G, Jin MJ, Ryoo JH, Choi Y, Lee SH (2021) A knowledge−based multivariate statistical method for examining gene−brain behavioral/cognitive relationships: Imaging genetics generalized structured component analysis. PLoS ONE 16(3): e0247592. https://doi. org/10.1371/journal.pone.0247592

Lohr, S.L. (2021). Sampling: Design and Analysis (3rd ed.). Chapman and Hall/CRC. https://doi.org/10.1201/9780429298899

Long J. D. (2012). Longitudinal data analysis for the behavioral sciences using R. Los Angeles, CA: Sage.

Lord, F. (1952). A Theory of Test Scores (Psychometric Monograph No. 7). Richmond, VA: Psychometric Corporation. Retrieved from http://www.psychometrika. org/journal/online/MN07.pdf

Magis, D., Yan, D., & von Davier, A. A. (2017). Computerized adaptive and multistage testing with R: Using packages catR and mstR. Cham, Switzerland: Springer International Publishing.

Mislevy, R. J. (2006). Cognitive psychology and educational assessment. In R. L. Brennan (Ed.), Educational measurement (4th ed., pp. 257−306). Washington, DC: American Council on Education/Praeger.

Mislevy, R. J., Almond, R. G., & Lukas, J. F. (2003). A brief introduction to evidence−centered design (Research Report 03−16). Princeton, NJ: Educational Testing Service.

Mulaik, S. A. (2009). Linear Causal Modeling with Structural Equations. Chapman & Hall/CRC Press

Murphy K. R., & Myors B. 2023. Statistical power analysis: A simple and general model for traditional and modern hypothesis tests (5th ed.). New York: Routledge.

Raudenbush, S. W. Bryk, A. S. (2002). Hierarchical linear models: Applications and data analysis methods, second edition. Newbury Park, CA: Sage.

Rubin, D. B. 1976. "Inference and Missing Data." Biometrika 63 (3): 581-90.

Sa, S., Ryoo, H. S., & Ryoo, J. H. (2022). Application of AIG implemented within CLASS Software for Generating Cognitive Test Item Models. *Educational Technology International, 23*(2), 157−181. https://doi.org/10.23095/ETI.2022. 23.2.157

Stevens, S. S. (1951). Mathematics, measurement, and psychophysics. In S. S. Stevens (Ed.), Handbook of experimental psychology (pp. 1-49). Wiley.

박희주 · 류현석 · 권종겸 · 류지훈. (2022). 온라인 교육을 위한 LMS 패러다임의 전환. 미래교육 학연구, 35(2), 49−72. https://doi.org/10.35283/erft.2022.35.2.49

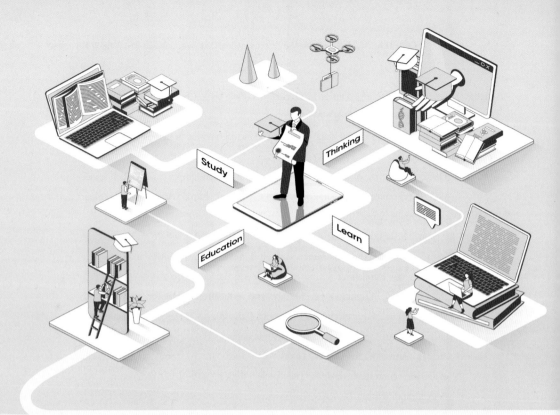

CHAPTER

15

교육의 질적연구방법:
연구철학과 유용성

교육의 질적연구방법:
연구철학과 유용성

박순용

01 ▶ 질적 연구의 역사: 포스트정초주의와 질적 연구의 확산

오늘날 학계에서 '질적 연구'라는 용어가 일반화되기 훨씬 이전에도 사람들은 현장에서의 경험을 바탕으로 다양한 형태의 글쓰기를 통해 인간 삶을 그려내고 설명하려 했다. 보다 체계적인 연구 방식으로서의 질적 연구방법은 1920년대부터 인류학자와 사회학자들에 의해 보편화되기 시작했다. 이후 필요에 따라 여러 학문영역, 예컨대 간호학, 경영학, 교육학, 문화학, 미학, 상담학, 심리학, 여성학, 역사학 등에서 학문적 특성을 반영한 다양한 형태로 광범위하게 질적 연구를 사용하며 발전시켰다. 이처럼 지난 약 1세기 동안의 질적 연구방법의 종단적인 추이를 살펴보면, 여러 학문 영역별로 질적 접근qualitative approach을 통해 인간 역동이나 사회현상을 바라본 연구방법의 역사가 존재한다.

그러나 20세기 후반에 이르기까지는 양적 연구의 위세에 눌려 학계에서 질적 연구가 그 유용성을 널리 인정받지 못하였다. 특히 미국에서는 1940년대에서 1970년대에 걸쳐 양적 연구로 대변되는 실증적 접근positivist approach이 사회과학 전반을 지배했다고 보아도 과언이 아니다. 실증주의 연구철학은 주관적인 신념, 가정, 견해, 감정과 구분되는 객관적으로 검증가능한 과학적 지식의 추구를 강조한다.[1] 물론 문화적, 역사적 관점도 이 시기에 공존했으나 사회

---

1 이러한 실증주의적 연구철학의 배경에는 1920년대 중반에서 1930년대 중반까지 활동한 비엔나

과학 연구방법에 대한 상대적인 영향력은 미미했다. 이 시기의 교육 분야에서의 주관심사 역시 교육제도 개선을 통해 사회발전을 도모하려는 체제의 문제 problematizing systems를 다루는 접근이 대세였고, 이를 실증적 연구를 통해 해결하려는 경향이 뚜렷하였다. 이러한 가운데 미국 학계에서의 질적 연구방법은 인류학자들과 시카고학파Chicago School의 명맥을 잇는 사회학자들에 의해 견인되었다. 교육학 분야에서는 교육인류학자와 도시사회학자들이 질적 연구를 교육현장에 적용시켜 문화기술지 연구를 통해 연구방법을 발전시키고 있었다.

질적 연구방법은 1980년대에 이르러서야 그 영향력이 급격하게 확산되기 시작했다. 이는 인문사회과학 영역에서의 포스트모더니즘의 도래와 거의 일치하는 시기이기도 하다. 포스트모더니즘은 모더니즘의 패러다임에서 수용되던 메타내러티브대서사: meta-narrative**2**와 같은 절대성을 믿지 않고 인류의 역사나 사회문화에 대해 포괄적이고 완벽한 설명 또는 규칙의 발견이 불가능하다는 입장에서 세상을 바라본다. 질적 연구의 패러다임 또한 메타내러티브의 거부를 통한 국지적, 맥락적 지식의 탐색을 선호한다. 모더니즘은 정초주의적foundational 사고방식을 근간으로 하기 때문에 모든 것에는 근본이 있으며 우리가 바꿀 수 없는 절대선絶對善이나 지고의 가치가 있다는 신념하에 논제를 풀어가려는 경향이 있다. 반면에 포스트모더니즘의 관점에서는 모든 것이 상대적이기 때문에 인간의 행동을 이해하기 위해서는 그 안에 숨어있는 권력구조나 그 현상 이면에 스며들어 있는 동기와 의도를 찾는 것이 우선시 되어야 한다고 본다. 인문

학파(Vienna Circle)로 명명된 논리 실증주의자들의 역할을 빼놓을 수 없다. 이들의 철학적 입장은 수학의 정교함과 체계를 철학에 적용시킬 수 있다고 보고, 그 연장선상에서 검증가능한 과학적인 절차가 지식을 얻는 전제가 되어야 한다고 주장했다. 더 나아가, 사실(fact)에 대한 검증절차가 객관적으로 이루어지기 힘든 신학, 형이상학, 미학, 윤리학 등을 지식의 범주에서 배제해야 한다는 논리를 펼쳤다.

2 Jean-François Lyotard(프랑스의 철학자, 사회학자, 문학이론가)에 의해 소개된 개념인 대서사는 인간의 역사적 경험이나 지식에 대해 종합적인 설명을 부여하려는 일련의 경향을 지칭한다. 가령, 보편적인 인간 이성을 통한 무한한 발전이 가능하다고 보는 것도 이에 해당된다. 같은 의미로 grand narrative라고도 하며 반대 개념으로 small narrative가 있다.

사회과학에서는 포스트모더니즘의 영향으로 국가주의, 종교, 과학 등에 의해 발현되는 문화의 권력구조에 대한 의식화를 특히 강조하게 된다.

이 시기의 인문사회과학의 대전환은 곧 연구방법에도 지대한 영향을 주었다. 이에 대한 전조는 이 시기에 살짝 앞선 20세기 중반부터 사회과학의 연대기적 변화를 짚어보면 어렵지 않게 발견될 수 있다. 1970년대 중반 이후부터 연구주제와 관점에서의 비판적critical 접근은 신마르크스주의Neo-Marxism의 영향력을 등에 업고 빠르게 확산되기 시작했다. 이러한 경향이 교육학계에서는 기존 교육제도가 지니고 있는 구조적 모순과 내재된 폭력성에 대한 비판을 중심으로 진행되었다. 이와 같은 시류는 1980년대 이후 급진적 휴머니즘radical humanism[3]의 형태로 발전되었는데, 교육에서의 억압적 문화구조, 인간소외의 개념, 해방적 이성의 실현 등을 주요 주제로 다루며 영향력을 키워갔다. 이 가운데 특히 눈에 띄는 변화는, 질적 연구방법을 선호하는 학자들을 중심으로 실증주의의 도구적 합리성이 비판되면서 해석학적interpretivist 접근, 구성주의적constructivist 접근, 민속방법론적 접근, 상호작용적interactionist 접근 등을 통해 연구방법의 새로운 대안들을 학계에서 구상해야 하는 명분이 점차 명료해졌다는 점이다. 이러한 추세에 힘입어 1990년대 이후 오늘날에 이르러 포스트정초주의post-foundationalism[4]의 시대가 만개하게 되었다. 이 가운데 맥락의 상대성 중시라는 입장이 부각되면서 객관적 지식과 진보에 대한 의구심은 더욱 깊어져갔으며 인문사회과학 연구방법에 있어서도 더 이상 기존 패러다임에 안주할 수 없는 상황으로 이어지게 된다. 심지어 객관성objectivity은 양적 연구에서는 가능하지만 질적 연구에서는 전제가 다르기 때문에 불가능하다고 보기도 한다Sarantakos, 2005: 92-93. 특히 인간대상 연구에 있어서 자연과학적인 연구방법의 원리와 절차를 그대로 적용시키는 방식에 대한 저항과 보편적 객관주의에 대한 회의 속에 질적 연구방법이

---

3 이를 또 다른 명칭으로 인본주의적 마르크스주의라고도 한다.

4 여기서 포스트정초주의는 포스트모더니즘(postmodernism), 포스트구조주의(poststructuralism), 포스트식민주의(postcolonialism)를 포괄하는 개념으로 제시되었다.

실질적인 대안으로 급부상하게 되었다. 그 결과 교육연구에서 체제보다는 행위자개인의 문제problematizing actors에 집중하는 접근이 보다 일반화되기 시작했다.

결국, 질적 연구를 통해 드러나는 숨은 권력관계, 수용과 배제의 원리, 주체와 객체의 주관적 경험세계 등의 미시적이면서 심층적인 탐구가 주목받게 되면서 교육현장에서의 질적 연구의 적용가능성 또한 크게 확장되었다. 무엇보다 질적 접근은 인간사회 내에 발견되는 상황의 특수성과 우연성을 포용하면서 교육을 다양한 관점에서 바라볼 수 있게 해줌으로써 교육의 실천적 의미에 대한 성찰을 유도한다. 가령, 지식의 상대성과 지식 습득의 다양성이 존중되는 교육철학의 관점에서 학교를 바라보았을 때, 학교에서 전달하는 지식이 과연 순수한 지식인가에 대한 의구심을 품고 기존의 교육방식과 절차에 대해서 재점검 해 볼 필요가 생긴다. 이때, 교육학자의 입장에서 질적 연구의 유용성은, 교육현장에 직접 들어가 연구 참여자들의 생활공간과 정신적 세계를 함께 체험하는 가운데 그들이 의미부여하는 교육적 행위 및 집단 속에 내재되어 있는 역동의 구성을 파악하는 데 있다. 즉, 질적 연구는 평범하고 친숙한 주류 학교문화코드의 본질을 여러 각도에서 다시 바라볼 수 있게 해준다. 요컨대 질적 접근은 우리의 교육문화가 어떻게 형성되고 유지되며, 근저에 작동하는 정치적 동기가 무엇이며, 궁극적으로는 주어진 상태가 과연 최선인가에 대해 반추해 볼 수 있는 기회를 제공한다.

질적 연구방법의 20세기 후반 이후 발전사를 살펴보면, 거시적으로 통합과 분화가 동시에 진행되고 있음을 발견할 수 있다. 우선, 학문영역별로 제각기 발전시킨 질적 연구방법을 한 우산 아래 모이게 하여 그 성과와 내용을 비교하고 소통할 필요가 늘어났다. 그 결과 1980년대 이후 각종 학회의 산하모임으로 질적 연구를 다루는 단체가 결성되거나, 질적 연구방법을 전문적으로 논의하고 발전시키려는 목적의 질적 연구 학회가 등장했다Lichtman, 2010. 일례로 1980년에 영국에서 질적 연구회Association for Qualitative Research가 출범한 이후 유럽 각 지역에서 질적 연구를 위한 센터나 학회가 설립되어 운영되고 있다. 국가로부터 직접 지원을 받는 곳도 생겼는데, 덴마크 국립연구재단Danish National Research Foundation에서 재정지원을 하고 있는 질적 연구센터Center for Qualitative Studies 가 그 예이다. 그 밖에 1999년부터 온라인 저널인 Forum: Qualitative Social Research가 독일 베를린에서 발간되고 있다. 북미에서는 1992년에 최초로 University of Georgia에서 질적 연구모임Qualitative Interest Group이 주최한 학술 대회가 개최되었다. 오늘날 질적 연구 학술대회로 가장 규모가 큰 국제 질적 탐구총회International Congress of Qualitative Inquiry는 2005년 이후 매년 개최되어 정기 적으로 다양한 학문분야의 질적 연구자들이 모여 방법론적 논의를 중심으로 소 통하는 기회를 갖고 있다. 또 질적 연구방법에 관한 논문을 게재하는 다학제적 온라인 저널로 가장 오래된 The Qualitative Report는 Nova Southeastern University의 교수들에 의해 1990년에 창간되었다. 대학 산하 상설 연구소 형 태로는 캐나다의 University of Alberta에서 운영하는 국제 질적 연구방법론 연구소International Institute for Qualitative Methodology, 미국의 Illinois University, Urbana-Champagne 산하의 국제 질적 탐구연구소International Institute for Qualitative Inquiry, Syracuse University 산하의 질적 및 다방법론적 탐구센터Center for Qualitative and Multi-Method Inquiry 등이 주목받고 있다. 이처럼 20세기 말부터 본격적으로 질 적 연구를 수행하는 여러 분야의 학자들 간의 소통을 위한 다양한 장이 마련 되고, 관련 학술지 또한 다수 창간되었다.[5] 특히 질적 연구에서 중요시 되는 참여관찰, 심층면담, 기술記述, 연구윤리 등 방법론적 발전을 이끌어내기 위해 어떤 노력이 필요한지에 대한 논의를 개념적, 실천적 차원에서 질적 연구자들 이 머리를 맞대고 함께 고민하는 기회가 늘어났다.

이와 같이 다양한 분야에서의 질적 연구가 학회나 연구소를 중심으로 통합

---

5 이 시기에 창간된 질적 연구를 주로 다루는 많은 학술지 가운데 대표적으로는 1995년에 창간된 Qualitative Inquiry와 2001년 창간된 Qualitative Research가 있으며, 이에 앞서 교육학 분야에 서는 1970년에 창간된 Anthropology and Education Quarterly와 1988년 창간된 International Journal of Qualitative Studies in Education을 들 수 있다.

되는 양상을 보이는 한편, 이와 동시에 질적 연구자들 간의 활발한 소통의 결과로서 융합과 접목을 통한 새로운 시도들이 끊임없이 등장하는 분화의 경향으로 나아가게 된다. 가령, 문화기술지 연구방법만 보더라도 인접 학문 간의 만남을 통하여 native ethnography, confessional ethnography, autoethnography, collaborative ethnography, feminist ethnography 등 다양한 형태로 분화하고 있다. 더 나아가 양적 연구와 함께 진행하는 혼합 연구방법mixed-method research도 이제는 널리 애용되고 있으며 양적 연구의 요소를 일부 차용하는 질적 접근도 등장했다. 근래에는 MAXQDA, NVivo, NUDIST 등의 컴퓨터 프로그램이 질적 연구에 있어서 또 다른 시도들을 가능케 한다. 즉, 질적 연구의 방법론적 시도들이 통합하는 과정에서 보여준 구심력은 새로운 시도들을 잉태시키게 되었고, 오늘날 역으로 원심력이 작용하는 것과 같은 분화의 양상을 보여주고 있다.

02 > 질적 연구의 정의와 특징

❶ 질적 연구의 정의

인식론적 배경에서 '질적'의 의미는 구성주의와 해석주의를 통해 가늠해 볼 수 있으며, 행위적인 차원의 '질적 연구'는 양적 연구와 대비되는 연구의 수행방식을 통해 그 특징이 파악될 수 있다. 그러나 질적 연구는 학자마다 전문 영역과 연구철학에 따라 다르게 정의내릴 수 있기 때문에 이를 포괄하는 정의를 찾기는 쉽지 않다. 매우 넓게 정의를 내리는 경우, 숫자가 아닌 언어를 중심으로 진행하는 모든 형식의 연구방식을 질적 연구로 포괄하는 경우도 있다. 하지만 문헌조사만을 주로 하는 역사학, 철학 등의 영역에서의 연구 방식은 삶이 펼쳐지고 있는 현장 한가운데서 진행하는 연구와는 여러 면에서 다르기 때문에 질적 연구에 포함시킬지에 대한 논란이 늘 있어왔다. 그 이유는 질적 연구에 대한 보다 보편적인 정의를 내릴 때, 주로 현장연구를 떠올리게 되기 때문이다. 이러한 논란의 중심에는 문헌 연구가 현장연구를 보조하고 교차검증cross-checking하는 데는 매우 요긴하지만 그 자체만으로 질적 연구라고 할 수 있는가에 대한 의견의 대립이 있다. 요컨대 과거의 삶을 재구성하거나 관념적 수준에서의 논의를 펼치는 것 또한 인간 삶에 대한 이해로 귀결되기 때문에 넓은 의미에서 질적 연구로 포함시키려는 경향과, 연구대상 집단에 대한 심층적인 면대면 접근을 전제하는 현장 중심적인 의미의 질적 연구를 내세우는 경향 모두 나름대로의 논리를 갖고 있다. 이 시점에서 분명한 점은 질적 연구 또한 끊임없이 분화하고 변화하는 가운데 있기 때문에 이를 간단하게 정의내리는 것 또한 쉽지 않다는 점이다.

하나의 정의에 연연하지 않고 본다면, 질적 연구는 궁극적으로 인간 사회의 다원적이고 복합적인 문화와 그 안에서 개개인이 겪는 일상적인 경험을 교차시켜 여러 형태의 삶을 이해하는 데 도움을 주기 위한 일련의 연구행위이다. 일반적으로 질적 연구는 연구 상황이 인위적으로 통제되지 않은 자연 상태에서 진행되는 연구를 의미한다. 이 과정에서 연구 대상인 개인 또는 집단의 행위, 맥락 및 역동을 탐구하는 연구자의 경험과 통찰을 다루게 된다. 이를 위해 관찰, 면담, 문헌조사를 병행하면서 연구 참여자들의 세계관, 신념, 동기, 관습, 민속적 지식, 행동양식 등의 일상적 의미를 드러내어 이해를 구한다. 즉, 대부분의 질적 연구에서는 첫째, 연구 참여자들과의 만남을 통해 진행하는 심층면담, 둘째, 연구대상 집단의 행위를 가까이서 보고 느끼는 참여관찰, 셋째, 이들의 맥락을 이해하는데 도움이 되는 문헌을 통해 얻은 자료가 동반된다. 순서에 관계없이 이 세 가지 절차를 토대로 연구결과를 얻고 이론을 생성해 나가는 과정을 밟는다. 결국 대부분의 질적 연구는 연구대상 집단 및 그 집단에 소속된 개인들의 일상적인 삶을 대면적인 접촉을 통해 파악해가며 행위와 의식에 대해 상세히 기술하는 작업으로 진행된다. 그 과정에서 연구 참여자의 내부자적 논리와 관점을 파악하여 그들의 행위의 기반이 되는 세계관 또는 문화코드를 해석해내는 것이다.

❷ 질적 연구의 특징: 양적 연구와의 비교

양적 연구와 대비되는 질적 연구가 가장 두드러지게 차별화 되는 점은 실험실이나 설문지와 같은 인위적인 통제 상황이 아닌 자연적인 상황 속에서 연구가 진행된다는 것이다. 질적 연구는 통제된 상황에서 독립-종속변수 간의 인과관계를 규명하는 것과 같이 정해진 연구절차에 따라 순차적으로 진행되는 작업이 아니라 연구자가 맞닥뜨리는 주어진 상황에 대한 총체적인 이해와 다양한 층위에서의 의미를 찾아가는 과정으로 이루어진다. 이 때문에 연구자는 연구대상 집단의 자연스러운 그대로의 모습과 생활현실을 그 대상으로 삼는다. 이처럼 질적 연구는 자연 상태에서 진행되기 때문에 여러 가지 상황적인 변수들을 사전에 충분히 예견하지 못한다. 어쩌면 연구자가 예측 불가능한 상황에 몸을 맡기는 과정이 질적 연구의 묘미이기도 하다. 대부분 연구대상 집단이 연구자에게 생소하거나 낯선 문화적 상황인 경우가 될 수 있으므로 연구 시작에 앞서서 빈틈없는 연구 설계를 완성한다는 것 자체가 불가능하다. 따라서 연구계획도 연구주제 외에는 느슨한 형태로 출발하여 연구의 과정 속에 끊임없이 수정, 보완하며 진행할 수밖에 없다.

이처럼 양적 연구와 달리 질적 연구에서는 사실상 연구목표, 연구주제, 연구장소와 연구대상 등 많은 부분을 현장에서의 임기응변에 의존해야 한다. 심지어 연구 도중에 연구주제를 변경하는 경우도 종종 생겨난다. 예를 들면, 다문화 가정 배경의 아이의 초등학교 학업적응에 대한 연구를 하기 위해 아이의 학교에서의 일상을 관찰하고 학부모와 면담을 하는 과정에서 담임교사의 편견과 무의식적인 차별이 발견되는 경우가 있다. 이 때 연구 포커스가 아이에서 교사로 옮겨갈 수도 있고, 더 나아가 교원양성과정에서의 문화적 감수성 훈련의 결여를 조사하게 될 수도 있다.

이와 같은 이유에서 질적 연구에서는 연구의 결과 이상으로 연구의 과정이 매우 중요시된다. 연구자는 연구결과를 정리해서 제시하는 과정에서 본인이 겪은 연구경험을 자세하게 공개할 필요가 있다. 즉, 연구결과에 이르기까지의 상황을 세세하게 설명하여 해석을 부여하고 의미를 이끌어낸 근거를 독자로 하여금 확인할 수 있게 해야 한다. 이는 질적 연구에서의 신뢰도를 높이는 방식이기도 하다. 즉, 동일 주제로 연구한 두 명 이상의 연구자의 결과가 각각 다르게 나오더라도 이를 놓고 신뢰성이 결여되었다고 말할 수는 없다. 각각의 연구자가 자신의 선행경험을 통해 구성된 인식의 틀, 정보의 선택적 수용력,[6] 상황 및 자료의 이해와 해석의 능력이 서로 다르기 때문에 동일한 대상에 대한 연구의 결과는 복제되기 어렵다. 반면에 표준화된 통제방식을 사용하는 실험연구의 경우 신뢰도는 결과의 반복 가능성에 의해 결정된다. 따라서 양적 연구에서 사용되는 의미에서의 신뢰도는 질적 연구에서는 적용될 수 없다. 그 이유는 질적 연구에서의 신뢰도는 연구결과의 복제 가능성을 기준으로 삼지 않고, 자료 수집 과정의 세밀함과 꼼꼼함, 수집한 자료들의 분석에 있어서의 논리성과 일관성, 결과의 진술 및 전달에 있어서의 유의미화와 체계화가 이루어졌는지를 관건으로 삼기 때문이다.

따라서 질적 연구에서는 세부적인 사실로부터 일반적인 의미를 찾고 원론적인 이해를 추구하는 과정 전반에 걸쳐서 연구자의 경험의 이야기가 담겨있어야 한다. 즉, 귀납적인 방식으로 연구를 진행하는 가운데 연구자와 연구 참여자들의 상호 영향력을 주고받는 모습이 잘 드러날 수 있어야 한다. 요컨대 질적 연구에서는 구체적인 가설로부터 출발하여 이를 검증하는 절차를 밟는 것이 아니라, 어떤 상황이나 주제에 대한 궁금증에서 연구를 시작하여 새로운 가설을 생성해낼 수 있다.

---

6 어떤 정보를 보다 적극적으로 수용하거나, 후순위로 두거나 누락하는가의 선택을 뜻한다.

    질적 연구방법을 가장 상징적으로 웅변하는 특징은 자료수집 및 분석의 주
도구key instrument가 연구자 자신이라는 점이다. 연구자는 연구 과정에서 자신의
주관, 편견, 영향력 등에 대해 성찰할 기회를 갖고 이러한 것들이 연구대상과
의 만남에 어떠한 영향을 미칠 수 있는가를 충분히 고려해보아야 한다. 이는
곧 연구자의 위치성positionality의 문제이다. 즉, 연구자의 주관이 어떻게 개입되

표 15.1 **질적 연구와 양적 연구의 비교**

	질적 연구	양적 연구
연구 초점	있는 그대로의 자연 현상, 행위의 의미, 문화적 상황	얼마나 많이(양), 얼마나 자주(빈도), 인과관계
철학적 배경	현상학, 해석주의, 구성주의, 상징적 상호작용론, 비판이론	실증주의, 합리주의, 논리적 경험론
연구 목적	이해, 의미의 발견, 심층묘사, 가설의 생성	예상, 조절, 계측, 가설의 검증
연구 관점	내부자적, 몰입과 체험 중심	외부자적, 객관적
연구 디자인	유동적, 가변적, 역동적	구조적, 폐쇄적, 표준적, 순차적
연구 샘플	작은 샘플(임의적, 목적적)	큰 샘플(무작위, 표본적)
자료 수집	연구자 자신이 1차적인 도구, 면담, 관찰, 기술, 대면적 접촉, 현장연구, 문헌지료, 자연언어	컴퓨터 등의 도구, 실험, 설문지, 비율, 법칙, 공식, 통계, 인공언어
분석 모드	귀납적, 나선적, 직관적	통계적 방법, 연역적, 체계적
연구 참여자와의 관계	밀접한 관계, 상호주관적 맥락성, 연구 참여자를 연구 협업자로 인식	분리가능, 거리를 둠, 연구 참여자는 객관적 탐구대상
결과 제시	서술적, 총체적, 심층묘사, 언어적, 시각적 자료	공식과 숫자 사용, 계량화된 자료

출처: Creswell & Poth의 Qualitative Inquiry and Research Design 4th ed.(2017)에서의 분류 방식을
보완하여 재구성함.

었는지, 연구 참여자들은 연구자를 어떻게 보는지, 또 연구대상을 이해하는 데 있어서 연구자 자신이 어떠한 프리즘 효과prism effect7를 야기했는지에 대한 성찰과정을 밝힐 필요가 있다. 이에 따라 연구자가 의미 있는 정보를 수집하기 위해서는 본인 스스로의 사고와 행동이 연구현장에서 어떤 식으로 주변과의 상호작용을 매개했는지를 돌아보는 성찰적인 자세가 요구된다. 실제로 연구자의 개인적 편견, 자료수집 시의 실수, 자료 분석 및 해석 과정에서의 오류는 항상 있을 수 있기 때문에 이를 연구과정 내내 의식하고 상쇄하려는 마음가짐이 중요하다. 이는 연구현장에서의 모든 과정에 대한 성찰적 복기가 동반되어야 하는 이유이기도 하다. 따라서 질적 연구를 수행하는 연구자는 연구의 진행을 순조롭게 하기 위해 연구과정에서의 불확실성에 대한 대처능력, 상황적 맥락을 파악하는 직관력과 감수성, 원활한 의사소통능력을 갖추기 위한 본인만의 방법을 강구해야 한다.

질적 연구의 또 다른 특징으로 연구 결과물 작성 시 섬세한 기술記述, 정확한 묘사 등 표현의 중요성이 강조되고 사진, 비디오 등도 주요 데이터로 활용된다. 연구자는 가능하면 구체적으로 상황적 맥락을 제시함으로써 연구대상과 연구대상 집단에 대한 이해의 정도를 높일 수 있도록 노력해야 한다. 바로 이 점에서 질적 연구는 연구 참여자와 연구자 사이의 충분한 교감을 전제로 성립된다. 즉, 연구대상 집단의 내부자적 시각을 얻어 상황을 이해하고 설명하기까지 제보자와의 긴밀한 관계의 유지는 필수불가결하다. 정보를 빼가기 위한 피상적인 수준의 대화가 아니라 서로를 알아가는 심층면담은 곧 연구 성패의 관건이 된다. 따라서 연구자는 제보자와의 공감이나 감정이입 등을 통해 면대면 상황에서 포착되는 중요한 사실들에 주목하고 이를 기록해나가면서 질적 연구를 수행하게 된다. 근자에는 이러한 노력의 일환으로 다양한 실험적인 재현representation 방법, 예컨대 연구자의 감정상태 독백, 제보자의 대화 직접 인용,

---

7 빛이 프리즘을 통과할 때 굴절되는 것처럼 연구자가 보고, 듣고, 해석하는 상황에서 주어진 현실이 왜곡될 수 있다는 것을 의미한다.

소설적 기법 등을 적절히 사용하기도 한다.

앞서 설명한 바와 같이 질적 연구와 양적 연구 사이에는 근본적인 차이가 존재한다. 이러한 차이를 Lincoln과 Guba1985는 자연주의적 입장과 실증주의적 입장의 차이로 정리된다고 보았다. 질적 연구와 양적 연구 사이의 차이점들을 열거하면서 확인할 수 있는 사실은〈표 15.1〉 참조, 질적 연구와 양적 연구가 분명하게 대비되는 수행방식과 연구철학을 기초로 하고 있다는 점이다. 이는 사과와 오렌지를 비교하듯이 어느 쪽이 더 좋은가라고 말할 수 있는 성격의 것이 아니다. 사과를 선호하는 사람은 한입 베어 물 때의 그 아삭하고 상큼한 식감과 맛을 떠올릴 것이고 오렌지를 선호하는 사람은 입안에서 톡 터지는 과즙에서 번지는 향기를 기억할 것이다. 차이를 말할 수는 있지만 우열을 말할 수는 없다. 연구방법도 각각 그 유용성에 있어서 나름대로의 특징들이 있기 때문에 연구방법에 대한 고민과 선택은 온전히 연구자의 몫이다. 즉, 어떤 연구 철학과 연구 설계를 통해 진행하는 것이 자신의 연구주제나 주어진 현실에 보다 적합한가에 대한 판단은 연구자 스스로가 해야 한다. 두 연구방법의 전제와 철학이 상이하므로 여러 가지를 고려하여 연구자의 성향이나 연구주제의 성격에 따라 선택하면 된다. 실제로 각각의 장점을 살리는 상호보완적인 방식의 혼합연구가 1980년대 후반부터 급격하게 늘어나는 추세이다Creswell, 2015. 그러나 혼합연구 또한 질적 연구나 양적 연구 중 어느 한 쪽에 더 비중을 두고 진행하는 경우가 대부분이다.

❸ 질적 연구의 한계와 이에 대한 보완 노력

오늘날 질적 연구자들은 실증주의 연구철학의 프레임에서 벗어나 자연주의적, 해석학적 관점에서 비롯된 방법론적 특징들을 십분 활용하려는 노력을 하고 있다. 이에 따라 질적 연구에서는 비판적 주관성critical subjectivity: 연구자가 의식적으로 자신의 편견을 가시화하는 것, 연구 대상자와의 협력적 관계일방적인 정보채굴이 아닌 상호 이해

와 지식의 공유, 고밀도 기술thick description을 비롯한 다양한 방식으로 재현의 노력이
동반되어야 온전한 연구로 인정받게 되었다. 이러한 가운데 질적 연구자의 위
치성, 정보의 매개효과와 왜곡, 다원적 해석의 열린 가능성 등과 관련하여 제
기된 일련의 문제들에 대한 방법론적 보완의 필요성이 끊임없이 제기되어 왔
다. 그 중에서도 연구 자료에 대한 해석의 문제와 연구 결과의 일반화 문제가
가장 자주 거론된다.

1) 해석의 문제

질적 연구는 연구자의 주관의 차이와 개입정도에 따라 동일한 문화집단에
대해 상이한 해석이 나올 수 있다. 예를 들면, 특정 집단에 대해서 연구자 A와
연구자 B가 각각 연구를 수행했다고 하자. 연구자 A는 그 집단문화를 폐쇄적
이고 동질적으로 해석한 반면에, 연구자 B는 개방적이고 개인주의적인 집단으
로 해석할 수도 있다. 그 이유는 연구자 A의 경우 본인이 소속된 문화가 연구
대상의 문화보다 개방적이고 다원적인 반면에, 연구자 B의 경우 자신이 속한
집단문화가 연구대상의 문화보다 더욱 폐쇄적일 수 있기 때문이다. 이와 더불
어 연구자가 현장에 머무르는 연구 시점에서 일어나는 일들은 역동적이며 진
행형이다. 따라서 연구자 개인이 보고, 듣고, 느끼는 상황 자체가 시간의 흐름
에 따라 매우 다를 수 있다. 즉, 연구자 개인의 경험적 맥락을 통해 동일한 대
상을 다르게 해석할 수 있기 때문에 연구자 자신의 모습이 거의 드러나지 않
은 상태에서 오로지 전달자narrator로서의 목소리만 들려주는 방식으로는 신뢰
를 얻지 못한다.

이러한 해석의 문제를 극복하려는 방법론적 보완에 대한 시도가 오래도록
지속되어 왔다. 일례로 연구자의 위치와 역할 및 연구 상황에서의 직접적, 간
접적 영향력에 대한 심도 있는 논의는 Clifford와 Marcus의 편집서 Writing
Culture1986가 출간된 이래 문화기술지 연구를 중심으로 꾸준히 오늘날에 이
르기까지 이루어져 왔다. 오늘날에는 비단 문화기술지 연구뿐만 아니라 질적

연구의 모든 영역에서 연구의 초점을 전통적인 방식과는 달리 하고 있다. 즉, 연구 대상자로서의 타자에게 초점을 고정시키지 않고 연구자에게 절대적인 권위의 목소리도 부여하지 않게 되었다. 즉, 권위적이고 주도적인 연구자의 목소리만을 담은 폭력적인 텍스트의 모습을 거부하고 연구자의 자아의식과 다원적인 목소리를 두루 반영한 연구와 재현의 방식이 확산되고 있는 가운데 해석의 문제를 극복하기 위한 창의적이고 실험적인 기법들이 다양하게 시도되고 있다. 무엇보다도 연구의 일부분으로서 연구자의 존재를 부각시키고 연구자의 관점에 영향을 미칠 수 있는 선행경험과 편견들에 대한 자기성찰을 독자들과 공유함으로써 참여자들과의 상호작용을 미시적인 맥락 속에서 살펴볼 수 있도록 하는 데 관심을 두게 되었다. 이처럼 소위 객관적인 사실들의 수집과 제시를 목적으로 하는 연구방식이 지양되고 연구자의 주관을 투영시킨 상황적 이해situational understanding를 추구하는 재현의 방식이 주류가 됨으로써 해석의 문제가 상당 부분 극복될 수 있는 길을 열어가고 있다.

2) 일반화의 문제

주제 선정과 연구대상 집단에 있어서 주로 좁고 깊게 파고드는 미시적인 연구가 대부분인 질적 연구의 특성상 몇 가지의 사례, 또는 특수한 상황에 대해 이해한 것을 일반적으로 적용시킬 수 있는가의 문제는 늘 제기되어 왔다. 다시 말해 특정 장소에서 특정 시간 동안 진행하는 연구라는 시공의 제약과, 한 가지 또는 제한된 수의 사례만을 다루는 양적인 제약을 감안할 때 연구의 결과를 어떻게 일반화할 것인가에 대해 많은 논란이 있을 수 있다. 예컨대 경기도 지역의 비인가 대안학교에서의 교장 리더십에 대한 연구 결과는 다른 지역의 일반학교에서의 교장 리더십을 이해하는데 원용援用될 수 있을까 하는 문제를 들 수 있다. 이에 대한 대안으로 비슷한 상황에서의 다수의 사례를 연구 대상으로 하는 방법과 하나의 사례에 대한 연구 결과를 동일 대상 또는 비교 가능한 대상에 대한 기존의 다른 연구들과 비교하여 일반화의 가능성을 증대시킬 수 있다.

 그러나 근본적으로 질적 연구에서는 연구결과의 일반화 자체가 목적이 아니다. 우선 연구결과의 일반화를 염두에 두고 연구 주제를 찾는 경우가 드물고, 오히려 주로 특별하거나 이례적인 사건이나 사례를 관심 주제로 삼는 경우가 많다. 질적 연구는 독창적인 연구주제와 탐구대상을 집중적으로 파고들어 주어진 현상이나 실태에 대해 가감 없이 기술하고 해석하는 데 큰 의미를 둔다. 즉, 일반화의 가능성이 낮더라도 주어진 현상이나 실태를 심층적으로 이해하게 하는 결과물은 비슷한 상황에서 우리가 판단하거나 해법을 모색하는 데 있어 학술적인 통찰을 제공한다는 점에서 중요하게 받아들여진다.

03 ▶ 질적 연구에서의 글쓰기

 언어자료를 주로 다루는 것이 핵심 과제인 질적 연구에서 글쓰기는 단순히 수집된 자료를 정리해서 기록하는 것 이상으로 매우 진지하고 섬세한 작업이다. 특히 낯선 상황으로 독자들을 끌어들이기 위해서는 상세한 묘사가 필요하기 때문에 양적 연구에서 결과물을 제시할 때 볼 수 있는 일반적인 학문적 글쓰기와는 뚜렷하게 대비된다. 따라서 질적 연구의 현장성을 살려내면서 연구자의 발견을 설득력 있게 제시할 수 있도록 현장 경험의 이야기를 담아내는 작업은 누구에게나 어려울 수밖에 없다. 연구 논문의 최종 단계인 글쓰기는 연구자 개인의 현장 경험이 오롯이 반영되어야 할 뿐만 아니라 연구 참여자들의 역동, 대화, 갈등 등 다각도에서 포착된 행위에 대한 충분한 설명이 동반되어야 한다는 점에서 섬세한 서술이 필요하다. 더구나 오늘날 질적 연구에서의 글쓰기는 연구자의 위치성에 대한 고민과 더불어 일관된 화법으로 어떻게 유용하게 표현되어질 수 있을까에 대한 성찰을 전제한다. 이러한 가운데 1980년대 이후로 재현 방식에 대한 고민과 함께 실험적 글쓰기의 창의성이 지속적으로 요구되어 왔다. 실제로 1980년대 당시의 학문적 시류에 비추어볼 때 글쓰기 방식은 상당히 파격적인 형태로 진화했다. 요컨대 연구자와 연구 참여자와의 관계, 그리고 상호간의 관점에서 그려나가는 맥락적 현실을 어떻게 독자에게 전달하는가의 문제가 글쓰기에 관한 논의의 핵심이 되었다.

이러한 가운데 가장 두드러진 질적 글쓰기의 최근 경향은 두 가지로 정리될 수 있다. 첫째, 글쓰기를 연구자 혼자 써내려가는 작업이 아니라 연구 참여자들과의 공동저술로 보는 경향인데, 이는 연구자와 연구 참여자를 이분법적으로 분리하는 실증주의적 입장과는 달리 자연주의적 입장에서 연구과정 자체가 서로에게 매순간 영향력을 행사한다는 전제를 반영하는 것이다. 이는 연구의 주체에 대한 숙고를 통해 연구자의 위치성을 정의 내리려는 의도와 관련이 있다. 둘째, 글쓰기가 새로운 방법론적 시도에 상응하는 형태로 구성되며 전달력과 호소력이 극대화되도록 요구되는 경향을 들 수 있다. 여기서는 무엇보다도 연구결과의 구성과 전달의 문제가 고려된다.

이 두 가지의 글쓰기 경향은 질적 연구자가 당면하게 되는 일반적인 고민을 함축한다고도 볼 수 있어서 이를 상술할 필요가 있다. 우선 첫째, 공동저술의 관계에서는 연구현장에서 피하기 어려운 권력관계를 떠올릴 수 있다. 현장연구가 연구자와 연구 참여자의 관계 속에서 이루어진다는 점에서, 권력관계가 어느 방향으로든 존재한다면, 이는 온전한 경험의 공유에 저해요인으로 작동될 수 있다. 연구 참여자의 입장에서 연구자는 다른 사람의 일상에 개입하는 불청객일 뿐이다. 이 때문에 편향적이고 탈(脫)맥락적인 서술의 피해자가 되지는 않을까 하는 경계심을 갖기 마련이다. 연구대상에 대해 연구를 개방하고 연구자의 일방적인 개입이 아닌, 연구 참여자를 초대하여 함께 연구를 진행하는 파트너십의 관계설정은 연구현장에서의 선택을 보다 용이하게 할 수 있다. 또한 자료의 분석과 해석의 과정을 거쳐 글을 쓰는 과정에서 필요한 몇 가지 질문들은 글쓰는 여러 단계에서 이정표 역할을 할 수 있다. 즉, 어떤 목소리로 이야기를 전달할 것인가스토리텔링 방식? 글 속의 나는 어떤 사람인가연구자와 텍스트의 관계?

예상 독자는 누구인가전달 대상? 연구 참여자와의 공동저술은, 이와 같은 질문에 대해 함께 대응하고 때로는 협상하는 과정에서 최선의 선택을 찾도록 한다.

둘째, 글쓰기를 통한 전달의 문제와 관련해서는 다채롭고 새로운 연구방법의 시도예컨대 ethnodrama, deliberative inquiry, poetic narration, performative autoethnography, conversation analysis, role-play, videography & photography, ethnographic fiction 등에 상응하여 글쓰기 방식이 파격적으로 변용될 수 있음을 시사한다. 서술방식에서는 보여주기showing 중심 또는 말하기telling 중심에 따라 글쓰기의 어조와 분위기가 사뭇 달라진다. 이는 각각 사건서술에 있어서 미메시스mimesis; 외부대상의 언어화된 모방을 시도하는 중재자로서의 화자 중심의 서술기법와 디에게시스diegesis; 서술자의 절대적인 권위를 전제로 한 서술기법에 합치된다. Paul Willis2000에 따르면, 역사는 삶의 현장을 예술적으로 구현하는 것이다. 그렇다면 문화기술적 재현ethnographic representation과 같은 질적 서술방식은 일상을 예술로 구현하는 것으로 볼 수도 있다. 그런데 재현은 의도적 개입과 이에 대한 자각을 동반한 상징적 산물이기 때문에 예술적 영역에만 머무를 수 없다. 연구자는 존재하는 상황을 멈추고 이리저리 살피는 것이 아니라 생활세계에서 작동하는 권력, 정치성, 갈등, 협상의 흐름을 파악하고 그려내야 한다. 밀도 있는 서술행위예컨대 고밀도 기술: thick description도 표현기법상의 차원에서 적용하는 것이라기보다 현실을 보다 '현실적'으로 반영하려는 연구자의 연구 어젠다agenda의 개별적 대응이라고 볼 수 있다.

04 > 질적 탐구를 위한 접근방법 (문화기술지 연구, 내러티브 연구, 현상학적 연구, 근거이론 연구, 사례연구)

오늘에 이르기까지 다양한 학문적 전통 하에서 질적 연구가 진행되고 발전되었다. 앞서 언급했듯이 질적 연구는 여러 형태로 분화되고 있으며, 새로운 실험적 시도들과 영역 간의 접목을 통해 더욱 다채로워지는 양상을 보이고 있다. 이러한 추세는 더 많은 사람들이 질적 연구에 입문하고 매료될 수 있는 새로운 학술적 환경의 밑거름이 되었다. 이제는 우리나라에서도 질적 연구를 주 관심사로 모인 학자들이 운영하는 학회가 늘어가고 있다.[8] 21세기 들어 우리나라의 교육현장과 이를 탐구하는 방법도 함께 변화해왔지만 당면한 여러 교육문제들에 대해 여전히 해법을 찾지 못하고 있는 상황 또한 오늘의 현실이다. 이러한 맥락에서 질적 연구의 자연주의적이며 미시적인 접근은, 우리의 교육현장을 보다 다양한 관점에서 조망하고 신선한 지향점을 제시할 수 있을 것이다. 앞으로 질적 연구는 지난 20세기의 주변적인 위치에서 벗어나 국내외에서 인간사회를 연구하는 모든 학자들이 널리 사용할 수 있는 유용한 도구이자 핵심적인 연구철학으로 인식될 것으로 예상된다.

여기서는 이 장을 마무리하면서 그동안 질적 연구방법의 발전을 선도했던 대표적인 연구방법을 살펴보겠다. 소개하고자 하는 연구방법들은 일반적으로 모든 질적 연구에서 발견되는 주요 특징들을 공유하기 때문에 이들을 구분하는 경계가 때로는 명료하지 않을 수 있다. 여기서는 Creswell과 Poth[2017]가 대표적인 질적 연구방법으로 다루고 있는 다섯 가지의 연구방법을 간단하게 방법론적 특징을 중심으로 소개하겠다. 질적 연구의 세부적인 방법들의 특징과 차이점을 잘 이해하면 연구자는 주제에 잘 맞는 방법을 선택하여 필요한 연구를 기획할 수 있을 것이다. 연구자는 어떤 질적 연구방법을 자신의 연구에 사용할 것인가를 연구의 성격, 주제, 기간, 비용 등에 비추어 충분히 고려해 본 후, 연구가 완료된 다음 최종결과물에 이를 선택한 이유를 밝힐 필요가 있다. 여기서 소개되는 전통적인 연구방법 외에도 근래에 인기 있는 질적 연구방법들예: 실행연구, 생애사 연구, 자문화기술지 연구, 미시적 담화분석, 포커스그룹 연구 등이 다수 있으나 여기서는 대표적인 다섯 가지의 주요 연구방법만 살펴보도록 하겠다.

---

8 한국교육인류학회(1994년 창립), 대한질적연구학회(2002년 창립), 한국내러티브교육학회(2012년 창립), 한국질적탐구학회(2014년 창립), 한국질적연구학회(2015년 창립) 등이 활발하게 운영되고 있다.

❶ 문화기술지 연구(ethnographic research)

지난 반세기 동안 국내외 질적 연구의 방법론적 확산의 연대기적 궤적을 추적해보면 문화기술지 연구가 질적 연구를 선도해 왔다는 점을 발견할 수 있다. 가장 오래된 질적 연구방법이기도 한 문화기술지 연구는 문화적 패턴이 식별될 수 있는 인간의 사회적 행위에 대한 서술을 제공한다. 연구자는 장기간에 걸쳐 연구대상 집단 속에서 생활하면서 사회적 상황 속에서 일어나는 현상과 그 상황에 처해있는 사람들이 부여한 의미, 행위, 신념을 기술한다. 즉, 문화기술지 연구의 궁극적인 목표는 특정 집단 내의 다양한 위치를 차지하고 있는 사람들이 그들의 일상 또는 특수한 사건가령 통과의례 등을 통해 그들에게 의미 있는 행위를 관찰하고 서술하는 가운데 문화적 과정cultural process으로 잠재되어 있는 규칙과 내부자적 논리를 탐색하는 것이다. 따라서 문화기술지 연구는 자료수집과 분석 및 해석이라는 방법론 그 이상의 복합적인 경험의 총체이다. 교육현장에 대해 문화기술지 연구를 수행한다는 것은 교육적 상황에 내재해 있는 문화의 의미를 파악하여 기술하는 작업을 말한다. 문화기술지는 사실적 문화기술지realist ethnography와 비판적 문화기술지critical ethnography로 구분하기도 한다. 전자의 경우 전통적인 방식의 연구형태로 연구자는 제3자의 입장을 고수하는 가운데 몇 가지 주요 준거를 통해서 연구대상 집단의 문화를 살펴보고 자신이 수집한 자료를 원상태 그대로 분석하면서 꼼꼼하게 대상을 그러나가는 연구방법이다. 반면에 후자의 경우 연구자는 제3자가 아닌 참여적 입장에서 연구 참여자들의 옹호자가 된다. 즉, 권력의 숨은 의도를 드러내어 소수자에 대한 불평등과 억압적인 상황을 개선하거나 주어진 상황에 대한 정의로운 대안을 제시하는 것을 연구의 목적으로 삼는다.

❷ 내러티브 연구(narrative research)

인간은 이야기를 통해 사회적으로 기능할 수 있도록 처신하는 방법과 생활철학을 터득하고 다른 이들과 공감하며 교훈을 얻기도 한다. 내러티브라는 용어는 우리말에서 '이야기'로 직역되지만, 연구방법 차원에서의 내러티브에 대한 정의는 모든 이야기를 지칭하는 것은 아니다. Reissman[2008: 4]에 따르면, 내러티브는 우리의 일상 속에 흔히 발견되지만, 일상에 존재하는 모든 이야기들이 내러티브는 아니라고 강조한다. 즉, 사회문화적인 맥락 위의 짜임새 있는 줄거리를 갖춘 의미 있는 이야기이면서 텍스트로 분석의 대상이 될 수 있어야 내러티브가 성립된다. 인간의 삶은 이야기하는 이[story-teller]와 듣는 이[listener]의 역할을 번갈아 가며 담당하는 사회생활의 연속이기 때문에 내러티브는 화자[話者]에 대한 정보를 제공할 뿐만 아니라 사회의 제도적 기반, 역사적 상황, 사회적 여건, 문화적 특성, 사상적 경향 등을 파악할 수 있게 해준다. 즉 인간의 사회적 현실은 이야기에 의해 만들어지고 구현되기 때문에 수집된 내러티브를 통해 개인의 시·공간적 맥락 위에 펼쳐지는 연구 참여자의 경험을 파악할 수 있게 된다. 따라서 내러티브 연구는 연구 참여자의 입장에서의 서술방식과 전달 내용에 대해 스스로 어떤 의미를 부여하는지를 분석하고 이를 바탕으로 해석이 가능하다는 전제에서 출발한다.

❸ 현상학적 연구(phenomenological research)

현상학적 연구는 1인칭 시점에서 주관적으로 경험하는 의식의 구조에 관심을 두는 연구방법으로 연구 참여자들의 살아있는 경험[lived experience: 체험]의 의미와 본질을 탐구한다. 현상학의 궁극적인 과제는 세상이 인간에게 의식됨과 동시에 인간이 그 자신에게 의식되는 과정을 설명하는 것이다. 철학으로서의 현상학은 선험적 현상학과 존재론적 현상학으로 나누어지기도 하는데, 공통적인 목적은 인간의 의식 현상을 대상으로 두고 인식 주체가 경험하는 의식 작용을 탐구하는 것이다. 현상학적 연구에서는 체험의 기술記述에 대한 분석을 통해 경험의 의미를 설명하고자 한다. 즉, 현상학적 연구는 체험을 텍스트로 전환하여 특정 상황에 처한 인간 경험의 본질과 의미를 밝히는 것이 목적이다. 이를 위해서는 연구 참여자의 경험이 연구자의 선입견으로부터 자유로울 수 있도록 의식적인 조건을 부여하여 경험한 현상을 그대로 드러내려는 노력이 전제된다. 따라서 연구자는 판단 중지를 통해 감성이나 이성에 의한 추리를 경계하고, 환원reduction을 통해 현상의 본래 모습을 받아들이게 된다.

❹ 근거이론 연구(grounded theory research)

근거이론 연구는 사회심리학과 상징적 상호작용론symbolic interactionism을 바탕으로 현상이나 사건이 개인에게 주는 의미가 타인들과의 상호작용에 기초한다는 점을 공략한다. 이 연구방법이 근거이론으로 명명된 이유는 자료 자체에 근거를 두고 진행하는 연구방법이며 이를 통한 이론의 생성을 목적으로 하고 있기 때문이다. 즉, 근거이론은 자료에 근거를 둔 이론의 생성을 지칭하며 삶경험의 중심에 있는 사람들의 관점에서 사회현상을 설명하기 위한 경험연구이다. 따라서 기존의 이론이나 개념적 틀에 의거하지 않고 새로운 이론을 생성하기 위해 경험세계에서 담아낼 수 있는 다양한 목소리를 최대한 살리는 방법이다. 근거이론 연구방법은 순차적이고 체계적인 범주화와 코딩의 과정개방 코딩, 축 코딩, 선택적 코딩을 통해서 주어진 현상에 대해 수집된 자료를 의미 있는 항목별로 분류하고 비교분석하면서 경험에 기초한 가설, 즉 이론을 만들어 내는 연구방법이다.

근거이론은 지속적 비교방법constant comparison method을 통해 사람들이 이해하는 주변상황과 사회적 맥락이 어떻게 연결되는지를 연구하는데 매우 효과적인 연구방법이다. 예를 들면 학습장애가 있는 성인이 경험하는 직장생활을 탐구하거나, 귀국자녀반의 아이의 학교경험을 이해하는 등 개인이 경험하는 세상과 사회적 맥락을 연결짓는데 유용한 방법이다.

❺ 사례연구(case study research)

질적 사례연구는 주어진 상황 속에서 다양한 정보를 포함한 경계지어진 단위에 대한 세부적이고 심층적인 자료 수집을 집중적으로 하여 단일 사례 또는 복수의 사례들을 탐색하는 것이다. 사례연구는 다른 질적 연구방법에 비해 방법적인 형식과 절차에 있어서 상대적으로 보다 자유롭다. 연구 주제에 따라 연구자가 탐색하고자 하는 사례를 선정하고 그 테두리와 범위를 설정한다. 이때 사례는 개인 또는 집단예: 학생, 교사, 학급 등, 행동예: 학교폭력 가해행위, 기질예: 다혈질의 운동선수, 특별한 상황예: 소년 가장, 프로그램이나 정책예: 중학교 자유학기제 등이 될 수 있다. 그런데 사례의 범위가 너무 넓거나 그 경계가 모호할 경우에는 현실적으로 연구자가 연구를 수행할 때 어려움이 따를 수 있다. 따라서 대다수의 질적 사례연구는 일반적이기 보다 특수하거나 희소성이 있는 주제를 다루고 있으며 한정된 맥락 속에서 일어나는 현상에 대한 철저하고 종합적인 기술과 분석을 동반한다. 즉, 사례연구는 단일 실체, 구체적인 현상 혹은 사회 단위에 대한 집중적이고 체계적인 기술을 바탕으로 분석이 이루어지는 연구방법이다.

참고문헌

Clifford, J. & Marcus, G. E. (eds.) (1986). *Writing Culture: The poetics and politics of ethnography*. University of California Press.

Creswell, J. W. (2015). *30 Essential Skills for the Qualitative Researcher*. SAGE Publications Inc.

Creswell, J. W. & Poth, C. N. (2017). *Qualitative Inquiry and Research Desugn: Choosing among five approaches*. SAGE Publications, Inc.

Lichtman, M. (2010). *Qualitative Research in Education: A user's guide (2nd edition)*. SAGE Publications, Inc.

Lincoln, Y. S. & Guba, E. G. (1985). *Naturalistic Inquiry*. SAGE Publications Inc.

Reissman, C. K. (2008). *Narrative Methods for the Human Sciences*. Thousand Oaks, CA: Sage.

Sarantakos, S. (2005). *Social Research (3rd edition)*. Basingstoke: Palgrave.

Willis, P. (2000). *The Ethnographic Imagination*. Polity.

색 인

[ㅊ]

저자 소개

김남주

연세대학교 교육학과/국어국문학과를 졸업하고 동 대학원에서 교육공학을 전공하였다. 미국 유타주립대학교에서 교육공학 박사학위를 취득한 후 미국 마이애미대학교 교육학과에서 교수, 응용학습과학 대학원 디렉터로 재직하였다. 2023년부터 연세대학교 교육학과 교수로 교육공학/AI의 교육적 활용 분야를 담당하고 있다. Frontiers in Education과 Frontiers in Psychology 저널의 부편집장, 미래교육학연구의 편집장을 맡고 있다.
이메일: namjukim@yonsei.ac.kr

김성원

영국 옥스퍼드대학교 중국어과를 졸업하고 미국 하버드대학교에서 교육학(국제교육정책 및 Human Development) 전공으로 석사와 박사학위를 취득하였다. 그 후 옥스퍼드대학교에서 교수로 있다, 2016년부터 연세대학교 교육학과 교수로 재직하며 국제비교교육 분야를 담당하고 있다.
이메일: sungwkim@yonsei.ac.kr

류지훈

경북대학교에서 수학과를 졸업하고, 미국 University of Maine에서 수학 석사와 미국 University of Minnesota에서 양적연구방법(Quantitative Methods in Education) 전공으로 박사학위를 취득하였다. 그 후 2010년부터 University of Nebraska−Lincoln에서 박사후 연구원, 2012년부터 University of Virginia에서 조교수, 2018년부터 University of Southern California에서 부교수로 근무한 뒤, 2020년부터 연세대학교 교육학과에서 부교수, 2023년부터 교수로 교육통계·측정·평가의 양적연구방법 분야를 담당하고 있다. 2019년부터 2020년까지 미국교육학회(AERA) 산하 재미교육자협회(KAERA) 회장을 역임하였다.
이메일: ryoox001@yonsei.ac.kr

박순용

연세대학교 교육학과를 졸업하고 Stanford University에서 국제개발교육 석사와 인류학 석사를 마친 후 University of Wisconsin−Madiosn에서 인류학 박사학위를 취득하였다. 2005년부터 연세대학교 교육학과에서 교육인류학, 질적 연구방법, 국제이해교육 분야를 담당하고 있다. 한국교육인류학회 회장, 한국국제이해교육학회 회장, International Journal of Multicultural Education 편집위원장을 역임했고 현재 UNESCO에서 주도하는 세계시민교육 확산을 위한 활동에 기여하고 있다.
이메일: paks@yonsei.ac.kr

서영석

고려대학교 심리학과를 졸업하고, 미국 University of Minnesota에서 상담심리학전공으로 석사와 박사학위를 취득하였다. 2008년부터 연세대학교 교육학과에서 교수로 재직하며 상담교육을 담당하고 있다. 한국기업상담학회 회장, 한국상담심리학회 부회장, 한국상담학회 Journal of Asia Pacific Counseling 편집장 등을 역임하였다.
이메일: seox0004@yonsei.ac.kr

오석영

연세대학교 교육학과를 졸업하고 미국 일리노이대학(어바나 – 샴페인)에서 인적자원교육전공으로 박사학위(Ph.D)를 받았다. 2017년부터 연세대학교 교육학과 교수로 재직중이며 성인학습, 조직학습, 중소기업 일터학습 관련 연구 및 교육을 하고 있다. 현재 한국산업교육학회 회장을 맡고 있으며, 미래를여는청소년학회 부회장, International Journal of Training and Development 편집위원 등으로 활동중이다.
이메일: syoh@yonsei.ac.kr

이규민

연세대학교 교육학과에서 학사와 석사를 마치고 미국 University of Iowa에서 교육측정통계전공으로 박사학위를 취득하였다. 그 후 Iowa Testing Programs 연구원, CTB/McGraw – Hill 책임연구원, 계명대학교 교육학과 교수로 일한 뒤, 2006년부터 연세대학교 교육학과에서 교육측정평가, 통계와 연구방법 분야를 담당하고 있다. 교육과학대학장, 한국교육평가학회 회장, 한국교육과정평가원 원장을 역임하였다.
이메일: guemin@yonsei.ac.kr

이명근

연세대학교 교육학과를 졸업하고 모교에서 석사학위를 취득한 후 미국 Pennsylvania State University에서 교육공학·기업교육 전공으로 박사학위를 취득하였다. 1994년부터 연세대학교 교육학과 교수로 재직하며 교육공학 및 기업교육공학 분야를 담당하고 있다. 한국기업교육학회 회장, 외교통상부 교육훈련정책, 공군 교육정책 자문위원을 역임하였다.
이메일: mglwin@yonsei.ac.kr

이무성

서울교육대학교를 졸업하고 6년 반 동안 교사로 재직했다. 서울대학교와 영국 옥스퍼드대학교 석사과정을 마치고, Fulbright 장학생으로 선발되어 미국 미네소타대학교에서 교육행정 및 정책 전공으로 박사학위를 취득하였다. 이후 홍콩교육대학교(조교수), 홍콩대학교(부교수), 호주 캔버라대학교(백주년기념 종신교수)를 거쳐 현재 연세대학교 교수로 재직하고 있다. 주요 연구 분야는 교육행정/정책이며, 미국교육학회 교육행정부문(Division A) 신진학자상을 수상한 바 있다. 현재 Journal of Educational Administration 선임부편집장 및 Multicultural Education Review 편집장을 맡고 있다.
이메일: leemoosung@yonsei.ac.kr

이병식

연세대학교 교육학과를 졸업하고 대학원에서 교육경제학과 경영학을 공부한 뒤 미국 정부 장학금(Fulbright)을 지원받아 University of Michigan에서 고등교육(조직행동 및 경영) 전공으로 박사학위를 취득하였다. 그 후 삼성전자 인재연구소 리더십개발센터, 한국교육개발원, UCLA 고등교육연구소에서 일한 뒤, 2008년부터 연세대학교 교육학과 교수로 재직하며 고등교육 분야를 담당하고 있다. 한국대학IR협의회 회장, 전국대학교양교육협의회 부회장, 연세대학교 학부대학장, 대학원 부원장, 교육연구소장을 역임하였고, 현재 한국고등교육학회 회장을 맡고 있다.
이메일: beyoung@yonsei.ac.kr

이희승

연세대학교 심리학과를 졸업하고 미국 UCLA에서 심리학(인지심리학) 전공으로 석사와 박사학위를 취득하였다. 그 후 카네기멜론 대학교에서 박사후연구원으로 일한 뒤, 2014년부터 연세대학교 교육학과 교수로 재직하며 교육심리학, 학습과학 분야를 담당하고 있다.
이메일: hslee00@yonsei.ac.kr

장원섭

연세대학교 교육학과에서 학사와 석사를 마치고 1996년에 미국 아이오와 대학교에서 박사학위를 취득하였다. 그 후 한국직업능력개발원에서 책임연구원으로 일하였다. 2001년부터 연세대학교 교육학과 교수로 재직하면서 인적자원개발(HRD)과 일의 교육학 분야를 담당하고 있다. 한국산업교육학회 회장과 한국성인교육학회 회장을 역임하였다. 현재 CJ나눔재단 이사를 맡고 있다.
이메일: wchang@yonsei.ac.kr

홍원표

서울대 교육학과에서 학사와 석사를, 미국 미시간주립대학교에서 교육과정 및 교사교육 전공으로 박사학위를 취득하였다. 한국교육과정평가원 연구원을 거쳐 2011년부터 연세대학교 교육학과 교수로 재직하고 있다. 주요 연구관심은 교육과정의 이론적 토대, 지구화·다문화 시대 학교 교육과정의 역할 등이다.
이메일: eduhong@yonsei.ac.kr

황금중

연세대학교 교육학과에서 학사와 석사 과정을 거쳐 교육사·철학 전공으로 박사학위를 취득했다. 2003년부터 연세대학교 교육학과 교수로 재직하며 교육철학, 교육사, 마음교육 분야를 담당하고 있다. 한국교육사학회 회장을 역임했고 한국교육철학학회 이사로도 활동해 오고 있다.
이메일: hkj@yonsei.ac.kr

• 연세대학교 교육학과 홈페이지   https://edu.yonsei.ac.kr

제2판
미래를 여는 교육학

초판발행   2019년 2월 28일
제2판발행   2024년 3월 15일

지은이   김남주·김성원·류지훈·박순용·서영석·오석영·이규민·
                    이명근·이무성·이병식·이희승·장원섭·홍원표·황금중
펴낸이   노 현

편 집   배근하
기획/마케팅   허승훈
표지디자인   이은지
제 작   고철민·조영환

펴낸곳   ㈜ 피와이메이트
                    서울특별시 금천구 가산디지털2로 53 한라시그마밸리 210호(가산동)
                    등록 2014. 2. 12. 제2018-000080호
전 화   02)733-6771
f a x   02)736-4818
e-mail   pys@pybook.co.kr
homepage   www.pybook.co.kr
ISBN   979-11-6519-989-0 93370

정 가   29,000원

박영스토리는 박영사와 함께하는 브랜드입니다.